lelivrescolaire.fr
Éditeur de manuels scolaires collaboratifs et innovants

Français 3e

Certifié PEFC
Ce livre est issu de forêts gérées durablement et de sources contrôlées.
PEFC
10-32-2813
pefc-france.org

IMPRIM'VERT
Votre imprimeur agit pour l'environnement

La communauté d'autrices et d'auteurs Lelivrescolaire.fr

Sous la coordination de Pierre-Michel Sailhan, Lycée Frédéric Mistral (94)

à partir de l'édition 2016 dirigée par Stanislaw Eon du Val et Marion Bellissime

Notre comité scientifique

Aurélie Foglia, maître de conférences en littérature française, Université Sorbonne Nouvelle - Paris 3

Monique Jurado, IA-IPR honoraire

Jean-Yves Guérin, professeur de littérature française, Université Sorbonne Nouvelle - Paris 3

Sabine Lardon, professeure de grammaire et rhétorique, Université Jean Moulin-Lyon 3

Monique Legrand, IA-IPR, Académie de Versailles

Sarah Mombert, maître de conférences en littérature française du XIXe siècle, École normale supérieure de Lyon

22 AUTEURS DE LITTÉRATURE

20 AUTEURS HARMONISATEURS

5 AUTEURS DE LANGUE

5 COAUTEURS PROFESSEURS DOCUMENTALISTES

164 COAUTEURS

2 AUTEURS D'HISTOIRE DES ARTS

3 AUTEURS NUMÉRIQUE

12 AUTEURS EPI

... ont contribué à cette collection de Français ou à cette réédition !

Académie d'Aix-Marseille

Christine Breton, Collège Jean Moulin (13)

Karine Bellier, Lycée Dominique Villars (05)

Christine Cordary, Lycée Dominique Villars (05)

Natalie Albeau Cordillac (Histoire-Géographie), Collège Voltaire (84)

Dominique Delaunay-Verneuil, Réseau Canopé (13)

Peggy François, Collège Sylvain Menu (13)

Laurent Guidon, École Internationale PACA de Manosque (04)

Diane Milluy, Collège Louis Leprince Ringuet (13)

Jacques Muniga, professeur retraité

Sophie Nicolaides, Collège Pierre Girardot (04)

Cédric Payan (Histoire-Géographie), Collège Camille Reymond (04)

Emilie Sanjullian, Collège Saint Louis (84)

Académie d'Amiens

Béatrice Baldwin, Collège Notre-Dame (80)

Marie-Catherine Dalino, Collège Blin (60)

Janique Vereecque, Collège Gérard Philipe (02)

Académie de Besançon

Maria-Laura Fidon (70)

Florence Jeunet, Collège Marteroy (70)

Marie-France Lise-Lalubin, Collège Jules Jeanneney (70)

Académie de Bordeaux

Paule Bordes-Haegelin, Collège Leroi-Gourhan (24)

Anna Borras, Collège Camille Claudel (33)

Cécile Champie, Collège Léo Drouyn (33)

Annaig Collias, Collège du Pays d'Orthe (40)

Virginie Darriet-Féréol, Collège Montesquieu (33)

Sonia Daubas, Collège Jean-Marie Lonné (40)

Thierry Duc, Collège Jean Monnet (24)

Sandrine Ferrer, Collège Jean-Marie Lonné (40)

Sylvie Hupé, Collège André Lahaye (33)

Virginie Juanéda, Collège Max Bramerie (24)

Gaëlle Mestachvili (SVT), Collège Henri Emmanuelli (40)

Magali Vaugier, Collège Jean Jaurès (33)

Bruno Vergnes, Collège Pierre Emmanuel (64)

Académie de Caen

Laeticia Alleau, Collège Sévigné (61)

François Hamel (EPS), Lycée Jean Guehenno (61)

Guilaine Jardin, Collège Jeanne d'Arc (14)

Jérémy Stanic (Latin-Grec), Collège Alfred Kastler (14)

Académie de Clermont-Ferrand

Stéphanie Valentin, Collège Gerbert (15)

Académie de Corse

Anne Bernardeau (Histoire-Géographie), Collège Jean-Félix Orabona (2B)

Lucie Cancellieri, Collège Henri Tomasi (2B)

Académie de Créteil

Claire Amiot, Collège André Malraux (77)

Fanny Aubert, Collège Adolphe Chérioux (94)

Hanane Aziz, Collège Évariste Galois (93)

Ariane Bodin (Histoire-Géographie), Collège Henri Wallon (94)

Djouher Chabla, Collège Nicolas Boileau (94)

Dominique Dassé Ennaji, Collège Edmond Nocard (94)

Léa Fava, Collège Jules Vallès (94)

Clément Le Fèvre, Internat d'Excellence de Sourdun (77)

Julien Fumey, Collège Frédéric Chopin (77)

Fabienne Jubin, Collège les Capucins (77)

Cécile Lemarchand, Collège Marcelin Berthelot (93)

Lydie Malizia, Collège Lucie Aubrac (93)

Joanna Marques, Réseau Canopé Champigny sur Marne (94)

Déborah Mambé Thomazeau, Collège Les Prunais (94)

François Miquet (Arts plastiques), Collège Jean Perrin (94)

Sophie Nicolini, Collège Elsa Triolet (77)

Aline Pradoura, Collège Henri Wallon (94)

Madeleine Sadin, Collège Adolphe Chérioux (94)

Pierre-Michel Sailhan, Lycée Frédéric Mistral (94)

Nathalie Sanfourche, Collège Louis Aragon (77)

Audrey Wattiez, Collège Jean Campin (77)

Académie de Dijon

Jacques Perche, Collège René Cassin (71)

Rebecca Perche, Lycée Lucie Aubrac (71)

Nathalie Poyard, Collège Albert Camus (89)

Académie de Grenoble

Astrid Acevedo, Collège Les Goélands (26)

Claire Antraygues, Collège du Diois (26)

Coralie Fuentes, Collège multilingue de Savoie Ombrosa (73)

Rachel Huart, Collège Béatrice de Savoie (73)

Mylène Maret, Collège Le Revard (73)

Stéphane Martinez, Collège Saint François d'Assise (07)

Isabelle D'Orsetti, Collège Michel Servet (74)

Nadine Ouabdesselam, professeure retraitée

Caroline Schmitt, Collège Samivel (74)

Katia Tripier, Collège Albert Triboulet (26)

Académie de Guyane

Valérie Arthaud Crivellaro, Collège Paul Kapel (973)

Académie de Lille

Aurélie Baron, Collège du Sacré Cœur (59)

Quentin Brocart, Collège Pablo Neruda (62)

Ghislain Dominé (Histoire-Géographie), Canopé Lille (59)

Claire Dorp, Collège La Croix Blanche (59)

Patricia Dupuis-Sta, Collège Saint Pierre (62)

Christine Godwin, Collège Saint François (62)

Sophie Haquette, Collège Sainte-Marie (59)

Pierre Lasalle (Maths), Collège de l'Europe (62)

Mary Melliez, Collège Jacques Monod (59)

Benoit Milléquant (Histoire-Géographie), Collège Charles de Foucauld (59)

Dorothée Ourdouillie, Collège Léo Lagrange (62)

Gaelle Weber (Histoire-Géographie), Collège Le Parc (59)

Académie de Limoges

Sabine Besse, Collège Victor Hugo (19)

Sylvie Delord, Collège Victor Hugo (19)

Cynthia Hocmelle, Collège de la Triouzoune (19)

Cyril Mistrorigo, Collège Albert Thomas (19)

Muriel Tavarner, Collège Léon Blum (87)

Académie de Lyon

Éléonore de Beaumont, Université Lyon 2 Lumière (69)

Aurélie Berthet (Histoire-Géographie), Collège Honoré d'Urfé (42)

Patricia Bonnard, Collège Louis Leprince-Ringuet (69)

Wolfgang Crastes, Collège Saint Louis-Saint Bruno (69)

Laure Ermisse, Collège Mario Meunier (42)

Céline Fédou, Collège Les Battières (69)

Véronique Foltier, Institution Notre Dame des Minimes (69)

Alexia Lenelle, Collège Faubert (69)

Jean-François Simon (Technologie), Collège du Pilat (42)

Anne Laure Villien, Collège Le Grand Cèdre (01)

Académie de Mayotte

Marie-Katell Hoff, Collège de Tsimkoura (976)

Académie de Montpellier

Nathalie Agani, Collège de Gallargues-le-Montueux (30)

Sarah Beyly, Collège Georges Brassens (11)

Claire Collange, Collège Olympe de Gouges (34)

Guylaine Giannasi, Collège Saint Joseph (11)

Marie-France Laignel, Collège Sainte Thérèse (34)

Prisca Otouma, Collège Emmanuel Maffre-Bauge (34)

Académie de Nancy-Metz

Geneviève Duchêne, Collège de la Haute-Vezouze (54)

Elsa Giraud, Collège Albert Camus (57)

Blandine Hombourger, Collège Jacques Callot (54)

Isabelle Keff, Collège Albert Camus (57)

Isabelle Leitner, Collège Jules Ferry (57)

Réjane Peltier, Collège Les Étangs (57)

Bertrand Sécardin, Lycée Louis Majorelle (54)

Floriane Tourneur, Collège de l'Albe (57)

Virginie Zimmer, Collège Le Breuil (57)

Académie de Nantes

Nathalie Bizet, Collège Saint Joseph (44)

Maryse Blandin, Collège Albert Vinçon (44)

Célia Bocciarelli, Collège Julie-Victoire Daubié (44)

Justine Caudal, Collège Jean Rostand (85)

Françoise Delaunay, Collège Jacques Prévert (49)

Isabelle Désormeaux, Collège Saint Vincent (49)

Fanny Fouillade, Université d'Angers (49)

Blandine Frémondière, professeure retraitée

Dominique Goulay (Histoire-Géographie), Lycée Julien Gracq de Beaupréau (49)

Lucien Morit (Histoire-Géographie), Collège Roger Vercel (72)

Alain Sauques (Histoire-Géographie), Collège Saint Joseph (49)

Emmanuel Vaslin, CASNAV Nantes (44)

Académie de Nice

Céline Arnaud (Histoire-Géographie), Lycée Simone Veil (06)

Valérie Guisto-Clavel, Collège Henri Matisse (06)

Lucile Kabouche, Collège-Lycée des Hôpitaux Gustave Roux (83)

Samira Mansouri, Collège Pablo Picasso (06)

Académie d'Orléans-Tours

Sophie Bancel, Collège Robert Lasneau (41)

Clarisse Berthommé, Collège Honoré Racan (37)

Leila Enouski, Collège Louis Armand (28)

Marie-Aimée Gazeau-Dupuy, Saint Denis International School (37)

Philippe Godiveau, Université d'Orléans (45)

Claudine Javet, Collège Joachim Du Bellay (41)

Elodie Lahaye, Collège Honoré de Balzac (37)

Catherine Pellerin, Collège Saint-Exupéry (45)

Sylvie Telle-Riollet, Collège Alain-Fournier (36)

Charlotte Zabka, Collège Jules Verne (18)

Académie de Paris

Laura Bertetto, Université Sorbonne Nouvelle - Paris 3 (75)

Nathalie Joannès, Académie de Paris (75)

Gilbert-Michel Polonovski, Lycée Saint-Louis de Gonzague (75)

Hector Solatges (Maths), Collège Georges Méliès (75)

Académie de Poitiers

Jessica Bonnet, Collège La Providence (86)

Deborah Chasseport (Anglais), Collège Bellevue (86)

Nicolas Guillin, Collège Jean Monnet (86)

Natacha Jaccard, Collège Henri Martineau (79)

Anne-Marie Patenotte, Collège Denfert Rochereau (79)

Eléonore Pavy, Collège Saint-Joseph (79)

Estelle Recht (Anglais), Collège Edouard Grimaux (17)

Nathalie Rousseau-El Gui, Collège Émile Zola (79)

Académie de Reims

Marlène Chemin

Thibault Cordier, Collège des Trois Provinces (52)

Emilie Foussadier, Collège Henri Vincenot (52)

Laétitia Lagarde, Collège Pierre Labonde (10)

Martine Lemaire, Collège Raymond Sirot (51)

Académie de Rennes

Sophie Fortin, Académie de Rennes (22)

Véronique Gougay, Collège Saint-Jean La Salle (56)

Alexandra Jost-Joly, Collège Hersart de la Villemarqué (29)

Laurence Le Franc, Collège Pays des Abers (29)

Armelle Le Gall, Lycée René Laennec (29)

Morgane Le Meur, Collège Duguay Trouin (35)

Anne Target (Histoire-Géographie), Collège Beaumont (35)

Dominique Vourc'h, Collège Saint-Jean La Salle (56)

Académie de la Réunion

Pascal Bauviès, Collège Simon Lucas (974)

Guillaume Poulain (Histoire-Géographie), Collège Les Alizés (974)

Académie de Rouen

Marie-Céline Caput, Collège Camille Claudel (76)

Isabelle Cipan, Collège Fernand Léger (76)

Betty Dandeville, Collège Marc Chagall (27)

Lydie Furlan, Lycée La Providence (76)

Anne Guillot-Burkutally, Collège Léonard de Vinci (27)

Eric Jean, Collège Louis Bouilhet (76)

Nadège Langbour, Collège Louise Michel (76)

Académie de Strasbourg

Audrey Buchholz, Collège Jean Monnet (68)

Laurence Léon, Collège Nelson Mandela (67)

Christel Taube-Le Guern (Latin-Grec), Collège de la Robertsau (67)

Académie de Toulouse

Sylvie Anahory

Catherine Chevassus, Collège René Cassin (31)

Fabien Gil (Histoire-Géographie), Collège Saint-Théodard (82)

Victorine Ledet, Cité Scolaire Bellevue (81)

Sylviane Lopez, Académie de Toulouse (31)

Frédérique Montamat, Collège François Verdier (09)

Nicolas Olivier (Musique), Collège Sainte-Famille des Minimes (31)

Laurent Thyssen, Collège d'Istrie (46)

Académie de Versailles

Fabrice Angevin (Histoire-Géographie), Collège Louis Lumière (78)

Corinne Bailan, Collège du Sacré Cœur (78)

Laure Bidard, Collège Maurice Ravel (78)

Marie Blieck, Collège Maurice Ravel (78)

Paule Bruneau Demari (Histoire-Géographie), Collège Malmaison (92)

Camille Brunet, Collège Robert Doisneau (91)

Chloé Davenas, Collège Marcel Pagnol (95)

Valérie Delette (Histoire-Géographie), Collège les Hauts Grillets (78)

Julien Delmas (Technologie), Collège Jacques Daguerre (95)

Mélanie Delunsch, Collège Simone Veil (95)

Diana Dreux, Lycée Marie Laurencin (91)

Catherine Ehrhart, Collège François Furet (92)

Ayman El Shafey (SVT), Collège Jean-Baptiste Clément (92)

Aurélie Foucault-Texier, Collège Émile Zola (78)

Adrien Fromage, Collège Alphonse Daudet (91)

Adeline Guitteny, Collège Albert Einstein (78)

Rolande Honorien-Rostal, Lycée-Collège Lakanal (92)

Aurélie Istace, Collège Paul Éluard (95)

Aude Koopmann, Collège Jean-Philippe Rameau (78)

Charlène Lebacheley-Delaunay, Collège public Sainte Apolline (95)

Myriam Lecler, Collège Émile Zola (78)

Adèle Lefebvre Naré, Collège Sadi Carnot (95)

Nathalie Montassier, Collège Juliette Adam (91)

Anne-Catherine Mourgue, Collège Darius Milhaud (78)

Stéphanie Piton, Collège Sainte Thérèse (78)

Peggy Plokarz (Physique-Chimie), Collège Jean Jaurès (92)

Élodie Pons, Lycée Sonia Delaunay (78)

Julien Ribot, Institution Jeanne d'Arc (91)

Sébastien Salce (Physique-Chimie), Collège La Tuilerie (91)

Carine Saunier, Collège Philippe de Champaigne (78)

Étranger

Christophe Barthélémy (Histoire-Géographie), Lycée Alexandre Dumas de Moscou (Russie)

Albane Boisson-Floch, Lycée Lyautey de Casablanca (Maroc)

Gilles Burtz (Physique-chimie), LFI Marguerite Duras (Vietnam)

Florence Gruffé, Lycée Stendhal (Italie)

Delphine Leroux, Lycée français Charles de Gaulle (Angleterre)

Céline Maaz, Groupe scolaire Jacques Majorelle à Marrakech (Maroc)

François Morand, Lycée Guébré Mariam (Éthiopie)

Isabelle Pfeiffer, Lycée Antoine de Saint-Exupéry de Santiago (Chili)

Jean-Louis Rebora, Lycée Gustave Flaubert (Tunisie)

Yann Le Texier, Lycée Denis Diderot (Kenya)

Le brevet dans votre manuel

Tous les sujets de brevet ont été revus pour être conformes au nouveau format du diplôme national du brevet :

- Une première partie permet de vérifier :
  - les compétences de compréhension et d'interprétation d'une part ;
  - la grammaire et les compétences linguistiques d'autre part, intégrant systématiquement un exercice de réécriture.
- Une deuxième partie correspond à l'exercice de dictée.
- Une troisième partie consiste en un travail de rédaction avec, au choix, un sujet d'imagination ou un sujet de réflexion.

1 Deux sujets par chapitre

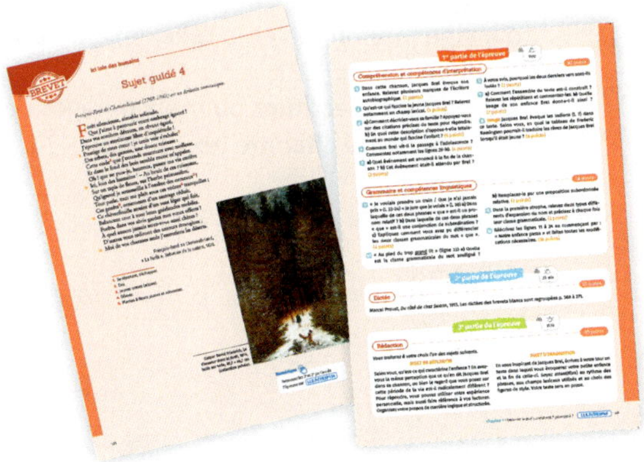

- Un sujet blanc intègre toutes les parties de l'épreuve (exemple p. 214).
- Un sujet guidé fait un zoom sur une partie de l'épreuve (étude de texte/d'image, réécriture ou travail d'écriture) en accompagnant l'élève pas à pas dans son travail (exemple p. 216).

2 Compréhension et compétences d'interprétation, grammaire et compétences linguistiques (1re partie)

- Les questionnaires sont progressifs et ne comportent pas d'axes de lecture pour évaluer l'autonomie de l'élève.
- Des questions amenant l'élève à développer sa réaction personnelle alternent avec des questions plus précises appelant des réponses plus courtes.
- Plusieurs questions sont d'ordre lexical et/ou grammatical.
- Une question amène l'élève à confronter le texte à une image.
- Chaque sujet propose un exercice de réécriture amenant l'élève à réaliser des changements de temps, de personne, d'énonciation, voire de genre.

3 Dictée et rédaction (2e et 3e parties)

- Les dictées, une par sujet, sont regroupées à la fin du manuel (p. 368).
- Les sujets d'écriture proposés (réflexion et imagination) sont en lien avec les documents étudiés dans la première partie pour permettre à l'élève de prendre appui sur son analyse et d'enrichir sa réflexion.

Présentation du manuel

Les nouveautés de votre manuel

1 Entrer dans le chapitre

- Une **frise chronologique des autrices et auteurs** ainsi que des **repères historiques et littéraires** pour contextualiser la séquence (ex : p. 192).
- Un **questionnement introductif** et **une analyse d'image** pour amorcer la réflexion sur la problématique (ex : p. 193).
- Un **exercice d'écriture** pour encourager l'élève à s'approprier le chapitre (ex : p. 193).

2 Découvrir des œuvres littéraires

- **Quatre séquences entièrement refondues** – conformes aux évolutions du B.O. – pour renouveler les œuvres étudiées et accorder **une place plus importante aux autrices** (ex : p. 54) ;
- Trois nouvelles doubles-pages ***Parcours d'une œuvre*** dédiées à des romans de **littérature jeunesse** pour favoriser la lecture en autonomie (ex : p. 122).

3 Travailler l'expression écrite et orale

- Des **ateliers d'expression écrite différenciés** pour travailler sur un sujet de réflexion ou un sujet d'imagination, de façon **plus ou moins guidée** (ex : p. 97).
- **Des ateliers d'expression orale**, à réaliser **en groupe**, pour travailler des **compétences variées** et progresser collectivement lors de la restitution (ex : p. 98).
- Des exercices numériques pour travailler **les compétences PIX** en vue de l'évaluation de fin d'année (ex : p. 98).

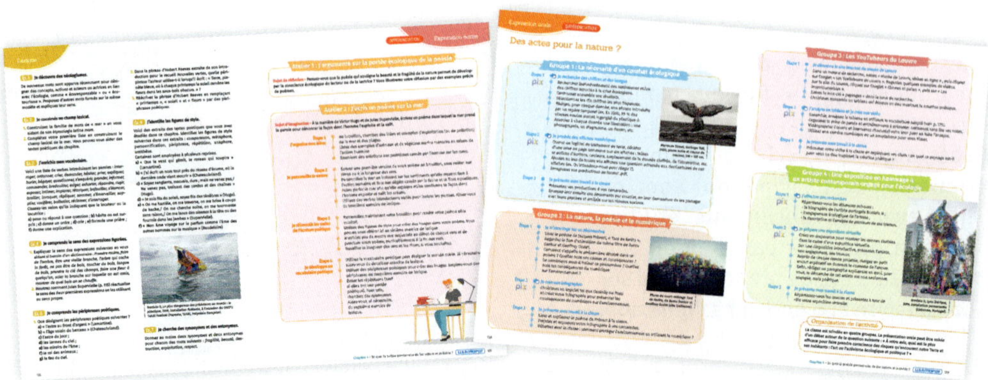

4 Réinvestir les connaissances du chapitre

› Une page de **synthèse à télécharger et à compléter** par les élèves pour leur permettre de **réinvestir les connaissances acquises dans le chapitre** (ex : p. 100).

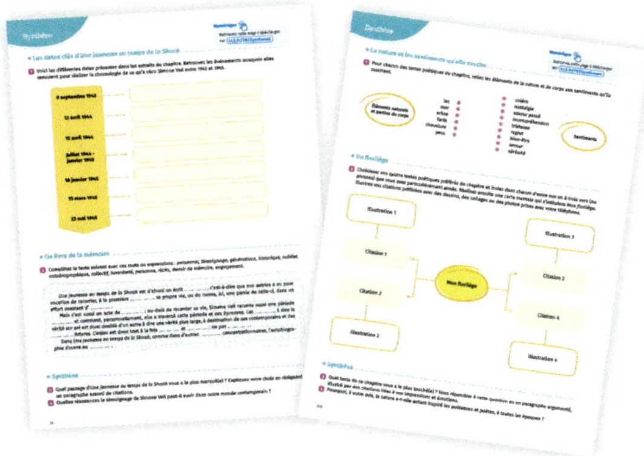

5 Progresser en langue

› Des **exercices variés et différenciés** pour permettre à **tou(te)s les élèves de progresser** (ex : p. 265).
› Des **cartes mentales à télécharger** et **à compléter** par les élèves pour **se remémorer les éléments clés de la leçon** (ex : p. 250).
› Une prise en compte de la **nouvelle terminologie grammaticale** dans l'ensemble des leçons de grammaire.

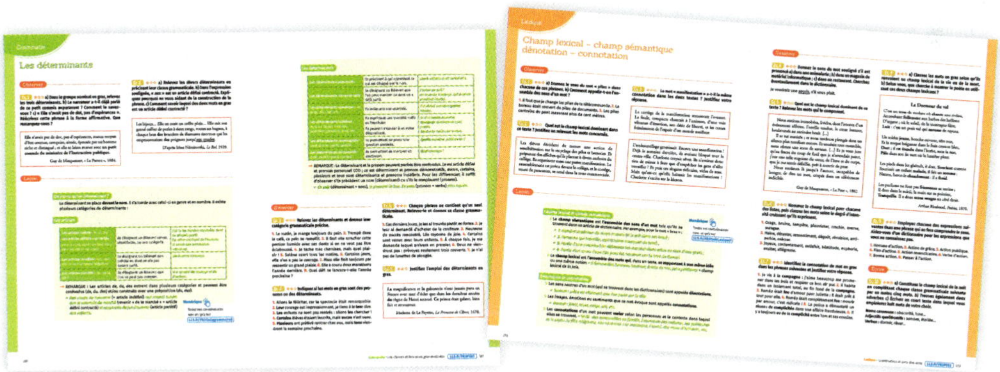

Les nouveautés numériques de votre manuel

› Une **mise en voix des textes du manuel par des comédiens** pour permettre de rentrer dans les textes par l'écoute (ex : p. 58).
› De nombreux **quiz en version autocorrigée** pour travailler en autonomie (ex : p. 27).
› Des liens directs vers des **vidéos de mise en scène, ou de chansons** en lien avec la séquence travaillée (ex : p. 148).
› Des **recommandations de lecture** à destination des élèves (ex : p. 75).

Texte lu

Programme officiel (B.O. du 30/07/2020)

Culture littéraire et artistique

Se chercher, se construire

Se raconter, se représenter - Découvrir différentes formes de l'écriture de soi et de l'autoportrait. - Comprendre les raisons et le sens de l'entreprise qui consiste à se raconter ou à se représenter. - Percevoir l'effort de saisie de soi et de recherche de la vérité. - S'interroger sur les raisons et les effets de la composition du récit ou du portrait de soi.	Il peut être étudié : - un livre relevant de l'autobiographie ou du roman autobiographique (lecture intégrale) **ou** - des extraits d'œuvres de différents siècles et genres relevant de diverses formes du récit de soi et de l'autoportrait : essai, mémoires, autobiographie, roman autobiographique, journaux et correspondances intimes, etc. Le groupement peut intégrer des exemples majeurs de l'autoportrait ou de l'autobiographie dans d'autres arts (peinture, photographie ou images animées – vidéo ou cinéma).

Vivre en société, participer à la société

Dénoncer les travers de la société - Découvrir des œuvres, des textes et des images à visée satirique relevant de différents arts, genres et formes. - Comprendre les raisons, les visées et les modalités de la satire ainsi que les effets d'ironie, de grossissement, de rabaissement ou de déplacement dont elle joue ; savoir en apprécier le sel et en saisir la portée et les limites. - S'interroger sur la dimension morale et sociale du comique satirique.	Sont étudiés : - des œuvres ou textes de l'Antiquité à nos jours relevant de différents genres ou formes littéraires (particulièrement la poésie satirique, le roman, la fable, le conte philosophique ou drolatique, le pamphlet) **et** - des dessins de presse ou des affiches, des caricatures, des albums de bande dessinée. Les extraits de spectacles, d'émissions radiophoniques ou télévisées, ou de créations numériques à caractère satirique peuvent être aussi exploités.

Regarder le monde, inventer des mondes

Visions poétiques du monde - Découvrir des œuvres et des textes relevant principalement de la poésie, du romantisme à nos jours. - Comprendre que la poésie joue de toutes les ressources de la langue pour célébrer et intensifier notre présence au monde ainsi que pour en interroger le sens. **- Percevoir le rôle central du rapport à la nature dans cette célébration du chant du monde.** - Cultiver la sensibilité à la beauté des textes poétiques et s'interroger sur le rapport au monde qu'ils invitent à éprouver par l'expérience de leur lecture.	Sont étudiés des poèmes ou des textes de prose poétique, du romantisme à nos jours, pour faire comprendre la diversité des visions du monde et leur inscription dans des esthétiques différentes ; le groupement peut intégrer des exemples majeurs de paysages en peinture.

Agir sur le monde

Agir dans la cité : individu et pouvoir - Découvrir des œuvres et textes du XXe siècle appartenant à des genres divers liées à des bouleversements historiques majeurs. - Comprendre en quoi les textes littéraires dépassent le statut de document historique et pourquoi ils visent au-delà du témoignage et de la simple efficacité rhétorique. - S'interroger sur les notions d'engagement et de résistance, ainsi que sur le rapport à l'histoire qui caractérise les œuvres et textes étudiés.	Est étudiée en lien avec la programmation annuelle en histoire (étude du XXe siècle, thème 1 : « L'Europe, un théâtre majeur des guerres totales »), une œuvre ou la partie significative d'une œuvre portant un regard sur l'histoire du siècle – guerres mondiales, société de l'entre-deux-guerres, régimes fascistes et totalitaires (lecture intégrale). Des extraits d'autres œuvres, appartenant à divers genres littéraires, peuvent être aussi étudiés ainsi que des œuvres picturales ou des extraits d'œuvres cinématographiques.

Questionnements complémentaires (un au moins par année, au choix)

Progrès et rêves scientifiques - S'interroger sur l'idée du progrès scientifique notamment au XIXe siècle, tantôt exalté et mythifié, tantôt objet de répulsion ou de désillusion. - Poser la question des rapports entre les sciences et la littérature, notamment à travers des œuvres mettant en scène la figure du savant, créateur génial et bienfaiteur, ou figure malfaisante et diabolique. - Interroger l'ambition de l'art à penser, imaginer voire anticiper le progrès scientifique et technologique. **- Étudier les récits d'anticipation, utopies ou dystopies, comme expression des interrogations, des angoisses et des espoirs de l'humanité, y compris en matière d'environnement.** **Questionnement libre**	Des romans, des nouvelles de science-fiction et des récits d'anticipation peuvent être aussi étudiés. Il est aussi possible d'avoir recours à des textes et des documents issus de la presse et des médias (articles de journaux ou de revues, enregistrements radio ou télévisés, médias numériques).

Compétences langagières orales et écrites

Langage oral

Attendus de fin de cycle	- Comprendre et interpréter des discours oraux élaborés (récit, exposé magistral, émission documentaire, journal d'information, etc.). - Élaborer et prononcer une intervention orale continue de cinq à dix minutes (présentation d'une œuvre littéraire ou artistique, exposé des résultats d'une recherche, défense argumentée d'un point de vue). - Participer à un débat de manière constructive et en respectant la parole de l'autre. - Lire un texte à haute voix de manière claire et intelligible ; dire de mémoire un texte littéraire ; s'engager dans un jeu théâtral.

Lecture et compréhension de l'écrit et de l'image

Attendus de fin de cycle	- Lire et comprendre en autonomie des textes variés ainsi que des images et des documents composites sur différents supports (papier, numérique). - Lire, comprendre et interpréter des textes littéraires en fondant l'interprétation sur quelques outils d'analyse simples. - Situer les textes littéraires dans leur contexte historique et culturel. - Lire une œuvre complète et rendre compte oralement de sa lecture. - Lire et comprendre, pour chaque niveau du cycle, au moins trois œuvres complètes du patrimoine étudiées en classe, notamment de littérature de jeunesse, en lecture cursive, et trois groupements de textes (lecture analytique ou cursive).

Écriture

Attendus de fin de cycle	- Communiquer par écrit et sur des supports variés (papier, numérique) un sentiment, un point de vue, un jugement argumenté en tenant compte du destinataire et en respectant les principales normes de la langue écrite. - Formuler par écrit sa réception d'une œuvre littéraire ou artistique. - Rédiger, en réponse à une consigne d'écriture, un écrit d'invention s'inscrivant dans un genre littéraire du programme, en s'assurant de sa cohérence et en respectant les principales normes de la langue écrite. - Utiliser l'écrit pour réfléchir, se donner des outils de travail.

Étude de la langue

Grammaire, orthographe, lexique

Attendus de fin de cycle	- Mobiliser les connaissances orthographiques, syntaxiques et lexicales en expression écrite et orale ainsi qu'en révision de texte, dans des contextes variés. - Être capable d'analyser les principaux constituants d'une phrase simple et complexe. - Être capable d'orthographier les mots d'usage courant, de conjuguer correctement les verbes, de pratiquer les accords dans le groupe nominal.
Terminologie utilisée*	- Classe grammaticale (ou nature) / fonction. - Nom (nom propre, nom commun) / groupe nominal / verbe / déterminant (article défini, article indéfini, article partitif, déterminant possessif, déterminant démonstratif, déterminant numéral, déterminant indéfini, déterminant exclamatif, déterminant interrogatif) / adjectif / pronom (pronom personnel, pronom démonstratif, pronom possessif, pronom indéfini, pronom interrogatif, pronom relatif) / adverbe / conjonction (conjonction de subordination, conjonction de coordination) / préposition / interjection. - Sujet du verbe / COD / COI / attribut du sujet / attribut du COD / complément circonstanciel / complément du nom / épithète / apposition. - Verbe : groupes / radical / marque du temps / marque de personne / terminaison / mode / aspect - Mode indicatif, temps simples (présent, imparfait, passé simple, futur) temps composés (passé composé, plus-que-parfait, passé antérieur, futur antérieur) / mode conditionnel présent, passé / mode subjonctif, présent, passé, imparfait, plus-que-parfait / mode impératif, présent / modes non personnels : infinitif, participe présent, participe passé. - Forme active / forme passive / forme impersonnelle / forme négative / forme exclamative. - Phrase simple / phrase complexe / phrase verbale / phrase non verbale. - Voix active, voix passive, voix pronominale. - Proposition indépendante / proposition principale / proposition subordonnée (subordonnée conjonctive, interrogative indirecte, relative, infinitive, participiale). - Coordination / juxtaposition / subordination. - Discours direct / indirect / indirect libre. - Champ lexical / famille de mots / champ sémantique / niveau de langue / mot dérivé / mot composé / locution. - Radical / préfixe / suffixe / synonyme / antonyme / homonyme / polysémie. *Ce manuel tient compte de la nouvelle terminologie grammaticale.

Sommaire

Thème 1
Se raconter, se représenter

Objectifs
- ✔ Je découvre différentes formes de l'écriture de soi, du XVIe siècle à nos jours.
- ✔ Je comprends les différents enjeux de l'écriture autobiographique.
- ✔ J'interroge les liens entre l'autobiographie et l'autoportrait.

Thème 2
Agir dans la cité : individu et pouvoir

Objectifs
- ✔ Je découvre l'œuvre de Simone Veil, femme d'État entrée au Panthéon en 2018.
- ✔ Je comprends les enjeux et la portée de ce récit autobiographique.
- ✔ J'établis les liens entre le témoignage personnel et le devoir de mémoire collectif.

Sommaire

Thème 2
Agir dans la cité : individu et pouvoir

Objectifs
- ✔ Je découvre un symbole de résistance au pouvoir.
- ✔ Je m'interroge sur la façon dont un mythe antique peut éclairer les bouleversements historiques majeurs du XXᵉ siècle.
- ✔ J'aborde un mythe tragique et ses réécritures.

Thème 3
Visions poétiques du monde

Objectifs
- ✔ Je découvre des formes poétiques différentes.
- ✔ J'étudie les caractéristiques de l'expression lyrique du XIXᵉ siècle à nos jours.
- ✔ Je m'interroge sur les liens entretenus par les poètes et poétesses avec la nature.

Sommaire

Thème 3
Visions poétiques du monde

Objectifs

- ✔ Je découvre des formes modernes de poésie lyrique.
- ✔ J'observe le caractère poétique du monde moderne.
- ✔ Je comprends que la poésie joue de toutes les ressources de la langue pour célébrer le monde et en interroger le sens.

Thème 4
Dénoncer les travers de la société

Objectifs

- ✔ Je découvre des œuvres d'époques différentes et de genres variés dénonçant l'importance des apparences dans la société.
- ✔ J'observe les procédés de dénonciation utilisés par les auteurs.
- ✔ Je comprends les modalités et les objectifs de la satire et de l'ironie.

Sommaire

Thème 4
Dénoncer les travers de la société

7 En quoi la publicité est-elle un objet de critique et de satire ? p. 190

Objectifs

- ✔ Je lis des textes des XIXe et XXe siècles ayant la publicité pour sujet.
- ✔ Je poursuis l'étude des tonalités satirique et ironique.
- ✔ Je découvre le pastiche et le pamphlet.
- ✔ Je m'interroge sur la présence de la publicité et sur ses effets dans mon quotidien.

Questionnement complémentaire
Progrès et rêves scientifiques

8 Comment le progrès scientifique inspire-t-il la littérature ? p. 220

Objectifs

- ✔ Je découvre des textes d'anticipation d'hier et d'aujourd'hui.
- ✔ Je comprends des textes d'époques diverses qui traitent de la science et de ses progrès.
- ✔ Je m'interroge sur les liens entre les sciences, l'art et la littérature.

Sommaire

Étude de la langue

Lexique

Grammaire

Conjugaison

Orthographe

Retrouvez une proposition d'approche spiralaire de l'étude de la langue p. 248.

Sommaire

Sujet de brevet

Fiches Méthode

Certification pix

Tableaux de maîtrise des compétences

- Ce tableau présente les compétences selon les domaines du socle auxquels elles appartiennent : langue française, langage des arts, méthodes et outils, formation du citoyen et représentations du monde.
- Cinq compétences sont travaillées en français : comprendre et s'exprimer à l'oral, lire, écrire, comprendre le fonctionnement de la langue et acquérir une culture littéraire et artistique.
- Nos exercices et questions sur les textes ont été conçus pour travailler l'ensemble des compétences ci-dessous.

DOMAINES ❶ ❷ ❸ ❺ Langue française

Comprendre et s'exprimer à l'oral

Je m'exprime de façon maîtrisée en m'adressant à un auditoire

Je ne suis capable de restituer à l'oral qu'une partie de ce que j'ai appris. J'ai préparé mon exposé, mais celui-ci est maladroit, peu clair et/ou ne correspond pas à ce qui était demandé.	Je suis capable de restituer à l'oral ce que j'ai appris ou ce que j'ai préparé. Toutefois, mon expression n'est pas adaptée à une prise de parole en public et/ou je suis trop dépendant(e) de mes notes.	Je sais présenter une production développée, préparée, de moins de cinq minutes, sans être prisonnier(ère) de mes notes, en regardant mon auditoire et en m'adaptant à lui.	Je sais présenter une production développée, préparée, de plus de cinq minutes, sans être prisonnier(ère) de mes notes, en regardant mon auditoire et en m'adaptant à lui.

Je comprends et interprète des messages oraux complexes

Je ne peux pas répondre aux questions parce que je n'ai pas écouté attentivement. Je me suis senti(e) perdu(e) parce que je n'ai pas assimilé la masse d'informations ou le vocabulaire technique.	Je sais m'appuyer sur des mots-clés, mais mon interprétation du message est trop imprécise et/ou je commets des erreurs de sens.	Je comprends l'ensemble du message, je peux en rapporter les idées principales, mais j'ai du mal à faire le lien avec la question qui m'est posée.	Je comprends le message, je m'en suis approprié les idées car je suis capable de les reformuler et de les utiliser pour répondre à la question qui m'est posée.

J'exploite les ressources expressives et créatives de la parole

Je parle de façon hésitante. Je bute sur certains mots et mes camarades ne me comprennent pas bien.	Je parle sans hésitation mais je n'articule pas bien et je ne mets pas le ton.	Mon discours révèle ma bonne compréhension du texte.	Mon discours met en valeur le texte et sa signification.

Lire

J'interprète un texte littéraire

Je ne comprends pas tout le texte.	Je comprends le sens global du texte, mais j'ai fait quelques contresens. Je peux donner un avis.	Je comprends le texte, je peux le situer dans son contexte et donner un avis.	Je comprends le texte, je peux le situer dans son contexte et je peux donner un avis en m'appuyant notamment sur les effets esthétiques.

Écrire

› J'exploite mes lectures pour enrichir mon récit

J'ai des connaissances mal assurées des œuvres que j'ai étudiées en classe et ma production n'est pas adaptée à la consigne.	J'ai une connaissance sommaire des œuvres que j'ai étudiées en classe et je l'exploite partiellement pour produire mon texte.	J'ai une connaissance assez nourrie des œuvres que j'ai étudiées en classe et je l'exploite pour produire mon texte. Toutefois, il reste un ou deux contresens ou anachronismes.	J'enrichis mon récit avec des œuvres étudiées en classe mais aussi avec mes lectures personnelles.

Comprendre le fonctionnement de la langue

› Je maîtrise la forme des mots en lien avec la syntaxe

Je commets des erreurs (mots oubliés, ponctuation erronée, erreurs phonétiques, mise en page, etc.). Le texte n'est pas lisible.	Je sais écrire un texte sans oublier aucun mot, en respectant la ponctuation et la mise en page demandées, mais je fais des erreurs.	Je sais écrire un texte, mais il reste quelques erreurs lexicales.	Je sais écrire un texte et les cinq critères suivants sont respectés : sons, graphie, signes, grammaire, lexique.

› Je comprends un texte en m'appuyant sur mes connaissances lexicales et grammaticales / d'analyse littéraire

Je comprends le sens global à quelques erreurs près, mais j'ai du mal à l'expliquer. Je ne maîtrise pas assez les notions grammaticales et lexicales.	Je comprends le sens global du texte. Je ne maîtrise pas assez les notions grammaticales et lexicales.	Je suis capable de justifier ma compréhension en m'appuyant sur des éléments du texte et en mobilisant mes connaissances linguistiques et culturelles.	J'acquière des connaissances qui ne se limitent pas à celles étudiées en classe.

› Je maîtrise le fonctionnement du verbe et son orthographe

Je respecte quelques règles grammaticales, mais mes erreurs gênent en partie la compréhension du texte.	Je ne respecte pas toutes les règles grammaticales, mais mon texte est compréhensible et/ou j'ai compris la plupart des emplois des modes et des temps.	Je connais et je respecte les règles grammaticales.	Je respecte les règles grammaticales et j'arrive à repérer les exceptions et les cas compliqués.

› Je maîtrise la structure, le sens et l'orthographe des mots

J'ai des difficultés à mettre un mot en lien avec un terme proche pour en comprendre le sens.	J'arrive à mettre le mot en lien avec des termes proches, mais sans en formuler le sens ou en maîtriser l'orthographe.	Je déduis, de manière approximative, le sens et l'orthographe d'un mot grâce à mes connaissances lexicales et au contexte.	Je déduis le sens et l'orthographe d'un mot grâce à mes connaissances lexicales et au contexte.

› Je connais la différence entre l'oral et l'écrit

Je ne respecte pas les codes de l'écrit et/ou je confonds les homophones. Je ne sais pas lire un texte poétique.	Je laisse quelques marques du discours oral dans mes écrits, mais je sais globalement transposer un texte à l'écrit (orthographe et style). Je ne lis pas bien un texte poétique.	Je fais bien la distinction entre discours oral et discours écrit. Je sais reconnaître un texte poétique.	Je fais bien la distinction entre discours oral et discours écrit, et mon expression à l'oral comme à l'écrit peut être relevée. Je sais lire un texte poétique.

DOMAINES ❶ ❷ ❸ ❺ Langage des arts

Comprendre et s'exprimer à l'oral

› Je m'exprime de façon maîtrisée en m'adressant à un auditoire

Je prépare mon exposé mais, je n'ai pas utilisé le vocabulaire technique, et/ou je ne réponds pas à la consigne.	Je prépare un exposé avec le vocabulaire technique, mais je ne me détache pas de mes notes.	Mon exposé est clair et répond aux attentes techniques, mais mon analyse n'est pas très approfondie.	Mon exposé est clair et s'appuie sur une analyse technique. Je donne un avis personnel et argumenté.

Écrire

› J'adopte des stratégies d'écriture efficaces

Ma réponse ou mon texte n'est pas assez développé(e) et j'ai besoin d'aide pour rédiger.	Ma rédaction est correctement structurée et respecte le sujet. Je sais créer et archiver mon travail s'il s'agit d'un fichier numérique.	Ma rédaction est correcte et assez longue. Je sais proposer une mise en page pertinente et respecter les règles typographiques s'il s'agit d'un fichier numérique.	Je sais produire un texte long sans aide et je sais transmettre des émotions. S'il s'agit d'un fichier numérique, je sais enrichir le texte d'images, de sons, de liens, de notes, de tableaux, etc.

Acquérir une culture littéraire et artistique

› J'établis des liens entre des productions littéraires et artistiques issues de cultures et d'époques diverses

Ma réalisation ne correspond pas à ce qui est demandé.	À travers ma réalisation, je réussis à manifester mes connaissances artistiques, mais cela ne correspond que partiellement à ce qui est demandé.	À travers ma réalisation, je réussis à manifester mes connaissances artistiques, et cela correspond à ce qui est demandé.	À travers ma réalisation, je réussis à manifester mes connaissances artistiques, à exprimer ma sensibilité et à affirmer un regard personnel.

DOMAINES ❶ ❷ ❸ ❺ Méthodes et outils

Lire

› Je connais les aspects fondamentaux du fonctionnement de la phrase

Je ne sais pas toujours à quoi correspond une notion grammaticale.	Je confonds quelques notions grammaticales.	Je sais analyser grammaticalement les mots d'une phrase, mais je confonds parfois classe grammaticale et fonction.	Je sais analyser sans faire d'erreur les mots d'une phrase.

› Je lis des documents non littéraires (y compris numériques)

Je sais quelle information rechercher, mais j'ai encore besoin qu'on m'indique où et quand la rechercher.	Je sais où et quand rechercher une information utile.	Je sais rechercher, comparer et sélectionner les informations dont j'ai besoin dans des documents de types divers.	Je sais m'approprier des informations que j'ai trouvées, et de façon pertinente.

DOMAINES ❶ ❷ ❸ ❺ Méthodes et outils

Écrire

› J'utilise l'écrit pour penser et pour apprendre

Je sais restituer par écrit mes connaissances, mais je n'utilise pas toutes les potentialités de l'outil proposé et/ou il manque des éléments.	Je sais restituer par écrit mes connaissances en utilisant l'outil proposé.	Je sais restituer par écrit mes connaissances en utilisant l'outil et en distinguant ce qui est important de ce qui l'est moins.	Je sais restituer mes connaissances de façon structurée et en utilisant toutes les fonctionnalités de l'outil. Je peux ajouter des connaissances personnelles.

› J'adopte des stratégies d'écriture efficaces

Ma réponse ou mon texte n'est pas assez développé(e) et j'ai besoin d'aide pour rédiger.	Ma rédaction est correctement structurée et respecte le sujet. Je sais créer et archiver mon travail s'il s'agit d'un fichier numérique.	Ma rédaction est correcte et assez longue. Je sais proposer une mise en page pertinente et respecter les règles typographiques s'il s'agit d'un fichier numérique.	Je sais produire un texte long sans aide et je sais transmettre des émotions. S'il s'agit d'un fichier numérique, je sais enrichir le texte d'images, de sons, de liens, de notes, de tableaux, etc.

Comprendre le fonctionnement de la langue

› J'utilise des repères étymologiques

Je ne m'appuie pas sur l'étymologie pour comprendre un mot inconnu.	Je m'appuie sur les familles de mots pour comprendre les mots inconnus.	Je reconnais des racines, des préfixes et des suffixes, et je m'en sers pour comprendre des mots inconnus. Je sais utiliser les dictionnaires étymologiques.	Je connais la plupart des racines, préfixes et suffixes utilisés en français. Je sais d'où viennent de très nombreux mots et je retiens ce que j'apprends dans les dictionnaires étymologiques.

DOMAINES ❶ ❷ ❸ ❺ Formation du citoyen

Comprendre et s'exprimer à l 'oral

› Je participe de façon constructive à des échanges oraux

Je participe au débat, mais je ne respecte pas le temps de parole des autres ou je formule mal mes phrases.	Je sais participer à un dialogue, et je me fais comprendre des autres.	Je sais participer à un débat, un échange verbal, en m'adaptant à la situation de communication et aux interlocuteurs.	Je sais développer un propos et défendre un point de vue à l'oral en m'adaptant à la situation de communication et aux interlocuteurs.

Je regarde des images

› Je regarde des images

Je sais décrire et/ou distinguer le support, mais de manière incomplète ou légèrement fautive.	Je sais distinguer les supports et décrire de façon informelle le contenu de l'image.	Je sais décrire l'image avec méthode et l'analyser.	Je sais interpréter l'image et comprendre les intentions de l'artiste.

Acquérir une culture littéraire et artistique

› Je mobilise mes références culturelles pour interpréter un texte ou une image

Je n'ai pas assez de références culturelles pour comprendre le texte ou l'image.	Je n'ai pas toutes les références culturelles pour comprendre tous les implicites du texte ou de l'image.	J'ai assez de références culturelles pour comprendre le texte ou l'image.	J'ai assez de références culturelles pour comprendre le texte ou l'image, et je sais le replacer dans un contexte historique et culturel.

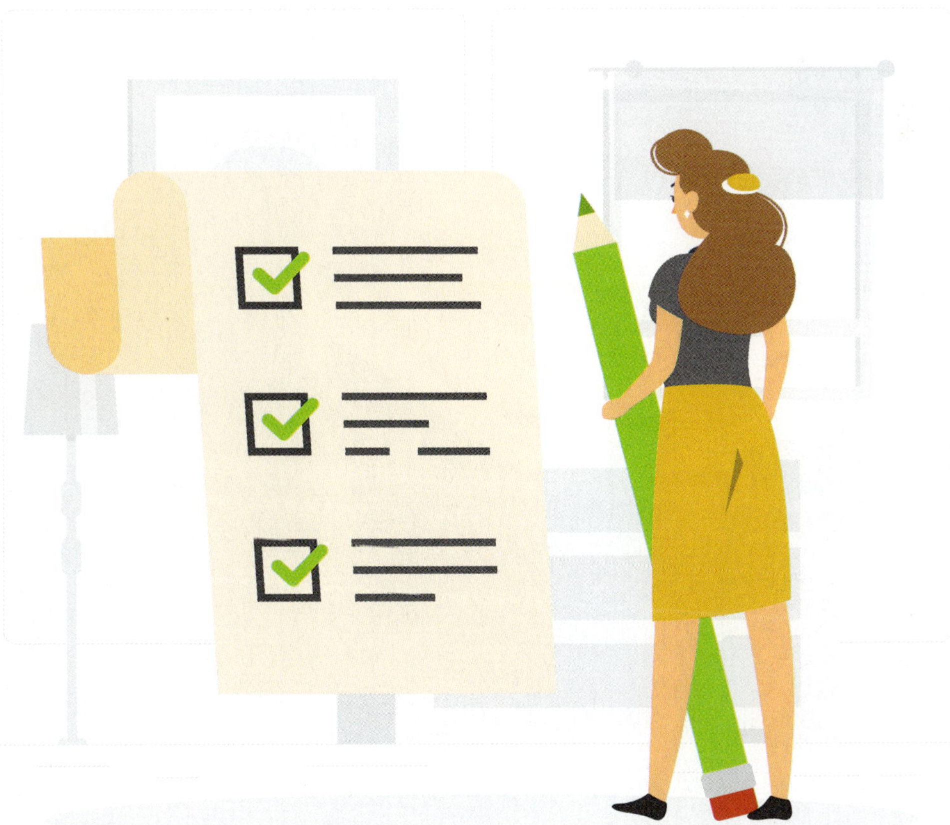

Thème

Se chercher, se construire

Questionnement

- Découvrir différentes formes de l'écriture de soi et de l'autoportrait.
- Comprendre les raisons qui mènent à se raconter ou à se représenter.
- Percevoir l'effort de saisie de soi et de recherche de la vérité.

Chapitre 1

Explorer le moi : comment ? pourquoi ?

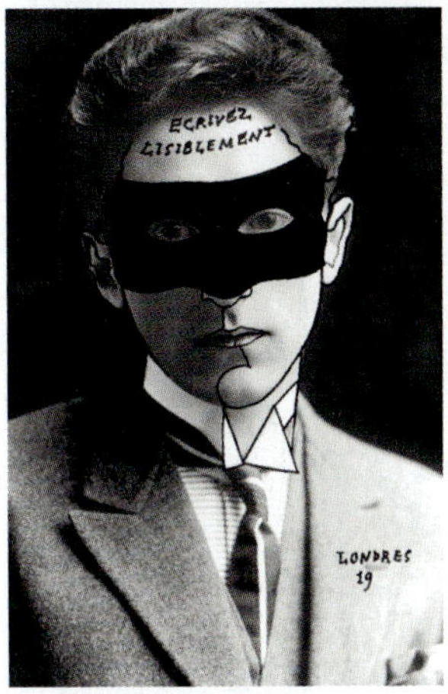

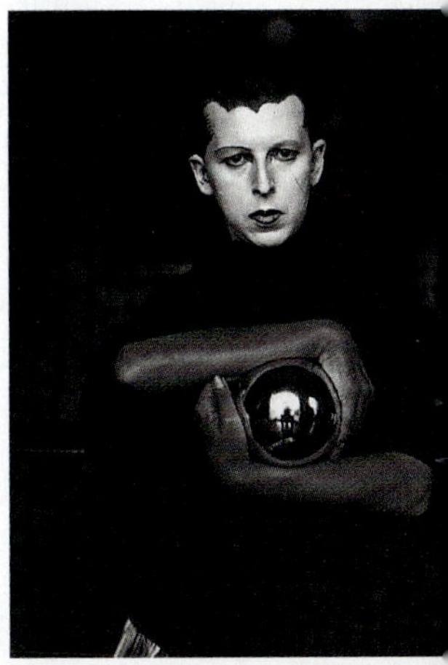

Se raconter, se représenter

1 Explorer le moi : comment ? pourquoi ?

Objectifs

- ✔ Je découvre différentes formes de l'écriture de soi, du XVIe siècle à nos jours.
- ✔ Je comprends les différents enjeux de l'écriture autobiographique.
- ✔ J'interroge les liens entre l'autobiographie et l'autoportrait.

František Kupka, *La Gamme jaune*, 1907, huile sur toile, 79 × 79 cm (Centre Pompidou, Paris).

1. Selon vous, quelles sont les intentions de l'artiste lorsqu'il peint cette toile ?
2. Diriez-vous que l'artiste peint un modèle ou qu'il se peint lui-même ? Justifiez votre réponse.

Les repères du chapitre

1533-1592
Michel de Montaigne

L'essai
En 1580, Montaigne publie les deux premiers tomes des *Essais*. Il donne alors son nom à un genre littéraire développant une réflexion personnelle sur des questions existentielles. Dans ses *Essais*, Montaigne se livre ainsi souvent à la confidence pour mieux étoffer son propos et se connaître.

1712-1778
Jean-Jacques Rousseau

La confession
Les Confessions, publiées à partir de 1782, sont considérées comme la première autobiographie. Elles relatent les cinquante-trois premières années de la vie de Rousseau. Comme leur titre l'indique, elles sont une entreprise de confession des fautes de l'auteur qui tâche de se présenter honnêtement à son lectorat.

1802-1870
Alexandre Dumas

Les mémoires
Essentiellement connu pour ses romans à succès, Alexandre Dumas est également un mémorialiste : ses *Mémoires*, comme ceux de Jules César ou du Général de Gaulle, relatent des souvenirs personnels liés aux grands événements historiques de son temps.

1929-1945
Anne Frank

Le journal intime
Censé être gardé secret, le journal intime est parfois publié. Exercice d'écriture fragmentaire, tenu sur une période particulière ou tout au long de la vie, il est parfois une source pour les historiens.

1908-1960
Richard Wright

1900-1999
Nathalie Sarraute

La forme dialoguée et le roman autobiographique
Au XXe siècle, l'autobiographie continue sa diversification. D'autres formes naissent, parmi lesquelles une forme dialoguée qui permet à l'écrivain(e), constatant l'écart entre le passé révolu et le présent de l'écriture, de commenter sa difficulté à faire revivre le passé (Sarraute). Le roman autobiographique, quant à lui, mêle la fiction et l'expérience personnelle (Wright, Duras).

1914-1996
Marguerite Duras

Une définition de l'autobiographie
Spécialiste de l'autobiographie, l'universitaire Philippe Lejeune en a donné la définition suivante dans *Le Pacte autobiographique* (1975) : « récit rétrospectif […] qu'une personne réelle fait de sa propre existence, lorsqu'elle met l'accent sur sa vie individuelle, en particulier sur l'histoire de sa personnalité. »

Pour entrer dans le chapitre

1 **a)** Trouvez quatre mots commençant par le préfixe *auto-*, quatre mots commençant par le préfixe *bio-* et quatre mots se terminant par le suffixe *-graphe* ou *-graphie*.
b) En vous aidant des mots trouvés, donnez le sens des racines grecques *bíos*, *autos*, et *graphía*.
c) Appuyez-vous sur son étymologie pour donner la définition de l'autobiographie.

2 À votre avis, quelles peuvent être les raisons pour lesquelles un individu rédige son autobiographie ?

3 Quelles autres formes d'art permettent de se livrer à un travail proche de l'autobiographie ?

Vivian Maier, *Autoportrait*, 1955.

L'image

4 Expliquez comment Vivian Maier a pris cette photographie.

5 Quel est l'effet créé par cette mise en scène ?

6 Rendez-vous sur le site consacré à la photographe. Observez ses autoportraits puis choisissez-en un que vous présenterez à la classe.

Retrouvez les autoportraits de Vivian Maier sur LLS.fr/FR3VivianMaier

Écriture

7 Rédigez les quinze premières lignes de votre autobiographie en commençant par « Je suis né(e)... ». Faites ensuite la liste des difficultés que vous avez rencontrées, comme tout autobiographe, pour écrire ce texte.

Numérique

Retrouvez un quiz sur LLS.fr/FR3Quiz1

1 « Voici un livre de bonne foi »

Michel de Montaigne publie les Essais *à la fin du XVI*e *siècle. Dans cet ouvrage segmenté en trois volumes et cent sept chapitres, le philosophe aborde toutes sortes de sujets : la famille, l'éducation des enfants, la tristesse, la maladie, la peur, la mort, le voyage, l'imagination, la liberté, l'expérience… Cette entreprise se double de la volonté de se raconter, de dire qui il est, à travers de nombreuses confidences. Voici le texte que Montaigne place au seuil de son œuvre.*

Voici un livre de bonne foi, lecteur.

Il t'avertit dès le début que je ne m'y suis fixé aucun autre but que personnel et privé ; je ne m'y suis pas soucié, ni de te rendre service, ni de ma propre gloire[1] : mes forces ne sont pas à la hauteur d'un tel dessein[2]. Je l'ai dévolu à l'usage particulier de mes parents et de mes amis pour que, m'ayant perdu (ce qui se produira bientôt), ils puissent y retrouver les traits de mon comportement et de mon caractère, et que grâce à lui ils entretiennent de façon plus vivante et plus complète la connaissance qu'ils ont eue de moi. S'il s'était agi de rechercher la faveur du monde, je me serais paré de beautés empruntées[3]. Je veux, au contraire, que l'on m'y voie dans toute ma simplicité, mon naturel et mon comportement ordinaire, sans recherche ni artifice, car c'est moi que je peins. Mes défauts s'y verront sur le vif, mes imperfections et ma façon d'être naturellement, autant que le respect du public me l'a permis. Si j'avais vécu dans un de ces peuples que l'on dit vivre encore selon la douce liberté des premières lois de la nature, je t'assure que je m'y serais très volontiers peint tout entier et tout nu.

Ainsi, lecteur, je suis moi-même la matière de mon livre : il n'est donc pas raisonnable d'occuper tes loisirs à un sujet si frivole et si vain.

Adieu donc.

De Montaigne, ce 12 Juin 1588.

Michel de Montaigne, « Au lecteur », avant-propos des *Essais*, édition de 1595, texte modernisé par Guy de Pernon, 2009.

Andy Warhol, *Autoportrait*, 1978, polymère synthétique et encre sérigraphique sur toile, 40,3 × 32,8 cm (collection privée).

Michel de Montaigne

(1533-1592) est le penseur le plus important de son siècle. Ses *Essais* ont influencé les générations futures, particulièrement les philosophes des Lumières.

Définition

Le pacte autobiographique

Le « pacte autobiographique » est, selon Philippe Lejeune, l'inventeur de cette expression, **le pacte que l'autobiographe noue, explicitement ou implicitement, avec ses lecteurs** dès lors qu'il s'adonne à l'écriture de soi ; son devoir est de **rejeter le mensonge** et l'enjolivement de la réalité.

Numérique

Retrouvez sur **LLS.fr/FR3P28**

- une présentation de Montaigne en vidéo ;
- une reconstitution en 3D de la bibliothèque de Montaigne.

1. Ni de t'intéresser, ni de passer à la postérité.
2. Ambition.
3. Je me serais mieux présenté.

2 « Et cet homme, ce sera moi. »

Jean-Jacques Rousseau

(1712-1778) est, avec Montesquieu, Diderot et Voltaire, l'un des quatre grands philosophes des Lumières.

Lexique

Entreprise

Ce terme (l. 1) a plusieurs sens. Quels sont ses synonymes dans ce contexte ?

Deux cents ans après Montaigne, Jean-Jacques Rousseau écrit Les Confessions. *Cette œuvre est considérée comme la première autobiographie. Le texte suivant correspond aux premiers mots du livre.*

Je forme une entreprise qui n'eut jamais d'exemple et dont l'exécution n'aura point d'imitateur. Je veux montrer à mes semblables un homme dans toute la vérité de la nature ; et cet homme, ce sera moi.

Moi seul. Je sens mon cœur et je connais les hommes.

Je ne suis fait comme aucun de ceux que j'ai vus ; j'ose croire n'être fait comme aucun de ceux qui existent. Si je ne vaux pas mieux, au moins je suis autre. Si la nature a bien ou mal fait de briser le moule dans lequel elle m'a jeté, c'est ce dont on ne peut juger qu'après m'avoir lu.

Que la trompette du Jugement dernier sonne quand elle voudra, je viendrai, ce livre à la main, me présenter devant le souverain juge. Je dirai hautement : « Voilà ce que j'ai fait, ce que j'ai pensé, ce que je fus. J'ai dit le bien et le mal avec la même franchise. Je n'ai rien tu de mauvais, rien ajouté de bon, et s'il m'est arrivé d'employer quelque ornement indifférent[1], ce n'a jamais été que pour remplir un vide occasionné par mon défaut de mémoire ; j'ai pu supposer vrai ce que je savais avoir pu l'être, jamais ce que je savais être faux. »

Jean-Jacques Rousseau, « Avant-propos », *Les Confessions*, 1782.

1. S'il m'est arrivé d'enjoliver la réalité.

Compréhension

1 **Textes 1 et 2** Choisissez dans chacun des deux textes un passage qui énonce le mieux l'idée essentielle de l'auteur.

2 **Texte 1** À qui le texte de Montaigne s'adresse-t-il ? Relevez les mots et marques de personne pour justifier votre réponse.

3 **Textes 1 et 2** **a)** Pour qui Montaigne dit-il écrire ses *Essais* ? **b)** Pour qui Rousseau souhaite-t-il écrire ses *Confessions* ? **c)** Quelle(s) différence(s) observez-vous ?

Analyse et interprétation

4 **Texte 1** Pour quelles raisons Montaigne dit-il écrire ? Citez la phrase du texte qui résume ces raisons et reformulez-la.

5 **Textes 1 et 2** **a)** Montaigne et Rousseau pensent-ils être différents des autres hommes ? **b)** Rousseau souhaite-t-il écrire son autobiographie pour les mêmes raisons que Montaigne ? Justifiez votre réponse.

6 **Textes 1 et 2** En quoi ces deux textes respectent-ils le « pacte autobiographique » ? Relevez les traces de ce pacte dans les deux textes. **b)** Quelles en sont les limites selon les deux auteurs ?

7 **Image** **a)** Comme l'artiste se représente-il ? **b)** Que cherche à montrer cet autoportrait ? Observez particulièrement la répartition entre ombre et lumière.

Langue

8 **Texte 2** Dans le texte de Rousseau, relevez les mots se terminant par *-ment*. Quelle est la classe grammaticale de chacun d'entre eux (voir p. 270-271) ?

Écriture

9 À votre tour, écrivez le texte qui précède votre autobiographie : quelles sont vos ambitions ? quels engagements prenez-vous vis-à-vis de votre lectorat (10-15 lignes) ?

Les deux rencontres avec Napoléon

Alexandre Dumas

(1802-1870) est un écrivain français du XIXe siècle. Célèbre pour ses romans (*Les trois Mousquetaires* et *Le Comte de Monte-Cristo*), il est également mémorialiste.

Napoléon, exilé sur l'île d'Elbe, s'en échappe, regagne la France et reprend le pouvoir en mars 1815. Toutefois la défaite de Waterloo marque la fin de ce retour qui n'aura duré qu'une centaine de jours. Alexandre Dumas, dont le père a été un héros de l'épopée napoléonienne, raconte ici le passage de l'empereur par sa ville de naissance, Villers-Cotterêts, pour se rendre à Waterloo, puis pour retourner à Paris après la défaite.

Tout le monde se précipita sur la voiture de l'empereur. Je me trouvai naturellement un des premiers.

Il était assis au fond, à droite, vêtu de l'uniforme vert à revers blancs, et portant la plaque de la Légion d'honneur. Sa tête pâle et maladive, qui semblait grassement taillée dans un bloc d'ivoire, retombait légèrement inclinée sur sa poitrine ; à sa gauche, était assis son frère Jérôme ; en face de Jérôme, et sur le devant, l'aide de camp[1] Letort. Il leva la tête, regarda autour de lui et demanda :

Paul Delaroche, *Napoléon Ier à Fontainebleau le 31 mars 1814*, 1840, huile sur toile, 181 × 137 cm (Musée de l'Armée, Paris).

– Où sommes-nous ?

– À Villers-Cotterêts, sire, dit une voix.

– À six lieues de Soissons, alors ? répondit-il.

– À six lieues de Soissons, oui, sire.

– Faites vite.

Et il retomba dans cette espèce d'assoupissement dont l'avait tiré le temps d'arrêt qu'avait fait la voiture. Pendant ce temps, on avait relayé[2] ; les nouveaux postillons[3] étaient en selle ; ceux qui venaient de dételer[4] agitaient leurs chapeaux en criant « Vive l'empereur ! »

Les fouets claquèrent ; l'empereur fit un léger mouvement de tête qui équivalait à un salut. Les voitures partirent au grand galop et disparurent au tournant de la rue de Soissons.

La vision gigantesque était évanouie.

[Trois mois plus tard, Napoléon repasse au même endroit.]

Un grondement sourd et qui se rapproche rapidement annonce [que la voiture] arrive. On la voit apparaître au tournant de la rue, elle s'arrête à la porte. [...]

– C'est lui ? C'est l'empereur ? [...]

C'était l'empereur, à la même place où je l'avais vu, dans une voiture pareille, avec un aide de camp auprès de lui et un autre en face.

Mais ceux-là ne sont plus ni Jérôme ni Letort.

Letort est tué ; Jérôme a mission de rallier l'armée sous Laon.

C'est bien le même homme, c'est bien le

Écoute

En vous appuyant sur l'extrait audio, décrivez l'atmosphère qui se dégage de ces deux scènes.

même visage, pâle, maladif, impassible.

Seulement, la tête est un peu plus inclinée sur la poitrine. Est-ce simple fatigue ? Est-ce douleur d'avoir joué le monde et de l'avoir perdu ?

Comme la première fois, en sentant la voiture s'arrêter, il lève la tête, jette autour de lui ce même regard vague qui devient si perçant lorsqu'il le fixe sur un visage ou sur un horizon, ces deux choses mystérieuses derrière lesquelles peut toujours se cacher un danger.

– Où sommes-nous ? demande-t-il.

– À Villers-Cotterêts, sire.

– Bon ! A dix-huit lieues de Paris ?

– Oui, sire.

– Allez.

Et, comme la première fois, après avoir fait une question pareille, dans les mêmes termes à peu près, il donna le même ordre et partit aussi rapidement.

Le même soir, Napoléon couchait à l'Élysée. Il y avait jour pour jour trois mois qu'à son retour de l'Île d'Elbe il était rentré aux Tuileries.

Seulement, du 20 mars au 20 juin, il y avait un abîme où s'était engloutie sa fortune.

Cet abîme, c'était Waterloo !

Alexandre Dumas, *Mes Mémoires*, 1852-1856.

1. Officier qui veille au confort de son supérieur.
2. Remplacé les chevaux et les conducteurs.
3. Conducteurs.
4. Détacher les chevaux.

Compréhension

1 Quel événement a lieu entre les deux passages de Napoléon par Villers-Cotterêts ? Citez le texte pour justifier votre réponse.

2 **a)** De qui fait-on le portrait dans ce texte ? **b)** Est-ce habituel pour un texte autobiographique ? Référez-vous à la définition des mémoires (voir p. 26) pour étoffer votre réponse.

3 « Est-ce douleur d'avoir joué le monde et de l'avoir perdu ? » (l. 40) Que signifie cette phrase ? Reformulez-la avec vos propres mots.

Analyse et interprétation

4 Comparez les deux parties du texte. **a)** De quelles manières Dumas met-il les deux épisodes en écho ? Quelles ressemblances remarquez-vous ? **b)** Quelles différences relevez-vous ? Que soulignent-elles ?

5 En quoi Dumas montre-t-il une vision originale d'une période célèbre de l'histoire de France ?

6 Selon vous, pourquoi Dumas tient-il à raconter cet épisode ? Qu'est-ce que ces extraits disent de lui ?

7 **Image** Observez le tableau de Paul Delaroche. En quoi ce portrait de Napoléon peut-il illustrer l'empereur tel qu'il est décrit dans la 2e partie du texte.

Langue

8 **a)** Quelle est la valeur du présent de l'indicatif dans les paragraphes des lignes 25-28 (voir p. 331) ? **b)** Pourquoi Dumas a-t-il utilisé le présent ici ?

Écriture

9 Comme Alexandre Dumas, vous avez été témoin (ou vous avez entendu parler) d'un fait d'actualité mettant en scène une personne célèbre. Cet épisode vous a marqué(e) et vous en avez tiré une leçon pour vous-même. Racontez cette histoire et exprimez la leçon que vous avez retenue (20 lignes).

« Bien à toi »

Anne Frank

(1929-1945) est une jeune fille juive allemande, réfugiée aux Pays-Bas et cachée avec sept autres personnes pendant plus de deux ans pour échapper aux nazis. Dénoncée et déportée avec toute sa famille, elle meurt dans le camp de Bergen-Belsen.

Dans son journal intime, Anne Frank raconte sa vie dans la clandestinité et livre ses réflexions au jour le jour, par le biais de lettres adressées à une amie imaginaire qu'elle nomme Kitty. Cette lettre est l'une des dernières qu'elle écrit avant d'être arrêtée et déportée.

Mardi 7 mars 1944

Chère Kitty,

Quand je songe aujourd'hui à ma petite vie douillette de 1942, elle me paraît irréelle. Cette vie de rêve était le lot d'une Anne Frank toute différente de celle qui a mûri ici. Oui, une vie de rêve, voilà ce que c'était. Dans chaque recoin cinq admirateurs, une bonne vingtaine d'amies et de copines, la chouchoute de la plupart des profs, gâtée par Papa et Maman, bonbons à foison, assez d'argent, que désirer de plus ? [...] Tant d'admiration ne m'aurait-elle pas rendue arrogante ? C'est une chance qu'au milieu, au point culminant de la fête, j'aie été soudain ramenée à la réalité, et il m'a fallu plus d'un an pour m'habituer à ne plus recevoir de nulle part de marques d'admiration.

Comment me voyaient-ils à l'école ? Celle qui prenait l'initiative des farces et des blagues, toujours partante, jamais de mauvaise humeur ou pleurnicharde. Quoi d'étonnant si tout le monde voulait m'accompagner à vélo ou me témoigner de petites attentions ? Aujourd'hui je regarde cette Anne Frank comme une fille sympathique, amusante, mais superficielle, qui n'a rien à voir avec moi.

[...] Malgré tout, en 1942, je n'étais absolument pas heureuse, c'est

Écoute

À la lecture audio de cet extrait, comment décririez-vous l'état d'esprit de celle qui parle ?

James Cochran (Jimmy C.), portrait d'Anne Frank, 2012, 2018, peinture sur mur (Anne Frank Zentrum, Berlin, Allemagne).

Lexique

Cuirasse

Qu'est-ce qu'une « cuirasse » (l. 25) au sens littéral du mot ? Quel sens a ce mot dans le texte ?

Numérique

Retrouvez sur LLS.fr/FR3P33

- un lien vers une vidéo résumant la vie d'Anne Frank ;
- le site Internet de la maison d'Anne Frank.

impossible, je me sentais souvent abandonnée, mais comme j'étais occupée du matin au soir, je ne réfléchissais pas et je m'amusais autant que je pouvais. [...] La première moitié de 1943, mes crises de larmes, la solitude, la lente prise de conscience de tous mes torts et de tous mes défauts [...].

Après le Nouvel An, deuxième grand changement, mon rêve... c'est ainsi que j'ai découvert mon besoin d'un garçon ; pas d'une amie fille, mais d'un ami garçon. Découvert aussi le bonheur en moi et ma cuirasse de superficialité et de gaieté. Mais de temps à autre je retombais dans le silence. À présent je ne vis plus que pour Peter, car c'est de lui que dépendra pour une large part ce qu'il adviendra désormais de moi !

Et le soir, lorsque je suis couchée et que je termine ma prière par ces mots : « Je te remercie pour tout ce qui est bon, aimable et beau », alors je me sens emplie d'une jubilation[1] intérieure, je pense à « ce qui est bon » dans la clandestinité, dans ma santé, dans tout mon être, à « ce qui est aimable » en Peter [...]. Alors, je ne pense pas à toute la détresse, mais à la beauté qui subsiste encore. C'est là que réside pour une grande part la différence entre Maman et moi [...], car que doit-on faire quand on connaît soi-même la détresse ? On est perdu. En revanche, je trouve que dans n'importe quel chagrin, il subsiste quelque chose de beau, si on le regarde, on est frappé par la présence d'une joie de plus en plus forte et l'on retrouve soi-même son équilibre. Et qui est heureux rendra les autres heureux aussi, qui a courage et confiance ne se laissera jamais sombrer dans la détresse.

Bien à toi,
Anne M. Frank

Le Journal d'Anne Frank, 1947, traduit du néerlandais par Philippe Noble et Isabelle Rosselin-Bobulesco © Calmann-Lévy, 2002.

1. Grande joie

Compréhension

1 En quelques phrases, dressez le portrait d'Anne Frank en 1942. À quoi était-elle très attachée ?

2 Établissez le portrait qu'Anne Frank fait d'elle-même en mars 1944.

3 Qu'est-ce qui a provoqué ce changement ?

4 « C'est une chance qu'au milieu, au point culminant de la fête, j'aie été soudain ramenée à la réalité. » (l. 8-9) Que veut dire Anne Frank selon vous ?

Analyse et interprétation

5 Que traduit la présence des phrases interrogatives dans ce texte ?

6 **a)** En vous appuyant particulièrement sur le dernier paragraphe du texte et sur la situation dans laquelle se trouvait Anne Frank en 1944, expliquez les raisons qui ont pu la pousser à tenir un journal intime et le rôle que celui-ci a pu jouer pour elle. Qu'est-ce qui est devenu essentiel pour elle ? **b)** À la fin du texte, diriez-vous que le journal intime d'Anne Frank demeure une œuvre écrite pour elle-même ? Pourquoi ?

7 À partir de la lecture de ce texte, que pouvez-vous dire sur le genre du journal intime, au niveau de la forme, du ton adopté, des thèmes abordés et des intentions de l'autrice ?

Langue

8 Quelle est la classe grammaticale de « qui » dans la dernière phrase (voir p. 270-271) ? Quelle est sa fonction ?

Écriture

9 À votre tour, écrivez une page de votre journal intime. Vous y parlerez de la manière dont vous pensez que vos camarades vous voient, et direz si vous estimez qu'ils/elles vous connaissent vraiment (15 lignes).

« Ma première victoire sur mon père »

Richard Wright

(1908-1960) est un écrivain américain. Son roman *Black Boy* est considéré comme l'une des premières œuvres traitant des conditions de vie des Noirs aux États-Unis ; il est également une démonstration de l'injustice qui frappe la communauté noire américaine.

Black Boy *est un roman autobiographique dans lequel Richard Wright raconte son enfance difficile et son entrée dans l'âge adulte. Dans ce passage, l'auteur se souvient d'un événement qui lui a permis de s'opposer à son père.*

Un beau matin, alors que mon frère et moi jouions derrière la maison, nous trouvâmes un petit chat perdu qui miaulait à fendre l'âme[1]. Nous lui donnâmes quelques miettes de nourriture et nous le fîmes boire, mais il continuait de miauler. Mon père s'amena en caleçon, titubant[2] lourdement, encore à moitié endormi, par la porte de la cuisine et nous ordonna de nous taire. Nous lui répondîmes que c'était le petit chat qui faisait tout ce bruit, et il nous dit de le chasser. Nous essayâmes de faire partir le petit chat, mais il ne voulait rien savoir. Mon père intervint.

« Allez, ouste ! » cria-t-il.

Le petit chat squelettique s'attardait, se frottait contre nos jambes avec des miaulements plaintifs.

« Tuez-moi cette maudite bête ! grogna mon père. Faites ce que vous voulez, mais débarrassez-moi de ça ! »

Il rentra dans la maison en grommelant[3]. Je lui en voulais d'avoir crié et cela m'agaçait de ne pouvoir lui montrer mon ressentiment. Comment lui rendre la monnaie de sa pièce[4] ? [...]

« Il a dit qu'on tue le petit chat, dis-je à mon frère.

– Il le pensait pas vraiment, repartit celui-ci.

– Si, il le pensait. Moi, j'vais le tuer ! [...] »

Mon frère se sauva, effrayé. Je trouvai un morceau de corde et j'en fis un grand nœud coulant que je passai autour du cou du chat. Puis je glissai la corde sur un clou et j'arrachai l'animal du sol. Il haleta[5], bava, tournoya, se plia en deux, battit désespérément le vide de ses griffes et finalement sa bouche s'ouvrit toute grande, laissant pendre une langue blanche et rose. J'attachai la corde à un clou et je me mis à la recherche de mon frère. Il était tapi dans un coin de la maison.

« Je l'ai tué, chuchotai-je.

– T'as mal fait, dit mon frère.

– Maintenant, Papa va pouvoir

Carlton Murrell, *Thinking*, 1990, huile sur panneau (collection privée).

dormir, dis-je, tout content de moi. [...]

– Je vais le dire », fit mon frère en se sauvant dans la maison.

J'attendis, résolu à me défendre à l'aide des paroles inconsidérées[6] de mon père ; je jouissais par anticipation de la satisfaction que j'aurais à les lui répéter, bien que je fusse conscient du fait qu'il les avait prononcées dans la colère. Ma mère accourut, s'essuyant les mains à son tablier. Elle s'arrêta et pâlit quand elle vit le chat pendu au bout de la corde.

« Au nom du Ciel, qu'est-ce que tu as fait ? » interrogea-t-elle. [...]

Elle me saisit par la main et me traîna jusqu'au lit de mon père et lui raconta ce que j'avais fait.

« On n'est pas idiot à ce point-là ! gronda mon père.

– Tu m'as dit de le tuer.

– Je t'ai dit de me débarrasser de lui.

– Tu m'as dit de le tuer, ripostai-je d'un ton assuré.

– Sors d'ici ou je vais t'flanquer une paire de baffes ! » beugla mon père d'un air dégoûté ; après quoi il me tourna le dos et se renfonça sous les couvertures.

Ce fut ma première victoire sur mon père. Je lui avais fait croire que j'avais pris ses paroles à la lettre. Il ne pouvait me punir maintenant sans compromettre son autorité. J'étais heureux parce que j'avais enfin trouvé le moyen de le critiquer ouvertement. Je lui avais fait comprendre que s'il me battait pour avoir tué le chat, je n'attacherais plus désormais aucune valeur à ses paroles. Je lui avais fait comprendre que je savais à quel point il était cruel, et cela, sans lui donner la possibilité de me punir.

Richard Wright, *Black Boy*, 1945, traduit de l'anglais par Marcel Duhamel et Andrée R. Picard, © Éditions Gallimard, 1947.

Lexique

Langage familier

Relevez les mots et les passages qui appartiennent au niveau de langue familier.

1. De façon déchirante.
2. Chancelant sur ses jambes.
3. En exprimant sa mauvaise humeur.
4. Comment me venger de lui ?
5. Respira à un rythme précipité.
6. Irréfléchies.

Compréhension

1 **a)** Restituez les étapes du texte. **b)** Comment comprenez-vous le dernier paragraphe ?

2 L'intention première du narrateur était-elle de tuer le petit chat ? Qu'est-ce qui le pousse à prendre cette décision contradictoire ?

Analyse et interprétation

3 **a)** Relevez les expressions évoquant le chat au début du texte. Quelle image de l'animal est donnée ? **b)** Comment le chat est-il décrit plus tard dans le texte ? **c)** Quel effet la comparaison entre ces deux descriptions produit-elle sur vous ?

4 Quels sentiments le narrateur nourrit-il à l'égard de son père ? Justifiez votre réponse.

5 **a)** Observez tous les verbes de parole qui renvoient aux propos du père : que constatez-vous ? **b)** Que nous apprennent également l'apparence physique et le comportement du père ? **c)** Quel portrait implicite le narrateur brosse-t-il de son père ?

6 À la fin du texte, quel mot explicite le narrateur emploie-t-il pour caractériser le tempérament de son père ?

7 À travers cet acte violent, quelle ambition le jeune garçon a-t-il ?

8 À votre avis, pourquoi Richard Wright raconte-t-il cet épisode ?

Langue

9 « Il haleta [...] blanche et rose. » (l. 33 à 38) **a)** Quelles sont les différentes propositions dans cette phrase ? **b)** Comment ces propositions sont-elles liées entre elles ? **c)** Quel effet cette longue énumération produit-elle à la lecture ?

Écriture

10 Dans un procès, défendriez-vous ou accuseriez-vous le jeune garçon pour ce qu'il a commis ? Pourquoi ? Proposez une réponse argumentée (20 lignes).

Le temps suspendu

Nathalie Sarraute

(1900-1999) est une autrice française d'origine russe. Engagée toute sa vie à mettre des mots sur ce qui relève de l'indicible, elle a écrit des romans, des pièces de théâtre et des essais littéraires.

Enfance est, comme son titre l'indique, le récit de l'enfance de Nathalie Sarraute. L'autrice y raconte les onze premières années de sa vie. Dans ce passage, elle tâche de se souvenir d'un moment précis et d'un sentiment fort, mais elle peine à trouver le mot juste.

Pourquoi vouloir faire revivre cela, sans mots qui puissent parvenir à capter, à retenir ne serait-ce qu'encore quelques instants ce qui m'est arrivé... comme viennent aux petites bergères les visions célestes... mais ici aucune sainte apparition, pas de pieuse[1] enfant...

J'étais assise, encore au Luxembourg[2], sur un banc du jardin anglais, entre mon père et la jeune femme qui m'avait fait danser dans la grande chambre claire de la rue Boissonade. Il y avait, posé sur le banc entre nous ou sur les genoux de l'un d'eux, un gros livre relié... il me semble que c'étaient les *Contes* d'Andersen.

Je venais d'en écouter un passage... je regardais les espaliers[3] en fleurs le long du petit mur de briques roses, les arbres fleuris, la pelouse d'un vert étincelant jonchée de pâquerettes, de pétales blancs et roses, le ciel, bien sûr, était bleu, et l'air semblait vibrer légèrement... et à ce moment-là, c'est venu... quelque chose d'unique... qui ne reviendra plus jamais de cette façon, une sensation d'une telle violence qu'encore maintenant, après tant de temps écoulé, quand, amoindrie, en partie effacée elle me revient, j'éprouve... mais quoi ? quel mot peut s'en saisir ? pas le mot à tout dire : « bonheur », qui se présente le premier, non, pas lui... « félicité », « exaltation », sont trop laids, qu'ils n'y touchent pas... et « extase »... comme devant ce mot ce qui est là se rétracte... « Joie », oui, peut-être... ce petit mot modeste, tout simple, peut effleurer sans grand danger... mais il n'est pas capable de recueillir ce qui m'emplit, me déborde, s'épand, va se perdre, se fondre dans les briques roses, les espaliers en fleurs, la pelouse,

Carl Larsson, *Dans le buisson fleuri*, non daté, crayon, encre et aquarelle sur papier, 60 × 93 cm (collection privée).

Définition

Introspection

Ce terme signifie « **regarder à l'intérieur** ». Il s'agit donc de l'activité psychologique consistant à **observer et à analyser ses émotions et perceptions** avec honnêteté.

Écoute

Quelle ambiance sonore (musique, bruits) choisiriez-vous pour accompagner la lecture de ce passage ?

1. Croyante, animée par la foi en Dieu.
2. Jardin du Luxembourg, au cœur de Paris.
3. Rangées d'arbres fruitiers plantés le long d'un mur.

les pétales roses et blancs, l'air qui vibre parcouru de tremblements à peine perceptibles, d'ondes... des ondes de vie, de vie tout court, quel autre mot ?... de vie à l'état pur, aucune menace sur elle, aucun mélange, elle atteint tout à coup l'intensité la plus grande qu'elle puisse jamais atteindre... jamais plus cette sorte d'intensité-là, pour rien, parce que c'est là, parce que je suis dans cela, dans le petit mur rose, les fleurs des espaliers, des arbres, la pelouse, l'air qui vibre... je suis en eux sans rien de plus, rien qui ne soit à eux, rien à moi.

Nathalie Sarraute, *Enfance*,

Gustav Klimt, *Jardin de fleurs*, 1905-1907, huile sur toile (collection privée).

Compréhension

1 À quel moment de la vie de l'autrice, les pronoms de la première personne « j'/je » (l. 5 et 10), « m' » (l. 6) et « nous » (l. 7) renvoient-ils ?

2 **a)** La même première personne (l. 24) renvoie-t-elle à la même période de sa vie ? Justifiez votre réponse. **b)** Qu'en déduisez-vous ?

Analyse et interprétation

3 Quelle importance le cadre spatial semble-t-il revêtir dans l'évocation du souvenir ?

4 **a)** Nathalie Sarraute est-elle certaine de retranscrire son souvenir ? Justifiez votre réponse en vous appuyant, exclusivement, sur votre lecture du deuxième paragraphe. **b)** À quelle difficulté l'autrice se heurte-t-elle ? Citez le premier paragraphe pour répondre.

5 **a)** Comment cette difficulté se traduit-elle dans le troisième paragraphe ? **b)** L'autrice arrive-t-elle à dépasser cette difficulté ? Illustrez votre réponse par des citations précises.

6 **a)** Quel signe de ponctuation apparaît régulièrement dans le texte ? **b)** Proposez une explication à son usage en développant votre réponse.

Langue

7 « la pelouse d'un vert étincelant jonchée de pâquerettes, de pétales blancs et roses » (l. 11-12) Identifiez les expansions du nom :
a) les adjectifs épithètes ;
b) les groupes prépositionnels compléments du nom ;
c) les groupes prépositionnels compléments de l'adjectif.

Écriture

8 Racontez un souvenir heureux en l'inscrivant, à votre tour, dans une époque et un lieu que vous décrirez avec précision. Restituez-le en essayant de le rendre présent (20 lignes).

« Cet inconnu, c'est lui, dans sa totalité »

Marguerite Duras
(1914-1996) est une romancière, dramaturge, scénariste et cinéaste française. Son œuvre est essentiellement inspirée de sa vie.

Dans son roman autobiographique, La Douleur, *Marguerite Duras raconte l'attente du retour de son mari, Robert Antelme (Robert L.), déporté pour résistance au camp de concentration de Dachau, puis le retour de ce dernier. Le passage suivant correspond au moment où elle revoit pour la première fois celui qui a été arrêté huit mois auparavant par la Gestapo.*

Juste avant de venir rue Saint-Benoît[1], D. s'est arrêté pour me téléphoner encore. « Je vous téléphone pour vous prévenir que c'est plus terrible que tout ce qu'on a imaginé. Il est heureux. »

J'ai entendu des cris retenus dans l'escalier, un remue-ménage, un piétinement. Puis des claquements de portes et des cris. C'était ça. C'était eux qui revenaient d'Allemagne.

Je n'ai pas pu l'éviter. Je suis descendue pour me sauver dans la rue. Beauchamp et D. le soutenaient par les aisselles. Ils étaient arrêtés au palier du premier étage. Ils avaient les yeux levés.

Je ne sais plus exactement. Il a dû me regarder et me reconnaître et sourire. J'ai hurlé que non, que je ne voulais pas le voir. Je suis repartie, j'ai remonté l'escalier. Je hurlais, de cela je me souviens. La guerre sortait dans des hurlements. Six années sans crier. Je me suis retrouvée chez des voisins. Ils me forçaient à boire du rhum, ils me le versaient dans la bouche. Dans les cris.

Je ne sais plus comment je me suis retrouvée devant lui, lui, Robert L. Je me souviens des sanglots partout dans la maison, que les locataires sont restés longtemps dans l'escalier, que les portes étaient ouvertes. On m'a dit après que la concierge avait décoré l'entrée pour l'accueillir et que dès qu'il était passé, elle avait tout arraché et qu'elle, elle s'était enfermée dans sa loge, farouche[2], pour pleurer.

Dans mon souvenir, à un moment donné, les bruits s'éteignent et je le vois. Immense. Devant moi. Je ne le reconnais pas. Il me regarde. Il sourit. Il se laisse regarder. Une fatigue surnaturelle se montre dans son

René Magritte, *Le Cœur dévoilé (portrait de Tina Thirifays)*, *1936, huile sur toile*, 80 × 64 cm (collection privée).

À l'oral

Comprenez-vous la réaction de Marguerite Duras lorsqu'elle voit apparaître devant elle Robert L. ? La trouvez-vous légitime ? choquante ?

sourire, celle d'être arrivé à vivre jusqu'à ce moment-ci. C'est à ce sourire que tout à coup je le reconnais, mais de très loin, comme si je le voyais au fond d'un tunnel. C'est un sourire de confusion. Il s'excuse d'en être là, réduit à ce déchet. Et puis le sourire s'évanouit. Et il redevient un inconnu. Mais la connaissance est là, que cet inconnu c'est lui, Robert L., dans sa totalité.

Il avait voulu revoir la maison. On l'avait soutenu et il avait fait le tour des chambres. Ses joues se plissaient mais elles ne se décollaient pas des mâchoires, c'était dans ses yeux qu'on avait vu son sourire. [...]

Le docteur est arrivé. Il s'est arrêté net, la main sur la poignée, très pâle. Il nous a regardés puis il a regardé la forme sur le divan. Il ne comprenait pas. Et puis il a compris : cette forme n'était pas encore morte, elle flottait entre la vie et la mort et on l'avait appelé, lui, le docteur, pour qu'il essaye de la faire vivre encore. Le docteur est entré. Il est allé jusqu'à la forme et la forme lui a souri. [...]

La lutte a commencé très vite avec la mort. Il fallait y aller doux avec elle, avec délicatesse, tact, doigté. [...]

Il devait peser entre trente-sept et trente-huit kilos : l'os, la peau, le foie, les intestins, la cervelle, le poumon, tout compris : trente-huit kilos répartis sur un corps d'un mètre soixante-dix-huit.

Marguerite Duras, *La Douleur*, © P.O.L. Éditeur, 1985.

1. Rue parisienne dans laquelle habitaient Margueritte Duras et Robert Antelme.
2. Apeurée, effrayée.

Compréhension

1 À la lecture du texte, diriez-vous que le sujet en est le retour de Robert L. ? Précisez votre réponse.

2 L'autrice retranscrit-elle ce souvenir avec précision ? Citez le texte pour prouver votre réponse.

3 Comment l'agitation du retour de Robert L. se traduit-elle dans l'immeuble ?

Analyse et interprétation

4 « "Je vous téléphone pour vous prévenir que c'est plus terrible que tout ce qu'on a imaginé. Il est heureux." » (l. 2-3) **a)** En quoi l'association de ces deux phrases est-elle étrange ? **b)** Quels passages de la suite du texte permettent de traduire la tension dramatique présente dans ces deux phrases ?

5 a) « Je n'ai pas pu l'éviter. » (l. 7) Qui le pronom complément « l' » désigne-t-il ici ? **b)** Quels autres pronoms désignent la même personne avant que celle-ci ne soit nommée ? **c)** Pourquoi Marguerite Duras retarde-t-elle le moment de la nommer ?

6 **a)** En quoi les retrouvailles de l'autrice et de son époux sont-elles sous le signe de la « confusion » (l. 44) ? **b)** En quoi cette confusion se poursuit-elle à l'arrivée du docteur (l. 50-55) ?

7 Quels sentiments Marguerite Duras souhaite-t-elle faire naître dans l'esprit du lecteur en produisant une telle phrase de conclusion ? Expliquez-vous.

8 Pourquoi ce texte dépasse-t-il les attentes d'un texte autobiographique ?

9 **Image** En quoi ce double portrait pourrait-il illustrer non seulement le rapport de l'autrice à elle-même dans ce texte, mais bien des entreprises autobiographiques, de Montaigne à aujourd'hui ?

Langue

10 Relevez les phrases non verbales. À quels moments et pourquoi Marguerite Duras les emploie-t-elle ?

Écriture

11 Racontez cette scène du point de vue de Robert L. (20 lignes).

Comment se représenter ?

❶ Une mise en scène

Albrecht Dürer, *Autoportrait avec gants*, 1498, huile sur bois, 52 × 41 cm (Musée du Prado, Madrid, Espagne).
Sous la fenêtre, on peut lire l'inscription suivante : « 1498, je l'ai peint d'après moi. J'avais vingt-six ans, Albrecht Dürer. »

❷ Face à soi-même

Rembrandt, *Autoportrait*, 1652, huile sur bois, 112 × 81,5 cm (Musée d'histoire de l'art de Vienne, Autriche).
Rembrandt s'est représenté à tous les âges de la vie, entre 1627 (à 21 ans) et 1669 (juste avant sa mort). Nous pouvons donc le voir vieillir progressivement.

❸ Éloge de la peinture ou de l'artiste ?

Vincent Van Gogh, *Autoportrait de l'artiste*, 1888, huile sur toile, 55 × 50 cm (Van Gogh Museum, Amsterdam, Pays-Bas).
Van Gogh a réalisé trente-sept autoportraits entre 1886 et 1889.

Éclairage

Se représenter : l'autoportrait en peinture

Avoir une identité, c'est ne faire qu'un être à la fois différent des autres et cohérent avec soi-même. Toutefois **il est parfois bien difficile de savoir qui l'on est**. Bien avant la mode des *selfies*, de nombreux artistes se sont confrontés à cette question et ont essayé d'y répondre de différentes manières.

Faire son autoportrait, c'est donc aussi s'inscrire dans une longue **tradition**. L'artiste se fait l'héritier d'un passé auquel il peut choisir de faire référence dans ses œuvres. L'identité de l'artiste se dévoile ainsi **en référence à ceux qui l'ont précédé**.

4 L'ombre d'un autoportrait

Pablo Picasso, *Buste de femme avec autoportrait*, 1929, peinture à l'huile, 73 × 60 cm, © Succession Picasso 2020 (collection privée).

5 Un autoportrait multiple

Norman Rockwell, *Triple autoportrait*, 1960, illustration, 113 × 87 cm (Norman Rockwell Museum, Stockbridge, États-Unis).
Le peintre se représente en train de peindre, comme d'autres avant lui. En haut à droite de sa toile, se trouvent les reproductions des autoportraits présents sur cette double page.

Numérique

Retrouvez une réinterprétation du *Triple autoportrait* de Rockwell à l'heure des réseaux sociaux par l'artiste Maggie Meiners sur LLS.fr/FR3Meiners

Questions

1 **Docs. 1 et 2** **a)** Qu'est-ce qui pousse ces deux artistes à se représenter ? Appuyez-vous notamment sur l'inscription dans le tableau de Dürer. **b)** Quel rapprochement pouvez-vous faire avec l'autobiographie ?

2 **Docs. 1, 2 et 3** **a)** Quelle est la différence entre les autoportraits de Dürer et Rembrandt et celui de Van Gogh ? **b)** Que Van Gogh souhaite-t-il mettre en valeur ?

3 **Doc. 4** **a)** Quelles sont les particularités de cet autoportrait ? Lisez le titre de l'œuvre et observez le tableau. **b)** Le tableau donne-t-il une bonne idée de qui était Picasso ?

4 **Doc. 5** **a)** Lisez la légende et expliquez le titre de cette œuvre. **b)** Recherchez une définition simple de la mise en abyme. En quoi ce tableau est-il une mise en abyme ? **c)** Quel effet l'artiste a-t-il voulu produire ?

5 **Docs. 1 à 5** À votre avis, pourquoi Rockwell s'est-il représenté avec ces quatre autres autoportraits sous les yeux ?

Ex. 1 **Je travaille sur le champ lexical du souvenir.**

Voici six mots qui appartiennent au champ lexical du souvenir. Employez chacun d'eux dans une phrase qui permettra d'en comprendre le sens. Aidez-vous, si besoin, d'un dictionnaire.
a) Réminiscence. **b)** Trace. **c)** Vestige. **d)** Stigmate. **e)** Commémoration. **f)** Relique.

Ex. 2 **Je distingue différentes émotions.**

Distinguez les mots suivants en fonction du champ lexical auquel ils appartiennent : colère, peur, joie et surprise. Classez-les ensuite du plus faible au plus fort.
fureur, angoisse, étonnement, plaisir, médusé, terreur, énervement, extase, agacement, stupéfait, exaspéré, hargne, allégresse, irritabilité, ébahi, craintif, courroucé, enjoué, effrayé, heureux, fulminer, béatitude.

Ex. 3 **Je repère les marques de la subjectivité.**

Ma tête est plutôt grosse pour mon corps ; j'ai les jambes un peu courtes par rapport à mon torse, les épaules trop étroites relativement aux hanches. Je marche le haut du corps incliné en avant ; j'ai tendance, lorsque je suis assis, à me tenir le dos vouté ; ma poitrine n'est pas très large et je n'ai guère de muscles. J'aime à me vêtir avec le maximum d'élégance ; pourtant, à cause des défauts que je viens de relever dans ma structure et de mes moyens qui, sans que je puisse me dire pauvre, sont plutôt limités, je me juge d'ordinaire profondément inélégant ; j'ai horreur de me voir à l'improviste dans une glace car, faute de m'y être préparé, je me trouve à chaque fois d'une laideur humiliante.

Michel Leiris, *L'Âge d'homme*, 1939

Parmi les verbes conjugués à la 1re personne du singulier, relevez ceux servant à la présentation et à la description objective ; ceux exprimant un point de vue sur soi, un jugement critique ou distant ; ceux exprimant un sentiment intime ou personnel.

Ex. 4 **Je distingue les termes péjoratifs et les termes mélioratifs.**

Classez les adjectifs suivants selon qu'ils sont connotés mélioravitement ou péjorativement : *extraordinaire, incroyable, ignoble, inouï, trouillard, épouvantable, colérique, sublime, hargneux, magique, insupportable, arrogant, merveilleux, pleurnichard, éblouissant.*

Ex. 5 **J'utilise le mot juste pour décrire.**

Parmi les adjectifs ci-dessous, sélectionnez ceux qui correspondent aux impressions que dégage cet autoportrait de Frida Kahlo, puis utilisez-les dans des phrases pour dresser le portrait de l'artiste mexicaine.
aimable, courageuse, intimidée, menaçante, pensive, sereine, sévère, volontaire.

Frida Kahlo, *Le Cadre*, 1938, huile sur toile, 28,5 × 20,7 cm (Centre Georges Pompidou, Paris).

Ex. 6 **J'identifie les figures de style.**

1. Quelles figures de style Marguerite Duras utilise-t-elle dans ces phrases extraites de *La Douleur* (voir p. 38-39) ? **a)** « "Je vous téléphone pour vous prévenir que c'est plus terrible que tout ce qu'on a imaginé. Il est heureux." » **b)** « C'est à ce sourire que tout à coup je le reconnais, mais de très loin, comme si je le voyais au fond d'un tunnel. » **c)** « Il s'excuse d'en être là, réduit à ce déchet. »
2. Expliquez comment chaque figure de style met en valeur les stigmates que la guerre a laissés aux prisonniers des camps de concentration.

Atelier 1 : J'argumente sur la sincérité des souvenirs

Sujet de réflexion • Pensez-vous que nous pouvons raconter sincèrement et exactement nos souvenirs ou que nous transformons nécessairement ce que nous avons vécu, par exemple pour idéaliser ou atténuer les événements ?

Atelier 2 : Je me confie à mon journal intime

Sujet d'imagination • Écrivez une page de journal intime dans laquelle vous raconterez un événement (privé ou public) qui vous a touché(e) personnellement et qui a modifié le regard que vous portez sur le monde, sur les autres et/ou sur vous-même.

Étape 1
Je réinvestis les codes du journal intime

- Pensez à dater votre texte.
- Utilisez la première personne du singulier.
- Conjuguez essentiellement vos verbes au présent et au passé composé (même si l'emploi d'autres temps reste possible).
- Vous pouvez vous adresser à un destinataire fictif, mais ce n'est pas obligatoire.

Étape 2
Je raconte un événement et mon ressenti

- Racontez l'événement qui vous a touché(e).
- Identifiez la/les émotion(s) ressentie(s) face à l'événement (joie, peur, surprise, etc.).
- Utilisez les champs lexicaux en lien avec les émotions pour que l'on comprenne bien ce que vous avez ressenti. Vous pouvez vous aider du deuxième exercice de lexique.

Étape 3
Je réinvestis des marqueurs de la subjectivité

- Utilisez des marques de subjectivité pour montrer que vous rendez compte d'une vision personnelle de l'événement. Référez-vous éventuellement au troisième exercice de lexique.
- Utilisez des termes péjoratifs ou mélioratifs pour traduire votre point de vue. Inspirez-vous des adjectifs dans le quatrième exercice de lexique.

Étape 4
J'analyse l'évolution de ma pensée

- Concluez votre texte en expliquant en quoi cet événement a changé votre regard sur le monde, les autres et/ou vous-même.
- Opposez vos deux visions, avant et après l'événement.
- Utilisez des figures de style comme la comparaison, le parallélisme ou l'antithèse pour montrer les différences entre vos deux visions du monde, des autres et/ou de vous-même. Vous pouvez vous aider du sixième exercice de lexique.
- N'oubliez pas de dire ce que vous pensez de cette évolution.

Autoportrait d'une classe

Groupe 1 : Je me présente

Étape 1 **Je fais mon portrait**

- Rédigez une rapide description physique et morale de vous-même en vous aidant, pour être objectif(ve), des remarques bienveillantes de vos camarades.
- Rédigez ensuite le récit d'un événement significatif de votre vie que vous souhaitez partager.

Étape 2 pix **J'illustre mon travail**

- Accompagnez votre prestation orale d'une projection de documents (photographies des lieux où vous avez vécu, dessins, etc.). Le groupe valide les documents et vérifie qu'ils sont libres de droits.
- Partagez-vous un diaporama (par exemple avec *Google Slides*) et insérez les illustrations (avec les légendes).
- Choisissez au sein du groupe un ordre de passage pour la lecture de vos textes, faites preuve d'imagination, mêlez par exemple vos voix. Entraînez-vous ensemble à lire de manière expressive.

Zenida Serebriakova, *Autoportrait à la coiffeuse*, 1909, huile sur toile, 75 × 65 cm (Galerie Tretiakov, Moscou, Russie).

Étape 3 **Je présente mon travail à la classe**

- Vous vous présenterez tour à tour en commençant votre portrait par « Je suis né à ... , le ... ». Lisez votre texte.
- L'un d'entre vous se charge de faire défiler les vignettes du diaporama.

Groupe 2 : Je raconte un souvenir lié à un lieu du collège

Étape 1 **Je décris un lieu**

- Choisissez chacun(e) un lieu au sein du collège associé à un moment de votre vie de collégien(ne).
- Demandez-vous quel est l'intérêt de raconter ce souvenir.
- Écrivez une description de ce lieu en le faisant découvrir progressivement et associez ce lieu au souvenir choisi : c'est une partie de vous qui revient à votre mémoire en redécouvrant ce lieu.

Étape 2 **Je m'entraîne à lire et j'organise la présentation**

- Entraînez-vous ensemble à lire de manière expressive. Vous devez mettre en scène votre lecture (slamez, mêlez ou alternez vos voix, etc.).
- Décidez ensemble d'un ordre de passage pour la lecture de vos textes (selon un parcours à l'intérieur de l'établissement, par exemple).

Étape 3 **Je présente mon travail à la classe**

- Lisez votre texte à vos camarades dans la salle de classe ou sur les lieux-mêmes de votre souvenir, à l'occasion d'une promenade théâtrale dans votre collège.

Groupe 3 : Je présente un fait d'actualité qui m'a marqué(e)

Étape 1 — **Je choisis un fait d'actualité**

- Chaque membre du groupe évoque un fait d'actualité qui l'a marqué(e) : expliquez votre choix et discutez entre vous pour ne choisir qu'un seul fait.
- Faites des recherches sur le fait d'actualité choisi et racontez-le de manière objective en quelques phrases.

Étape 2 — **Je raconte selon mon point de vue**

- Rappelez la situation dans laquelle vous étiez lorsque vous avez appris cet événement. Confrontez vos souvenirs de ce même événement.
- Écrivez votre texte en vous montrant précis(e) quant à vos émotions et expliquez ce que vous en aviez compris alors, ce que vous en comprenez maintenant.
- Partagez-vous la lecture du récit et établissez un ordre de passage.

Étape 3 — **Je présente mon travail à la classe**

- Mettez en scène votre découverte et votre compréhension de ce fait d'actualité, de manière palpitante et inattendue.
- Interrogez vos camarades : se souviennent-ils/elles de cet événement ? comment l'ont-ils/elles vécu ?

Groupe 4 : Je réalise une galerie d'autoportraits en vidéo

Assurez-vous que vos responsables légaux ont autorisé que vous puissiez être filmé(e)s pour un projet pédagogique.

Étape 1 — **Je présente mes activités de loisirs**

- Faites ensemble la liste des activités de loisirs pratiquées au sein du groupe. Notez les jours et les horaires où vous les pratiquez pour concevoir un planning.
- Réfléchissez à l'ordre des séquences de la vidéo, et aux rôles de chacun(e) : qui filme qui ? qui interviewe qui ?
- Listez les accessoires dont vous pouvez avoir besoin.

Étape 2 pix — **Je crée une vidéo**

- Réalisez des micro reportages : filmez les membres du groupe lors de leurs activités de loisirs (si c'est possible) puis interviewez-les. Assurez-vous que le son est audible.
- Montez les séquences avec un logiciel de montage sans oublier les génériques de début et de fin, ainsi que le titre et les légendes.
- Ne filmez personne à son insu et assurez-vous que toutes les personnes extérieures à votre groupe apparaissant sur le film sont d'accord.

Étape 3 — **Je présente mon travail à la classe**

- Montrez la vidéo aux membres des autres groupes.

Organisation de l'activité

La classe est divisée en **quatre groupes**. La présentation orale peut être suivie d'un débat autour de questions : est-il facile de parler de soi ? quand on raconte ses souvenirs ou que l'on se présente, raconte-t-on vraiment la vérité ou l'arrange-t-on un peu ?

Numérique
Retrouvez cette page à télécharger sur LLS.fr/FR3Synthese1

◆ Les genres et motivations autobiographiques

1 Réalisez une carte mentale autour de l'autobiographie dans laquelle vous reprendrez, d'une part, les différents genres autobiographiques vus en classe et, d'autre part, les motivations des autrices et auteurs. Vous n'oublierez pas d'associer chaque genre à un exemple (prénom, nom de auteur(e), titre de l'œuvre et date).

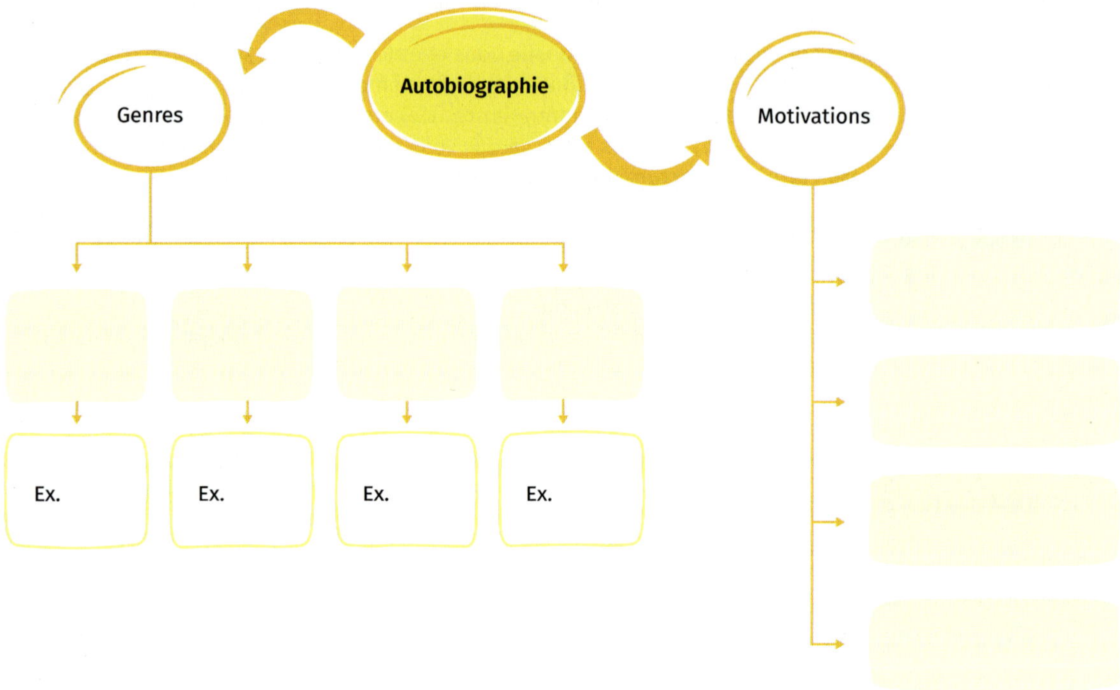

◆ Auteurs et citations

2 Reliez les citations suivantes à leur auteur.

Autrices/auteurs	Citations
Michel de Montaigne ◉	◉ « J'ai pu supposer vrai ce que je savais avoir pu l'être, jamais ce que je savais être faux. »
Jean-Jacques Rousseau ◉	◉ « Pourquoi vouloir faire revivre cela, sans mots qui puissent parvenir à capter [...] ce qui m'est arrivé »
Nathalie Sarraute ◉	◉ « Je trouve que dans n'importe quel chagrin, il subsiste quelque chose de beau. »
Anne Frank ◉	◉ « Je suis moi-même la matière de mon livre. »

◆ Synthèse

3 À la suite de vos lectures, expliquez en quoi se raconter à l'écrit est un véritable travail de connaissance de soi-même.

4 Selon vous, quels sont les intérêts multiples de lire des autobiographies ?

Douze ans dans l'esclavage
Solomon Northup, 1853, Flammarion.
Solomon est né libre, mais il a été capturé et réduit en esclavage. Son récit autobiographique est un véritable témoignage de la condition des esclaves dans le Sud des États-Unis au XIXe siècle.

Métaphysique des tubes
Amélie Nothomb, 2000, Le Livre de Poche.
Amélie Nothomb raconte ici les trois premières années de sa vie. Considérée par ses parents comme une « plante » parce qu'elle ne bouge ni ne parle, elle se voit, pour sa part, comme un tube… divin. Végétative certes, elle n'en est pas moins un dieu vivant.

Ceux de 14
Maurice Genevoix, 1949, Larousse.
Maurice Genevoix devient sous-lieutenant dans l'armée française en 1914. Il raconte son quotidien dans la guerre et les tranchées, mais aussi la douleur, la folie meurtrière des hommes.

Le Journal de Zlata
Zlata Filipović, 2004, Pocket Jeunesse.
Zlata raconte, dans son journal intime qu'elle a appelé « Mimmy », comment elle a vécu la guerre à Sarajevo. Lors de sa parution, on a souvent comparé son récit à celui d'Anne Frank.

Le Gone du Châaba
Azouz Begag, 1986, Points.
L'auteur raconte son enfance dans un bidonville de la périphérie lyonnaise. Sa famille a fui la misère algérienne, mais là où Aziz et les siens vivent, il n'y a ni eau courante ni électricité. Un jour, le jeune garçon découvre un dictionnaire et sa vie en est changée.

L'Arabe du futur
Riad Sattouf, 2014, Allary.
Dans ce premier tome de son autobiographie dessinée, Riad Sattouf raconte son enfance entre la Libye, la Syrie et la Bretagne. Cinq tomes sont parus à ce jour.

Et aussi ! D'autres propositions de lecture sur LLS.fr/FR3Lectures1

Sujet Brevet 1

Jacques Brel (1929-1978) est un auteur-compositeur-interprète belge. Il quitte l'Europe à bord de son voilier en 1974 et s'installe en Polynésie, où il est enterré.

Mon enfance passa
De grisailles en silences
De fausses révérences
En manque de batailles
[...]
L'été, à moitié nu
Mais tout à fait modeste
Je devenais Indien
Pourtant déjà certain
Que mes oncles repus
M'avaient volé le Far West

Mon enfance passa
Les femmes aux cuisines
Où je rêvais de Chine
Vieillissaient en repas
Les hommes au fromage
S'enveloppaient de tabac
Flamands[1], taiseux et sages
Et ne me savaient pas

Moi qui, toutes les nuits
Agenouillé pour rien
Arpégeais[2] mon chagrin
Au pied du trop grand lit
Je voulais prendre un train
Que je n'ai jamais pris
[...]
Et mon enfance éclata
Ce fut l'adolescence
Et le mur du silence
Un matin se brisa [...]
Je volais, je le jure
Je jure que je volais
Mon cœur ouvrait les bras
Je n'étais plus barbare

Et la guerre arriva

Et nous voilà ce soir.

Frederic Remington, *The Blanket signal*, 1894-1898 (Musée des Beaux-Arts, Houston, États-Unis).

Jacques Brel, « Mon enfance », *Jacques Brel 67*, 1967.

1. Habitants de la Flandre, en Belgique.
2. Ici : jouer sur un air de musique.

1re partie de l'épreuve

1h10

Compréhension et compétences d'interprétation

32 points

1 Dans cette chanson, Jacques Brel évoque son enfance. Relevez plusieurs marques de l'écriture autobiographique. (3 points)

2 Qu'est-ce qui fascine le jeune Jacques Brel ? Relevez notamment un champ lexical. (3 points)

3 **a)** Comment décririez-vous sa famille ? Appuyez-vous sur des citations précises du texte pour répondre. **b)** En quoi cette description s'oppose-t-elle totalement au monde qui fascine l'enfant ? (5 points)

4 Comment Brel vit-il le passage à l'adolescence ? Commentez notamment les lignes 29-30. (4 points)

5 **a)** Quel événement est annoncé à la fin de la chanson ? **b)** Cet événement était-il attendu par Brel ? (2 points)

6 À votre avis, pourquoi les deux derniers vers sont-ils isolés ? (2 points)

7 **a)** Comment l'ensemble du texte est-il construit ? Relevez les répétitions et commentez-les. **b)** Quelle image de son enfance Brel donne-t-il ainsi ? (7 points)

8 **Image** Jacques Brel évoque les Indiens (l. 7) dans ce texte. Selon vous, en quoi le tableau de Frederic Remington pourrait-il traduire les rêves de Jacques Brel lorsqu'il était jeune ? (6 points)

Grammaire et compétences linguistiques

18 points

9 « Je voulais prendre un train / Que je n'ai jamais pris » (l. 23-24) « Je jure que je volais » (l. 30) **a)** Dans laquelle de ces deux phrases « que » est-il un pronom relatif ? **b)** Dans laquelle de ces deux phrases « que » est-il une conjonction de subordination ? **c)** Expliquez comment vous avez pu différencier les deux classes grammaticales du mot « que ». (4 points)

10 « Au pied du trop <u>grand</u> lit » (ligne 22) **a)** Quelle est la classe grammaticale du mot souligné ? **b)** Remplacez-le par une proposition subordonnée relative. (2 points)

11 Dans la première strophe, relevez deux types différents d'expansion du nom et précisez à chaque fois leur classe grammaticale. (2 points)

12 Réécrivez les lignes 11 à 24 en commençant par : « Notre enfance passa » et faites toutes les modifications nécessaires. (10 points)

2e partie de l'épreuve

20 min

Dictée

10 points

Marcel Proust, *Du côté de chez Swann*, 1913. Les dictées des brevets blancs sont regroupées p. 368 à 371.

3e partie de l'épreuve

1h30

Rédaction

40 points

Vous traiterez à votre choix l'un des sujets suivants.

SUJET DE RÉFLEXION

Selon vous, qu'est-ce qui caractérise l'enfance ? En avez-vous la même perception que ce qu'en dit Jacques Brel dans sa chanson, ou bien le regard que vous posez sur cette période de la vie est-il radicalement différent ? Pour répondre, vous pouvez utiliser votre expérience personnelle, mais aussi faire référence à vos lectures. Organisez votre propos de manière logique et structurée.

SUJET D'IMAGINATION

En vous inspirant de Jacques Brel, écrivez à votre tour un texte dans lequel vous évoquerez votre petite enfance et la fin de celle-ci. Soyez attentif(ve) au rythme des phrases, aux champs lexicaux utilisés et au choix des figures de style. Votre texte sera en prose.

Sujet guidé 1

Le 26 août 1944, à l'occasion de la libération de Paris, le général de Gaulle descend triomphalement les Champs-Élysées jusqu'à la cathédrale Notre-Dame. Il retrace cet épisode dans ses Mémoires de guerre.

Au cours de la matinée, on me rapporte que de toute la ville et de toute la banlieue, dans ce Paris qui n'a plus de métro, ni d'autobus, ni de voitures, d'innombrables piétons sont en marche. À trois heures de l'après-midi, j'arrive à l'Arc de triomphe. [...] Je ranime la flamme[1]. Depuis le 14 juin 1940, nul n'avait pu le faire qu'en présence de l'envahisseur. Puis, je quitte la voûte et le terre-plein. Les assistants s'écartent. Devant moi, les Champs-Élysées !

Ah ! C'est la mer ! Une foule immense est massée de part et d'autre de la chaussée. Peut-être deux millions d'âmes. Les toits aussi sont noirs de monde. À toutes les fenêtres s'entassent des groupes compacts, pêle-mêle avec des drapeaux. Des grappes humaines sont accrochées à des échelles, des mâts, des réverbères. Si loin que porte ma vue, ce n'est qu'une houle[2] vivante, dans le soleil, sous le tricolore[3].

Je vais à pied. [...] Il s'agit, aujourd'hui, de rendre à lui-même, par le spectacle de sa joie et l'évidence de sa liberté, un peuple qui fut, hier, écrasé par la défaite et dispersé par la servitude. [...]

Je vais donc, ému et tranquille, au milieu de l'exultation indicible[4] de la foule, sous la tempête des voix qui font retentir mon nom, tâchant, à mesure, de poser mes regards sur chaque flot de cette marée afin que la vue de tous ait pu entrer dans mes yeux, élevant et abaissant les bras pour répondre aux acclamations. Il se passe, en ce moment, un de ces miracles de la conscience nationale, un de ces gestes de la France, qui parfois, au long des siècles, viennent illuminer notre Histoire. Dans cette communauté, qui n'est qu'une seule pensée, un seul élan, un seul cri, les différences s'effacent, les individus disparaissent. Innombrables Français dont je m'approche tour à tour, à l'Étoile, au Rond-Point, à la Concorde, devant l'Hôtel-de-Ville, sur le parvis de la cathédrale, si vous saviez comme vous êtes pareils ! Vous, les enfants, si pâles qui trépignez et criez de joie ; vous, les femmes, portant tant de chagrins, qui me jetez vivats[5] et sourires ; vous, les hommes, inondés d'une fierté longtemps oubliée, qui me criez votre merci ; vous, les vieilles gens, qui me faites l'honneur de vos larmes, ah ! comme vous vous ressemblez ! Et moi, au centre de ce déchaînement, je me sens remplir une fonction qui dépasse de très haut ma personne, servir d'instrument au destin.

Charles de Gaulle, *Mémoires de guerre*, tome 2, © Éditions Plon, 1956.

1. Sous l'Arc de triomphe brûle constamment une flamme qui commémore, depuis 1923, le souvenir des soldats morts au combat.
2. Mouvement de la mer.
3. Sous les drapeaux français.
4. Débordements de joie extraordinaires.
5. Acclamations (du latin *vivat*, « qu'il vive ! »).

Jack Downey, photographie de la foule acclamant le passage de la 2e division blindée sur les Champs-Élysées le 26 août 1944.

Numérique

Retrouvez les 2e et 3e parties de l'épreuve sur LLS.fr/FR3P50

Zoom sur la 1re partie de l'épreuve 1h10

Méthode • La réécriture

Il s'agit de modifier un extrait en fonction de consignes précises. Il peut vous être demandé :

- de changer de temps verbal : vérifiez la terminaison de chaque forme modifiée, l'accord des participes passés si besoin, l'application de la concordance des temps ;
- de changer de personne : vérifiez les accords des verbes et des adjectifs si vous passez au féminin ou au pluriel, la cohérence des déterminants, l'accord des participes passés si nécessaire ;
- de passer du discours direct au discours indirect ou inversement : attention aux changements de ponctuation, de pronoms, aux indications de temps et de lieu ;
- de passer de la voix active à la voix passive ou inversement : prenez garde à bien former le verbe en conjuguant l'auxiliaire au temps qui correspond et faites attention aux accords avec le sujet.

Ces consignes peuvent être implicites si par exemple il est demandé de changer les premiers mots du passage et de faire toutes les modifications nécessaires qui en découlent.

Compréhension et compétences d'interprétation — 32 points

1. **a)** Donnez un titre à cet extrait. **b)** Reformulez en deux phrases ce que de Gaulle retrace de sa descente des Champs-Élysées. (3 points)
2. De quel « envahisseur » (l. 4) est-il question ? Rappelez la situation historique. (2 points)
3. Rappelez ce que sont des mémoires. Pourquoi ce texte illustre-t-il bien ce genre de récit ? (4 points)
4. **a)** Au début du 2e paragraphe, à quoi de Gaulle compare-t-il la foule ? **b)** Relevez plus loin une métaphore qui s'appuie sur le même rapprochement. **c)** Quel est l'effet produit par cette image ? (4 points)
5. **a)** Relevez une phrase exclamative et une phrase non verbale. **b)** Pourquoi trouve-t-on des phrases exclamatives dans ce texte ? (4 points)
6. **a)** Quelle figure de style est employée par de Gaulle pour montrer que son discours s'adresse à tous ? **b)** De quel message se veut-il porteur ? (3 points)
7. Que pensez-vous du portrait que de Gaulle dresse de lui-même ? Vous proposerez une réponse nuancée. (6 points)
8. **Image** Quels rapports pouvez-vous établir entre la photographie et le texte ? (6 points)

Grammaire et compétences linguistiques — 18 points

1. **a)** À quel temps ce texte est-il rédigé ? **b)** Quelle est la valeur de ce temps ici ? (2 points)
2. « Les toits aussi sont noirs de monde. » (l. 7) Quelles sont la classe grammaticale et la fonction des groupes de mots soulignés ? (4 points)
3. **a)** Relevez un antonyme de « servitude » (l. 12) **b)** Relevez également un mot de la même famille. (2 points)
4. Réécrivez de « Vous, les enfants » (l. 21) à « sourires » (l. 22) en remplaçant la 2e personne du pluriel par la 2e personne du singulier. Faites toutes les modifications nécessaires. (10 points)

Méthode appliquée

Cet exercice a pour but de vérifier que vous maîtrisez les chaînes d'accord.

- En changeant le pronom, vous devrez changer le groupe nominal qui suit : *Vous, les enfants* → *Toi, l'enfant.*
- Prenez garde à l'accord du verbe. Demandez-vous ce que reprend le pronom relatif qui suit : *Vous, les enfants, si pâles qui trépignez* → *Toi, l'enfant ... qui trépignes.*

Thème

Agir dans la cité : individu et pouvoir

Questionnement

Découvrir deux œuvres différentes en lien avec les bouleversements historiques majeurs qui ont marqué le XXe siècle.

Comprendre en quoi les textes littéraires peuvent être aussi des témoignages.

S'interroger sur les notions d'engagement et de résistance ainsi que sur le rapport à l'histoire qui caractérisent les œuvres et les textes étudiés.

Chapitre 2

En quoi l'œuvre de Simone Veil est-elle plus qu'un récit personnel ?

Chapitre 3

Comment Antigone incarne-t-elle la résistance au pouvoir ?

Agir dans la cité : individu et pouvoir

2 En quoi l'œuvre de Simone Veil est-elle plus qu'un récit personnel ?

Objectifs

- ✔ Je découvre l'œuvre de Simone Veil, femme d'État entrée au Panthéon en 2018.
- ✔ Je comprends les enjeux et la portée de ce récit autobiographique.
- ✔ J'établis les liens entre le témoignage personnel et le devoir de mémoire collectif.

Ceija Stojka, *Auschwitz 1944*, 2009, acrylique et peinture argentée sur toile (collection Antoine de Galbert)

1. Décrivez le tableau. En quoi ce paysage est-il surprenant ?
2. À votre avis, quel message l'artiste souhaite-t-elle porter avec cette œuvre ?

Les étapes de la vie de Simone Veil

13 juillet 1927
Naissance

Française, juive et laïque
Simone Jacob naît dans une famille juive, française depuis plusieurs générations. Comme elle l'explique dans *Une jeunesse au temps de la Shoah*, dans sa famille, ils étaient « juifs et laïques », c'est-à-dire non pratiquants.

Mars 1944
Arrestation

De Drancy à Bergen-Belsen
Après son arrestation, Simone Jacob est internée à Drancy puis déportée au camp d'extermination d'Auschwitz-Birkenau avant d'être transférée à Bergen-Belsen. Elle fait partie des 76 000 Juifs déportés de France vers les camps nazis pendant la Seconde Guerre mondiale. Elle revient en France le 23 mai 1945.

1956
Concours de la magistrature

Une femme d'État
Après son mariage avec Antoine Veil en 1946 et sa réussite au concours de la magistrature, Simone Jacob, désormais Veil, devient haut fonctionnaire dans l'administration pénitentiaire (gestion des prisons). Elle entre en politique en 1971.

1974-1979
Ministre de la Santé

1974
Discours sur la dépénalisation de l'avortement

Une ministre
En 1974, après l'élection de Valéry Giscard d'Estaing, Simone Veil est nommée ministre de la Santé. Elle est la deuxième femme à occuper un poste de ministre en France. Dès son arrivée au gouvernement, elle est chargée de présenter le projet de loi sur l'interruption volontaire de grossesse (IVG).

1979-1982
Présidente du Parlement européen

Députée européenne et présidente du Parlement européen
Outre ses engagements en faveur des droits de la femme et pour la mémoire de la Shoah, Simone Veil est également active dans la construction de l'Union européenne : elle est ainsi eurodéputée pendant près de quatorze ans (1979-1993) dont presque trois ans en tant que présidente du Parlement.

30 juin 2017
Décès

1er juillet 2018
Entrée au Panthéon

L'entrée au Panthéon
Un an après sa mort, Simone Veil entre au Panthéon « pour que ses combats, sa dignité, son espérance restent une boussole dans les temps troublés que nous traversons », et « parce qu'elle a connu le pire du XXe siècle et s'est pourtant battue pour le rendre meilleur » (discours d'Emmanuel Macron).

Pour entrer dans le chapitre

1 Qu'appelle-t-on la Shoah ?
2 À votre avis, pourquoi Simone Veil a-t-elle écrit son autobiographie ?
3 Parmi les genres de l'autobiographie (voir p. 26-27), duquel *Une jeunesse au temps de la Shoah* semble être le plus proche ?
4 Que peut apporter la lecture d'une telle œuvre ?

L'image

5 Faites une recherche sur le Panthéon. **a)** Où ce monument se trouve-t-il ? **b)** De quand date sa construction ? **c)** Quelle est sa fonction ? **d)** Quelle inscription trouve-t-on sur son fronton ? **e)** Quelles personnalités célèbres sont entrées au Panthéon avant Simone Veil et son époux ? Faites la liste des dix plus connues selon vous.
6 Simone Veil et son époux reposent dans le même caveau que René Cassin, Jean Moulin, Jean Monnet et André Malraux. Faites une recherche sur ces quatre hommes et présentez chacun d'eux en une phrase.
7 Trois ans avant Simone Veil, deux autres femmes sont entrées au Panthéon : Geneviève de Gaulle-Anthonioz et Germaine Tillion. Qui sont-elles ? Pourquoi ont-elles été panthéonisées ?

Les portraits de Simone Veil et de son époux sous le fronton du Panthéon, août 2018.

Écriture

8 Vous décidez d'écrire une lettre au président de la République pour lui proposer une nouvelle panthéonisation. Après avoir présenté la personnalité, digne, selon vous, d'entrer au Panthéon, et pour laquelle vous vous mobilisez, utilisez au moins trois arguments pour défendre votre proposition.

Numérique

Retrouvez un quiz sur LLS.fr/FR3Quiz2

« Nous étions inconscients. »

La ségrégation des Juifs de France, sous le régime de Vichy, commença en octobre 1940 avec l'interdiction d'exercer certaines professions. Quelques mois plus tard, il fut exigé que les Juifs se déclarent aux autorités, en zone occupée et en zone libre. Ce recensement de la population juive servit à la préparation des rafles.

1 Christian Guémy (C215), portrait de Simone Jacob, adolescente, 2019, pochoirs sur une boîte aux lettres (Paris).

Le 9 septembre 1943, la Gestapo débarquait en force à Nice, avant même les troupes allemandes. Ses services s'installaient à l'hôtel Excelsior, en plein centre-ville, et déclenchaient sans coup férir[1] la chasse aux Juifs que les Italiens[2] avaient refusé de mettre en œuvre. Les arrestations massives commencèrent aussitôt. Elles étaient conduites par Aloïs Brunner, déjà célèbre à Vienne, Berlin et Salonique, avant de diriger le camp de Drancy. Ma meilleure amie, camarade de lycée et éclaireuse[3] comme moi, fut ainsi arrêtée dès le 9 septembre, ainsi que ses parents. Je devais apprendre plus tard qu'ils avaient été gazés à leur arrivée à Auschwitz-Birkenau.

À compter de cette date, les choses ont radicalement changé pour les Juifs français, alors que peu d'arrestations avaient eu lieu précédemment. Nos papiers d'identité devaient désormais porter la lettre J[4]. J'ai senti le danger de cette mesure avant le reste de la famille, et voulu m'opposer à ce tampon. Mais, comme lorsqu'il s'était agi d'aller se déclarer aux autorités, nous avons subi la mesure avec un mélange de résignation, de légalisme et, je dois le dire, de fierté. Nous ignorions de quel prix il nous faudrait bientôt payer cette franchise. Dès les premières arrestations, nous avons compris. Le temps n'était plus à assumer ce que nous étions. Il fallait au contraire tenter de se noyer dans la nasse[5] anonyme, de devenir, autant que possible, invisibles.

En ce début de septembre 1943, mes deux sœurs participaient encore à un camp de cheftaines[6]. Notre père, très inquiet, et à bon escient, les a prévenues de la situation en leur recommandant de ne pas regagner Nice. Denise a suivi ce conseil, et rapidement rejoint le mouvement de résistance Franc-Tireur dans la région lyonnaise, mais Milou est rentrée. Elle ne voulait pas abandonner son travail, qui contribuait à faire vivre la famille. Convaincus des dangers, mes parents ont alors décidé de faire front en se procurant de fausses cartes d'identité. Puis nous nous sommes éparpillés, mes parents chez un ancien dessinateur de mon père, des gens simples et généreux qui leur ont tout de suite offert l'hospitalité. Par la suite, pendant toute la durée de notre déportation, ils allaient héberger ma grand-mère, venue nous rejoindre. Milou et moi logions dans le même immeuble, chez d'anciens professeurs ; elle chez son professeur de chimie, moi chez un professeur de lettres. Mon frère Jean était hébergé ailleurs, par un troisième couple. Avec cette dispersion, munis de fausses cartes d'identité, nous nous imaginions à l'abri. Ma sœur continuait à travailler. Je poursuivais mes cours au lycée et n'hésitais pas à sortir en ville avec mes camarades. Disons-le sans détour : nous étions inconscients.

Simone Veil, *Une jeunesse au temps de la Shoah*, chapitre II : « La nasse » © Stock, 2007.

1. Sans rencontrer de résistance.
2. Les Italiens de Mussolini avaient envahi une partie du sud-est de la France ; ils occupaient Nice.
3. Scout.
4. En Allemagne, depuis 1938, les passeports des Juifs allemands étaient également tamponnés du J de *Juden* (Juif).
5. Long panier de pêche. « Être dans la nasse » signifie aussi « être dans un piège ».
6. Responsables d'unités de scouts.

Numérique

Retrouvez un extrait du *Journal* d'Anne Frank, daté du 20 juin 1942, et une affiche de propagande antisémite du gouvernement de Vichy sur **LLS.fr/FR3P59**

2 Felix Nussbaum, *Autoportrait au passeport juif*, 1943, huile sur toile, 56 × 49 cm (Felix-Nussbaum Haus, Osnabrück, Allemagne).

Compréhension

1 Résumez les mesures prises par la famille pour échapper à la Gestapo.

2 Relisez le premier paragraphe et relevez les expressions décrivant l'action de la Gestapo. Qu'en déduisez-vous sur le but qu'elle poursuit ?

3 **Image 2** Après avoir décrit l'arrière-plan et la tenue du personnage au centre du tableau, proposez une hypothèse sur la situation dans laquelle il se trouve.

Analyse et interprétation

4 Lisez le deuxième paragraphe : quelles sont les trois raisons qui poussent la famille de Simone Veil à accepter de se déclarer juive aux autorités ? Expliquez chacune d'entre elles avec vos propres mots.

5 **Image 2** **a)** Quels éléments permettent d'identifier le personnage à la place de son nom effacé ? **b)** Qu'a voulu dire le peintre à propos de l'identité des Juifs pendant cette période ?

6 « Il fallait au contraire tenter de se noyer dans la nasse » (l. 18-19). L'expression habituelle est « se noyer dans la masse ». Qu'a voulu exprimer l'autrice en détournant cette formule à propos de sa situation ?

7 **a)** Quelles solidarités ont d'abord permis à la famille de Simone Veil d'échapper aux arrestations ? **Image 2** **b)** Comment cet espoir pourrait-il être représenté sur le tableau ?

8 Comment l'autrice met-elle en valeur le fait qu'il était insensé de se croire en sécurité ?

Langue

9 Quels sont les temps de conjugaison les plus employés par Simone Veil dans le premier paragraphe ? Pourquoi a-t-elle fait ce choix (voir p. 332) ?

Écriture

10 Écrivez une lettre que Simone Veil envoie à une amie, dans laquelle elle lui raconte que sa famille s'est déclarée juive aux autorités alors qu'elle avait « senti le danger de cette mesure » (l. 13-14) (15 lignes).

1 « Si nous avions pu imaginer ce qui nous attendait »

Simone Veil est arrêtée le 30 mars 1944 en possession d'une fausse carte d'identité. Sa mère, sa sœur Milou et son frère Jean sont également arrêtés. Le 7 avril, tous les quatre sont conduits au camp d'internement de Drancy, en région parisienne. Moins d'une semaine plus tard, les trois femmes sont poussées dans un train dont la destination leur est inconnue ; elles laissent Jean à Drancy : elles ne le reverront jamais.

Le 13 avril, nous avons été embarquées à cinq heures du matin, pour une nouvelle étape dans cette descente aux enfers qui semblait sans fin. Des autobus nous ont conduits à la gare de Bobigny, où l'on nous a fait monter dans des wagons à bestiaux formant un convoi aussitôt parti vers l'Est. Comme il ne faisait ni trop froid ni trop chaud, le cauchemar n'a pas tourné au drame, et dans le wagon où nous nous trouvions toutes les trois personne n'est mort au cours du voyage. Nous étions cependant effroyablement serrés, une soixantaine d'hommes, de femmes, d'enfants, de personnes âgées, mais pas de malades. Tout le monde se poussait pour gagner un peu de place. Il fallait se relayer pour s'asseoir ou s'allonger un peu. Il n'y avait pas de soldats au-dessus des wagons. La surveillance du convoi était seulement assurée par des SS dans chaque gare où il s'arrêtait. Ils longeaient alors les wagons pour prévenir que, si quelqu'un tentait de s'évader, tous les occupants du wagon seraient fusillés. Notre soumission donne la mesure de notre ignorance. Si nous avions pu imaginer ce qui nous attendait, nous aurions supplié les jeunes de prendre tous les risques pour sauter du train. Tout était préférable à ce que nous allions subir.

Le voyage a duré deux jours et demi, du 13 avril à l'aube au 15 au soir à Auschwitz-Birkenau[1]. C'est une des dates que je n'oublierai jamais, avec celle du 18 janvier 1945, jour où nous avons quitté Auschwitz, et celle du retour en France, le 23 mai 1945. Elles constituent les points de repère de ma vie. Je peux oublier beaucoup de choses, mais pas ces dates. Elles demeurent attachées à mon être le plus profond, comme le tatouage du numéro 78651 sur la peau de mon bras gauche[2]. À tout jamais, elles sont les traces indélébiles de ce que j'ai vécu.

Simone Veil, *Une jeunesse au temps de la Shoah*, chapitre II : « La nasse » © Stock, 2007.

1 Ceija Stojka, *Sans titre*, sans date, acrylique sur carton, 50 × 70 cm (collection Hojda and Nuna Stojka, Vienne, Autriche).

Lexique

Indélébiles

Comment cet adjectif (l. 27-28) est-il composé ? Quelle est son étymologie ? Trouvez deux synonymes de ce mot.

Numérique

Retrouvez un enregistrement de « Nuit et brouillard », une chanson de Jean Ferrat sur LLS.fr/FR3NuitBrouillard

1. Auschwitz est à plus de 1 500 km de Bobigny et Drancy.
2. À Auschwitz, les hommes et les femmes qui n'étaient pas tués à la descente du convoi étaient tatoués d'un numéro matricule.

2 « Nous ne comprenions pas »

2 Alessandro Lonati, série de dessins sur la Solution finale.

À peine arrivées à Auschwitz-Birkenau, les femmes sont triées. En choisissant de mentir sur son état de fatigue et sur son âge (elle dit qu'elle a 18 ans), Simone gagne sa place dans la « bonne file ». Néanmoins, l'horreur et la peur sont déjà partout.

Nous avons marché avec les autres femmes, celles de la « bonne file », jusqu'à un bâtiment éloigné, en béton, muni d'une seule fenêtre, où nous attendaient les « kapos » ; des brutes, même si c'étaient des déportées comme nous, et pas des SS. Elles hurlaient leurs ordres avec une telle agressivité que tout de suite, nous nous sommes demandé : « Qu'est-ce qui se passe ici ? » Elles nous pressaient sans ménagement : « Donnez-nous tout ce que vous avez, parce que de toute façon, vous ne garderez rien. » Nous avons tout donné, bijoux, montres, alliances. Avec nous se trouvait une amie de Nice arrêtée le même jour que moi. Elle conservait sur elle un petit flacon de parfum de Lanvin. Elle m'a dit : « On va nous le prendre. Mais moi je ne veux pas le donner, mon parfum. » Alors, à trois ou quatre filles, nous nous sommes aspergées de parfum ; notre dernier geste d'adolescentes coquettes.

Après cela, plus rien, pendant des heures, pas un mot, pas un mouvement jusqu'à la fin de la nuit, entassées dans le bâtiment. Celles qui avaient été séparées des leurs commençaient à s'inquiéter, se demandant où étaient passés leurs parents ou leurs enfants. Je me souviens qu'aux questions que certaines posaient les kapos montraient par la fenêtre la cheminée des crématoires[1] et la fumée qui s'en échappait. Nous ne comprenions pas ; nous ne pouvions pas comprendre. Ce qui était en train de se produire à quelques dizaines de mètres de nous était si inimaginable que notre esprit était incapable de l'admettre. Dehors, la cheminée des crématoires fumait sans cesse. Une odeur épouvantable se répandait partout.

Simone Veil, *Une jeunesse au temps de la Shoah*, chapitre III : « L'enfer » © Stock, 2007.

1. Lieux où sont brûlés les cadavres.

Compréhension

1 **Texte 1** **a)** Quelles sont les étapes du long voyage que fait Simone Veil ? **b)** Pourquoi la date d'arrivée est-elle importante ?

2 **Textes 1 et 2** Quel passage du texte 2 peut correspondre à la formule « si nous avions pu imaginer ce qui nous attendait » (l. 14-15) du texte 1 ?

Analyse et interprétation

3 **Textes 1 et 2** Relevez les éléments qui associent ce que vivent les déporté(e)s à une descente aux enfers.

4 **Texte 2** Par quels moyens Simone Veil montre-t-elle l'incompréhension des déporté(e)s arrivé(e)s à Auschwitz ?

5 **Texte 2** Justifiez l'utilisation des guillemets par l'autrice autour de la « "bonne file" » (l. 1).

6 **Textes 1 et 2** **a)** Qu'est-ce qui, dans les deux textes, montre le mieux le caractère indélébile de l'arrivée à Auschwitz ? **b)** Quel passage du texte 2 s'oppose à ces actes indélébiles ? Pourquoi l'autrice a-t-elle raconté cet épisode qui semble anecdotique ?

7 **Images 1 et 2** Quels liens pouvez-vous établir entre les images et les textes ?

Écriture

8 En connaissant l'horreur qui attend les déporté(e)s, pensez-vous, comme Simone Veil, qu'il aurait mieux valu que certain(e)s tentent de s'échapper du train ? Proposez une réponse argumentée (10 lignes).

1 « Comme si ma jeunesse et le désir de vivre m'avaient protégée »

Le quotidien des prisonnières est fait de travaux éreintants et inutiles, de violences et d'humiliations. Néanmoins, une forme de solidarité s'engage entre certaines femmes, dont une kapo qui prend Simone Veil sous son aile.

1 Ceija Stojka, *Les Femmes de Ravensbrück*, 2008, acrylique sur toile (collection privée).

Un matin, alors que nous sortions du camp pour aller au travail, la chef du camp, Stenia, ancienne prostituée, terriblement dure avec les autres déportées, m'a sortie du rang : « Tu es vraiment trop jolie pour mourir ici. Je vais faire quelque chose pour toi, en t'envoyant ailleurs. » Je lui ai répondu : « Oui, mais j'ai une mère et une sœur. Je ne peux pas accepter d'aller ailleurs si elles ne viennent pas avec moi. » À ma grande surprise, elle a acquiescé[1] : « D'accord, elles viendront avec toi. » Tous les gens auxquels j'ai par la suite raconté cet épisode sont restés stupéfaits. Il s'est pourtant déroulé ainsi. Fait incroyable, cette femme, que je n'ai par la suite croisée que deux ou trois fois dans le camp, ne m'a jamais rien demandé en échange. Tout s'est donc passé comme si ma jeunesse et le désir de vivre qui m'habitaient m'avaient protégée ; ce qui en moi semblait encore appartenir à un autre monde m'avait sortie du lot par l'intermédiaire de cette Polonaise brutale devenue, par je ne sais quelle chance, une bonne fée pour ma mère, ma sœur et moi-même.

En effet, elle tint sa promesse. Quelques jours plus tard, nous avons été toutes les trois transférées dans un commando moins dur que les autres, à Bobrek[2], ou l'on travaillait pour Siemens. Avant notre départ, nous avons subi une visite médicale. Sans l'insistance de Stenia, le docteur Mengele, déjà bien identifié dans le camp comme criminel, aurait écarté Maman dont la santé avait déjà décliné. Nous sommes restées à Bobrek à quatre ou cinq kilomètres de Birkenau de juillet 1944 à janvier 1945.

Simone Veil, *Une jeunesse au temps de la Shoah*, chapitre III : « L'enfer » © Stock, 2007.

1. Répondu « oui ».
2. Sous-camp d'Auschwitz.

2 Charlotte Salomon, œuvre appartenant à la série *Vie ? ou Théâtre ?*, 1940-1942, gouache sur papier, 32,5 × 25 cm (Musée historique juif, Amsterdam, Pays-Bas).

2 « Elle est morte le 15 mars »

Un mois avant la libération de leur camp, la mère de Simone Veil succombe du typhus[1].

Maman était déjà très affaiblie par la détention, le travail pénible, le voyage épuisant à travers la Pologne, la Tchécoslovaquie et l'Allemagne. Elle n'a pas tardé à attraper le typhus. Elle s'est battue avec le courage et l'abnégation[2] dont elle était capable. Elle conservait la même lucidité sur les choses, le même jugement sur les êtres, la même stupeur face à ce que des hommes étaient capables de faire endurer à d'autres hommes. En dépit de l'attention que Milou et moi lui prêtions, malgré le peu de nourriture que je parvenais à voler pour la soutenir, son état s'est rapidement détérioré. Sans médicaments ni médecins, nous étions incapables de la soigner. Jour après jour, nous la voyions décliner. Assister avec impuissance à la fin lente mais certaine de celle que nous chérissions plus que tout au monde nous était insoutenable.

Elle est morte le 15 mars, alors que je travaillais à la cuisine. Lorsque Milou m'a informée à mon retour, le soir, je lui ai dit : « C'est le typhus qui l'a tuée, mais tout en elle était épuisé. » Aujourd'hui encore, plus de soixante ans après, je me rends compte que je n'ai jamais pu me résigner à sa disparition. D'une certaine façon, je ne l'ai pas acceptée. Chaque jour, Maman se tient près de moi, et je sais que ce que j'ai pu accomplir dans ma vie l'a été grâce à elle. C'est elle qui m'a animée et donné la volonté d'agir. Sans doute n'ai-je pas la même indulgence qu'elle. Sur bien des points, elle me jugerait avec une certaine sévérité. Elle me trouverait peu conciliante, pas toujours assez douce avec les autres, et elle n'aurait pas tort. Pour toutes ces raisons, elle demeure mon modèle, car elle a toujours su affirmer des convictions très fortes tout en faisant preuve de modération, une sagesse dont je sais que je ne suis pas toujours capable.

Simone Veil, *Une jeunesse au temps de la Shoah*, chapitre III : « L'enfer » © Stock, 2007.

1. Maladie infectieuse, liée au manque d'hygiène.
2. Détermination, sacrifice de ses intérêts.

Compréhension

1 **Texte 1** Pourquoi la kapo Stenia est-elle qualifiée de « bonne fée » (l. 26) par l'autrice ?

2 **Textes 1 et 2** Résumez l'existence de la mère de Simone Veil dans les camps, à travers ce qu'en dit sa fille.

Analyse et interprétation

3 **Texte 1** « Ce qui en moi semblait appartenir à un autre monde » (l. 21-22) De quoi Simone Veil parle-t-elle ici ?

4 **Texte 1** **a)** Pourquoi peut-on dire que le mot « écarté » (l. 32) est un euphémisme (voir p. 260-261) ? **b)** Pourquoi l'autrice a-t-elle choisi d'utiliser cette figure de style ?

5 **Texte 2** **a)** Relevez les qualités que Simone Veil attribue à sa mère. **b)** Quels procédés d'écriture emploie-t-elle pour montrer l'affection qu'elle lui porte ?

6 **Image 1** Qu'est-ce que l'artiste a voulu exprimer au sujet des femmes de Ravensbrück ? Justifiez votre réponse.

Langue

7 **Texte 2** À partir de quelle phrase la situation d'énonciation (voir p. 302-303) change-t-elle ? Justifiez votre réponse en analysant les temps et modes utilisés.

Écriture

8 L'être humain peut être à la fois bon et mauvais : éclairez cette ambivalence par des arguments et exemples tirés de l'œuvre de Simone Veil (15 lignes).

« Il n'y a que la Shoah. »

Témoigner consiste à dire ou à écrire ce que l'on a vu ou vécu pour faire connaître la réalité et la vérité. Le témoignage est donc un acte d'engagement qui s'inscrit dans le devoir de mémoire. S'il a une visée collective, il n'en est pas moins intime et, souvent, douloureux, tant à dire qu'à entendre.

Écoute

D'après votre écoute de la fin de ce texte, par quel(s) sentiment(s) Simone Veil semble-t-elle être animée ?

La bonne mesure est impossible à trouver ; soit on parle trop de sa déportation, soit on en parle trop peu. Nombreux sont ceux qui en ont été tellement meurtris qu'ils n'en parlent jamais. Mon fils m'a rapporté qu'un jour, alors qu'il évoquait avec un ami le sort de leurs mères déportées, il a eu la surprise de voir l'ami éclater en sanglots en lui avouant : « Ma mère ne m'en a jamais parlé. » Ce silence est pour moi un mystère. Il est vrai que mes beaux-parents eux-mêmes n'ont jamais supporté qu'on parle de la déportation. Mon mari et l'un de mes fils ont toujours partagé cette difficulté. Les livres dont je parle, par exemple, mon mari ne s'intéresse pas à leur contenu. Il a même du mal à supporter que je les lise. Durant les premières années de notre mariage, lorsque avec l'une ou l'autre de mes sœurs nous évoquions un souvenir commun, il lui arrivait de nous interrompre pour parler d'autre chose. C'était sa façon à lui de se protéger. Pour autant, elle ne m'était pas toujours facile à supporter.

Parler de la Shoah, et comment ; ou bien ne pas en parler, et pourquoi ? Éternelle question. Le romancier israélien Aharon Appelfeld[1] a écrit plusieurs livres superbes, notamment *Histoire d'une vie*, où il raconte son évasion du camp, alors qu'il a dix ans, et ses trois ans de cache dans la forêt ukrainienne. Il vient de publier trois discours prononcés en Israël. C'est un livre bouleversant dans lequel il analyse la Shoah en expliquant que ceux qui en ont été les victimes ne s'en sortent jamais. À sa lecture, je me suis rendu compte qu'au fond, nous aurons toujours vécu avec cela. Certains répugnent[2] à l'évoquer. D'autres ont besoin d'en parler. Mais tous vivent avec.

Appelfeld énonce les raisons pour lesquelles on ne peut plus s'en détacher. Elles sont terribles, et marquent la différence de nature avec la situation des résistants. Eux sont dans la position des héros, leur combat les couvre d'une gloire qu'accroît encore l'emprisonnement dont ils l'ont payée ; ils avaient choisi leur destin. Mais nous, nous n'avions rien choisi. Nous n'étions que des victimes honteuses, des animaux tatoués. Il nous faut donc vivre avec ça, et que les autres l'acceptent.

Tout ce qu'on peut dire, écrire, filmer sur l'Holocauste[3] n'exorcise[4] rien. La Shoah est omniprésente. Rien ne s'efface ; les convois, le travail, l'enfermement, les baraques, la maladie, le froid, le manque de sommeil, la faim, les humiliations, l'avilissement, les coups, les cris… non, rien ne peut ni ne doit être oublié. Mais au-delà de ces horreurs, seuls importent les morts. La chambre à gaz pour les enfants, les femmes, les vieillards, pour ceux qui attrapent la gale, qui clopinent, qui ont mauvaise mine ; et pour les autres, la mort lente.

1 **Christian Guémy (C215), portrait de Simone Veil, au moment de la rédaction d'*Une vie*, 2019, pochoirs sur une boîte aux lettres (Paris).**

1. Écrivain israélien (1932-2018). Il a publié *Histoire d'une vie* en 1999 en Israël.
2. Éprouvent de la répugnance, du dégoût.
3. Autre nom donné à la Shoah
4. Ne fait pas disparaître le mal qui s'est installé en nous.

Deux mille cinq cents survivants sur soixante dix-huit mille Juifs français déportés. Il n'y a que la Shoah. L'atmosphère de crématoire, de fumée et de puanteur de Birkenau, je ne l'oublierai jamais. Là-bas, dans les plaines allemandes et polonaises, s'étendent désormais des espaces dénudés sur lesquels règne le silence ; c'est le poids effrayant du vide que l'oubli n'a pas le droit de combler, et que la mémoire des vivants habitera toujours.

Simone Veil, *Une jeunesse au temps de la Shoah*, chapitre III : « L'enfer » © Stock, 2007.

2 Malcah Zeldis, *Holocaust*, 1981, technique mixte (collection privée, © ARS Images, New-York, États-Unis).

Numérique

Retrouvez un article de presse sur l'enseignement de la Shoah à l'école sur **LLS.fr/FR3EnseignerShoah**

Compréhension

1 Quels exemples sont donnés par l'autrice pour montrer la difficulté d'évoquer la Shoah après la guerre ?

2 Expliquez la phrase « Il n'y a que la Shoah » (l. 46-47) en sachant que l'autrice a eu une vie très active après la guerre, en tant que magistrate et femme d'État.

3 **Image 2** Comparez le dernier paragraphe du texte et le tableau : comment rendent-ils compte de la Shoah ?

Analyse et interprétation

4 Relevez dans le troisième paragraphe les deux champs lexicaux qui opposent les résistants aux déportés.

5 **a)** Quelle figure de style reconnaissez-vous entre les lignes 39 et 41 ? **b)** Quel effet l'autrice a-t-elle recherché en usant de cette figure ? **c)** Recherchez ce qu'est une hypotypose et déterminez si ce paragraphe en est une.

6 **a)** Trouvez au moins trois figures de style dans les deux dernières phrases du texte. **b)** Alors que l'autrice a utilisé très peu de figures de style dans son livre, pourquoi a-t-elle recours ici à une forme d'écriture poétique ?

7 **a)** Pourquoi Simone Veil lit-elle des textes sur la Shoah comme celui d'Aharon Appelfeld ? **b)** Pour quelles autres raisons pouvons-nous lire des témoignages sur la Shoah ?

Écriture

8 Simone Veil et son mari ne sont pas d'accord sur le fait de parler de la Shoah. Elle pense que c'est indispensable, et lui que c'est trop difficile à entendre. Écrivez un dialogue dans lequel chacun exposera plusieurs arguments (15 lignes).

Découvrir *La Lumière volée* d'Hubert Mingarelli

Hubert Mingarelli (1956-2020) est un romancier et scénariste français. Il a consacré de nombreuses fictions aux deux guerres mondiales. En 2003, il remporte le prix Médicis pour *Quatre soldats* qui évoque la Première Guerre mondiale, tandis que son dernier roman, *La Terre invisible*, se déroule dans l'Allemagne de 1945.

Comment vivre en temps de guerre quand on est adolescent ? Quel regard porter sur le monde quand la peur et la cruauté humaine obligent à sortir de l'enfance ? Découvrez l'aventure d'Élie et Gad, deux adolescents juifs livrés à eux-mêmes dans le ghetto de Varsovie en 1942.

Hubert Mingarelli, *La Lumiere volée*, 1993.

Pierre tombale dans un vieux cimetière juif (Brodno, Pologne).

Deux adolescents au cœur de la guerre

1. **a)** D'où Élie est-il originaire ? **b)** Que savons-nous sur sa famille ?
2. **a)** Dans quelle partie du ghetto Élie s'est-il installé ? **b)** Pourquoi ne vit-il pas dans une maison ?
3. **a)** Qui est Josef Cytrin pour Élie ? **b)** Qui est Clara ? **c)** En quoi Josef et Clara sont-ils importants pour Élie avant sa rencontre avec Gad ?
4. **a)** Où vivait Gad avant la guerre ? **b)** Pourquoi a-t-il dû partir ?
5. **a)** Que fait Gad pour survivre dans le ghetto ? **b)** En quoi cette activité est-elle dangereuse ?
6. Qui est Hélène et que représente-t-elle pour Gad ?
7. Après leur rencontre, pourquoi Gad retourne-t-il voir Élie ?

Rêver et créer pour oublier la guerre

1 Comment Gad a-t-il appris à connaître les oiseaux ?

2 Selon vous, que représentent les oiseaux pour les deux adolescents enfermés dans le ghetto de Varsovie ?

3 Que pense Gad de la poésie et du fait qu'Élie invente des poèmes ?

4 En vous aidant de la lettre que Gad voudrait adresser à Heydrich, montrez que l'adolescent admire la façon dont Élie voit le monde.

5 En quoi la poésie permet-elle à Élie d'oublier l'horreur de la guerre ?

6 **a)** D'où vient cette idée qui obsède Élie que les appartements parisiens comportent des verrières ? **b)** Selon vous, que symbolise la verrière pour Élie ?

7 **a)** Pour Gad, que faut-il qu'il y ait sous l'évier pour que l'appartement parisien soit un appartement de rêve ? **b)** et dans les placards ?

8 En quoi les représentations de l'appartement parisien reflètent-elles les préoccupations et le caractère de chaque adolescent ?

Edward Holmes Jewitt, *La Colombe de la paix*, 1886, vitrail (Pownall Hall Farm, Wilmsloy, Royaume-Uni).

Photographie extraite du rapport de Jürgen Stroop, commandant des troupes allemandes lors de la destruction du ghetto de Varsovie, adressé à Heinrich Himmler, 1943.

L'ombre de la guerre

1 **a)** Au début du roman, qui sont ces hommes qu'Élie entend près de son refuge ? **b)** Qu'arrive-t-il à l'un d'eux ? **c)** Pourquoi cet événement surprend-il Élie et le lecteur (la lectrice) ?

2 **a)** Tout au long du roman, quels bruits viennent régulièrement troubler le silence du cimetière et rappellent la guerre ? **b)** Selon vous, quel est l'intérêt d'évoquer la guerre en utilisant surtout le vocabulaire sonore ?

3 Selon vous, pourquoi la plupart des épisodes du roman se passent-ils la nuit ?

4 **a)** Pourquoi Gad allume-t-il un feu dans le dernier chapitre ? **b)** Comment réagit Élie ?

5 **a)** Qu'arrive-t-il à Élie et Gad à la fin du roman ? **b)** L'auteur le dit-il clairement ? Pourquoi ?

6 À la lecture du roman, quel sens donnez-vous au titre *La Lumière volée* ?

Valse avec Bachir : comment l'autobiographie permet-elle de se reconstruire ?

1 Une mémoire effacée

Images du film.
Quand la mémoire revient à Ari, il se souvient d'abord, de façon très floue, de s'être baigné devant Beyrouth avec deux autres soldats. Le spectateur l'aperçoit d'abord immergé, puis le film le suit sortant de l'eau, face à une ville sous le feu de fusées éclairantes.

2 Cette histoire est mon histoire personnelle

Cette histoire est mon histoire personnelle. Le film retrace ce qui s'est passé en moi à partir du jour où j'ai réalisé que certaines parties de ma vie s'étaient complètement effacées de ma mémoire. [...]
La quête de souvenirs traumatiques enfouis dans la mémoire est une forme de thérapie. Une thérapie qui a duré aussi longtemps que la production du film : quatre ans. Au cours de cette période, j'oscillais entre la dépression la plus noire, engendrée par les souvenirs retrouvés, et l'euphorie du projet de film, avec cette animation novatrice, qui avançait bien plus vite que prévu. Si j'étais vraiment passionné de psychothérapie, je penserais que faire ce film m'a transformé en profondeur. Mais je dirais plutôt que réaliser le film était la partie agréable, et la thérapie la partie douloureuse.

Entretien avec David Polonsky, réalisé et traduit par Nicolas Firet, octobre 2008 © Nicolas Firet.

3 À contre-courant

Éclairage

Sabra et Chatila

En juin 1982, en pleine **guerre civile libanaise**, l'armée israélienne entre au Liban pour éliminer des troupes de l'Organisation de libération de la Palestine. Le 14 septembre, **Bachir Gemayel**, président de l'État libanais et phalangiste chrétien (parti politique), est assassiné. Même si les Palestiniens démentent toute implication, les phalangistes chrétiens entrent le 16 septembre dans les camps de réfugiés palestiniens de **Sabra et Chatila** et massacrent en deux jours entre 800 et 3 000 personnes. La question de la responsabilité des Israéliens a été posée car ils devaient protéger les camps.

Images du film.
La caméra suit le personnage d'Ari dans les rues de Beyrouth. Ari croise une foule de femmes en deuil. Il ne parvient pas à comprendre pourquoi ce souvenir l'obsède. À la fin du film, le spectateur comprend qu'Ari pense aux femmes pleurant les massacres.

4 Deux images, deux traumatismes

Image du film.
Le défilé des survivants palestiniens.

Photographie extraite du rapport de Jürgen Stroop, commandant des troupes allemandes lors de la destruction du ghetto de Varsovie, adressé à Heinrich Himmler, 1943.

Questions

1 **Doc. 1** Observez les couleurs. À quoi cette teinte peut-elle vous faire penser ?

2 **Doc. 1** **a)** Quelle impression donne la première image ? **b)** Comparez-la maintenant à la troisième : observez notamment la présence de la guerre et l'expression du visage du personnage.

3 **Doc. 2** Comment ce film a-t-il aidé le réalisateur à aborder son passé ?

4 **Doc. 3** De quelle(s) manière(s) le dessinateur traduit-il l'isolement d'Ari ?

5 **Doc. 3** **a)** Quelle est la réaction du personnage face au défilé des veuves ? **b)** Quel rapport peut-il avoir avec elles ?

6 **Doc. 4** **a)** Quels points communs y a-t-il entre ces deux images ? **b)** Pourquoi le réalisateur fait-il cet écho ? En quoi cela peut-il nous renseigner sur la manière dont le réalisateur a vécu la guerre au Liban ?

7 Ari Folman décrit son film comme « un documentaire d'animation autobiographique ». En vous appuyant sur cette définition, expliquez quels sont les différents objectifs de ce film.

Quatre *stolpersteine* (pierres d'achoppement) encastrées dans le trottoir devant la dernière demeure de la famille Niegho avant qu'elle ne soit déportée, plaques en laiton, 10 × 10 cm (Neue Schönhauser Straße 15, Berlin, Allemagne).

Ex. 1 Je construis une famille de mots.

1. Expliquez comment est formé le nom « déportation » et proposez d'autres mots de la même famille.
2. **a)** Quels sont les sens du nom « déportation » ? **b)** Soulignez, parmi ces définitions, celle qui a un rapport avec la Shoah.

Ex. 2 Je comprends les mots de la devise républicaine.

1. **a)** Définissez les mots « liberté », « égalité » et « fraternité ». **b)** Donnez au moins un synonyme et un antonyme de chaque mot.
2. D'après vos définitions, en quoi l'action de la Gestapo était-elle contraire à ces valeurs ?

Ex. 3 J'enrichis mon vocabulaire autour du devoir de mémoire.

1. En vous aidant si besoin d'un dictionnaire, expliquez le sens de « devoir de mémoire », « mémorial » et « monument aux morts ».
2. Classez les mots suivants selon qu'il s'agit de synonymes ou d'antonymes de « souvenir » : *mémoire, réminiscence, oubli, témoignage, omission, archives, commémoration, amnésie.*

Ex. 4 Je comprends le sens juridique des mots.

1. Associez les mots « responsabilité », « témoin », « accusation », « crime » et « condamnation » à leurs définitions :
   - Infraction très grave punie par la loi.
   - Personne citée à comparaître pour attester de sa connaissance personnelle des faits.
   - Action d'imputer un crime à une personne.
   - Décision du tribunal de sanctionner une personne accusée d'un crime ou d'un délit.
   - Obligation d'une personne de répondre de ses actes et d'en assumer les conséquences, y compris les conséquences pénales.
2. En vous aidant si besoin d'un dictionnaire, définissez les noms composés suivants : « témoin à charge », « crime contre l'humanité » et « mise en accusation ».

Ex. 5 Je varie les moyens d'expression de la cause et de la conséquence.

1. Classez les conjonctions et locutions conjonctives de subordination ci-dessous, selon qu'elles introduisent la cause ou la conséquence : *si bien que, parce que, de sorte que, d'autant que, étant donné que, de façon que, au point que, puisque, de telle manière que, sous prétexte que.*
2. Recopiez les phrases suivantes en remplaçant les deux points par une conjonction ou une locution conjonctive de subordination exprimant la cause ou la conséquence. Précisez le lien ainsi exprimé.

a) Les Juifs avaient déjà subi plusieurs mesures : ils se sont résignés à l'apposition de la lettre J sur leurs papiers d'identité.
b) Simone Veil a d'abord refusé cette nouvelle mesure : elle en a senti le danger.
c) Denise, sa sœur, a rejoint la résistance : elle voulait combattre les crimes commis par les Nazis.
d) L'augmentation des rafles a convaincu les parents de Simone Veil que le danger se rapprochait : la famille s'est dispersée pour habiter chez plusieurs personnes.

Ex. 6 J'enrichis mon vocabulaire des émotions.

1. Classez les mots ci-dessous, suivant qu'ils expriment la colère, l'indignation, l'admiration ou la tristesse : *ébahi, scandaleux, rancune, haine, vénération, amertume, agressif, éblouir, écœurement, morose, furieux, animosité, émerveiller, courroux, accabler, rage.*
2. Enrichissez les champs lexicaux que vous avez constitués en ajoutant au moins quatre mots par émotion.

Ex. 7 J'emploie des outils de comparaison variés.

1. Classez les outils de comparaison suivants, selon qu'ils soulignent une ressemblance ou une différence entre les éléments comparés : *comme, tel, semblable à, plus que, de même que, sembler, moins que, pareil à, avoir l'air de, ainsi que, autant que.*
2. Identifiez les outils de comparaison utilisés par Simone Veil dans les phrases suivantes :

a) « ces dates [...] demeurent attachées à mon être le plus profond comme le tatouage du numéro 78651 sur la peau de mon bras gauche. »
b) « des brutes, même si c'étaient des déportées comme nous »
c) « nous avons été toutes les trois transférées dans un commando moins dur que les autres »

3. Réécrivez les deux premières phrases en utilisant d'autres outils de comparaison.

Atelier 1 : J'écris une lettre ouverte

Sujet d'imagination • Écrivez une lettre ouverte (c'est-à-dire destinée à être publiée dans la presse) que vous adresserez, au choix, à Simone Veil ou à Stenia, pour faire part de vos émotions de collégien(ne) du XXIe siècle à la lecture de ce qu'ont traversé des jeunes de votre âge lors de la Shoah.

Atelier 2 : J'argumente sur l'intérêt du témoignage

Sujet de réflexion • Pourquoi est-il important que les victimes de guerre, de génocide, de terrorisme ou de catastrophes provoquées par l'homme témoignent ? Répondez à cette question dans un devoir argumenté s'appuyant sur des exemples précis.

Étape 1
Je cherche des idées

- Faites une liste d'événements pour lesquels, selon vous, le témoignage des victimes est important : guerres, génocides, actes terroristes, catastrophes causées par l'homme.
- Résumez les événements choisis comme exemples.
- Réfléchissez à l'intérêt du témoignage des victimes de ces événements.

Étape 2
J'argumente sur l'intérêt du témoignage

- Rédigez une introduction dans laquelle vous présenterez le sujet et évoquerez le devoir de mémoire. Vous pouvez vous aider du troisième exercice de lexique.
- Développez votre première partie en expliquant l'intérêt du témoignage des victimes (vision personnelle de l'événement, émotions, etc.).
- Illustrez vos arguments par des exemples précis trouvés précédemment et/ou empruntés à votre lecture d'*Une jeunesse au temps de la Shoah* de Simone Veil.
- Utilisez des connecteurs logiques pour structurer votre argumentation. Vous pouvez, par exemple, puiser dans la liste du cinquième exercice de lexique.

Étape 3
Je mets en garde contre l'oubli

- Dans votre deuxième partie, expliquez les risques que peut entraîner le silence des victimes.
- Expliquez l'importance des témoignages pour les nouvelles générations qui n'ont pas connu ces événements.
- Donnez votre opinion : pourquoi ces témoignages sont-ils importants pour vous ?
- Faites part de vos émotions lors de la découverte du témoignage de Simone Veil. Aidez-vous éventuellement du sixième exercice de lexique.

Étape 4
Je conclus

- Dans votre conclusion, faites un bilan des arguments que vous avez développés dans votre devoir.
- Proposez une ouverture en réfléchissant aux questions soulevées par Simone Veil : « Parler de la Shoah, et comment ? ; ou bien ne pas en parler, et pourquoi ? » Expliquez rapidement les réponses apportées par les victimes de la Shoah et résumées par Simone Veil dans le dernier texte du chapitre.
- En quelques lignes, dites comment vous répondriez à ces deux questions.

Connaître les combats de Simone Veil et leur portée

Groupe 1 : Je lis un passage d'*Une jeunesse au temps de la Shoah*

Étape 1 — **Je choisis deux extraits**

- Choisissez chacun(e) deux textes du chapitre ou deux longs extraits du livre qui illustrent pour vous la force de la parole de l'autrice.
- Défendez vos choix auprès de vos camarades du groupe.
- Sélectionnez ensemble les deux textes les plus pertinents.

Étape 2 — **Je prépare une lecture à plusieurs voix**

- Déterminez ce que chaque membre du groupe lira : mêlez vos voix pour transmettre une émotion à vos camarades et aider à la compréhension du texte.
- Utilisez un code couleur pour repérer vos interventions. Entraînez-vous à la lecture expressive (mots à mettre en valeur, rythme de lecture, intonation, voix audible). Celle-ci sera précédée d'une présentation des extraits situés dans l'œuvre.

Étape 3 — **Je présente mon travail à la classe**

- Lisez les extraits à plusieurs voix.

Groupe 2 : Je présente une œuvre à la classe

Étape 1 pix — **Je cherche des informations**

- Recherchez une définition du *street art*.
- Scindez-vous en deux sous-groupes : certain(e)s travailleront sur l'un des portraits de Simone Veil de C215 (voir ci-contre et p. 58 et 64) et les autres travailleront sur le portrait réalisé par Jo Di Bona.
- Informez-vous sur les conditions dans lesquelles C215 et Jo Di Bona ont réalisé leur(s) portrait(s) de Simone Veil.

Étape 2 — **Je rédige mon exposé**

- Formulez ensemble des éléments d'analyse du portrait choisi.
- Ouvrez votre écrit à une réflexion plus large. Posez-vous ces questions : les portraits de Simone Veil de C215 ayant été vandalisés, en quoi est-ce une attaque contre un symbole ? le portrait de Simone Veil de Jo Di Bona est celui d'une nouvelle Marianne : pourquoi ?

Étape 3 — **Je présente mon travail à la classe**

- En guise d'introduction, présentez rapidement l'artiste et quelques-unes de ses œuvres.
- Présentez ensuite le portrait de Simone Veil choisi : son analyse, votre interprétation.

Jo Di Bona, portrait de Simone Veil en Marianne, 2019, collages et aérosol, Paris.

Christian Guémy (C215), portraits de Simone Veil, 2019, pochoirs, Paris.

Groupe 3 : Je présente les combats de Simone Veil

Étape 1 — **Je collecte des informations**

pix

- Effectuez individuellement des recherches sur Internet sur les combats de Simone Veil. Sous forme de notes, listez ses combats ainsi que leurs contextes.
- Gardez une trace des sites Internet qui vous ont servi de sources.
- Faites un bilan de vos recherches au sein du groupe et sélectionnez ensemble les informations les plus utiles. Faites également une sélection stricte d'extraits vidéo et audio, de textes et d'articles de presse.
- Pour chacun des combats de Simone Veil, faites des recherches sur la situation aujourd'hui.

Étape 2 — **Je réalise un diaporama**

pix

- Réalisez un diaporama pour présenter les combats de Simone Veil : veillez à ce que chaque diapositive ait un titre ; proposez des textes divers, des illustrations et des vidéos.

Étape 3 — **Je présente mon travail à la classe**

- Présentez votre diaporama à vos camarades.

Groupe 4 : Je réalise une revue de presse radiophonique

Étape 1 — **Je réunis des unes de journaux**

pix

- Recherchez sur Internet les unes des journaux nationaux mais aussi locaux et étrangers du 1er juillet 2017, lendemain de la mort de Simone Veil.
- Sélectionnez ensemble les plus pertinentes.
- Expliquez les titres : faites attention au sens figuré, à l'implicite, et aux figures de style.
- Analysez les photographies choisies à la une et classez-les selon l'aspect de la vie de Simone Veil qu'elles mettent en avant.

Étape 2 — **J'enregistre la revue de presse**

pix

- Chaque membre du groupe choisit la une qu'il veut présenter.
- Réalisez un diaporama de ces unes dans l'ordre de passage.
- Écoutez des exemples de revue de presse radiophonique (celle de France Inter par exemple) pour choisir le rythme que vous donnerez à votre prestation orale.

Étape 3 — **Je présente mon travail à la classe**

- Vidéoprojetez le diaporama des unes sélectionnées.
- Lisez de manière expressive votre revue de presse.
- Vous conclurez en expliquant vos choix, vos difficultés, vos réussites.

Organisation de l'activité

La classe est divisée en **quatre groupes**. La présentation des groupes peut être suivie d'un débat autour de la question suivante : quel combat mené par Simone Veil vous semble le plus d'actualité aujourd'hui ?

Numérique
Retrouvez cette page à télécharger sur **LLS.fr/FR3Synthese2**

◆ Les dates clés d'*Une jeunesse au temps de la Shoah*

1 Voici les différentes dates présentes dans les extraits du chapitre. Retrouvez les événements auxquels elles renvoient pour réaliser la chronologie de ce qu'a vécu Simone Veil entre 1943 et 1945.

9 septembre 1943	
13 avril 1944	
15 avril 1944	
Juillet 1944 - janvier 1945	
18 janvier 1945	
15 mars 1945	
23 mai 1945	

◆ Un livre de la mémoire

2 Complétez le texte suivant avec ces mots ou expressions : *personnel, témoignage, générations, historique, oublier, autobiographique, collectif, honnêteté, personne, récits, devoir de mémoire, engagement.*

Une jeunesse au temps de la Shoah est d'abord un écrit .... , c'est-à-dire que son autrice a eu pour vocation de raconter, à la première .... , sa propre vie, ou du moins, ici, une partie de celle-ci, dans un effort constant d'.................. .

Mais c'est aussi un acte de .... : au-delà de raconter sa vie, Simone Veil raconte aussi une période .... et comment, personnellement, elle a traversé cette période et ses épreuves. Cet .... à dire la vérité sur soi est donc doublé d'un autre à dire une vérité plus large, à destination de ses contemporains et des .... futures. L'enjeu est donc tout à la fois .... et .... : ne pas ....

Dans *Une jeunesse au temps de la Shoah*, comme dans d'autres .... concentrationnaires, l'autobiographie s'ouvre au ....

◆ Synthèse

3 Quel passage d'*Une jeunesse au temps de la Shoah* vous a le plus marqué(e) ? Expliquez votre choix en rédigeant un paragraphe assorti de citations.

4 Quelles résonances le témoignage de Simone Veil peut-il avoir dans notre monde contemporain ?

Ils partiront dans l'ivresse
Lucie Aubrac, 1984, Seuil.
Ce journal retrace neuf mois de la vie de la résistante Lucie Aubrac, alors enceinte, en pleine Seconde Guerre mondiale. Cette autobiographie a fait l'objet d'une adaptation cinématographique par Claude Berri.

Matin brun
Franck Pavloff, 1998, illustrations de C215, 2014, Albin Michel.
Charlie et son ami assistent à divers changements dans leur société. C'est la montée en puissance de l'État brun. Cette courte nouvelle nous montre la mise en place insidieuse d'un État totalitaire. Charlie et son ami s'en rendront-ils compte à temps ?

La Liste de Schindler
Steven Spielberg, 1993.
Oskar Schindler, industriel allemand, sauve de la mort 1 200 Juifs pendant la Seconde Guerre mondiale. Steven Spielberg raconte le destin de cet homme et de celles et ceux restés en vie grâce à lui.

Le Garçon en pyjama rayé
John Boyne, 2007, Gallimard, collection Folio Junior.
Bruno, neuf ans, est le fils du commandant nazi du camp d'Auschwitz. Cantonné dans sa nouvelle maison, il découvre vite qu'un monde existe derrière la clôture qui sépare son foyer des baraquements. Il rencontre alors Schmuel, un garçon du même âge que lui ; ce dernier est vêtu d'un pyjama rayé.

Maus
Art Spiegelman, 1998, Flammarion.
Quand la bande dessinée rencontre l'histoire et la recherche de l'histoire familiale. L'auteur, par le biais d'une souris (le Juif) traquée par le chat (le Nazi), déroule le fil de l'histoire pour comprendre ce qu'a vécu son père, survivant des ghettos polonais et des camps de la mort.

Simone Veil, l'Immortelle
Pascal Bresson et Hervé Duphot, 2018, MARAbulles.
Cet album raconte le destin de Simone Veil : son enfance niçoise, la déportation, le retour des camps, ses engagements pour les droits des femmes ou l'Europe. À lire en complément d'*Une jeunesse au temps de la Shoah*.

Et aussi ! D'autres propositions de lecture sur LLS.fr/FR3Lectures2

Sujet Brevet 2

Inspiré par les nuits passées dans les tranchées, le poète Guillaume Apollinaire écrit ce poème nocturne et le dédie à Lou, la femme qu'il aime.

À L. de C.-C[1].

Le ciel est étoilé par les obus des Boches[2]
La forêt merveilleuse où je vis donne un bal
La mitrailleuse joue un air à triples-croches[3]
Mais avez-vous le mot
Eh ! oui le mot fatal
Aux créneaux Aux créneaux Laissez là les pioches

Comme un astre éperdu qui cherche ses saisons
Cœur obus éclaté tu sifflais ta romance
Et tes mille soleils ont vidé les caissons[4]
Que les dieux de mes yeux remplissent en silence

Nous vous aimons ô vie et nous vous agaçons

Les obus miaulaient un amour à mourir
Un amour qui se meurt est plus doux que les autres
Ton souffle nage au fleuve où le sang va tarir[5]
Les obus miaulaient
Entends chanter les nôtres
Pourpre amour salué par ceux qui vont périr

Le printemps tout mouillé la veilleuse l'attaque
Il pleut mon âme il pleut mais il pleut des yeux morts
Ulysse que de jours pour rentrer dans Ithaque
Couche-toi sur la paille et songe un beau remords[6]
Qui pur effet de l'art soit aphrodisiaque[7]

Mais
orgues[8]
aux fétus[9] de la paille où tu dors
L'hymne de l'avenir est paradisiaque

Guillaume Apollinaire, « La nuit d'avril 1915 », *Calligrammes*, 1918.

1. Louise de Coligny-Châtillon, Lou.
2. Nom péjoratif donné aux Allemands.
3. Figures de note de musique.
4. Caisses servant au transport de munitions et de vivres.
5. S'écouler jusqu'à épuisement.
6. Chose qu'on regrette.
7. Qui suscite le désir amoureux.
8. Instrument de musique ou engin militaire doté de canons.
9. Brin de paille.

Félix Vallotton, *Verdun. Tableau de guerre interprété, projections colorées noires, bleues et rouges, terrains dévastés, nuées de gaz*, 1917, huile sur toile, 114 × 146 cm (Musée de l'Armée, Paris).

1re partie de l'épreuve

1h10

Compréhension et compétences d'interprétation — 32 points

1. À quel genre littéraire ce texte appartient-il ? Relevez au moins trois indices qui justifient votre réponse. (2 points)
2. À quel événement historique ce poème fait-il référence ? (1 point)
3. Relevez les mots du champ lexical de la guerre. Pourquoi est-il si peu présent ? (3 points)
4. **a)** « Le ciel est étoilé par les obus des Boches » (v. 1) Quelle figure de style est employée dans ce vers ? **b)** Relevez un autre vers qui utilise la même image. **c)** En quoi cette association est-elle surprenante ? Quel effet produit-elle ? (4 points)
5. **a)** De quel « bal » (v. 2) est-il question dans ce poème ? **b)** Relevez plusieurs termes appartenant au champ lexical de la musique. **c)** Quel(s) sentiment(s) suscite-t-il ? Justifiez. (5 points)
6. **a)** Dans la strophe des vers 12 à 17, de quel sentiment est-il surtout question ? **b)** Que pensez-vous de l'apparition de ce thème au milieu de la guerre ? (4 points)
7. Selon vous, pourquoi le poète fait-il allusion à Ulysse et à son long voyage de retour vers Ithaque ? (3 points)
8. Pourquoi peut-on dire que ce poème est lyrique ? Justifiez votre réponse à l'aide d'exemples variés et en vous appuyant sur les réponses précédentes. (6 points)
9. **Image** Pensez-vous que le tableau de Félix Vallotton illustre au mieux le poème d'Apollinaire ? Justifiez votre réponse en vous appuyant sur des exemples précis du texte et sur le vocabulaire d'analyse d'image. (4 points)

Grammaire et compétences linguistiques — 18 points

10. **a)** Comment l'adjectif « paradisiaque » (v. 26) est-il formé ? **b)** Que signifie-t-il ? **c)** Pourquoi le poème se termine-t-il sur ce mot ? Appuyez votre réponse sur l'ensemble du texte. (4 points)
11. **a)** Le mode utilisé au vers 10 est-il l'indicatif ou le subjonctif ? Expliquez votre réponse. **b)** Quelle est sa valeur ? Réécrivez ce vers à l'imparfait en conservant le même mode. (4 points)
12. Réécrivez les vers 1 et 2 en transposant à l'imparfait les verbes conjugués au présent et en mettant leurs sujets respectifs au pluriel. (10 points)

2e partie de l'épreuve

20 min

Dictée — 10 points

Louis-Ferdinand Céline, *Voyage au bout de la nuit*, 1932. Les dictées des brevets blancs sont regroupées p. 368 à 371.

3e partie de l'épreuve

1h30

Rédaction — 40 points

Vous traiterez à votre choix l'un des sujets suivants.

SUJET DE RÉFLEXION

D'après vous, l'expression artistique (littérature, théâtre, cinéma, musique, peinture, etc.) apporte-t-elle quelque chose à l'évocation des événements du passé ? À l'aide d'exemples historiques et/ou personnels de votre choix, vous présenterez votre réflexion dans un développement argumenté et organisé. Votre texte fera, au moins, deux pages.

Sujet de brevet 2014, France métropolitaine, série générale.

SUJET D'IMAGINATION

Vous raconterez en prose, sous la forme d'un récit journalistique à la première personne du singulier, la nuit d'un reporter de guerre dans une tranchée lors d'une attaque surprise de l'ennemi. Votre texte fera au moins deux pages. Vous prendrez soin de faire ressortir les émotions du reporter. Vous respecterez la cohérence historique.

Sujet guidé 2

Marianne Cohn, Allemande entrée dans la Résistance en France, fait passer des enfants vers la Suisse. Arrêtée et torturée une première fois en 1943, elle aurait alors écrit ce poème. Elle meurt en 1944, sous la torture, sans avoir parlé ni trahi.

Je trahirai demain pas aujourd'hui.
Aujourd'hui, arrachez-moi les ongles,
Je ne trahirai pas.

Vous ne savez pas le bout de mon courage.
Moi je sais.
Vous êtes cinq mains dures avec des bagues.
Vous avez aux pieds des chaussures
Avec des clous.

Je trahirai demain, pas aujourd'hui,
Demain.
Il me faut la nuit pour me résoudre,
Il ne faut pas moins d'une nuit
Pour renier[1], pour abjurer, pour trahir.

Pour renier mes amis,
Pour abjurer le pain et le vin,
Pour trahir la vie,
Pour mourir.

Je trahirai demain, pas aujourd'hui.
La lime[2] est sous le carreau,
La lime n'est pas pour le barreau,
La lime n'est pas pour le bourreau,
La lime est pour mon poignet.

Aujourd'hui je n'ai rien à dire,
Je trahirai demain.

Paul Colin, *La Marianne aux stigmates*, affiche, 17 août 1944.

Marianne Cohn, « Je trahirai demain pas aujourd'hui », 1943, poème choisi par Yves Ménager dans *Paroles de déportés*, 2001.

1. Renoncer, abandonner.
2. Peut-être une allusion à une tentative d'évasion proposée par son réseau et qu'elle a refusée, par peur des représailles sur les enfants dont elle avait la charge.

Numérique

Retrouvez les 2e et 3e parties de l'épreuve sur LLS.fr/FR3P78

Zoom sur la 1re partie de l'épreuve ⏱ 1h10

Méthode • Les questions portant sur les figures de style

Au brevet, il y a souvent une question portant sur les figures de style.

- Pour répondre de façon complète à ce type de question, rappelez d'abord la définition de la figure concernée.
- Puis, expliquez sur quel(s) mot(s) porte la figure. Ne donnez pas l'impression de répondre au hasard.
- Enfin, il vous est souvent demandé d'expliquer l'effet produit. Il s'agit de dire pourquoi l'écrivain(e) n'a pas dit les choses de manière plus directe, pourquoi il (elle) a choisi une tournure plus expressive.

Compréhension et compétences d'interprétation — 32 points

1 **a)** En vous appuyant sur la première strophe, résumez la situation dans laquelle se trouve la poétesse. **b)** À quoi fait référence ici le verbe « trahir » ? (2 points)

2 **a)** En vous appuyant sur le contexte historique, identifiez le « vous » (v. 6-7). **b)** De quelle manière ces personnes sont-elles déshumanisées ? (2 points)

3 **a)** Comment sont évoquées les tortures subies ? **b)** Ces formulations en atténuent-elles ou, au contraire, en accentuent-elles l'horreur ? Développez votre point de vue et justifiez-le. (4 points)

4 **a)** Dans la quatrième strophe, que comprend-on en lisant seulement le vers 14 ? **b)** Que comprend-on à la fin de la strophe ? Qui la jeune femme va-t-elle vraiment trahir ? (3 points)

5 **a)** Quelle est la figure de style employée dans la cinquième strophe ? **b)** Quel changement dans la construction de la phrase constatez-vous entre les vers 20 et 22 ? **c)** Quel geste est ainsi mis en valeur ? (4 points)

6 **a)** « Je trahirai demain, pas aujourd'hui » revient comme un refrain. Quels sont les éléments qui font de ce texte un poème ? **b)** Le texte aurait-il été plus fort ou moins fort s'il avait été écrit comme un récit ? Expliquez votre point de vue. (5 points)

Méthode appliquée

- Il convient de repérer les figures dans le texte et de connaître leurs définitions.

exemple : une anaphore est la répétition d'un même mot ou d'une même expression en début de phrase, de proposition ou de vers.

- Il faut préciser sur quel mot porte la figure de style.

exemple : le groupe nominal « la lime » est répété en début de vers, du v. 19 au v. 22.

- Il faut utiliser les indices donnés dans l'énoncé.

exemple : la poétesse passe d'une construction négative à une construction affirmative et met ainsi en valeur le dernier vers.

7 Quels éléments du texte font de Marianne Cohn une figure héroïque ? Répondez de manière développée en citant des passages précis. (6 points)

8 **Image** **a)** Sur l'affiche, quelle France Marianne représente-t-elle ? **b)** Pourquoi la représentation des horreurs de la guerre est-elle figurée de manière poétique ? **c)** Quels liens pouvez-vous faire avec le poème ? (6 points)

Grammaire et compétences linguistiques — 18 points

1 **a)** En vous aidant du contexte et du sens des autres verbes de la quatrième strophe, proposez un synonyme du verbe « abjurer ». **b)** Sur quel préfixe est formé ce verbe ? **c)** Quel est ici le sens de ce préfixe ? (3 points)

2 Comparez les vers 1 et 16. **a)** Dans lequel de ces deux vers, le verbe « trahir » se construit-il avec un COD ? Relevez ce COD. **b)** Dans lequel le verbe « trahir » se construit-il sans complément d'objet ? Cette construction est-elle courante pour ce verbe ? Que cela change-t-il au niveau du sens ? (5 points)

3 Réécrivez les trois premières strophes en commençant par « Elle disait que ». (10 points)

Agir dans la cité : individu et pouvoir

3 Comment Antigone incarne-t-elle la résistance au pouvoir ?

Objectifs

- ✔ Je découvre un symbole de résistance au pouvoir.
- ✔ Je m'interroge sur la façon dont un mythe antique peut éclairer les bouleversements historiques majeurs du XXe siècle.
- ✔ J'aborde un mythe tragique et ses réécritures.

Antigone de Jean Anouilh, mise en scène de Marc Paquien, avec Françoise Gillard (Antigone) et Bruno Raffaelli (Créon), théâtre du Vieux-Colombier, Comédie-Française, Paris, 2012.

1. Quel semble être le caractère d'Antigone ? Expliquez votre réponse.
2. À quoi voit-on que Créon est dérouté par l'attitude d'Antigone ?

Les repères du chapitre

vers 496-406 av. J.-C.
Sophocle

Le mythe d'Antigone
Antigone est la fille d'Œdipe, roi de Thèbes. Après la mort de ce dernier, ses deux fils, les frères d'Antigone, se battent à mort : Polynice souhaite s'emparer du pouvoir que seul Étéocle est censé exercer en tant qu'aîné. L'oncle d'Antigone, Créon, interdit qu'on enterre Polynice, le rebelle. Antigone décide alors de désobéir et d'enterrer son frère, au prix de sa vie.

1889-1963
Jean Cocteau

1898-1956
Bertolt Brecht

Antigone au XXe siècle
Au cours du XXe siècle, plusieurs dramaturges s'inspirent du mythe d'Antigone et de la pièce de Sophocle pour en écrire des adaptations. Tandis que Jean Cocteau, en 1922, propose une version relativement fidèle au mythe, Jean Anouilh et Bertold Brecht, en 1944 et 1948, inscrivent la pièce dans l'histoire de ce milieu du XXe siècle en faisant d'Antigone une figure de résistante.

1910-1987
Jean Anouilh

né en 1952
Sorj Chalandon

Antigone au Liban
En 2013, Sorj Chalandon publie *Le Quatrième Mur*. Ce roman entremêle l'histoire de la guerre du Liban et le récit du travail d'un metteur en scène français qui souhaite monter *Antigone* d'Anouilh à Beyrouth.

née en 1973
Sophie Deraspe

Antigone au Québec
En 2019, la réalisatrice québécoise Sophie Deraspe signe une adaptation cinématographique libre et contemporaine de la pièce de Sophocle (voir p. 101).

Pour entrer dans le chapitre

1 Faites des recherches sur les origines du théâtre : quand cet art est-il né ? dans quel(s) cadre(s) ? Écrivez ensuite un court texte sur ce qu'il est nécessaire de retenir.

2 Qu'est-ce qu'une pièce de théâtre tragique ? Cherchez éventuellement, pour vous aider, la définition du terme « tragédie ».

3 Faites une recherche sur le mythe d'Œdipe que vous résumerez ensuite en quelques phrases (voir ex. 1 p. 100).

4 a) Quel préfixe reconnaissez-vous dans le prénom Antigone ?
b) Quelles hypothèses pouvez-vous émettre sur son caractère ?

5 a) Pouvez-vous nommer une personne qui a incarné (ou incarne) une forme de résistance à un pouvoir jugé injuste, autoritaire ?
b) Parmi les personnages de théâtre que vous connaissez, lesquels sont des figures d'opposition au pouvoir ?

L'image

6 Faites des recherches sur le théâtre grec en tant qu'édifice : où jouaient les comédiens ? où étaient les coulisses ? où se tenaient les spectateurs ?

7 Quelles ressemblances et quels changements constatez-vous avec l'espace théâtral de nos jours ? Comment les justifiez-vous ?

Théâtre ou odéon d'Hérode Atticus, construit au pied de l'Acropole d'Athènes en 161, Grèce.

Écriture

8 Rédigez un court monologue théâtral dans lequel un personnage (de votre choix) s'oppose à une décision, injuste selon lui, qui vient d'être prise.

Numérique
Retrouvez un quiz sur LLS.fr/FR3Quiz3

Texte lu

1 Sophocle

Sophocle

(vers 496-406 av. J.-C.) est un dramaturge grec. Sur la centaine de pièces qu'il a écrites, seules huit d'entre elles, parmi lesquelles les tragédies *Œdipe roi* et *Antigone*, nous sont parvenues.

Dans le théâtre antique, le chœur a pour rôle de commenter la pièce pour les spectateurs et de délivrer le sens de la tragédie. Dans cet extrait, le chœur chante les malheurs répétés de la famille des Labdacides.

LE CHŒUR. – Quand les dieux ont une fois ébranlé une maison, il n'est point de désastre qui n'y vienne frapper les générations tour à tour.

On croirait voir la houle[1] du grand large, quand, poussée par les vents de Thrace[2], et par leurs brutales bourrasques, elle court au-dessus de l'abîme marin et va roulant le sable noir qu'elle arrache à ses profondeurs, cependant que, sous les rafales, les caps heurtés de front gémissent bruyamment.

Ils remontent de loin, les maux que je vois, sous le toit des Labdacides[3], toujours, après les morts, s'abattre sur les vivants, sans qu'aucune génération jamais libère la suivante : pour les abattre, un dieu est là qui ne leur laisse aucun répit. L'espoir attaché à la seule souche demeurée vivace illuminait tout le palais d'Œdipe, et voici cet espoir fauché à son tour !

Sophocle, *Antigone*, in *Tragédies, tome I*, trad. Paul Mazon, CUF série grecque, © Les Belles Lettres, Paris, 1962.

1. Les vagues.
2. Région au nord-est de la Grèce.
3. La famille d'Œdipe et d'Antigone ; c'est la famille des rois de Thèbes.

Lexique

Chœur

Ce terme appartient à la même famille que le mot « chorale ». Qu'est-ce qu'un chœur en musique ? Qu'est-ce qu'un chœur au théâtre ?

Écoute

Quelle(s) tonalité(s) littéraire(s) domine(nt) dans ces deux extraits ? Appuyez-vous sur l'intonation du locuteur pour répondre.

Antigone de Sophocle, mise en scène de Jacques Nichet, avec Maurice Deschamps (le Coryphée), théâtre de l'Odéon, Paris, 2004.

2 Jean Anouilh

Jean Anouilh

(1910-1987) est un dramaturge français. Il s'inspire du mythe d'Antigone et de la pièce de Sophocle en mettant en scène l'histoire de l'héroïne grecque pendant l'Occupation allemande.

La pièce de Jean Anouilh s'ouvre sur le discours d'un personnage, le Prologue.

Un décor neutre. Trois portes semblables. Au lever du rideau, tous les personnages sont en scène. Ils bavardent, tricotent, jouent aux cartes. Le Prologue se détache et s'avance.

LE PROLOGUE. – Voilà. Ces personnages vont vous jouer l'histoire d'Antigone. Antigone c'est la petite maigre qui est assise là-bas, et qui ne dit rien. Elle regarde droit devant elle. Elle pense. Elle pense qu'elle va être Antigone tout à l'heure, qu'elle va surgir soudain de la maigre jeune fille noiraude[1] et renfermée que personne ne prenait au sérieux dans la famille et se dresser seule en face du monde, seule en face de Créon, son oncle, qui est le roi. Elle pense qu'elle va mourir, qu'elle est jeune et qu'elle aussi, elle aurait bien aimé vivre. Mais il n'y a rien à faire. Elle s'appelle Antigone et il va falloir qu'elle joue son rôle jusqu'au bout... Et, depuis que ce rideau s'est levé, elle sent qu'elle s'éloigne à une vitesse vertigineuse de sa sœur Ismène, qui bavarde et rit avec un jeune homme, de nous tous, qui sommes là bien tranquilles à la regarder, de nous qui n'avons pas à mourir ce soir.

Le jeune homme avec qui parle la blonde, l'heureuse Ismène, c'est Hémon, le fils de Créon. Il est le fiancé d'Antigone. [...]

Cet homme robuste, aux cheveux blancs, qui médite là, près de son page[2], c'est Créon. C'est le roi. Il a des rides, il est fatigué. Il joue au jeu difficile de conduire les hommes. Avant, du temps d'Œdipe, quand il n'était que le premier personnage de la cour, il aimait la musique, les belles reliures[3], les longues flâneries chez les petits antiquaires de Thèbes. Mais Œdipe et ses fils sont morts. Il a laissé ses livres, ses objets, il a retroussé ses manches et il a pris leur place. Quelquefois, le soir, il est fatigué, et il se demande s'il n'est pas vain[4] de conduire les hommes. [...]

Et puis, au matin, des problèmes précis se posent, qu'il faut résoudre, et il se lève, tranquille, comme un ouvrier au seuil de sa journée.

Jean Anouilh, *Antigone*, © Éditions de La Table Ronde, 1946.

1. Qui a les cheveux noirs ou le teint foncé.
2. Serviteur.
3. Les beaux livres.
4. Inutile.

Numérique

Retrouvez le prologue d'Anouilh mis en scène par Nicolas Briançon sur : LLS.fr/FR3PrologueAnouilh

Compréhension

1 **Texte 1** Reformulez avec vos propres mots les lignes 7 à 10, en vous appuyant sur ce que vous savez du mythe d'Œdipe et de celui d'Antigone (voir p. 82-83).

2 **Texte 2** À qui le Prologue s'adresse-t-il ? Expliquez votre réponse.

3 **Textes 1 et 2** **a)** Quelle est la fonction du Prologue dans la pièce d'Anouilh ? **b)** Est-ce la même fonction qu'occupe le Chœur dans l'extrait du deuxième épisode de la pièce de Sophocle ?

Analyse et interprétation

4 **Textes 1 et 2** **a)** Les deux extraits expliquent-ils de la même façon les malheurs qui s'abattent sur les Labdacides ? **b)** Pourquoi ?

5 **Texte 2** En quoi le début de cette pièce est-il surprenant ?

6 **Texte 2** L'intrigue est censée se passer dans l'Antiquité. **a)** Repérez un anachronisme dans le portrait de Créon. **b)** Quel effet cela crée-t-il ?

7 **Texte 2** Quelles oppositions physiques et morales relevez-vous entre Antigone et les autres personnages ?

8 **Texte 2** En quoi le Prologue annonce-t-il une histoire tragique ? Justifiez votre réponse en citant le texte.

1 Sophocle

Au début de la pièce, Antigone et sa sœur Ismène discutent. Faut-il obéir à Créon et ne pas enterrer leur frère ?

ISMÈNE. – Quoi ! tu songes à l'ensevelir[1], en dépit de la défense faite à toute la cité ?

ANTIGONE. – C'est mon frère – et le tien, que tu le veuilles ou non. J'entends que nul ne soit en droit de dire que je l'ai trahi.

ISMÈNE. – Mais malheureuse, si Créon s'y oppose !

ANTIGONE. – Créon n'a pas à m'écarter des miens. [...]

ISMÈNE. – [...] Pour moi, en tout cas, je supplie les morts sous la terre de m'être indulgents, puisqu'en fait je cède à la force ; mais j'entends obéir aux pouvoirs établis. Les gestes vains[2] sont des sottises.

ANTIGONE. – Sois tranquille, je ne te demande plus rien – et même si tu voulais plus tard agir, je n'aurai pas la moindre joie à te sentir à mes côtés. Sois donc, toi, ce qu'il te plaît d'être : j'enterrerai, moi, Polynice et serai fière de mourir en agissant de telle sorte. C'est ainsi que j'irai reposer près de lui, chère à qui m'est cher, saintement criminelle. Ne dois-je pas plus longtemps plaire à ceux d'en bas[3] qu'à ceux d'ici, puisqu'aussi bien c'est là-bas qu'à jamais je reposerai ? Agis, toi, à ta guise[4], et continue à mépriser tout ce qu'on prise chez les dieux.

ISMÈNE. – Je ne méprise rien ; je me sens seulement incapable d'agir contre le gré[5] de ma cité.

Sophocle, *Antigone*, in *Tragédies, tome I*, trad. Paul Mazon, CUF série grecque, © Les Belles Lettres, Paris, 1962.

Lexique

Priser, mépriser

Sur quel préfixe est formé le verbe « mépriser » (l. 16) ? En vous appuyant sur le sens de ce préfixe et de ce verbe, proposez une définition du verbe « priser », qui est de la même famille.

1. L'enterrer.
2. Inutiles.
3. Les morts (qui sont aux Enfers).
4. Comme tu le souhaites.
5. La volonté.

Antigone de Jean Anouilh, mise en scène de Marc Paquien, avec Marion Malenfant (Ismène) et Françoise Gillard (Antigone), théâtre du Vieux-Colombier, Comédie-Française, Paris, 2012.

2 Jean Anouilh

Peu après le discours du Prologue, Antigone échange avec Ismène.

ISMÈNE. – Tu sais, j'ai bien pensé, Antigone.

ANTIGONE. – Oui.

ISMÈNE. – J'ai bien pensé toute la nuit. Tu es folle.

ANTIGONE. – Oui.

ISMÈNE. – Nous ne pouvons pas.

ANTIGONE *après un silence, de sa petite voix.* – Pourquoi ?

ISMÈNE. – Il nous ferait mourir.

ANTIGONE. – Bien sûr. À chacun son rôle. Lui, il doit nous faire mourir, et nous, nous devons aller enterrer notre frère. C'est comme cela que ç'a été distribué. Qu'est-ce que tu veux que nous y fassions ?

ISMÈNE. – Je ne veux pas mourir.

ANTIGONE, *doucement.* – Moi aussi j'aurais bien voulu ne pas mourir.

ISMÈNE. – Écoute, j'ai bien réfléchi toute la nuit. Je suis l'aînée. Je réfléchis plus que toi. Toi, c'est ce qui te passe par la tête tout de suite, et tant pis si c'est une bêtise. Moi, je suis plus pondérée[1]. Je réfléchis.

ANTIGONE. – Il y a des fois où il ne faut pas trop réfléchir.

ISMÈNE. – Si, Antigone. D'abord c'est horrible, bien sûr, et j'ai pitié moi aussi de mon frère, mais je comprends un peu notre oncle.

ANTIGONE. – Moi je ne veux pas comprendre un peu.

ISMÈNE. – Il est le roi, il faut qu'il donne l'exemple.

ANTIGONE. – Moi, je ne suis pas le roi. Il ne faut pas que je donne l'exemple, moi... Ce qui lui passe par la tête, la petite Antigone, la sale bête, l'entêtée, la mauvaise, et puis on la met dans un coin ou dans un trou. Et c'est bien fait pour elle. Elle n'avait qu'à ne pas désobéir !

ISMÈNE. – Allez ! Allez !... Tes sourcils joints, ton regard droit devant toi et te voilà lancée sans écouter personne. Écoute-moi. J'ai raison plus souvent que toi.

ANTIGONE. – Je ne veux pas avoir raison.

Jean Anouilh, *Antigone*, © Éditions de La Table Ronde, 1946.

1. Calme, modérée.

Écoute

Dans l'extrait 2, à partir des intonations des deux personnages, donnez un adjectif pour caractériser Antigone et un adjectif pour caractériser Ismène.

Compréhension

1 **Texte 1** **a)** Pour quelles raisons Ismène refuse-t-elle d'enterrer son frère ? **b)** Antigone accepte-t-elle ces arguments ? Pourquoi ? Reformulez ses propos.

2 **Texte 2** **a)** Quel rôle Ismène se donne-t-elle ? **b)** Parvient-elle à convaincre Antigone ?

Analyse et interprétation

3 **Textes 1 et 2** Comparez les deux Antigone. Quelles ressemblances et quelles différences remarquez-vous ?

4 **Texte 1** **a)** Que veut dire Antigone en se disant « saintement criminelle » (l. 14) ? **b)** Quelle figure de style identifiez-vous ?

5 **Texte 2** La pièce d'Anouilh est écrite et jouée pendant l'Occupation allemande. Quel écho ce dialogue peut-il avoir avec la situation de la France à cette époque ?

Langue

6 **Texte 2** **a)** À quel mode chacun des verbes des lignes 11 et 12 est-il conjugué ? **b)** Quelle est la valeur du mode employé par Antigone ? Que souligne-t-elle ainsi ?

Écriture

7 À laquelle des deux sœurs vous identifiez-vous le plus ? Justifiez votre réponse (10 lignes).

1 Sophocle

Écoute

Dans ce que vous entendez, quels éléments montrent un affrontement entre les deux personnages ?

Antigone a été arrêtée et conduite à Créon. Elle lui tient tête.

ANTIGONE. – Tu me tiens dans tes mains : veux-tu plus que ma mort ?

CRÉON. – Nullement : avec elle, j'ai tout ce que je veux.

ANTIGONE. – Alors pourquoi tarder ? Pas un mot de toi qui me plaise, et j'espère qu'aucun ne me plaira jamais. Et, de même, ceux dont j'use ne sont-ils pas faits pour te déplaire ? Pouvais-je cependant gagner plus de noble gloire que celle d'avoir mis mon frère au tombeau ? Et c'est bien ce à quoi tous ceux que tu vois là applaudiraient aussi, si la peur ne devait leur fermer la bouche. Mais c'est – entre beaucoup d'autres – l'avantage de la tyrannie qu'elle a le droit de dire et de faire absolument ce qu'elle veut.

CRÉON. – Toi seule penses ainsi parmi ces Cadméens[1].

ANTIGONE. – Ils pensent comme moi, mais ils tiennent leur langue.

Sophocle, *Antigone*, in *Tragédies, tome I*, trad. Paul Mazon, CUF série grecque, © Les Belles Lettres, Paris, 1962.

1. Habitants de Thèbes (la ville a été fondée par Cadmos).

1 *Antigone* de Sophocle, mise en scène d'Adel Hakim, avec Hussam Abu Eisheh (Créon) et Shaden Sali (Antigone), théâtre des Quartiers d'Ivry, 2012.

Numérique

Retrouvez une interview de Jean Vilar ainsi que deux extraits de mise en scène sur LLS.fr/FR3P88

2 Jean Anouilh

2 *Antigone* de Jean Anouilh, mise en scène de Nicolas Briançon, avec Barbara Schulz (Antigone) et Robert Hossein (Créon), théâtre Marigny, Paris, 2003.

Antigone et Créon échangent pour la première fois.

CRÉON. – Un matin, je me suis réveillé roi de Thèbes. Et Dieu sait si j'aimais autre chose dans la vie que d'être puissant…

ANTIGONE. – Il fallait dire non, alors !

CRÉON. – Je le pouvais. Seulement, je me suis senti tout d'un coup comme un ouvrier qui refusait un ouvrage. Cela ne m'a pas paru honnête. J'ai dit oui.

ANTIGONE. – Eh bien, tant pis pour vous. Moi, je n'ai pas dit « oui » ! Qu'est-ce que vous voulez que cela me fasse, à moi, votre politique, votre nécessité, vos pauvres histoires ? Moi, je peux dire « non » encore à tout ce que je n'aime pas et je suis seul juge. Et vous, avec votre couronne, avec vos gardes, avec votre attirail, vous pouvez seulement me faire mourir parce que vous avez dit « oui ».

CRÉON. – Écoute-moi.

ANTIGONE. – Si je veux, moi, je peux ne pas vous écouter. Vous avez dit « oui ». Je n'ai plus rien à apprendre de vous. Pas vous. Vous êtes là, à boire mes paroles. Et si vous n'appelez pas vos gardes, c'est pour m'écouter jusqu'au bout.

CRÉON. – Tu m'amuses !

ANTIGONE. – Non. Je vous fais peur. C'est pour cela que vous essayez de me sauver. Ce serait tout de même plus commode de garder une petite Antigone vivante et muette dans ce palais. Vous êtes trop sensible pour faire un bon tyran, voilà tout. Mais vous allez tout de même me faire mourir tout à l'heure, vous le savez, et c'est pour cela que vous avez peur. C'est laid un homme qui a peur.

CRÉON, *sourdement.* – Eh bien, oui, j'ai peur d'être obligé de te faire tuer si tu t'obstines. Et je ne le voudrais pas. […]

ANTIGONE. – Pauvre Créon ! Avec mes ongles cassés et pleins de terre et les bleus que tes gardes m'ont faits aux bras, avec ma peur qui me tord le ventre, moi je suis reine.

Jean Anouilh, *Antigone*, © Éditions de La Table Ronde, 1946.

Compréhension

1 **Texte 1** Comment Antigone définit-elle la tyrannie ?

2 **Texte 1** Que signifie la dernière réplique d'Antigone ?

3 **Texte 2** Comment comprenez-vous la dernière réplique d'Antigone ? En quoi peut-elle se dire « reine » (l. 28) ?

Analyse et interprétation

4 **Textes 1 et 2** Dans quel extrait Créon semble-t-il être le plus disposé à discuter avec Antigone ? Pourquoi ?

5 **Textes 1 et 2** Selon vous, quels sentiments Antigone et Créon éprouvent-ils l'un pour l'autre ? Justifiez.

6 **Textes 1 et 2** Dans chaque extrait, relevez une phrase qui indique que Créon aime que ses sujets se taisent.

7 **Texte 2** **a)** Relevez les expressions qui montrent qu'Antigone connaît le sort qui l'attend. **b)** Comment peut-on qualifier son attitude ?

8 **Textes 1 et 2** Entre les deux personnages, qui domine l'autre ? Justifiez vos réponses.

9 **Images 1 et 2** Dans chaque image, comment la violence de Créon est-elle illustrée ?

Jean Anouilh

L'échange entre Créon et Antigone (voir p. 89) se poursuit : Créon ne veut pas condamner à mort Antigone, qui devait épouser son fils Hémon. La voyant à un moment sur le point de renoncer au devoir qu'elle voulait suivre, il lui fait entrevoir un avenir heureux avec son fiancé.

CRÉON. – Ne reste pas trop seule. Va voir Hémon ce matin. Marie-toi vite.

ANTIGONE, *dans un souffle*. – Oui.

CRÉON. – Tu as toute ta vie devant toi. Notre discussion était bien oiseuse[1], je t'assure. Tu as ce trésor, toi encore.

ANTIGONE. – Oui.

CRÉON. – [...] Marie-toi vite, Antigone, sois heureuse. La vie n'est pas ce que tu crois. C'est une eau que les jeunes gens laissent couler sans le savoir, entre leurs doigts ouverts. Ferme tes mains, ferme tes mains, vite. Retiens-la. Tu verras, cela deviendra une petite chose dure et simple qu'on grignote, assis au soleil. [...] Tu l'apprendras toi aussi, trop tard, la vie c'est un livre qu'on aime, c'est un enfant qui joue à vos pieds, un outil qu'on tient dans sa main, un banc pour se reposer le soir devant la maison. Tu vas me mépriser encore, mais de découvrir cela, tu verras, c'est la consolation dérisoire de vieillir, la vie, ce n'est peut-être tout de même que le bonheur.

ANTIGONE, *murmure, le regard perdu*. – Le bonheur...

CRÉON, *a un peu honte soudain*. – Un pauvre mot, hein ?

ANTIGONE, *doucement*. – Quel sera-t-il, mon bonheur ? Quelle femme heureuse deviendra-t-elle, la petite Antigone ? Quelles pauvretés faudra-t-il qu'elle fasse elle aussi, jour par jour, pour arracher avec ses dents son petit lambeau[2] de bonheur ? Dites, à qui devra-t-elle mentir, à qui sourire, à qui se vendre ? Qui devra-t-elle laisser mourir en détournant le regard ?

CRÉON, *hausse les épaules*. – Tu es folle, tais-toi.

ANTIGONE. – Non, je ne me tairai pas ! Je veux savoir comment je m'y

Lexique

Dérisoire

L'expression « tourner en dérision » signifie « se moquer de ». Quelle est la classe grammaticale du mot « dérisoire » (l. 14) ? Cherchez son étymologie : que peut-il signifier ?

Antigone de Sophocle, mise en scène d'Ivo van Hove, avec Patrick O'Kane (Créon) et Juliette Binoche (Antigone), Barbican, Londres, 2015.

prendrai, moi aussi, pour être heureuse. Tout de suite, puisque c'est tout de suite qu'il faut choisir. Vous dites que c'est si beau la vie. Je veux savoir comment je m'y prendrai pour vivre.

CRÉON. – Tu aimes Hémon ?

ANTIGONE. – Oui, j'aime Hémon. J'aime un Hémon dur et jeune ; un Hémon exigeant et fidèle, comme moi. Mais si votre vie, votre bonheur doivent passer sur lui avec leur usure, si Hémon ne doit plus pâlir quand je pâlis, s'il ne doit plus me croire morte quand je suis en retard de cinq minutes, s'il ne doit plus se sentir seul au monde et me détester quand je ris sans qu'il sache pourquoi, s'il doit devenir près de moi le monsieur Hémon, s'il doit apprendre à dire « oui », lui aussi, alors je n'aime plus Hémon !

CRÉON. – Tu ne sais plus ce que tu dis. Tais-toi.

ANTIGONE. – Si, je sais ce que je dis, mais c'est vous qui ne m'entendez plus. Je vous parle de trop loin maintenant, d'un royaume où vous ne pouvez plus entrer, avec vos rides, votre sagesse, votre ventre. *(Elle rit).* [...] Vous me dégoûtez tous avec votre bonheur ! Avec votre vie qu'il faut aimer coûte que coûte. On dirait des chiens qui lèchent tout ce qu'ils trouvent. Et cette petite chance pour tous les jours, si on n'est pas trop exigeant. Moi, je veux tout, tout de suite, – et que ce soit entier – ou alors je refuse ! Je ne veux pas être modeste, moi, et me contenter d'un petit morceau si j'ai été bien sage. Je veux être sûre de tout aujourd'hui et que cela soit aussi beau que quand j'étais petite – ou mourir.

Jean Anouilh, *Antigone*, © Éditions de La Table Ronde, 1946.

Écoute

À l'écoute de ce texte, quels sont les éléments qui soulignent un changement dans l'attitude d'Antigone entre le début et la fin de l'extrait ?

1. Inutile, vide de sens.
2. Morceau déchiré, arraché.

Compréhension

1 Quelle erreur stratégique commet Créon face à Antigone ?

2 **a)** Qu'est-ce que le bonheur pour Créon ? **b)** Quelle image cela donne-t-il de lui ? **c)** Quelle figure de style Créon emploie-t-il pour décrire une vie heureuse ?

3 « S'il doit devenir près de moi le monsieur Hémon, s'il doit apprendre à dire "oui", lui aussi, alors je n'aime plus Hémon. » (l. 34-35) **a)** Que veut dire Antigone ? **b)** Qu'attend Antigone d'Hémon ?

Analyse et interprétation

4 **a)** En quoi le bonheur est-il donc envisagé différemment par Créon et Antigone ? **b)** Que reproche Antigone à Créon et à tous ceux qui lui ressemblent ?

5 Montrez qu'Antigone prend progressivement le pouvoir dans cet extrait. Appuyez-vous sur les didascalies et la répartition de la parole entre les deux personnages.

6 « Moi je suis reine » affirmait Antigone à la fin de l'extrait précédent (voir p. 89). Qu'est-ce qui fait d'elle une « reine » dans ce passage ?

7 Quels traits de caractère d'Antigone sont mis en évidence dans ce passage ?

8 **Image** À quel passage du texte peut correspondre cette photographie ? Justifiez.

Langue

9 **a)** Réécrivez les phrases interrogatives des lignes 18 à 22 au discours indirect en commençant par « Antigone se demande ». **b)** Relevez une interrogation indirecte (voir p. 290) dans les répliques suivantes d'Antigone.

Écriture

10 Imaginez que les deux personnages de l'image ne sont pas Antigone et Créon mais deux personnages qui n'ont rien à voir avec l'histoire. Quelle relation pourrait les unir ? Écrivez un dialogue théâtral illustrant les sentiments qu'ils ressentent l'un pour l'autre. Vous préciserez au début de votre écrit le type de relation qui les unit (15 lignes).

1 Sophocle

Lexique

Hôte

Quel est le double sens du mot « hôte » (l. 3) ? Quel est son sens dans le texte ? Donnez un nom commun de la même famille désignant la qualité spécifique d'un bon hôte.

Antigone est condamnée à être emmurée vivante et se retrouve seule.

ANTIGONE. – Ô tombeau, chambre nuptiale[1] ! Retraite[2] souterraine, ma prison à jamais ! En m'en allant vers vous, je m'en vais vers les miens, qui, déjà morts pour la plupart, sont les hôtes de Perséphone[3], et vers qui je descends, la dernière de toutes et la plus misérable, avant d'avoir usé jusqu'à son dernier terme ma portion de vie. Tout au moins, en partant, gardé-je l'espérance d'arriver là-bas chérie de mon père, chérie de toi, mère, chérie de toi aussi, frère bien-aimé, puisque c'est moi qui de mes mains ai lavé, paré vos corps ; c'est moi qui vous ai offert les libations[4] funéraires. Et voilà comment aujourd'hui, pour avoir, Polynice, pris soin de ton cadavre, voilà comment je suis payée ! Ces honneurs funèbres pourtant, j'avais raison de te les rendre, aux yeux de tous les gens de sens. Si j'avais eu des enfants, si c'était mon mari qui se fût trouvé là à pourrir sur le sol, je n'eusse certes pas assuré cette charge contre le gré de la cité. Quel est donc le principe auquel je prétends avoir obéi ?

Comprends-le bien : un mari mort, je pouvais en trouver un autre et avoir de lui un enfant, si j'avais perdu mon premier époux ; mais, mon père et ma mère une fois dans la tombe, nul autre frère ne me fût jamais né. Le voilà, le principe pour lequel je t'ai fait passer avant tout autre.

Sophocle, *Antigone*, in *Tragédies, tome I*, trad. Paul Mazon, CUF série grecque, © Les Belles Lettres, Paris, 1962.

1. Qui concerne le mariage, la nuit de noces.
2. Lieu coupé du monde.
3. Déesse des Enfers dans la mythologie grecque.
4. Offrandes aux dieux.

Numérique

Retrouvez un extrait de l'*Antigone* de Bertolt Brecht sur LLS.fr/FR3Brecht

Les Thébains adaptation du cycle thébain de Sophocle par Julian Anderson et Franck McGuinness, mise en scène de Pierre Audi, avec Julia Sporsen (Antigone), London Coliseum, Royaume-Uni, 2014.

2 Jean Anouilh

Écoute

Quelles réactions ou émotions contradictoires l'écoute de cet extrait peut-elle éveiller en vous ?

Antigone a refusé de dire « oui ». Restée seule avec le garde chargé de la surveiller, elle apprend comment elle doit mourir : elle sera emmurée vivante.

ANTIGONE. – Écris : « Mon chéri... »

LE GARDE, *qui a pris son carnet et suce sa mine.* – C'est pour votre bon ami ?

ANTIGONE. – Mon chéri, j'ai voulu mourir et tu ne vas peut-être plus m'aimer...

LE GARDE, *répète lentement de sa grosse voix en écrivant.* – « Mon chéri, j'ai voulu mourir et tu ne vas peut-être plus m'aimer... »

ANTIGONE. – Et Créon avait raison, c'est terrible, maintenant, à côté de cet homme, je ne sais plus pourquoi je meurs. J'ai peur...

LE GARDE, *qui peine sur sa dictée.* – « Créon avait raison, c'est terrible... »

ANTIGONE. – Oh ! Hémon, notre petit garçon. Je le comprends seulement maintenant combien c'était simple de vivre...

LE GARDE, *s'arrête.* – Eh ! Dites, vous allez trop vite. Comment voulez-vous que j'écrive ? Il faut le temps tout de même...

ANTIGONE. – Où en étais-tu ?

LE GARDE, *se relit.* – « C'est terrible maintenant à côté de cet homme... »

ANTIGONE. – Je ne sais plus pourquoi je meurs.

LE GARDE, *écrit, suçant sa mine.* – « Je ne sais plus pourquoi je meurs... » On ne sait jamais pourquoi on meurt.

ANTIGONE, *continue.* – J'ai peur... *(Elle s'arrête. Elle se dresse soudain.)* Non. Raye tout cela. Il vaut mieux que jamais personne ne le sache. C'est comme s'ils devaient me voir nue et me toucher quand je serais morte. Mets seulement : « Pardon. » [...] Pardon, mon chéri. Sans la petite Antigone, vous auriez tous été bien tranquilles. Je t'aime... [...]

LE GARDE. – C'est une drôle de lettre.

ANTIGONE. – Oui, c'est une drôle de lettre.

Jean Anouilh, *Antigone*, © Éditions de La Table Ronde, 1946.

Numérique

Retrouvez un extrait de l'*Antigone* de Jean Cocteau sur **LLS.fr/FR3Cocteau**

Compréhension

1 **Texte 1** Antigone regrette-t-elle d'avoir renoncé à épouser Hémon et d'avoir fait passer son bonheur personnel après son devoir ? Justifiez.

2 **Texte 2** Comment comprenez-vous la réplique d'Antigone des lignes 11-12 ?

Analyse et interprétation

3 **Texte 1** Quelle tonalité domine dans le texte ? Justifiez votre réponse.

4 **Texte 2** Quels effets la présence du garde produit-elle ?

5 **Textes 1 et 2** Comparez les deux textes en explicitant leurs points communs et leurs différences.

Langue

6 **Texte 1** Quel est le temps et le mode des verbes « se fût trouvé » et « eusse assuré » (l. 12-13) ? Comment expliquez-vous l'emploi de ce mode ?

Écriture

7 **Texte 2** En vous appuyant sur la réplique d'Antigone aux lignes 11-12, proposez une autre fin, heureuse, à son histoire. Votre texte prendra la forme d'un texte narratif écrit à la troisième personne du singulier (15 lignes).

Comment le pouvoir de l'image est-il utilisé par les régimes autoritaires et par ceux qui le contestent ?

❶ Propagande pour Hitler

Affiche de propagande du parti nazi, 1935.

❷ Propagande pour Staline

Affiche de propagande soviétique, 1941.
L'affiche porte le slogan suivant : « Notre armée et notre pays sont puissants grâce à l'âme de Staline. »

❸ Un drôle de tyran

Éclairage

Propagande ou contestation

Le pouvoir de l'image est utilisé aussi bien par ceux qui détiennent le pouvoir et veulent en faire la **propagande** que par ceux qui s'y opposent et organisent la **contestation**.

Numérique

Retrouvez la scène du globe du *Dictateur* (vidéo) sur **LLS.fr/FR3Globe**

Charlie Chaplin, *Le Dictateur*, 1940.
Ce film est une parodie du régime nazi. Dans cette scène, le dictateur Adenoïd Hynkel joue avec un ballon représentant le monde, qu'il rêve de conquérir.

4 Du chef au clown

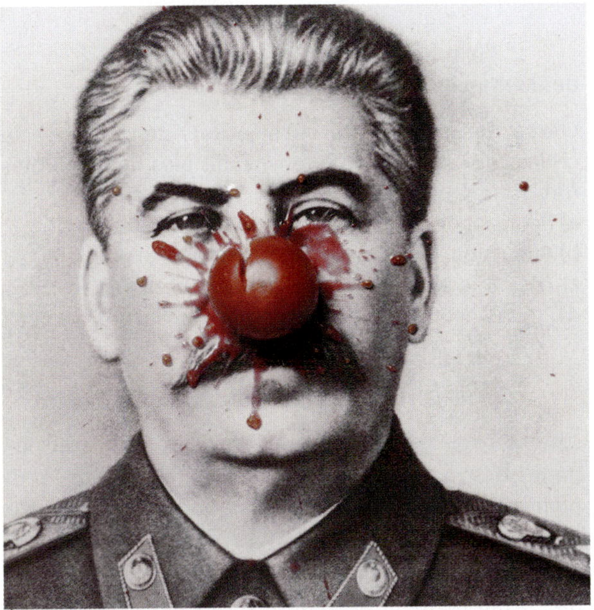

Affiche pour le téléfilm *Red Monarch* de Jack Gold, 1983.

5 L'homme de Tian'anmen

Jeff Widener, photographie de la place Tian'anmen, 1989.
En 1989, des milliers d'étudiants, d'intellectuels et d'ouvriers occupent la place Tian'anmen, à Pékin, pour protester contre la corruption et réclamer plus de démocratie et de libertés. Ce vaste mouvement de contestation est violemment réprimé par l'armée.

6 Aung San Suu Kyi

Luc Besson, *The Lady*, 2011.
Ce film retrace la vie d'Aung San Suu Kyi, femme politique birmane, prix Nobel de la paix en 1991 et figure de l'opposition non violente à la dictature militaire de son pays. Elle est placée en résidence surveillée par le pouvoir birman de 1990 à 2010.

Questions

1 **Doc. 1** **a)** Combien de personnages voyez-vous ? **b)** En quoi cette affiche pourrait-elle illustrer la devise nazie : « Un peuple, un territoire, un guide » ?

2 **Docs. 1 et 2** **a)** Dans quelle posture les dictateurs ont-il choisi de se faire représenter ? Pourquoi ? **b)** Par quels moyens Staline et Hitler sont-ils mis en valeur ? Appuyez-vous sur l'angle de prise de vue et les proportions entre les différents personnages.

3 **Doc. 3** Quelle image Chaplin donne-t-il de Hitler ? Comment ? Comparez avec l'image du dictateur dans le document 1.

4 **Doc. 4** En quoi ce détournement est-il un acte de contestation du pouvoir de Staline ? Justifiez votre réponse.

5 **Doc. 5** Quelle image cette photographie donne-t-elle du pouvoir chinois en 1989 ? Expliquez.

6 **Doc. 6** **a)** Pourquoi cette scène est-elle frappante ? Analysez sa construction. **b)** Faites des recherches sur la photographie intitulée *La Fille à la fleur* de Marc Riboud (1967). Quel message Luc Besson a-t-il voulu faire passer en s'inspirant de cette photographie ?

7 **Docs. 3 à 6** Dressez un bilan des moyens utilisés pour critiquer les dictateurs et les régimes autoritaires, et pour faire acte de résistance.

8 **Docs. 3 à 6** Quels liens pouvez-vous faire entre ces images et la figure d'Antigone, notamment dans la pièce de Jean Anouilh ?

Ex. 1 Je comprends l'origine grecque des mots.

1. À l'aide d'un dictionnaire, donnez l'étymologie des mots « antagoniste » et « protagoniste ». Quelle est leur racine commune ? Que signifie-t-elle ?
2. En vous aidant de la réponse précédente, définissez les deux mots.

Ex. 2 Je maîtrise le sens des mots par l'étymologie.

Le suffixe *-cide* vient du latin « qui tue ». Expliquez le sens de chacun des mots suivants grâce à l'étymologie.
a) Génocide. **b)** Tyrannicide. **c)** Parricide. **d)** Matricide. **e)** Suicide. **f)** Régicide. **g)** Homicide. **h)** Fratricide. **i)** Insecticide. **j)** Pesticide. **k)** Fongicide. **l)** Virucide. **m)** Raticide. **n)** Infanticide.

Ex. 3 Je distingue les préfixes *ante-* et *anti-*.

Le préfixe *ante-/anti-* est présent dans la composition de nombreux mots français, mais il a deux origines distinctes : le préfixe latin *ante-* signifie « avant » et le préfixe latin *anti-* signifie « contre ».
Classez les mots suivants selon qu'ils expriment l'idée d'antériorité ou d'opposition, de protection contre quelque chose.
a) Antivol. **b)** Anticiper. **c)** Antichambre. **d)** Antibrouillard. **e)** Antidépresseur. **f)** Antédiluvien. **g)** Antécédent. **h)** Antidater. **i)** Anticonformiste. **j)** Antépénultième. **k)** Antéposition. **l)** Antipathie.

Ex. 4 J'emploie les mots d'un même champ lexical.

1. Classez les mots suivants selon qu'ils appartiennent au champ lexical de la rébellion ou du compromis. **a)** Rebelle. **b)** Conciliant. **c)** S'incliner. **d)** Rejeter. **e)** Refuser. **f)** Reconnaître. **g)** Intransigeant. **h)** Intègre. **i)** Soumission. **j)** Transgresser. **k)** Concession. **l)** Transiger.
2. Utilisez ces mots pour décrire l'opposition entre les différents personnages dans *Antigone*.

Ex. 5 J'identifie les champs lexicaux du comique et du tragique.

1. Classez les mots selon qu'ils appartiennent au champ lexical du comique ou du tragique. **a)** Rire. **b)** Pitié. **c)** Mort. **d)** Comique de situation. **e)** Terreur. **f)** Comique de mots. **g)** Malheur. **h)** Comique de caractère. **i)** Catharsis. **j)** Fatalité.
2. Faites une recherche pour expliquer ce qu'est la *catharsis* selon Aristote. Rédigez une définition en utilisant les mots du champ lexical du tragique.

Ex. 6 J'exprime les nuances d'intensité des sentiments et des émotions.

Classez les sentiments ou émotions de chaque liste ci-dessous par degré d'intensité, du plus faible au plus fort.
a) Peur, angoisse, crainte, terreur, épouvante.
b) Répulsion, aversion, horreur, dégoût.
c) Tristesse, accablement, lassitude, désespoir.
d) Étonnement, stupéfaction, surprise, abasourdissement.

Ex. 7 Je révise le vocabulaire d'analyse du théâtre.

Complétez le texte ci-dessous avec les mots suivants (faites des recherches si nécessaire) : *monologue, dramaturge, dénouement, didascalies, aparté, nœud, tirade, répliques, quiproquo, scène d'exposition.*

Le texte de théâtre, écrit par un ... , est composé de ... et de ... , qui donnent des informations aux acteurs et au metteur en scène sur la façon de jouer.
Les dialogues peuvent prendre des formes particulières : si un personnage est seul sur scène, il utilise le ... ; si plusieurs personnages sont sur scène et que l'un d'eux s'adresse aux spectateurs, il utilise l'... ; en revanche, s'il s'adresse à l'autre personnage en monopolisant la parole, on dit que sa réplique est une ... .
Si deux personnages semblent dialoguer mais ne se comprennent pas car ils ne parlent pas de la même chose, on dit qu'il s'agit d'un ... .
L'intrigue dramatique est structurée en trois grandes parties : la ... qui présente les personnages et le sujet de la pièce, le ... qui constitue le corps de l'intrigue, et le ... .

Where is Boston d'Alban Valembois, mise en scène de l'auteur, université de Bordeaux, 2014.

Atelier 1 : Je rédige une lettre argumentative

Sujet de réflexion • Informé par son père qu'Antigone a choisi de mourir pour ses idées, Hémon écrit une lettre à sa fiancée pour la convaincre de renoncer. Écrivez cette lettre en reprenant les arguments développés dans les textes du chapitre et en en imaginant d'autres.

Atelier 2 : J'écris le début d'une pièce

Sujet d'imagination • À la manière de Jean Anouilh (voir p. 85), imaginez le début d'une pièce de théâtre. Vous vous inspirerez de la photographie de *Where is Boston* (voir ci-contre) et ferez parler le personnage du Prologue.

Étape 1
J'imagine le cadre de l'intrigue à partir d'une photographie

- Vous commencerez par : « Voilà. Ces personnages vont vous jouer l'histoire de… ».
- Vous décrirez les personnages : costumes, postures, position sur la scène, etc.
- Vous imaginerez les pensées des personnages, notamment des deux personnages isolés de chaque côté de la photographie. Vous pouvez éventuellement vous aider du sixième exercice de lexique.
- Vous préciserez les relations entre les personnages.

Étape 2
J'imagine le contexte de la pièce

- Vous déciderez si la pièce dont vous écrivez le début est une tragédie ou une comédie et donnerez les premiers éléments de l'intrigue.
- Vous imaginerez une intrigue qui soit cohérente avec le décor et les accessoires mis en scène.
- Vous annoncerez un problème ou une situation de crise qui serait au cœur de l'intrigue.
- Vous choisirez le rôle que les quatre personnages joueront dans l'intrigue.

Étape 3
Je veille à la cohérence du ton de mon texte

- Selon votre choix (tragédie ou comédie), vous utiliserez le champ lexical du tragique ou du comique pour commenter l'intrigue et les personnages. Vous pouvez vous aider du cinquième exercice de lexique.
- Vous veillerez à ce que votre choix soit cohérent par rapport aux descriptions des personnages et à la situation de crise imaginée.

Étape 4
Je réinvestis le vocabulaire et les codes du théâtre

- Vous utiliserez le vocabulaire de la dramaturgie et de la mise en scène, comme « jouer un rôle » ou « lever de rideau », par exemple. Vous pouvez vous aider ici du septième exercice de lexique.
- Vous utiliserez parfois le pronom « nous » pour créer une complicité intellectuelle entre le Prologue et le spectateur.
- N'hésitez pas à donner votre avis dans ces premières lignes de la pièce et à commenter l'attitude des personnages et l'intrigue qui va se jouer.

Réaliser le procès d'Antigone

Groupe 1 : L'accusation

Étape 1 **Je répartis les rôles dans le groupe**
Choisissez un(e) procureur(e) et désignez deux à quatre témoins à charge (gardes, membres de la famille, un dieu) en vous appuyant sur le texte, pour la mise en accusation d'Antigone.

Étape 2 **Je prépare l'oral du groupe**
Préparez les interrogatoires de vos témoins sous forme de notes ainsi que le réquisitoire (discours de l'accusation) prononcé par le (la) procureur(e).

Étape 3 **Je prépare les contre-interrogatoires**
Anticipez les questions que posera la défense et préparez les contre-interrogatoires des témoins à décharge. Appuyez-vous sur ce travail préparatoire lors du passage à l'oral.

Cour d'assises du palais du parlement de Bretagne, Rennes.

Groupe 2 : La défense

Étape 1 **Je répartis les rôles dans le groupe**
Choisissez un(e) avocat(e) de la défense, deux à quatre témoins à décharge (gardes, membres de la famille, un dieu) en vous appuyant sur le texte, pour la défense d'Antigone.

Étape 2 **Je prépare l'oral du groupe**
Préparez les interrogatoires de vos témoins sous forme de notes ainsi que la plaidoirie (discours de la défense) prononcée par l'avocat(e).

Étape 3 **Je prépare les contre-interrogatoires**
Anticipez les questions que posera l'accusation et préparez les contre-interrogatoires des témoins à charge. Appuyez-vous sur ce travail préparatoire lors du passage à l'oral.

Honoré Daumier, *Avant l'audience*, 1860-1865, encre et aquarelle sur papier, 22,5 × 24,3 cm (The Phillips Collection, Washington, États-Unis).

Groupe 3 : Les membres du tribunal

Étape 1 — **Je répartis les rôles dans le groupe**

Choisissez le (la) juge, son (sa) greffier(ère) et deux à trois secrétaires.

Étape 2 pix — **Je fais des recherches**

Effectuez des recherches sur le déroulement d'un procès (ordre de passage, vocabulaire employé, lieux où se tiennent les protagonistes) et réalisez ensuite une fiche synthèse pour les groupes 1 et 2.

Étape 3 — **Je prépare le procès**

Préparez la présentation de l'affaire traitée sous forme de notes. À l'oral, le (la) juge veillera au bon déroulement du procès en tenant compte des temps de parole. Le (la) greffier(ère) et les secrétaires prennent des notes à partir des informations fournies par les deux parties.

Groupe 4 : Le jury

Étape 1 — **Je fais des recherches sur l'affaire traitée**

En amont du procès, formulez un pré-jugement en commun sur la culpabilité d'Antigone en vous appuyant sur les arguments du texte.

Étape 2 — **Je prends des notes pendant le procès**

Notez les faits notables et confrontez les arguments des deux parties à ceux que vous aviez repérés.

Étape 3 — **Je délibère et rends le verdict**

Après vous être réunis quelques minutes, le (la) président(e) du jury rend le verdict devant la classe.

Frederic Leighton, *Antigone*, 1882, huile sur toile, 58,5 × 50 cm (collection privée).

Organisation de l'activité

La classe est scindée en **quatre groupes** aux tâches distinctes, d'abord à l'écrit puis à l'oral. Après le procès qui dure entre 20 et 30 minutes, il s'agira de faire une **synthèse de l'expérience de mise en scène** et des **arguments repérés dans le texte**. Il est possible de réfléchir également à la mise en accusation de Créon à l'issue du procès d'Antigone.

Numérique

Retrouvez cette page à télécharger sur **LLS.fr/FR3Synthese3**

◆ La généalogie des Labdacides

1 Reproduisez et complétez l'arbre généalogique avec les noms suivants : *Antigone, Créon, Etéocle, Hémon, Ismène, Labdacos (père de Laïos), Laïos, Ménoécée (père de Jocaste et Créon), Œdipe, Polynice.*

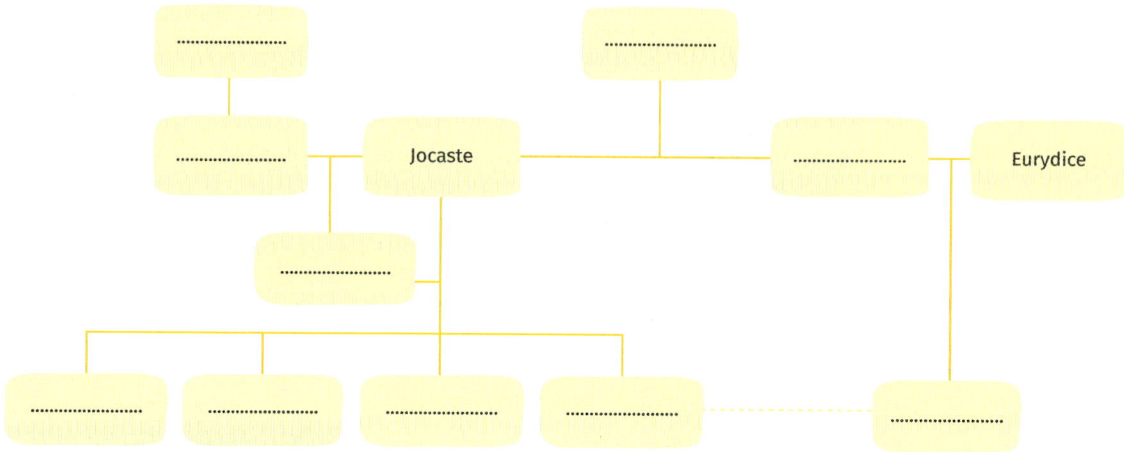

◆ De l'Antigone antique à l'Antigone moderne

2 Recopiez ce texte en l'ayant complété par les éléments suivants : *conscience, Jean Racine, interrogations, adaptant, Sophocle, tragédies, autorité, textes fondateurs, engagement, éduquer.*

L'intrigue d'*Antigone* de Jean Anouilh puise dans les .... de l'Antiquité. L'histoire reprend, en partie, celle que .... mit en scène au Ve siècle avant Jésus-Christ.
Cette inspiration grecque domine au XVIIe siècle, notamment avec les .... de ...., telles *Andromaque, Iphigénie, Phèdre* ; elle est encore importante dans la première moitié du XXe siècle : les auteurs reprennent aussi les mythes, mais en les .... à leur époque.
Si, à l'origine, la tragédie a pour but d'.................. les citoyens, elle exprime au XXe siècle, dans une époque secouée par deux guerres mondiales et de multiples conflits, les .... de l'individu sur l'exercice de l'.................., sur la liberté de ...., sur l'.................. politique.

◆ Synthèse

3 Quelle scène de la pièce de Jean Anouilh vous a le plus marqué(e) ? Montrez-vous précis(e) par rapport à ce que vous avez ressenti et citez le texte.

4 « Les gestes vains sont des sottises » (Ismène, dans *Antigone* de Sophocle, p. 86). D'après votre connaissance de la pièce d'Anouilh et du contexte d'écriture, expliquez en quoi, pour Antigone, le geste désespéré d'enterrer son frère n'était ni vain ni une sottise.

5 À votre avis, en quoi le mythe d'Antigone peut-il encore trouver une résonance dans le monde d'aujourd'hui ?

Rhinocéros
Eugène Ionesco, 1959, Magnard.
Bérenger, le personnage principal, découvre que les gens autour de lui succombent à la « rhinocérite » et se transforment en rhinocéros. Résistera-t-il à cette étrange maladie ?

Jacques Prévert : « Non à l'ordre établi »
Murielle Szac, 2017, Actes Sud Junior.
Si Jacques Prévert est connu pour ses poèmes, voici l'histoire moins connue de ses engagements contre l'ordre, l'armée, l'Église, l'État. Murielle Szac égrène des moments de vie où le poète s'indigne pour le bien des plus faibles.

Le Porteur d'histoire
Alexis Michalik, 2011, Magnard.
Peu après la mort de son père, Martin Martin découvre dans ses affaires un carnet qui le mène dans une quête incroyable. Véritable « porteur d'histoire », il entraîne alors avec lui une mère et sa fille.

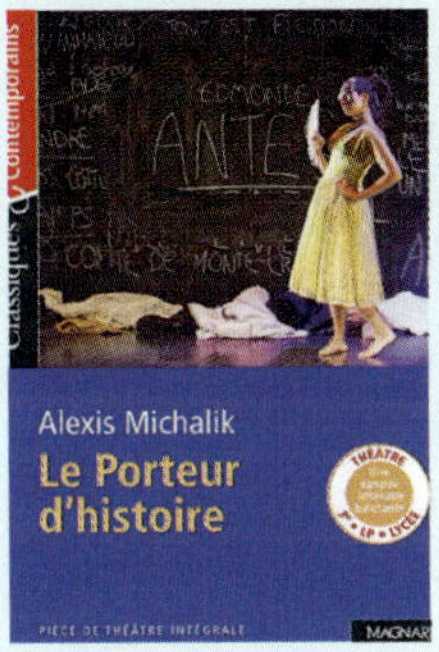

Noire, la vie méconnue de Claudette Colvin
Émilie Plateau, 2019, Dargaud.
Claudette Colvin est l'adolescente américaine qui, la première, a dit « non » dans un bus où les règles de la ségrégation raciale étaient appliquées. Son histoire est racontée dans cette bande dessinée.

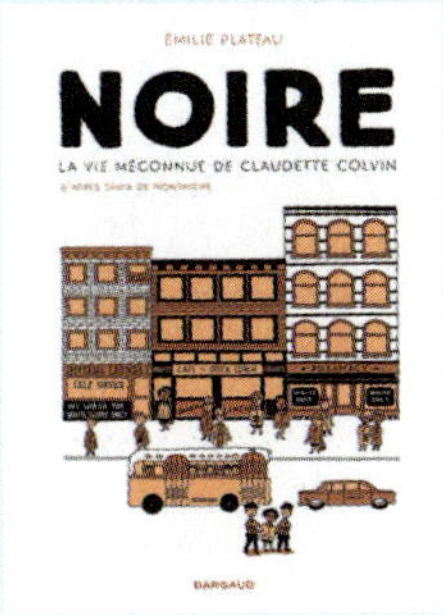

Le Quatrième Mur
Sorj Chalandon, 2013, Grasset.
Georges s'envole vers le Liban pour monter la pièce *Antigone*. Le pays est en guerre et le projet semble irréalisable : trouver des acteurs de religions et d'opinions politiques différentes et jouer la pièce pendant une trêve de deux heures.

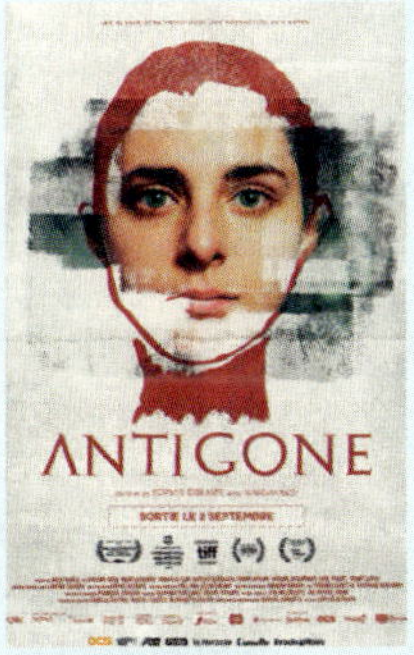

Antigone
Sophie Deraspe, 2020.
Antigone vient d'Algérie. Sa famille et elle sont réfugiées au Canada. Son frère aîné est tué. La jeune femme met en place un stratagème pour permettre à son second frère de s'évader de prison.

Et aussi ! D'autres propositions de lecture sur LLS.fr/FR3Lectures3

Sujet Brevet 3

Robert Desnos (1900-1945) est un poète français. Membre de la Résistance, il mourut en juin 1945, quelques jours après la libération du camp de Theresienstadt où il avait été déporté en 1944.

Une voix, une voix qui vient de si loin
Qu'elle ne fait plus tinter les oreilles,
Une voix, comme un tambour, voilée
Parvient pourtant, distinctement, jusqu'à nous.

Bien qu'elle semble sortir d'un tombeau
Elle ne parle que d'été et de printemps.
Elle emplit le corps de joie,
Elle allume aux lèvres le sourire.

Je l'écoute. Ce n'est qu'une voix humaine
Qui traverse les fracas de la vie et des batailles,
L'écroulement du tonnerre et le murmure des bavardages.

Et vous ? Ne l'entendez-vous pas ?
Elle dit : « La peine sera de courte durée »
Elle dit : « La belle saison est proche. »

Ne l'entendez-vous pas ?

Robert Desnos, « La voix », *Contrée* suivi de *Calixto*, © Éditions Gallimard, 1942-1943.

Banksy, *Colombe de la paix avec gilet pare-balles*, XXIe siècle, pochoirs sur mur (Bethléem, Palestine).

1re partie de l'épreuve

1h10

Compréhension et compétences d'interprétation

32 points

1 À quoi voit-on que ce texte est un poème ? Donnez deux éléments de réponse différents. (2 points)

2 Ce poème est lié au contexte historique dans lequel il a été écrit. **a)** Quelle strophe et quelles expressions renvoient à une période tourmentée ? **b)** Qui est désigné par « nous » (v. 4) ? (3 points)

3 À votre avis, qui « une voix humaine » (v. 9) peut-elle représenter ? Aidez-vous du contexte historique et justifiez votre réponse. (3 points)

4 **a)** Relisez les paroles au discours direct à la fin du poème : quelle métaphore est employée ? **b)** Cette métaphore est présente au début du poème : où ? **c)** En vous appuyant sur ces réponses, indiquez de quel type de message la voix est porteuse. (6 points)

5 **a)** Qui pourrait être « vous » (v. 12 et 15) ? **b)** Quelle est l'ambition d'un tel poème ? (3 points)

6 **a)** Observez la mise en page du poème : que constatez-vous ? Quelles particularités offre le dernier vers ? **b)** Pourquoi le poète a-t-il choisi la forme interrogative ? (4 points)

7 Pourquoi, selon vous, le poème se nomme-t-il « La voix » et non « Une voix » ? Proposez une explication argumentée. (6 points)

8 **Image** Quels liens pouvez-vous établir entre le poème de Desnos et l'œuvre de Banksy ? (5 points)

Grammaire et compétences linguistiques

18 points

9 Relevez dans chacune des deux premières strophes un mot exprimant la concession et précisez la classe grammaticale de chacun d'eux. (2 points)

10 **a)** Quel est le complément d'objet de « traverse » (v. 10) ? **b)** Réécrivez la phrase entière en remplaçant ce complément par un pronom. (2 points)

11 « Une voix, [...] jusqu'à nous. » (v. 1-4) **a)** Repérez la proposition subordonnée circonstancielle de conséquence dans cette phrase et réécrivez-la sur votre copie. (2 points) **b)** Reformulez les deux premiers vers en utilisant une proposition subordonnée circonstancielle de cause à la place de la proposition subordonnée circonstancielle de conséquence. (2 points)

12 Réécrivez les vers 1 à 6 en remplaçant « une voix » par « des voix » et en conjuguant les verbes au passé composé. (10 points)

2e partie de l'épreuve

20 min

Dictée

10 points

Charles de Gaulle, *Discours à l'occasion du 60e anniversaire de l'Alliance française*, 1943. Les dictées des brevets blancs sont regroupées p. 368 à 371.

3e partie de l'épreuve

1h30

Rédaction

40 points

Vous traiterez à votre choix l'un des sujets suivants.

SUJET DE RÉFLEXION

Que peut l'art face à un pouvoir oppressif ? Vous répondrez à cette question dans un devoir argumenté et construit. Vous trouverez vos exemples dans diverses formes d'art (peinture, écrit, chanson, film, etc.) et vous ferez appel à votre connaissance du monde et de l'histoire.

SUJET D'IMAGINATION

Dans un régime dictatorial, une personne écrit une lettre à un proche. Elle évoque l'angoisse et les dangers quotidiens ; elle témoigne des luttes et des actions menées pour résister ; elle exprime l'espoir de lendemains meilleurs. Rédigez cette lettre en respectant les codes de la lettre et de la situation d'énonciation.

Sujet guidé 3

Le roi Créon a condamné Antigone à mort parce qu'elle n'a pas respecté ses ordres. Son fils, Hémon, est le fiancé d'Antigone.

Victorine-Angélique-Amélie Rumilly, *La mort d'Antigone*, XIXe siècle, huile sur toile, 80 × 115 cm (Ville de Grenoble/Musée de Grenoble - J. L. Lacroix).

HÉMON *entre en criant.* – Père !

CRÉON *court à lui, l'embrasse.* – Oublie-la, Hémon ; oublie-la, mon petit.

HÉMON. – Tu es fou, père. Lâche-moi.

CRÉON *le tient plus fort.* – J'ai tout essayé pour la sauver, Hémon. J'ai tout essayé, je te le jure. Elle ne t'aime pas. Elle aurait pu vivre. Elle a préféré sa folie et la mort.

HÉMON *crie, tentant de s'arracher à son étreinte.* – Mais, père, tu vois bien qu'ils l'emmènent ! Père, ne laisse pas ces hommes l'emmener !

CRÉON. – Elle a parlé maintenant. Tout Thèbes sait ce qu'elle a fait. Je suis obligé de la faire mourir.

HÉMON *s'arrache de ses bras.* – Lâche-moi !

Un silence. Ils sont l'un en face de l'autre. Ils se regardent.

LE CHŒUR, *s'approche.* – Est-ce qu'on ne peut pas imaginer quelque chose, dire qu'elle est folle, l'enfermer ?

CRÉON. – Ils diront que ce n'est pas vrai. Que je la sauve parce qu'elle allait être la femme de mon fils. Je ne peux pas.

LE CHŒUR. – Est-ce qu'on ne peut pas gagner du temps, la faire fuir demain ?

CRÉON. – La foule sait déjà, elle hurle autour du palais. Je ne peux pas.

HÉMON. – Père, la foule n'est rien. Tu es le maître.

CRÉON. – Je suis le maître avant la loi. Plus après.

HÉMON. – Père, je suis ton fils, tu ne peux pas me la laisser prendre.

CRÉON. – Si, Hémon. Si, mon petit. Du courage. Antigone ne peut plus vivre. Antigone nous a déjà quittés tous.

HÉMON. – Crois-tu que je pourrai vivre, moi, sans elle ? Crois-tu que je l'accepterai, votre vie ? Et tous les jours, depuis le matin jusqu'au soir, sans elle. Et votre agitation, votre bavardage, votre vide, sans elle.

CRÉON. – Il faudra bien que tu acceptes, Hémon. Chacun de nous a un jour, plus ou moins triste, plus ou moins lointain, où il doit enfin accepter d'être un homme. Pour toi, c'est aujourd'hui… Et te voilà devant moi avec ces larmes au bord de tes yeux et ton cœur qui te fait mal – mon petit garçon, pour la dernière fois… Quand tu te seras détourné, quand tu auras franchi ce seuil tout à l'heure, ce sera fini.

Jean Anouilh, *Antigone*, © Éditions de La Table Ronde, 1946.

Numérique

Retrouvez les 2e et 3e parties de l'épreuve sur LLS.fr/FR3P104

Zoom sur la 1re partie de l'épreuve 1h10

Méthode • Repérez la tonalité ou le registre d'un texte

Si vous devez expliciter la tonalité (ou le registre) d'un texte ou si vous devez le qualifier (lyrique, tragique, comique, épique, etc.), voici quelques caracteristiques à connaître pour justifier votre réponse :

- **comique :** jeux de mots, répétitions, comparaisons amusantes ;
- **tragique :** exagérations, antithèses, connotations négatives (la mort, la fatalité), hyperboles ;
- **pathétique :** exclamations, questions rhétoriques, champ lexical de la souffrance ;
- **lyrique :** champ lexical du sentiment, pronoms personnels de la première personne, exclamations.

N'oubliez pas qu'un texte peut comporter plusieurs tonalités.

Compréhension et compétences d'interprétation — 32 points

1. Quelles caractéristiques font de ce texte un texte théâtral ? (3 points)
2. Quel lien unit Hémon et Créon ? Justifiez votre réponse en vous appuyant sur le texte. (2 points)
3. Quelles sont les raisons invoquées par Créon pour ne pas sauver Antigone ? (3 points)
4. **a)** Dans le dialogue entre le Chœur et Créon (l. 18-25), repérez deux expressions dites par l'un et l'autre. **b)** Quel effet la répétition du Chœur produit-elle ? **c)** Quelle image Créon donne-t-il de lui-même dans ces deux répliques ? (5 points)
5. **a)** Quel sentiment domine dans la dernière réplique de Hémon ? **b)** Pourquoi cette réplique est-elle lyrique ? Observez notamment le type de phrase, le rythme et les répétitions. (5 points)
6. Créon est le roi, mais le trouvez-vous puissant ? Vous apporterez une réponse nuancée et fondée sur des citations du texte. (4 points)
7. Au cours de la scène, Créon est partagé entre deux attitudes à l'égard de son fils. Quelles sont-elles ? Proposez une réponse développée. (4 points)
8. **Image** Comparez les regards de Créon et de Hémon dans le tableau : quel(s) lien(s) faites-vous avec le texte étudié ? (6 points)

Méthode appliquée

Il faut rappeler la définition du terme « lyrique » et expliquer pourquoi ce passage l'est en citant le texte précisément.

- Un passage est lyrique lorsqu'il exprime des sentiments personnels sur un mode poétique ;
- Où trouvez-vous les marques d'un sentiment personnel ? Recherchez les indices de la première personne (« moi », « je ») ;
- Quel sentiment ? Hémon parle de son amour pour Antigone : il imagine la vie sans elle et cela le désespère, comme le montrent les questions rhétoriques (l. 31-32) ;
- Son émotion se traduit par différents procédés poétiques : l'anaphore (« Crois-tu ? »), la répétition en fin de phrase (« sans elle »), les phrases nominales et le rythme ternaire (« votre agitation, votre bavardage, votre vide »).

Grammaire et compétences linguistiques — 18 points

1. **a)** Comment est construit le mot « détourné » (l. 38) ? **b)** Donnez sa classe grammaticale et proposez deux mots de sa famille. (2,5 points)
2. **a)** « Oublie-la. » (l. 3) - « Lâche-moi ! » (l. 4) : quel est le type de phrase utilisé et le mode verbal employé ? **b)** Qu'est-ce que cet emploi illustre dans le rapport qu'entretiennent ici les personnages ? (3 points)
3. « Antigone nous a déjà quittés tous. » (l. 30) **a)** Relevez dans cette phrase le complément d'objet direct. **b)** Comment justifiez-vous la marque du pluriel au participe passé « quittés » ? (2,5 points)
4. Réécrivez de « Et te voilà ... » à la fin du texte (l. 36-39) en remplaçant la deuxième personne du singulier par la deuxième personne du pluriel. (10 points)

Thème

Visions poétiques du monde

Questionnement

Découvrir des œuvres et des textes relevant principalement de la poésie lyrique, du romantisme à nos jours.

Comprendre que la poésie joue de toutes les ressources de la langue pour célébrer et intensifier notre présence au monde.

Cultiver la sensibilité à la beauté des textes poétiques et s'interroger sur le rapport au monde qu'ils invitent à éprouver par l'expérience de leur lecture.

Chapitre 4

En quoi la poésie permet-elle de lier nature et individu ?

Chapitre 5

Comment la poésie dit-elle le monde moderne ?

Visions poétiques du monde

4 En quoi la poésie permet-elle de lier nature et individu ?

Objectifs

- ✔ Je découvre des formes poétiques différentes.
- ✔ J'étudie les caractéristiques de l'expression lyrique du XIXe siècle à nos jours.
- ✔ Je m'interroge sur les liens entretenus par les poètes et poétesses avec la nature.

Ernst Ludwig Kirchner, *Le chemin de Sertig en été*, 1923, huile sur toile, 120 × 90 cm (collection privée).

1 Pourquoi le peintre a-t-il fait le choix de tant de couleurs, à votre avis ?

2 Que vous inspire cette peinture ? Expliquez votre réponse.

Les repères du chapitre

1768-1848
François-René de Chateaubriand

1790-1869
Alphonse de Lamartine

Le début du romantisme

Avec son recueil intitulé *Méditations poétiques* (1820), Lamartine marque le début du romantisme dans la poésie française. Comme son contemporain Victor Hugo, il est inspiré par Chateaubriand.

1802-1885
Victor Hugo

Victor Hugo, poète

Victor Hugo est un des plus célèbres écrivains français. Il s'est illustré dans tous les genres littéraires, parmi lesquels la poésie ; il est ainsi l'auteur des *Châtiments* (1852) et des *Contemplations* (1856). Sa poésie est novatrice : tonalités mêlées, lexique du langage courant, vers sans césure à l'hémistiche…

1821-1867
Charles Baudelaire

Le poème en prose

À la différence des poèmes respectant la versification classique ou des poèmes en vers libres, le poème en prose se présente sous la forme d'un texte court, comme un conte ou une nouvelle brève. En usant de cette forme particulière dans ses *Petits Poèmes en prose* (1869), Baudelaire ambitionnait de trouver une langue adaptée « aux mouvements lyriques de l'âme, aux ondulations de la rêverie, aux soubresauts de la conscience ».

1872-1952
Marguerite Burnat-Provins

1876-1933
Anna de Noailles

1884-1960
Jules Supervielle

Le poème en vers libres

Le poème en vers libres naît dans la deuxième moitié du XIXe siècle. Il n'obéit pas à toutes les règles de la versification classique : certes le retour à la ligne est préservé, mais la rime finale y est souvent négligée et le mètre est inégal. Il n'en demeure pas moins un texte musical.

1913-1960
Albert Camus

1929-1998
Nicolas Bouvier

La prose poétique

L'expression de prose poétique, fréquente au XXe siècle mais dont on trouve déjà la trace dans les écrits de Chateaubriand, désigne un texte globalement narratif dans lequel les nombreuses descriptions s'appuient sur une forte musicalité, des effets d'écho et des figures de style comme dans la poésie.

Pour entrer dans le chapitre

1. À quoi reconnaît-on la poésie ? Organisez votre réponse sous la forme d'une carte mentale ou d'un nuage de mots, en distinguant les mots techniques (relatifs à la versification) des thèmes et sentiments abordés.
2. Quels poètes et poétesses français(e)s ou étranger(e)s connaissez-vous ?
3. Pourriez-vous réciter quelques vers (ou un poème entier) que vous avez particulièrement aimés ?
4. Quels textes connaissez-vous qui évoquent le rapport de l'homme à la nature ?
5. Quel paysage vous touche le plus ? Est-ce la mer, la montagne, la forêt, un autre ? Décrivez en quelques phrases les émotions qu'il suscite en vous.

Caspar David Friedrich, *Le Voyageur contemplant une mer de nuages*, 1818, huile sur toile, 74,8 × 94,8 cm (Kunsthalle, Hambourg, Allemagne).

L'image

6. Décrivez ce tableau en évoquant ses différents plans, les couleurs employées ainsi que la position du personnage.
7. À votre avis, que regarde le personnage ? Justifiez votre réponse.
8. Quelle émotion ce tableau suscite-t-il en vous ? Pour quelles raisons ?
9. Faites une recherche succincte sur la peinture romantique. Expliquez ensuite en quoi cette œuvre est romantique.

Écriture

10. Quel(s) sentiment(s) chaque saison provoque-t-elle en vous ? Rédigez quatre petits paragraphes.

Numérique
Retrouvez un quiz sur
LLS.fr/FR3Quiz4

1 Le Lac

Alphonse de Lamartine

(1790-1869) est un poète et homme politique. La publication des *Méditations poétiques* marque la naissance du mouvement romantique en France.

Définition

Lyrisme et élégie

Le **lyrisme** désigne l'**expression des sentiments personnels**.

L'**élégie** est une tonalité lyrique dédiée à l'**expression de la douleur, de la perte ou de l'absence de l'être aimé.**

L'amante de Lamartine, Julie Charles, est morte prématurément. Seul, le poète revient sur les rives du lac du Bourget où ils se sont rencontrés et aimés. La contemplation du paysage donne lieu à une prière.

Ô lac ! rochers muets ! grottes ! forêt obscure !
Vous, que le temps épargne ou qu'il peut rajeunir,
Gardez de cette nuit, gardez, belle nature,
Au moins le souvenir !

Qu'il soit dans ton repos, qu'il soit dans tes orages,
Beau lac, et dans l'aspect de tes riants coteaux[1],
Et dans ces noirs sapins, et dans ces rocs sauvages
Qui pendent sur tes eaux !

Qu'il soit dans le zéphyr[2] qui frémit et qui passe,
Dans les bruits de tes bords par tes bords répétés,
Dans l'astre au front d'argent[3] qui blanchit ta surface
De ses molles clartés !

Que le vent qui gémit, le roseau qui soupire,
Que les parfums légers de ton air embaumé[4],
Que tout ce qu'on entend, l'on voit ou l'on respire,
Tout dise : Ils ont aimé !

Alphonse de Lamartine, « Le Lac », dernières strophes, *Méditations poétiques*, 1820.

1. Pentes à flanc de petites collines.
2. Vent doux et agréable.
3. Le poète désigne ici la lune.
4. Parfumé.

Numérique

Retrouvez une mise en musique du poème de Lamartine par le compositeur romantique suisse Louis Niedermeyer sur **LLS.fr/FR3LacNiedermeyer**

1 Ferdinand Hodler, *Le Lac de Thoune aux reflets symétriques*, 1909, huile sur toile, 67,3 × 92 cm (Musée d'art et d'histoire de Genève, Suisse).

2 Rêverie au Lido

François-René de Chateaubriand (1768-1848) est l'un des précurseurs du romantisme français. Enfant, Victor Hugo se serait exclamé : « Je veux être Chateaubriand ou rien ! »

Sur la plage de l'île vénitienne du Lido, au bord de la mer Adriatique, Chateaubriand se souvient d'une tempête et d'une femme qu'il a aimée.

Sur cette mer j'avais passé il y a longues années ; en face du Lido une tempête m'assaillit. Je me disais au milieu de cette tempête « que j'en avais affronté d'autres, mais qu'à l'époque de ma traversée de l'océan j'étais jeune, et qu'alors les dangers m'étaient des plaisirs ». Je me regardais donc comme bien vieux lorsque je voguais vers la Grèce et la Syrie ? Sous quel amas de jours suis-je donc enseveli ?

Que fais-je maintenant au steppe[1] de l'Adriatique ? des folies de l'âge voisin du berceau : j'ai écrit un nom tout près du réseau d'écume, où la dernière onde vient mourir ; les lames successives ont attaqué lentement le nom consolateur ; ce n'est qu'au seizième déroulement qu'elles l'ont emporté lettre à lettre et comme à regret : je sentais qu'elles effaçaient ma vie.

François-René de Chateaubriand, « Rêverie au Lido », *Mémoires d'outre-tombe*, 1849.

1. Mot masculin qui désigne un espace vierge de culture, avec des buissons et/ou des marécages.

2 Georges Lacombe, *Marine bleue, effet de vague*, vers 1893, tempera sur toile, 43 × 64,2 cm (Musée des Beaux-Arts de Rennes).

Compréhension

1 **Textes 1 et 2** Quels points communs observez-vous entre les deux textes ?

2 **Texte 1** **a)** À qui s'adresse le poète ? **b)** Qu'est-ce qui est désigné par le pronom « il » dans les strophes 2 et 3 ?

3 **Texte 1** Quelle prière Lamartine adresse-t-il à son destinataire dans ces quatre strophes ?

Analyse et interprétation

4 **Texte 1** **a)** Quelles répétitions observez-vous ? Citez le texte. **b)** Que permettent ces répétitions ?

5 **Texte 1** **a)** Quels mots appartiennent au champ lexical de l'audition dans les deux dernières strophes ? **b)** Analysez la construction du vers 10 : quel effet poète cherche-t-il à recréer ?

6 **Texte 2** Par quels moyens Chateaubriand relie-t-il son expérience de la mer à sa mort prochaine ?

7 **Textes 1 et 2** En vous aidant du vers 2 du texte 1 et de la fin du texte 2, expliquez contre quoi luttent les deux poètes.

8 **Image 1** Quels liens pouvez-vous établir entre le tableau de Ferdinand Hodler et l'extrait du poème de Lamartine ?

Langue

9 **Texte 2** **a)** Relevez trois compléments circonstanciels de lieu, trois compléments circonstanciels de temps et un complément circonstanciel de manière (voir p. 284). **b)** Qu'apportent les différents compléments circonstanciels dans l'analyse du texte ?

1 La Nature

Victor Hugo

(1802-1885) est le plus éminent représentant du mouvement romantique. Romancier, dramaturge, poète, dessinateur et homme politique, Hugo s'est également engagé contre la peine de mort.

Définition

La prosopopée

La prosopopée est une figure de style qui consiste à **faire parler un animal, un élément de la nature, un être mort ou une chose.**

Numérique

Retrouvez *Contre un arbre*, une chanson de Dominique A, sur LLS.fr/FR3DominiqueA

La Nature *est un poème en deux parties. Dans la première partie, l'homme propose successivement à l'arbre de le couper pour qu'il réchauffe les foyers, pour être le timon d'une charrue, la charpente d'une maison ou le mât d'un bateau et, à toutes ces questions, l'arbre répond positivement. Voici la seconde partie du poème.*

[...] – Arbre, veux-tu
Être gibet[1] ? – Silence, homme ! va-t'en, cognée[2] !
J'appartiens à la vie, à la vie indignée !
Va-t'en, bourreau ! va-t'en, juge ! fuyez, démons !
Je suis l'arbre des bois, je suis l'arbre des monts ;
Je porte les fruits mûrs, j'abrite les pervenches[3] ;
Laissez-moi ma racine et laissez-moi mes branches !
Arrière ! Hommes, tuez ! ouvriers du trépas,
Soyez sanglants, mauvais, durs ; mais ne venez pas,
Ne venez pas, traînant des cordes et des chaînes,
Vous chercher un complice au milieu des grands chênes !
Ne faites pas servir à vos crimes, vivants,
L'arbre mystérieux à qui parlent les vents !
Vos lois portent la nuit sur leurs ailes funèbres.
Je suis fils du soleil, soyez fils des ténèbres.
Allez-vous-en ! laissez l'arbre dans ses déserts.
À vos plaisirs, aux jeux, aux festins, aux concerts,
Accouplez l'échafaud et le supplice ; faites.
Soit. Vivez et tuez. Tuez entre deux fêtes
Le malheureux, chargé de fautes et de maux.
Moi, je ne mêle pas de spectre à mes rameaux[4] !

Janvier 1843

Victor Hugo, « La Nature », *Les Contemplations*, 1856.

1. Structure en bois destinée à la pendaison des condamné(e)s à mort.
2. Instrument tranchant, en forme de hache, qui sert à couper le bois.
3. Petites fleurs bleu pâle : symbole de douceur et de bonheur.
4. Petites branches de l'arbre.

1 Katayama Bokuyō, *La Forêt*, 1928, encre et pigments minéraux sur soie sur panneaux, 189,2 × 237,5 cm (Minneapolis Institute of Arts, États-Unis).

2 Docilité

Jules Supervielle

(1884-1960) est un écrivain et poète franco-uruguayen.
Une grande partie de son œuvre est tournée vers l'observation des beautés du monde.

2 Gustav Klimt, *L'Arbre de vie*, vers 1905-1909, dessin préparatoire, tempera et aquarelle, 197 × 91 cm (Musée des Arts appliqués, Vienne, Autriche).

Dans ce poème écologiste, Jules Supervielle donne la parole à la forêt.

La forêt dit : « C'est toujours moi la sacrifiée,
On me harcèle, on me traverse, on me brise à coups de hache,
On me cherche noise, on me tourmente sans raison,
On me lance des oiseaux à la tête ou des fourmis dans les jambes,
Et l'on me grave des noms auxquels je ne puis m'attacher.
Ah ! on ne le sait que trop que je ne puis me défendre
Comme un cheval qu'on agace ou la vache mécontente.
Et pourtant je fais toujours ce que l'on m'avait dit de faire,
On m'ordonna : "Prenez racine." Et je donnai de la racine tant que je pus,
"Faites de l'ombre." Et j'en fis autant qu'il était raisonnable,
"Cessez d'en donner l'hiver." Je perdis mes feuilles jusqu'à la dernière.
Mois par mois et jour par jour je sais bien ce que je dois faire,
Voilà longtemps qu'on n'a plus besoin de me commander.
Alors pourquoi ces bûcherons qui s'en viennent au pas cadencé ?
Que l'on me dise ce qu'on attend de moi, et je le ferai,
Qu'on me réponde par un nuage ou quelque signe dans le ciel,
Je ne suis pas une révoltée, je ne cherche querelle à personne
Mais il me semble tout de même que l'on pourrait bien me répondre
Lorsque le vent qui se lève fait de moi une questionneuse. »

Jules Supervielle, « Docilité », *La Fable du monde*, © Gallimard, 1938.

Compréhension

1 **Textes 1 et 2** **a)** Dans le texte 1, contre quoi l'arbre s'indigne-t-il ? **b)** Dans le texte 2, quelle question la forêt se pose-t-elle ?

Analyse et interprétation

2 **Texte 1 et image 2** **a)** Pourquoi le dessin de Gustav Klimt s'appelle-t-il *L'Arbre de vie* ? **b)** De quel vers du texte 1 pouvez-vous le rapprocher ?

3 **Texte 1** **a)** Observez les rimes des vers 10 et 11 ainsi que le vers 15 : par quels moyens le poète oppose-t-il les hommes aux arbres ? **b)** Quelle image des hommes l'arbre donne-t-il dans son discours ?

4 **Texte 2** Observez l'évolution du pronom « on ». Désigne-t-il la même personne au début et à la fin du poème ? Justifiez votre réponse en vous référant aux actions liées à ces personnes.

5 **Textes 1 et 2** **a)** Trouvez des phrases injonctives (voir p. 290) dans les deux poèmes et précisez le mode (voir p. 324) utilisé par les poètes. **b)** Qui prononce ces phrases dans chacun des poèmes et qui en est le destinataire ?

6 **Textes 1 et 2** À l'aide des réponses précédentes, montrez que les poètes n'ont pas les mêmes objectifs en faisant parler la nature à travers la prosopopée.

Langue

7 **Texte 2** « Et l'on me grave des noms auxquels je ne puis m'attacher. » (v. 5) Quelles sont la classe grammaticale et la fonction de chacune des marques de la 1re personne dans ce vers ?

Écriture

8 À l'instar de Victor Hugo, faites parler une partie de la nature qui devra s'indigner de l'usage que les hommes font d'elle. Utilisez des antithèses et des anaphores (voir p. 260) pour structurer votre poème. Par exemple, faites parler des métaux rares ou les eaux polluées des rivières (10 vers).

1 Un hémisphère dans une chevelure

Charles Baudelaire

(1821-1867) est célèbre pour ses scandaleuses *Fleurs du mal* (1857) ; il l'est aussi pour avoir donné ses lettres de noblesse à la forme du poème en prose.

Réécriture partielle de « La Chevelure », poème publié dans Les Fleurs du mal, *« Un hémisphère dans une chevelure » s'adresse à la femme aimée.*

Laisse-moi respirer longtemps, longtemps, l'odeur de tes cheveux, y plonger tout mon visage, comme un homme altéré[1] dans l'eau d'une source, et les agiter avec ma main comme un mouchoir odorant, pour secouer des souvenirs dans l'air.

Si tu pouvais savoir tout ce que je vois ! tout ce que je sens ! tout ce que j'entends dans tes cheveux ! Mon âme voyage sur le parfum comme l'âme des autres hommes sur la musique.

Tes cheveux contiennent tout un rêve, plein de voilures et de mâtures[2] ; ils contiennent de grandes mers dont les moussons me portent vers de charmants climats, où l'espace est plus bleu et plus profond, où l'atmosphère est parfumée par les fruits, par les feuilles et par la peau humaine.

Dans l'océan de ta chevelure, j'entrevois un port fourmillant de chants mélancoliques, d'hommes vigoureux de toutes nations et de navires de toutes formes découpant leurs architectures fines et compliquées sur un ciel immense où se prélasse[3] l'éternelle chaleur.

Dans les caresses de ta chevelure, je retrouve les langueurs des longues heures passées sur un divan, dans la chambre d'un beau navire, bercées par le roulis imperceptible du port, entre les pots de fleurs et les gargoulettes[4] rafraîchissantes.

Dans l'ardent foyer de ta chevelure, je respire l'odeur du tabac mêlé à l'opium[5] et au sucre ; dans la nuit de ta chevelure, je vois resplendir l'infini de l'azur tropical ; sur les rivages duvetés de ta chevelure je m'enivre des odeurs combinées du goudron, du musc et de l'huile de coco.

Laisse-moi mordre longtemps tes tresses lourdes et noires. Quand je mordille tes cheveux élastiques et rebelles, il me semble que je mange des souvenirs.

Charles Baudelaire, « Un hémisphère dans une chevelure »,
Petits Poèmes en prose ou *Le Spleen de Paris*, 1869.

Lexique

Fourmiller, mordiller

Les deux verbes (l. 12 et l. 25) « fourmiller » et « mordiller » ont un suffixe en commun. Après avoir cherché leur définition, déduisez les caractères que le suffixe *-iller* apporte aux mots.

1. Assoiffé.
2. Ensemble des voiles et des mâts d'un bateau.
3. Se repose nonchalamment.
4. Cruches en terre cuite.
5. Drogue à l'odeur forte qui se fume.

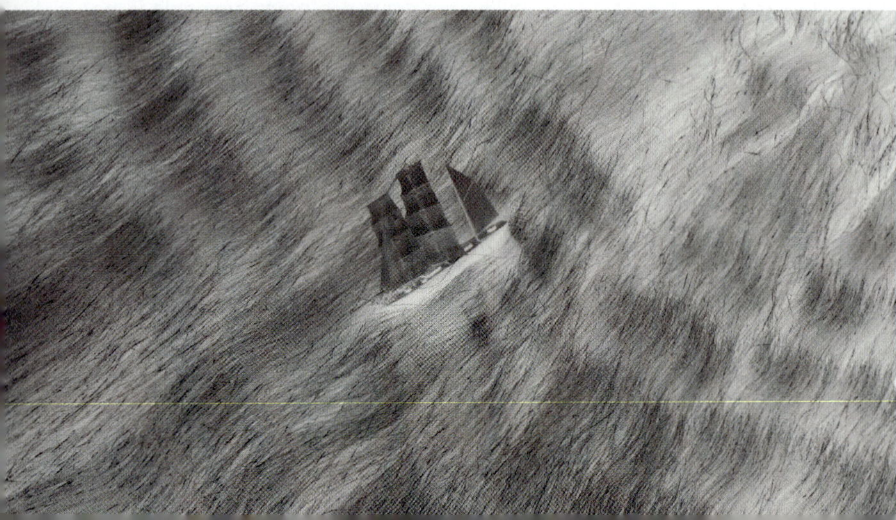

Numérique

Retrouvez une lecture musicale du poème de Baudelaire par le groupe de rock français A.S. Dragon sur **LLS.fr/FR3ASDragon**

1 Dora Maar, *Étude publicitaire [Pétrole Hahn]*, 1934-1935, négatif photographique, 13 × 18 cm (Centre Pompidou, Paris).

2 Il y a dans tes yeux des fleurs qui vacillent

Marguerite Burnat-Provins (1872-1952) est une autrice et peintre franco-suisse. Dans les recueils *Le Livre pour toi* (1907) et *Cantique d'été* (1910), elle déclare son amour à Sylvius (en réalité Paul), son amant, à travers une série de poèmes en prose où se mêlent passion charnelle et beauté de la nature.

Adressé à l'aimé, ce poème donne à voir ce qu'il y a dans son regard.

Il y a dans tes yeux des fleurs qui vacillent, des flammes qui fleurissent, de fins ruisseaux et de longues prairies.

Il y a du ciel qui bouge, des horizons qui s'enfuient, des paysages d'un vert argenté qui se transforment, des oiseaux noirs, en vols effilés, par-dessus les étangs.

Et quand tu m'aimes, Sylvius, il y a tout l'amour volontaire, étonné, dans tes yeux.

Alors, je plonge et je me baigne au sein des ondes éclairantes de ton regard couleur d'eau.

Je cueille des fleurs nées pour moi, je traîne mes doigts dans les flammes, je traverse les campagnes illuminées qui me sollicitent.

Et tout-à-coup je meurs, noyée, brûlée, sous tes yeux.

Marguerite Burnat-Provins, poème XXXIX, *Cantique d'été*, 1910 © Éditions Infolio, 2020.

2 George Dutch Davidson, *Autoportrait*, 1898-1901, aquarelle, 29,9 × 25 cm (McManus Galleries, Dundee, Écosse).

Compréhension

1 **Textes 1 et 2** **a)** Quelles parties du corps sont à l'origine des deux poèmes ? **b)** À quel(s) élément(s) (eau, air, feu, terre) chaque poème est-il relié ?

2 **Textes 1 et 2** En observant à quoi est comparée chacune des deux parties du corps, pouvez-vous en préciser la forme et la couleur ?

3 **Textes 1 et 2** Montrez que ces poèmes sont lyriques (voir p. 374) en relevant les marques d'un discours personnel.

Analyse et interprétation

4 **Texte 1** Le poète utilise les cinq sens : relevez un exemple pour chacun.

5 **Texte 1 et image 1** **a)** Trouvez trois hyperboles (voir p. 260) dans le poème et expliquez l'effet qu'elles provoquent. **b)** Quelle émotion est provoquée par la photographie de Dora Maar ?

6 **Textes 1 et 2** Relevez dans les deux poèmes des mots appartenant au champ lexical de la violence et expliquez pourquoi les auteurs les ont utilisés.

7 **Textes 1 et 2** Pourquoi les deux poètes ont-ils recours à la nature pour exprimer leur amour ?

Langue

8 **Texte 1** « l'atmosphère est parfumée par les fruits, par les feuilles et par la peau humaine » (l. 10-11). Transposez la proposition à la voix active (voir p. 324).

Écriture

9 Écrivez un poème en prose s'inspirant d'un visage. Choisissez un élément du visage d'un(e) camarade et faites-en un éloge poétique ; ou préférez un élément de votre visage et pratiquez l'autodérision (10 lignes).

L'Offrande à la nature

Anna de Noailles

(1876-1933) est une poétesse et romancière française, d'origine roumaine. Comtesse, elle fréquente et invite dans son salon les plus grands écrivains de son temps.

Écoute

À l'écoute du poème, repérez les diérèses (voir p. 255) utilisées par Anna de Noailles.

Dans ce poème lyrique d'inspiration romantique, Anna de Noailles déclare son amour à la belle nature.

Nature au cœur profond sur qui les cieux reposent,
Nul n'aura comme moi si chaudement aimé
La lumière des jours et la douceur des choses,
L'eau luisante et la terre où la vie a germé.

La forêt, les étangs et les plaines fécondes
Ont plus touché mes yeux que les regards humains,
Je me suis appuyée à la beauté du monde
Et j'ai tenu l'odeur des saisons dans mes mains.

J'ai porté vos soleils ainsi qu'une couronne
Sur mon front plein d'orgueil et de simplicité,
Mes jeux ont égalé les travaux de l'automne
Et j'ai pleuré d'amour aux bras de vos étés.

Je suis venue à vous sans peur et sans prudence
Vous donnant ma raison pour le bien et le mal,
Ayant pour toute joie et toute connaissance
Votre âme impétueuse[1] aux ruses d'animal.

Comme une fleur ouverte où logent des abeilles
Ma vie a répandu des parfums et des chants,
Et mon cœur matineux[2] est comme une corbeille
Qui vous offre du lierre et des rameaux[3] penchants.

Soumise ainsi que l'onde[4] où l'arbre se reflète,
J'ai connu les désirs qui brûlent dans vos soirs
Et qui font naître au cœur des hommes et des bêtes
La belle impatience et le divin vouloir.

Je vous tiens toute vive entre mes bras, Nature,
Ah ! faut-il que mes yeux s'emplissent d'ombre un jour,
Et que j'aille au pays sans vent et sans verdure
Que ne visitent pas la lumière et l'amour...

Anna de Noailles, « L'Offrande à la nature », *Le Cœur innombrable*, 1901.

1. Violente, vive.
2. Qui se lève de bon matin.
3. Petites branches de l'arbre.
4. L'eau.

1 Pierre Bonnard, *Femme à la robe quadrillée*, 1891, huile sur papier sur toile, 160 × 48 cm (collection privée).

2 Rosie Emerson, *I have fallen a long way. Clouds are flowering*, 2014, cyanotype et peinture acrylique sur papier, 75 × 108 cm (collection privée).

Compréhension

1 À qui est adressé ce poème ? Relevez un champ lexical pour justifier votre réponse.

2 Ce poème est-il régulier (voir p. 255) ? Justifiez votre réponse en analysant la versification des deux premières strophes.

Analyse et interprétation

3 **a)** Relevez le pronom et les déterminants utilisés par la poétesse lorsqu'elle fait référence à la nature. **b)** Quelle relation est ainsi marquée ? **c)** Quels vers illustrent le mieux cette relation ?

4 **a)** Quelle figure de style (voir p. 260) structure le début des strophes 2, 3 et 5 ? **b)** À chaque fois, que cherche à montrer la poétesse ?

5 L'amour exprimé envers la nature dans ce poème est-il doux et raisonnable ? Justifiez votre réponse à l'aide de métaphores relevées dans les strophes 4, 6 et 7.

6 En analysant la dernière strophe du poème, montrez qu'il s'agit aussi d'une élégie (voir p. 112).

7 **Texte et image 2 a)** Montrez, en la décrivant, que l'œuvre de Rosie Emerson a le même thème que le poème d'Anna de Noailles. **b)** Cette image exprime-t-elle les mêmes sentiments que le poème ? Justifiez votre réponse.

Langue

8 **a)** Dans le dernier quatrain, identifiez les trois propositions subordonnées. Quelle est leur nature respective (voir p. 294 à 299) ? **b)** Quelle est la proposition principale ?

Écriture

9 Construisez deux à quatre quatrains en alexandrins rimés. Pour cela, choisissez quatre mots en lien avec la nature, puis trouvez pour chacun au moins trois mots qui riment. Vous avez vos fins d'alexandrins ! Pour plus de facilité, recourez à l'anaphore (voir p. 260).

1 Le point de non-retour

Nicolas Bouvier

(1929-1998) est un écrivain et poète voyageur suisse d'expression française. Il est l'auteur de *L'Usage du monde* (1963).

Ce poème ouvre le recueil Le Dehors et le Dedans *qui compte essentiellement des poèmes écrits en voyage, ici en Turquie, à l'orée du grand voyage que fit Nicolas Bouvier avec un ami entre la Suisse et le Japon, en passant par l'Iran, le Pakistan, l'Afghanistan, l'Inde et le Sri Lanka.*

C'était hier
plage noire de la Caspienne
sur des racines blanchies rejetées par la mer
sur de menus éclats de bambou
nous faisions cuire un tout petit poisson
sa chair rose
prenait une couleur de fumée

Douce pluie d'automne
cœur au chaud sous la laine
au Nord
un fabuleux champignon d'orage
montait sur la Crimée[1]
Et s'étendait jusqu'à la Chine
Ce midi-là
la vie était si égarante et bonne
que tu lui as dit ou plutôt murmuré
« va-t'en me perdre où tu voudras »
Les vagues ont répondu « tu n'en reviendras pas »

Trébizonde, 1953

Nicolas Bouvier, « Le point de non-retour », *Le Dehors et le Dedans*, 1982 © Éditions Zoé / La Découverte, 1991.

Écoute

Quels bruits pourrions-nous entendre derrière la voix du comédien pour rendre l'atmosphère du poème ?

1. Péninsule russe et ukrainienne bordée par la mer Noire et la mer d'Azov.

1 Léon Spilliaert, *Femme sur la digue*, 1907, huile sur toile, 33,5 × 73 cm (Musée d'Art moderne, Bruxelles, Belgique).

2 Noces à Tipasa

Albert Camus

(1913-1960) est un écrivain et philosophe français, prix Nobel de littérature en 1957. Il est l'auteur de *L'Étranger* (1942) et de *La Peste* (1947).

« Noces à Tipasa » ouvre Noces, *un recueil d'essai à caractère autobiographique. Dans une langue poétique, l'auteur y célèbre Tipasa, ville algérienne où demeurent, au-dessus de la mer Méditerranée, dans une campagne brûlée de soleil, de spectaculaires ruines romaines.*

2 Peter Graham, *Iona to Mull*, 2012, huile sur toile, 76,2 × 76,2 cm (collection privée).

À présent du moins, l'incessante éclosion des vagues sur le sable me parvenait à travers tout un espace où dansait un pollen doré. Mer, campagne, silence, parfums de cette terre, je m'emplissais d'une vie odorante et je mordais dans le fruit déjà doré du monde, bouleversé de sentir son jus sucré et fort couler le long de mes lèvres. Non, ce n'était pas moi qui comptais, ni le monde, mais seulement l'accord et le silence qui de lui à moi faisait naître l'amour. Amour que je n'avais pas la faiblesse de revendiquer pour moi seul, conscient et orgueilleux de le partager avec toute une race, née du soleil et de la mer, vivante et savoureuse, qui puise sa grandeur dans sa simplicité et debout sur les plages, adresse son sourire complice au sourire éclatant de ses ciels.

Albert Camus, « Noces à Tipasa », *Noces*, © Éditions Gallimard, 1959.

Compréhension

1 **Textes 1 et 2** Quel est le cadre spatio-temporel des deux textes ? Si besoin, aidez-vous des paratextes en italique.

2 **Texte 1** **a)** Que remarquez-vous de particulier dans l'écriture du poème ? **b)** Quel effet cela provoque-t-il ?

Analyse et interprétation

3 **Texte 1** **a)** Quels éléments suggèrent que la situation du poète n'est pas enviable ? **b)** Relevez trois adjectifs qui adoucissent la dureté de sa situation. **c)** Quel sentiment le poète tente-t-il de transmettre ?

4 **Texte 1** **a)** Qui est désigné par le pronom « tu » au vers 16 ? **b)** Pourquoi peut-on dire qu'il s'agit d'une double énonciation ?

5 **Texte 2** **a)** Relevez le champ lexical de la naissance. **b)** Cette naissance est-elle heureuse ? Justifiez votre réponse.

6 **Textes 1 et 2** Quelle leçon la fréquentation de la nature a-t-elle enseigné aux deux écrivains ?

Langue

7 **Texte 2** Dans la dernière phrase du texte 2, relevez les adjectifs qualificatifs et donnez leur fonction au sein des groupes nominaux (voir p. 286).

Écriture

8 Nicolas Bouvier était fiancé à une femme avant de partir pour son voyage de deux ans. Suite à sa soirée à Trézibonde, il lui écrit une lettre pour lui expliquer la révélation qu'il vient d'avoir. Rédigez cette lettre en respectant les codes associés à son écriture (20 lignes).

Découvrir *Le Dernier Ours* de Charlotte Bousquet

Charlotte Bousquet (née en 1973) est philosophe et romancière pour la jeunesse. Impliquée dans les causes humanitaires et écologiques, elle fonde avec son mari une maison d'édition et y dirige une collection qui reverse les droits d'auteur à différentes associations.

Dans le chapitre, vous avez vu comment les descriptions poétiques de la nature invitent à développer une réflexion écologique sur la fragilité du monde naturel. Cette poésie de la nature fragile et blessée est aussi présente dans Le Dernier Ours. *Vous y suivrez l'incroyable aventure de Karen et Anuri dans le Groenland de 2037, meurtri par le réchauffement climatique.*

Charlotte Bousquet, *Le Dernier Ours*, 2012, Rageot.

L'ours et les hommes

1 **a)** Comment Anuri est-il devenu le dernier ours ? Où vit-il après cet événement ? **b)** En quoi cet événement explique-t-il la réaction d'Anuri face à Knud et Aksel qui veulent lui faire une prise de sang ?

2 **a)** Pourquoi Svendsen a-t-il recueilli Anuri quand il n'était encore qu'un ourson ? **b)** Pour quelles raisons veut-il tuer Anuri ?

3 **a)** Quand et comment Karen et Anuri se sont-ils rencontrés ? **b)** Quel métier permet à Karen, devenue adulte, de rester aux côtés d'Anuri ? **c)** Que fait Karen quand Svendsen condamne Anuri à mort ?

4 **a)** En quoi les relations entre Karen et Anuri sont-elles surprenantes ? **b)** Pourquoi, à la fin du chapitre 20, Sila a-t-il l'impression de voir deux grands ours blancs quand il regarde Karen et Anuri ?

5 **a)** Qu'arrive-t-il à Karen et Anuri à la fin de leur fuite ? **b)** En quoi cet événement souligne-t-il les liens qui les unissent ?

6 **a)** En quoi les expériences de Svendsen sur Anuri et Karen ont-elles renforcé leurs liens ? **b)** En vous appuyant sur les révélations du chapitre 22, expliquez pourquoi Anuri considère Karen comme sa sœur.

7 Selon vous, en quoi la transformation de Karen permet-elle de réfléchir aux liens qui unissent l'homme et les autres espèces vivantes ?

Ours polaire sur le rivage, photographie (Kaktovik, Île Barter, Refuge faunique national arctique, Alaska, États-Unis).

La terrible poésie du Groenland en ruine

1. Quelles images poétiques de la faune du Groenland véhiculent les contes inuit (chapitres 2 et 23) ?
2. a) Qu'est-ce l'inlandsis ? b) En quoi l'épilogue montre-t-il que la poésie et « la magie de l'inlandsis » (p. 158) n'a pas totalement disparu ?
3. a) Comment Charlotte Bousquet souligne-t-elle l'action prédatrice de l'homme sur les terres groenlandaises (p. 140) ? b) Quelles ressources naturelles l'homme exploite-t-il au Groenland ? c) Quelles conséquences ces activités ont-elles sur la nature et le paysage ?
4. a) Qu'est-ce que le permafrost ? b) Quelles sont les conséquences du réchauffement climatique sur le Groenland ?
5. Observez l'emploi récurrent des phrases nominales dans le roman. a) Quel effet produit-il ? b) En quoi cette absence de verbes traduit-elle l'agonie de l'île ?
6. a) Quels types de textes sont écrits en italiques dans le roman ? b) En quoi l'insertion de ces textes mime-t-elle l'effritement et la fragmentation de l'inlandsis ?

John Lund, *Ours polaire sur un iceberg de déchets*, photomontage.

Barils de pétrole abandonnés, 2008, photographie (Kangerlussuag, Groenland).

Un roman écologique

1. a) Quel est le temps de conjugaison dominant dans le roman ? Quelle est sa valeur ? b) Quel est l'effet produit par son usage ?
2. a) À quelles dates commence et finit l'aventure de Karen et Anuri ? b) Quelle indication temporelle précède chaque session narrative ? Selon vous, quel est l'intérêt de ce découpage minutieux du temps ?
3. Dans un roman écologique, quel est l'intérêt d'adopter le point de vue de l'animal ?
4. a) Quelles sont les conséquences des bouleversements climatiques sur l'ensemble de la planète (voir le chapitre 10) ? b) Observez la carte du Groenland de 2037 reproduite après le prologue. Qu'est-ce qui a modifié les contours de l'île ? c) Quel lien pouvez-vous faire entre les problèmes qui touchent le Groenland et ceux qui affectent le reste du monde ?
5. Un microcosme est un monde miniature. Quel message Charlotte Bousquet délivre-t-elle en situant sa fiction dans le microcosme groenlandais ?

Comment les artistes du *land art* poétisent-ils le paysage ?

1 Une spirale sur un lac salé

Robert Smithson, *Spiral Jetty (Jetée en spirale)*, 1970, 457 × 4,5 m (Grand Lac Salé, Utah, États-Unis).
Spiral Jetty est certainement l'œuvre la plus célèbre et l'une des plus abouties du *land art*. Cette installation est formée de rochers de basalte, de bois et de boue. Construite à une époque où le niveau de l'eau du lac était bas, elle a été submergée pendant une trentaine d'années, avant d'émerger à nouveau.

2 Un cercle sur le sable

J.Ben, *Beach art #49/Cercles et textures*, 60 m de diamètre (Vaux-sur-Mer).
Équipé d'un râteau, J.Ben (pour Jehan-Benjamin) dessine des formes et des figures sur le sable des plages françaises et européennes.

Éclairage

Land art

Le *land art* est un mouvement artistique né dans les années 1960-1970.

Les artistes qui pratiquent *le land art* situent leurs **œuvres dans la nature** (déserts, forêts, montagnes, plages, etc.) et usent de **matériaux naturels** comme de produits manufacturés.

Les œuvres sont soumises aux conditions atmosphériques et aux éléments naturels ; elles peuvent donc être **pérennes** ou **éphémères**.

3 Une installation électrique

Walter De Maria, *The Lightning Field* (*Le Champ d'éclairs*), 1977. Installation permanente, Ouest du Nouveau-Mexique. © Succession de Walter De Maria.
The Ligthning Field est une installation rectangulaire, située dans le désert du Nouveau-Mexique. Elle est composée de 400 poteaux en acier inoxydable séparés les uns des autres de 220 pieds (67 mètres) et destinés à attirer la foudre.

4 Une arche sur la colline

Andy Goldsworthy, *Striding Arch* (*L'arc à grande enjambée*), 2008, 4 × 7 m (Bail Hill, Moniaive, Écosse).
Cet arc en plein cintre (c'est-à-dire dont la courbe forme un demi-cercle) est une installation constituée de 31 blocs de grès rouge. L'ensemble pèse 27 tonnes et trône au sommet d'une colline écossaise.

Questions

1 **Docs. 1, 2, 3, et 4** Parmi les quatre œuvres, lesquelles sont pérennes (durables) ? éphémères ? Pourquoi certaines d'entre elles demeurent ? Pourquoi les autres disparaissent ?

2 **Docs. 1, 2, 3 et 4** Quelles œuvres répondent au critère de l'utilisation de matériaux naturels ?

3 **Doc. 1** À votre avis, pourquoi Robert Smithson a-t-il conçu une œuvre gigantesque ?

4 **Doc. 1** Pourquoi a-t-il choisi le motif de la spirale ?

5 **Doc. 2** En quoi pouvons-nous parler de prouesse pour une telle œuvre ?

6 **Doc. 2** À quoi vous fait penser ce grand cercle orné de motifs arrondis ?

7 **Doc. 3** En lisant la description de cette installation, vous paraît-elle spectaculaire ? Proposez une réponse nuancée.

8 **Doc. 4** En quoi peut-on parler également de prouesse pour cette œuvre ?

9 **Doc. 4** **a)** À quoi cette installation vous fait-elle penser, de par sa forme ? **b)** Quel peut-être le message porté par l'artiste selon vous ?

10 **Docs. 1, 2, 3 et 4** En quoi peut-on parler dans ces œuvres de poétisation du paysage ?

11 **Docs. 1, 2, 3 et 4** Quelle œuvre vous paraît la plus poétique ? Expliquez votre choix.

Ex. 1 Je découvre des néologismes.

De nouveaux mots sont apparus récemment pour désigner des concepts, actions et acteurs ou actrices en lien avec l'écologie, comme « écoresponsable » ou « écotourisme ». Proposez d'autres mots formés sur le même modèle et expliquez leur sens.

Ex. 2 Je construis un champ lexical.

1. Construisez la famille de mots de « mer » en vous aidant de son étymologie latine *mare*.
2. Complétez votre première liste en construisant le champ lexical de la mer. Vous pouvez vous aider des textes poétiques du chapitre.

Ex. 3 J'enrichis mon vocabulaire.

Voici une liste de verbes introduisant les paroles : *interroger, ordonner, crier, demander, hésiter, prier, expliquer, hurler, bégayer, questionner, s'enquérir, gronder, informer, commander, bredouiller, exiger, exhorter, répondre, rugir, exposer, intimer, implorer, rétorquer, bafouiller, s'étonner, brailler, invoquer, répliquer, sommer, s'émerveiller, supplier, vociférer, balbutier, réclamer, s'interroger.*

Classez-les selon qu'ils indiquent que le locuteur ou la locutrice :

a) pose une question ou y répond ; **b)** hésite ou est surpris ; **c)** donne un ordre ; **d)** crie ; **e)** formule une prière ; **f)** donne une explication.

Ex. 4 Je comprends le sens des expressions figurées.

1. Expliquez le sens des expressions suivantes en vous aidant si besoin d'un dictionnaire : *Prendre racine, faire de l'ombre, être une vieille branche, l'arbre qui cache la forêt, ne pas être de bois, toucher du bois, langue de bois, prendre la clé des champs, faire une fleur à quelqu'un, scier la branche sur laquelle on est assis, montrer de quel bois on se chauffe.*
2. Montrez comment Jules Supervielle (p. 115) réactualise le sens des deux premières expressions en les utilisant au sens propre.

Ex. 5 Je comprends les périphrases poétiques.

1. Que désignent les périphrases poétiques suivantes ?
   a) « l'astre au front d'argent » (Lamartine).
   b) « l'âge voisin du berceau » (Chateaubriand).
   c) l'astre du jour ;
   d) les larmes du ciel ;
   e) les miroirs de l'âme ;
   f) le roi des animaux ;
   g) le feu du ciel.
2. Dans la phrase d'Hubert Reeves extraite de son introduction pour le recueil *Nouvelles vertes*, quelle périphrase l'auteur utilise-t-il lorsqu'il écrit : « Terre, planète bleue, où à chaque printemps le soleil ramène les fleurs dans les sous-bois obscurs. » ?
3. Réécrivez la phrase d'Hubert Reeves en remplaçant « printemps », « soleil » et « fleurs » par des périphrases poétiques.

Ex. 6 J'identifie les figures de style.

Voici des extraits des textes poétiques que vous avez étudiés dans ce chapitre. Identifiez les figures de style suivantes dans ces extraits : comparaison, métaphore, personnification, périphrase, répétition, anaphore, antithèse.

Certaines sont employées à plusieurs reprises.

a) « Que le vent qui gémit, le roseau qui soupire » (Lamartine).
b) « j'ai écrit un nom tout près du réseau d'écume, où la dernière onde vient mourir » (Chateaubriand).
c) « Soyez sanglants, mauvais, durs ; mais ne venez pas,/ Ne venez pas, traînant des cordes et des chaînes » (Hugo).
d) « Je suis fils du soleil, soyez fils des ténèbres » (Hugo).
e) « On me harcèle, on me traverse, on me brise à coups de hache,/ On me cherche noise, on me tourmente sans raison,/ On me lance des oiseaux à la tête ou des fourmis dans les jambes » (Supervielle).
f) « Mon âme voyage sur le parfum comme l'âme des autres hommes sur la musique » (Baudelaire)

Bordalo II, *Le plus dangereux des prédateurs au monde : le plastique*, 2019, installation flottante, à l'occasion du ONO'U Tahiti Festival (Papeete, Tahiti, Polynésie française).

Ex. 7 Je cherche des synonymes et des antonymes.

Donnez au moins deux synonymes et deux antonymes pour chacun des mots suivants : *fragilité, beauté, destruction, exploitation, respect.*

Atelier 1 : J'argumente sur la portée écologique de la poésie

Sujet de réflexion • Pensez-vous que la poésie qui souligne la beauté et la fragilité de la nature permet de développer la conscience écologique du lecteur ou de la lectrice ? Vous illustrerez votre réflexion par des exemples précis de poèmes.

Atelier 2 : J'écris un poème sur la mer

Sujet d'imagination • À la manière de Victor Hugo et de Jules Supervielle, écrivez un poème dans lequel la mer prend la parole pour dénoncer la façon dont l'homme l'exploite et la salit.

Étape 1
J'organise mes idées

- Au brouillon, cherchez des idées et exemples d'exploitation (ou de pollution) de la mer et des plages.
- Listez des exemples d'animaux et de végétaux marins menacés en raison de l'action humaine.
- Énumérez des solutions aux problèmes causés par l'homme sur les mers.

Étape 2
Je personnifie la nature

- Écrivez une première version de votre poème au brouillon, sans veiller aux rimes ou à la longueur des vers.
- Personnifiez la mer en insistant sur les sentiments qu'elle ressent face à l'action humaine et face aux dégâts causés sur la faune et la flore aquatiques.
- Faites parler la mer afin qu'elle explique et/ou condamne la façon dont l'homme exploite et salit les océans.
- Utilisez des verbes introducteurs variés pour insérer les paroles. Aidez-vous du troisième exercice de lexique.

Étape 3
Je réinvestis les codes de l'écriture poétique

- Retravaillez maintenant votre brouillon pour rendre votre poème plus musical.
- Utilisez des figures de style pour créer des images dans votre poème. Vous pouvez vous référer ici au sixième exercice de lexique.
- N'oubliez pas de mettre une majuscule au début de chaque vers et de ponctuer votre poème, particulièrement à la fin des vers.
- Travailler la longueur des vers et les rimes, si vous souhaitez.

Étape 4
Je développe un vocabulaire poétique

- Utilisez le vocabulaire poétique pour désigner le monde marin. Si nécessaire, aidez-vous du deuxième exercice de lexique.
- Utilisez des périphrases poétiques pour créer des images. Inspirez-vous des périphrases du cinquième exercice de lexique.
- Évitez les répétitions (sauf si elles ont une portée poétique). Pour cela, cherchez des synonymes. Aidez-vous, si nécessaire, du septième exercice de lexique.

Des actes pour la nature ?

Groupe 1 : La nécessité d'un combat écologique

Étape 1 pix

Je recherche des chiffres et des images

- Recherchez individuellement des statistiques et/ou des chiffres associés à la crise écologique.
- Confrontez ensemble vos résultats.
- Sélectionnez les dix chiffres les plus frappants.
- Rédigez, pour chaque donnée, une phrase introduite par un repère temporel (ex. En 2050, 99 % des oiseaux marins auront ingurgité du plastique !).
- Associez à chaque donnée une illustration : une photographie, un diagramme, un dessin, etc.

Murmure Street, *Garbage Tail*, 2020, pierre noire et crayon de couleur, 210 × 135 cm.

Étape 2 pix

Je produis des affiches numériques

- Ouvrez un logiciel de traitement de texte, décidez d'une mise en page commune aux dix affiches : tailles et polices d'écriture, couleurs, emplacement de la donnée chiffrée, de l'illustration, etc.
- Ajoutez au bas de toutes vos affiches une question adressée aux destinataires de ces affiches (ex. Qu'attendons-nous pour réagir ?).
- Enregistrez vos productions au format .pdf.

Étape 3

Je présente mon travail à la classe

- Présentez vos productions à vos camarades.
- Envoyez-leur ensuite ces documents par courriel, en leur demandant de les partager avec leurs proches et ami(e)s sur les réseaux sociaux.

Groupe 2 : La nature, la poésie et le numérique

Étape 1

Je m'interroge sur un phénomène

- Lisez le poème de Jacques Prévert, « Tant de forêts ».
- Regardez le film d'animation du même titre de Burcu Sankur et Geoffrey Godet.
- Comment s'appelle le phénomène illustré dans ce poème ? Quelles sont ses causes et conséquences ?
- Le numérique peut-il freiner ce phénomène ? Quelles sont les conséquences du numérique sur l'environnement ?

Photo du court-métrage *Tant de Forêts*, de Burcu Sankur et Geoffrey Godet (site Unifrance).

Étape 2 pix

Je crée une infographie

- Choisissez un logiciel tel que Genially ou Prezi et créez votre infographie pour présenter les conséquences du numérique sur l'environnement.

Étape 3

Je présente mon travail à la classe

- Lisez et expliquez le poème de Prévert à la classe.
- Projetez et expliquez votre infographie à vos camarades.
- Débattez avec la classe : comment protéger l'environnement en utilisant le numérique ?

Groupe 3 : Les YouTubeurs du Louvre

Étape 1 **Je découvre le site internet du musée du Louvre**

- Dans un moteur de recherche, entrez « Musée du Louvre, visites en ligne » ; puis cliquez sur l'onglet « Les YouTubeurs du Louvre ». Regardez quelques exemples de vidéos.
- Sur le site du Louvre, cliquez sur l'onglet « Œuvres et palais », puis sur « Les incontournables ».
- Entrez le mot-clé « paysages » dans la zone de recherche.
- Choisissez ensemble un tableau qui évoque un lieu inspirant la création poétique.

Étape 2 pix **J'analyse un tableau et je crée une vidéo**

- Ensemble, analysez le tableau en utilisant le vocabulaire adapté (voir p. 375). Organisez la prise de parole et entraînez-vous à présenter oralement sans lire vos notes.
- Vidéoprojetez l'œuvre et intervenez chacun(e) votre tour pour en faire l'analyse.
- Utilisez une caméra numérique ou un *smartphone* pour vous filmer.

Étape 3 **Je présente mon travail à la classe**

- Présentez votre vidéo à la classe en expliquant vos choix : en quoi ce paysage est-il pour vous un lieu inspirant la création poétique ?

Groupe 4 : Une exposition en hommage à un artiste contemporain engagé pour l'écologie

Étape 1 pix **J'effectue des recherches**

- Répartissez-vous les éléments suivants :
  - la biographie de l'artiste portugais Bordalo II ;
  - l'engagement écologique de l'artiste ;
  - la description et l'analyse de plusieurs de ses travaux.

Étape 2 pix **Je prépare une exposition virtuelle**

- Créez un diaporama pour montrer les œuvres choisies dans le cadre d'une exposition virtuelle.
- Sur une diapositive introductive, présentez l'artiste, son engagement, ses travaux.
- Auprès de chaque œuvre projetée, rédigez un petit encart explicatif en donnant le contexte de l'œuvre.
- Enfin, rédigez un paragraphe expliquant en quoi, pour vous, la démarche de cet artiste est non seulement engagée, mais poétique.

Étape 3 **Je présente mon travail à la classe**

- Répartissez-vous les œuvres et présentez à tour de rôle votre exposition virtuelle.

Bordalo II, *Lynx ibérique*, 2019, installation permanente (Lisbonne, Portugal).

Organisation de l'activité

La classe est scindée en quatre groupes. La présentation orale peut être suivie d'un débat autour de la question suivante : « À votre avis, quel est le plus efficace pour faire prendre conscience des risques qu'encourent notre Terre et ses habitants : l'art ou l'activisme écologique et politique ? »

Numérique
Retrouvez cette page à télécharger sur LLS.fr/FR3Synthese4

◆ La nature et les sentiments qu'elle suscite

1 Pour chacun des textes poétiques du chapitre, reliez les éléments de la nature et du corps aux sentiments qu'ils suscitent.

Éléments naturels et parties du corps	Sentiments
lac	colère
mer	nostalgie
arbre	amour passé
forêt	incompréhension
chevelure	tristesse
yeux	regret
	bien-être
	amour
	sérénité

◆ Un florilège

2 Choisissez vos quatre textes poétiques préférés du chapitre et isolez dans chacun d'entre eux un à trois vers (ou phrases) que vous avez particulièrement aimés. Réalisez ensuite une carte mentale qui s'intitulera *Mon florilège*. Illustrez vos citations préférées avec des dessins, des collages ou des photos prises avec votre téléphone.

Illustration 1 — Citation 1
Illustration 2 — Citation 2
Mon florilège
Citation 3 — Illustration 3
Citation 4 — Illustration 4

◆ Synthèse

3 Quel texte de ce chapitre vous a le plus touché(e) ? Vous répondrez à cette question en un paragraphe argumenté, illustré par des citations liées à vos impressions et émotions.

4 Pourquoi, à votre avis, la nature a-t-elle autant inspiré les poétesses et poètes, à toutes les époques ?

L'Homme qui plantait des arbres

Jean Giono, 1953, Gallimard, collection Folio+ Collège.

Lors d'une randonnée en Provence, le narrateur fait la rencontre d'un berger, Elzéard Bouffier, qui va l'héberger. Il découvre que cet homme a une passion : planter des arbres. Ce petit livre est une ode à la reforestation et à ce que l'homme peut faire pour la nature.

Nouvelles vertes

2005, Thierry Magnier.

Ce recueil collectif propose neuf nouvelles écologiques. L'enjeu : prendre conscience des dangers qu'encourt la Terre à force d'être martyrisée par les hommes.

L'Or bleu

Danielle Martinigol, 2014, Hachette Jeunesse.

Ce roman de science-fiction est centré sur l'écologie : l'autrice imagine que l'eau se fait tellement rare sur Terre qu'elle prend la valeur de l'or. Ceux qui gèrent cet élément vital pour l'homme dominent la planète.

Le voleur de feu

Sarah Cohen-Scali, 2014, Le Livre de Poche.

Découvrez la vie surprenante d'Arthur Rimbaud : son enfance à Charleville, son goût pour les livres et la poésie, ses rencontres, ses fugues et son ami imaginaire Baou, oiseau multicolore qui l'accompagne jusqu'à sa mort.

Demain

Cyril Dion et Mélanie Laurent, 2015.

Dans ce documentaire, des trentenaires partent à travers le monde, en quête de solutions pour l'avenir de la planète et des générations futures.

Penss et les plis du monde

Jérémie Moreau, 2019, Delcourt.

Dans la Préhistoire, la vie est rude pour les rêveurs. Penss est de ces rêveurs qui, au lieu de chasser et pêcher, préfèrent observer le monde et le comprendre. Abandonné par son clan, Penss va devoir survivre, sans perdre de vue son objectif.

Et aussi ! D'autres propositions de lecture sur LLS.fr/FR3Lectures4

Sujet Brevet 4

Dans ce texte, Jean Giono (1895-1970), écrivain de la nature, donne à cette dernière une identité humaine.

Vincent Van Gogh, *Cyprès*, 1889, huile sur toile, 93,4 × 74 cm (Metropolitan Museum of Art, New York, États-Unis.)

Il y a bien longtemps que je désire écrire un roman dans lequel on entendrait chanter le monde. Dans tous les livres actuels on donne à mon avis une trop grande place aux êtres mesquins[1] et l'on néglige de nous faire percevoir le halètement[2] des beaux habitants de l'univers. [...] Je sais bien qu'on ne peut guère concevoir un roman sans homme, puisqu'il y en a dans le monde. Ce qu'il faudrait, c'est le mettre à sa place, ne pas le faire le centre de tout, être assez humble[3] pour s'apercevoir qu'une montagne existe non seulement comme hauteur et largeur, mais comme poids, effluves[4], gestes, puissance d'envoûtement[5], paroles, sympathie. Un fleuve est un personnage, avec ses rages et ses amours, sa force, son dieu hasard, ses maladies, ses faims d'aventures. Les rivières, les sources sont des personnages : elles aiment, elles trompent, elles mentent, elles trahissent, elles sont belles, elles s'habillent de joncs[6] et de mousses. Les forêts respirent. Les champs, les landes, les collines, les plages, les océans, les vallées dans les montagnes, les cimes éperdues frappées d'éclairs et les orgueilleuses murailles de roches sur lesquelles le vent des hauteurs vient s'éventrer depuis les premiers âges du monde : tout ça n'est pas un simple spectacle pour nos yeux. C'est une société d'êtres vivants. Nous ne connaissons que l'anatomie de ces belles choses vivantes, aussi humaines que nous, et si les mystères nous limitent de toutes parts c'est que nous n'avons jamais tenu compte des psychologies telluriques[7], végétales, fluviales et marines.

Cet apaisement qui nous vient dans l'amitié d'une montagne, cet appétit pour les forêts, cette ivresse qui nous balance, regard éteint et pensée morte, parce que nous avons senti l'odeur des bardanes[8] humides, des champignons, des écorces, cette joie d'entrer dans l'herbe jusqu'au ventre, ce ne sont pas des créations de nos sens, ça existe autour de nous et ça dirige plus nos gestes que ce que nous croyons.

Jean Giono, « Le Chant du monde », *Solitude de la pitié*, © Éditions Gallimard, 1932.

1. Médiocres, qui ne sont pas généreux.
2. La respiration forte.
3. Modeste.
4. Parfums.
5. Charme, fascination, séduction.
6. Plantes à longue tige, qui croissent dans les lieux humides.
7. Terrestres.
8. Plantes au parfum puissant.

1re partie de l'épreuve

1h10

Compréhension et compétences d'interprétation

32 points

1 Quels reproches Jean Giono fait-il, au début de son texte, aux romanciers de son temps ? Justifiez votre réponse en citant le texte. (2 points)

2 **a)** Où ne devrait pas être l'être humain dans les romans ? **b)** Qui devrait prendre sa place ? (2 points)

3 Citez la dizaine de personnages qui peuplent ce que Giono appelle « une société d'êtres vivants » (l. 25-26). (5 points)

4 **a)** Pour humaniser ces éléments de la nature, que leur attribue l'auteur ? Donnez trois réponses et proposez trois exemples. **b)** Quel nom commun, à la fin du premier paragraphe, résume la pensée de l'auteur quant au fait que la nature est « aussi humaine que nous » (l. 27) ? (5 points)

5 Quels sont les quatre sentiments qu'évoque Giono à la fin de son texte et qui, selon lui, viendraient moins de nous que de la nature elle-même qui nous accorderait ses bienfaits à son contact ? (2 points)

6 « des bardanes humides, des champignons, des écorces » (l. 32-33) **a)** Comment appelle-t-on cette figure qui consiste à juxtaposer des mots ? **b)** Trouvez deux autres exemples de cette figure dans le texte. **c)** Quels effets souhaite produire l'auteur en usant de cette figure dans le texte ? (3 points)

7 « ça existe autour de nous et ça dirige plus nos gestes que ce que nous croyons. » (l. 34-35) Que sous-entend Giono ici quant à nous et à notre rapport au monde ? (2 points)

8 En quoi ce texte est-il poétique ? Proposez une réponse développée et citez le texte. (5 points)

9 **Image** Décrivez le tableau de Van Gogh et montrez comment le peintre rend le paysage qu'il peint si vivant. (6 points)

Grammaire et compétences linguistiques

18 points

10 « Je sais bien [...] le monde. » (l. 7-10) Recopiez cette phrase, encadrez les verbes conjugués, distinguez les propositions et donnez leur nature respective. (6 points)

11 « une société d'êtres vivants. » (l. 25-26) Quelle est la classe grammaticale de ce groupe de mots ? Quelle est sa fonction au sein de la phrase ? (2 points)

12 **a)** « Il y a [...] êtres mesquins » (l. 1-5). Réécrivez ce passage au passé. **b)** « Nous ne connaissons [...] et marines. » (l. 26-29) Réécrivez ce passage à la deuxième personne du pluriel. (10 points)

2e partie de l'épreuve

20 min

Dictée

10 points

François-René de Chateaubriand, *Mémoires d'outre-tombe*, 1849. Les dictées des brevets blancs sont regroupées p. 368 à 371.

3e partie de l'épreuve

1h30

Rédaction

40 points

Vous traiterez à votre choix l'un des sujets suivants.

SUJET DE RÉFLEXION

Que nous apportent la contemplation de la nature et la rencontre avec celle-ci, au travers, notamment, des promenades, des voyages ? Vous proposerez une réponse argumentée, illustrée par des exemples.

SUJET D'IMAGINATION

Décrivez un paysage naturel pour lequel vous éprouvez de l'affection ou qui évoque un souvenir d'enfance heureux. Partagez avec votre lecteur ou lectrice les émotions et sensations éprouvées.

Sujet guidé 4

François-René de Chateaubriand (1768-1848) est un écrivain romantique.

Forêt silencieuse, aimable solitude,
Que j'aime à parcourir votre ombrage ignoré !
Dans vos sombres détours, en rêvant égaré,
J'éprouve un sentiment libre d'inquiétude !
Prestige de mon cœur ! je crois voir s'exhaler[1]
Des arbres, des gazons, une douce tristesse :
Cette onde[2] que j'entends murmure avec mollesse,
Et dans le fond des bois semble encor m'appeler.
Oh ! que ne puis-je, heureux, passer ma vie entière
Ici, loin des humains ! – Au bruit de ces ruisseaux,
Sur un tapis de fleurs, sur l'herbe printanière,
Qu'ignoré je sommeille à l'ombre des ormeaux[3] !
Tout parle, tout me plaît sous ces voûtes[4] tranquilles ;
Ces genêts[5], ornements d'un sauvage réduit,
Ce chèvrefeuille atteint d'un vent léger qui fuit,
Balancent tour à tour leurs guirlandes mobiles.
Forêts, dans vos abris gardez mes vœux offerts !
À quel amant jamais serez-vous aussi chères ?
D'autres vous rediront des amours étrangères ;
Moi de vos charmes seuls j'entretiens les déserts.

François-René de Chateaubriand,
« La Forêt », *Tableaux de la nature*, 1828.

1. Se répandre, s'échapper.
2. Eau.
3. Jeunes ormes (arbres).
4. Dômes.
5. Plantes à fleurs jaunes et odorantes.

Caspar David Friedrich, *Le Chasseur dans la forêt*, 1814, huile sur toile, 65,7 × 46,7 cm (collection privée).

Numérique

Retrouvez les 2e et 3e parties de l'épreuve sur LLS.fr/FR3P134

Zoom sur la 1re partie de l'épreuve ⏱ 1h10

Méthode • Les questions de lexique

Les questions de lexique portent sur les mots. Il peut vous être demandé d'expliquer la construction d'un mot (préfixe, radical, suffixe), de chercher des synonymes ou des antonymes, de distinguer les mots d'un champ lexical, parfois en fonction de leurs classes grammaticales.

- Pour rappel, les mots simples ne peuvent pas être décomposés. Les mots dérivés sont constitués d'un radical (noyau) auquel s'ajoutent un ou plusieurs préfixe(s) et/ou un ou plusieurs suffixe(s). Le préfixe ne change pas la classe grammaticale du mot ; le suffixe, au contraire, peut la changer. Les mots construits sont deux mots simples, soit soudés l'un à l'autre, soit reliés par un trait d'union, soit liés par une préposition.
- Un champ lexical est un ensemble de mots qui se rapportent à un même thème ou une même notion.

Compréhension et compétences d'interprétation — 32 points

1. À quel genre ce texte appartient-il ? Justifiez votre réponse en avançant trois arguments. (4 points)
2. **a)** Qui s'exprime dans ce poème ? Relevez trois marques dans le texte pour justifier votre réponse. **b)** À qui ce poème est-il adressé ? Illustrez votre réponse en citant également trois indices. (5 points)
3. Le premier sentiment éprouvé par le poète est « un sentiment libre d'inquiétude » (v. 4) **a)** Quelle figure de style reconnaissez-vous ? Expliquez le sens de cette citation. **b)** Citez une autre expression du texte, porteuse de la même figure. (3 points)
4. Relevez les noms communs du champ lexical de la nature. (5 points)
5. La forêt est qualifiée initialement de « silencieuse » (v. 1) ; pourtant elle se trouve douée de parole : en témoignent les verbes de parole disséminés dans le poème. Citez ces verbes. (2 points)
6. **a)** Quels mots du texte attestent du bonheur du locuteur ? **b)** Quel signe de ponctuation montre qu'il est gagné par la plénitude ? (2 points)
7. À la fin du texte, le locuteur évoque un dernier sentiment. Lequel ? Justifiez votre réponse par des citations. (2 points)
8. En quoi ce texte est-il lyrique ? Proposez trois éléments de réponse distincts. (3 points)
9. **Image** Selon vous, pourquoi peut-on associer ce tableau de Friedrich au poème de Chateaubriand ? Justifiez votre réponse par une observation fine du tableau et par des citations du texte. (6 points)

Méthode appliquée

L'attention est portée sur deux choses : la recherche de mots et la classe grammaticale de ces mots.

- Lorsque vous citez des mots, utilisez les guillemets et rédigez votre réponse : ne faites pas de liste.
- Lorsque la consigne ne précise pas le nombre d'éléments à trouver, il est judicieux d'en citer le plus possible. Ici, il faut néanmoins veiller à la classe grammaticale des mots à citer.
- La classe grammaticale étant le nom commun, il s'agit donc, au brouillon, de noter les mots et de retirer ceux qui ne sont pas des noms communs.

Grammaire et compétences linguistiques — 18 points

1. **a)** Quel est le temps de conjugaison majoritaire dans ce poème ? Quelle est sa valeur ? **b)** Quel autre temps de l'indicatif est employé à la fin du poème ? (3 points)
2. « Ce chèvrefeuille atteint d'un vent léger qui fuit » (v. 15) **a)** Quelle est la classe grammaticale de ce groupe de mots ? **b)** Quelle est la classe grammaticale d'« atteint » ? Quelle est sa fonction ? **c)** Quelle est la fonction « d'un vent léger » ? **d)** Quelle est la classe grammaticale de « qui fuit » ? (5 points)
3. Distinguez les dix premiers verbes conjugués du texte et transposez-les au passé simple. (10 points)

Visions poétiques du monde

5 Comment la poésie dit-elle le monde moderne ?

Objectifs

- ✔ Je découvre des formes modernes de poésie lyrique.
- ✔ J'observe le caractère poétique du monde moderne.
- ✔ Je comprends que la poésie joue de toutes les ressources de la langue pour célébrer le monde et en interroger le sens.

Charles-Édouard Jeanneret-Gris, dit Le Corbusier, *Unité d'habitation de Marseille*, connue sous le nom de « Cité radieuse », 1947-1952.

1. En quoi cette façade vous paraît-elle moderne ?
2. Comment l'usage des couleurs donne-t-il à cet immeuble un aspect poétique ?
3. Pourquoi l'angle de prise de vue de cette photographie transforme-t-il cette façade en objet d'art ?

Les repères du chapitre

1880-1918
Guillaume Apollinaire

1887-1961
Blaise Cendrars

1897-1982
Louis Aragon

1906-2001
Léopold Sédar Senghor

né en 1977
Grand Corps Malade

L'Esprit nouveau
L'Esprit nouveau est un courant poétique du début du XXe siècle représenté par Guillaume Apollinaire et Blaise Cendrars. Son projet est de renouveler la poésie, comme la peinture cubiste entend renouveler l'art pictural. Pour cela, les poètes emploient un grand nombre de formes, en particulier le vers libre et le calligramme ; ils abandonnent la ponctuation et évoquent des inventions de la technique moderne.

La poésie engagée
La poésie engagée est ancrée dans la réalité, dans l'histoire. L'artiste choisit de servir une cause : il témoigne d'une situation injuste, défend ou accuse (un régime politique, une institution, etc.), ou rend hommage à des figures héroïques pour que personne ne les oublie. Cette poésie est particulièrement empreinte d'émotion. Parmi les poètes engagés se trouvent Louis Aragon, Paul Éluard et Robert Desnos.

La négritude
La négritude est un courant littéraire initié par Senghor et le poète antillais Aimé Césaire dans les années 1930 qui affirme que les Noirs ont une culture commune dont ils doivent être fiers. Politiquement, il encourage les colonies à revendiquer leur indépendance. Sur le plan littéraire, il se caractérise par la référence à la nature et aux traditions africaines ainsi que par un travail spécifique sur le rythme et la musicalité.

Le slam
Le slam, de l'anglais *to slam* qui signifie « claquer », est né aux États-Unis dans les années 1980. Il est une forme de poésie orale, vivante et rythmée qui se pratique souvent devant un public, au cours de performances, sur une scène ouverte.

Pour entrer dans le chapitre

1 **a)** De quel mot l'adjectif « moderne » dérive-t-il ? Que signifie-t-il ? **b)** Comment l'adjectif « contemporain » est-il construit ? Que signifie ce mot ? **c)** Quelle différence de sens percevez-vous entre ces deux adjectifs ?

2 **a)** Dans votre quotidien, quel objet et quelle activité vous paraissent modernes ? **b)** Au contraire, qu'est-ce qui vous semble démodé ?

3 **a)** Pourquoi, de prime abord, peut-on penser que la poésie est un art ou une pratique qui n'est pas moderne ? Faites ainsi la liste de thèmes qui vous semblent *a priori* exclus du champ poétique. **b)** Néanmoins, à votre avis, comment et pourquoi la poésie peut-elle s'emparer de ces thèmes ?

4 Quels autres arts (visuels, musicaux, etc.) dits « modernes », vous semblent naturellement proches de la poésie ?

L'image

5 Décrivez cette installation lumineuse : scénographie, couleurs, effets.

6 À votre avis, quelle a été l'ambition de l'artiste Javier Riera ?

7 En quoi cette installation peut-elle être qualifiée de « poétique » ?

Javier Riera, photographie d'une sculpture lumineuse dans le cadre de l'exposition *Luz natural. Un vacío siempre distinto* (Centre d'art contemporain de Burgos, Espagne).

Écriture

8 Rédigez un court poème évoquant cette installation lumineuse. Vous tâcherez de retranscrire l'ambiance de cette illumination en un texte de six vers minimum. Veillez au choix des mots et au rythme du poème et trouvez des effets sonores (allitérations, assonances) et visuels (comparaisons, métaphores). Votre texte ne nécessite pas d'être rimé.

Numérique

Retrouvez un quiz sur LLS.fr/FR3Quiz5

Une longue fugue en forme de poème

Texte lu

« Les rythmes du train »

Blaise Cendrars

(1887-1961) est le pseudonyme (formé sur les termes « braises », « cendres » et « art ») de Frédéric Sauser. Grand voyageur, jongleur et chercheur d'or, il célèbre dans son œuvre l'aventure et la modernité en mêlant réalité et imaginaire.

À 16 ans, Blaise Cendrars fugue et prend un train pour Moscou.

En ce temps-là j'étais en mon adolescence
J'avais à peine seize ans et je ne me souvenais déjà plus de mon enfance
J'étais à 16 000 lieues[1] du lieu de ma naissance
J'étais à Moscou, dans la ville des mille et trois clochers et des sept gares
Et je n'avais pas assez des sept gares et des mille et trois tours
Car mon adolescence était si ardente et si folle
Que mon cœur, tour à tour, brûlait comme le temple d'Ephèse[2] ou comme la Place Rouge de Moscou
Quand le soleil se couche. [...]

J'avais faim
Et tous les jours et toutes les femmes dans les cafés et tous les verres
J'aurais voulu les boire et les casser
Et toutes les vitrines et toutes les rues
Et toutes les maisons et toutes les vies
Et toutes les roues des fiacres[3] qui tournaient en tourbillon sur les mauvais pavés
J'aurais voulu les plonger dans une fournaise[4] de glaives[5] [...]

J'étais triste comme un enfant
Les rythmes du train
La « moelle chemin-de-fer[6] » des psychiatres américains
Le bruit des portes des voix des essieux grinçant sur les rails congelés
Le ferlin[7] d'or de mon avenir
Mon browning[8] le piano et les jurons des joueurs de cartes dans le compartiment d'à côté
L'épatante présence de Jeanne[9]
L'homme aux lunettes bleues qui se promenait nerveusement dans le couloir et qui me regardait en passant
Froissis de femmes
Et le sifflement de la vapeur[10]
Et le bruit éternel des roues en folie dans les ornières du ciel [...]

Je reconnais tous les pays les yeux fermés à leur odeur
Et je reconnais tous les trains au bruit qu'ils font
Les trains d'Europe sont à quatre temps tandis que ceux d'Asie sont à cinq ou sept temps
D'autres vont en sourdine sont des berceuses [...]

J'ai déchiffré tous les textes confus des roues et j'ai rassemblé les éléments épars d'une violente beauté
Que je possède
Et qui me force.

Blaise Cendrars, *La Prose du Transsibérien et de la Petite Jehanne de France*, 1913, Fondation Martin Bodmer/PUF, 2011.

Écoute

Quels éléments entendez-vous, qui vous font penser à une chanson ?

Numérique

Retrouvez l'histoire du Transsibérien (vidéo INA) sur LLS.fr/FR3Transsiberien

1. Ancienne unité de distance (1 lieue = environ 4 km)
2. Temple grec incendié au IVe siècle avant J.-C.
3. Voiture à cheval.
4. Brasier, feu.
5. Épées.
6. Inflammation de la moelle épinière que l'on croyait causée par les voyages en train.
7. Petite monnaie.
8. Revolver confié au poète par le bijoutier qu'il accompagne.
9. Prostituée rencontrée dans le train. Le poète se lie avec elle.
10. Le Transsibérien est un réseau de voies ferrées traversant la Sibérie.

Robert Delaunay, *Air, fer et eau*, 1937, gouache et crayon sur papier, 49,8 × 85,4 cm (collection privée). La première publication du poème de Cendrars est proposée dans un livre accordéon (ou *leporello*) long de deux mètres. Le poème s'y déplie aux cotés des illustrations de Sonia Delaunay, épouse de Robert Delaunay. Comme dans le tableau ci-contre, ce livre renferme des formes géométriques et la tour Eiffel, figurée auprès des derniers vers.

Compréhension

1 Que veut dire le poète aux vers 5 et 6 ? Reformulez ces deux vers avec vos propres mots.

2 Quels sentiments et émotions Blaise Cendrars exprime-t-il dans ce poème ?

Analyse et interprétation

3 Selon vous, pourquoi le poète est-il parti de chez lui ? Justifiez votre réponse.

4 Le poème est dédié aux musiciens. Qu'est-ce qui le rend musical ? Observez le rythme et les sonorités (assonances, allitérations, effets de rimes, etc.). Donnez des exemples précis.

5 En quoi peut-on dire que ce poème est lyrique (voir p. 373) ? Avancez plusieurs arguments illustrés d'exemples.

6 **a)** Cherchez l'étymologie du mot « émotion ». **b)** Quels sont les différents sens du mot « transport » ? **c)** Quels liens pouvez-vous faire entre le voyage en train et la poésie ? Proposez une réponse développée.

7 En quoi ce poème est-il moderne ?

8 **Image** Quels liens pouvez-vous faire entre le tableau et le poème ? Commentez le sujet du tableau, mais aussi la manière dont il est peint.

Langue

9 **a)** Repérez les groupes prépositionnels compléments du nom dans la 3e strophe. **b)** De quel nom sont-ils, respectivement, l'expansion ?

Écriture

10 À votre tour, évoquez un voyage en train, en avion ou en voiture qui vous a marqué(e), dans un texte poétique. Vous utiliserez le plus d'allitérations, d'assonances et d'images poétiques possible (15 lignes).

Texte lu

« Je n'oublierai jamais ce voyage nocturne »

Guillaume Apollinaire

(1880-1918), né d'une mère polonaise et d'un père italien, s'engage dans l'armée en 1914, ce qui lui permet d'obtenir la nationalité française. Lié à de nombreux écrivains et peintres de son temps, il laisse une œuvre novatrice qui a eu une grande influence sur les artistes du XXe siècle.

Le 31 du mois d'Août 1914[1]
Je partis de Deauville un peu avant minuit
Dans la petite auto de Rouveyre[2]

Avec son chauffeur nous étions trois

Nous dîmes adieu à toute une époque
Des géants furieux se dressaient sur l'Europe
Les aigles quittaient leur aire[3] en attendant le soleil
Les poissons voraces[4] montaient des abîmes
Les peuples accouraient pour se connaître à fond
Les morts tremblaient de peur dans leurs sombres demeures

Les chiens aboyaient vers là-bas où étaient les frontières
Je m'en allais portant en moi toutes ces armées qui se battaient
Je les sentais monter en moi et s'étaler les contrées où elles serpentaient [...]

Et des bergers gigantesques menaient
De grands troupeaux muets qui broutaient les paroles
Et contre lesquels aboyaient tous les chiens sur la route

Je n'oublierai jamais ce voyage nocturne où nul de nous ne dit un mot
Ô dé part sombre où mouraient nos 3 phares
ô nuit tendre d'avant la guerre
ô vil lages où se hâtaient les maréchaux-ferrants
MARÉCHAUX-FERRANTS RAPPELÉS
ENTRE MINUIT ET UNE HEURE DU MATIN
vers LISIEUX la très bleue
ou bien
vers Versailles d'or
et 3 fois nous nous arrêtâmes pour changer un pneu qui avait éclaté

[...] Nous arrivâmes à Paris
Au moment où l'on affichait la mobilisation
Nous comprîmes mon camarade et moi
Que la petite auto nous avait conduits dans une époque
Nouvelle
Et bien qu'étant déjà tous deux des hommes mûrs
Nous venions cependant de naître

Guillaume Apollinaire, « La petite auto », *Calligrammes. Poèmes de la paix et de la guerre (1913-1916)*, 1918.

Lexique

Calligramme

La partie située au centre du poème (après le vers 16) s'appelle un « calligramme ». Observez ce dessin et proposez une définition du mot.

Écoute

En vous appuyant sur l'écoute de l'extrait, quelle atmosphère se dégage dans la première partie du poème ?

1. La mobilisation générale marquant le début de la guerre a lieu en réalité le 1er août. Apollinaire est peut-être influencé par une chanson populaire, *Le 31 du mois d'août*.
2. André Rouveyre est un ami du poète.
3. Nid d'un aigle.
4. Prêts à dévorer.

Lucian Bernhard, affiche publicitaire pour les automobiles allemandes Adler (« l'aigle »), 1913, lithographie.

Compréhension

1 Que remarquez-vous d'original dans la forme du poème ?

2 **a)** Quelle est cette « époque » à laquelle Apollinaire et ses camarades disent « adieu » (v. 5) ? **b)** Quelle est, au contraire, l'« époque Nouvelle » (v. 20-21) mentionnée à la fin du poème ?

3 Reformulez en quelques mots ce qu'évoque le poème.

Analyse et interprétation

4 En quoi ce poème vous semble-t-il moderne ? Commentez sa forme, mais aussi son thème.

5 Selon vous, quel élément du poème est représenté dans le calligramme ?

6 Montrez que ce poème est à la fois très réaliste et très imagé.

7 Quels sentiments le poète exprime-t-il face à l'« époque Nouvelle » (v. 20-21) qui se présente à lui ?

8 **Image** **a)** Sur l'affiche, quel est le principal argument de vente de la publicité ? **b)** Quelle figure de style est ici utilisée ? **c)** Quels liens pouvez-vous établir entre l'affiche et le poème ?

Langue

9 « De grands troupeaux muets qui broutaient les paroles » (v. 15) **a)** Quel est le nom noyau dans ce vers ? **b)** Relevez les trois expansions qui développent ce nom et précisez la classe grammaticale de chacune.

10 Relevez un groupe prépositionnel qui a la fonction de complément du nom dans la première strophe et indiquez le nom noyau auquel il se réfère.

Crier la France en s'abattant

Louis Aragon

(1897-1982) est un poète et romancier français. Il vit l'horreur de la Première Guerre mondiale en tant qu'étudiant en médecine, mobilisé comme brancardier, puis celle de la deuxième. Décoré pour sa bravoure en 1940, il s'engage ensuite dans la Résistance, notamment par ses textes.

Pendant l'Occupation Allemande, un groupe de résistants est particulièrement actif en région parisienne : le groupe Manouchian, du nom de son leader Missak Manouchian. L'armée allemande publie une affiche soulignant que ces Résistants ont des noms étrangers et qu'ils font du tort à la France. En 1944, ils sont arrêtés et fusillés. Plusieurs années après, Louis Aragon leur rend hommage.

Vous n'avez réclamé la gloire ni les larmes
Ni l'orgue ni la prière aux agonisants
Onze ans déjà que cela passe vite onze ans
Vous vous étiez servis simplement de vos armes
La mort n'éblouit pas les yeux des Partisans[1]

Vous aviez vos portraits sur les murs de nos villes
Noirs de barbe et de nuit hirsutes menaçants
L'affiche qui semblait une tache de sang
Parce qu'à prononcer vos noms sont difficiles
Y cherchait un effet de peur sur les passants

Nul ne semblait vous voir français de préférence
Les gens allaient sans yeux pour vous le jour durant
Mais à l'heure du couvre-feu des doigts errants
Avaient écrit sous vos photos MORTS POUR LA FRANCE[2]
Et les mornes matins en étaient différents

Tout avait la couleur uniforme du givre
À la fin février pour vos derniers moments
Et c'est alors que l'un de vous dit calmement
Bonheur à tous Bonheur à ceux qui vont survivre[3]
Je meurs sans haine en moi pour le peuple allemand

Adieu la peine et le plaisir Adieu les roses
Adieu la vie adieu la lumière et le vent
Marie-toi sois heureuse et pense à moi souvent
Toi qui vas demeurer dans la beauté des choses
Quand tout sera fini plus tard en Erivan[4]

Un grand soleil d'hiver éclaire la colline
Que la nature est belle et que le cœur me fend
La justice viendra sur nos pas triomphants
Ma Mélinée ô mon amour mon orpheline
Et je te dis de vivre et d'avoir un enfant

Ils étaient vingt et trois quand les fusils fleurirent
Vingt et trois qui donnaient leur cœur avant le temps
Vingt et trois étrangers et nos frères pourtant
Vingt et trois amoureux de vivre à en mourir
Vingt et trois qui criaient la France en s'abattant.

Louis Aragon, « Strophes pour se souvenir », *Le Roman inachevé* © Éditions Gallimard, 1956.

Lexique

Uniforme

Ce mot (v. 16) appartient à deux classes grammaticales : lesquelles ? Quels sont ses deux sens ? Quelle connotation a-t-il dans le texte ?

1. Des résistants. Manouchian et ses camarades avaient refusé qu'on leur bande les yeux pour leur exécution.
2. Mention récompensant les soldats tués au combat, normalement attribuée par l'État.
3. Le passage en italique est inspiré de la dernière lettre de Manouchian à sa femme.
4. Erivan, capitale de l'Arménie. Missak Manouchian et sa femme Mélinée sont d'origine arménienne.

« L'affiche rouge », réalisée par les services de propagande allemands, 1944.

Compréhension

1. Étudiez l'énonciation : qui parle à qui dans les différentes parties du poème ?
2. À quelle étape de la vie renvoie le vers 2 ? Reformulez les deux premiers vers avec vos propres mots.
3. Comment la population a-t-elle réagi lorsque l'affiche a été collée sur « les murs [des] villes » (v. 6) ?
4. Comment comprenez-vous le dernier vers ?

Analyse et interprétation

5. Que fait Aragon dans ce poème ? Pourquoi l'écrit-il ?
6. Identifiez une comparaison dans la deuxième strophe. Qu'exprime-t-elle ?
7. **a)** Quelle(s) figure(s) de style reconnaissez-vous au vers 31 ? **b)** Quel est l'effet produit ?
8. Choisissez un passage et expliquez en quoi il est lyrique (voir p. 373).
9. Aragon est un poète engagé. Que cela signifie-t-il ? Quelle est la visée du lyrisme dans le cadre de la poésie engagée ?
10. **Image** Le poème présente-t-il de la même façon les membres du groupe Manouchian que « l'affiche rouge » ? Justifiez votre réponse.

Langue

11. « Nul ne semblait vous voir français de préférence » (v. 11) **a)** Quelle est la classe grammaticale du mot « nul » ? **b)** À qui fait-il référence ? **c)** Proposez un autre terme de la même classe grammaticale qui pourrait le remplacer, sans modifier le sens de la phrase.

Écriture

12. À la manière de Louis Aragon dans son poème, écrivez un texte poétique dénonçant un événement particulièrement injuste ou sanglant qui s'est produit dans l'histoire ou dans l'actualité. Vous utiliserez pour cela des figures de style variées (10 à 15 lignes).

« New York ! »

Léopold Sédar Senghor

(1906-2001) est né au Sénégal, a étudié en France et a mené une carrière politique dans ces deux pays. Quand le Sénégal devient indépendant, il y est élu président. Dans sa poésie, Senghor revendique sa négritude (voir p. 138) tout en célébrant l'homme et le monde dans leur universalité.

Numérique

Retrouvez une vidéo INA sur Senghor et la négritude sur **LLS.fr/FR3Negritude**

Écoute

Quelles émotions ressentez-vous en écoutant le début du poème ? Sont-ce les mêmes émotions dans la deuxième partie du poème ? Pourquoi ?

Senghor a visité New York lors d'un voyage officiel. Dans ce poème, il évoque les sentiments mêlés que cette mégapole pleine de contrastes a éveillés en lui.

(Pour un orchestre de jazz : solo de trompette)

I

New York ! D'abord j'ai été confondu[1] par ta beauté, ces grandes filles d'or aux jambes longues.
Si timide d'abord devant tes yeux de métal bleu, ton sourire de givre
Si timide. Et l'angoisse au fond des rues à gratte-ciel
Levant des yeux de chouette parmi l'éclipse du soleil.
Sulfureuse[2] ta lumière et les fûts[3] livides, dont les têtes foudroient le ciel
Les gratte-ciel qui défient les cyclones sur leurs muscles d'acier et leur peau patinée de pierres.
Mais quinze jours sur les trottoirs chauves de Manhattan
– C'est au bout de la troisième semaine que vous saisit la fièvre en un bond de jaguar
Quinze jours sans un puits ni pâturage, tous les oiseaux de l'air
Tombant soudain et morts sous les hautes cendres des terrasses.
Pas un rire d'enfant en fleur, sa main dans ma main fraîche
Pas un sein maternel, des jambes de nylon. Des jambes et des seins sans sueur ni odeur.
Pas un mot tendre en l'absence de lèvres, rien que des cœurs artificiels payés en monnaie forte
Et pas un livre où lire la sagesse. La palette du peintre fleurit des cristaux de corail.
Nuits d'insomnie ô nuits de Manhattan ! si agitées de feux follets, tandis que les klaxons hurlent des heures vides
Et que les eaux obscures charrient[4] des amours hygiéniques, tels des fleuves en crue des cadavres d'enfants.

II

[…] Harlem[5] Harlem ! voici ce que j'ai vu Harlem Harlem ! Une brise verte de blés sourdre[6] des pavés labourés par les pieds nus de danseurs Dans[7]
Croupes ondes de soie et seins de fers de lance, ballets de nénuphars et de masques fabuleux […]
Écoute New York ! ô écoute ta voix mâle de cuivre ta voix vibrante de hautbois, l'angoisse bouchée de tes larmes tomber en gros caillots de sang
Écoute au loin battre ton cœur nocturne, rythme et sang du tam-tam, tam tam sang et tam-tam.

III

New York ! je dis New York, laisse affluer le sang noir dans ton sang
Qu'il dérouille tes articulations d'acier, comme une huile de vie
Qu'il donne à tes ponts la courbe des croupes et la souplesse des lianes.

Léopold Sédar Senghor, « À New York », *Éthiopiques* (1956)
in *Œuvre poétique*

1. Stupéfait.
2. Diabolique.
3. Colonnes.
4. Transportent.
5. Quartier afro-américain de New York.
6. Sortir de terre.
7. Peuple de Côte d'Ivoire.

Archibald J. Motley Jr., *Street Scene Chicago*, 1936, huile sur toile, 91,4 × 106,7 cm (collection privée) © Valerie Gerrard Browne.

Compréhension

1 Quel arrondissement de New York est évoqué dans la première strophe ?

2 Quels sont les sentiments successifs du poète dans cette première strophe ?

3 **a)** Quel quartier de cet arrondissement de New York Senghor apprécie-t-il particulièrement ? **b)** Pourquoi ?

4 **a)** Quelle est la différence entre les vers 7 et 17 ? **b)** Comment comprenez-vous la métaphore « trottoirs chauves » (v. 7) ?

Analyse et interprétation

5 De quelle manière particulière l'arrondissement est-il décrit aux vers 11 à 14 ? Justifiez en vous appuyant sur la forme des phrases et en relevant notamment une anaphore.

6 **a)** Faites un tableau comparatif de l'évocation du quartier que Senghor apprécie et de celle du reste de l'arrondissement. **b)** Quelles visions le poète donne-t-il de l'un et de l'autre ? Que valorise-t-il ? Pourquoi ?

7 **a)** Que demande Senghor à New York dans la troisième strophe ? **b)** Que cela signifie-t-il, concrètement ?

8 En quoi ce poème est-il lyrique (voir p. 373) ?

Langue

9 **a)** « laisse affluer [...] des lianes » (v. 21-23) Quels sont les modes verbaux utilisés ? Qu'expriment-ils ? **b)** Réécrivez les vers 22 et 23 en remplaçant « il » par « nous ».

Écriture

10 Décrivez de manière poétique une ville qui vous fascine ou que vous aimez particulièrement en utilisant des personnifications (10 lignes).

« Je veux que ça claque et que ça sonne »

Grand Corps Malade

(né en 1977) est le nom de scène de Fabien Marsaud. Suite à un accident qui le laisse handicapé, il découvre le slam, genre qu'il contribue à faire connaître au grand public grâce au succès de ses albums.

Le deuxième album de Grand Corps Malade s'intitule Enfant de la ville. *En voici le morceau éponyme (celui qui donne son nom à l'album).*

Si la campagne est côté face, je suis un produit du côté pile
Là où les apparts s'empilent, je suis enfant de la ville
Je ressens le cœur de la ville qui cogne dans ma poitrine
J'entends les sirènes qui résonnent mais est-ce vraiment un crime
D'aimer le murmure de la rue et l'odeur de l'essence
J'ai besoin de cette atmosphère pour développer mes sens

[Refrain] (bis) *Je suis un enfant de la ville, je suis un enfant du bruit*
J'aime la foule quand ça grouille, j'aime les rires et les cris
J'écris mon envie de croiser du mouvement et des visages
Je veux que ça claque et que ça sonne, je ne veux pas que des vies sages

Je trempe ma plume dans l'asphalte, il est peut-être pas trop tard
Pour voir un brin de poésie même sur nos bouts de trottoirs
Le bitume est un shaker où tous les passants se mélangent
Je ressens ça à chaque heure et jusqu'au bout de mes phalanges
Je dis pas que le béton c'est beau, je dis que le béton c'est brut
Ça sent le vrai, l'authentique, peut-être que c'est ça le truc
Quand on le regarde dans les yeux, on voit bien que s'y reflètent nos vies
Et on comprend que slam et hip-hop ne pouvaient naître qu'ici
Difficile de traduire ce caractère d'urgence
Qui se dégage et qu'on vit comme une accoutumance
Besoin de cette agitation qui nous est bien familière
Je t'offre une invitation dans cette grande fourmilière
J'suis allé à New York, je me suis senti dans mon bain
Ce carrefour des cultures est un dictionnaire urbain
J'ai l'amour de ce désordre et je ris quand les gens se ruent
Comme à l'angle de Broadway et de la 42ème rue

[Refrain] (bis)

Je me sens chez moi à Saint-Denis, quand y'a plein de monde sur les quais
Je me sens chez moi à Belleville ou dans le métro new-yorkais
Pourtant j'ai bien conscience qu'il faut être sacrément taré
Pour aimer dormir coincé dans 35 mètres carrés
Mais j'ai des explications, y'a tout mon passé dans ce bordel
Et face à cette folie, j'embarque mon futur à bord d'elle
À bord de cette pagaille qui m'égaye depuis toujours
C'est beau une ville la nuit, c'est chaud une ville le jour
Moi dans toute cette cohue je promène ma nonchalance
Je me balade au ralenti et je souris à la chance

Grand Corps Malade, « Enfant de la ville »,
album *Enfant de la ville* © Anouche Productions, 2008.

Lexique

Accoutumance

De quel nom commun est dérivé ce mot (v. 20) ? Sur quel préfixe est-il formé ? Proposez un synonyme de ce mot.

Numérique

Retrouvez les slams de Grand Corps Malade sur LLS.fr/FR3SlamGCM

Écoute

La chanson de Grand Corps Malade est un slam. Donnez deux caractéristiques du slam par rapport à une simple chanson (intonations, paroles, rythme, accompagnement instrumental).

Charlotte Johnson Wahl, *Subway NYC*, 1994, huile sur toile (collection privée).

Compréhension

1 Quel est l'avis du slameur sur les villes ? Pourquoi ? Vous donnerez au moins deux raisons différentes.

2 Relevez un passage illustrant chacun des sens suivants : vue, ouïe, odorat, toucher.

Analyse et interprétation

3 Relevez une rime ou un autre effet sonore que vous trouvez intéressant et expliquez pourquoi.

4 Relevez une métaphore et expliquez-la.

5 Quelle image de la ville se dégage de ce texte ?

6 Quelle image le slameur donne-t-il de lui-même ?

7 Au vers 22, quelle relation le slameur instaure-t-il avec le lecteur (ou l'auditeur) ?

8 Pourquoi ce texte est-il lyrique ? Justifiez votre réponse.

Langue

9 **a)** Relevez deux vers écrits dans un niveau de langue familier et donnez deux éléments dans ces vers qui les rendent familiers. **b)** Réécrivez-les dans un niveau de langue courant, voire soutenu.

Écriture

10 Pour quelles raisons la ville peut-elle être un lieu d'inspiration ? Appuyez-vous sur ce texte, sur vos lectures et votre expérience personnelle de la ville pour répondre à la question (10 à 15 lignes).

Quels sont les caractéristiques et les enjeux de l'art éphémère ?

1 Un art de l'envol

Compagnie *Les Plasticiens Volants*, gonflables multicolores à l'occasion du Carnaval de Nice, 2015.

2 Un art de la métamorphose

Vue de la cathédrale Saint-Jean pendant la Fête des Lumières, 2012 (Lyon).

3 Ouvrir l'œil

JR et Liu Bolin, *JR Through the Eye of Liu Bolin*, 2012, photographie, 146 × 200 cm (New York, États-Unis).
Ouvrez l'œil, l'artiste JR se camoufle dans l'œuvre.

Éclairage

L'art éphémère

L'art éphémère utilise **différentes techniques** : pochoir et grattage, mais aussi lumière, hologramme, installation, performance, etc.

Il nécessite **un autre médium pour en conserver une trace : la photographie ou la vidéo**. Ainsi les créations de Liu Bolin sont photographiées avant de disparaître ; il en est de même des légumes moisis de Heikki Leis, jetés à la poubelle après avoir été pris en photo.

L'art éphémère s'installe régulièrement dans l'**espace public**, à l'occasion de **festivals** ou d'**événements médiatiques**. Il peut en outre se rapprocher du *street art*, particulièrement lorsqu'il s'affiche sur les **murs des villes** et qu'il est non seulement soumis aux intempéries mais également à l'appréciation, souvent négative, des services de nettoyage municipaux et des habitants.

④ Sur fond de pollution

Paul Curtis, alias Moose, mur réalisé dans le cadre d'un projet de graffiti inversé, 2008 (San Francisco, États-Unis).
Le mur n'est pas peint en blanc, mais nettoyé par l'artiste.

⑤ Un art qui se décompose

Heikki Leis, *Rutabaga*, 2005, photographie.
Cette œuvre appartient à une série intitulée *Afterlife* que l'on pourrait traduire par « Vie après la mort ». L'artiste estonien Heikki Leis a parfois laissé des légumes moisir pendant deux mois pour observer la variété des champignons microscopiques ainsi que leur capacité à détruire et à recycler le vivant dans le même temps. Il y aurait huit à dix champignons actifs sur ce rutabaga, selon la mycologue Kathie Hodge.

Numérique
Retrouvez les techniques de Paul Curtis et de Liu Bolin ainsi qu'une vidéo de la Fête des Lumières à Lyon sur LLS.fr/FR3P151

Questions

1. **Docs. 1 à 5** Observez chaque œuvre et, pour chacune, dites pourquoi il s'agit d'art éphémère. Vous pouvez vous aider des liens proposés sur la version numérique de cette page.
2. **Docs. 1 et 2** **a)** Dans quel type de manifestation ces œuvres apparaissent-elles ? **b)** Pourquoi ces œuvres sont-elles si colorées ?
3. **Doc. 3** À votre avis, quelle est l'ambition des deux artistes lorsqu'ils réalisent cette œuvre ?
4. **Doc. 4** **a)** Que dénonce l'artiste dans cette œuvre ? Justifiez votre réponse en observant le motif choisi et la technique employée. **b)** Pourquoi le caractère éphémère de cette œuvre est-il particulièrement adapté à l'objectif de l'artiste ?
5. **Doc. 5** **a)** Que célèbre l'artiste dans cette œuvre ? **b)** Lisez une définition de ce qu'est une « nature morte » et expliquez en quoi cette photographie est plus qu'une nature morte.
6. **Docs. 1 à 5** Pourquoi ces cinq œuvres sont-elles poétiques ?
7. **Docs. 1 à 5** Quelle œuvre a votre préférence ? Pourquoi ?

Ex. 1 **Je comprends l'emploi poétique du champ lexical des couleurs.**

1. Relevez le champ lexical des couleurs dans le poème « À New York » de Léopold Sédar Senghor (voir p. 146). En quoi ce champ lexical des couleurs participe-t-il à la représentation poétique de la ville américaine ?
2. Construisez le champ lexical des couleurs dont vous aurez besoin pour décrire l'œuvre de *street art* ci-contre réalisée par l'artiste Blu sur un bâtiment romain.

Ex. 2 **Je réfléchis à la valeur poétique de l'argot.**

1. Dans la liste des mots d'argot ci-dessous, choisissez-en cinq et cherchez leur sens et leur origine.

a) Baratin. **b)** Bouffe. **c)** Brêle. **d)** Castagne. **e)** Ciboulot. **f)** Frousse. **g)** Mouchard. **h)** Roupiller. **i)** Taf. **j)** Zef.

2. Dans votre liste, sélectionnez le mot qui vous semble le plus poétique et expliquez pourquoi.
3. Sélectionnez également le mot qui vous semble le moins poétique et expliquez pourquoi.

Ex. 3 **Je manipule les périphrases.**

1. Associez chaque périphrase (voir p. 260) au lieu qu'elle désigne : New York, l'Himalaya, Lyon, Rome, la Chine, Rouen, le Rwanda, Bruges, Montréal, Los Angeles, Istanbul, Vienne, Venise, Paris, Toulouse, le Japon, le Sri Lanka, la Thaïlande, Milan. Faites des recherches si nécessaire.

a) La ville lumière : ...
b) La ville éternelle : ...
c) Le pays du milieu : ...
d) Le toit du monde : ...
e) La larme de l'Inde : ...
f) La cité des Doges/la Sérénissime : ...
g) Le pays du sourire : ...
h) La cité des Gones : ...
i) Le pays du soleil levant : ...
j) La ville aux cent clochers : ...
k) Le pays des mille collines : ...
l) La Venise du nord : ...
m) La ville qui ne dort jamais/la grosse pomme : ...
n) La capitale de la mode : ...
o) La ville rose : ...
p) La cité des mille lumières : ...
q) La Sublime Porte : ...
r) La capitale de la musique : ...
s) La cité des anges : ...

2. À votre tour, inventez une périphrase poétique pour désigner un lieu. Écrivez ensuite un quatrain en vers libres pour décrire ce lieu. Désignez-le par la périphrase dans le premier vers, et nommez-le dans le dernier vers.

Blu, fresque sur bâtiment, 2014 (Rome, Italie).

Ex. 4 **Je comprends le vocabulaire des figures de style et de la poésie.**

Je voudrais lui dire : si Aman était un poème,
il s'écrirait délié, un peu en diagonale,
sur un sac en papier brun de la bodega,
les lettres pointues, une bonne *punchline* finale.

Ses mains tout occupées à prendre des notes
deviendraient métaphore, métonymie
et la douceur de son sourire s'imagerait
sans un cliché.

Il n'est pas assez snob pour un sonnet,
trop délicat pour un cadavre exquis,
et pour un haïku, ça risque de faire serré,
vu tout l'espace qu'il prend dans mes pensées.

Elizabeth Acevedo, *Signé poète X*, 2018, traduit de l'anglais par Clémentine Beauvais, 2019 © Nathan.

1. À quelles figures de style la poétesse associe-t-elle les mains du garçon qu'elle aime ? Expliquez ce rapprochement en vous aidant des définitions de ces figures de style (voir p. 260).
2. **a)** Quelles sont les trois formes poétiques citées dans la dernière strophe ? Expliquez-en les principales règles de composition en vous aidant si besoin d'un dictionnaire. **b)** Expliquez pourquoi la poétesse n'utilise pas ces formes poétiques pour parler d'Aman.

Ex. 5 **Je classe les connecteurs logiques.**

Classez les connecteurs logiques suivants selon qu'ils permettent de souligner l'opposition, la cause ou la conséquence : *car, donc, pourtant, mais, par conséquent, cependant, en effet, parce que, de ce fait, en revanche, comme, néanmoins, ainsi, puisque, c'est pourquoi, si bien que, bien que, étant donné que.*

Atelier 1 : J'écris un poème en vers libres

Sujet d'imagination • Comme Grand Corps Malade ou Léopold Sédar Senghor, écrivez un poème en vers libres sur un espace urbain qui vous est familier et/ou que vous aimez. Utilisez des procédés poétiques pour présenter cet espace que vous mettrez en lien avec vos sentiments.

Atelier 2 : Je défends la portée poétique des arts éphémères

Sujet de réflexion • En quoi les arts éphémères comme le *street art*, les illuminations des bâtiments ou les spectacles de rue transforment-ils notre perception de la ville et poétisent-ils l'espace urbain ?

Étape 1
Je définis les termes du sujet

- Expliquez en quoi consistent le *street art*, les illuminations des bâtiments et les spectacles de rue.
- Expliquez à quoi ressemble habituellement l'espace urbain.
- Reformulez le sujet sous la forme d'une phrase déclarative en articulant les notions d'art éphémère, d'espace urbain et de poésie.

Étape 2
Je choisis et développe mes exemples

- Trouvez un exemple précis pour chaque art éphémère cité dans le sujet. Vous pouvez vous aider de la page d'histoire des arts de ce chapitre (voir p. 150).
- Expliquez en quoi le *street art* transforme l'espace urbain en vous appuyant sur l'exemple choisi. Vous pouvez vous aider du premier exercice de lexique.
- Expliquez en quoi les illuminations transforment le regard sur l'architecture de la ville en vous appuyant sur un exemple précis. Si besoin, faites des recherches sur la Fête des Lumières à Lyon ou la Nuit des Chimères au Mans.
- Expliquez en quoi les spectacles de rue transforment l'espace urbain en lieu poétique. Illustrez vos remarques avec des exemples que vous pouvez emprunter à votre expérience et à l'univers de « La Machine » de François Delarozière ou de la compagnie Les plasticiens volants.

Étape 3
Je structure mon argumentation

- Organisez vos arguments.
- Veillez à traiter chaque aspect du sujet (transformation de l'espace urbain, transformation du regard sur la ville, construction d'une ville poétique).
- Utilisez des connecteurs logiques pour montrer les liens entre vos idées et souligner leur enchaînement. Vous pouvez vous aider du cinquième exercice de lexique.

Étape 4
Je mets en avant mon opinion

- Intégrez dans votre argumentation l'expression de votre opinion sur les arts éphémères et la métamorphose poétique de la ville.
- Faites part de vos sentiments face à ces œuvres.
- Utilisez les champs lexicaux des cinq sens pour souligner vos émotions face aux œuvres.
- Concluez votre texte en expliquant ce que cette démarche de poétisation de la ville vous apporte.

Mettre en voix et en images la poésie

Groupe 1 : Mise en images des poèmes

Étape 1 pix **Je collecte des informations**

- Relisez les poèmes et faites des recherches d'illustrations sur Internet puis sélectionnez une image par poème.

Étape 2 pix **Je mets en page le poème et son accompagnement iconographique**

- Choisissez une mise en page des poèmes sur un logiciel de traitement de texte : polices, couleurs des textes, encadrés, etc.
- Ajoutez les illustrations retenues et leurs informations (nature de l'illustration, artiste, date).
- Enregistrez votre travail et imprimez-le ou envoyez-le à vos camarades par courriel.
- Rédigez une courte présentation des images choisies en justifiant leur rapport aux poèmes.
- Entraînez-vous à la lecture expressive des poèmes.

Herakut, *Books can take you anywhere*, 2014, détail d'une fresque (Bad Vilbel, Allemagne).

Étape 3 **Je présente mon travail à la classe**

- Vous désignerez ensuite une personne du groupe chargée de présenter l'argumentaire de votre choix iconographique et deux personnes chargées de la lecture des poèmes.
- Présentez votre travail à vos camarades.

Groupe 2 : Lectures expressives

Étape 1 **Je sélectionne mon poème**

- Répartissez-vous les poèmes en fonction de vos préférences.

Étape 2 **Je prépare une mise en voix de mon texte**

- Analysez la structure du poème en prenant garde à son rythme et ses effets sonores.
- Choisissez la manière dont vous allez déclamer votre poème en pensant à la vitesse de lecture, à l'importance des silences et au ton.
- Lisez le poème au groupe et écoutez les suggestions de vos camarades pour améliorer la lecture.

Étape 3 **Je présente mon travail à la classe**

- Pensez à une lecture originale des poèmes : vers attribués à plusieurs membres du groupe, forme chorale, accompagnement musical, etc.

Groupe 3 : Création d'un diaporama illustré

Étape 1 pix

Je fais des recherches

- Relisez les poèmes puis faites des recherches d'illustrations sur Internet. Sélectionnez une image par poème ainsi que des informations sur le (la) poète (poétesse).

Étape 2 pix

Je crée les principales diapositives du diaporama

- Choisissez une mise en page des poèmes sur un logiciel de diaporama : polices, couleurs des textes, encadrés, etc.
- Ajoutez les illustrations retenues et une biographie en quelques mots des poètes (poétesses).
- Faites une copie de votre travail sur clé USB.

Étape 3

Je présente mon travail à la classe

- Présentez le diaporama à vos camarades.

Groupe 4 : Biographies à la première personne

Étape 1 pix

Je collecte des informations au brouillon

- Faites des recherches sur la vie de chaque poète (poétesse) et sélectionnez cinq informations importantes. Prenez en notes ces informations et utilisez-les pour rédiger une courte biographie à la première personne de ces artistes.

Étape 2

Je mets en voix au sein du groupe

- Lisez votre texte au groupe et écoutez les suggestions de vos camarades pour améliorer la lecture.
- Entraînez-vous à la lecture expressive pour mettre en valeur des moments de vie.

Étape 3

Je présente mon travail à la classe

- Pour chacun des poèmes, désignez un lecteur ou une lectrice du poème et un(e) autre pour la biographie qui l'accompagne.

Louise Vines, *Odes to the West Wind*, 1980, détail d'une fresque (Londres, Royaume-Uni).

Organisation de l'activité

L'enseignant(e) établit un florilège de douze poèmes extraits du manuel ou d'une anthologie sur les thèmes suivants : la ville, le train, le métro, le bus, la voiture, les objets du quotidien, le monde du travail, l'engagement politique, social ou écologique.

Ils sont lus en classe puis l'enseignant(e) constitue quatre groupes auxquels sont attribués trois poèmes issus du corpus. Chaque groupe passe à l'oral devant la classe.

Numérique

Retrouvez cette page à télécharger sur LLS.fr/FR3Synthese5

◆ Modernité thématique, modernité formelle

1 Recopiez ce texte et complétez-le avec les éléments suivants : *rimés, libre, éloges, versification, strophes, règles, vers, calligramme, rythme.*

Le monde moderne est caractérisé par le développement des villes et des révolutions techniques et technologiques. Si certains artistes critiquent ces bouleversements, nombreux sont ceux qui choisissent, au contraire, de les décrire avec enthousiasme. Le train, l'automobile ou la ville cosmopolite peuvent ainsi faire l'objet d'.................... poétiques.

Pour rendre compte de ce monde moderne, en mouvement perpétuel, les poètes se libèrent des contraintes formelles : la .... est malmenée ; les .... sont détournées ou cassées – un poème peut même avoir la forme d'un dessin, ce que l'on appelle un ....

Ainsi, au XXe siècle, les poètes se soucient moins de l'homogénéité de leurs .... et de leurs .... ; ils ne veillent plus nécessairement à ce que leurs poèmes soient .... ; ils accordent au contraire une grande importance au .... qui prime, parfois, sur le reste. S'il ne meurt pas complètement, le vers classique laisse maintenant place au vers ....

◆ Les émotions des poètes

2 Associez, dans un premier temps, les poètes à leurs vers. Dans un deuxième temps, associez ces mêmes vers aux émotions qu'ils mettent en valeur. Justifiez vos réponses à l'oral.

Poètes	Vers	Émotions
Léopold Sédar Senghor	« Moi dans toute cette cohue je promène ma nonchalance. Je me balade au ralenti et je souris à la chance »	Goût de l'aventure
Guillaume Apollinaire	« Vous vous étiez servis simplement de vos armes. La mort n'éblouit pas les yeux des Partisans »	Mélancolie
Blaise Cendrars	« Les chiens aboyaient vers là-bas où étaient les frontières. Je m'en allais portant en moi toutes ces armées qui se battaient »	Admiration
Louis Aragon	« New York ! je dis New York, laisse affluer le sang noir dans ton sang Qu'il dérouille tes articulations d'acier, comme une huile de vie »	Bonheur
Grand Corps Malade	« Car mon adolescence était si ardente et si folle. Que mon cœur tour à tour brûlait comme le temple d'Éphèse ou comme la place Rouge de Moscou Quand le soleil se couche »	Espoir

◆ Synthèse

3 Suite à l'étude de ces poèmes, votre vision de la poésie a-t-elle évolué ? Pourquoi ?

4 Un poème peut-il être lyrique et engagé ? Justifiez en utilisant les textes du chapitre et vos lectures poétiques personnelles.

L'Écume des jours
Boris Vian, 1947, Le Livre de Poche.
Colin épouse Chloé, mais cette dernière lutte contre un nénuphar qui pousse dans un de ses poumons. L'écriture est poétique et les personnages évoluent dans un univers onirique. L'un des romans incontournables du XXe siècle français.

La Mécanique du cœur
Mathias Malzieu, 2007, Flammarion.
Jack a une horloge à la place du cœur et tout va bien, jusqu'au jour où il tombe amoureux. Avec ce récit poétique et plein d'humour, Mathias Malzieu nous fait réfléchir à la différence.

Exercices de style
Raymond Queneau, 1947, Gallimard.
C'est une histoire banale qui débute dans un autobus et se termine devant la gare Saint-Lazare. Toutefois, cette histoire est écrite et réécrite de quatre-vingt-dix-neuf manières différentes : difficile de se lasser !

Poésie, j'écris ton nom
Manuelle Duszynski, 2010, Flammarion.
Ce recueil permet de rencontrer une trentaine de poètes. Vous pouvez le feuilleter, le lire au hasard, ou choisir une des six thématiques pour guider votre découverte de la poésie.

Le Apollinaire
Aurélia Grandin, 2000, Mango jeunesse.
Ce livre d'histoire littéraire et artistique est un recueil de dix-neuf poèmes de Guillaume Apollinaire, illustrés par Aurélia Grandin qui use ici de différentes techniques pour mettre en valeur les écrits du grand poète. Vous y retrouverez le poème « La petite auto ».

Anthologie du slam
Léo Lamarche, 2013, Nathan.
Ce recueil peut se lire comme une initiation au slam, cette poésie urbaine qui décrit notre société, en dénonce les travers et prône la tolérance.

Et aussi ! D'autres propositions de lecture sur LLS.fr/FR3Lectures5

Sujet Brevet 5

Jean Amrouche (1906-1962) est un écrivain d'origine kabyle, de confession catholique et d'expression française qui a pris parti pour l'indépendance de l'Algérie.

On avait prononcé les plus hautes paroles de fraternité
on avait fait les plus saintes promesses.

Algériens, disait-on, à défaut d'une patrie naturelle perdue
voici la patrie la plus belle
la France
chevelue[1] de forêts profondes hérissée de cheminées d'usines
lourde de gloire de travaux et de villes
de sanctuaires [...]

Mais on leur a pris la patrie de leurs pères
on ne les a pas reçus à la table de la France
Longue fut l'épreuve du mensonge et de la promesse
non tenue
d'une espérance inassouvie
longue amère
trempée dans les sueurs de l'attente déçue
dans l'enfer de la parole trahie [...]

Alors vint une grande saison de l'histoire
portant dans ses flancs une cargaison d'enfants indomptés
qui parlèrent un nouveau langage
et le tonnerre d'une fureur sacrée :
on ne nous trahira plus
on ne nous mentira plus
on ne nous fera pas prendre des vessies peintes
de bleu de blanc et de rouge
pour les lanternes[2] de la liberté
nous voulons habiter notre nom
vivre ou mourir sur notre terre mère [...]

Nous voulons la patrie de nos pères
la langue de nos pères [...]

Nous ne voulons plus errer en exil
dans le présent sans mémoire et sans avenir

Ici et maintenant
nous voulons
libres à jamais sous le soleil dans le vent
la pluie ou la neige
notre patrie : l'Algérie.

Jean Amrouche, « Le Combat algérien », 1958, *Espoir et Parole. Poèmes algériens*, 1963, Pierre Seghers.

1. Référence à l'appellation « Gaule chevelue » que les Romains utilisaient en raison des nombreuses forêts gauloises.
2. Prendre des vessies pour des lanternes : se faire des illusions.

Marc Riboud, *Foule, le jour de l'Indépendance*, Alger, 1962, photographie, (Centre Pompidou – Musée national d'art moderne, Paris).

1re partie de l'épreuve

1h10

Compréhension et compétences d'interprétation — 32 points

1. En vous appuyant sur les différents temps verbaux employés dans le poème, repérez trois parties et donnez à chacune un titre. (6 points)
2. Comment est décrite la France ? Relevez notamment les vers où il est question des symboles de la France (la devise et le drapeau) et commentez-les. (5 points)
3. Dans la deuxième strophe, quel est l'effet produit par les rejets et enjambements ? (2 points)
4. **a)** Que permettent les anaphores « On ne nous » et « Nous voulons » ? **b)** D'après vous, que veut dire le poète dans le vers : « nous voulons habiter notre nom » (v. 27) ? (3 points)
5. Quelle est la tonalité de ce texte ? Relevez une caractéristique du texte justifiant votre réponse. (2 points)
6. Relevez une phrase qui résume bien le poème selon vous, et expliquez pourquoi. (5 points)
7. Comment le dernier mot du poème est-il mis en valeur ? (3 points)
8. **Image** Quels points communs voyez-vous entre le poème et la photographie ? Appuyez-vous notamment sur le contexte historique. (6 points)

Grammaire et compétences linguistiques — 18 points

9. **a)** Expliquez la formation des adjectifs « inassouvie » (v. 13) et « indomptés » (v. 19). **b)** Quelle image de la colonisation cela donne-t-il ? (2 points)
10. « On avait prononcé les plus hautes paroles de fraternité / on avait fait les plus saintes promesses. » (v. 1 et 2) **a)** À quelle voix les deux propositions ci-dessus sont-elles ? **b)** Si elles sont à la voix active, réécrivez-les à la voix passive, si elles sont à la voix passive, réécrivez-les à la voix active. (4 points)
11. Relevez deux expansions différentes du nom « saison » (v. 17) et précisez leur classe grammaticale. (2 points)
12. Réécrivez les vers 22 à 29 en remplaçant « nous » par « vous » et les verbes au futur par des verbes au présent de l'indicatif. (10 points)

2e partie de l'épreuve

20 min

Dictée — 10 points

Kateb Yacine, *Nedjma*, 1956. Les dictées des brevets blancs sont regroupées p. 368 à 371.

3e partie de l'épreuve

1h30

Rédaction — 40 points

Vous traiterez à votre choix l'un des sujets suivants.

SUJET DE RÉFLEXION

« Nous ne voulons plus errer en exil / dans le présent sans mémoire et sans avenir » (v. 31-32). Selon vous, est-il important de connaître l'histoire de son pays ? Pourquoi ? Vous répondrez à cette question en vous appuyant sur trois arguments et en prenant soin de les organiser de manière logique. Vous les illustrerez par des exemples précis.

SUJET D'IMAGINATION

Composez un poème construit sur une répétition de « nous voulons ». Cette formule devra revenir plusieurs fois, à des endroits importants du poème. Réinvestissez ce que vous avez observé dans le poème de Jean Amrouche pour vous aider.

BREVET

Sujet guidé 5

Dans un long poème, le poète belge francophone Émile Verhaeren (1855-1916) décrit, avec un mélange d'admiration et d'effroi, les usines, qui ont transformé le paysage à la fin du XIXe siècle.

Se regardant avec les yeux cassés de leurs fenêtres
Et se mirant dans l'eau de poix[1] et de salpêtre[2]
D'un canal droit, marquant sa barre à l'infini,
Face à face, le long des quais d'ombre et de nuit,
Par à travers les faubourgs lourds
Et la misère en pleurs de ces faubourgs,
Ronflent terriblement usines et fabriques.

Rectangles de granit et monuments de briques,
Et longs murs noirs durant des lieues[3],
Immensément, par les banlieues ;
Et sur les toits, dans le brouillard, aiguillonnées
De fers et de paratonnerres,
Les cheminées.

Se regardant de leurs yeux noirs et symétriques,
Par la banlieue, à l'infini.
Ronflent le jour, la nuit,
Les usines et les fabriques.

[...]

Ici, sous de grands toits où scintille le verre,
La vapeur se condense en force prisonnière :
Des mâchoires d'acier mordent et fument ;
De grands marteaux monumentaux
Broient des blocs d'or sur des enclumes,
Et, dans un coin, s'illuminent les fontes[4]
En brasiers tors[5] et effrénés qu'on dompte.

[...]

Au long du vieux canal à l'infini
Par à travers l'immensité de la misère
Des chemins noirs et des routes de pierre,
Les nuits, les jours, toujours,
Ronflent les continus battements sourds,
Dans les faubourgs,
Des fabriques et des usines symétriques.

Émile Verhaeren, « Les Usines »,
Les Villes tentaculaires, 1895.

1. Matière collante noire.
2. Sel minéral blanchâtre.
3. Ancienne unité de longueur (environ 3-4 km).
4. Alliage de fer et de carbone, matériau.
5. Tordu.

Vincent Van Gogh, *Usines à Asnières, vues du quai de Clichy*, 1887, huile sur toile, 53,7 × 72,7 cm (Musée d'art de Saint-Louis, États-Unis).

Numérique

Retrouvez la 1re partie de l'épreuve sur **LLS.fr/FR3P160**

Zoom sur la 2e et 3e partie de l'épreuve

Méthode • Le sujet d'imagination

La rédaction d'un écrit d'invention est souvent soumise à des contraintes.

1. Notez d'abord au brouillon ce qu'on attend de vous.
- Quel est le thème ? quels sont les personnages ? qui parle à qui ? quand et pourquoi ?
- Quelle forme vous propose-t-on ? un récit ? une lettre ? un journal ? une scène de théâtre ? un dialogue ? un article ? un poème ? Si rien n'est précisé, vous pouvez être plus ou moins original(e).
- Devez-vous respecter une tonalité ? un temps ?
- Vous propose-t-on un plan ?
- Devez-vous utiliser des figures de style ? lesquelles ?

2. Notez ensuite, au brouillon également, toutes les idées qui vous passent par la tête.

3. Puis, organisez les idées entre elles avec des numéros ou un code couleur afin d'établir un plan.

4. Une fois votre texte organisé et rédigé, prenez le temps de le relire pour en vérifier la cohérence et corriger les éventuelles fautes d'orthographe.

2e partie de l'épreuve

20 min

Dictée

10 points

Victor Hugo, « Melancholia », *Les Contemplations*, 1856. Les dictées des brevets blancs sont regroupées p. 368 à 371.

3e partie de l'épreuve

1h30

Rédaction

40 points

Vous traiterez à votre choix l'un des sujets suivants.

SUJET DE RÉFLEXION

Pensez-vous que les zones urbaines, les usines, les autoroutes, les aéroports, les tours, etc. défigurent le paysage ou trouvez-vous que ces lieux peuvent avoir un certain charme ? Vous répondrez de manière construite et organisée, en illustrant vos arguments par des exemples tirés de votre culture personnelle ou vus en classe, à l'occasion d'un cours d'histoire des arts (architecture) par exemple.

SUJET DE D'IMAGINATION

À la manière d'Émile Verhaeren, évoquez votre collège en suggérant un sentiment d'étrangeté. Votre description sera écrite en prose et au présent. Vous emploierez des métaphores, des personnifications et des hyperboles, et vous utiliserez un vocabulaire riche et varié. Vous veillerez à organiser votre évocation du collège (par étage, par exemple).

Méthode appliquée

- Posez-vous la question suivante : que signifie « À la manière d'Émile Verhaeren » ?
  → Il s'agit d'évoquer votre collège en faisant ressortir son étrangeté, sa monstruosité peut-être, comme les usines prennent vie dans le poème.
- Il est également demandé d'utiliser certaines figures de style : prenez modèle sur Verhaeren si vous n'avez pas d'idée.
  → Par exemple, comme les forges des usines mordent les ouvriers, vous pouvez penser à la cantine qui avale goulûment les élèves à l'heure du déjeuner.
- Enfin, il faut aussi organiser votre rédaction.
  → Vous pouvez donc décrire le collège par étage, par zone d'activité (la cantine, la cour, les couloirs, le CDI, etc.), ou vu de l'extérieur puis de l'intérieur.

Thème

Dénoncer les travers de la société

Questionnement

- Découvrir des textes et des images à visée satirique relevant de différents genres.
- Comprendre les raisons, les visées et les modalités de la satire : saisir les effets d'ironie dont elle use, et savoir apprécier son audace ou sa subtilité.
- S'interroger sur la dimension morale et sociale de la satire.

Chapitre 6

L'habit fait-il le moine ?

Chapitre 7

En quoi la publicité est-elle un objet de critique et de satire ?

Dénoncer les travers de la société

6 L'habit fait-il le moine ?

Objectifs

- ✔ Je découvre des œuvres d'époques différentes et de genres variés dénonçant l'importance des apparences dans la société.
- ✔ J'observe les procédés de dénonciation utilisés par les auteurs.
- ✔ Je comprends les modalités et les objectifs de la satire et de l'ironie.

Barbara Hoogeweegen, *Face 1*, 2012, huile sur plaque d'aluminium, 11 × 11 cm (collection privée).

1. Que fait la jeune femme ?
2. En quoi ce tableau peut-il illustrer le titre du chapitre ?
3. Quels comportements de notre société actuelle ce tableau met-il en lumière ?

Les repères du chapitre

La satire
Depuis l'Antiquité, les auteurs pratiquent la satire pour dénoncer les vices de leur temps. Souvent écrit en vers, le texte satirique oscille entre moquerie légère et attaque virulente.

vers 40-104
Martial

L'épigramme
Martial est célèbre pour ses épigrammes, de courts poèmes satiriques se terminant généralement par une pointe, soit un trait d'esprit cinglant.

1613-1680
François de La Rochefoucauld

1621-1695
Jean de La Fontaine

La satire au XVIIe siècle
Au XVIIe siècle, en raison notamment des excès de l'absolutisme, la satire connaît ses heures de gloire dans des formes telles que les maximes (La Rochefoucauld), les fables (La Fontaine) ainsi que les portraits (La Bruyère).

1645-1696
Jean de La Bruyère

1689-1755
Montesquieu

Les *Lettres persanes*
Les *Lettres persanes* (1721) de Montesquieu ont été publiées sans nom d'auteur et à Amsterdam pour échapper à la censure. En effet, l'œuvre portait un regard critique sur la société et la politique de son époque.

1694-1778
Voltaire

Le conte philosophique
Genre littéraire né au XVIIIe siècle sous la plume de Voltaire, le conte philosophique est un récit fictif que l'auteur met au service d'une réflexion morale.

Le dessin de presse
Né au XIXe siècle avec la prolifération des journaux, le dessin de presse a pour objectif d'illustrer l'actualité en faisant réagir le lecteur par la provocation, l'émotion ou le rire.

né en 1949
Didier Daeninckx

La *punchline*
Au XXIe siècle, le terme *punchline* apparaît. Il désigne un « vers coup de poing » autrement dit une phrase choc, un trait d'esprit.

Pour entrer dans le chapitre

1 **a)** Cherchez les définitions des mots « cliché » et « stéréotype ».
b) Quel risque y a-t-il à user d'un cliché ou d'un stéréotype pour désigner une personne ?

2 **a)** « L'habit ne fait pas le moine. » Que signifie ce proverbe ?
b) Démontrez la justesse ou, au contraire, le caractère erroné de ce proverbe en vous appuyant sur des exemples connus de vous.

3 Cherchez d'autres proverbes évoquant les apparences.

4 Pour vous, l'apparence est-elle importante ? Répondez en avançant au moins deux arguments et deux exemples précis.

L'image

5 Que dénonce ce dessin ?

6 Par quel moyen cette dénonciation s'opère-t-elle ?

7 Que pensez-vous de l'idée, souvent évoquée, de rétablir l'uniforme à l'école ?

Michel Faizant, dit Chimulus, *Blabla de zinc*, dessin paru dans *Le Nouvel Observateur*, 16 janvier 2009.
En janvier 2009 Xavier Darcos était le ministre de l'Éducation nationale.

Écriture

8 Écrivez un conte bref commençant par « La vieille dame se souciait trop de son apparence, le vieux monsieur ne s'en souciait pas assez. » Que se passe-t-il lorsque ces deux personnages se rencontrent ?

Numérique
Retrouvez un quiz sur LLS.fr/FR3Quiz6

Texte lu

1 Trompeuses apparences

Martial

(vers 40-104) est un poète latin essentiellement connu pour ses épigrammes, dans lesquelles il dénonce les petits défauts comme les grands vices de son époque.

Écoute

En écoutant ces extraits, quelle épigramme vous semble la plus virulente ou la plus agressive ? Justifiez.

Sur Gemellus et Alcine
Gemellus demande Alcine en mariage
et il désire, et il presse, et il prie, et il offre [des présents].
Est-elle si belle ? Mais non, rien n'est plus laid.
Qu'est-ce donc qu'il recherche et qui lui plaît en elle ? La toux.

Sur Gellia
Gellia a perdu son père, et ne le pleure pas quand elle est seule.
Voici quelqu'un : des larmes de commande jaillissent.
On ne pleure pas pour être admiré, Gellia ;
La vraie douleur, c'est la douleur sans témoin.

Sur Thaïs et Lecania
Thaïs a les dents noires, Lecania blanches comme neige.
Pourquoi ? Celle-là a gardé ses dents ; celle-ci les a achetées.

Contre Paula
Tu veux, Paula, te marier avec Priscus. Tu ne m'étonnes pas : tu as du goût.
Priscus ne veut pas se marier avec toi : lui aussi a du goût.

Martial, *Épigrammes*, Ier siècle après J.-C., traduit du latin par Yves Ouvrard, site de l'académie de Poitiers, 2001.

8 Mile, film de Curtis Hanson, avec Eminem dans son propre rôle, 2002.

2 La *punchline*, épigramme du XXIe siècle ?

Il faut faire attention lorsqu'on utilise les mots
Le verbe du peuple ou le parler de la rue […]
À force de vouloir se faire rue, on est devenu caniveau.

Abd Al Malik, « Céline », *Gibraltar*, 2006.

• • •

Beaucoup d'MC[1] maquillent leur stricte débilité en street crédibilité.

Youssoupha, « Nouveau désordre », *À chaque frère*, 2007.

• • •

Bonhomme, c'est dans la tête, pas dans les bras.
Tout comme les valeurs d'la femme sont dans l'cœur, pas dans les draps.

Scred Connexion, « Bonhomme », *Ni vu… ni connu*, 2009.

• • •

Parait que le swag fait vendre ?
Mais la qualité d'un sapin ne se juge pas à la luminosité de ses guirlandes.

Nakk, « Invincible », *Darksun*, 2012.

• • •

T'as encore moins de caractère qu'un tweet.

R.E.D.K., « Mars Music », *Chant de vision*, 2014.

Numérique

Retrouvez des battles de rap :
- Sniper - Aketo vs Tunisiano.
- Wali, vainqueur des MCs League sur LLS.fr/FR3P169

1. Maître de cérémonie : rappeur.

Compréhension

1 **Texte 1** Reformulez chaque extrait pour en faire comprendre la pointe (la chute).

2 **Texte 2** Reformulez chacune des *punchlines* pour en faire comprendre le sens.

Analyse et interprétation

3 **Texte 1** **a)** Quels sont les points communs entre ces quatre textes ? **b)** À partir de leurs points communs, donnez trois ou quatre caractéristiques d'une épigramme.

4 **Texte 1** La critique exprimée est-elle implicite ou explicite ? Justifiez votre réponse par un exemple.

5 **Texte 1** Dans quelle mesure pourrait-on appliquer ces vers du Ier siècle à des situations d'aujourd'hui ?

6 **Textes 1 et 2** Comparez les *punchlines* aux épigrammes de Martial en examinant plus particulièrement leurs manières de dénoncer les apparences trompeuses.

7 Cherchez d'autres *punchlines* qui vous plaisent et recopiez-les. Elles peuvent être tirées de paroles de chanson, de sketchs comiques ou de répliques de films.

Langue

8 **Texte 2** **a)** Quelles *punchlines* formulent une critique plutôt générale ? **b)** Précisez le temps employé et leur valeur. **c)** Quel pronom est utilisé ? À qui renvoie-t-il ?

Écriture

9 **Textes 1 et 2** Transformez les épigrammes de Martial en *punchlines*.

10 À votre tour, écrivez deux *punchlines* se moquant du culte de la beauté et des apparences.

1 Le Singe et le Léopard

Jean de La Fontaine

(1621-1695) est avant tout célèbre pour ses fables, de courts récits en vers introduits ou achevés par une morale.

Aux côtés d'autres fables, telles que « Le Chat et un vieux rat », « Le Cochet, le Chat et le Souriceau » ou « Le Paysan du Danube », « Le Singe et le Léopard » met en garde contre les apparences.

Le singe avec le léopard
Gagnaient de l'argent à la foire ;
Ils affichaient[1] chacun à part.
L'un deux disait : « Messieurs, mon mérite et ma gloire
Sont connus en bon lieu ; le roi m'a voulu voir ;
Et si je meurs, il veut avoir
Un manchon[2] de ma peau : tant elle est bigarrée[3],
Pleine de tâches, marquetée[3],
Et vergetée[3], et mouchetée[3] ! »
La bigarrure plaît ; partant[4] chacun le vit.
Mais ce fut bientôt fait, bientôt chacun sortit.
Le singe de sa part disait : « Venez, de grâce ;
Venez, Messieurs ; je fais cent tours de passe-passe.
Cette diversité dont on vous parle tant,
Mon voisin Léopard l'a sur soi seulement ;
Moi, je l'ai dans l'esprit : votre serviteur Gille,
Cousin et gendre de Bertrand
Singe du pape en son vivant,
Tout fraîchement en cette ville
Arrive en trois bateaux, exprès pour vous parler ;
Car il parle, on l'entend ; il sait danser, baller[5],
Faire des tours de toute sorte,
Passer en des cerceaux ; et le tout pour six blancs[6] !
Non, Messieurs, pour un sou ; si vous n'êtes contents,
Nous rendrons à chacun son argent à la porte. »
Le singe avait raison. Ce n'est pas sur l'habit
Que la diversité me plaît, c'est dans l'esprit :
L'une fournit toujours des choses agréables ;
L'autre, en moins d'un moment, lasse les regardants.
Oh ! que de grands seigneurs, au léopard semblables,
N'ont que l'habit pour tous talents !

Jean de La Fontaine, « Le Singe et le Léopard », *Fables*, Livre IX, 1678.

Lexique

Bigarrure

En vous aidant de la note 3, donnez la nature de ce mot et proposez-en un synonyme.

Anonyme, *Le Singe et le Léopard*, illustration, planche illustrée, 28 × 38 cm, début du XXe siècle.

1. Présentaient leur numéro.
2. Vêtement que l'on met sur les manches et les mains pour avoir chaud.
3. « Bigarrée », « marquetée », « vergetée », « mouchetée » sont plus ou moins synonymes de « tachetée ».
4. Par conséquent.
5. Danser (dans un bal).
6. Ancienne monnaie.

2 Maximes

François de La Rochefoucauld

(1613-1680), est un écrivain et moraliste français, auteur de nombreuses maximes - soit des petites leçons de morale fustigeant, notamment, les vices de la cour.

Nos vertus ne sont, le plus souvent, que des vices déguisés.

• • •

La vérité ne fait pas tant de bien dans le monde que ses apparences y font de bien.

• • •

Nous sommes si accoutumés à nous déguiser aux autres qu'enfin nous nous déguisons à nous-mêmes.

• • •

Le monde récompense plus souvent les apparences du mérite que le mérite même.

• • •

Les faux honnêtes gens sont ceux qui déguisent leurs défauts aux autres et à eux-mêmes. Les vrais honnêtes gens sont ceux qui les connaissent parfaitement et les confessent.

François de La Rochefoucauld, *Maximes*, 1664.

Compréhension

1 **Texte 1** Reformulez en un court paragraphe ce que vous avez compris après votre lecture de la fable.

2 **Texte 1** Quel(s) défauts ou qualité(s) les animaux incarnent-ils dans cette fable ?

3 **Texte 2** Expliquez le sens de chacune des maximes à l'aide d'un exemple, d'une situation concrète.

Analyse et interprétation

4 **Texte 1** **a)** Distinguez l'apologue (le conte que le fabuliste raconte) de la morale : où se situent l'un et l'autre ? **b)** Que signifie la morale ? Reformulez-la avec vos mots.

5 **Texte 1** Lequel des deux discours, celui du léopard ou celui du singe, vous semble le plus efficace ? Répondez à cette question en étudiant les arguments des deux orateurs, la longueur de leurs discours, la longueur des vers utilisés par La Fontaine pour reproduire leurs paroles, les temps verbaux et les procédés stylistiques.

6 **Texte 1** Selon La Fontaine, « Une morale nue apporte de l'ennui. Le conte fait passer le précepte avec lui. » (La Fontaine, « Le Pâtre et le Lion », *Fables*). **a)** Que veut-il dire ? **b)** Êtes-vous d'accord avec lui ? Justifiez votre réponse en quelques mots.

7 **Texte 2** **a)** Laquelle de ces cinq maximes vous paraît la plus juste ? Pourquoi ? **b)** Diriez-vous que les maximes proposent plutôt une vision optimiste ou pessimiste du genre humain ? Justifiez votre réponse.

Langue

8 **Texte 1** **a)** Quelle est la classe grammaticale du mot « regardants » (v. 29) ? De quelle classe grammaticale hérite-t-il ? **b)** Proposez un synonyme de ce mot. **c)** Trouvez dans la fable un autre mot, fabriqué de la même façon (appartenant à la même classe grammaticale et qui hérite également d'une autre).

Écriture

9 **Texte 2** Imaginez une courte fable dont l'une de ces maximes serait la morale.

1 Les Caprices de la mode

Montesquieu (1689-1755) est un philosophe du siècle des Lumières. Après une brève carrière d'avocat, il voyage en Europe et observe les mœurs et les différents régimes politiques. Les *Lettres persanes* lui apportent un immense succès.

Les Lettres persanes *est une fiction qui se présente comme la traduction de la correspondance de deux Persans, Usbek et Rica, qui voyagent en Europe. Leur étonnement devant les coutumes et les mœurs occidentales constitue une critique implicite de la société européenne.*

RICA À RHÉDI
À Venise.

Je trouve les caprices de la mode, chez les Français, étonnants. Ils ont oublié comment ils étaient habillés cet été ; ils ignorent encore plus comment ils le seront cet hiver : mais surtout on ne saurait croire combien il en coûte à un mari, pour mettre sa femme à la mode.

Que me servirait de te faire une description exacte de leur habillement et de leurs parures ? Une mode nouvelle viendrait détruire tout mon ouvrage, comme celui de leurs ouvriers ; et, avant que tu eusses reçu ma lettre, tout serait changé.

Une femme qui quitte Paris pour aller passer six mois à la campagne en revient aussi antique que si elle s'y était oubliée trente ans. Le fils méconnaît le portrait de sa mère, tant l'habit avec lequel elle est peinte lui paraît étranger ; il s'imagine que c'est quelque Américaine qui y est représentée, ou que le peintre a voulu exprimer quelqu'une de ses fantaisies.

Quelquefois les coiffures montent insensiblement ; et une révolution les fait descendre tout à coup. Il a été un temps que leur hauteur immense mettait le visage d'une femme au milieu d'elle-même : dans un autre, c'était les pieds qui occupaient cette place ; les talons faisaient un piédestal, qui les tenait en l'air. Qui pourrait le croire ? Les architectes ont été souvent obligés de hausser, de baisser et d'élargir leurs portes, selon que les parures des femmes exigeaient d'eux ce changement ; et les règles de leur art ont été asservies[1] à ces fantaisies. On voit quelquefois sur un visage une quantité prodigieuse de mouches[2], et elles disparaissent toutes le lendemain. Autrefois les femmes

Anonyme, *Coiffure à l'échelle*, XVIIIe siècle, gravure.

Lexique

Mœurs

Que signifie ce nom commun (l. 46) ? Quelle est son étymologie ?

Quelle est sa particularité ? Choisissez la bonne réponse.

a) Il est féminin et ne s'emploie qu'au pluriel

b) Il est masculin et féminin.

c) Il est masculin et ne s'emploie qu'au pluriel.

Numérique

Retrouvez quelques chansons pour prolonger la réflexion sur la mode et l'apparence : Beyoncé, *Pretty Hurts* ; MC Solaar, *Victime de la mode* ; Alain Souchon, *Foule sentimentale* ; Jean-Jacques Goldman, *Les Choses* sur LLS.fr/FR3P172 avaient de la taille, et des dents ; aujourd'hui il n'en est pas question. Dans cette changeante nation, quoi qu'en dise le critique, les filles se trouvent autrement faites que leurs mères.

Il en est des manières et de la façon de vivre comme des modes : les Français changent de mœurs selon l'âge de leur roi. Le monarque pourrait même parvenir à rendre la nation grave, s'il l'avait entrepris. Le prince imprime le caractère de son esprit à la cour, la cour à la ville, la ville aux provinces. L'âme du souverain est un moule qui donne la forme à toutes les autres.

De Paris, le 8 de la lune de Saphar[3], 1717.

Charles Louis de Montesquieu, *Lettres persanes*, lettre XCIX, 1721.

1. Soumises.
2. Faux grains de beauté que l'on se collait sur le visage pour souligner la blancheur du teint.
3. Date du calendrier persan.

2 De la mode

Jean de La Bruyère (1645-1696) est l'auteur d'une œuvre unique, intitulée *Les Caractères*, constituée de petits portraits à travers lesquels il fait la satire de ses contemporains.

N... est riche, elle mange bien, elle dort bien ; mais les coiffures changent, et lorsqu'elle y pense le moins, et qu'elle se croit heureuse, la sienne est hors de mode.

• • •

Iphis voit à l'église un soulier d'une nouvelle mode ; il regarde le sien et en rougit ; il ne se croit plus habillé. Il était venu à la messe pour s'y montrer, et il se cache ; le voilà retenu par le pied dans sa chambre tout le reste du jour.

Jean de La Bruyère, *Les Caractères*, 1688.

Compréhension

1 **Texte 1** Reformulez en une ou deux phrases ce que raconte Rica à Rhédi.

2 **Texte 1** Quelle caractéristique particulière de la mode est ici mise en évidence ?

3 **Texte 1** Quelle est la situation d'énonciation (expéditeur, destinataire, date, lieu) de cette lettre ?

4 **Image** Quel extrait du texte 1 le dessin pourrait-il illustrer ? Expliquez.

5 **Texte 2** Que savez-vous des personnages N... et Iphis ?

Analyse et interprétation

6 **Texte 1** Montrez que le texte est satirique, en prenant des exemples précis.

7 **Texte 1** Relisez le dernier paragraphe. Quelle critique plus sévère sous-tend la lettre de Rica ? Vous commenterez notamment la dernière phrase en veillant à préciser la figure de style employée ici.

8 **Texte 2** En quoi ces deux fragments peuvent-ils être comiques ?

Langue

9 **Texte 1** « [A]vant que tu eusses reçu ma lettre, tout serait changé. » (l. 7) **a)** Quelle est la fonction du groupe de mots souligné ? **b)** Réécrivez la phrase en remplaçant « avant » par « après ». Quelle modification devez-vous effectuer ? **c)** Pourquoi ?

Écriture

10 Dans quelle mesure les comportements décrits dans ce texte se retrouvent encore dans la société actuelle ? Vous illustrerez votre réflexion avec des exemples précis. Vous pouvez vous appuyez sur l'exercice 4 page 167 (15 lignes).

Le borgne

Voltaire

(1694-1778) est un écrivain et philosophe des Lumières. De son vrai nom François-Marie Arouet, il participe à l'*Encyclopédie* et prend position dans les grands débats de son époque, luttant contre l'intolérance religieuse et les injustices. Ses œuvres les plus célèbres sont ses contes philosophiques (*Candide ou l'optimisme*, *Zadig ou la destinée*), le *Dictionnaire philosophique* et sa correspondance, estimée à vingt mille lettres.

Numérique

Retrouvez d'autres contes philosophiques de Voltaire à lire ou à écouter sur LLS.fr/FR3P174

Zadig ou la destinée *relate les aventures d'un jeune homme qui fait l'apprentissage du monde et de ses injustices dans un Orient imaginaire.*

Zadig, avec de grandes richesses, et par conséquent avec des amis, ayant de la santé, une figure aimable, un esprit juste et modéré, un cœur sincère et noble, crut qu'il pouvait être heureux. Il devait se marier à Sémire, que sa beauté, sa naissance et sa fortune rendaient le premier parti[1] de Babylone. Il avait pour elle un attachement solide et vertueux, et Sémire l'aimait avec passion. Ils touchaient au moment fortuné[2] qui allait les unir, lorsque, se promenant ensemble vers une porte de Babylone, sous les palmiers qui ornaient le rivage de l'Euphrate, ils virent venir à eux des hommes armés de sabres et de flèches. C'étaient les satellites[3] du jeune Orcan, neveu d'un ministre, à qui les courtisans de son oncle avaient fait accroire que tout lui était permis. Il n'avait aucune des grâces ni des vertus de Zadig ; mais, croyant valoir beaucoup mieux, il était désespéré de n'être pas préféré. Cette jalousie, qui ne venait que de sa vanité, lui fit penser qu'il aimait éperdument Sémire. Il voulait l'enlever. Les ravisseurs la saisirent, et dans les emportements de leur violence ils la blessèrent [...] Elle perçait le ciel de ses plaintes. Elle s'écriait : « Mon cher époux ! on m'arrache à ce que j'adore. » Elle n'était point occupée de son danger ; elle ne pensait qu'à son cher Zadig. Celui-ci, dans le même temps, la défendait avec toute la force que donnent la valeur et l'amour. Aidé seulement de deux esclaves, il mit les ravisseurs en fuite, et ramena chez elle Sémire évanouie et sanglante, qui en ouvrant les yeux vit son libérateur. Elle lui dit : « Ô Zadig ! je vous aimais comme mon époux ; je vous aime comme celui à qui je dois l'honneur et la vie. » [...] Sa blessure était légère ; elle guérit bientôt. Zadig était blessé plus dangereusement ; un coup de flèche reçu près de l'œil lui avait fait une plaie profonde. Sémire ne demandait aux dieux que la guérison de son amant. Ses yeux étaient nuit et jour baignés de larmes : elle attendait le moment où ceux de Zadig pourraient jouir de ses regards ; mais un abcès survenu à l'œil blessé fit tout craindre. On envoya jusqu'à Memphis chercher le grand médecin Hermès, qui vint avec un nombreux cortège. Il visita le malade, et déclara qu'il perdrait l'œil ; il prédit même le jour et l'heure où ce funeste accident devait arriver. « Si c'eût été l'œil droit, dit-il, je l'aurais guéri ; mais les plaies de l'œil gauche sont incurables. » Tout Babylone, en plaignant la destinée de Zadig, admira la profondeur de la science d'Hermès. Deux jours après l'abcès perça de lui-même ; Zadig fut guéri parfaitement. Hermès écrivit un livre où il lui prouva qu'il n'avait pas dû guérir. Zadig ne le lut point ; mais, dès qu'il put sortir, il se prépara à rendre visite à celle qui faisait l'espérance du bonheur de sa vie, et pour qui seule il voulait avoir des yeux. Sémire était à la campagne depuis trois jours. Il apprit en chemin que cette belle dame, ayant déclaré hautement qu'elle avait une aversion[4] insurmontable pour les borgnes, venait de se marier à Orcan la nuit même. À cette nouvelle il tomba sans connaissance ; sa douleur le mit au bord du tombeau ; il fut longtemps malade, mais enfin la raison l'emporta sur son affliction[5] ; et l'atrocité de ce qu'il éprouvait servit même à le consoler.

Voltaire, *Zadig ou la destinée*, 1747.

1. Un mariage avec Sémire lui apporterait de nombreux avantages.
2. Heureux.
3. Serviteurs.
4. Dégoût.
5. Douleur profonde, accablement.

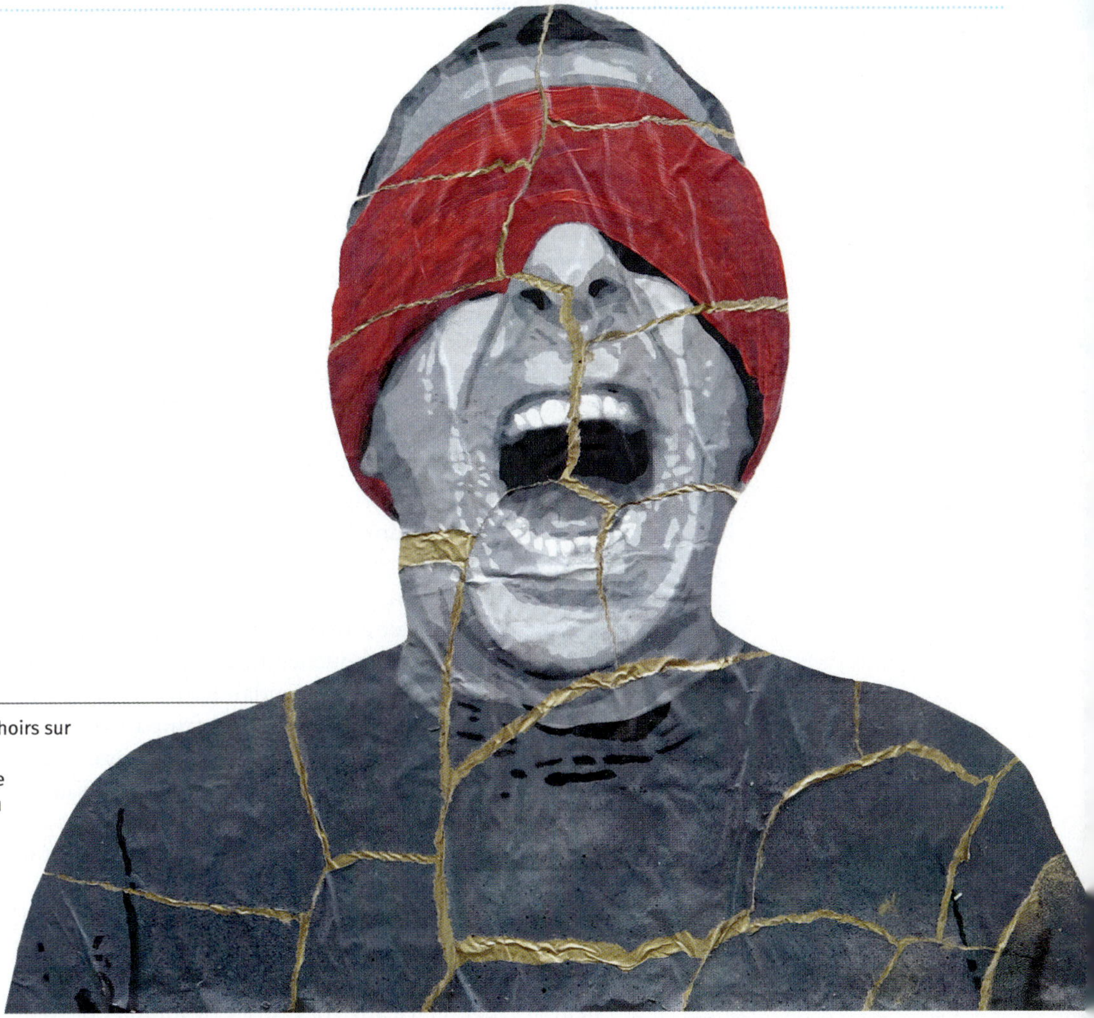

Ender, *Kintsugi*, 2020, pochoirs sur papier collé (Paris). L'artiste s'est ici inspiré de la technique japonaise du *kintsugi* qui consiste à réparer un objet brisé en soulignant ses failles à l'aide de feuilles d'or. Les objets cassés sont ainsi rendus paradoxalement plus beaux.

Compréhension

1 Restituez les grandes étapes du récit.

2 **a)** Quelle décision Sémire prend-elle à la fin de l'extrait ? **b)** Comment se justifie-t-elle ?

Analyse et interprétation

3 **a)** Pourquoi cette décision paraît-elle surprenante ? **b)** Quel trait de caractère du personnage est ainsi mis en évidence ?

4 Outre le comportement de Sémire, de quels autres comportements Voltaire fait-il la satire dans ce texte ? Donnez des exemples précis.

5 Finalement, qui est aveugle à la fin de ce texte ? Expliquez.

6 Selon Saint-Exupéry, « On ne voit bien qu'avec le cœur. L'essentiel est invisible pour les yeux. » (Antoine de Saint-Exupéry, *Le Petit Prince*) **a)** Que signifie cette phrase ? **b)** De quelles manières le texte de Voltaire pourrait-il l'illustrer ?

7 **Image** En quoi ce collage peut-il illustrer le texte de Voltaire ? Pour répondre, observez non seulement l'œuvre mais analysez également la technique utilisée.

Langue

8 **a)** Quel est le point de vue adopté par le narrateur de la ligne 1 à la ligne 6 ? Relevez deux éléments qui l'indiquent. **b)** Réécrivez ce passage en adoptant le point de vue d'Orcan.

Écriture

9 L'apparence joue-t-elle un rôle dans les relations humaines ou pensez-vous comme Saint-Exupéry que « l'essentiel est invisible pour les yeux » ? Justifiez votre réponse en vous appuyant sur des personnages littéraires ou historiques connus (10 à 15 lignes).

Le reflet

Didier Daeninckx

(né en 1949) est un auteur de récits policiers et de nouvelles.
À travers ses écrits, il dénonce souvent les injustices sociales et les abus de pouvoir ; il traite de sujets sensibles, voire polémiques.

Le texte suivant est un récit complet.

Toujours en train de gueuler, d'éructer, d'agonir[1] ! Derrière son dos, ça fusait, les insultes. Le porc, l'ordure, le Führer... Impossible de tenir autrement. Les courbettes par-devant, les salamalecs[2], le miel, le cirage. Et l'antidote dès la porte franchie. Apprendre à sourire dans le vide en serrant les dents. Le pire, c'était les premiers temps, quand on arrivait à son service, alléché par le salaire de mille dollars nourri-logé... Il vous laissait approcher en vous regardant de ses yeux morts et vous plaquait les mains sur le visage, vérifiant l'ourlé des lèvres, l'épatement du nez, le grain de la peau, le crépu des cheveux. Au moindre doute le vieux se mettait à hurler de dégoût. « Enfants de pute, virez-moi ça, c'est un Noir ! » Le type y allait de sa protestation.

« Non, monsieur, je vous jure... »

Mais ça ne servait à rien. Il repartait plein d'amertume, un billet de cent dollars scotché sur la bouche, incapable de comprendre qu'il était tombé du bon côté et que l'horreur attendait les rescapés surpayés de la sélection.

L'aveugle habitait un château construit à flanc de colline, à quelques kilomètres de Westwood, et toute la communauté vivait en complète autarcie[3] sur les terres environnantes, cultivant le blé, cuisant le pain, élevant le bétail. Le vieux ne s'autorisait qu'un luxe : l'opéra et les cantatrices blanches qu'il faisait venir chaque fin de semaine et qui braillaient toutes fenêtres ouvertes, affolant la basse-cour.

Il ne dormait pratiquement pas, comme si l'obscurité qui l'accompagnait depuis sa naissance lui épargnait la fatigue. Ses gens lui devaient vingt-quatre heures quotidiennes d'allégeance[4]. Le toubib vivait en état d'urgence permanent et tenait grâce aux cocktails de Valium et de Temesta[5] qu'il s'ingurgitait matin midi et soir. Le vieux prenait un malin plaisir à l'asticoter, contestant ses diagnostics, refusant ses potions. Ces persécutions n'empêchèrent pas le docteur d'avertir son patient de la découverte d'un nouveau traitement qui parvenait à rendre la vue à certaines catégories d'aveugles. Le vieux embaucha une douzaine d'enquêteurs aryens et leurs investigations établirent que le procédé en question ne devait rien aux Noirs.

On fit venir à grands frais la sommité[6] et son bloc opératoire. Le vieux se coucha de bonne grâce sur le billard et s'endormit sous l'effet du Pentothal[7]. Il se réveilla dans le noir absolu et demeura trois longs jours la tête bandée, ignorant si ses yeux voyaient ou non ses paupières.

Le chirurgien retira enfin les pansements. Le vieux ouvrit prudemment les yeux et poussa un cri terrible. Un Noir à l'air terrible lui faisait face. Il se tourna vers le chirurgien, terrorisé.

« Qu'est-ce que ça veut dire ! Foutez-le dehors... »

Le toubib, qui nettoyait les instruments, s'approcha doucement de lui, posa la main sur son épaule et l'obligea à regarder droit devant lui.

« Alors il faut que vous sortiez... Ce que vous avez devant vous s'appelle une glace, monsieur : ceci est votre reflet. »

Didier Daeninckx, « Le reflet », *Main courante* © Éditions Verdier, 1994.

Écoute

Quelles sont vos premières réactions et impressions à l'écoute de ce texte ? Développez votre réponse.

Numérique

Retrouvez un court-métrage et une chanson sur le thème de la peur de l'autre sur LLS.fr/FR3P176

1. Injurier, insulter.
2. Terme qui vient de l'arabe *salām ʿalaykum* (« que la paix soit sur vous ») et qui désigne péjorativement une politesse exagérée.
3. Coupée du monde extérieur.
4. Obéissance.
5. Tranquillisants puissants.
6. Célébrité, personne célèbre.
7. Substance anesthésiante, également utilisée comme sérum de vérité par les services spéciaux et les militaires.

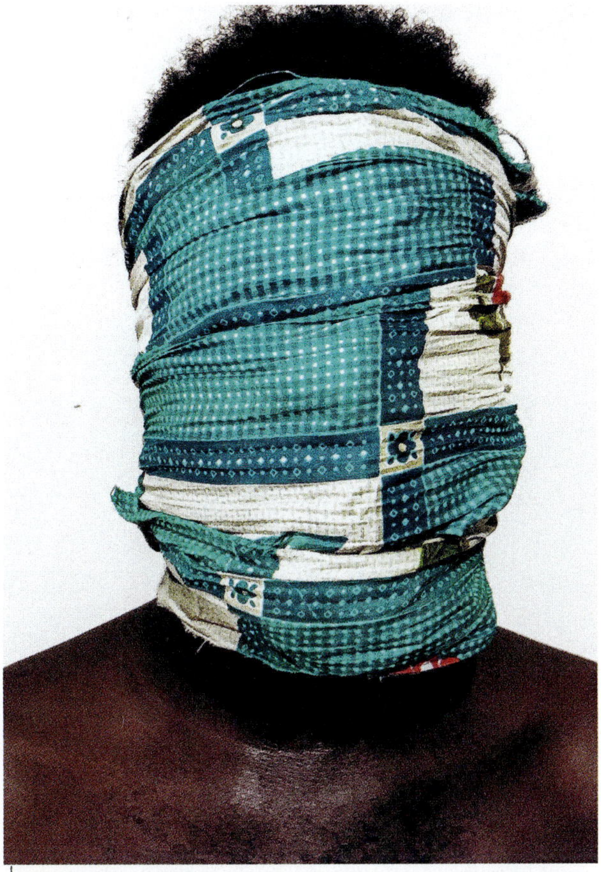

1 Emmanuel Amponsah, *Blinded in Melanin*, 2018, photographie avec un téléphone portable, 42 × 59,4 cm (collection privée).

2 Affiche pour la semaine d'actions contre le racisme, 2007 (Québec).

Compréhension

1 Restituez l'histoire en une phrase.

2 **a)** En quoi consiste la chute ? **b)** Repérez tous les indices qui la préparent. **c)** Justifiez le rôle du miroir dans le texte.

3 **a)** Dans le premier paragraphe, comment se comportent les domestiques vis-à-vis de leur employeur ? **b)** Pourquoi se comportent-ils ainsi ?

Analyse et interprétation

4 À quel genre littéraire ce texte appartient-il ? Quelles en sont les caractéristiques (taille, structure, finalité) ?

5 Relevez deux passages au discours direct dans lesquels s'exprime le personnage principal. Quelle personnalité ses propos révèlent-ils ? Justifiez votre réponse en vous appuyant notamment sur les types de phrase et le vocabulaire.

6 D'après vous, quel est le but de ce récit ?

7 **Image 1** En quoi cette photographie peut-elle illustrer le récit de Didier Daeninckx ?

8 **Image 2** Quel comportement l'affiche critique-t-elle ? Justifiez votre réponse en vous appuyant sur des éléments de l'image et de sa composition.

Écriture

9 Réécrivez les lignes 41-42 au discours indirect.

10 Écrivez un récit bref et satirique dénonçant une autre forme d'intolérance liée au physique. Votre texte se terminera par une chute, comme le texte de Didier Daeninckx (20 lignes).

Quels sont les ressorts et les ambitions de la caricature ?

1 Le roi âne

Maître de Fauvel, « Conseil présidé par Fauvel », *Le Roman de Fauvel*, Gervais du Bus et Raoul Chaillou de Pesstain, début XIVe siècle, enluminure (Bibliothèque nationale de France, Paris).
Le roi Philippe IV le Bel est ici représenté sous la forme d'un âne qui porte le nom de Fauvel, pseudonyme dont les six lettres sont les initiales de Flatterie, Avarice, Vilenie, Velléité, Envie et Lâcheté.

2 Le peuple accablé

Anonyme, *Il faut espérer que ce jeu-là finira bientôt : un paysan portant un prélat et un noble*, 1789, eau-forte en couleurs (Bibliothèque nationale de France, Paris).
Sous cette caricature qui dénonce la trop grande charge d'impôts payés par le peuple, il est écrit : « les Ecclésiastiques et les Nobles non seulement ne payaient rien, mais encore obtenaient des grâces, [...] et le Malheureux cultivateur pouvait à peine fournir à sa subsistance. »

3 Les députés et la poire

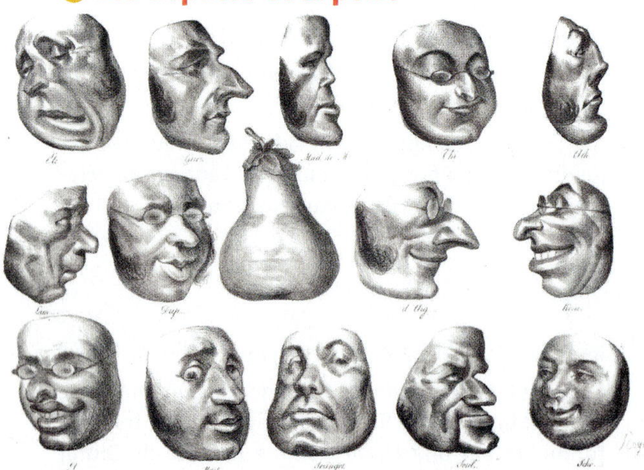

Honoré Daumier, *Masques de 1831* (détails), portraits publiés dans *La Caricature* le 8 mars 1832, lithographie (Bibliothèque nationale de France, Paris).
Cette caricature représente des députés de la monarchie de Juillet rassemblés autour du roi Louis-Philippe dont le visage est figuré sous la forme d'une poire.

Éclairage

La caricature au fil des siècles

La caricature (du latin *carricare* qui signifie « charger ») est un **portrait dessiné ou peint, parfois sculpté**, d'une personne ou d'un groupe dont **les traits sont exagérés**.

Les premières caricatures apparaissent dans l'Antiquité. Cette pratique est aussi présente au Moyen Âge et pendant l'Ancien Régime. Son pouvoir s'intensifie à partir de **1789** en devenant un outil de **propagande**, et plus encore sous la **monarchie de Juillet** (1830-1848) et le **second Empire** (1852-1870) avec l'avènement des **périodiques illustrés** qui multiplient les attaques contre le pouvoir.

4 L'empereur vautour

Paul Hadol, « Le Vautour », portrait publié dans *La Ménagerie Impériale*, 1870, lithographie (Château de Compiègne).
L'empereur Napoléon III doit son titre à son coup d'État, en 1851. Il est démis de ses fonctions après la défaite contre les Prussiens (1870).

5 De Gaulle, premier CRS de France

Anonyme, *De Gaulle caricaturé en CRS*, vers 1968, peinture (École Nationale des Beaux-Arts, Paris).
Lors des manifestations de mai 1968, le général de Gaulle est président de la République. Il démissionne peu après.

Éclairage

Un art comique et polémique

Destinée à **amuser** (tonalité comique) autant qu'à **provoquer** et **faire réfléchir** son public (tonalité polémique), la caricature est un **mode d'expression équivoque** qui rappelle la **satire** littéraire. Régulièrement critiquée en France, la caricature est **protégée par l'article 11** de la ***Déclaration des Droits de l'Homme et du Citoyen***, le (la) caricaturiste ne faisant l'objet de poursuites judiciaires que lorsqu'il (elle) promeut l'intolérance et/ou incite à la haine.

Questions

1 **Doc. 1** **a)** Comment la figure du roi est-elle dégradée ? Aidez-vous aussi du commentaire pour répondre. **b)** Pourquoi est-il frappant de représenter le roi en âne ?

2 **Doc. 2** **a)** Pourquoi cette caricature est-elle polémique ? **b)** Quelle est la figure de style (voir p. 260) employée ici par le caricaturiste ?

3 **Doc. 3** **a)** Quelle technique Honoré Daumier utilise-t-il pour ridiculiser les députés ? Quelles parties du visage sont particulièrement moquées ? **b)** Pourquoi le visage du roi est-il représenté ainsi ? Faites éventuellement des recherches pour répondre. **c)** Pourquoi ces caricatures sont-elles comiques ?

4 **Doc. 4** La femme éventrée par les serres de l'empereur vautour est Marianne, allégorie de la République française. En vous aidant du commentaire, explicitez le message du caricaturiste.

5 **Doc. 5** **a)** À quoi reconnaît-on la figure du général de Gaulle ici ? Cherchez éventuellement des photos de l'homme d'État pour répondre. **b)** Pourquoi cette caricature est-elle à la fois comique et polémique ?

6 **Docs. 1 à 5** Quelle est la caricature que vous trouvez la plus intéressante ? Pourquoi ?

Alban Rotival, dit Agrume, *Transparent, J'observe le monde entre mes doigts*, acrylique sur fragments de papier peint, 2018.

Ex. 1 **Je classe des mots selon leur sens.**

À l'aide d'un dictionnaire, classez les mots suivants en quatre catégories selon qu'ils indiquent **a)** une grande laideur ; **b)** la laideur ; **c)** la beauté ; **d)** une beauté exceptionnelle.
séduisant, sublime, laid, splendide, repoussant, ravissant, vilain, éblouissant, hideux, céleste, disgracieux, superbe, difforme, charmant, élégant, monstrueux, répugnant, agréable, séduisant, magnifique, affreux, contrefait, distingué, remarquable, majestueux, harmonieux.

Ex. 2 **Je comprends les verbes de jugement.**

Complétez les phrases par l'un des verbes de jugement suivants, sans oublier de le conjuguer au temps qu'il convient : *croire, trouver, considérer, juger, présumer, concéder.*
a) Sa sœur se méfiait : elle ... toujours les gens au premier regard, et l'allure de cette fille ne lui revenait pas. **b)** Elle lui ... d'ailleurs un air sournois. **c)** Pendant son absence, la salariée sous-payée prit ce qu'elle ... être son dû. **d)** Il ... qu'il avait mal rangé ses affaires. **e)** Il ... alors que le ciel l'avait puni de son avarice. **f)** Et comme il avait lui-même fait entrer la voleuse dans sa maison, il ... qu'il avait mérité son malheur.

Ex. 3 **Je distingue les termes neutres, mélioratifs et péjoratifs.**

Classez les termes suivants selon qu'ils sont mélioratifs, neutres ou péjoratifs.
a) Type. **b)** Sommité. **c)** Ignare. **d)** Créature. **e)** Bougre. **f)** Commère. **g)** Bellâtre. **h)** Éminence. **i)** Lettré. **j)** Sot. **k)** Individu. **l)** Bambin.

Ex. 4 **J'utilise des suffixes péjoratifs.**

Créez des mots péjoratifs en ajoutant les suffixes *-ard*, *-aud* ou *-âtre* aux mots suivants : *pantoufle, rouge, banlieue, doux, gris, faible, fin, vanter, blanc, lourd, cri, noir, soûl, flemme.*

Ex. 5 **J'identifie des figures de style utilisées dans les textes satiriques.**

a) Résumez le propos de chaque auteur dans les textes ci-dessous. **b)** Quelles sont les figures de style dans les passages en gras ? Quel effet produisent-elles ?

1. Je définis la cour un pays où les gens
Tristes, gais, prêts à tout, à tout indifférents,
Sont ce qu'il plaît au Prince, ou s'ils ne peuvent l'être,
Tâchent au moins de le paraitre,
Peuple caméléon, peuple singe du maître.

La Fontaine, « Les obsèques de la lionne », *Fables*, 1678.

2. BEAU, BEAUTÉ
Demandez à un crapaud ce que c'est que la beauté, le grand beau, le *to kalon*[1]. Il vous répondra que c'est la femelle avec **deux gros yeux ronds sortant de sa petite tête, une gueule large et plate, un ventre jaune, un dos brun**. [...]
Interrogez le Diable ; il vous dira que le beau est une paire de cornes, quatre griffes, et une queue. Consultez enfin les philosophes, ils vous répondront par du galimatias[2] ; il leur faut quelque chose de conforme à l'archétype du beau en essence, au *to kalon*.

1. Le beau, en grec.
2. Discours confus, incompréhensible.

Voltaire, *Dictionnaire philosophique*, 1764.

Ex. 6 **J'identifie la connotation ironique des mots.**

Expliquez en quoi chacune de ces phrases est ironique.
a) « Rien n'était si beau, si leste, si brillant, si bien ordonné que les deux armées. » (Voltaire) **b)** « Je me demande ce que les gens qui écrivent "ki" au lieu de "qui" font de tout ce précieux temps qu'ils ont gagné. » (Suzanne Dracius) **c)** « Un esprit sain puise à la cour le goût de la solitude et de la retraite. » (La Bruyère) **d)** « Un bon discours politique ne doit émettre que des idées avec lesquelles tout le monde est déjà d'accord avant. » (Coluche) **e)** « La belle princesse recommanda le secret à ces dames sur ce qu'elles avaient vu. Elles le promirent toutes, et en effet le gardèrent un jour entier. » (Voltaire)

Atelier 1 : J'écris une fable à la manière de La Fontaine

Sujet d'imagination • Sur le modèle de la fable « Le Singe et le Léopard » (voir p. 170), inventez une fable en vers ou en prose à propos de la société actuelle. Veillez à alterner le récit et le dialogue dans le corps de la fable et n'oubliez pas la morale.

Atelier 2 : Je rédige un article du *Dictionnaire philosophique* du XXIe siècle

Sujet de réflexion • À la manière de Voltaire dont vous avez lu un extrait de l'article « Beau, Beauté » (voir ci-contre, ex. 5), rédigez à votre tour la définition de « Beau, Beauté », en veillant à montrer que la beauté est relative.

Étape 1
Je développe différents points de vue

- Imaginez différents points de vue sur la beauté : comment la définirait un peintre de la Renaissance, un dandy, un directeur ou une directrice d'agence de mannequinat, un producteur ou une productrice de téléréalité ou encore Shrek.
- Formulez au moins deux points de vue en imitant la présentation et le style de Voltaire.

Étape 2
Je travaille mon style et le ton satirique

- Utilisez un vocabulaire approprié et varié pour formuler vos définitions. Vous pouvez vous aider pour cela du premier exercice de lexique.
- Exprimez votre opinion en utilisant du vocabulaire mélioratif et/ou péjoratif. Vous pouvez vous aider pour cela des troisième et quatrième exercices de lexique.
- Utilisez des figures de style pour renforcer particulièrement le ton satirique de votre texte. Vous pouvez vous aider pour cela du cinquième exercice de lexique.

Étape 3
Je réinvestis les codes du *Dictionnaire philosophique*

- Repérez les caractéristiques formelles de l'article de Voltaire puis reprenez les codes de présentation dans votre article.
- Observez la façon dont Voltaire présente les définitions (types de phrase, temps et modes employés).
- Identifiez le ton utilisé par Voltaire : est-il sérieux, comique, sarcastique ou tragique ?

Étape 4
Je formule une opinion

- Développez des arguments pour souligner la subjectivité des critères de beauté.
- Concluez en exprimant votre opinion sur le sujet. Réinvestissez pour cela les verbes de jugement proposés dans le deuxième exercice de lexique.

Dénoncer ce qui nous révolte

Groupe 1 : Création d'un diaporama

Étape 1 pix

Je choisis un fait qui me révolte

- Choisissez ensemble l'injustice que vous voulez dénoncer.
- Partagez-vous un document texte (*Google Docs* par exemple) et copiez-y les adresses de sites qui vous semblent intéressants pour traiter ce sujet. Sélectionnez des images.

Étape 2 pix

Je construis le diaporama

- Partagez-vous un diaporama (*Google Slides* par exemple).
- Réalisez les diapositives en suivant la démarche suivante : diapositive 1 : faites figurer le titre • diapositive 2 : écrivez le plan de votre exposé • diapositive 3 : présentez objectivement le sujet, en mentionnant des chiffres, des dates, des données précises • diapositives 4, 5 et 6 : développez trois arguments pour démontrer l'importance de lutter contre cette injustice • diapositive 7 : concluez en proposant des solutions pour résoudre cette injustice • diapositive 8 : citez vos sources.

Étape 3

Je présente mon travail à la classe

- Présentez votre diaporama en expliquant les raisons du choix de l'injustice et en commentant votre support.

Photographie de Dai Sugano pour *The Mercury News / East Bay Times* (San José, Californie, États-Unis, 2020).

Groupe 2 : Création d'une affiche militante

Étape 1 pix

Je choisis un fait qui me révolte

- Choisissez ensemble l'injustice que vous voulez dénoncer.
- Faites des recherches : données chiffrées, définitions de termes, données historiques et géographiques. Soyez capables de citer vos sources lors de la restitution orale.
- Inventez un slogan mémorisable et rédigez un court texte d'accroche.

Étape 2 pix

Je crée une affiche

- Utilisez un logiciel de présentation interactive (*Genially* par exemple) et partagez-vous le document.
- Choisissez la mise en page et les illustrations (libres de droit) de votre affiche.

Étape 3

Je présente mon travail à la classe

- Présentez votre affiche et justifiez vos choix auprès de la classe.

Groupe 3 : Réalisation d'une émission de radio/TV

Étape 1 — **Je choisis des personnages**

- Établissez une liste de personnalités que vous admirez et que vous estimez engagées : artiste, personnalité politique, athlète, scientifique, etc. Débattez au sein du groupe et arrêtez votre choix sur deux personnalités dont les causes doivent être différentes.
- Choisissez, parmi vous, qui jouera le (la) journaliste, et qui joueront les personnalités.

Étape 2 — pix — **J'effectue des recherches**

- Faites des recherches approfondies sur ces personnalités.
- Établissez les questions du (de la) journaliste et les réponses des invité(e)s. L'objectif est de montrer que ces personnalités sont engagées dans la dénonciation de cette injustice.
- Organisez l'ordre des interviews.

Étape 3 — **Je présente mon travail à la classe**

- Jouez l'interview fictive théâtralisée.

Groupe 4 : Présentation d'une chanson engagée

Étape 1 — **Je choisis la chanson**

- Établissez une liste des chansons qui défendent ou dénoncent quelque chose, à partir de laquelle vous ferez une première sélection (4 à 5 chansons maximum).
- Lisez attentivement les paroles des chansons sélectionnées et repérez les arguments et les exemples. Choisissez enfin la chanson qui vous semble la plus forte.

Mémorial *Imagine*, en hommage à John Lennon (Central Park, New York, États-Unis).

Étape 2 — **Je prépare l'oral**

- Faites une courte biographie de l'artiste.
- Repérez la structure du texte pour montrer la construction et l'enchaînement des idées.
- Répartissez-vous les parties à présenter : la biographie de l'artiste, la justification de votre choix, vos arguments et vos exemples en lien avec l'image et le son, votre conclusion sur le thème défendu ou dénoncé.

Étape 3 — **Je présente mon travail à la classe**

- Vérifiez la connexion, le son et la vidéo avant de présenter votre exposé.
- Présentez l'artiste et la chanson avant de la faire écouter à vos camarades.
- Expliquez et justifiez votre choix auprès de la classe.

Organisation de l'activité

La classe est divisée en **quatre groupes**. Chaque groupe usera d'un **médium différent** pour aborder une **injustice**, une **inégalité** qui le révolte.
La présentation des groupes peut être suivie d'un débat autour de questions telles que : quelle est la meilleure façon de dénoncer ? Quelle cause vous a le plus touché(e)s, ému(e)s, fait réagir ?

Numérique
Retrouvez cette page à télécharger sur LLS.fr/FR3Synthese6

◆ La littérature d'idées et ses définitions

1 Expliquez oralement ce qu'est la littérature d'idées, puis reliez chaque genre littéraire à sa définition. Donnez pour chacun un exemple (titre, auteur/autrice et siècle/époque).

Genres	Définitions	Exemples
Maxime	Récit en vers ou en prose dont le lecteur peut tirer un enseignement.	....
Apologue	Phrase brève énonçant des principes moraux ou des réflexions.	....
Essai	Développement oral fait le plus souvent à l'occasion d'un événement particulier.	....
Discours	Œuvre de réflexion philosophique, historique ou scientifique.	....

◆ Le vocabulaire de la satire

2 Complétez le texte suivant par ces mots ou expressions : *ridiculisent, censure, humour, dénonciation, ironie, amuser, réflexion, caricature.*

L'.................. et l'.................. sont des armes de .... efficaces, tant à l'écrit que dans le dessin de presse ou la .... : elles .... l'adversaire, permettent de contourner la .... et d'.................. le lecteur, l'amenant ainsi plus facilement à la ....

◆ Synthèse

3 Qu'avez-vous appris à la lecture de ce chapitre ? Restituez l'essentiel en deux ou trois phrases.

4 En quoi l'humour et l'ironie sont-ils des armes de dénonciation efficaces selon vous ? Développez votre propos en avançant au moins deux arguments. Appuyez-vous sur les textes et les images étudiés dans ce chapitre pour justifier votre propos.

5 Parmi les différents genres littéraires étudiés dans ce chapitre, lequel vous paraît le plus approprié pour faire réfléchir le lecteur ou la lectrice ? Justifiez votre réponse.

Jeannot et Colin
Voltaire, 1764, Librio.
Jeannot et Colin sont deux amis que la soudaine fortune du père de Jeannot sépare : ce dernier ne semble préoccupé que par les apparences... Lisez là un des contes philosophiques de Voltaire.

Ridicule
Patrice Leconte, 1996.
Grégoire Ponceludon de Malavoy, un jeune aristocrate provincial, arrive à la cour de Louis XVI. Il participe donc à la vie de la cour et s'y fait remarquer par ses mots d'esprit.

L'Élégance du hérisson
Muriel Barbery, 2006, Gallimard.
Ce roman raconte l'histoire de Renée, la concierge d'un immeuble bourgeois. Si elle souhaite rester conforme à l'image que l'on se fait des concierges, elle est pourtant plus lettrée que tous les gens riches et suffisants auprès desquels elle travaille.

Le Dieu du carnage
Yasmina Reza, 2007, Magnard.
Une dispute entre deux jeunes garçons est à l'origine d'une rencontre entre leurs parents qui veulent régler le conflit. Toutefois tout dégénère... Cette pièce de théâtre a été adaptée au cinéma en 2011.

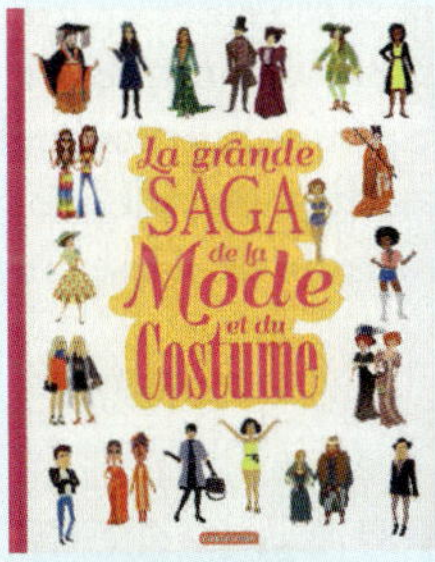

La grande saga de la Mode et du Costume
Jana Sedlackova, 2015, Casterman.
Les costumes sont présentés de manière chronologique, de la Préhistoire à nos jours, dans cet album qui allie connaissances, découvertes et humour.

Au-delà de l'apparence, tome 1
Fumie Akuta, 2017, Kana.
Chitose est une lycéenne qui cache son manque d'assurance derrière un masque souriant et agréable. Sa rencontre avec Itsuki, un garçon rayonnant, va tout changer car ce dernier comprend la duplicité de sa nouvelle amie. Peu à peu, Chitose se révèle.

Et aussi ! D'autres propositions de lecture sur LLS.fr/FR3Lectures6

Sujet Brevet 6

Lou Bertignac, une adolescente surdouée, a fait la rencontre dans une gare parisienne de No, jeune SDF de 18 ans. Son regard sur le monde qui l'entoure s'en trouve modifié.

Il y a quelques jours, Mouloud est mort. Depuis dix ans il vivait dehors, dans notre quartier. […] Les élèves le connaissaient bien. Au début, on avait peur de lui. Et puis on s'était habitué. On le saluait. On s'arrêtait pour discuter. Il refusait d'aller dans des foyers parce qu'ils refusaient son chien. Même quand il faisait très froid. Les gens lui donnaient des couvertures, des vêtements, de la nourriture. Il avait ses habitudes au café d'en face, il buvait du vin dans des bouteilles en plastique. Pour Noël, on lui offrait des cadeaux. Mouloud était kabyle, il avait les yeux bleus. Il était beau. On racontait qu'il avait été ouvrier chez Renault pendant dix ans, et puis un jour sa femme était partie.

Mouloud a eu un malaise, on l'a emmené à l'hôpital, et le lendemain on a su qu'il était mort d'une embolie pulmonaire. Mon père a appris la nouvelle par les propriétaires du café. Là où Mouloud s'était installé, les gens ont commencé à coller des affiches, des lettres, des hommages, et même une photo de lui. Ils ont allumé des bougies et déposé des fleurs. Le vendredi suivant il y a eu un rassemblement, une trentaine de personnes sont venues autour de sa tente qui était restée là, personne n'avait voulu y toucher. Le lendemain *Le Parisien* a publié un article sur Mouloud, avec une photo de son coin transformé en autel.

La dame du bar d'en face a recueilli le chien de Mouloud. Les chiens on peut les prendre chez soi, mais pas les SDF. Moi je me suis dit que si chacun d'entre nous accueillait un sans-abri, si chacun décidait de s'occuper d'une personne, une seule, de l'aider, de l'accompagner, peut-être qu'il y en aurait moins dans la rue. Mon père m'a répondu que ce n'était pas possible. Les choses sont beaucoup plus compliquées qu'il y paraît. *Les choses sont ce qu'elles sont*, et il y en a beaucoup contre lesquelles on ne peut rien. Voilà sans doute ce qu'il faut admettre pour devenir adulte.

On est capable d'envoyer des avions supersoniques et des fusées dans l'espace, d'identifier un criminel à partir d'un cheveu ou d'une minuscule particule de peau, de créer une tomate qui reste trois semaines au réfrigérateur sans prendre une ride, de faire tenir dans une puce microscopique des milliards d'informations. On est capable de laisser mourir les gens dans la rue.

Delphine de Vigan, *No et moi* © Éditions J-C. Lattès, 2007.

« Ayons l'élégance d'aider ceux qui n'ont rien. », campagne de sensibilisation de l'association Aurore (2015). Cette affiche s'appuie sur un jeu de mots avec la marque de luxe Yves Saint Laurent.

1re partie de l'épreuve

1h10

Compréhension et compétences d'interprétation

32 points

1 Qui est Mouloud ? Pour quelles raisons vivait-il dans la rue ? Citez le texte pour répondre. (3 points)

2 **a)** Qu'est-ce qu'un « autel » (l. 15) ?
- ❒ Un établissement proposant des chambres.
- ❒ Un lieu de rassemblement pour les manifestations.
- ❒ Un espace servant au dépôt d'offrandes dans les lieux sacrés.

b) Pourquoi la narratrice utilise-t-elle ce mot ? (3 points)

3 À quel moment le texte narratif devient-il argumentatif ? Justifiez votre réponse en vous appuyant sur des éléments précis du texte. (5 points)

4 « *Les choses sont ce qu'elles sont.* » (l. 20) Pourquoi cette phrase est-elle écrite en italique ? Donnez au moins deux raisons. (3 points)

5 **a)** Comment est construit le dernier paragraphe ? Que met en évidence cette construction ? **b)** Repérez la figure de style qui structure le paragraphe : nommez-la et expliquez l'effet produit. (5 points)

6 Dans un paragraphe rédigé et construit, vous expliquerez ce qui révolte la narratrice dans la société d'aujourd'hui. (7 points)

7 **Image** En quoi cette campagne de sensibilisation se veut-elle percutante ? (6 points)

Grammaire et compétences linguistiques

18 points

8 **a)** Quelle est la classe grammaticale de « on » ? **b)** Qui est désigné par ce mot dans le premier paragraphe ? Et dans le dernier ? (3 points)

9 « **Si chacun d'entre nous accueillait un sans-abri**, [...] peut-être qu'il y en aurait moins dans la rue. » (l. 17-19) **a)** Comment se nomme la proposition en gras et quelle est sa fonction ? **b)** Réécrivez la phrase en mettant la proposition au présent que constatez-vous ? **c)** Faites la même chose mais au plus-que-parfait : que constatez-vous ? **d)** Pour chacune des phrases, précisez si le souhait est réalisable ou non. (5 points)

10 Réécrivez le texte ci-dessous en remplaçant « Mouloud » par « Mouloud et Bruno ». (10 points)

> Il y a quelques jours, Mouloud est mort. Depuis dix ans [...], il avait sa grille de métro, au croisement de deux rues, dans un renfoncement, juste à côté de la boulangerie. C'était son territoire. Sur le trajet de l'école élémentaire, pendant quelques années, je l'ai vu là, tous les matins et tous les soirs. Les élèves le connaissaient bien. Au début, on avait peur de lui.

2e partie de l'épreuve

20 min

Dictée

10 points

Delphine de Vigan, *No et moi*, 2007. Les dictées des brevets blancs sont regroupées p. 368 à 371.

3e partie de l'épreuve

1h30

Rédaction

40 points

Vous traiterez à votre choix l'un des sujets suivants.

SUJET DE RÉFLEXION

Comme la narratrice, le sort réservé aux sans-abris vous révolte. Vous décidez d'écrire une lettre au ministre du Logement dans laquelle vous dénoncerez cette situation, exposerez votre souhait de voir changer les choses et ferez des propositions. Vous respecterez les codes de la lettre, le niveau de langue attendu et vous soignerez la pertinence et la force de vos arguments.

SUJET D'IMAGINATION

Imaginez l'article du quotidien *Le Parisien* consacré à Mouloud. Vous pourrez rappeler des éléments biographiques, raconter sa vie dans la rue et les circonstances de sa mort. Vous parlerez aussi des réactions après son décès et conclurez sur la situation des sans-abris en général. Votre texte respectera les codes de l'article de presse et sera cohérent avec l'extrait de *No et moi*.

Sujet guidé 6

Ce texte célèbre de Fontenelle, écrivain du XVIIe siècle, met en garde contre les faux-semblants et les superstitions.

Assurons-nous bien du fait, avant que de nous inquiéter de la cause. Il est vrai que cette méthode est bien lente pour la plupart des gens qui courent naturellement à la cause, et passent par-dessus la vérité du fait ; mais enfin nous éviterons le ridicule d'avoir trouvé la cause de ce qui n'est point.

Norman Rockwell, *The Gossips (Les Rumeurs)*, œuvre publiée en première page du *Saturday Evening Post*, 1948.

Ce malheur arriva si plaisamment sur la fin du siècle passé à quelques savants d'Allemagne, que je ne puis m'empêcher d'en parler ici.

« En 1593, le bruit courut que, les dents étant tombées à un enfant de Silésie[1] âgé de sept ans, il lui en était venu une d'or à la place d'une de ses grosses dents. Horstius, professeur en médecine dans l'université de Helmstad, écrivit, en 1595, l'histoire de cette dent, et prétendit qu'elle était en partie naturelle, en partie miraculeuse, et qu'elle avait été envoyée de Dieu à cet enfant pour consoler les chrétiens affligés par les Turcs ! Figurez-vous quelle consolation, et quel rapport de cette dent aux chrétiens ni aux Turcs[2] ! En la même année, afin que cette dent d'or ne manquât pas d'historiens, Rullandus en écrit l'histoire. Deux ans après, Ingolsteterus, autre savant, écrit contre le sentiment que Rullandus avait de la dent d'or, et Rullandus fait aussitôt une belle et docte[3] réplique. Un autre grand homme, nommé Libavius, ramasse tout ce qui avait été dit de la dent, et y ajoute son sentiment particulier. Il ne manquait autre chose à tant de beaux ouvrages, sinon qu'il fût vrai que la dent était d'or. Quand un orfèvre l'eut examinée, il se trouva que c'était une feuille d'or appliquée à la dent, avec beaucoup d'adresse : mais on commença par faire des livres, et puis on consulta l'orfèvre. »

Rien n'est plus naturel que d'en faire autant sur toutes sortes de matières. Je ne suis pas si convaincu de notre ignorance par les choses qui sont, et dont la raison nous est inconnue, que par celles qui ne sont point, et dont nous trouvons la raison. Cela veut dire que, non seulement nous n'avons pas les principes qui mènent au vrai, mais que nous en avons d'autres qui s'accommodent très bien avec le faux.

Bernard Le Bouyer de Fontenelle, « Chapitre 4. Que les histoires surprenantes qu'on débite sur les oracles doivent être fort suspectes », *Histoire des Oracles*, 1687.

1. Région d'Europe de l'Est, qui s'étend aujourd'hui sur trois pays : la Pologne, la République tchèque et l'Allemagne.
2. Allusion aux guerres ottomanes en Europe.
3. Savante.

Numérique

Retrouvez les 2e et 3e parties de l'épreuve sur LLS.fr/FR3P188

Zoom sur la 1re partie de l'épreuve ⏱ 1h10

Méthode • Les questions sur l'image

- S'il s'agit d'une question d'analyse (comment, par quels moyens, etc.), il est alors important que votre œil se porte sur l'organisation de l'image, sur ses plans, les couleurs, les proportions.
- Si c'est une question d'interprétation (pourquoi, en quoi, pensez-vous, etc.), il s'agit de justifier une affirmation ou de donner votre opinion argumentée. Il est possible alors de se demander quelle est la fonction de l'image.

Compréhension et compétences d'interprétation — 32 points

1. **a)** Quelle est l'utilité de la première phrase du texte ? **b)** Comment l'auteur s'assure-t-il déjà que le lecteur adhère à ce qu'il pense ? (3 points)
2. Fontenelle blâme ceux qui tirent des conclusions sur un fait, sans avoir vérifié son authenticité. **a)** Listez les individus blâmés : quelle place sociale ont-ils en commun ? **b)** Quel défaut les pousse à l'erreur ? **c)** Citez le mot du premier paragraphe qui annonce le jugement de Fontenelle. Que signifie-t-il ? (2,5 points)
3. **a)** Quels sont les deux mots qui s'opposent dans le deuxième paragraphe ? **b)** Comment s'appelle la figure de style qui permet d'opposer deux termes ? **c)** Pourquoi Fontenelle s'appuie-t-il sur cette opposition ? (2,5 points)
4. Quel est le cadre spatio-temporel du récit central (l. 11-30) ? Relevez les indices. (3 points)
5. En quoi ce récit est-il une satire des savants ? (3 points)
6. Citez un passage qui témoigne de l'ironie et de la colère de Fontenelle. Justifiez. (3 points)
7. **a)** Qui rétablit la vérité et comment procède-t-il ? **b)** Que révèle-t-il en montrant que cette dent d'or n'en était pas une ? **c)** En quoi ce personnage est-il un double de l'auteur ? (4 points)
8. **a)** Reformulez la conclusion de Fontenelle avec vos propres mots. **b)** En quoi son texte énonce-t-il une leçon à l'adresse des lecteurs ? (5 points)
9. **Image** **a)** Comment Rockwell représente-t-il la rumeur ? **b)** À quelles réactions conduit-elle ? **c)** L'image donne-t-elle une impression de clarté ou de confusion ? Pourquoi ? (6 points)

Méthode appliquée

Il faut observer l'organisation de l'image et la présenter précisément pour interpréter les choix de l'artiste.

- **Présentez l'image en quelques mots :** quel est le titre ? Pourquoi cette œuvre s'intitule-t-elle ainsi ?
- **Observez les personnages :** combien sont-ils ? Comment sont-ils disposés ? Dans quelles situations sont-ils tour à tour ?
- **Analysez les effets de mise en scène :** quelles réactions observez-vous sur leurs visages et dans leurs gestuelles ? Pourquoi avons-nous l'impression qu'ils sont les uns sur les autres ?
- **Interprétez :** pourquoi les personnages sont-ils en lignes ? Pourquoi le premier personnage est-il aussi le dernier ? Qu'est-ce que l'artiste a souhaité signifier ?

Grammaire et compétences linguistiques — 18 points

1. Fontenelle emploie le futur de l'indicatif dans le premier paragraphe. **a)** Justifiez cette affirmation. **b)** Pourquoi l'auteur fait-il ce choix ? (1,5 point)
2. **a)** « Un autre grand homme [...] y ajoute son sentiment particulier. » (l. 25-26) Quelles sont les différentes fonctions au sein de cette phrase ? **b)** Quelle est la nature de « y » ? de « particulier » ? (3 points)
3. « Quand un orfèvre [...] d'adresse » (l. 28-29) **a)** Recopiez cette phrase et soulignez les différentes propositions. **b)** Quelle est leur nature respective ? (3,5 points)
4. Réécrivez les deux dernières phrases du texte en conjuguant les verbes à l'imparfait. (10 points)

Dénoncer les travers de la société

7 En quoi la publicité est-elle un objet de critique et de satire ?

Objectifs

- ✔ Je lis des textes des XIXe et XXe siècles ayant la publicité pour sujet.
- ✔ Je poursuis l'étude des tonalités satirique et ironique.
- ✔ Je découvre le pastiche et le pamphlet.
- ✔ Je m'interroge sur la présence de la publicité et sur ses effets dans mon quotidien.

Banksy, *Shop till you drop* (*Achète jusqu'à ce que tu tombes*), 2011, pochoirs sur mur (Londres, Royaume-Uni).

1. Décrivez le pochoir de Banksy.
2. À votre avis, quel est le message véhiculé par cette œuvre ?

Les repères du chapitre

1799-1850
Honoré de Balzac

Balzac et la publicité
En 1836, la première annonce commerciale est insérée dans un journal ; c'est le début de la publicité moderne. Un an plus tard, Honoré de Balzac publie son roman *César Birotteau* dans lequel le prolifique auteur intègre un pastiche de réclame. Lui-même ancien rédacteur de prospectus, observateur de ses contemporains et des changements radicaux de la première moitié du XIXe siècle, Balzac fait entrer la publicité dans la littérature.

1840-1902
Émile Zola

Zola et la publicité
Quelques décennies après Balzac, Émile Zola, un autre grand observateur de son temps, traite également de la publicité, tant dans sa nouvelle « Une victime de la réclame » (en 1866, alors qu'il est chef de la publicité d'une maison d'édition) que dans son roman *Au Bonheur des Dames* (1883). Bien que les narrateurs des deux textes n'y adoptent pas le même point de vue quant à la publicité, celle-ci y est également vue comme invasive.

1909-2002
René Étiemble

La publicité, un sujet de société
Entrée au cinéma dès 1898, puis à la radio en 1920 et enfin à la télévision en 1968, la publicité devient un outil stratégique pour les grandes entreprises. Il s'agit de marquer les esprits par des slogans (visuel, oral) et de générer l'envie de consommer. La publicité devient alors un phénomène sociologique ; elle est étudiée et critiquée, particulièrement à partir des années 1960-1970 tant par des linguistes (René Étiemble) que par des chercheurs (Françoise Holtz-Bonneau).

1923-2006
Jacques Sternberg

1941-2008
Françoise Holtz-Bonneau

La publicité et la littérature contemporaine
À une époque où les slogans publicitaires sont diffusés quotidiennement et répétés à l'envi, Jacques Sternberg les intègre à la construction de sa nouvelle « Le Credo » et Frédéric Beigbeder s'en moque dans son roman *14,99 €*.

né en 1965
Frédéric Beigbeder

La déconsommation
La déconsommation est un terme récent désignant la baisse du consumérisme. Elle rejoint en partie le concept de décroissance, né à la fin du XXe siècle, visant la baisse de la production et de la consommation afin de préserver les ressources de notre planète.

Pour entrer dans le chapitre

1. À votre avis, à combien de messages publicitaires êtes-vous soumis(e) chaque jour ? Quelles formes prennent ces messages ?
2. Vous arrive-t-il d'acheter ou de faire acheter des produits que vous avez vus ou découverts dans des publicités ? Donnez quelques exemples.
3. Pensez-vous que certaines parties de la population soient plus sensibles que d'autres à la publicité ? Si oui, lesquelles, et pourquoi, selon vous ?
4. Vous semblerait-il utile et possible de supprimer la publicité ? Si oui, pourquoi ? comment ? Si non, expliquez-vous.
5. Connaissez-vous des œuvres dénonçant la consommation de masse (textes littéraires, films, clips, chansons, etc.) ? Si oui, lesquelles ?

Bernard Pras, *Louis XIV, inventaire* 44, 2003, photographie d'une installation d'objets, 120 × 230 cm.

L'image

6. De quel célèbre tableau Bernard Pras s'est-il inspiré pour créer son installation ? Présentez le tableau d'origine en quelques phrases.
7. Décrivez maintenant cette installation : quels sont les principaux matériaux utilisés par l'artiste ? Observez particulièrement les vêtements du monarque.
8. Diriez-vous que cette installation est comique ? satirique ? Pourquoi ?
9. En représentant Louis XIV, monarque absolu, sous cette forme, que semble nous dire Bernard Pras au sujet de notre société du XXIe siècle ?

Écriture

10. Faut-il avoir pour être ? Vous répondrez à cette question dans un développement argumenté et illustré de plusieurs exemples.

Numérique

Retrouvez un quiz sur LLS.fr/FR3Quiz7

Pour un parfumeur, quelle enseigne !

Honoré de Balzac

(1799-1850) est un romancier français de la première moitié du XIXe siècle. Initiateur du mouvement réaliste, il est l'auteur de plus de quatre-vingt-dix romans et nouvelles qui forment *La Comédie humaine.*

Définition

Le pastiche

Le **pastiche** est un **exercice littéraire d'imitation** d'un auteur ou d'un genre dont on reprend les tournures stylistiques.

César Birotteau est un parfumeur de renom. Il doit son succès à ses innovations cosmétiques et à ses réclames. Dans cet extrait, Balzac, lui-même ancien rédacteur de prospectus, procède à un pastiche de la rhétorique publicitaire.

Birotteau appela ce cosmétique la *Double Pâte des Sultanes*. Afin de compléter l'œuvre, il appliqua le procédé de la pâte pour les mains à une eau pour le teint qu'il nomma l'*Eau Carminative*[1]. [...] Il déploya, le premier d'entre les parfumeurs, ce luxe d'affiches, d'annonces et de moyens de publication que l'on nomme peut-être injustement charlatanisme[2].

La *Pâte des Sultanes* et *l'Eau Carminative* se produisirent dans l'univers galant et commercial par des affiches coloriées, en tête desquelles étaient ces mots : « Approuvées par l'Institut ! » Cette formule, employée pour la première fois, eut un effet magique. Non seulement la France, mais le continent fut pavoisé[3] d'affiches jaunes, rouges, bleues, par le souverain de la Reine des Roses qui tenait, fournissait et fabriquait, à des prix modérés, tout ce qui concernait sa partie. À une époque où l'on ne parlait que de l'Orient, nommer un cosmétique quelconque *Pâte des Sultanes*, en devinant la magie exercée par ces mots dans un pays où tout homme tient autant à être sultan que la femme à devenir sultane, était une inspiration qui pouvait venir à un homme ordinaire comme à un homme d'esprit ; mais le public jugeant toujours les résultats, Birotteau passa d'autant plus pour un homme supérieur, commercialement parlant, qu'il rédigea lui-même un prospectus dont la ridicule phraséologie[4] fut un élément de succès. [...] Il s'est retrouvé, non sans peine, un exemplaire de ce prospectus [...] :

DOUBLE PÂTE DES SULTANES
ET EAU CARMINATIVE DE CÉSAR
BIROTTEAU,
DÉCOUVERTE MERVEILLEUSE
APPROUVÉE PAR L'INSTITUT DE
FRANCE.

Depuis longtemps une pâte pour les mains et une eau pour le visage, donnant un résultat supérieur à celui obtenu par l'Eau de Cologne dans l'œuvre de la toilette, étaient généralement désirées par les deux sexes en Europe. Après avoir consacré de longues veilles à l'étude du derme et de l'épiderme[5] chez les deux sexes, qui, l'un comme l'autre, attachent avec raison le plus grand prix à la douceur, à la souplesse, au brillant, au velouté[6] de la peau, le sieur Birotteau, parfumeur avantageusement connu dans la capitale et à l'étranger,

Publicité pour le parfum *Enigma* de Lubin, 1905, lithographie (Bibliothèque des arts décoratifs, Paris).

a découvert une Pâte et une Eau à juste titre nommées, dès leur apparition, merveilleuses par les élégants et par les élégantes de Paris. En effet, cette Pâte et cette Eau possèdent d'étonnantes propriétés pour agir sur la peau, sans la rider prématurément, effet immanquable des drogues[7] employées inconsidérément[8] jusqu'à ce jour et inventées par d'ignorantes cupidités[9]. [...]

L'eau de Cologne est purement et simplement un parfum banal sans efficacité spéciale, tandis que la Double *Pâte des Sultanes* et l'*Eau Carminative* sont deux compositions opérantes, d'une puissance motrice agissant sans danger sur les qualités internes et les secondant ; leurs odeurs essentiellement balsamiques[10] et d'un esprit divertissant réjouissent le cœur et le cerveau admirablement, charment les idées et les réveillent ; elles sont aussi étonnantes par leur mérite que par leur simplicité ; enfin, c'est un attrait de plus offert aux femmes, et un moyen de séduction que les hommes peuvent acquérir. [...]

S'adresser, franc de port[11], à *Monsieur César Birotteau,* successeur de Ragon, ancien parfumeur de la reine Marie-Antoinette, à *la Reine des Roses*, rue Saint-Honoré, à Paris, près de la place Vendôme.

Le prix du pain de Pâte est de trois livres[12],
et celui de la bouteille est de six livres.

Honoré de Balzac, *César Birotteau*, 1837.

À l'oral

Imaginez que cette publicité soit télévisée. Quels en seraient le script et le décor ainsi que les costumes des comédiennes et des comédiens ? Quelles seraient les couleurs dominantes ?

1. Qui donne un joli teint (carmin).
2. De « charlatan » : escroc, imposteur.
3. Décoré.
4. Style.
5. Respectivement, la partie profonde et la couche superficielle de la peau.
6. Texture équivalente à celle du velours.
7. Ingrédients, substances.
8. De façon déraisonnable.
9. Ici : personnes cupides, désireuses de s'enrichir.
10. Bienfaisantes.
11. Sans affranchir, sans ajouter un timbre.
12. Unité monétaire.

Compréhension

1 Quel est le sujet du texte ?

2 Quelles sont les deux parties du texte ?

Analyse et interprétation

3 **a)** Référez-vous à la fin du texte (l. 50-51) : en quoi est-ce un texte commercial ? **b)** Comment ces informations pratiques sont-elles mises en relief ? **c)** Pourquoi sont-elles à la fin de la réclame ?

4 Selon Birotteau et sa réclame, en quoi ses deux produits sont-ils uniques et authentiques ?

5 Qui est la cible des deux produits ?

6 Comment Birotteau tâche-t-il de convaincre (séduire en faisant appel à la raison de) sa cible ? Proposez une réponse détaillée.

7 Comment Birotteau tâche-t-il de persuader (séduire en faisant appel aux sentiments de) sa cible ? Proposez également une réponse détaillée.

8 **a)** En quoi cette réclame pourrait-elle avoir existé ? **b)** En quoi ce texte est-il néanmoins un pastiche de réclame ?

Langue

9 Dans la proposition « que l'on nomme peut-être injustement charlatanisme » (l. 5), identifiez les adverbes. Quel sens apportent-ils respectivement ? Déduisez-en le rôle d'un adverbe.

Écriture

10 Cherchez sur Internet une affiche publicitaire du XIXe siècle ou de la première moitié du XXe siècle et faites la réclame du produit en rédigeant un discours dans lequel vous avancerez des arguments convaincants et persuasifs (15 lignes).

Une victime de la réclame

Émile Zola

(1840-1902) est un romancier et nouvelliste français de la deuxième moitié du XIXe siècle. Il est célèbre pour les vingt romans réunis sous le titre des *Rougon-Macquart* dont *Au Bonheur des Dames* (voir p. 192) est l'un des principaux titres. Au moment de la rédaction d'« Une victime de la réclame », Zola est publicitaire.

Dans cette courte nouvelle, Zola raconte le destin d'un homme, Claude, dont la vie est guidée par les recommandations des réclames.

J'ai connu un brave garçon qui est mort l'année dernière, et dont la vie a été un long martyre.

Claude, dès l'âge de raison, s'était tenu ce raisonnement : « Le plan de mon existence est tout tracé. Je n'ai qu'à accepter aveuglément les bienfaits de mon âge. Pour marcher avec le progrès et vivre parfaitement heureux, il me suffira de lire les journaux et les affiches, matin et soir, et de faire exactement ce que ces souverains guides me conseilleront. Là est la véritable sagesse, la seule félicité possible. » À partir de ce jour, Claude prit les réclames des journaux et des affiches pour code de sa vie. Elles devinrent le guide infaillible qui le décidait en toutes choses ; il n'acheta rien, n'entreprit rien qui ne lui fût recommandé par la grande voix de la publicité.

C'est ainsi que le malheureux a vécu dans un véritable enfer.

Claude avait acquis un terrain fait de terres rapportées, où il ne put bâtir que sur pilotis[1]. La maison, construite selon un système nouveau, tremblait au vent et s'émiettait sous les pluies d'orage.

À l'intérieur, les cheminées, garnies de fumivores[2] ingénieux, fumaient à asphyxier les gens ; les sonnettes électriques s'obstinaient à garder le silence ; les cabinets d'aisances[3], établis sur un modèle excellent, étaient devenus d'horribles cloaques[4] ; les meubles, qui devaient obéir à des mécanismes particuliers, refusaient de s'ouvrir et de se fermer.

Il y avait surtout un piano mécanique qui n'était qu'un mauvais orgue de Barbarie, et un coffre-fort incrochetable et incombustible[5] que des voleurs emportèrent tranquillement sur leur dos par une belle nuit d'hiver.

Le malheureux Claude ne souffrait pas seulement dans ses propriétés, il souffrait dans sa personne.

Ses vêtements craquaient en pleine rue. Il les achetait dans ces maisons qui annoncent un rabais considérable pour cause de liquidation.

Je le rencontrai un jour complètement chauve. Il avait eu l'idée de changer ses cheveux blonds pour des cheveux noirs, toujours guidé par son amour du progrès. L'eau qu'il venait d'employer avait fait tomber ses cheveux blonds, et il était enchanté, parce que, disait-il, il pouvait maintenant faire usage d'une certaine pommade qui lui donnerait, à coup sûr, une chevelure noire deux fois plus épaisse que son ancienne chevelure blonde.

Je ne parlerai pas de toutes les drogues[6] qu'il avala. De robuste qu'il était, il devint maigre et essoufflé. C'est alors que la réclame commença à l'assassiner. Il se crut malade, il se traita selon les excellentes recettes des annonces, et, pour que la médication fût plus énergique, il suivit tous les traitements à la fois, se trouvant très embarrassé devant l'égale quantité d'éloges décernés à chaque drogue.

La réclame ne respecta pas plus son intelligence. Il emplit sa bibliothèque des livres que les journaux lui recommandèrent. La classification qu'il adopta fut des plus ingénieuses : il rangea les volumes par ordre de mérite, je veux dire selon le plus ou le moins de lyrisme des articles payés par les éditeurs.

Lexique

Fumivores

Trouvez des mots ayant le même suffixe que ce mot (l. 16).

1. Ensemble de pieux qui soutiennent une maison lorsqu'elle est au-dessus de l'eau ou d'un sol peu ferme.
2. Dispositifs qui absorbent la fumée.
3. Toilettes.
4. Égouts, lieux sales.
5. Qu'on ne pouvait ni crocheter (ouvrir au crochet) ni brûler.
6. Médicaments.

Mimmo Rotella, *Sans titre*, 1962, décollage sur toile (Galerie nationale, Rome, Italie).

Toutes les sottises et toutes les infamies[7] contemporaines s'entassèrent là. Jamais on ne vit pareil amas de turpitudes[8]. Et Claude avait eu le soin de coller, sur le dos de chaque volume, la réclame qui le lui avait fait acheter.

Lorsqu'il ouvrait un livre, il savait ainsi à l'avance l'enthousiasme qu'il devait témoigner ; il riait ou il pleurait suivant la formule.

À ce régime, il devint complètement idiot.

Le dernier acte de ce drame fut navrant.

Claude, ayant lu qu'une somnambule guérissait tous les maux, s'empressa d'aller la consulter sur les maladies qu'il n'avait pas. La somnambule lui offrit obligeamment[9] de le rajeunir en lui indiquant le moyen de n'avoir plus que seize ans. Il s'agissait simplement de prendre un bain et de boire une certaine eau.

Il avala la drogue, se plongea dans le bain, et il s'y rajeunit si absolument, qu'au bout d'une demi-heure, on l'y trouva étouffé.

Même après sa mort, Claude fut la victime des annonces. Par testament, il avait voulu être enseveli dans une bière[10] à embaumement instantané dont un droguiste venait de prendre le brevet. La bière, au cimetière, s'ouvrit en deux, et le misérable cadavre glissa dans la boue et dut être enterré pêle-mêle avec les planches rompues de la caisse.

Son tombeau, en carton-pierre et en simili-marbre, détrempé par les pluies du premier hiver, ne fut bientôt plus sur sa fosse qu'un tas de pourriture sans nom.

Émile Zola, « Une victime de la réclame », 1866.

7. Horreurs.
8. Choses honteuses.
9. Avec obligeance, amabilité.
10. Cercueil.

Compréhension

1 Ce texte est une nouvelle complète. Résumez chaque partie en une à deux phrases maximum.

2 La fin de la nouvelle est-elle une chute, c'est-à-dire une fin surprenante ? Expliquez votre réponse.

Analyse et interprétation

3 Quel est le statut du narrateur ? Quel point de vue adopte-t-il (voir p. 306) ? Justifiez vos réponses.

4 Qu'éprouve le narrateur à l'égard de son personnage ? Répondez en illustrant votre propos par des citations.

5 Quel regard ce narrateur porte-t-il sur ce que l'on appelle aujourd'hui la « société de consommation » ?

6 La fin du texte est ironique. Expliquez pourquoi.

7 En quoi cette nouvelle témoigne-t-elle de la déchéance d'un homme ? Proposez une réponse détaillée.

8 **Image** **a)** Comment interprétez-vous cet index pointé ? Quel passage du texte cet index peut-il symboliser ? **b)** Qu'est-ce que la superposition et la juxtaposition de morceaux d'affiches peuvent illustrer dans le texte ?

Langue

9 « rien qui ne lui fût recommandé par la grande voix de la publicité » (l. 10-11) ; « pour que la médication fût plus énergique » (l. 37). Dans ces deux passages, quel est le verbe conjugué ? à quel temps et à quel mode ?

Écriture

10 Claude répond à une annonce pour l'achat d'un séjour touristique à peu de frais. En vous inspirant du texte, imaginez ce qui arrive ensuite au personnage (20 lignes).

1 Une langue qui ne veut rien dire

René Étiemble

(1909-2002) est un romancier, essayiste et professeur d'université français. En 1964, il publie *Parlez-vous franglais ?* où il condamne l'usage de mots anglais dans la langue française. L'année suivante, il s'en prend au langage publicitaire.

Dans ce texte aux allures de pamphlet, René Étiemble démontre que le langage publicitaire est essentiellement vide de sens.

Outre que vous dévalorisez en effet tous les adjectifs : *miraculeux, intégral, total, supertotal*, vous employez exprès, pour accrocher le client éventuel, des adjectifs qui veulent ne rien dire ; qui veulent seulement intriguer, fasciner par le charme de mots qui en mettent plein la vue aux illettrés : autrement, écririez-vous d'un siège qu'il est *évolutif*, d'une robe qu'elle est *malléable*, d'un tissu qu'il est *texturé*, d'une semelle qu'elle est *podologique*[1] ? Pour un public peu versé en histoire de la langue, *texturé* peut faire illusion ; pour qui sait sa langue, la *texture* est l'action de *tisser*, ou, *l'entrelacement des parties*. *Tissu texturé* a bonne mine !

L'adjectif n'a plus de sens, en jargon[2] publicitaire ; il ne lui reste qu'une valeur magique. À preuve, l'usage que vous faites des degrés de l'adjectif. Vous supprimez le degré positif, ou alors vous écrivez « vraiment blanc, vraiment économique », ce qui, excusez-moi, signifie implicitement que vous mentez quand vous dites *économique*, ou *blanc*. Je ne prétends pas que ce soit le cas. J'affirme que vous écrivez comme si ce le fût.

Vous avez détruit la valeur du superlatif : vous ne pouvez vendre que la cartouche « la plus grande du monde », le slip Hélios « le plus parfait du monde » avec un double superlatif à ce *parfait* qui, en bonne langue, n'en admet point ; il vous faut des tissus *incroyablement, étonnamment, incomparablement* lavables, des détergents d'une efficacité totale, *supertotale*, qui font de la *supermousse* et sur lesquels vous promettez de *superremises*. […]

Après le plus parfait, vous nous avez donné « le plus total » ce qui est proprement idiot, comme aussi « better than the best[3] ».

Oublieux du sens des adjectifs, vous vendez des « gilets athlétiques », du « savon facial ». Un gilet d'athlétisme, un savon pour la face, seraient donc invendables ?

Cette désintégration de la langue, si sensible dans l'usage que vous faites de l'adjectif, elle gagne de proche en proche.

René Étiemble, « La langue de la publicité », *Les Cahiers de la publicité*, n° 15, 1965.

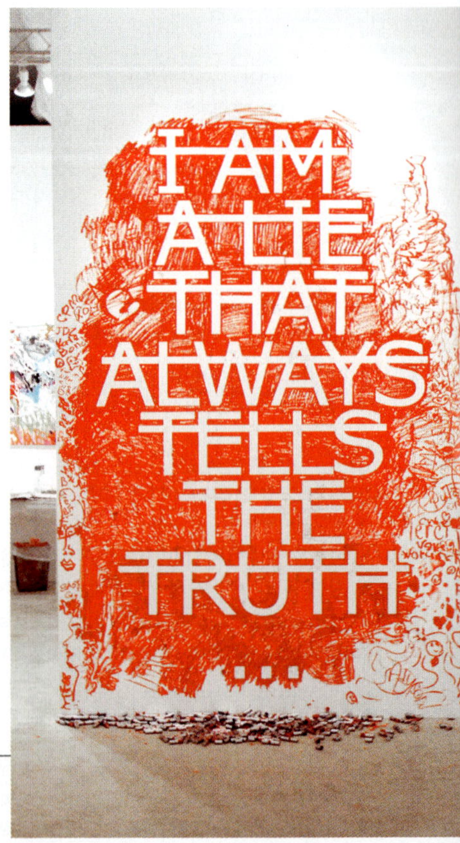

RERO, sans titre (« I am a lie that always tells the truth... »), installation avec 250 rouges à lèvres, Hamptons, New York, 2013 © rerostudio.

Définition

Le pamphlet

Le **pamphlet** est un texte dont l'ambition est de **contester l'autorité d'un pouvoir ou d'une personne de pouvoir**. La dénonciation s'y mêle souvent d'humour et de **satire**.

1. Relative aux pieds et au soin des pieds.
2. Langage propre à un groupe socio culturel, à une profession.
3. « Mieux que le meilleur ».

2 Une réalité qui n'en est pas une

Françoise Holtz-Bonneau
(1941-2008) est une enseignante, journaliste et chercheuse à l'Institut national de l'audiovisuel. La publicité est l'un de ses thèmes de prédilection.

Dans ce passage, Françoise Holtz-Bonneau déconstruit l'idée selon laquelle la publicité refléterait la vie.

Il serait bien naïf de voir dans la diversité des messages publicitaires un miroir de la société ! Que la publicité soit le reflet enjolivé[1] d'une microsociété, voilà tout juste ce qu'il est possible d'admettre. Les personnages, les modes de vie représentés par la publicité correspondent en fait aux images des meilleurs acheteurs possibles, ceux-ci représentant pour la masse acheteuse des leaders de consommation. Un pays qui se regarderait dans le miroir de la publicité n'y verrait donc ni malades, ni infirmes, ni travailleurs étrangers, ni même à vrai dire de paysans.

Parfois pourtant, il arrive que la publicité fasse appel aux folklores[2] les plus variés, ce qui nous permet alors de voir non seulement des Indiens, mais encore des sœurs à cornettes d'antan[3] ou même de « braves paysans », d'Armagnac ou de Rivesaltes, prêts à être parqués dans des réserves de paysans naturels et authentiques, pour la grande joie des citadins las des miasmes[4] de la ville.

Étrange miroir de la société qui ne représente que certaines fonctions féminines, hôtesses de l'air, ménagère accomplie, poupée de luxe, secrétaire modèle, toutes orientées vers le service masculin, sans oublier la classique utilisation de la femme-objet, faire-valoir de l'objet [...] ou faire-valoir de l'homme. Étrange miroir déformant vraiment, si tout n'est que situation de loisirs privilégiés, dans la joie de vivre le luxe le plus simplement raffiné. Le droit à la paresse s'affiche avec une insolence admise sur les murs des travailleurs enchaînés, offrant un ersatz[5] de vraie paresse ou de vraie vie.

Non, la publicité n'est pas le miroir de la société [...].

Françoise Holtz-Bonneau, *Déjouer la publicité : pour des consommateurs conscients*, Les éditions de l'Atelier, 1976.

1. Rendu joli.
2. Ensemble des traditions populaires d'un groupe humain, d'une région, voire d'un pays.
3. Des religieuses qui portaient la cornette (une coiffe de tissu blanc).
4. Fatigués de la saleté et des maladies qui flottent dans l'air.
5. Imitation de moins bonne qualité.

Compréhension

1 **Textes 1 et 2** La situation d'énonciation (voir p. 302) est-elle identique ? Expliquez votre réponse.

2 **Textes 1 et 2** **a)** Quelles critiques les auteurs adressent-ils aux publicitaires ? Identifiez ou reformulez la thèse de l'un et de l'autre. **b)** Pourquoi leurs opinions au sujet de la publicité se rejoignent-elles ?

Analyse et interprétation

3 **Texte 1** Pourquoi le texte de René Étiemble est-il le plus satirique (voir p. 373) ?

4 **Texte 1 et Image** **a)** Sur quelle figure de style (voir p. 260) le message de RERO est-il construit ? **b)** Quel passage du texte pourriez-vous citer pour accompagner l'installation de RERO ?

5 **Texte 2** Françoise Holtz-Bonneau utilise quatre arguments pour étayer sa thèse. Quels sont-ils ?

6 **Texte 2** Le texte dénonce-t-il un mensonge des publicitaires ou un aveuglement des consommateurs ? Justifiez votre réponse.

7 **Texte 2** **a)** Ce texte critique se double d'un message féministe. Pourquoi ? **b)** La publicité contemporaine vous paraît-elle avoir avancé sur ce sujet ? Votre réponse sera illustrée d'exemples de publicités vues à la télévision ou sur Internet.

Langue

8 **Texte 2** Identifiez le mode et le temps de conjugaison employés dans la dernière phrase du premier paragraphe. Quelle est leur valeur ?

Le Credo

Jacques Sternberg

(1923-2006) est un écrivain belge francophone.
Il est un auteur de romans et de nombreuses nouvelles à chute.

À l'instar d'Émile Zola (voir p. 196), Jacques Sternberg raconte ici l'histoire d'un homme manipulé par les slogans publicitaires.

Il avait toujours été fasciné par la publicité à la télévision. Il n'en manquait jamais aucune, les jugeait pleines d'humour, d'invention, et même les films l'intéressaient moins que les coupures publicitaires dont ils étaient lardés[1]. Et pourtant la pub ne le poussait guère à la consommation effrénée, loin de là. Sans être avare, ni particulièrement économe, il n'associait pas du tout la publicité à la notion d'achat.

Jusqu'au jour où il abandonna son apathie[2] d'avaleur d'images pour prendre quelque recul et constater que la plupart des pubs ménagères, alimentaires, vacancières ou banalement utilitaires étaient toutes, d'une façon ou d'une autre, fondées sur la notion du plus, de la réussite à tous les niveaux, de la santé à toute épreuve, de l'hygiène à tout prix, de la force et de la beauté obtenues en un seul claquement de doigt.

Or il avait toujours vécu avec la conscience d'être un homme fort peu remarquable, [...] il se sentait dans la peau d'un homme comme tant d'autres, anonyme, insignifiant, impersonnel.

Il en avait souffert parfois, il s'y était fait à la longue. Jusqu'au jour où, brusquement, toutes les publicités engrangées lui explosèrent dans la tête pour se concentrer en un seul flash aveuglant, converger vers une volonté bouleversante qui pouvait se résumer en quelques mots : il fallait que ça change, qu'il devienne une bête de consommation pour s'affirmer un autre, un plus, un must, un extrême, un miracle des mirages publicitaires.

Il consacra toute son énergie et tout son argent à atteindre ce but : se dépasser lui-même. Parvenir au stade suprême : celui d'homme de son temps, de mâle, de héros de tous les jours, tous terrains, toutes voiles dehors.

C'est sur le rasoir Gillette qu'il compta pour décrocher la perfection au masculin et s'imposer comme le meilleur de tous en tout dès le matin. La joie de vivre, il l'ingurgita en quelques minutes grâce à deux tasses de Nescafé. Après s'être rasé, il s'imbiba de Savane, l'eau de toilette aux effluves sauvages qui devaient attirer toutes les femmes, à l'exception des laiderons, évidemment. Et pour mettre encore plus d'atouts dans son jeu, en sortant de son bain, il s'aspergea de City, le parfum de la réussite. Sans oublier d'avaler son verre d'eau d'Évian, la seule qui devait le mener aux sources pures de la santé. Il croqua ensuite une tablette de Nestlé, plus fort en chocolat, ce qui ne pouvait que le rendre plus fort dans la vie. [...] Et termina par quelques gorgées de Contrex, légendaire contrat du bonheur. Il eut la prudence de mettre un caleçon Dim, celui du mâle heureux. Sa chemise avait été lavée par Ariel qui assurait une propreté insoutenable repérable à cent mètres. Il rangea ses maigres fesses dans un Levi's pour mieux les rendre fascinantes à chaque mouvement. Il enfila ses Nike à coussins d'air, avec la conscience de gagner du ressort pour toute la journée. Son blouson Adidas lui donna un supplément d'aisance, celle des jeunes cadres qui vivaient entre jogging et marketing.

Andy Warhol, intérieur de la pochette d'un album du Velvet Underground & Nico, non daté (collection privée).

Avant de sortir pour aller au bureau, il vida une bouteille de Coca-Cola pour sentir lui couler dans les veines la sensation Coke, il croqua ensuite une bouchée Lion qui le fit rugir de bonheur et le gorgea d'une bestiale volonté de défier le monde de tous ses crocs. Il ne lui restait plus qu'à poser sur son nez ses verres solaires Vuarnet, les lunettes du champion, et d'allumer une Marlboro, la cigarette de l'aventurier toujours sûr de lui, que ce soit dans la savane ou sur le périphérique.

Lesté, des yeux aux pieds, de tous ces ingrédients de choc, il aborda sa journée de morne[3] travail aux assurances en enlevant avec brio[4] quelques affaires en suspens depuis des semaines et constata que plusieurs employées se retournaient sur son passage dans les corridors, sans compter que l'une d'elles lui avait adressé quelques mots. Il quitta le bureau au milieu de l'après-midi pour aller dans un pub voisin [...] Et rien qu'en jetant un vague regard derrière lui, il repéra immédiatement une jeune femme qui lui parut digne de se donner à lui. Elle était très joliment faite, un peu timide sans doute, mais l'air pas trop farouche[5] et fort mignonne. Pour un homme peu habitué à la drague, il avait eu du flair et le coup d'œil. [...] Sans hésiter, il l'invita à prendre un verre à sa table. Elle le regarda de haut en bas, eut presque l'air de le humer, accusa alors un léger mouvement de recul impressionné.

« M'asseoir à votre table ? dit-elle d'une voix essoufflée. Je n'oserais jamais. Vous êtes vraiment trop pour moi. »

Il la rassura, l'enjôla[6], la cajola du regard, de la parole et, à peine une heure plus tard, il se retrouvait avec elle dans son petit appartement de célibataire. Il lui servit un Martini blanc, ne prit rien et lui demanda de l'excuser un instant après lui avoir délicatement effleuré les lèvres. Il ressentait le besoin de se raser de près.

Il entra dans sa minuscule salle de bains où la jeune femme, subjuguée[7], le suivit. Il s'aspergea de mousse à raser Williams surglobulée par l'anoline R4 diluée dans du menthol vitaminé, puis il prit son rasoir Gillette et vit sa compagne se décomposer.

« Non, balbutia-t-elle, oh ! non ! Moi qui croyais que vous seriez mon idéal... Mon rêve de perfection masculine... Mais ce n'est pas avec Contour Gillette que vous vous rasez, c'est avec Gillette G.II... Rien ne sera jamais possible... »

Il n'eut même pas le temps de la rattraper, déjà elle avait ouvert et refermé la porte derrière elle.

Jacques Sternberg, « Le Credo », *Histoires à dormir sans vous* © Denoël, 1990.

Lexique

Apathie

Quels mots connaissez-vous qui partagent avec ce terme (l. 7) le même radical ?

1. Envahis.
2. Indifférence affective, immobilisme.
3. Triste, monotone, ennuyeux.
4. Brillamment.
5. Hostile, sauvage.
6. Flatta.
7. Séduite.

Compréhension

1 Résumez en une phrase chacune des parties de la nouvelle : le premier paragraphe (l. 1-6), les paragraphes 2 à 5 (l. 7-26), 6 à 8 (l. 27-52), 9 à 12 (l. 53-74) et enfin 13-14 (l. 75-79).

Analyse et interprétation

2 **a)** L'identité du personnage est-elle connue ? Comment ce dernier est-il désigné ? **b)** Quel sens donner à ce choix ?

3 Au début, comment le personnage est-il décrit ? De quel genre d'homme s'agit-il ? Citez le texte.

4 **a)** Qu'est-ce qui séduit le personnage dans la publicité ? Quel sentiment vient-elle éclairer en lui ? **b)** Quelles sont dorénavant les ambitions du personnage ? Citez le texte.

5 Comment l'auteur montre-t-il que le quotidien du personnage est envahi par la publicité (l. 27-52) ?

6 Dans les trois paragraphes suivants (l. 53-70), à quoi voit-on que le personnage s'est métamorphosé ?

7 **Image** Que suggère ce dessin ?

8 En quoi la fin de la nouvelle est-elle surprenante ?

9 Expliquez finalement le titre de la nouvelle.

1 « Il avait fallu deux mille ans pour en arriver là. »

Frédéric Beigbeder

(né en 1965) est un écrivain français. La publication de *14,99 €* lui a valu d'être licencié de l'agence de publicité pour laquelle il travaillait.

Numérique

Retrouvez un lien pour accéder à un podcast sur le caractère agressif et intrusif des publicités actuelles sur **LLS.fr/FR3TechniquesPub**

Le narrateur du roman est publicitaire. Provocateur, il dit, au seuil du récit : « Vous ne m'échapperez pas. Où que vous posiez les yeux, trône ma publicité. » Dans le passage suivant, il décrit les conséquences du harcèlement publicitaire.

En ce temps-là, on mettait des photographies géantes de produits sur les murs, les arrêts d'autobus, les maisons, le sol, les taxis, les camions, la façade des immeubles en cours de ravalement, les meubles, les ascenseurs, les distributeurs de billets, dans toutes les rues et même à la campagne. La vie était alors envahie par des soutiens-gorges, des surgelés, des shampooings antipelliculaires ou des rasoirs triple-lame. L'œil n'avait jamais été autant sollicité de toute son histoire : on avait calculé qu'entre sa naissance et l'âge de 18 ans, toute personne était exposée en moyenne à 350 000 publicités. Même à l'orée[1] des forêts, au bout des petits villages, en bas des vallées isolées et au sommet des montagnes blanches, sur les cabines de téléphérique, on devait affronter des logos « Castorama », « Bricodécor », « Champion Midas » et « La Halle aux Vêtements ». Jamais de repos pour le regard de *l'homo consommatus*.

Le silence aussi était en voie de disparition. On ne pouvait pas fuir les radios, les télés allumées, les spots criards qui bientôt s'infiltreraient jusque dans vos conversations téléphoniques privées. C'était un nouveau forfait proposé par Bouygues Telecom : le téléphone gratuit en échange de coupures publicitaires toutes les 100 secondes. [...]

Selon l'étude mentionnée plus haut, l'Occidental moyen était soumis à 4 000 messages commerciaux par jour. [...]

Il avait fallu deux mille ans pour en arriver là.

Frédéric Beigbeder, *14,99 €*, précédemment *99 francs*

1. Au bord.

Trois vignettes de l'image d'Épinal *Le rayon d'épargne du Printemps*, 1883, estampe, 40 × 30 cm (Bibliothèque nationale de France, Paris).

2 Sauter aux yeux du monde entier

Émile Zola
(1840-1902)
voir p. 196

Octave Mouret est le propriétaire d'un grand magasin parisien, Au Bonheur des Dames, *dont le succès repose sur l'abondance des produits vendus, les rabais et la publicité. Avec Balzac (voir p. 194), Zola est l'un des premiers écrivains à aborder ce phénomène alors émergent.*

La grande puissance était surtout la publicité. Mouret en arrivait à dépenser par an trois cent mille francs de catalogues, d'annonces et d'affiches. Pour la mise en vente des nouveautés d'été, il avait lancé deux cent mille catalogues, dont cinquante mille à l'étranger, traduits dans toutes les langues. Maintenant, il les faisait illustrer de gravures, il les accompagnait même d'échantillons, collés sur les feuilles. C'était un débordement d'étalages, le Bonheur des Dames sautait aux yeux du monde entier, envahissait les murailles, les journaux, jusqu'aux rideaux des théâtres. Il professait[1] que la femme est sans force contre la réclame, qu'elle finit fatalement par aller au bruit[2].

Émile Zola, *Au Bonheur des Dames*, 1883.

1. Déclarait.
2. Aller là où il y a le plus d'éclat.

Compréhension

1 **Textes 1 et 2** **a)** Quel est le thème commun aux deux textes ? **b)** Quelle forme de discours (voir p. 300) partagent-ils ? En cela, quel temps de conjugaison ont-ils en commun, et quelle est la valeur de ce dernier ?

2 **Image et texte 2** Quel lien l'image d'Épinal entretient-elle avec l'extrait d'*Au Bonheur des Dames* ?

Analyse et interprétation

3 **Textes 1 et 2** **a)** La situation d'énonciation (voir p. 302) est-elle la même dans les deux textes ? Expliquez votre réponse. **b)** En vous appuyant sur la réponse précédente, dites pourquoi l'un des deux narrateurs s'engage plus dans ses propos que l'autre. **c)** Diriez-vous donc que les deux textes sont critiques ? Pourquoi ?

4 **Texte 1** Bien qu'il soit extrait d'un roman, ce texte est aussi argumentatif. Quelle est la thèse portée par le narrateur ? Quels sont les deux arguments qui soutiennent la thèse ? Quels sont les deux exemples qui les accompagnent ?

5 **Textes 1 et 2** **a)** « C'était un [...] rideaux des théâtres. » (texte 2, l. 6-8) Quelle idée les trois propositions de cette phrase partagent-elles ? **b)** Quelle figure d'amplification (voir p. 260), utilisée à plusieurs reprises dans le texte 1, va dans le même sens ?

6 **Texte 1** Que suggère le narrateur dans la dernière phrase et en usant précédemment de l'expression *homo consommatus* (l. 12) ?

Langue

7 **Texte 2** Identifiez des paroles rapportées (voir p. 308). De quelle façon sont-elles rapportées ?

Écriture

8 **Texte 2** En arrivant au collège ce matin-là, quelle n'est pas votre surprise quand vous découvrez que la façade entière de l'établissement est couverte d'une gigantesque affiche publicitaire vantant les mérites culinaires d'une pâtée pour chat. Racontez cette scène et sa suite (30 lignes).

Découvrir *Tout doit disparaître* de Mikaël Ollivier

Mikaël Ollivier

(né en 1968) est un romancier et scénariste français. Il a écrit de nombreuses fictions pour la jeunesse qui abordent des sujets d'actualité comme l'écologie, les troubles de l'adolescence et les excès de la société de consommation.

Il n'est pas facile de remettre en question une société qui invite sans cesse à acheter et à suivre la mode, surtout pour un(e) adolescent(e). C'est pourtant ce qu'expérimente Hugo, le héros de Tout doit disparaître, *un roman palpitant qui nous amène à voir le monde autrement.*

Mikaël Ollivier, *Tout doit disparaître*, 2007, Éditions Thierry Magnier.

Mayotte

1 Pourquoi Hugo et sa famille partent-ils à Mayotte ?

2 **a)** Pourquoi Hugo dit-il qu'il fait partie de la « minorité » ?
b) Quel regard la minorité que constituent les expatriés porte-t-elle sur Mayotte et les Mahorais ?

3 Quelle est la principale motivation des expatriés pour venir à Mayotte ? (Pensez notamment à la principale du collège de Hugo et à ses parents)

4 **a)** Qu'aperçoit Hugo le premier matin de son réveil sur l'île ?
b) À quoi ressemble Mamoudzou, la capitale de Mayotte ?

5 **a)** Qui est Zaïnaba ?
b) Pourquoi Zaïnaba précipite-t-elle le départ de Hugo vers la métropole ?

6 **a)** Comment Françoise aide-t-elle Hugo à se sentir plus à l'aise à Mayotte ?
b) En quoi Françoise est-elle différente des autres expatriés ?

7 Pourquoi peut-on dire que Françoise devient la confidente et la conseillère de Hugo **a)** à propos de Zaïnaba ? **b)** à propos du malaise de l'adolescent devant la société de consommation métropolitaine ?

Times Square de nuit, 2013, photographie (New York, États-Unis).

La frénésie de consommation

1 En quoi le comportement de la grand-mère de Hugo pendant les soldes est-il excessif et déraisonnable ?

2 a) Quel important achat font les parents de Hugo dès leur retour de Mayotte ? b) En quoi cet achat provoque-t-il une frénésie de consommation chez ses parents ? c) Que pense Hugo du souhait de son père d'acheter une nouvelle voiture ?

3 a) En quoi Lydie a-t-elle changé depuis qu'elle est rentrée de Mayotte ? b) Quel regard Hugo porte-t-il sur les pratiques de consommation de Lydie et de sa grand-mère ?

4 a) En quoi les vêtements des camarades de 3e de Hugo montrent-ils que les adolescent(e)s sont influencé(e)s par la publicité ? b) Comment réagissent les camarades de Hugo en voyant ses baskets Blackspot ?

5 À quel jeu Hugo invite-t-il Lydie à participer pour la convaincre qu'elle est influencée par les publicités ?

6 a) Que demande Hugo pour ses 16 ans ? b) Comment réagissent ses parents et Lydie à cette demande ?

7 a) Pourquoi Hugo n'apprécie-t-il plus la fête de Noël ? b) Pourquoi, sa famille pense-t-elle que Hugo a gâché la fête de Noël ?

Constant Formé-Bècherat, *Bidonville de Kaweni*, 2015, photographie (Mamoudzou, Mayotte) © Studio Hans Lucas.

Shannon Fagan, *Homme avec un caddie rempli à ras bord*, photographie.

« Tout doit disparaître »

1 a) Qui est Charley ? b) Comment Charley et Hugo se sont-ils rencontrés ?

2 a) Que veut dire « casser les pubs » ? b) Quelle mission les casseurs de pubs mènent-ils à Paris en compagnie de Hugo ? c) Qu'arrive-t-il à Hugo lors de cette mission ?

3 a) Comment Hugo détourne-t-il le slogan « Tout doit disparaître » ? b) Selon vous, quel sens un casseur de pubs peut-il donner à ce slogan ?

4 a) Pourquoi Hugo se sent-il coupé du monde quand il est chez son grand-père ? b) Quel événement montre à Hugo que son grand-père est conditionné par la société de consommation ?

5 Hugo est-il heureux depuis qu'il a renoncé à ce qu'offre la société de consommation ? Justifiez votre réponse.

Comment l'art sérigraphique questionne-t-il la société de consommation ?

1 Les trente-deux soupes

Andy Warhol, *Campbell's Soup Cans (Trente-deux boîtes de soupe Campbell)*, 1962, trente-deux toiles peintes et sérigraphiées, 50,8 × 40,6 cm chacune (Museum of Modern Arts, New York, États-Unis).

« Tu es le Voltaire de l'Amérique. Tu donnes à l'Amérique exactement ce qu'elle mérite – une boîte de soupe accrochée au mur. » (Taylor Mead à Andy Warhol)

Andy Warhol, *Campbell's Condensed Tomato Soup*, 1962, toile peinte et sérigraphiée, 50,8 × 40,6 cm (Museum of Modern Arts, New York, États-Unis).

Éclairage

La sérigraphie

La **sérigraphie** est une **technique d'impression** qui consiste à interposer des écrans de soie ou des **pochoirs** entre l'**encre** ou la **peinture** et le **support** : une toile, du papier, du métal, du tissu, etc. Elle est utilisée dans les industries du textile, de la publicité ou de la signalétique.

Une œuvre sérigraphiée est donc une **œuvre reproduite plusieurs fois à l'identique**.

❷ Les deux-cent-dix bouteilles

Andy Warhol, *210 Coca-Cola Bottles* (*210 bouteilles de Coca-Cola*), 1962, encre, acrylique et crayon sur toile, 209,6 × 266,7 cm (collection privée).
« L'Amérique a inauguré une tradition où les plus riches consommateurs achètent en fait la même chose que les plus pauvres. On peut regarder la télé et voir Coca-Cola, et on sait que le président boit du Coca, que Liz Taylor boit du Coca et, imaginez un peu, soi-même on peut boire du Coca. Un Coca est toujours un Coca, et même avec beaucoup d'argent, on n'aura pas un meilleur Coca que celui que boit le clodo du coin. Tous les Coca sont pareils et tous les Coca sont bons. » (Andy Warhol)

Questions

1. **Docs. 1 et 2** Quels sont les points communs entre ces deux œuvres ?
2. **Doc. 1** **a)** Qu'ont en commun les trente-deux toiles ? **b)** Quelles sont leurs différences ?
3. **Doc. 1** **a)** Comment appelle-t-on ce type d'œuvre qui consiste à figurer un élément inanimé ? **b)** En quoi celle-ci est-elle particulière ?
4. **Doc. 1** Lorsque vous observez les trente-deux toiles, à quoi vous fait penser la disposition choisie par l'artiste ?
5. **Doc. 1** **a)** En quoi est-ce intéressant que ces toiles soient justement des sérigraphies (voir Éclairage) ? **b)** Quel peut donc être le thème de cette œuvre, au-delà de la représentation d'une boîte de soupe ?
6. **Doc. 1** Quelle est, à votre avis, l'ambition de l'artiste ici ? Lisez les propos de Taylor Mead pour vous aider à répondre.
7. **Doc. 2** À la lecture des propos d'Andy Warhol, en quoi pouvons-nous penser que Warhol est finalement moins dans le blâme que dans l'éloge du produit de consommation courant ?
8. **Docs. 1 et 2** Rédigez un paragraphe opposant les deux interprétations possibles de l'œuvre sérigraphique de Warhol quant à la société de consommation.

« Pub sexiste », graffiti, 2020 (Lyon).

Ex. 1 Je comprends la formation et le sens de néologismes.

1. **a)** Expliquez la formation des mots « publivore » et «publiphobe ». **b)** Donnez la définition de ces deux mots.
2. Trouvez d'autres mots formés avec les mêmes suffixes.

Ex. 2 Je découvre les anglicismes associés à la société de consommation.

1. Donnez un synonyme pour chaque anglicisme (mot emprunté de l'anglais) suivant : *buzz, sponsoring, best-seller, box-office, gloss, low-cost, shooting, shopping, marketing, business, job, manager, leadership, design, discount, flyer, high-tech.*
2. Complétez la liste des anglicismes avec d'autres mots du langage courant que vous connaissez.

Ex. 3 Je découvre l'origine *marketing* de mots courants.

Voici les noms de marques qui sont devenus aujourd'hui des noms communs (processus qu'on nomme l'antonomase). Trouvez un synonyme pour chaque mot : *canson, carte bleue, chamallow, digicode, escalator, esquimau, frigidaire, jet ski, klaxon, post-it, boules Quies, thermos, zodiac.*

Ex. 4 Je suis vigilant(e) à l'emploi du registre mélioratif dans les slogans publicitaires.

1. Quels adverbes et/ou procédés superlatifs ces slogans publicitaires utilisent-ils pour vanter les qualités exceptionnelles de leur marque ou de leur produit ?
   a) Air France : « Faire du ciel le plus bel endroit de la terre. »
   b) Canal + : « Et tellement + encore. »
   c) Champomy : « Sans alcool, la fête est plus folle ! »
   d) Danette : « Tout le monde se lève pour Danette ! »
   e) Fanta : « Plus c'est Fanta, moins c'est sérieux ! »
   f) Planta Fin : « Le fin du fin c'est Planta Fin. »
   g) Dash : « Plus blanc que blanc ! »
2. Trouvez d'autres adverbes mélioratifs qui pourraient être (ou qui sont) utilisés par la publicité.
3. Selon vous, quel adjectif pourrait qualifier un produit « plus blanc que blanc » ?

Ex. 5 J'identifie les figures de style dans les slogans publicitaires.

Identifiez le(s) procédé(s) stylistique(s) utilisé(s) dans chaque slogan reproduit ci-dessous : *question rhétorique, répétition, périphrase, homophonie, métaphore, paronomase (rapprochement de mots de sonorités voisines), polysémie, jeu sur antonymie.*

a) Bonduelle : « Quand c'est bon, c'est Bonduelle. »
b) Lion : « Pour rugir de plaisir ! »
c) SFR : « Vivons mobile. »
d) Pierre Martinet : « Le traiteur intraitable. »
e) Fleury Michon : « Elle est pas belle la vie ? »
f) Entremont : « Entremont, c'est autrement bon ! »
g) Maille : « Il n'y a que Maille qui m'aille ! »
h) Volvic : « Un volcan s'éteint, un être s'éveille. »

Ex. 6 Je distingue les connecteurs logiques.

Classez les connecteurs logiques suivants, selon qu'ils mettent en relation des arguments équivalents ou opposés : *en outre, non seulement ... mais encore, mais, aussi, de plus, pourtant, alors que, de la même façon que, en dépit de, cependant, de surcroît, en revanche, par contre, également, tandis que, néanmoins, de même, comme, or, au contraire.*

Ex. 7 Je comprends le sens figuré d'un mot.

1. **a)** Quels sont les sens propres et les sens figurés du nom « manipulation » ? **b)** Après avoir cherché l'étymologie de « manipulation », expliquez pourquoi les personnes manipulées sont parfois qualifiées de « pantins », de « marionnettes ».
2. Trouvez d'autres mots appartenant au champ lexical de la manipulation (au sens figuré).

Atelier 1 : J'écris un récit utopique

Sujet d'imagination • Imaginez un monde où la publicité et les marques n'existent pas. Votre histoire montrera notamment en quoi cette absence a un impact sur l'espace urbain, les programmes télévisés, le comportement des individus et leurs habitudes de consommation.

Atelier 2 : J'argumente sur l'intérêt artistique de la publicité

Sujet de réflexion • Blaise Cendrars a écrit : « La publicité est la plus belle expression de notre époque, la plus grande nouveauté du jour, un Art. » Êtes-vous d'accord avec cette définition de la publicité comme un art ? Répondez à cette question dans un devoir argumenté en vous appuyant sur des exemples précis.

Étape 1
J'explique la citation de Cendrars

- Au brouillon, proposez une définition générale de la publicité (sans tenir compte de la définition de Blaise Cendrars).
- Au brouillon également, reformulez en une phrase chaque idée de Blaise Cendrars en expliquant bien les mots soulignés : « La publicité est l'expression de notre époque. La publicité est une nouveauté. La publicité est un Art. »
- Rédigez votre introduction en quatre étapes : définition générale de la publicité, citation du sujet, explication de la citation, annonce de votre plan.

Étape 2
Je démontre la dimension artistique de la publicité

- Montrez que la publicité est un art visuel en vous appuyant sur des exemples précis d'affiches et/ou de spots publicitaires (narration d'une histoire, choix des couleurs, travail de composition, etc.).
- Évoquez la dimension poétique de la publicité et des slogans. Aidez-vous du cinquième exercice de lexique.
- Montrez que la publicité est devenue un thème artistique et littéraire en vous appuyant sur les textes du chapitre et/ou sur des œuvres de *Pop Art* et d'Andy Warhol (voir p. 206).
- Utilisez des connecteurs logiques variés pour souligner l'enchaînement de vos arguments. Référez-vous, si besoin, au sixième exercice de lexique.

Étape 3
Je nuance la définition de Cendrars

- Nuancez les remarques de votre première partie en montrant que la publicité pollue l'espace visuel (exemple : panneaux d'affichage) et parasite d'autres arts (exemple : spots avant et pendant les films à la télévision).
- Montrez que la publicité est un art de la manipulation qui pousse à la consommation. Aidez-vous du septième exercice de lexique.
- Illustrez vos arguments par des exemples empruntés aux textes du chapitre et à votre expérience personnelle.
- Utilisez également des connecteurs logiques marquant l'opposition pour souligner le changement de point de vue. Vous pouvez à nouveau piocher dans les connecteurs du sixième exercice de lexique.

Étape 4
Je conclus en prenant position

- Résumez en deux ou trois phrases les idées contraires que vous avez développées.
- Donnez votre opinion : pour vous, la publicité est-elle un art ?
- Justifiez votre point de vue en vous appuyant sur une ou deux publicité(s) qui cible(nt) les adolescent(e)s de votre âge.

Réflexion sur la société de consommation

Groupe 1 : J'enquête sur les slogans et je les détourne

Étape 1 **J'analyse les slogans**
- Faites le tour des élèves de la classe et demandez-leur quels slogans publicitaires leur viennent directement à l'esprit.
- En groupe, faites le tri et gardez ceux le plus souvent cités.
- Pourquoi ces slogans sont-ils marquants ? Comment sont-ils construits ? s'appuient-ils sur des figures de style particulière ? des effets de répétition ? des jeux de mots ?
- Écrivez un bilan de vos recherches et analyses.

Étape 2 **Je détourne**
- Détournez maintenant ces publicités en utilisant le nom de la marque ou l'objet dont le slogan fait la réclame. Vous pouvez ne détourner que le slogan en imitant les procédés observés dans ce dernier, à des fins comiques ou ironiques. L'enjeu est de faire rire ou réfléchir.

Étape 3 **Je présente mon travail à la classe**
- Répartissez-vous les slogans et présentez votre travail à la classe.

Groupe 2 : Je rédige un manifeste contre les stéréotypes publicitaires

Étape 1 pix **J'effectue des recherches**
- Renseignez-vous individuellement sur les rapports qu'entretient la publicité avec des stéréotypes et idéologies nocives : sexisme, misogynie, culte de l'apparence, jeunisme, recherche de la perfection, voire racisme.
- En groupe, partagez vos recherches et répartissez-vous le travail. Si tous les thèmes ne peuvent être abordés, sélectionnez ceux que vous préférez aborder.

Étape 2 pix **Je rédige et illustre le manifeste**
- Individuellement, trouvez une publicité véhiculant le stéréotype ou l'idéologie nocive dont vous allez parler et faites-en une rapide analyse.
- Rédigez ensuite un manifeste commençant par « Nous, élèves de 3e ... refusons de consommer des produits véhiculant des stéréotypes néfastes. »
- Copiez les publicités analysées sur un diaporama.

#balancetapub, 2019, autocollant anti sexiste (Lyon).

Étape 3 **Je présente mon travail à la classe**
- Lisez ensemble, à tour de rôle, les différentes parties de votre manifeste et montrez le diaporama à vos camarades en expliquant pourquoi ces publicités sont critiquables.

Groupe 3 : Je découvre un autre type de consommation

Étape 1 pix

J'effectue des recherches

- Faites des recherches sur Internet sur les nouveaux modes de consommation responsable : occasion, location entre particuliers, troc, circuit court, locavorisme, vente en vrac, fait maison, etc.
- En groupe, partagez vos recherches et répartissez-vous le travail.

Étape 2 pix

Je prépare la restitution

- Seul ou en binôme, approfondissez les recherches sur la partie vous concernant.
- Préparez un diaporama partagé (par exemple, sur *Google Slides*), chacun complétant sa partie. Illustrez les diapositives avec des images évocatrices et légendées. Privilégiez les mots-clés au détriment des phrases.
- Entraînez-vous à l'oral au sein du groupe.

Étape 3

Je présente mon travail à la classe

- Présentez votre diaporama à vos camarades puis échangez avec eux : quel mode de consommation connaîssait-ils/elles ? quel mode ont-ils/elles découvert ?

Groupe 4 : Je crée un prospectus sur les droits et les devoirs des consommateurs

Étape 1 pix

J'effectue des recherches sur les droits et devoirs des consommateurs

- Consultez, entre autres, les sites suivants :
  - 1jour1actu : C'est quoi la consommation ;
  - Wikipedia : Les droits et devoirs du consommateur.
- Téléchargez le fichier suivant sur le site mce-info.org : « Réflexes conso, les droits et devoirs du consommateur ».
- Recherchez les organismes de défense des consommateurs.
- En groupe, faites le point sur vos recherches et définissez ce qu'est la consommation. Réalisez un lexique des termes juridiques ou techniques.

Étape 2

Je crée le prospectus

- Réfléchissez aux différents éléments de votre prospectus : titre, accroche, plan, sources, etc.
- À la main, sur une grande affiche, ou avec un logiciel, réalisez votre prospectus.

Étape 3

Je présente mon travail à la classe

- Présentez maintenant votre réalisation à la classe.
- Échangez avec vos camarades : qu'ont-ils/elles découvert ?

Organisation de l'activité

La classe est scindée en quatre groupes. La présentation orale peut être suivie d'une réflexion sur vos habitudes de consommation (vêtements, électronique/numérique, alimentaire, etc.). Échangez ensemble sur ce qui vous convient et ce que vous souhaiteriez ou pourriez modifier.

Numérique
Retrouvez cette page à télécharger sur LLS.fr/FR3Synthese7

◆ La publicité à l'épreuve de la littérature

1 Complétez le texte suivant avec ces mots ou expressions : *prospectus, romanciers, harcèlement, consommation, conséquences, affiches, réclame, catalogues, clientèle, espace public, asservi, essayistes.*

La publicité, dans son acception moderne, a été inventée au XIXe siècle, soit dans le siècle qui a vu l'essor de l'industrie, la naissance du capitalisme, l'avènement des marchés de grande consommation.
Les auteurs des mouvements réaliste et naturaliste, particulièrement Honoré de Balzac et Émile Zola, s'y sont intéressés, montrant, à travers leurs personnages fictifs, combien ce qu'on appelait encore la .... était d'abord une dépense de moyens ; ainsi, Birotteau fait imprimer des .... et Mouret, des .... à destination des dames, quand il ne couvre pas Paris d'.................... . Les objectifs sont clairs : envahir l'....................,
attirer la ...., pousser à la .... Dans sa nouvelle, « Une victime de la réclame », Zola illustre cette invasion, cette folie, en faisant le portrait d'un homme .... et rendu fou par le .... publicitaire.
La littérature exploite également cette thématique au XXe siècle : pour les .... et les ...., il ne s'agit donc plus d'observer une modification de notre société, mais d'en dénoncer les .... néfastes, dans les domaines de l'environnement, de la linguistique, de la représentation de soi, de l'éducation aux images, etc.

◆ Les procédés littéraires à l'œuvre dans les textes

2 Reliez les citations suivantes aux procédés utilisés pour critiquer la publicité et ses conséquences.

- parallélisme ◉
- métaphore ◉
- antithèse ◉
- accumulation ◉

- ◉ « Un prospectus dont la ridicule phraséologie fut un élément de succès » (Honoré de Balzac)
- ◉ « C'est ainsi que le malheureux a vécu dans un véritable enfer. » (Émile Zola)
- ◉ « Autrement, écririez-vous d'un siège qu'il est *évolutif*, d'une robe qu'elle est *malléable*, d'un tissu qu'il est *texturé*, d'une semelle qu'elle est *podologique* ? » (René Étiemble)
- ◉ « Même à l'orée des forêts, au bout des petits villages, en bas des vallées isolées et au sommet des montagnes blanches, sur les cabines de téléphérique, on devait affronter des logos "Castorama", "Bricodécor", "Champion Midas" et "La Halle aux Vêtements". » (Frédéric Beigbeder)

◆ Synthèse

3 Pensez-vous être une victime de la publicité ? Votre réponse sera personnelle, mais devra s'appuyer sur les textes étudiés dans ce chapitre.

4 La littérature et la publicité ont-elles des points communs ? Sont-elles, au contraire, aux antipodes l'une de l'autre ? Proposez une réponse en vous appuyant sur des exemples précis.

Au Bonheur des Dames
Émile Zola, 1883, Larousse, collection Petits classiques.
Octave Mouret transforme la petite échoppe de son oncle en grand magasin, dans le Paris du Second Empire.

Mon Kdi n'est pas un Kdo
Michel Besnier et Henri Galeron, 2008, Motus.
Ce recueil poétique est étonnant, amusant, plein de surprises. Il nous fait découvrir autrement l'univers des supermarchés.

Mon oncle
Jacques Tati, 1958.
Monsieur Arpel, le directeur d'une usine, possède une maison futuriste, pleine de gadgets plus improbables les uns que les autres. Un classique du cinéma comique français.

L'univers fascinant du Dominatus
Didier Jean et Zad, 2009, Utopique.
Le professeur Formick dresse un portrait du Dominatus, qu'il a longuement observé et étudié. Quelle est cette étrange espèce ?

Marcovaldo
Italo Calvino, « La Lune et le GNAC », 1963, Gallimard, collection Folio.
« La nuit durait vingt secondes, et vingt secondes aussi le GNAC. » Voici les premiers mots de « La Lune et le GNAC », l'une des nouvelles dont Marcovaldo est le héros. À lire pour (re)découvrir l'univers fantaisiste d'Italo Calvino.

Regarde les lumières mon amour
Annie Ernaux, 2014, Flammarion, collection Étonnants classiques.
Quand l'autrice fait ses courses, elle devient spectatrice de l'effervescence de l'hypermarché. Dans ce récit, elle nous livre le journal de ses visites dans ce monde de la consommation.

Et aussi ! D'autres propositions de lecture sur LLS.fr/FR3Lectures7

Sujet Brevet 7

Dans ce texte, François Brune questionne les rapports que chaque enfant entretient avec la publicité, notamment à la télévision.

L'enfant aime la publicité comme le sucre, sans se soucier des caries culturelles qu'elle provoque dans sa vision du monde et de lui-même, n'en déplaise aux professionnels qui, en 1979, ont suscité enquêtes et colloques[1] pour nous faire croire que les enfants résistent allègrement[2] à la pression publicitaire.

On nous dit qu'ils savent fort bien choisir entre les produits. Peut-être. Mais s'ils se défendent de tel ou tel achat, ils n'échappent pas à la norme implicite et réitérée[3] selon laquelle, pour être, il faut acheter.

On nous dit qu'ils rejettent les produits qui ne correspondent pas à leurs réclames. Peut-être. Mais ils n'en continuent pas moins de gober spot après spot, comblant la déception de l'achat passé par le fantasme[4] de l'achat à venir. Le renouvellement des envies anesthésie[5] les frustrations. Ainsi se crée et s'entretient un déséquilibre dynamique qui conduit à ne vivre qu'en vue de futures consommations. Exister, c'est saliver.

On nous dit qu'à l'inverse des adultes, l'enfant est surtout sensible à la valeur intrinsèque[6] du produit. Peut-être. Mais la publicité ne s'efforce pas moins de lui associer les valeurs « socioculturelles », comme on l'a vu, et de les y réduire. Comme s'il fallait imprégner l'individu le plus tôt possible de l'idée que toutes les dimensions de la vie vont pouvoir s'épuiser dans la seule consommation. [...]

On nous dit enfin, c'est l'argument massue[7] : voyez comme l'enfant moderne est en sécurité dans cet univers d'objets ! Comme il est bien dans sa peau ! Mais c'est un consommateur-né ! Né, ou condition-né ? C'est tout le problème. Nos euphoriques[8] publicitaires ont oublié un peu vite que l'enfant d'aujourd'hui est déjà, largement, le fruit de dix ans de spots. Dix ans qu'on l'installe journellement devant cette vitrine de la « société de consommation » qui s'appelle télévision. Dix ans qu'on l'invite à se reconnaître dans l'enfant « heureux » qui ne vit que dans et par la consommation, de jouets notamment.

François Brune, *Le bonheur conforme, essai sur la normalisation publicitaire*

Publicité pour la marque fromagère Kiri, 1981.

1. Conférences.
2. Facilement.
3. Répétée.
4. Rêve.
5. Apaise, engourdit.
6. Essentielle, propre à ce produit-là.
7. L'argument le plus percutant.
8. Excités, enthousiastes.

1ère partie de l'épreuve

1h10

Compréhension et compétences d'interprétation

32 points

1 Lisez le début du texte. **a)** L'auteur pense-t-il que l'enfant aime la publicité ? Citez pour justifier votre réponse. **b)** Quelles figures de style utilise-t-il pour illustrer son propos ? En quoi ces deux figures sont-elles pertinentes ici ? (5 points)

2 **a)** Quelle est la figure de style qui structure l'ensemble du texte ? Observez les débuts des paragraphes pour répondre. **b)** Pourquoi l'auteur a-t-il choisi d'utiliser cette figure ? (3 points)

3 Quelles sont les quatre idées reçues que l'auteur souhaite contredire ? Lisez les paragraphes 2 à 5 pour répondre. Citez chacune de ces idées reçues. (4 points)

4 Bien qu'il n'y ait pas d'effet d'adresse, ce texte est particulièrement adressé aux « professionnels » (l. 3) de la publicité. **a)** Comment sont-ils autrement appelés dans le texte ? **b)** À quels autres lecteurs ce texte s'adresse-t-il ? Pourquoi ? (2 points)

5 **a)** Le verbe « gober » (l. 9) est-il à comprendre au sens propre ou au sens figuré ? **b)** Trouvez un synonyme de ce verbe. **c)** Que doit-on comprendre grâce à ce verbe ? (2 points)

6 Comment comprenez-vous les citations suivantes : « pour être, il faut acheter » (l. 7) et « Exister, c'est saliver » (l. 13) ? (2 points)

7 « On nous dit enfin [...] le problème. » (l. 19-24) **a)** Quelles sont les paroles rapportées ? Comment sont-elles rapportées ? Qui les prononce ? **b)** Quelles paroles, au contraire, pourraient apparaître comme rapportées alors qu'elles sont de l'auteur ? **c)** À quoi voit-on que l'auteur est agacé ? (5 points)

8 « Dix ans qu'on [...] jouets notamment. » (l. 27-33) Reformulez cet argument avec vos mots. (3 points)

9 **Image** **a)** À quoi voit-on que cette publicité a souhaité retranscrire l'univers de l'enfance ? **b)** Quel stéréotype véhicule-t-elle ? **c)** Dans quelle position met-elle l'enfant ? Justifiez votre réponse. (6 points)

Grammaire et compétences linguistiques

18 points

10 « les enfants résistent allègrement à la pression publicitaire » (l. 4) Analysez les fonctions grammaticales au sein de cette citation. (2 points)

11 « On nous dit qu'ils rejettent les produits qui ne correspondent pas à leurs réclames. » (l. 8-9) Isolez les trois propositions et donnez la nature de chacune d'entre elles. (3 points)

12 Citez six adjectifs qualificatifs du texte. (3 points)

13 « On nous dit qu'ils savent [...] les produits » (l. 5-8) Réécrivez ce passage à l'imparfait et en remplaçant la troisième personne du pluriel par la troisième personne du singulier. (10 points)

2e partie de l'épreuve

20 min

Dictée

10 points

Francis Ponge, « Le Cageot », *Le Parti pris des choses*, 1942. Les dictées des brevets blancs sont regroupées p. 368 à 371.

3e partie de l'épreuve

1h30

Rédaction

40 points

Vous traiterez à votre choix l'un des sujets suivants.

SUJET DE RÉFLEXION

La publicité est-elle utile ? En vous appuyant sur des arguments et exemples, proposez une réponse nuancée.

SUJET D'IMAGINATION

Écrivez une lettre au chef de l'État pour demander la suppression des publicités dans l'espace public. Avancez vos arguments avec diplomatie et conviction. Respectez la forme de la lettre.

Sujet guidé 7

Dans cette œuvre, l'autrice revient sur soixante ans d'histoire, des années 1940 aux années 2000. Elle étudie les mœurs de ses contemporains, notamment en matière de consommation.

L'ordre marchand se resserrait, imposait son rythme haletant. Les achats munis d'un code-barres passaient avec une célérité[1] accrue du plateau roulant au chariot dans un bip discret escamotant[2] le coût de la transaction en une seconde. Les articles de la rentrée scolaire surgissaient dans les rayons avant que les enfants ne soient encore en vacances, les jouets de Noël le lendemain de la Toussaint et les maillots de bain en février. Le temps des choses nous aspirait et nous obligeait à vivre sans arrêt avec deux mois d'avance. Les gens accouraient aux « ouvertures exceptionnelles » du dimanche, les soirs jusqu'à onze heures, le premier jour des soldes constituait un événement couvert par les médias. « Faire des affaires », « profiter des promotions » était un principe indiscuté, une obligation. [...]

Pour les adolescents – surtout ceux qui ne pouvaient compter sur aucun autre moyen de distinction sociale – la valeur personnelle était conférée par les marques vestimentaires, *L'Oréal parce que je le vaux bien*. Et nous, contempteurs[3] sourcilleux[4] de la société de consommation, on cédait au désir d'une paire de bottes qui, comme jadis la première paire de lunettes solaires, plus tard une minijupe, des pattes d'ef, donnait l'illusion brève d'un être neuf. Plus que la possession, c'était cela, cette sensation que les gens poursuivaient dans les gondoles de Zara et de H&M et que leur procurait immédiatement, sans effort, l'acquisition des choses : un supplément d'être. [...]

L'imagination commerciale était sans bornes. Elle annexait à son profit tous les langages, écologique, psychologique, se parait[5] d'humanisme et de justice sociale, nous enjoignait[6] de « lutter tous ensemble contre la vie chère », prescrivait : « faites-vous plaisir », « faites des affaires ». Elle ordonnait la célébration des fêtes traditionnelles, Noël et la Saint-Valentin, accompagnait le ramadan. Elle était une morale, une philosophie, la forme incontestée de nos existences. *La vie. La vraie. Auchan.*

C'était une dictature douce et heureuse contre laquelle on ne s'insurgeait pas, il fallait seulement se protéger de ses excès, éduquer le consommateur, définition première de l'individu. Pour tout le monde, y compris les immigrants clandestins entassés sur une barque vers la côte espagnole, la liberté avait pour visage un centre commercial, des hypermarchés croulant sous l'abondance.

Arman, *Poubelle de Jim Dine*, 1961, plexiglas et détritus (collection Ileana et Michael Sonnabend, New York, États-Unis).

Annie Ernaux, *Les Années* © Éditions Gallimard, 2008.

1. Rapidité.
2. Faisant disparaître.
3. Et nous qui méprisons...
4. ...avec tant de sévérité.
5. S'ornait.
6. Ordonnait.

Numérique

Retrouvez la 1re partie de l'épreuve sur LLS.fr/FR3P216

Zoom sur les 2e et 3e parties de l'épreuve

Méthode • Le sujet de réflexion

1. Analysez le sujet, reformulez-le.
2. Commencez par ce qui se rapporte au contenu :
   - de quel sujet devez-vous parler ?
   - qui parle à qui ?
3. Regardez ensuite ce qui se rapporte à la forme attendue :
   - vous est-il demandé de présenter vos arguments sous une forme spécifique (lettre, discours) ? Notez sur un brouillon les codes de présentation de la forme attendue ;
   - vous propose-t-on un plan à suivre ? un nombre d'arguments, un type d'exemples ?
4. Au brouillon, notez toutes vos idées comme elles vous viennent. Organisez-les ensuite de façon logique, de la moins importante à la plus percutante, en les numérotant par exemple. Associez à chacune au moins un exemple et un connecteur.
5. Ne rédigez pas tout au brouillon : préparez seulement la première et la dernière phrase.
6. Pendant la rédaction, allez à la ligne après l'introduction, après chaque argument et pour votre conclusion. Évitez les phrases trop longues.
7. Relisez-vous : vérifiez que vos phrases ont un sens, surveillez l'orthographe et assurez-vous que vous avez bien répondu à la question posée.

2e partie de l'épreuve

20 min

Dictée — 10 points

Georges Perec, *Les Choses*, 1965. Les dictées des brevets blancs sont regroupées p. 368 à 371.

3e partie de l'épreuve

1h30

Rédaction — 40 points

Vous traiterez à votre choix l'un des sujets suivants.

SUJET DE RÉFLEXION

Pensez-vous que la consommation mène au bonheur ? Vous répondrez à cette question en veillant à respecter l'emploi de la première personne et l'organisation de votre texte, la pertinence de l'argumentation et la correction de la langue.

SUJET DE D'IMAGINATION

Racontez le premier jour des soldes. Vous utiliserez l'imparfait et certains procédés du texte d'Annie Ernaux pour renforcer l'idée de bousculade et d'excès. Votre récit débouchera sur une interrogation sur le monde contemporain. Vous respecterez les codes du récit (chronologie, système des temps) et vous conclurez par une réflexion.

Méthode appliquée

- Le sujet concerne la société de consommation. Essayez de le reformuler avec vos mots.
  → Est-ce qu'acheter ou posséder des choses rend heureux ?
- Il vous est demandé de surveiller l'organisation de votre texte.
  → Vous devez répondre sous la forme de paragraphes en usant de connecteurs logiques.
- Il vous est aussi demandé de veiller à l'argumentation.
  → Vous devez donc écrire des paragraphes argumentés et utiliser des modalisateurs et des figures de style (d'insistance par exemple).
  → N'oubliez pas les exemples, qui soutiennent l'argumentation.
- Hiérarchisez vos arguments (au moins trois) pour finir par le plus convaincant.
  → Un argument reposant sur des éléments historiques ou scientifiques aura plus de poids qu'un argument reposant sur votre expérience personnelle.
- Faites une introduction.
  → Expliquez ce qu'on appelle la société de consommation et rappelez la question à laquelle vous devez répondre.
- Dans la conclusion, rappelez brièvement votre réponse.
  → Expliquez en une phrase ou deux si, selon vous, la consommation mène au bonheur en résumant vos arguments les plus pertinents.

Questionnement complémentaire

Progrès et rêves scientifiques

Questionnement

- S'interroger sur le concept du progrès scientifique, tantôt exalté et mythifié, tantôt objet de répulsion ou de désillusion.

- Poser la question des rapports entre les sciences et la littérature, notamment à travers des œuvres mettant en scène la figure du savant, créateur du bonheur de demain ou figure malfaisante ou diabolique.

- Interroger l'ambition de l'art à penser, imaginer, voire anticiper le progrès scientifique et technologique.

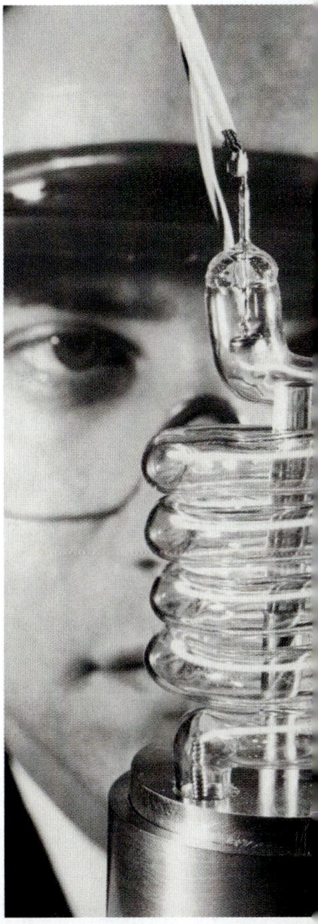

Chapitre 8

Comment le progrès scientifique inspire-t-il la littérature ?

Questionnement complémentaire – Progrès et rêves scientifiques

8 Comment le progrès scientifique inspire-t-il la littérature ?

Objectifs

- ✔ Je découvre des textes d'anticipation d'hier et d'aujourd'hui.
- ✔ Je comprends des textes d'époques diverses qui traitent de la science et de ses progrès.
- ✔ Je m'interroge sur les liens entre les sciences, l'art et la littérature.

Banksy, *UFO Invasion*, 2009, huile sur aluminium et toile vandalisée (« Banksy vs Bristol Museum » exhibition, Bristol Museum & Art Gallery, Royaume-Uni).

1. Décrivez ce tableau. Selon vous, à quelle époque se situe l'action ?
2. Comment la surprise naît-elle dans ce tableau ? Répondez en vous appuyant sur le sujet, les couleurs et le jeu de composition avec le cadre.

Les repères du chapitre

1619-1655
Savinien de Cyrano de Bergerac

L'héliocentrisme
Copernic au début du XVIe siècle, puis Galilée un siècle plus tard, défendent la théorie de l'héliocentrisme : ce n'est pas la Terre qui est au centre de l'Univers, mais le Soleil. Cette théorie est condamnée par l'Église car elle s'oppose au récit de la *Genèse* dans lequel l'homme et la Terre sont au centre du monde créé par Dieu.

1740-1814
Louis-Sébastien Mercier

Anticipation ou science-fiction ?
Un roman d'anticipation est un récit se déroulant dans le futur, proche ou lointain, tandis que le roman de science-fiction fait explicitement référence à une ou plusieurs avancées technologiques. Ce dernier se déroule la plupart du temps dans le futur – rejoignant alors le roman d'anticipation – mais peut aussi se situer dans le présent.

1920-2012
Ray Bradbury

La dystopie
Une dystopie ou une contre-utopie est un récit de fiction qui présente une société imaginaire, souvent dans un avenir proche, dont l'organisation empêche les hommes d'être heureux.

1927-2014
Daniel Keyes

L'eugénisme
Il s'agit de la théorie consistant à sélectionner des êtres humains à partir de leur patrimoine génétique, et à éliminer ceux qui ne répondent pas aux critères prédéfinis.

né en 1960
Laurent Alexandre

Le transhumanisme
Le transhumanisme désigne un mouvement intellectuel prônant l'amélioration de la condition humaine grâce au recours à la science, susceptible d'accroître nos capacités physiques et intellectuelles.

Pour entrer dans le chapitre

1. Citez des œuvres littéraires et cinématographiques que vous connaissez et qui ont pour sujet le progrès scientifique.
2. Quel progrès scientifique récent vous semble désormais indispensable à notre société ? Justifiez votre réponse.
3. Quel progrès scientifique récent vous semble, au contraire, négatif, voire dangereux ? Justifiez votre réponse.
4. À votre avis, sur quel champ de recherche la science va-t-elle encore progresser ? Quels sont les progrès scientifiques de demain ?

L'image

5. Décrivez ce pochoir.
6. Quel est le message porté par le pochoiriste ?

By Dav', *Sans titre*, 2018, pochoirs sur un mur de la cour des Voraces (Lyon).

Écriture

7. Imaginez que cette image est une publicité satirique (voir p. 373). Formulez un slogan et rédigez un paragraphe vantant ironiquement les mérites des essais nucléaires et de l'usage de la bombe nucléaire : avancez au moins deux arguments et deux exemples.
8. Imaginez un progrès scientifique que vous souhaiteriez voir effectif. Écrivez une courte description de ce progrès.

Numérique

Retrouvez un quiz sur LLS.fr/FR3Quiz8

« Voici comme je me donnai au ciel. »

Savinien de Cyrano de Bergerac

(1619-1655) est connu en son temps pour son extravagance et son savoir autant que pour ses duels à l'épée. Son œuvre est souvent critique à l'égard de l'autorité, notamment l'autorité religieuse. En 1897, Edmond Rostand fait de lui le personnage principal de la pièce qui rendra son nom célèbre.

Numérique

Retrouvez un extrait du discours de Joseph de Montgolfier au sujet de son invention sur **LLS.fr/FR3Montgolfier**

Lexique

Tambour battant

Recherchez l'origine de cette expression (l. 38-39). Quel sens a-t-elle dans le texte ? Quel est son sens figuré ?

Le narrateur tente de s'envoler jusqu'à la lune par un moyen bien étrange. Il vérifie malgré lui les théories controversées de Copernic et Galilée.

Voici comme je me donnai au ciel. Je m'étais attaché autour de moi quantité de fioles pleines de rosée, et la chaleur du soleil qui les attirait m'éleva si haut, qu'à la fin je me trouvai au-dessus des plus hautes nuées[1]. Mais comme cette attraction me faisait monter avec trop de rapidité, et qu'au lieu de m'approcher de la lune, comme je prétendais, elle me paraissait plus éloignée qu'à mon partement[2], je cassai plusieurs de mes fioles, jusqu'à ce que je sentis que ma pesanteur surmontait l'attraction et que je descendais vers la terre.

Mon opinion ne fut point fausse, car j'y retombai quelque temps après, et à compter l'heure que j'en étais parti, il devait être minuit. Cependant je reconnus que le soleil était alors au plus haut de l'horizon, et qu'il était midi. Je vous laisse à penser combien je fus étonné : certes je le fus de si bonne sorte que, ne sachant à quoi attribuer ce miracle, j'eus l'insolence de m'imaginer qu'en faveur de ma hardiesse[3], Dieu avait encore une fois recloué le soleil aux cieux, afin d'éclairer une si généreuse entreprise.

Ce qui accrut mon ébahissement[4], ce fut de ne point connaître le pays où j'étais, vu qu'il me semblait qu'étant monté droit, je devais être descendu au même lieu d'où j'étais parti. Équipé comme j'étais, je m'acheminai vers une chaumière, où j'aperçus de la fumée ; et j'en étais à peine à une portée de pistolet, que je me vis entouré d'un grand nombre de sauvages. Ils parurent fort surpris de ma rencontre ; car j'étais le premier, à ce que je pense, qu'ils eussent jamais vu habillé de bouteilles. Et pour renverser encore toutes les interprétations qu'ils auraient pu donner à cet équipage, ils voyaient qu'en marchant je ne touchais presque point à la terre : aussi ne savaient-ils pas qu'au moindre branle[5] que je donnais à mon corps, l'ardeur des rayons de midi me soulevait avec ma rosée, et que si mes fioles avaient été en assez grand nombre, j'eusse été possiblement à leur vue enlevé dans les airs. Je les voulus aborder ; mais comme si la frayeur les eût changés en oiseaux, un moment les vit perdre dans la forêt prochaine. J'en attrapai un toutefois, dont les jambes sans doute avaient trahi le cœur. Je lui demandai avec bien de la peine (car j'étais tout essoufflé) combien l'on comptait de là à Paris, et depuis quand en France le monde allait tout nu, et pourquoi ils me fuyaient avec tant d'épouvante. Cet homme à qui je parlais était un vieillard olivâtre, qui d'abord se jeta à mes genoux ; et joignant les mains en haut derrière la tête, ouvrit la bouche et ferma les yeux. Il marmotta longtemps entre ses dents, mais je ne discernai point qu'il articulât quoi que ce fût ; de façon que je pris son langage pour le gazouillement enroué d'un muet.

À quelque temps de là, je vis arriver une compagnie de soldats tambour battant, et j'en remarquai deux se séparer du gros[6] pour me reconnaître. Quand ils furent assez proche pour être entendu, je leur demandai où j'étais.

– Vous êtes en France, me répondirent-ils [...]. Ils me menèrent vers leur gros, me disant ces paroles, et j'appris d'eux que j'étais en France et n'étais point en Europe, car j'étais en la Nouvelle France. Je fus présenté à M. de Montmagny, qui en est le vice-roi. Il me demanda mon pays, mon nom et ma qualité ; et après que je l'eus satisfait, en lui racontant l'agréable succès de mon voyage, soit qu'il le crût, soit qu'il feignît de le croire, il eut la bonté de me faire donner une chambre dans son appartement. Mon bonheur fut grand de rencontrer un homme capable de hautes opinions, et qui ne s'étonna point quand je lui dis qu'il fallait que la terre eût tourné pendant mon élévation ; puisque ayant commencé de monter à deux lieues[7] de Paris, j'étais tombé par une ligne quasi perpendiculaire en Canada.

Savinien de Cyrano de Bergerac, *Histoire comique des États et Empires de la Lune*, 1657.

1. Nuages.
2. Départ.
3. Courage.
4. Surprise.
5. Balancement.
6. Ici, le gros de la troupe, c'est-à-dire l'essentiel des soldats.
7. Ancienne unité de mesure (1 lieue = environ 4 km).

Anonyme, illustration pour les *Œuvres de Monsieur de Cyrano Bergerac*, 1709, gravure (colorisée).

Compréhension

1. **a)** Reformulez l'histoire en deux ou trois phrases. **b)** Donnez un titre à ce texte.
2. **a)** Quelle est la première surprise du narrateur ? Comment explique-t-il ce phénomène ? **b)** Quelle est la seconde surprise du narrateur ?
3. **a)** Où le narrateur est-il finalement tombé ? **b)** Comment s'appelle cette province aujourd'hui ?

Analyse et interprétation

4. Cherchez la définition du mot « évaporation » (ou interrogez votre professeur(e) de physique) et expliquez la façon dont le narrateur monte au ciel.
5. Citez le passage du texte qui illustre la théorie de la rotation terrestre, contestée à l'époque.
6. Pourquoi ce passage est-il aussi un texte de vulgarisation scientifique, c'est-à-dire un texte qui cherche à rendre accessible au plus grand nombre une théorie ou un phénomène complexe ?
7. **a)** Diriez-vous que cette vérité scientifique est défendue avec vigueur ou qu'elle est exposée avec précaution ? Justifiez votre réponse. **b)** Pourquoi l'auteur agit-il de cette manière ?

Langue

8. Comment expliquez-vous l'accord du participe passé « changés » (l. 28) ?

Le télescope et le microscope

Louis-Sébastien Mercier

(1740-1814) est un auteur français prolifique, mais méconnu. Son œuvre principale *L'An 2440 : rêve s'il en fut jamais* est imprimée à Amsterdam parce qu'interdite par les autorités françaises. On la considère aujourd'hui comme le premier roman d'anticipation.

Écoute

Écoutez les paroles du pasteur. Dans quel état d'esprit semble-t-il être ?

Numérique

Retrouvez un extrait des *Pensées* de Blaise Pascal, texte philosophique qui a inspiré Mercier, sur **LLS.fr/FR3Pascal**

Le narrateur s'est endormi au XVIIIe siècle ; il se réveille 670 ans plus tard. La société utopique[1] *qu'il découvre est celle que les philosophes des Lumières ont envisagée. Une révolution sans heurts a délivré les hommes des injustices et le monarque est raisonnable. Au XXVe siècle, on s'initie à la science pour une raison surprenante.*

Mais quel est ce jeune homme que je vois environné d'une foule empressée ? Comme la joie se peint dans tous ses mouvements ! comme son front est brillant ! que lui est-il arrivé d'heureux ? d'où vient-il ? – Il vient d'être initié, me répondit gravement mon guide. [...] Nous observons de fort près le goût, le caractère, les actions les plus secrètes d'un jeune homme. Dès qu'on s'aperçoit qu'il cherche les endroits solitaires pour y réfléchir ; dès qu'on le surprend l'œil attendri, attaché sur la voûte du firmament[2] [...] ; alors il n'y a plus de temps à perdre, c'est un signe que sa raison a toute sa maturité et qu'elle peut recevoir avec fruit le développement des merveilles que le Créateur a opérées.

Nous choisissons une nuit où, dans un ciel serein, l'armée des étoiles brille dans tout son éclat. Accompagné de ses parents et de ses amis, le jeune homme est conduit à notre observatoire : tout à coup nous appliquons à son œil un télescope ; nous faisons descendre sous ses yeux Mars, Saturne, Jupiter, tous ces grands corps flottants avec ordre dans l'espace ; nous lui ouvrons, pour ainsi dire, l'abîme de l'infini. Tous ces soleils allumés viennent en foule se presser sous son regard étonné. Alors un pasteur vénérable[3] lui dit d'une voix imposante et majestueuse : « Jeune homme ! voilà le Dieu de l'univers qui se révèle à vous au milieu de ses ouvrages. Adorez le Dieu de ces mondes, ce

Joan Miró, *L'Étoile du matin*, 1940, tempéra, huile, gouache, pastel sur papier, 38 × 46 cm (Fondation Joan Miró, Barcelone, Espagne).

Lexique

Paradoxe

Du grec *paradoxos*, (contraire à l'opinion commune), un paradoxe est une idée étonnante, qui va à l'encontre de ce que les gens pensent habituellement.
Quel paradoxe propose ce texte au sujet du lien entre science et religion ?

Dieu dont le pouvoir étendu surpasse et la portée de la vue de l'homme et celle même de son imagination. [...] »

Alors la scène change : on apporte un microscope ; on lui découvre un nouvel univers, plus étonnant, plus merveilleux encore que le premier. Ces points vivants que son œil aperçoit pour la première fois, qui se meuvent[4] dans leur inconcevable petitesse, et qui sont doués des mêmes organes appartenant aux colosses de la terre, lui présentent un nouvel attribut de l'intelligence du Créateur.

Le pasteur reprend du même ton : « Êtres faibles que nous sommes, placés entre deux infinis, opprimés de tout côté sous le poids de la grandeur divine, adorons en silence la même main qui alluma tant de soleils, imprima la vie et le sentiment à des atomes imperceptibles ! Sans doute, l'œil qui a composé la structure délicate du cœur, des nerfs, des fibres du ciron[5], lira sans peine dans les derniers replis de notre cœur. Quelle pensée intime peut se dérober à ce regard absolu devant lequel la voie lactée ne paraît pas plus que la trompe de la mite[6] ? Rendons toutes nos pensées dignes du Dieu qui les voit naître et qui les observe. [...] »

Le jeune homme ému, étonné, conserve la double impression qu'il a reçue presque au même instant : il pleure de joie, il ne peut rassasier[7] son ardente curiosité ; elle s'enflamme à chaque pas qu'il fait dans ces deux univers. Ses paroles ne sont plus qu'un long cantique d'admiration. Son cœur palpite de surprise et de respect ; et dans ces instants sentez-vous avec quelle énergie, avec quelle vérité il adore l'Être des êtres ? Comme il se remplit de sa présence ! Comme ce télescope étend, agrandit ses idées, les rend dignes d'un habitant de cet étonnant univers ! Il guérit de l'ambition terrestre et des petites haines qu'elle enfante ; il chérit tous les hommes animés du souffle égal de la vie ; il est le frère de tout ce que le Créateur a touché.

Louis-Sébastien Mercier, *L'An 2440 : rêve s'il en fut jamais*, 1770.

1. Adjectif dérivé du nom « utopie » qui signifie littéralement « en aucun lieu », soit un lieu rêvé, idéal.
2. Voûte céleste, ciel.
3. Digne de respect.
4. Bougent.
5. Acarien ; plus petit être vivant observable à l'œil nu.
6. Acarien ou insecte.
7. Satisfaire.

Compréhension

1 **a)** En combien d'étapes l'initiation se déroule-t-elle ? **b)** Résumez chaque étape en quelques mots.

2 Quel est le résultat de cette initiation ?

3 À la fin du premier paragraphe, qu'apprenez-vous sur les motivations de l'initiation ?

Analyse et interprétation

4 Pourquoi attendre une belle nuit pour cette initiation ?

5 **a)** Sur quelle opposition se fonde cette initiation ? Citez le texte pour illustrer votre réponse. **b)** Quel est toutefois le point commun entre ces étapes ?

6 À votre avis, quel rôle le jeune initié pourra-t-il jouer ensuite dans la société ?

7 Selon vous, qu'est-ce qui a poussé l'auteur à écrire ce texte ?

8 **Image** **a)** Quel rapport ce tableau de Joan Miró entretient-il avec le texte ? **b)** Le surréalisme de cette image lui confère un aspect magique. Est-ce une bonne illustration du texte ? Justifiez votre réponse.

Langue

9 « Êtres faibles [...] imperceptibles ! » (l. 28-31) **a)** De quel type de phrase s'agit-il ? Relevez le verbe principal et indiquez son mode. **b)** Que cela montre-t-il sur la position du pasteur par rapport à la foule ?

10 Réécrivez le discours du pasteur (l. 28-36) en remplaçant « Êtres faibles que nous sommes » par « Être faible que tu es ».

Texte lu

« Il y eut un coup de tonnerre. »

Ray Bradbury

(1920-2012) est un écrivain américain, connu pour ses œuvres de science-fiction. Auteur des *Chroniques martiennes*, de *Fahrenheit 451* ou encore de *L'Homme illustré*, il s'est adonné principalement au genre de l'anticipation. « Un coup de tonnerre » est l'une de ses plus célèbres nouvelles.

Eckels, passionné de chasse, a payé cher pour voyager dans le passé à bord de la Machine. Son objectif : tuer un Tyrannosaurus rex. *Travis, l'organisateur, lui demande de ne toucher à rien d'autre qu'au tyrannosaure. Toutefois, effrayé par la bête, Eckels tombe de la Passerelle et pose le pied sur le sol de la forêt primitive. À son retour, rien n'a changé ou presque... Voici la fin du récit.*

La Machine s'arrêta.

– Sortez, dit Travis.

Ils se trouvaient à nouveau dans la pièce d'où ils étaient partis. Elle était dans le même état où ils l'avaient laissée.

Pas tout à fait le même cependant. Le même homme était bien assis derrière le guichet. Mais le guichet n'était pas tout à fait pareil lui non plus. [...]

– Ça va, Eckels, vous pouvez partir. Et ne revenez jamais !

Eckels était incapable de bouger.

– Vous m'entendez ? dit Travis. Que regardez-vous ainsi ?

Eckels, debout, humait l'air et dans l'air, il y avait quelque chose, une nuance nouvelle, une variation chimique, si subtile, si légère que seul le frémissement de ses sens alertés l'en avertissait.

On sentait quelque chose dans l'air. [...]

Hors de cette pièce, derrière ce mur, derrière cet homme qui n'était pas tout à fait le même homme, assis derrière ce guichet qui n'était pas tout à fait le même guichet... il y avait tout un monde d'êtres, de choses...

Comment se présentait ce monde nouveau, on ne pouvait le deviner. Il le sentait en mouvement, là, derrière les murs comme un jeu d'échecs dont les pièces étaient poussées par un souffle violent. Mais un changement était visible déjà : l'écriteau imprimé, sur le mur, celui-là même qu'il avait lu tantôt, lorsqu'il avait pénétré pour la première fois dans ce bureau. On y lisait :

Soc. La chas a traver les âge
Parti de chas dans le Passé
Vou choisisés l'animal.
Nou vou transportons.
Vou le tué.

Eckels se laissa choir dans un fauteuil. Il se mit à gratter comme un fou la boue épaisse de ses chaussures. Il recueillit en tremblant une motte de terre.

– Non, cela ne peut être. Non, pas une petite chose comme celle-ci. Non !... [...] Pas une petite bête pareille, pas un papillon ! s'écria Eckels.

Une chose exquise tomba sur le sol, une petite chose qui aurait à peine fait pencher une balance, à peine renversé une pièce de domino, puis une rangée de pièces de plus en plus grandes, gigantesques, à travers les années et dans la suite des Temps. Eckels sentit sa tête tourner. [...] Tuer un papillon ne pouvait avoir une telle importance. Et si pourtant cela était ?

Il sentit son visage se glacer. Les lèvres tremblantes, il demanda :

– Qui... qui a vaincu aux élections présidentielles hier ?

L'homme derrière le guichet éclata de rire.

– Vous vous moquez de moi ? Vous le savez bien. Deutcher naturellement ! Qui auriez-vous voulu d'autre ? Pas cette sacrée chiffe molle de Keith. Nous avons enfin un homme à poigne, un homme qui a du cœur au ventre,

Écoute

Comment le comédien parvient-il à nous faire entendre la panique d'Eckels ?

Numérique

Retrouvez une vidéo sur le voyage dans le temps par Bruce Benamran, créateur d'*e-penser* sur LLS.fr/FR3Voyagetemps pardieu !

L'employé s'arrêta.

– Quelque chose ne va pas ?

Eckels balbutia, tomba à genoux. À quatre pattes, les doigts tremblants, il cherchait à saisir le papillon doré. [...]

– Ne pourrions-nous pas le ramener là-bas, lui rendre la vie ? Ne pourrions-nous pas recommencer ? Ne pourrions-nous...

Il ne bougeait plus. Les yeux fermés, tremblant, il attendait.

Il entendit le souffle lourd de Travis à travers la pièce, il l'entendit prendre la carabine, lever le cran d'arrêt, épauler l'arme.

Il y eut un coup de tonnerre.

Ray Bradbury, « Un coup de tonnerre », *Les Pommes d'or du soleil*, 1952, traduit de l'anglais par Richard Négrou © Éditions Denoël, 1956.

Ardif, *Papillon bleu des villes*, 2020, collage peint (Paris).

Compréhension

1 La machine à remonter le temps s'est arrêtée : que se passe-t-il ? Reformulez ce que vous avez compris en deux ou trois phrases.

2 Le monde dans lequel se trouvent les personnages semble n'être pas tout à fait le même qu'à leur départ. **a)** Par quel sens Eckels en prend-il conscience ? **b)** Quel autre sens est ensuite sollicité ?

3 Quelle semble être la cause de ces changements ? Justifiez votre réponse.

Analyse et interprétation

4 Dans quel état d'esprit Eckels se trouve-t-il aux lignes 29-30 ? Commentez la ponctuation, les répétitions et le verbe de parole utilisé.

5 Comment Travis se comporte-t-il avec Eckels ? Justifiez en citant le texte.

6 **a)** Quel est le nom du président nouvellement élu ? Comment est-il décrit ? **b)** À quel personnage historique l'auteur peut-il faire référence ? Vous pouvez vous aider de la date de publication de la nouvelle.

7 Référez-vous à une définition simple de « l'effet papillon » sur Internet et expliquez, avec vos propres mots, en quoi Eckels est responsable de ces modifications irréversibles.

8 Comment comprenez-vous la dernière phrase du texte (et de la nouvelle) ?

Écriture

9 Vous avez également voyagé dans le temps. À votre retour, vous découvrez vite que votre collège n'est plus le même. Rédigez un court récit commençant par « Je me tenais devant la grille du collège » (20 lignes).

Éliminer les embryons ayant un QI de 100 ?

Laurent Alexandre

(né en 1960) est un chirurgien, écrivain et chef d'entreprise français. Il s'intéresse notamment au mouvement transhumaniste et à ses possibles conséquences.

Cette interview traite de l'eugénisme[1]*, de ses applications dans la médecine d'aujourd'hui, et de ses dérives possibles dans un avenir proche. Laurent Alexandre aborde ici un thème prisé par la littérature d'anticipation.*

Dans une tribune publiée le 26 mars 2014 dans *Le Monde*, vous employez le terme de « toboggan eugéniste ». Qu'entendez-vous par là exactement ?

Nous sommes entrés dans le siècle de l'eugénisme. Jusqu'à présent, la médecine ne pouvait pas séquencer[2] l'embryon à un coût raisonnable. On regardait seulement s'il avait deux ou trois chromosomes 21[3], mais personne n'était en mesure de lire le code ADN. Aujourd'hui, une simple prise de sang chez la mère suffit pour séquencer l'ADN, même si cette technique – qui coûte beaucoup moins cher – n'est pas encore utilisée pour dépister autre chose que la trisomie 21. C'est un tournant historique ! [...] En attendant l'enfant parfait, on va donc déjà être confronté à la disparition de tous les embryons présentant des handicaps mentaux. Après la trisomie, on va également éliminer toutes les maladies qui tuent les enfants avant l'âge de 15 ans, comme les myopathies graves. Cette deuxième phase est inévitable.

Et en quoi consiste la troisième phase alors ?

Pour l'instant, je n'ai parlé que du tri des « mauvais » embryons. Mais l'étape suivante, c'est le choix des « bons » embryons. La disparition des maladies génétiques que j'évoquais est une étape importante [...]. Le tri embryonnaire, en revanche, est une étape décisive, qui va notamment permettre de choisir le « meilleur embryon ». On se dirige donc vers un « eugénisme de

Lexique

Myopathie

Sur quel radical d'origine grecque est formé ce terme (l. 14) ? Quel est le sens de ce radical ? Proposez deux autres mots formés sur le même radical.

Affiche du film *Bienvenue à Gattaca*, d'Andrew Niccol, 1997.

Numérique

Retrouvez les enjeux éthiques de la génétique, selon Axel Kahn, sur LLS.fr/FR3EthiqueGenetique

convenance ». Enfin, la quatrième et dernière étape, c'est la modification de l'embryon lui-même, la possibilité de le modeler à la carte. Pour cela, il faudra passer par la thérapie génique[4] [...], c'est l'étape ultime, puisque le bébé ne dépendra alors plus des ovules et des spermatozoïdes de papa et maman...

Existe-t-il un risque que nous finissions par tous nous ressembler ? Les parents du futur voudront-ils tous des enfants blonds aux yeux bleus et bien musclés ?

Non, je ne crois pas trop à l'eugénisme physique. En matière de beauté, il y aura toujours des cycles. [...]

Vous pensez donc qu'on se dirige plutôt vers une forme d'eugénisme intellectuel ?

C'est évident. L'eugénisme intellectuel est la réponse naturelle à l'augmentation des capacités de l'intelligence artificielle. Bientôt, les parents de la classe moyenne se poseront la question suivante : dans un monde où l'IA[5] progresse un peu plus chaque jour, ne vaut-il pas mieux que mon enfant soit plus intelligent qu'une machine ? Le chauffeur de taxi, qui sera remplacé dans quelques années par la Google Car, vous ne croyez pas qu'il fera tout son possible pour que ses enfants soient des ingénieurs ayant des capacités intellectuelles élevées ? [...]

Dans le monde que vous décrivez, il n'y aura plus de place pour les handicapés, voire pour la différence tout court...

Il y aura, à l'évidence, de moins en moins d'enfants ayant des capacités cognitives[6] modestes. Ce qui ne va pas sans poser quelques questions. On sait, par exemple, qu'un enfant trisomique a un QI de 60. Bon, si on décide d'éliminer définitivement la trisomie 21 comme on est déjà en train de le faire, qu'est-ce qui nous empêchera ensuite d'éliminer les embryons ayant un QI de 70, de 80 ou même de 100 ?

Extraits d'une interview de Laurent Alexandre par Blaise Mao, « Nous sommes entrés dans le siècle de l'eugénisme », *Usbek & Rica*, numéro 14, automne 2014.

1. Ensemble de pratiques visant à « améliorer » l'espèce humaine par la sélection.
2. Établir la cartographie des gènes.
3. La présence de trois chromosomes 21 dans l'ADN correspond à la trisomie 21, anomalie chromosomique la plus fréquente.
4. Elle consiste à faire pénétrer des gènes dans les cellules pour traiter une anomalie.
5. Intelligence artificielle.
6. Intellectuelles.

Compréhension

1. Restituez chacune des quatre étapes (ou phases) de ce que Laurent Alexandre nomme le « toboggan eugéniste » (l. 2) en une phrase.
2. Selon Laurent Alexandre, quelle est la différence entre la deuxième, la troisième et la quatrième étape (ou phase) ? Repérez notamment les adjectifs qu'il emploie pour les qualifier (l. 10-24).
3. De quoi dépendra donc le bébé s'il ne dépend pas des gamètes (cellules de la reproduction : ovule et spermatozoïde) de ses parents ?

Analyse et interprétation

4. À quelle évolution, propre à notre ère, l'eugénisme pourrait-il être une réponse, selon Laurent Alexandre ? Pourquoi ? Justifiez vos réponses en vous appuyant sur des citations du texte.
5. Quelle serait la conséquence de cet « eugénisme intellectuel » (l. 30-31) à grande échelle ? Citez le texte pour justifier votre propos.
6. Pour des scientifiques mal intentionnés, à quelle dérive tout cela pourrait-il mener ?
7. **Image a)** Regardez le film *Bienvenue à Gattaca* ou, à défaut, sa bande-annonce. Quel lien pouvez-vous faire avec l'interview de Laurent Alexandre ? **b)** Sur l'affiche du film, quel élément s'insère entre les personnages et pourquoi ?

Écriture

8. Formulez un avis personnel sur l'eugénisme. Pensez-vous qu'il s'agisse d'une évolution naturelle de la science, d'une évolution positive, ou négative ? Justifiez votre réponse avec des exemples scientifiques et littéraires précis (15 lignes).

Découvrir *Des fleurs pour Algernon* de Daniel Keyes

Daniel Keyes

(1927-2014) est issu d'une famille modeste de Brooklyn (New York). Professeur au lycée puis à l'université, Keyes écrit en parallèle *Des fleurs pour Algernon*. Cette œuvre lui vaut une reconnaissance internationale. Traduite dans une trentaine de langues, elle a été adaptée au cinéma, à la télévision ou encore au théâtre.

L'interview de Laurent Alexandre (p. 230-231) vous a amené(e) à vous interroger sur les enjeux éthiques et scientifiques de l'eugénisme. Prolongez cette réflexion en lisant Des fleurs pour Algernon, *récit passionnant et grand classique de la science-fiction.*

Daniel Keyes, *Des fleurs pour Algernon*, 1966, traduit de l'anglais par Georges H. Gallet et Henry-Luc Planchat, J'ai lu, 2012.

Charly, film de Ralph Nelson, adaptation du roman *Des fleurs pour Algernon*, 1968.

Dans la tête d'un personnage

1. a) Sous quelle forme le roman se présente-t-il ?
   b) Pourriez-vous citer un autre récit présenté de la même façon ?
2. Quel point de vue narratif est adopté dans ce texte ? Justifiez votre réponse.
3. Faites le portrait du narrateur en quelques lignes (identité, âge, métier, passion, particularités, etc.).
4. a) Le narrateur écrit-il bien au début du récit ? Justifiez.
   b) Qu'a voulu traduire l'auteur, selon vous ?
5. En quoi le début du récit peut-il paraître humoristique ?

Les modifications d'un personnage

1 a) Qui sont les professeurs Strauss et Nemur ? b) Pourquoi convoquent-ils le narrateur ? c) Qui est Algernon ?

2 Quels changements psychiques et intellectuels apparaissent chez le narrateur après son opération ?

3 a) Quels changements se produisent dans sa manière d'écrire ? b) L'illustration de l'intelligence par une bonne syntaxe et une orthographe maîtrisée vous paraît-elle pertinente ou, au contraire, absurde ?

4 Le narrateur acquiert une mémoire et voit son esprit se peupler de souvenirs. Cela lui est-il bénéfique ou néfaste ? Proposez une réponse nuancée.

5 a) Que pense le narrateur des personnes qui sont moins intelligentes que lui ? b) En quoi ce comportement est-il paradoxal ?

6 a) Quel sentiment le narrateur découvre-t-il ? b) Vers qui ces sentiments se tournent-ils ?

7 Que découvre-t-il dans le rapport que certains de ses proches entretenaient avec lui ?

Charly, film de Ralph Nelson, adaptation du roman *Des fleurs pour Algernon*, 1968.

Souris dans un labyrinthe.

Dégénérescence et bonheur

1 a) Qu'arrive-t-il à Algernon à la fin du récit ? b) Que comprend alors le narrateur ?

2 a) À quoi le narrateur s'emploie-t-il ensuite ? b) Atteint-il son objectif ?

3 a) Où le narrateur décide-t-il de finir ses jours ? b) Pourquoi ce choix est-il étonnant ?

4 a) Le narrateur a-t-il été heureux en acquérant l'intelligence ? b) Est-il heureux à la fin ?

5 Formulez en quelques mots ce que pourrait être la morale d'un tel livre.

6 Acquérir l'intelligence par des moyens artificiels : à votre avis, est-ce une solution pour réussir dans la vie ?

Numérique

Retrouvez le comédien Grégory Gadebois qui interprète Charlie Gordon au théâtre sur **LLS.fr/FR3ExtraitGadebois**

Pourquoi la figure du savant fou inspire-t-elle le cinéma ?

1 Un savant dépassé par sa propre création

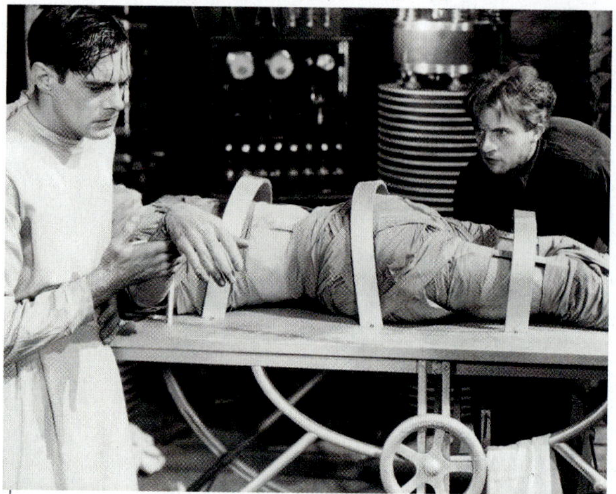

***Frankenstein*, film de James Whale, 1931.**
Le jeune savant Henry Frankenstein a l'idée de rassembler les morceaux d'un cadavre pour en faire un être vivant. C'était sans compter l'erreur de son assistant Fritz, qui apporte malencontreusement le cerveau d'un assassin.

2 Un savant manipulateur

***La Piel que habito*, film de Pedro Almodóvar, 2011.**
Dans son laboratoire privé, le chirurgien esthétique Robert Ledgard cherche à créer une peau artificielle qui aurait pu sauver sa femme, victime de graves brûlures. Pour mener à bien ses recherches, il a besoin d'un cobaye.

3 Une invention dangereuse ?

Éclairage

Le savant fou

La figure du savant fou tire sa source du **mythe de Prométhée**, un Titan qui a créé les hommes à partir de morceaux de boue et qui a essayé de voler le feu sacré de l'Olympe pour le leur donner. Prométhée a été durement puni par les dieux pour cela. Ce mythe se prolonge avec celui de ***Faust*** écrit par l'écrivain romantique allemand J.-W. von Goethe en 1808. Faust est un savant qui, visant la connaissance totale du monde et l'éternelle jeunesse, signe **un pacte avec le diable** en échange de son âme.

***L'Affaire Tournesol*, film d'animation de Ray Goossens, 1961.**
Dans ce film d'animation adapté de la bande dessinée du même nom, le professeur Tournesol a inventé un objet utilisant les ultrasons pour détruire le verre. Cet objet intéresse tout particulièrement les services secrets de la Bordurie qui aimeraient l'utiliser comme arme de destruction massive.

***Retour vers le futur*, film de Robert Zemeckis, 1985.**
Retour vers le futur raconte le voyage dans le passé du jeune Marty grâce à une machine à remonter le temps inventée par le docteur Brown.

4 Voyager dans le temps : un projet fou ?

Questions

1 **Doc. 1** **a)** Quel semble être l'état d'esprit du savant et de son assistant ? Que font-ils ? **b)** Quelle ambiance générale se dégage de la scène ? Pourquoi ?

2 **Doc. 2** **a)** Pourquoi la femme a-t-elle des marques sur le corps ? **b)** À votre avis, que regardent ces deux personnages ? **c)** Essayez d'imaginer ce que pense chacun d'eux.

3 **Doc. 3** **a)** Comment Tintin et ses compagnons réagissent-ils quand le professeur Tournesol leur dévoile son invention ? Pourquoi ? **b)** Que pensez-vous de la création du professeur ?

4 **Doc. 4** **a)** Analysez l'expression du visage du docteur Brown. Comment la décririez-vous ? **b)** Que peut-on en déduire concernant sa personnalité ? **c)** À quoi pourrait bien servir son invention ?

5 **Docs. 1 à 4** De quelles manières les savants des deux premiers documents se distinguent-ils de ceux des deux derniers ?

6 **Docs. 1 à 4** Quelle image vous semble la plus dérangeante ? Pourquoi ?

7 Quels autres personnages de savants fous connaissez-vous ? Pensez à des films, séries, bandes dessinées, mangas dans lesquels vous les auriez découverts. Quelles sont, pour chacun, les caractéristiques de leur folie ?

Ex. 1 Je réfléchis à la notion de science-fiction.

1. **a)** Expliquez, avec vos mots, les deux noms qui forment le mot composé « science-fiction ». **b)** En vous appuyant sur les réponses précédentes, proposez maintenant une définition personnelle de la science-fiction.
2. En vous aidant des textes et illustrations du chapitre et de vos connaissances personnelles, faites une liste des thèmes traités habituellement par la science-fiction.

Ex. 2 Je construis des familles de mots.

a) Recherchez l'étymologie des mots « progrès » et « utopie ».
b) En ajoutant des préfixes et/ou des suffixes à leur radical, constituez les familles de ces mots.

Ex. 3 J'explore le vocabulaire scientifique.

1. Construisez les champs lexicaux correspondant aux sciences suivantes : la génétique, la géologie, l'informatique, la robotique, l'astrophysique.
2. **a)** Quelles sont les deux sciences qui sont rapprochées pour créer le domaine de l'astrophysique ? **b)** Imaginez les noms de nouvelles disciplines scientifiques en associant, par exemple, deux noms de sciences existantes.

Ex. 4 J'utilise le vocabulaire de l'écologie.

Complétez le texte à l'aide des termes suivants en faisant, si besoin, les accords : *radioactivité, nucléaire, en voie de disparition, solaire, écosystème, déchet, ressource naturelle, recyclage, tri sélectif, éolien, développement durable.*
De plus en plus de personnes militent pour la sortie du ... car les centrales électriques exploitant l'uranium produisent des ... qui sont très polluants à cause de leur ... Il existe d'autres moyens pour produire de l'électricité comme l'exploitation de l'énergie ... ou de l'énergie ... L'urgence écologique invite aussi les citoyens à adhérer aux démarches du ... qui promeut le ... et le ... Ces changements évitent le gaspillage des ... tout en protégeant les ... et les espèces ...

Ex. 5 Je découvre des connecteurs logiques introduisant des exemples.

Classez les connecteurs logiques suivants selon qu'ils permettent :
- d'introduire un exemple ;
- d'introduire un deuxième exemple <u>similaire</u> au premier exemple donné ;
- d'introduire un deuxième exemple <u>différent</u> du premier, et donc de permettre de changer de point de vue.

par ailleurs, à l'instar de, comme, sur un autre plan, ainsi, quant à, de même que, à propos de, en effet, dans un autre domaine, par exemple, à l'image de, entre autres.

Ex. 6 Je manipule les termes comparatifs.

1. Pour chaque phrase ci-dessous, identifiez le comparé, le comparant et l'outil de comparaison. Dites ensuite si l'outil de comparaison permet de construire un comparatif d'infériorité, un comparatif de supériorité ou un comparatif d'égalité. **a)** « Ne vaut-il pas mieux que mon enfant soit plus intelligent qu'une machine ? » (Laurent Alexandre, voir p. 230) **b)** Les progrès de la génétique sont peut-être moins louables qu'on ne le croit. **c)** Pour éviter les dérives de la science, les chercheurs devraient être aussi sages que les philosophes.
2. Réécrivez la phrase suivante en la complétant avec les comparatifs de supériorité de « bon » et de « mauvais ». La science veut rendre l'homme ... qu'il n'est mais elle prend le risque de le rendre ... qu'il n'est.

Ex. 7 J'observe les adverbes d'intensité.

Dans le texte ci-dessous, relevez les adverbes qui intensifient le propos.

> En quelques décennies, la science a fait tant de découvertes qui ont radicalement changé notre façon de vivre qu'on oublie parfois qu'elle pourrait être terriblement dangereuse. Les chercheurs sont tellement impliqués dans la course aux brevets qui leur assurent une très grande renommée et un fort bon salaire qu'ils en oublient l'essentiel : toute avancée scientifique doit être extrêmement contrôlée. Il est si facile de ne penser qu'au progrès en oubliant les questions éthiques ! Il faudrait créer un comité totalement indépendant pour superviser les recherches scientifiques et technologiques.

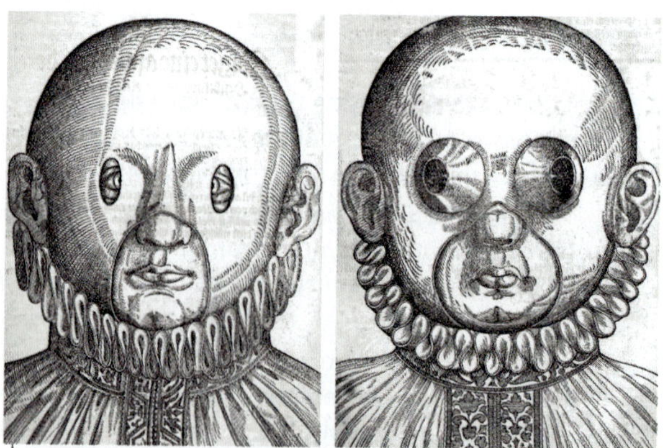

Illustrations représentant des masques pour le traitement des strabismes pour l'*Ophthalmodouleia* de Georg Bartisch, 1583.

Atelier 1 : J'explique l'intérêt de la science-fiction

Sujet de réflexion • Pensez-vous que les récits d'anticipation et de science-fiction permettent aux lecteurs(trices) d'interroger le monde que préparent l'évolution de la société et les progrès scientifiques ? Vous vous appuierez sur des exemples précis de livres et/ou de films pour illustrer vos arguments.

Atelier 2 : J'écris un récit de science-fiction

Sujet d'imagination • Imaginez un monde futuriste dans lequel l'évolution des sciences a totalement changé la vie de l'homme telle que nous la connaissons aujourd'hui. Votre histoire pourra être une utopie ou une dystopie.

Étape 1 — J'explique les évolutions scientifiques

- Commencez votre texte par « En 2421, la vie des hommes n'avait plus rien à voir avec ce qu'elle était quatre siècles plus tôt grâce à/à cause des progrès scientifiques dans le domaine de ... ». Citez les sciences qui sont à l'origine du monde futuriste.
- Expliquez les découvertes et les avancées permises par ces sciences en utilisant un vocabulaire scientifique. Aidez-vous du troisième exercice de lexique.
- Dites si ces progrès scientifiques ont amélioré ou dégradé les conditions de vie de la population. Montrez-le en présentant les conditions de vie de deux ou trois personnages qui seront les protagonistes de votre histoire.
- Selon que vous écrivez une utopie (monde meilleur) ou une dystopie (monde cauchemardesque), utilisez des termes péjoratifs ou mélioratifs pour décrire les sciences.

Étape 2 — Je décris le monde futuriste

- Imaginez à quoi ressemblent les villes, les campagnes et les habitations.
- Expliquez comment sont les femmes et les hommes du futur et leur mode de vie.
- Inventez des technologies nouvelles qui soulignent la dimension futuriste de votre monde (moyens de transport, de communication, nourriture, etc.).

Étape 3 — Je compare le monde futuriste et le monde actuel

- Comparez le monde futuriste et le monde actuel pour montrer ce qui a changé en bien ou en mal. Utilisez pour cela des termes comparatifs en vous référant, par exemple, au sixième exercice de lexique.
- Utilisez des adverbes d'intensité pour souligner les progrès ou les dérives auxquels les sciences ont conduit ce monde futuriste. Aidez-vous du septième exercice de lexique si besoin.
- Par le biais du dialogue ou de la narration, vos personnages participeront à la comparaison des deux époques (passé et futur) en exprimant leur nostalgie pour le passé ou leur joie de vivre en 2421.

Étape 4 — Je soigne la conclusion de mon histoire

- Écrivez une chute pour votre histoire qui surprendra le lecteur, comme dans le texte de Ray Bradbury (voir p. 228-229).
- Imaginez d'autres conséquences des avancées scientifiques que vous avez évoquées au début de votre texte.
- Revenez sur la notion de progrès en laissant la parole à l'un de vos personnages. Vous pourrez introduire ses remarques par la phrase suivante : « En pensant à la façon dont les scientifiques avaient changé le monde et leur mode de vie, X soupira : "Ah ! Le progrès !" »

Imaginer, questionner, rêver l'avenir

Groupe 1 : Notre société idéale

Étape 1 **J'imagine une société idéale**

- Discutez ensemble de la société que vous voulez mettre en place : quels seraient ses piliers, sa devise ?
- Sélectionnez trois domaines à développer dans votre présentation : politique, éducation, vie quotidienne, vie sociale, économie, etc.

Étape 2 **Je réfléchis à l'organisation de ma société idéale**

- Répartissez-vous les domaines et rédigez les lois qui régiront ce domaine (gratuité de l'école par exemple).
- Édictez ensemble les règles de vie en collectivité.
- Rédigez ensemble le manifeste pour une cité idéale que vous distribuerez à vos camarades et préparez une présentation attrayante de votre société idéale à l'oral.

Hurca !, *Pays en fête.*

Étape 3 **Je présente mon travail à la classe**

- Présentez, sans lire vos notes, votre société idéale.
- Répondez aux questions posées en justifiant vos choix.

Groupe 2 : Débat entre scientifiques

Vous allez imaginer un débat mené par un(e) journaliste entre un(e) scientifique favorable à l'eugénisme et un(e) scientifique farouchement contre. Inspirez-vous de l'interview de Laurent Alexandre (voir p. 230-231).

Étape 1 **Je fais des recherches**

- Donnez une définition de l'eugénisme et recherchez sur Internet ce qui a déjà été expérimenté en la matière.
- Listez les avantages possibles de l'eugénisme et ses dangers potentiels.

Étape 2 **Je prépare le débat**

- Préparez une introduction à la notion présentée par le (la) journaliste.
- À partir de vos recherches, réalisez un tableau à trois colonnes faisant apparaître les questions du (de la) journaliste et les réponses des scientifiques (pour ou contre).
- Choisissez l'ordre des prises de parole.
- Répartissez-vous les rôles et entraînez-vous à débattre ensemble.

Étape 3 **Je présente mon travail à la classe**

- Représentez votre débat devant la classe.

Groupe 3 : Les progrès technologiques prévus

Étape 1 pix **Je fais des recherches**

- Effectuez des recherches sur Internet concernant les avancées technologiques déjà prévues pour les années à venir dans les domaines de la santé, de la robotique ou du numérique par exemple.
- Débattez au sein du groupe pour choisir deux innovations à présenter.

Étape 2 pix **Je prépare et réalise mon exposé**

- Pour chaque innovation, préparez une définition, une explication du fonctionnement et des avantages envisagés. Pensez également aux craintes et aux risques qu'elle comporte : pollution, protection des données, santé, etc.
- Construisez ensemble un diaporama (avec *Google Slides* par exemple) pour les présenter à la classe. Ajoutez des images, des graphiques et des cartes.

Étape 3 **Je présente mon travail à la classe**

- Après vous être réparti les rôles, présentez votre diaporama à l'oral et répondez aux questions posées en justifiant vos choix.

Groupe 4 : Scientifiques de l'avenir

Vous êtes des scientifiques de l'avenir. Vous découvrez un site archéologique datant du début du XXIe siècle. Vous retrouvez des objets et faites des hypothèses sur leur utilité et leur utilisation.

Étape 1 **Je choisis les objets et le contexte**

- Choisissez 3 ou 4 objets de notre quotidien à la forme surprenante ou dont l'utilisation n'est pas explicitement évidente le *smartphone* ou les écouteurs sans fil.
- Contextualisez vos découvertes : en quelle année avez-vous trouvé ces objets ? Où avez-vous effectué les fouilles ? Pourquoi avez-vous fouillé là ?
- Répartissez-vous les rôles : scientifiques, historien(ne)s, journalistes.
- Rédigez un texte pour chaque objet contenant une description de l'objet (forme, matière, couleur), de son état de conservation et de l'endroit où vous l'avez trouvé. Vous formulerez aussi des hypothèses sur son utilité, son utilisation et proposerez des expérimentations pour les confirmer ou les infirmer.

Étape 2 pix **Je crée une vidéo**

- Préparez la mise en scène : lieu de tournage, costumes pour chaque rôle, répartition des tâches sur le tournage. Choisissez votre matériel numérique : caméra, tablette, microphone, téléphone portable.
- Filmez les différentes présentations des objets.
- Effectuez le montage (n'hésitez pas à demander de l'aide) sans oublier le générique.

Étape 3 **Je présente mon travail à la classe**

- Montrez votre vidéo à vos camarades.

Organisation de l'activité

La classe est divisée en **quatre groupes**. La présentation des groupes peut être suivie d'un dialogue entre eux, autour de questions telles que : quel avenir souhaitez-vous ? Quel avenir craignez-vous ?

Numérique

Retrouvez cette page à télécharger sur LLS.fr/FR3Synthese8

◆ Les genres et les enjeux des textes du chapitre

1 Complétez la carte suivante avec les mots suivants : *utopique, éthique, vérité, nouvelle, roman d'anticipation, roman fantaisiste, science-fiction, interview, dystopique.*

Les progrès et les dangers de la science

À travers un ...., Savinien de Cyrano de Bergerac tâche de démontrer ce qui n'est pas encore une................... admise par tous : la Terre tourne sur elle-même et le Soleil est au centre de l'Univers.

L'An 2440 : rêve s'il en fut jamais est le premier .... : son action se situe dans un futur .... Dans l'observation de l'infiniment petit et de l'infiniment grand, les scientifiques du XXVe siècle entendent prouver l'existence de Dieu.

Dans la .... de ...., *Un coup de tonnerre*, Ray Bradbury démontre qu'un progrès scientifique peut occasionner des dommages irréversibles sur la société humaine. Le monde que découvre le personnage à son retour est ....

Dans l'................... de Laurent Alexandre, la science et ses avancées sont questionnées au niveau ....

◆ Le vocabulaire du chapitre

2 Reliez les termes suivants, vus dans le chapitre, à leur définition.

Héliocentrisme ⦿	⦿ Volonté d'améliorer l'homme en intervenant sur son patrimoine génétique.
Paradoxe ⦿	⦿ Théorie apparue au XVIe siècle : le Soleil est au centre de l'Univers.
Eugénisme ⦿	⦿ Ce qui est contraire à l'opinion commune.

◆ Synthèse

3 Qu'avez-vous appris et retenu en abordant les œuvres de ce chapitre ?

4 Quel texte, selon vous, rend-il le mieux compte des liens entre la littérature et la science ?

5 Êtes vous inquiet (inquiète) ou plutôt en attente des progrès de la science ? Répondez à cette question avec honnêteté. Sollicitez éventuellement vos lectures, ainsi que les films et les séries que vous avez vus.

Ravage
René Barjavel, 1943, Gallimard.
Le XXIe siècle a fait un bond technologique prodigieux ! Les voitures volent, l'alimentation est cultivée en usine... Un jour, hélas, tout s'arrête. Il va falloir survivre. René Barjavel signe là l'un des romans de science-fiction les plus célèbres.

L'Heure H et autres nouvelles
Ray Bradbury, 2008, Flammarion.
Dans « Automates, société anonyme », une des nouvelles de ce recueil, Braling ne supporte plus son épouse tyrannique. Un soir, il s'en libère pour bavarder avec son ami Smith. Comment a-t-il fait ? Grâce à son double robotisé. À son retour à la maison, il retrouve son clone...

La Cité des eaux mouvantes
Pierre Christin et Jean-Claude Mézières, 1970 Dargaud.
La première des aventures de Valérian et Laureline, agents spatiotemporels : une chasse à l'homme, un compte à rebours dans un New York dévasté, où la nature a repris ses droits après une explosion nucléaire.

Qui sont les transhumanistes ?
Florence Pinaud et Élodie Perrotin, 2018, Ricochet.
Ce documentaire présente et explique les progrès scientifiques, les évolutions technologiques comme la génétique et les nano-technologies. Partez à la découverte de la convergence NBIC (Nanotechnologies, biotechnologies, informatique, sciences cognitives).

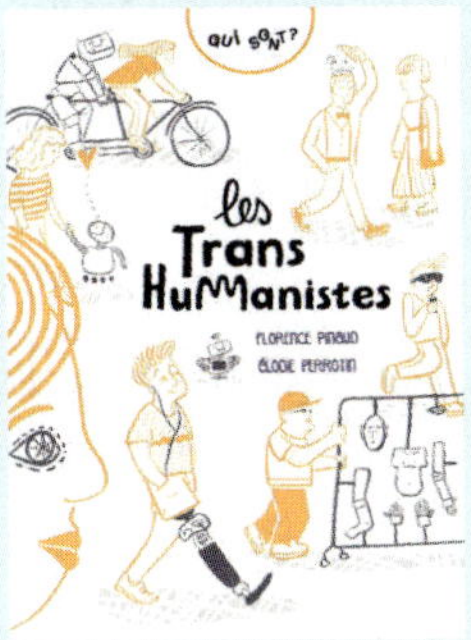

Les Fils de l'homme
Alfonso Cuarón, 2006.
Les humains ne peuvent plus avoir d'enfants. Or, ce 16 novembre 2027, le dernier enfant né est assassiné. Le monde est sous le choc. Le personnage principal, Theo Faron, nous fait découvrir une société dystopique, menacée par les extrémismes et les maladies.

Préférence système
Ugo Bienvenu, 2019, Denoël Graphic.
2055. La conservation des données est saturée. Il faut faire des choix. Yves, archiviste, refuse cette disparition et sauvegarde des données dans son robot personnel. Les autorités le soupçonnent. Une traque s'engage.

Et aussi ! D'autres propositions de lecture sur LLS.fr/FR3Lectures8

Sujet Brevet 8

Dans une société futuriste, Emna est une jeune fille inscrite au programme L'École à la maison™ *; elle partage une classe virtuelle avec quelques camarades : tous apprennent derrière leur écran et sortent peu de leur chambre.*

Parents, c'est à vous et personne d'autre de décider de l'avenir de vos enfants. L'École à la maison™[1] *vous propose une scolarité unique qui respecte les biorythmes et l'équilibre de votre enfant.* L'École à la maison™ *a reçu l'agrément du ministère européen de l'Éducation.* [...]

Emna avait entendu dire que, dans les quartiers les plus défavorisés, des garçons et des filles s'entassaient dans des pièces exiguës[2] pour recevoir des bribes de connaissances[3]. Elle supposait qu'un système aussi archaïque engendrait[4] une perte de temps et d'énergie énorme. Elle, elle n'avait pas besoin de se déplacer, pas besoin de partager son espace avec quelqu'un d'autre. Elle s'abreuvait à une source de savoir infinie, elle progressait selon ses capacités, selon son rythme, selon ses envies. Le programme avait calculé son NQI[5] puis l'avait automatiquement inscrite dans une classe de son niveau. [...] Elle n'avait pas à braver le monde extérieur, ce monde qui provoquait chez maman une fièvre charitable entrecoupée de spasmes de terreur. En quatre ans, elle avait appris à parler trois langues vivantes, l'anglais, l'espagnol et le russe, à maîtriser deux instruments de musique, clavier et violon, à résoudre des équations complexes, à lire Apulée en latin, Platon en grec et les Veda en sanskrit. [...]

Parfois elle ressentait une douleur aiguë dans la nuque, comme un coup de couteau : un symptôme absolument normal, avait certifié la pédago-commerciale à ses parents. Cela montre que la biopuce de votre... puce ! ah ! ah ! est en train de se faire sa place dans son cerveau. [...]

Emna se leva et esquissa des mouvements d'assouplissement devant son écran. [...] Dans un coin, un appareil maintenait la pièce dans une hygrométrie[6] parfaitement adaptée à sa physiologie. Tout comme le repas, tout à l'heure, serait préparé selon ses besoins énergétiques. Tout comme ses heures de sommeil seraient établies en fonction de ses biorythmes. *L'École à la maison*™ ne se contentait pas de garantir à ses élèves les meilleurs résultats scolaires, mais également un développement harmonieux, un équilibre parfait entre les activités cérébrale, créatrice et physique. [...]

Parents, n'oubliez pas que votre futur dépend de votre enfant. L'École à la maison™: *l'éducation en phase avec votre présent.*

Pierre Bordage, « La Classe de Maître Moda », *Nouvelle Vie*™ © L'Atalante, 2004.

1. *Trademark* : marque déposée.
2. Minuscules.
3. Connaissances réduites.
4. Créait.
5. Nouveau quotient intellectuel.
6. Taux d'humidité dans l'air

1re partie de l'épreuve

1h10

Compréhension et compétences d'interprétation

32 points

1. Restituez en deux phrases ce que raconte ce texte. (4 points)
2. Qui parle dans les premier et dernier paragraphes en italiques ? Justifiez votre réponse en vous appuyant sur les marques de l'énonciation. (3 points)
3. « Emna avait [...] énergie énorme. » (l. 6-11) **a)** À quoi le narrateur fait-il référence dans ce passage ? **b)** Le propos sur ce système est-il mélioratif ou péjoratif ? Justifiez votre réponse. (4 points)
4. **a)** Que provoque le test qui précède l'apprentissage (l. 14) ? **b)** Qu'en déduisez-vous sur l'intérêt de cette méthode d'apprentissage ? (3 points)
5. Que révèle la réaction de « maman » aux lignes 16-17 ? (2 points)
6. Quelles impressions le discours de la pédago-commerciale (l. 22-24) donne-t-il ? Pourquoi ? (4 points)
7. Emna est-elle libre ? Proposez une réponse argumentée et nuancée. (6 points)
8. **Image** Comparez l'école évoquée dans l'image à celle proposée dans le texte. Que constatez-vous ? (6 points)

Grammaire et compétences linguistiques

18 points

9. « Elle n'avait pas à braver le monde extérieur, ce monde **qui provoquait chez maman une fièvre charitable entrecoupée de spasmes de terreur**. » (l. 15-17) **a)** Quelle est la classe grammaticale du groupe de mots en gras ? **b)** Quelle est la classe grammaticale d'« entrecoupée » ? **c)** Quelle est la fonction de « de spasmes » et de « de terreur » ? (4 points)
10. Relisez le dernier paragraphe en italique. **a)** Quels sont le temps et le mode utilisés au début de la première phrase ? Quelle est la valeur du mode utilisé ? **b)** La dernière phrase est non verbale. Pourquoi ? (4 points)
11. « Elle progressait [...] son niveau. » (l. 13-15) Réécrivez ce passage en remplaçant « elle » par « elles ». Faites toutes les modifications nécessaires. (10 points)

2e partie de l'épreuve

20 min

Dictée

10 points

Pierre Bordage, « La Classe de Maître Moda », 2004. Les dictées des brevets blancs sont regroupées p. 368 à 371.

3e partie de l'épreuve

1h30

Rédaction

40 points

Vous traiterez à votre choix l'un des sujets suivants.

SUJET DE RÉFLEXION

Pensez-vous qu'on apprend mieux seul, sans professeur(e) pour encadrer et sans ses camarades ? Vous répondrez à cette question en comparant les avantages et les inconvénients des deux systèmes. Vous présenterez plusieurs arguments, en prenant soin d'organiser votre pensée de façon logique. Vous illustrerez chaque argument par des exemples précis et concrets.

SUJET D'IMAGINATION

Le programme *L'École à la maison™* est arrêté en l'an 2057, après une révolution et un changement de gouvernement. Emna est obligée d'aller à l'école pour la première fois. Elle est inscrite en classe de 3e. Racontez les deux heures qui précèdent son entrée en classe, de son réveil au moment où elle entre en cours de mathématiques. Votre récit sera à la première personne ; vous adopterez le point de vue interne et vous insisterez sur les émotions ressenties par Emna.

Sujet guidé 8

Le 8 août 1945, deux jours après l'utilisation de la première bombe atomique sur la ville d'Hiroshima et sa région, Albert Camus (1913-1960) écrit ce texte dans le journal Combat.

Tamas Galambos, *Adam et Ève, le dernier couple*, 1979, huile sur toile (collection privée)

Le monde est ce qu'il est, c'est-à-dire peu de chose. C'est ce que chacun sait depuis hier grâce au formidable concert que la radio, les journaux et les agences d'information viennent de déclencher au sujet de la bombe atomique. On nous apprend, en effet, au milieu d'une foule de commentaires enthousiastes que n'importe quelle ville d'importance moyenne peut être totalement rasée par une bombe de la grosseur d'un ballon de football. Des journaux américains, anglais et français se répandent en dissertations élégantes sur l'avenir, le passé, les inventeurs, le coût, la vocation pacifique et les effets guerriers, les conséquences politiques et même le caractère indépendant de la bombe atomique. Nous nous résumerons en une phrase : la civilisation mécanique vient de parvenir à son dernier degré de sauvagerie. Il va falloir choisir, dans un avenir plus ou moins proche, entre le suicide collectif ou l'utilisation intelligente des conquêtes scientifiques.

En attendant, il est permis de penser qu'il y a quelque indécence[1] à célébrer ainsi une découverte, qui se met d'abord au service de la plus formidable rage de destruction dont l'homme ait fait preuve depuis des siècles. Que dans un monde livré à tous les déchirements de la violence, incapable d'aucun contrôle, indifférent à la justice et au simple bonheur des hommes, la science se consacre au meurtre organisé, personne sans doute, à moins d'idéalisme impénitent[2], ne songera à s'en étonner. [...]

Voici qu'une angoisse nouvelle nous est proposée, qui a toutes les chances d'être définitive. On offre sans doute à l'humanité sa dernière chance. [...]

Qu'on nous entende bien. Si les Japonais capitulent[3] après la destruction d'Hiroshima et par l'effet de l'intimidation, nous nous en réjouirons. Mais nous nous refusons à tirer d'une aussi grave nouvelle autre chose que la décision de plaider plus énergiquement encore en faveur d'une véritable société internationale, où les grandes puissances n'auront pas de droits supérieurs aux petites et aux moyennes nations, où la guerre, fléau devenu définitif par le seul effet de l'intelligence humaine, ne dépendra plus des appétits ou des doctrines de tel ou tel État.

Devant les perspectives terrifiantes qui s'ouvrent à l'humanité, nous apercevons encore mieux que la paix est le seul combat qui vaille d'être mené. Ce n'est plus une prière, mais un ordre qui doit monter des peuples vers les gouvernements, l'ordre de choisir définitivement entre l'enfer et la raison.

Albert Camus, extrait de l'éditorial du journal *Combat* du 8 août 1945 © Éditions Gallimard.

1. Grossièreté.
2. Endurci.
3. Se rendent.

Numérique

Retrouvez la 1re partie de l'épreuve sur LLS.fr/FR3P244

Zoom sur les 2e et 3e parties de l'épreuve

Méthode • La dictée

1. Écoutez bien la première lecture pour comprendre le sens.
2. Faites attention aux liaisons pour connaître la lettre finale d'un mot.
3. Si vous hésitez sur l'orthographe d'un mot, ne perdez pas de temps pendant que l'enseignant(e) dicte : gardez-le pour la lecture finale. Cependant n'oubliez pas de mot à la fin : vous perdriez beaucoup de points.
4. Quand vous relisez votre texte, vérifiez :
   - les erreurs grammaticales (homophones comme a/à, terminaisons en [é] ou [è], accords sujet-verbe ou dans le groupe nominal, etc.) ;
   - les majuscules en début de phrase, la ponctuation ;
   - les erreurs lexicales (doublement des consonnes, mots compliqués à décomposer, etc.).

2e partie de l'épreuve

20 min

Dictée

10 points

Jérôme Ferrari, *Le Principe*, 2015. Les dictées des brevets blancs sont regroupées p. 368 à 371.

Méthode appliquée

- Demandez-vous qui fait quoi pour accorder correctement les verbes avec leur sujet.
  → Ce sont « les Alliés » qui « échafaudent » et qui « croient ».
  → Les « jeunes scientifiques » sont le sujet de « soient libérés ». N'oubliez pas d'accorder aussi le participe passé puisqu'il s'agit de l'auxiliaire *être*.
- Des formes verbales se terminent par le son [é]. Certaines peuvent être remplacées par un infinitif du 3e groupe, comme *prendre*.
  → Il faut écrire : « mener », « déverser », « regarder ».
  → Attention, « enlever » et « tuer » sont précédés de « vous » mais il s'agit d'infinitifs car « vous » n'est pas leur sujet.
  En revanche, « vous » est sujet des verbes : « devanciez », « poursuivez », « obtenez », « obstinez ».
- On ne peut remplacer aucun des « à » de ce texte par la forme de l'imparfait « avait ».
  → Il faut donc écrire la forme avec accent, et non « a ».
- « Personne ne peut » : il s'agit du verbe *pouvoir* et son sujet est « personne ».
  → « Personne » correspond à la 3e personne du singulier, la terminaison est donc -t.
- « Craignant » est un participe présent.
  → Il est donc invariable, même s'il concerne « les Alliés ».
- Pour savoir par quelle lettre se termine l'adjectif « laid », pensez au nom commun « laideur ».
  → « Laid » se termine donc par -d.

3e partie de l'épreuve

1h30

Rédaction

40 points

Vous traiterez à votre choix l'un des sujets suivants.

SUJET DE RÉFLEXION

Albert Camus milite, dans son éditorial du 8 août 1945, pour une « utilisation intelligente des conquêtes scientifiques ». Pourquoi est-il raisonnable de penser comme lui, aujourd'hui encore ? Votre réponse s'appuiera sur trois arguments, que vous organiserez de façon logique et que vous illustrerez par des exemples précis.

SUJET D'IMAGINATION

Le lendemain de la rédaction de cet éditorial, l'armée américaine lance une deuxième bombe sur Nagasaki. Comme Hiroshima, cette ville est entièrement détruite. Rédigez un deuxième éditorial, dans le goût du premier, qui témoigne de votre stupéfaction et de votre crainte de l'avenir. Manifestez un même élan pour la paix, plus encore nécessaire.

J'étudie la langue au Cycle 4

Lexique

Construction et sens des mots

Histoire des mots

Grammaire

Les classes et fonctions grammaticales

La phrase

Le texte

Conjugaison

Orthographe

Orthographe grammaticale

Orthographe lexicale

Exercices de synthèse

Proposition d'approche spiralaire

L'étude de la langue est présentée par sous-discipline : **lexique**, **grammaire**, **conjugaison** et **orthographe**. Cette proposition d'approche spiralaire permet d'articuler entre elles certaines leçons au service de l'écriture.

Étape 1 Identifier les fonctions pour mieux appliquer les chaînes d'accord

Étape 2 Décrire

Étape 3 Raconter

Étape 4 Intégrer les paroles et les pensées dans un récit

Étape 5 Argumenter, exprimer son opinion

Les principales notions lexicales

Numérique

Retrouvez une carte mentale à compléter pour réviser votre leçon sur LLS.fr/FR3Notionslexicales

Leçon

Notions de lexique : rappels

Un mot peut être abordé sous divers aspects lexicaux dont certains sont mentionnés dans le dictionnaire.

› L'**étymologie** est l'origine d'un mot. • ***Refaire*** *vient de faire,* ***fort*** *vient du latin fortis : fort, robuste, vigoureux.*

› Le **synonyme** est un mot de même sens (ou de sens proche) et de même classe grammaticale. • *Fort → puissant, solide.*

› L'**antonyme** est un mot de sens contraire et de même classe grammaticale. • *Fort → fragile, faible.*

› L'**homonyme** est un mot qui se prononce ou s'écrit de la même façon, mais dont le sens est différent. • *La machine* ***fore*** *le sol pour des recherches géologiques. L'ennemi s'empare du* ***fort****.*

› Le **niveau de langue** est une manière de s'exprimer en fonction de son destinataire et du contexte. • *Fort → balaise, costaud (****familier****), robuste (****courant****), vigoureux (****soutenu****).*

› Un mot peut avoir un **sens propre** et un **sens figuré**.

› Le sens propre est le sens concret. • *Les cadeaux sont* ***emballés****.*

› Le sens figuré est le sens abstrait ou imagé. • *Ce spectacle m'a* ***emballé*** *!*

› Un mot est souvent **polysémique :** plusieurs sens lui sont rattachés ; ils varient selon le contexte. • *Une* ***chaîne*** *de montagnes* • *Travailler à la* ***chaîne*** • *Être retenu à une* ***chaîne****.*

La formation du mot

L'élément de base d'un mot est appelé le **radical**. D'autres termes peuvent être **dérivés** à partir de ce **radical**, avec un **préfixe** et/ou un **suffixe**. • *Fort → ren-forc-er.*

› Le préfixe, placé **devant le radical**, modifie le sens. • *Le renfort.*

› Le suffixe, placé **après le radical**, modifie le sens également • *fleur / fleurette* • *bleu / bleuâtre* et parfois la classe grammaticale • *fort / fortement* (adverbe).

› L'ensemble des mots ayant la même étymologie et **le même radical** constitue une **famille de mots**.

Formation savante et formation populaire

Certaines familles de mots regroupent des termes ayant la même étymologie mais deux radicaux légèrement différents l'un de l'autre. On appelle ces mots des **doublets**.

› La **formation savante** a donné naissance à des mots dont le radical est proche de l'étymologie, tandis que la **formation populaire** contient un radical plus éloigné.

Soit le mot latin *clarus*. • Formation savante → *clarifier, clarté* • Formation populaire → *clair, éclairer, clairvoyant.*

Dérivation et composition

› Un mot est **dérivé** (ou formé par **dérivation**) quand est ajouté à sa racine un préfixe et/ou un suffixe.

› Un mot est **composé** (ou formé par **composition**) lorsqu'il est formé de plusieurs mots (le plus souvent deux) combinés • *un portemanteau, un rouge-gorge, une pomme de terre.* La **composition savante** est constituée d'éléments grecs ou latins • *géographie, multicolore.*

S'exercer

Ex. 1 ★☆☆ **Complétez les phrases avec les expressions en gras de la leçon.**

1. « Doux », « adoucir », « doucement », « douceur » sont de la même ... car ils ont un radical commun.
2. « Immobilité » est composé de trois éléments : ..., ... et ...
3. « Bagnole » est le ... de « voiture ».
4. « Il est tombé sur la tête » est une expression au ... tandis que « il a agi sur un coup de tête » est une expression au ...
5. « Chronologie » est formé par ... car il est constitué de deux éléments grecs.
6. « Anachronique » est formé par ... car on a ajouté un préfixe et un suffixe à la racine existante.
7. Les adjectifs « exigu » et « spacieux » sont des ...
8. « Anachronique », « synchroniser », « chronomètre » ont pour ... commun le mot grec *chronos*.
9. « Mer » et « maire » sont des ...
10. « Énerver » et « agacer » sont des ...

Ex. 2 ★☆☆ **Le mot « loup » est polysémique. Associez la signification au contexte de chaque phrase. Attention, un sens n'y figure pas.**

a) Mammifère carnivore. **b)** Terme affectueux. **c)** Vieux marin qui a beaucoup navigué. **d)** Poisson comestible de la Méditerranée. **e)** Demi-masque de satin ou de velours noir. **f)** Malfaçon dans un ouvrage de construction ou de couture.

1. Pour le bal masqué, elle portait un simple loup. **2.** On servit du loup au fenouil. **3.** Une meute de loups s'est attaquée au troupeau. **4.** Mon p'tit loup, tu t'es fait mal ? **5.** J'ai téléphoné à mon assureur pour lui signaler la présence d'un loup dans la construction du mur.

Ex. 3 ★☆☆ **Cherchez le mot « pyramide » dans le dictionnaire, et proposez quatre emplois différents qui montreront la polysémie du mot.**

Ex. 4 ★★☆ **Proposez une équivalence des expressions de niveau soutenu dans un niveau courant.**

1. Être éreinté. **2.** Soporifique. **3.** De surcroît. **4.** Une ondée. **5.** Se sustenter.

Ex. 5 ★★☆ **a) Comment est formé le mot « déshydratation » ? b) Proposez plusieurs mots de la même famille. c) Déduisez-en la signification du radical *-hydr-* du grec *hudor*.**

Ex. 6 ★★☆ **À partir du mot latin *pax, pacis*, la « paix », le français a développé des doublets. Placez-les dans le tableau ci-dessous.**

1. Pacifier. **2.** Paisiblement. **3.** Paisible. **4.** Pacifique. **5.** Pacifiquement. **6.** Apaisement. **7.** Apaiser. **8.** Pacifisme.

	Formation savante	Formation populaire
Nom		
Adjectif		
Verbe		
Adverbe		

Ex. 7 ★★☆ **a) Cherchez des mots d'une même famille, tous issus de l'étymologie latine *pes, pedis*, le « pied ». b) Faites ensuite un tableau et classez les mots trouvés selon qu'ils héritent d'une formation savante ou populaire.**

Ex. 8 ★★☆ **Les mots suivants proviennent du latin et sont proposés avec leur traduction. Pour chaque mot latin, inventez une phrase comprenant un adjectif dont il est dérivé.**

Exemple : *aqua* (l'eau) → Le complexe aquatique comprend un grand bassin, équipé de six toboggans.

1. *Oculus* (l'œil).
2. *Navis* (le navire).
3. *Equus* (le cheval).
4. *Nucleum* (le noyau).

Ex. 9 ★★☆ **Le mot latin *ambulare*, « se promener », a donné naissance à une famille de mots. a) À partir des définitions suivantes, retrouvez ces mots. b) Parmi les mots trouvés, lesquels sont formés par composition ? lesquels par dérivation ?**

1. Qui aime se promener la nuit.
2. Un véhicule pour acheminer d'urgence à l'hôpital.
3. Marcher sans but précis.
4. Personne qui marche sur une corde.
5. Personne qui effectue des actions dans la nuit sans s'en rendre compte.
6. Objet qui soutient un malade dans sa marche.

Champ lexical – champ sémantique dénotation – connotation

Observer

Ex. 1 ★☆☆ **a) Donnez le sens du mot « piles » dans chacune de ces phrases. b) Comment appelle-t-on l'ensemble des sens d'un mot ?**

1. Il faut que je change les piles de la télécommande. **2.** Le bureau était couvert de piles de documents. **3.** Les piles centrales du pont mesurent plus de cent mètres.

Ex. 2 ★☆☆ **Quel est le champ lexical dominant dans ce texte ? Justifiez en relevant les mots concernés.**

Les élèves décident de mener une action de sensibilisation sur le recyclage des piles et batteries. Ils préparent des affiches qu'ils placent à divers endroits du collège. Ils organisent aussi une petite manifestation. Le rassemblement est prévu devant le collège, et le cortège, muni de pancartes, se rend dans la zone commerciale.

Ex. 3 ★☆☆ **Le mot « manifestation » a-t-il la même connotation dans les deux textes ? Justifiez votre réponse.**

Le cortège de la manifestation remontait l'avenue. La foule, compacte chantait à l'unisson, d'une voix vibrante d'émotion, son désir de liberté, et les cœurs frémissaient de l'espoir d'un monde meilleur.

L'embouteillage grossissait. Encore une manifestation ! Déjà la semaine dernière, ils avaient bloqué tout le centre-ville. Charlotte croyait rêver. Ils n'avaient donc rien de mieux à faire que d'empêcher les gens d'aller travailler ? Et puis ces slogans ridicules, vides de sens. Mais qu'est-ce qu'elle haïssait les manifestations ! Charlotte s'excita sur le klaxon.

Leçon

Champ lexical et champ sémantique

› Le **champ sémantique** est **l'ensemble des sens d'un mot** tels qu'ils se trouvent dans un article de dictionnaire. Par exemple, pour le mot « bras » :
- *1. Membre supérieur du corps humain* (Il la prit dans ses bras) ;
- *2. Personne qui travaille, agit* (L'usine manquait de bras) ;
- *3. Partie d'une machine* (On débarque les marchandises grâce au bras d'une grue) ;
- *4. Partie d'un cours d'eau* (Un pont fut construit sur le bras du fleuve).

› Le **champ lexical** est l'**ensemble des mots qui**, dans un texte, **se rapportent à une même idée** ou une même notion • *S'émerveiller, heureux, bonheur, éclata de rire, yeux pétillants = champ lexical de la joie.*

Numérique
Testez vos connaissances avec un quiz sur LLS.fr/FR3QuizLexique1

Dénotation et connotation

› Les sens neutres d'un mot (qui se trouvent dans les dictionnaires) sont appelés **dénotations**.
- Bonnet : *pièce de vêtement que l'on porte sur la tête.*

› Les images, émotions ou sentiments que ce mot évoque sont appelés **connotations**.
- Bonnet : *froid, hiver, neige, ski*, etc.

› Les **connotations** d'un mot peuvent **varier** selon les personnes et le contexte dans lequel elles se trouvent. • Noël : *des retrouvailles en famille, l'ouverture des cadeaux, les guirlandes et le sapin, la fête religieuse, des vacances à la montagne, l'ennui, des maux d'estomac*, etc.

S'exercer

Ex. 4 ★☆☆ **Donnez le sens du mot souligné s'il est prononcé a) dans une animalerie ; b) dans un magasin de matériel informatique ; c) dans un restaurant. Cherchez éventuellement dans le dictionnaire.**

Je voudrais une <u>souris</u>, s'il vous plaît.

Ex. 5 ★☆☆ **Quel est le champ lexical dominant de ce texte ? Relevez les mots qui le composent.**

> Nous restions immobiles, livides, dans l'attente d'un événement affreux, l'oreille tendue, le cœur battant, bouleversés au moindre bruit. [...]
>
> Il se tut aussitôt ; et nous restâmes plongés dans un silence plus terrifiant encore. Et soudain tous ensemble, nous eûmes une sorte de sursaut. [...] Et je vous jure qu'au fracas du coup de fusil que je n'attendais point, j'eus une telle angoisse du cœur, de l'âme et du corps, que je me sentis défaillir, prêt à mourir de peur.
>
> Nous restâmes là jusqu'à l'aurore, incapables de bouger, de dire un mot, crispés dans un affolement indicible.
>
> Guy de Maupassant, « La Peur », 1882.

Ex. 6 ★★☆ **Nommez le champ lexical pour chacune des listes, puis classez les mots selon le degré d'intensité croissant qu'ils expriment.**

1. Orage, bruine, tempête, pleuvioter, crachin, averse, ouragan.
2. Haine, détester, ressentiment, dégoût, révulsion, antipathie, exécrer.
3. Joyeux, contentement, satisfait, béatitude, euphorie, exulter, allégresse.

Ex. 7 ★★☆ **Identifiez la connotation du mot en gras dans les phrases suivantes et justifiez votre réponse.**

1. Je vis à la **campagne** : j'aime beaucoup me promener dans les bois et respirer ce bon air pur. **2.** Il habite dans un isolement total, au fin fond de la **campagne**. **3.** Roméo était **fou** d'amour pour Juliette : il était prêt à tout pour elle. **4.** Roméo était complètement **fou** : mourir par amour, c'est ridicule ! **5.** La police a démantelé un réseau de **complicités** dans une affaire frauduleuse. **6.** Il y a toujours eu de la **complicité** entre Tom et ses cousins.

Ex. 8 ★★☆ **a) Classez les mots en gras selon qu'ils renvoient au champ lexical de la vie ou de la mort. b) Selon vous, que cherche à montrer le poète en utilisant ces deux champs lexicaux ?**

Le Dormeur du val

C'est un **trou** de verdure où **chante** une rivière,
Accrochant **follement** aux herbes des haillons
D'argent ; où le soleil, de la montagne fière,
Luit : c'est un petit val qui **mousse** de rayons.

Un soldat **jeune**, bouche ouverte, tête nue,
Et la nuque baignant dans le frais cresson bleu,
Dort ; il est **étendu** dans l'herbe, sous la nue,
Pâle dans son lit **vert** où la lumière pleut.

Les pieds dans les glaïeuls, il dort. **Souriant** comme
Sourirait un enfant **malade**, il fait un **somme** :
Nature, berce-le **chaudement** : il a **froid**.

Les parfums ne font pas **frissonner** sa narine ;
Il dort dans le soleil, la main sur sa poitrine,
Tranquille. Il a deux **trous rouges** au côté droit.

Arthur Rimbaud, *Poésies*, 1870.

Ex. 9 ★★☆ **Employez chacune des expressions suivantes dans une phrase qui en fera comprendre le sens. Aidez-vous d'un dictionnaire pour les expressions que vous ne connaissez pas.**

1. Homme d'action. **2.** Action de grâce. **3.** Action publique. **4.** Film d'action. **5.** Action revendicative. **6.** Verbe d'action. **7.** Bonne action. **8.** Passer à l'action.

Écrire

Ex. 10 ★★☆ **a) Constituez le champ lexical de la nuit en complétant chaque classe grammaticale suivante par au moins cinq mots. b) Trouvez également deux adverbes. c) Écrivez un court texte dans lequel vous emploierez huit mots de votre choix.**

Noms communs : obscurité, lune...
Adjectifs qualificatifs : sombre, étoilée...
Verbes : dormir, rêver...

Les niveaux de langue

Observer

Ex. 1 ★☆☆ **a) Pourquoi cette fin de lettre pose-t-elle problème ? b) Faites les modifications nécessaires pour la rendre cohérente.**

Veuillez agréer, Madame la directrice, l'expression de ma très haute considération. Bisous :) Mat.

Ex. 2 ★☆☆ **a) À quel niveau de langue cette phrase correspond-elle ? b) Réécrivez-la dans les deux autres niveaux de langue.**

Qu'est-ce que ça pèle ici !

Leçon

Les trois niveaux de langue : rappel

À l'oral comme à l'écrit, le niveau de langue est adapté à l'interlocuteur(trice) ou au (à la) destinataire. Le niveau (**familier, courant, soutenu**) porte sur le lexique et sur la construction de la phrase.

- *Tom, il dit que j'ai pas fait MON travail. Ça m'agace !!* 😠

Ici, le relâchement porte sur l'organisation de la phrase (répétition du sujet, négation incomplète) ainsi que sur le double signe de ponctuation, l'écriture en majuscule et l'émoticône.

Écrire une lettre officielle

Une lettre officielle doit être rédigée dans un niveau de langue **soutenu**.

› **Formule d'appel :**
- › neutre • *Madame/Monsieur Dupont,*
- › à une personne que l'on connaît • *Chère Madame Dupont,*
- › à un supérieur • *Madame la Principale,* (on met le titre, la fonction)

› **Formule de politesse :**
- › neutre, dans un courriel • *Cordialement, Bonne soirée, À bientôt,*
- › à un supérieur, dans un courriel • *Respectueusement, Respectueuses salutations,*
- › à un supérieur, dans une lettre • *Je vous prie d'accepter, Madame la Principale, mes respectueuses salutations,*

Numérique

Testez vos connaissances avec un quiz sur LLS.fr/FR3QuizLexique2

S'exercer

Ex. 3 ★★☆ **Repérez les erreurs lexicales et d'organisation de phrase propres au niveau familier. Réécrivez-les dans le niveau de langue courant.**

1. Des gars comme nous, y'a pas plus seuls au monde. **2.** Ils peuvent bien crever, tout le monde s'en fout. **3.** Et quand il pleuvra l'hiver, on s'fera un feu et on s'assoira autour et on passera une journée tranquille. **4.** Il en a marre, il s'est fait encore flasher par un radar.

Écrire

Ex. 4 ★★☆ **À la suite d'une absence, vous écrivez un courriel. Écrivez ces mails en adaptant le niveau de langue au destinataire.**

1. À un camarade pour vous informer du travail effectué. **2.** À votre professeur(e) de français pour lui adresser votre devoir en lui joignant un fichier.

Les mots de la poésie et du théâtre

Leçon

Le lexique de la poésie

Les strophes

Une strophe est constituée d'un **regroupement de vers.**

2 vers = un distique	4 vers = un quatrain	8 vers = un huitain
3 vers = un tercet	6 vers = un sizain	10 vers = un dizain

Les vers

Un poème peut se présenter avec des **vers réguliers** ou des **vers libres**. Il peut également correspondre à une **forme fixe** ; ainsi, le sonnet est composé de deux quatrains et de deux tercets en alexandrins. Enfin, le poème peut être écrit **en prose**.

Les différents types de vers

› Les vers les plus utilisés sont les vers pairs, notamment les vers longs.

3 syllabes = trisyllabe	6 syllabes = hexasyllabe	10 syllabes = décasyllabe
5 syllabes = pentasyllabe	8 syllabes = octosyllabe	12 syllabes = alexandrin

Déterminer la longueur d'un vers

La longueur d'un vers est déterminée en **comptant le nombre de syllabes.**

- *Les/par/fums/ne/font/pas/fris/son/ner/sa/na/ri n(e)*
- *C'est/un/trou/de/ver/du/r(e)où/chan/t(e)u/ne/ri/vièr(e)*

→ Attention aux mots qui se terminent par -e (ou -es, -ent)

En poésie, le -e est caduc (= il se prononce faiblement) si le mot qui le suit commence par une consonne. Il est muet s'il est devant une voyelle, un h muet ou s'il se trouve à la fin d'un vers.

- *C'est un trou de verdur(e) où chant(e) une rivièr(e)* (Arthur Rimbaud, « Le Dormeur du val »)

Diérèse et synérèse

› Certains mots ont deux sons vocaliques (de voyelles) qui se suivent.

› Ils sont prononcés en **diérèse** quand ils sont lus en **deux syllabes**. • *Nu-it* (nu·i), *li-on* (li·õ)

› Ils sont prononcés en **synérèse** quand ils sont lus en **une seule syllabe**. • *Hier* (yèr)

› Le choix de lire un mot en diérèse permet d'insister sur le mot. • *Vous êtes mon /li/on/, superbe et généreux.* (Victor Hugo, *Hernani*)

Les rimes

Les différentes dispositions de rimes

Les rimes sont définies par un ou plusieurs son(s) à la fin d'un vers répété(s) à la fin d'un autre vers :

› rimes **suivies** (ou « plates ») : **AABB** • *choses, roses, destin, matin ;*

› rimes **croisées** (ou « alternées ») : **ABAB** • *choses, destin, roses, matin ;*

› rimes **embrassées** : **ABBA** • *choses, destin, matin, roses.*

Leçon

L'alternance et la richesse des rimes

› Dans la poésie classique, on alterne **rime féminine** (qui se termine par un -e muet) et **rime masculine**.

› Plus on entend de sons identiques à la fin du vers, plus la rime est riche :

- *D**oux**/p**oux** (rime pauvre = 1 son en commun) ; n**ei-ge** / sacril**è-ge** (rime suffisante = 2 sons en commun) ; **a-r-mes** / l**a-r-mes** (rime riche = 3 sons en commun)*

Numérique

Testez vos connaissances avec un quiz sur LLS.fr/FR3QuizLexique3

Les rythmes

› Un **vers classique** correspond à une phrase.

- *Où vont tous ces enfants dont pas un seul ne rit ?* (Victor Hugo, « Melancholia »)

› L'**enjambement** prolonge la phrase sur le vers suivant.

- *Ils vont, de l'aube au soir, faire éternellement*
  Dans la même prison le même mouvement. (Victor Hugo, « Melancholia »)

› Le **rejet** est un mot ou un ensemble de mots rejeté au début du vers suivant.

- *Innocents dans un bagne, anges dans un enfer,*
  Ils travaillent. Tout est d'airain, tout est de fer. (Victor Hugo, « Melancholia »)

› Le **contre-rejet** est un mot ou un groupe de mots en fin de vers qui ouvre une phrase ou une proposition se poursuivant au vers suivant.

- *Un homme y dort. Vieillard, chapeau bas ! Ce passant*
  Fit sa fortune à l'heure où tu versais ton sang ; (Victor Hugo, « Melancholia »)

S'exercer

Ex. 1 ★☆☆ **Nommez le type de strophe et le vers utilisés dans ces deux extraits.**

1. Dans la nuit parfumée aux herbes de Provence
Le lombric se réveille et bâille sous le sol
Étirant ses anneaux au sein des mottes molles
Il les mâche, digère et fore avec conscience

Jacques Roubaud, « Le Lombric », *Les Animaux de tout le monde*, 1990.

2. – Ton cœur bat-il toujours à mon seul nom ?
Toujours vois-tu mon âme en rêve ? – Non.

Paul Verlaine, « Colloque sentimental », *Fêtes galantes*, 1869.

Ex. 2 ★★☆ **a) Identifiez les -e caducs et les -e muets. b) Repérez les diérèses et synérèses dans ces alexandrins.**

1. Meurtriers de votre sang, appréhendez ce juge. (d'Aubigné) **2.** Va te purifier dans l'air supérieur. (Baudelaire) **3.** Le violon frémit comme un cœur qu'on afflige. (Baudelaire) **4.** Regrettant mon amour et votre fier dédain. (Ronsard)

Ex. 3 ★★☆ **a) Retrouvez la mise en page de ce sonnet (deux quatrains et deux tercets) en alexandrins. Remettez les majuscules en tête des vers. b) Quelle est la disposition des rimes ? c) L'alternance des rimes féminines et masculines est-elle respectée ?**

La rue assourdissante autour de moi hurlait. Longue, mince, en grand deuil, douleur majestueuse, une femme passa, d'une main fastueuse soulevant, balançant le feston et l'ourlet ; agile et noble, avec sa jambe de statue. Moi, je buvais, crispé comme un extravagant, dans son œil, ciel livide où germe l'ouragan, la douceur qui fascine et le plaisir qui tue. Un éclair… puis la nuit ! – Fugitive beauté dont le regard m'a fait soudainement renaître, ne te verrai-je plus que dans l'éternité ? Ailleurs, bien loin d'ici ! trop tard ! jamais peut-être ! Car j'ignore où tu fuis, tu ne sais où je vais, ô toi que j'eusse aimée, ô toi qui le savais !

Charles Baudelaire, « À une passante », *Les Fleurs du mal*, 1861.

Le lexique du théâtre

Didascalies et répliques

Dans un texte théâtral, on peut distinguer **deux types d'énoncés.**

- Les **répliques** sont destinées à être prononcées par les personnages et les comédien(ne)s.
- Les **didascalies** ne sont pas prononcées sur scène. Elles donnent les indications nécessaires au jeu des comédien(ne)s (geste, ton, etc.) et des précisions pour la mise en scène et la scénographie.

Les différents types de répliques

- La **tirade** est une **réplique longue** qui ralentit le rythme de l'intrigue. L'attention est alors centrée sur un personnage qui développe ses pensées.
- La **stichomythie** est une **succession de répliques brèves**. Elle crée un rythme très rapide, dynamique, qui convient bien aux scènes d'affrontement entre deux personnages.
- Le **monologue** est prononcé par **un personnage seul sur scène**.
- L'**aparté** est une réplique prononcée « **à part** » qui est supposée n'être entendue que par les spectateurs(trices) et instaurer une connivence. L'aparté est souvent employé dans les comédies car il constitue **un bon ressort comique**.

S'exercer

Ex. 4 ★☆☆ **Voici le programme distribué aux spectateurs(trices) avant une représentation. a) Précisez la fonction des personnes dont le nom apparaît en caractères gras. b) Parmi ces personnes, quelles sont celles présentes sur scène ?**

RUY BLAS de **Victor Hugo**
Mise en scène : **Yves Beaunesne**, assisté de Pauline Buffet, Jean-Christophe Blondel et Laure Roldan
Scénographie : **Damien Caille-Perret**
Costumes : Jean-Daniel Vuillermoz
Lumières : Nathalie Perrier
Musique : Camille Rocailleux
Maquillages, coiffures et masques : Cécile Kretschmar
Avec **François Deblock**, Noémie Gantier, Thierry Bosc, Jean-Christophe Quenon …

Ex. 5 ★★☆ **Lisez ce court extrait du *Cid* de Pierre Corneille et référez-vous, éventuellement, aux pages 255-256. a) Quel type de vers est utilisé ? Aidez-vous des rimes pour répondre. b) Que remarquez-vous concernant le découpage des vers ? c) Repérez une diérèse d) Comment s'appelle ce type d'énoncé au théâtre ? Quel rythme crée-t-il ? e) Écrivez une didascalie pour chaque réplique. Elles informeront sur un geste, une intonation, un accessoire, etc.**

CHIMÈNE

Va, laisse-moi mourir.

DON RODRIGUE

Quatre mots seulement :
Après, ne me réponds qu'avecque cette épée.

CHIMÈNE

Quoi ! du sang de mon père encor toute trempée !

DON RODRIGUE

Ma Chimène…

CHIMÈNE

Ôte-moi cet objet odieux,
Qui reproche ton crime et ta vie à mes yeux.

Pierre Corneille, *Le Cid*, 1637.

Écrire

Ex. 6 ★★★ **Écrivez un dialogue comique de dispute entre deux personnages, sous la forme d'une stichomythie. Il devra faire au moins quinze lignes et comporter au minimum un aparté.**

Le lexique de l'argumentation

Observer

Ex. 1 ★☆☆ **a) Qu'ont en commun ces deux textes ? b) Quelles différences pouvez-vous néanmoins constater ? c) Quel texte vous semble le plus convaincant ?**

1. Je suis contre la peine de mort parce que le droit à la vie est un droit fondamental reconnu par la *Déclaration universelle des droits de l'homme*. Ah oui, et aussi parce que les hommes commettent parfois des erreurs de jugement. Et du coup il y a des conséquences dramatiques.

2. Je m'oppose fermement à la peine de mort. En guise de préambule, j'aimerais rappeler que le droit à la vie est un droit fondamental reconnu par la *Déclaration universelle des droits de l'homme*. À cela s'ajoute le fait que les jugements rendus ne sont pas infaillibles : il va de soi que les hommes font parfois des erreurs. Les conséquences de telles erreurs sont incontestablement dramatiques.

Leçon

Des mots pour défendre son opinion

La langue française est riche : il existe de nombreux mots pour argumenter et défendre ses opinions. Le fait de les connaître permet de varier son vocabulaire, mais aussi d'être plus cohérent(e) et persuasif(ve) dans son argumentation.

Voir p. 304 pour la modalisation

Voir p. 334 pour le conditionnel

	Connecteurs	Constructions verbales
S'impliquer personnellement	selon moi, à mon avis, d'après moi	en ce qui me concerne, je suis d'avis que, j'estime que
Donner son avis avec certitude	assurément, sans aucun doute, indubitablement, incontestablement, manifestement, à l'évidence	- je suis persuadé(e), convaincu(e), certain(e) que - il va de soi que, il est évident que - il est certain, indéniable, indubitable que
Donner son avis avec prudence	- peut-être, sans doute, probablement, vraisemblablement - du moins, tout au moins	- emploi du conditionnel - il me semble que, il est probable que, il se peut que, il est possible que, il serait étonnant/surprenant que

Des mots pour organiser ses idées

	Connecteurs	Constructions verbales
Commencer	avant toute chose, d'une part, tout d'abord, en premier lieu	pour commencer, pour débuter
Ajouter une idée	ensuite, en second lieu, par ailleurs, d'autre part, en outre	j'ajoute que, à cela s'ajoute que, il ne faut pas oublier non plus que
Ajouter une idée plus forte	à plus forte raison, *a fortiori*, d'autant plus que	qui plus est
Achever	enfin, finalement, en définitive, somme toute	pour terminer, pour conclure

Des mots pour exprimer le pour et le contre

	Connecteurs	Constructions verbales
Exprimer son accord	absolument, effectivement, parfaitement, évidemment	je partage le point de vue/l'avis/l'opinion, j'approuve
Exprimer son désaccord	absolument pas, bien sûr que non, bien au contraire	je rejette, je nie, je m'inscris en faux contre, je m'élève contre, je m'oppose à, je désapprouve, je condamne, je déplore, je regrette
Exprimer une contradiction, une concession	cependant, néanmoins, toutefois, en revanche certes, bien entendu, en dépit du fait que, quoique, bien que, même si	si ce n'est que je conviens, je concède, je reconnais, j'admets, il est vrai que, il est possible que
Éviter un malentendu	non pas pour… mais afin de, loin de moi l'idée de	afin d'éviter tout quiproquo/malentendu, entendons-nous bien, comprenons-nous bien

Voir p. 352 pour l'orthographe du mot « quoique »

Voir p. 358 pour l'étymologie

En rhétorique, la concession — du latin *cum* (avec) et *cedo* (marcher) — consiste à **accepter certains arguments de l'adversaire**, à le suivre, à « marcher avec lui ». La concession montre que l'on est capable de **se montrer nuancé(e)**.

S'exercer

Ex. 2 ★☆☆ **Classez les connecteurs ci-dessous en trois catégories et nommez chacune d'elles.**

1. Enfin. 2. En outre. 3. À plus forte raison. 4. Au préalable. 5. En définitive. 6. En guise de conclusion. 7. En guise de préambule. 8. Mieux encore. 9. Avant toute chose. 10. De plus. 11. En premier lieu. 12. Finalement. 13. *A fortiori*. 14. De surcroît. 15. Somme toute. 16. Pour conclure.

Ex. 3 ★★☆ **Complétez le texte suivant avec les connecteurs qui conviennent.**

Le progrès technologique est une bonne chose pour l'humanité. ... il permet des avancées spectaculaires dans la connaissance du monde : ..., les inventions spatiales nous permettent de comprendre le fonctionnement de l'univers, ... de découvrir des planètes et des étoiles inconnues. ... ce n'est pas tout ! L'amélioration des outils technologiques est particulièrement utile pour la médecine ... une meilleure technique dote les médecins de plus de moyens pour sauver des vies. ..., le progrès donne aux individus un meilleur confort de vie : les engins agricoles, ..., permettent d'économiser du temps et de l'effort pour une meilleure rentabilité.

Ex. 4 ★★★ **Transformez les phrases suivantes en un texte (voir Ex.3). Intégrez des connecteurs pertinents pour structurer le texte en gardant l'ordre des phrases.**

- Le progrès technique est néfaste pour l'humanité.
- Les avancées technologiques peuvent être mises au service de la guerre.
- La bombe atomique a fait des millions de victimes.
- Internet a supprimé toute vie privée.
- Donner des informations personnelles sur Internet est dangereux : elles peuvent être facilement volées.

Ex. 5 ★★★ **Reprenez les arguments de l'exercice précédent sous forme de concessions puis opposez-leur des contre-arguments.**

Écrire

Ex. 6 ★★★ **En Allemagne, les journées de cours finissent à 15 h mais il y a moins de vacances. Que pensez-vous de ce système ? Faites une liste d'arguments et préparez un court texte avec au moins cinq connecteurs ou expressions de la leçon.**

Les figures de style

Leçon

Les figures de style consistent à dire les choses autrement, de manière **plus expressive**.

Les figures de ressemblance, de substitution et d'opposition

La comparaison	**rapproche** deux éléments (le **comparé** et le **comparant**) car ils ont un ou des points communs. Ils sont reliés par un **outil de comparaison** (comme, tel, ainsi que, plus... que, autant que, semblable à, etc.). *Paul est doux **comme** un agneau.*
La métaphore	**rapproche** le comparé et le comparant sans outil de comparaison et souvent sans expliciter le point commun. *C'est un agneau !* Quand la métaphore se développe sur plusieurs lignes ou vers, on dit qu'elle est **filée**.
La personnification	**prête** des caractéristiques **humaines** à un élément **inanimé** ou un **animal**. *Le crépuscule ami **s'endort** dans la vallée.* (Alfred de Vigny, « La maison du berger »)
L'allégorie	**représente** de manière **concrète** une réalité **abstraite**. *Cupidon est une allégorie de l'amour : les yeux bandés représentent l'aveuglement de l'amour, la flèche représente la blessure de l'amour.*

La périphrase	**remplace** un mot par une définition qui le décrit ou le définit. Elle évite les répétitions. *Il maîtrise parfaitement **la langue de Shakespeare**.* (= l'anglais)
La métonymie	**remplace un mot par un autre** selon un **lien logique** (contenu/contenant ; œuvre/auteur ; partie/tout, matière/objet, etc.). *Boire un verre. Lire un Zola.*

Voir p. 304 pour l'implicite et l'explicite

L'antithèse	**rapproche deux éléments opposés** (groupe de mots, proposition, idée, etc.) pour souligner un contraste. *Je **vis**, je **meurs**, je me **brûle** et me **noie**.* (Louise Labé)
L'oxymore	**oppose** deux mots **juxtaposés**. *Le **soleil noir** de la mélancolie* (Gérard de Nerval, « El Desdichado »)
L'antiphrase	consiste à **dire le contraire de ce que l'on veut vraiment exprimer** ; elle est souvent ironique. *Prends ton temps surtout, hein !* (= dépêche-toi !)

Les figures d'amplification et d'atténuation

Voir p. 304 pour la modalisation

L'hyperbole	**exagère**, amplifie la réalité. *Je meurs de soif.*
L'accumulation	consiste à **énumérer des éléments** pour donner une impression de grande quantité ou pour insister sur un aspect. *Des liquides rouges, jaunes, verts, bruns, de toutes les nuances.* (Guy de Maupassant, *Bel-Ami*)
La gradation	est une **succession d'éléments ordonnés** de manière croissante ou décroissante. *Va, cours, vole et nous venge.* (Pierre Corneille, *Le Cid*)

L'euphémisme	**atténue** un propos désagréable ou choquant. *Il nous a quittés.* (= il est mort)
La litote	consiste à dire **moins** pour suggérer **plus**. Elle est toujours construite à la forme négative. *Va, je ne te hais point.* (= je t'aime) (Pierre Corneille, *Le Cid*) Au contraire de l'euphémisme, la litote vise à donner plus de force au propos : on atténue ce qu'on dit pour amplifier ce que l'on veut dire.

Voir p. 304 pour l'implicite et l'explicite

Les figures de répétition

L'anaphore	est une **répétition en début de phrase**, de proposition ou de vers. Elle permet de mettre en valeur ce qui est répété ou de donner du rythme. ***Ma femme aux yeux** de savane.* ***Ma femme aux yeux** d'eau pour boire en prison.* (André Breton, « L'Union libre »)
L'assonance	consiste à **répéter un son vocalique** (= de voyelle). *Tout m'afflige et me nuit et conspire à me nuire.* (Jean Racine, *Phèdre*)
L'allitération	consiste à **répéter un son consonnantique** (= de consonne). *Pour qui sont ces serpents qui sifflent sur nos têtes ?* (Jean Racine, *Andromaque*)
La paronomase	consiste à **rapprocher des mots qui ont des sonorités identiques** ou similaires. Elle est très utilisée dans le rap et le slam. *Il **pleure** dans mon cœur* *Comme il **pleut** sur la ville.* (Paul Verlaine, *Romances sans paroles*)
Le parallélisme	est la **répétition d'une construction identique.** *Présente, je vous fuis ; absente, je vous trouve.* (Jean Racine, *Phèdre*)

Voir p. 352 pour les homophones

Numérique
Testez vos connaissances avec un quiz sur
LLS.fr/FR3QuizLexique4

S'exercer

Ex. 1 ★☆☆ **Analysez la figure de ressemblance dans les phrases suivantes pour compléter le tableau.**

Ex : *Les gouttes de rosée sont comme les perles du matin.*

Figure de style	Comparé	Comparant	Points communs	Outil de comparaison
Comparaison	gouttes de rosée	perles	la forme ronde, la brillance, la délicatesse	comme
...				
...				

1. Le soleil brille pareil à une poudre d'or.
2. Les jeunes loups de la finance attendent la démission du président.
3. Des nuages, spectres menaçants, envahissaient le ciel.
4. Tel un renard, il se faufila sans bruit derrière le port.
5. Il resta plongé dans l'abîme de ses pensées durant toute la journée.
6. Mon sang coulait dans mes artères comme un torrent de lave.
7. Le temps, cet ogre jamais rassasié, engloutit la vie.

Ex. 2 ★☆☆ **Identifiez la figure de ressemblance ou d'opposition dans les énoncés suivants.**

1. Innocents dans un bagne, anges dans un enfer (Victor Hugo)
2. La mélancolie / Berce de doux chants / Mon cœur qui s'oublie. (Paul Verlaine)
3. C'était, dans la nuit brune, / Sur le clocher jauni, / La lune / Comme un point sur un i. (Alfred de Musset)
4. Quand le ciel bas et lourd pèse comme un couvercle (Charles Baudelaire)
5. La rue assourdissante autour de moi hurlait. (Charles Baudelaire)
6. La lune, galet du ciel (Michel Tournier)
7. Le sinistre Océan jette son noir sanglot. (Victor Hugo)
8. L'aurore en s'habillant, écoute les oiseaux (Théophile de Viau)
9. Sa vie était froide comme un grenier (Gustave Flaubert)
10. Ah ! messieurs ! mais elle est / Épouvantablement ravissante ! (Edmond Rostand)

Ex. 3 ★☆☆ **Identifiez l'anaphore et les antithèses dans cette strophe.**

Ils étaient vingt-et-trois quand les fusils fleurirent
Vingt-et-trois qui donnaient leur cœur avant le temps
Vingt-et-trois étrangers et nos frères pourtant
Vingt-et-trois amoureux de vivre à en mourir
Vingt-et-trois qui criaient la France en s'abattant

Louis Aragon, « Strophes pour se souvenir, » 1955.

Ex. 4 ★★☆ **Réécrivez les phrases en transformant les comparaisons en métaphores.**

1. Pour eux, leur maison est comme un nid douillet. 2. Tu as un cœur dur comme de la pierre. 3. J'écoute le bruit de la pluie sur les carreaux semblable à un tambour.

Ex. 5 ★★☆ **Ces phrases comportent-elles une allégorie ou une personnification ?**

1. Le vent hurlait entre les arbres. 2. La Liberté guidera toujours le peuple. 3. Les sanglots des violons magnifiaient la musique. 4. La lumière du phare guidait les naufragés. 5. La honte le tenaillait : il ne savait plus où se mettre. 6. On entendait le chant de la rivière.

Ex. 6 ★★☆ **Quelle(s) figure(s) d'amplification observez-vous dans chaque citation ?**

1. Je suis perdu, je suis assassiné, on m'a coupé la gorge. (Molière) 2. Marchez, courez, volez où l'honneur vous appelle. (Nicolas Boileau) 3. Les trompettes, les fifres, les hautbois, les tambours, les canons, formaient une harmonie telle qu'il n'y en eut jamais en enfer. (Voltaire)

Ex. 7 ★★☆ **Identifiez la figure d'amplification ou d'atténuation dans les phrases suivantes.**

1. Il a encore oublié de mettre le couvert ! J'ai deux mots à lui dire. 2. Ton grand-oncle nous a quittés. 3. Lors du combat de boxe, il aurait perdu des litres de sang. 4. Achète des pâtes : nous ne sommes pas bien riches en ce moment. 5. Ce vieux monsieur ne savait pas où il allait, c'était un non-voyant. 6. Ce gratin dauphinois n'est pas mauvais ! 7. Ce gâteau est délicieux, je pourrais en manger dix ! 8. Ce garçon n'est pas bête. 9. Ce gladiateur a réduit en miettes son ennemi. 10. La poubelle s'est renversée : ça ne sent pas la rose ici !

Ex. 8 ★★☆ **Identifiez les figures de style présentes dans ces phrases de la vie quotidienne : une hyperbole, une antithèse, une litote ou une antiphrase.**

1. Si je reprends une part de gâteau, je vais prendre dix kilos. 2. J'ai eu 18/20 en français, je ne m'en suis pas trop mal sorti. 3. Plus on habite près du collège et moins on arrive à l'heure. 4. Tu as encore cassé un verre ? Les parents vont être contents !

Ex. 9 ★★★ **a) Dans l'extrait suivant, relevez au moins quatre figures de style différentes. b) Quelle est la figure de style dominante ? c) Quel est l'effet de ces figures de style ? Quelle impression créent-elles ?**

Le vent sonna plus profond ; sa voix s'abaissait puis montait. Des arbres parlèrent ; au-dessus des arbres le vent passa en ronflant sourdement. Il y avait des moments de grand silence, puis les chênes parlaient, puis les saules, puis les aulnes ; les peupliers sifflaient de gauche et de droite comme des queues de chevaux, puis tout d'un coup ils se taisaient tous. Alors la nuit gémissait tout doucement au fond du silence. Il faisait un froid serré. [...] Un frémissement de lumière grise coula sur la cime des arbres depuis le fond du val jusqu'aux abords du grand pic où la forêt finissait. On l'entendait là-haut battre contre le rocher. Le rocher s'éclaira. Il n'y avait pas de lumière dans le ciel, seulement là-bas vers l'est une blessure violette pleine de nuages. La lumière venait de la colline. Sortie la première de la nuit, noire comme une charbonnière, elle lançait une lumière douce vers le ciel plat ; la lumière retombait sur la terre avec un petit gémissement, elle sautait vers le rocher, il la lançait sur des collines rondes qui, tout de suite, sortaient de la nuit avec leurs dos forestiers. L'ombre coulait entre les bosquets et les coteaux, dans les vallons, le long des talus, derrière le grillage des lisières.

Jean Giono, *Le Chant du monde*, 1934.

Écrire

Ex. 10 ★★★ **À la manière de Jean Giono, décrivez un lieu de manière poétique en employant diverses figures de style. Comme l'auteur du *Chant du monde*, vous chercherez à donner vie au lieu.**

Étymologie et néologie

Observer

Ex. 1 ★☆☆ **Le mot « dogme » vient du grec *dogma* qui signifie « opinion » ; le mot « science » vient du latin *scio* qui signifie « savoir ». En vous appuyant sur l'étymologie et le texte ci-dessous, expliquez la différence entre « dogme » et « science ».**

> À la différence des dogmes, qui prétendent également dire le vrai, la science est ouverte à la critique. Les connaissances scientifiques, ainsi que les méthodes, sont toujours ouvertes à la révision.

Leçon

Voir p. 358 pour mieux écrire grâce à l'etymologie

Définition : étymologie

› Le mot « étymologie » vient du grec *étymon* (ετυμον : le vrai sens) + *logos* (λογος : science). C'est donc la science qui recherche **l'origine** et **le premier sens des mots**.

Voir p. 250 pour les mots dérivés et composés

Formation d'un mot

› De nombreux mots de la langue française ont été créés à partir du **grec** et du **latin**.

› par dérivation • *anachronisme* : ajout du préfixe ana- à la racine *kronos*.

› par composition • *chronologie* : combinaison de deux mots grecs : *kronos* + *logos*.

› La connaissance des langues anciennes permet de mieux comprendre certains mots français actuels.

› Un **néologisme** est un mot nouveau à l'époque où il apparaît. De nombreux néologismes sont formés à partir de racines grecques ou latines ; ils peuvent aussi être empruntés à l'anglais.

› Le mot « cinématographe » est construit sur deux racines grecques • *Kiné* (le mouvement) + *graphein* (l'écriture) → *l'écriture du mouvement*

› Le mot « parking » est lui issu de l'anglais (américain). • *Parking lot* → aire de stationnement

Quelques radicaux grecs à connaître

Radicaux	Sens	Exemples	Radicaux	Sens	Exemples
anthrop	être humain	*philanthrope*	*logie*	étude	*météorologie*
bibli	livre	*bibliothèque*	*path*	souffrance	*psychopathe*
bio	vie	*biographie*	*phage*	mangeur	*bactériophage*
chrono	temps	*chronologie*	*phil*	amour	*philosophe*
crato	pouvoir	*démocratie*	*phob*	peur	*phobie*
géo	terre	*géographie*	*phon*	parole	*aphone*
graph	écrire	*autographe*	*théo*	dieu	*monothéisme*
hippo	cheval	*hippodrome*	*therm*	chaleur	*isotherme*

Numérique
Testez vos connaissances avec un quiz sur LLS.fr/FR3QuizLexique5

Quelques radicaux latins à connaître

Radicaux	Sens	Exemples	Radicaux	Sens	Exemples
aqua	eau	*aquarium*	*vore*	manger	*omnivore*
audi	entendre	*audition*	*fère*	porter	*somnifère*
duc	conduire	*gazoduc*	*cide*	tuer	*herbicide*

L'évolution des mots, du latin au français moderne

- Les mots **latins** étaient **plus longs** : la **dernière syllabe** a souvent **disparu** avant le Moyen Âge pour créer les mots français. • *Companionem → compagnon* • *Mercedem → merci*
- Les **voyelles finales** des mots latins ont **disparu**, sauf le **a** qui devient **e.** • *Hora → heure*

S'exercer

Ex. 2 ★★☆ **Identifiez de quoi s'occupent ces scientifiques en vous appuyant sur la composition du mot.**

1. Allergologue. 2. Psychologue. 3. Papyrologue. 4. Volcanologue. 5. Pneumologue. 6. Sociologue.

Ex. 3 ★★☆ **Retrouvez le mot, formé à partir de deux éléments grecs, qui correspond à chaque définition.**

1. Meuble servant à ranger les livres. 2. Instrument permettant de mesurer la température. 3. Instrument permettant de voir de petites choses. 4. Qui soigne par l'eau. 5. Qui croit en plusieurs dieux.

Ex. 4 ★★☆ **a) Identifiez les différentes parties du mot et donnez le sens de ces éléments. b) Expliquez le sens des mots, à partir de leur étymologie.**

1. Orthophoniste. 2. Théocratie. 3. Bibliographie. 4. Aquaphobie. 5. Omnivore. 6. Régicide. 7. Mégaphone. 8. Polyphonie. 9. Parapluie.

Ex. 5 ★★☆ **a) Retrouvez les mots formés à partir des préfixes et des radicaux suivants. Faites attention : certains peuvent être utilisés plusieurs fois. b) Expliquez le sens des mots en vous aidant de cette décomposition.**

Préfixes : *télé - ultra - extra - kiné - méga - infra*
Radicaux : *son - sthésie - phone - rouge - terrestre*

Ex. 6 ★★☆ **Trouvez quatre mots formés avec ces préfixes grecs.**

1. *auto-* 2. *poly-* 3. *péri-* 4. *télé-* 5. *anti-*

Ex. 7 ★★☆ **a) La langue française n'emprunte pas à la même langue au début du XXe et au début du XXIe siècle. Expliquez ces néologismes historiques en recherchant éventuellement dans un dictionnaire.**
1. Un avion. 2. Le métropolitain. 3. L'automobile.

b) Expliquez les anglicismes.

1. On ne va pas spoiler l'histoire. 2. Shoppez en toute tranquillité. 3. J'ai liké sa story.

Ex. 8 ★★☆ **a) Pour les mots suivants, recherchez sur Internet leur date de création, leur formation, et leur signification :** un alunissage, un baladeur, un courriel, un biopic. **b) À quel moyen de transport renvoient :** le gyropode, le segway, le monoroue, l'hoverboard ? **c) Quelle est l'origine du mot « gyropode » ? du mot « segway » ?**

Écrire

Ex. 9 ★★☆ **Vous êtes un savant et réalisez de nombreuses inventions. a) Imaginez deux inventions et donnez-leur un nom. Chaque mot aura au moins un préfixe, un radical ou un suffixe latin, grec ou anglais. b) Rédigez ensuite un discours de quelques lignes pour expliquer le fonctionnement de vos inventions.**

Les emprunts aux langues étrangères

Observer

Ex. 1 ★☆☆ **Comparez le pluriel dans la langue d'origine du mot et le pluriel français. Quelle règle suit le français ?**

Mots originaux		Mots français	
singulier	pluriel	singulier	pluriel
pizza	*pizze*	*pizza*	*pizzas*
tennisman	*tennismen*	*tennisman*	*tennismans*
scenario	*scenarii*	*scénario*	*scénarios*

Leçon

Voir p. 263 pour l'étymologie

› Parallèlement aux emprunts gréco-latins, **le français s'enrichit de mots issus de nombreuses autres langues.** Les échanges commerciaux et culturels entre les pays permettent aux mots de **passer d'une langue à une autre**.

- *Le mot arabe [chifr] qui signifie « vide », devient zefiro en italien au Moyen Âge puis zéro en français.*

Numérique
Testez vos connaissances avec un quiz sur LLS.fr/FR3QuizLexique6

› Pendant les grandes découvertes, les mots des Amériques passent par l'espagnol ou le portugais • *cacahouète, hamac, maïs, cajou, lama.*

› Le français influence les autres langues, comme l'anglais • *interview vient du français « entrevue », shopping vient du français « échoppe ».*

› Les mots étrangers sont progressivement intégrés à la langue française : ils ont alors un pluriel régulier, sans tenir compte du pluriel de leur langue d'origine.

- *un graffiti → des graffitis • un jazzman → des jazzmans • un match → des matchs.*

S'exercer

Ex. 2 ★☆☆ **Dites si le pluriel de ces mots s'écrit de la même façon en français ; si non, donnez la bonne marque du pluriel. N'oubliez pas qu'en français, certaines formes sont invariables.**

1. *Bretzel, bretzeln.* **2.** *Maximum, maxima.* **3.** *Grizzly, grizzlies.* **4.** *Spaghetto, spaghetti.* **5.** *Gentleman, gentlemen.* **6.** *Sandwich, sandwiches.* **7.** *Papyrus, papyri.*

Ex. 3 ★☆☆ **Reconstituez le parcours du mot en précisant la langue utilisée.**

1. En ... , *praecoquum* signifie « précoce ». **2.** En ... , *al-barqoûq* désigne un « fruit précoce ». **3.** En ... , cela devient *albaricoque*. **4.** En français enfin, c'est un fruit printanier, qui tient dans la main et qui est rose orangé. Il renferme un gros noyau marron. On l'appelle ... .

Ex. 4 ★★☆ **Mettez-vous par groupe de deux et choisissez un mot parmi ceux proposés : vous aurez deux minutes pour présenter un exposé à la classe sur l'origine de ce mot.**

1. Une interview. **2.** Un bistrot. **3.** Un ananas. **4.** Un anorak. **5.** Un pyjama. **6.** Un yaourt. **7.** Le tennis. **8.** Un mirador. **9.** Un barbecue. **10.** Un jean en denim. **11.** Une tomate. **12.** Une banque. **13.** Les échecs. **14.** Un lascar. **15.** Le ski.

La francophonie

Observer

Ex. 1 ★☆☆ **a) Où l'action se situe-t-elle ? b) Relevez les mots qui ancrent ce texte dans une région précise du monde.**

> Elle prenait une pincée de chaque sac de farine de manioc, la goûtait et passait. Elle en goûta beaucoup avant d'acheter ses deux pots de farine. Puis, reprenant le parcours, elle toucha et soupesa les ignames, hésita, réfléchit, en acheta une. Et de même pour les poires d'avocats. Et de même pour de la fécule de toloman. Pour de l'amidon de manioc ; de même sans doute pour des racines de choux caraïbes.
>
> Joseph Zobel, *La rue Cases-Nègres* © Éd. Présence africaine, 1950.

Leçon

Définition

› Le mot *francophonie* désigne l'**ensemble des personnes ayant en commun l'usage du français.**

› Avec une majuscule, le mot *Francophonie* désigne le regroupement des pays francophones dans l'*Organisation internationale de la Francophonie* (OIF). Les États membres s'engagent à **promouvoir l'emploi du français**, mais aussi des valeurs comme la démocratie.

Personnes parlant le français

› Le français est devenu la **langue officielle en France** sous **François Ier** en 1539.

› Comme d'autres langues internationales, le français s'est exporté au cours des **guerres**, des **grandes découvertes** et de la **colonisation**, mais aussi grâce aux **échanges commerciaux** et au **rayonnement culturel** de la France.

› De nos jours, le français est la **langue officielle de 29 pays.** Il est parlé par environ **300 millions de personnes**. C'est la **5e langue mondiale** par le nombre de ses locuteurs après le mandarin, l'anglais, l'espagnol et l'arabe.

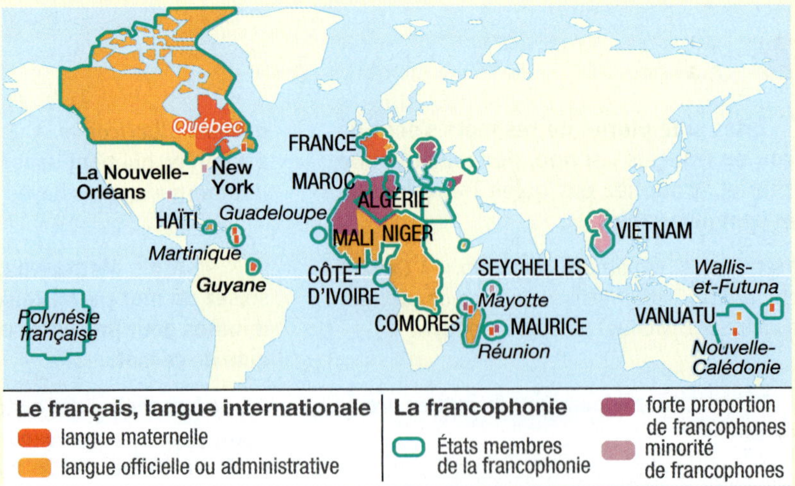

Des langues françaises

- Une langue parlée est une **langue vivante** qui évolue en fonction de l'environnement dans lequel elle est pratiquée. Le français parlé au Québec n'est, par exemple, pas exactement le même que celui en usage au Mali.
- La langue peut également être influencée par l'**environnement géographique**. En Côte d'Ivoire, *caïmanter* ou *faire caïman* signifie « travailler beaucoup ». L'expression trouve son origine dans les internats, pour designer les élèves qui se relèvent la nuit pour travailler après le passage des surveillants, tout comme les caïmans remontent à la surface de l'eau après le départ des chasseurs.

Numérique

Testez vos connaissances avec un quiz sur LLS.fr/FR3QuizLexique7

S'exercer

Ex. 2 ★★☆ **a) Expliquez le sens de ces mots et expressions d'Afrique de l'Est, en vous aidant du contexte. b) Vérifiez ensuite vos réponses.**

1. Arnaud ne sait pas quoi **cadonner** à son amoureuse pour la Saint-Valentin. 2. C'est un sacré **champagné**, il a réussi à avoir des places pour le match de samedi alors que tout était complet ! 3. Je vais à une **ambiance** ce soir chez Émilie, tu viens ? 4. Elle m'a encore rejeté : l'amour, **c'est caillou.** 5. Ne me pousse pas comme ça, tu **cherches palabre** ou quoi ? 6. Vous n'avez rien compris à la leçon : vous êtes vraiment un **motamoteur** ! 7. Lui, c'est un vrai **sapeur**, il est accro à la **sape** : il a encore une nouvelle chemise !

Numérique

Retrouvez une explication des expressions africaines sur LLS.fr/FR3Africaines

Ex. 3 ★★☆ **a) Expliquez le sens de ces expressions belges en vous aidant du contexte. b) Vérifiez vos réponses.**

1. T'as pris ton parapluie ? Il **drache** dehors ! 2. Après mes examens, je **ferai guindaille** jusqu'au bout de la nuit ! 3. Elle **a la clope** dans le noir, il lui faut toujours une petite lumière. 4. Il **est bleu** de sa voisine mais n'ose pas lui parler. 5. Elle n'aime pas ses cheveux : tous les matins, elle **se fait des crolles**. 6. Il a gagné la course, il va encore **faire de son nez**... 7. Elle est encore en retard : à force de **jouer avec les pieds des gens**, elle va finir par avoir des ennuis. 8. Je sais que tu n'as pas rangé ta chambre, arrête de **raconter des carabistouilles**.

Numérique

Retrouvez une explication des expressions belges sur LLS.fr/FR3Belges

Ex. 4 ★★☆ **Proposez une explication pour ces proverbes créoles. Vérifiez ensuite votre hypothèse dans un dictionnaire ou en discutant avec la classe.**

1. Un bon perroquet tient de sa race. 2. Un bel enterrement ne conduit pas au paradis. 3. Bonjour n'est pas amour. 4. Bois tout, mange tout mais ne dis pas tout. 5. Chaque diable porte son sac. 6. À chaque tissu son fil. 7. Quand le chat n'est pas là, les rats donnent un bal. 8. Les dents ne connaissent pas la pauvreté. 9. Deux gouttes d'eau ne sont pas un déluge.

Ex. 5 ★★☆ **En vous aidant du contexte, retrouvez le sens de ces mots et expressions québécoises.**

1. Je suis allée **magasiner** samedi : c'était les soldes. 2. Il m'a demandé de l'épouser mais je ne sais pas quoi répondre : **je vais jongler à ça**. 3. J'ai couru pour attraper le bus ce matin : je suis **raqué** ! 4. Regarde ta **peignure** ! Va chez le coiffeur ! 5. Je me suis fait voler mon portefeuille : je suis **cassé comme un clou**. 6. Je suis allé au restaurant ce midi : je me suis bien **bourré la fraise**. 7. T'as vu la nouvelle **vue** de cet acteur ? L'intrigue est géniale ! 8. Je l'aime... Quand je la regarde, **j'ai les yeux dans la graisse de binnes**...

Numérique

Retrouvez des informations sur le français parlé au Québec sur LLS.fr/FR3Quebec

Écrire

Ex. 6 ★★☆ **En vous aidant des expressions vues précédemment, imaginez un dialogue d'une quinzaine de lignes entre plusieurs francophones de différentes nationalités et leurs problèmes d'incompréhension.**

Testez-vous sur la construction et le sens des mots !

Champ lexical, champ sémantique dénotation, connotation

Ex. 1 **a) Relevez le champ lexical de l'amour. b) Quel autre champ lexical présent dans ce poème s'oppose à celui de l'amour ? Relevez les termes qui le composent.**

Se voir le plus possible et s'aimer seulement,
Sans ruse et sans détours, sans honte ni mensonge,
Sans qu'un désir nous trompe, ou qu'un remords nous [ronge,
Vivre à deux et donner son cœur à tout moment ;

Respecter sa pensée aussi loin qu'on y plonge,
Faire de son amour un jour au lieu d'un songe,
Et dans cette clarté respirer librement
Ainsi respirait Laure et chantait son amant.

Alfred de Musset, « Se voir le plus possible »,
Poésies nouvelles, 1850.

Ex. 2 **Précisez si le mot en gras est employé dans son sens premier (dénotation) ou dans un sens second (connotation).**

1. Le **chien** aboie. 2. Un temps de **chien**. 3. L'angora est une espèce de **chat**. 4. Avoir un **chat** dans la gorge. 5. Un **incendie** de forêt. 6. L'**incendie** du soleil couchant. 7. Déposer une **main** courante. 8. Se donner la **main**. 9. Mettre en **pièces**. 10. Une **pièce** de théâtre.

Les niveaux de langue

Ex. 3 **Transposez les phrases de niveau familier en niveau soutenu, en veillant aux modifications lexicales et/ou syntaxiques.**

1. C'est pas croyable, y'en a que pour toi !
2. On peut pas s'entendre avec ce boucan.
3. C'est qui qui peut m'aider ?

Le lexique de l'argumentation

Ex. 4 **Cochez la réponse correcte.**

1. Pour commencer son argumentation, on peut dire :
   - ❒ De surcroît.
   - ❒ En guise de préambule.
   - ❒ Somme toute.
2. Pour introduire une contradiction, on peut dire :
   - ❒ Néanmoins.
   - ❒ Finalement.
   - ❒ En outre.
3. Pour donner son avis avec prudence, on peut dire :
   - ❒ Absolument pas.
   - ❒ Vraisemblablement.
   - ❒ Indubitablement.

Le lexique de la poésie

Ex. 5 **a) Pour chacun des extraits suivants, nommez le type de strophe, de vers et de rimes. b) Pour les extraits 1 et 3, indiquez si l'alternance des rimes masculines et féminines est respectée.**

1. Le vent se lève ! ... il faut tenter de vivre !
L'air immense ouvre et referme mon livre,
La vague en poudre ose jaillir des rocs !
Envolez-vous, pages tout éblouies !
Rompez, vagues ! Rompez d'eaux réjouies
Ce toit tranquille où picoraient des focs !

Paul Valéry, « Le Cimetière marin », *Charmes*, 1922.

2. Chaque coquillage incrusté
Dans la grotte où nous nous aimâmes
A sa particularité.

Paul Verlaine, « Les Coquillages », *Fêtes galantes*, 1869.

3. Frissonnant sous son deuil, la chaste et maigre Elvire,
Près de l'époux perfide et qui fut son amant,
Semblait lui réclamer un suprême sourire
Où brillât la douceur de son premier serment.

Charles Baudelaire, « Don Juan aux Enfers »,
Les Fleurs du mal, 1857.

Les figures de style

Ex. 6 **Quelles sont les figures de style employées dans ces phrases ?**

1. Je n'écris de bonheur, me trouvant malheureux. (Joachim du Bellay) 2. Tantôt son bras répand une pluie serrée de souples javelots. (Virgile) 3. La jeune fille, vive et preste comme un oiseau. (Gérard de Nerval) 4. Cette obscure clarté qui tombe des étoiles. (Pierre Corneille) 5. Je me meurs, je suis mort, je suis enterré. (Molière)

Testez-vous sur l'histoire des mots !

Étymologie et néologie

Ex. 1 Cochez la réponse correcte.

1. Dans *hippodrome*, le radical -*hippo*- signifie :
❒ Très. ❒ Eau. ❒ Cheval.
2. Dans *biographie*, le radical -*graph*- signifie :
❒ Quelqu'un. ❒ Écrire. ❒ Vie.
3. Dans *biographie*, le radical -*bio*- signifie :
❒ Écologique. ❒ Vie. ❒ Aventure.
4. Dans *philanthrope*, le radical -*phil*- signifie :
❒ Amour. ❒ Hommes. ❒ Fil.
5. Dans *chronomètre*, le radical -*chrono*- signifie :
❒ Étude. ❒ Travail. ❒ Temps.

Ex. 2 Expliquez le sens des mots suivants à partir de leur étymologie.

1. Monothéiste. 2. Vulcanologue. 3. Carnivore. 4. Chronophage. 5. Démocratie. 6. Arachnophobe. 7. Téléphone. 8. Polythéisme. 9. Théologie. 10. Bibliophile.

Ex. 3 Associez les radicaux de la liste 1 avec ceux de la liste 2 pour former au moins huit mots français. Certains peuvent être utilisés plusieurs fois !

1. *télé – biblio – micro – bio – auto – chrono.*
2. *phone – scope – logie – thèque – graphe – mètre – phile.*

Emprunts aux langues étrangères

Ex. 4 Cochez la réponse correcte.

1. Le mot « zéro » vient directement de l'arabe.
❒ Vrai. ❒ Faux.
2. Le mot « cacahuète » est passé par l'espagnol avant d'arriver dans la langue française.
❒ Vrai. ❒ Faux.
3. Le mot anglais *interview* trouve son origine en français.
❒ Vrai. ❒ Faux.
4. Le mot « cajou » vient directement du Brésil.
❒ Vrai. ❒ Faux.
5. Le mot *shopping* a été créé en anglais.
❒ Vrai. ❒ Faux.

Ex. 5 Donnez le pluriel en français des mots suivants.

1. Match. 2. Bonsaï. 3. Gentleman. 4. Concerto. 5. Ananas. 6. Derby. 7. Cactus.

Francophonie

Ex. 6 Cochez la réponse correcte.

1. Au Tchad, le verbe « cadonner » signifie :
❒ Faire un don à une association.
❒ Offrir un cadeau.
❒ Donner un coup de poing.
2. En Côte d'Ivoire, un « caïmanteur » est :
❒ Un chasseur de caïmans.
❒ Un gros menteur.
❒ Quelqu'un qui travaille beaucoup.
3. En Côte d'Ivoire, lorsqu'on « cherche palabre », on veut :
❒ Commencer une dispute.
❒ Chercher ses mots.
❒ Faire de grands discours.
4. En Belgique, l'expression « faire de son nez » signifie :
❒ Être prétentieux.
❒ Être enrhumé.
❒ Avoir un bon odorat.
5. En Belgique, l'expression « jouer avec les pieds des gens » signifie :
❒ Être un bon dribbleur au football.
❒ Leur faire perdre patience.
❒ Vouloir devenir pédicure.
6. Au Québec, l'expression « être raqué » signifie :
❒ Être ruiné.
❒ Se faire racketter.
❒ Être fatigué.
7. Au Québec, l'expression « avoir les yeux dans la graisse de binnes » signifie :
❒ Regarder amoureusement.
❒ Travailler comme mécanicien.
❒ Avoir la vue qui baisse.

Ex. 7 Vous êtes québécois. Expliquez à un Congolais le sens des mots et expressions suivants.

1. Se bourrer la fraise. 2. Être cassé comme un clou. 3. Magasiner. 4. Jongler à quelque chose. 5. Être raqué.

Les classes grammaticales variables et invariables

Numérique

Retrouvez une carte mentale à compléter pour réviser votre leçon sur LLS.fr/FR3Classesgrammaticales

Leçon

Sont rangés dans les classes **variables** les mots qui **peuvent varier en genre** (masculin/féminin), en **nombre** (singulier/pluriel) en **mode** et en **temps**, en fonction et en **personne** (1re, 2e, 3e).

Classe	Définition	Catégories et exemples
Verbe	Si je peux l'encadrer par la négation « ne ...pas », c'est un verbe. Il exprime une **action** ou un **état**, une manière d'être. Il peut **se conjuguer à des modes et à des temps** différents.	**Verbe d'action** : *marcher, lancer, agir*, etc. **Verbe attributif** : *être, paraître, sembler, devenir, demeurer, rester, avoir l'air, passer pour, se trouver.* **Auxiliaire** : *avoir, être.*
Nom	Si je peux dire « le/la » ou « voici le/voici la », alors c'est un nom commun. Il désigne un **être vivant** (*chat*) ou une chose **concrète** (*chaise*) ou **abstraite** (*liberté*). Il est généralement **précédé d'un déterminant**. S'il désigne une **personne** (réelle ou fictive) ou un **lieu** (réel ou fictif), c'est un nom propre.	**Nom commun** : *oiseau, table, émotion*, etc. **Nom propre** : *Napoléon, Mario et Luigi, Afrique, la Loire, Poudlard.*
Déterminant	Il **précède** et **introduit un nom** ; il indique son **genre** et son nombre. Il forme avec le nom un **groupe nominal** (*une tortue*).	**Article défini** : *le, la, les* (+ formes contractées : *au, aux, du, des*). **Article indéfini** : *un, une, des.* **Article partitif** : *du, de la, de l'.* **Déterminant possessif** : *mon, ma, mes, sa, ses, notre, vos*, etc. **Déterminant démonstratif** : *ce, cet, cette, ces.* **Déterminant numéral** : *un, deux, vingt, mille*, etc. **Déterminant indéfini** : *plusieurs, certains, quelques*, etc. **Déterminant interrogatif** : *quel ? quelle ? quels ? quelles ?* **Déterminant exclamatif** : *quel ! quelle ! quels ! quelles !*
Adjectif	Si je peux dire « voici une personne... voici une chose... », alors c'est un adjectif. *Les clients **émerveillés** s'arrêtent devant la **merveilleuse** vitrine.* Il **apporte une précision sur un nom** ou un pronom.	*Un homme **habile**.* *Il est **charmant**.* *Immobile, gentil, rouge*, etc. **Participe passé employé comme adjectif :** *achevé(e), abouti(e), vendu(e)*, etc.

Pronom	Il **remplace** souvent **un mot ou un groupe de mots** (nom, groupe nominal, infinitif ou proposition) en évitant une répétition. *Léo est malade, **il** dort.* Il **désigne** un être ou un objet présent au moment où l'on parle. *Regarde-**le** !* *Je **te** vois.* Il est souvent placé devant un verbe.	**Pronom démonstratif** : *celui-ci, celle-là, ceci, cela.* **Pronom possessif** : *le mien, le nôtre*, etc. **Pronom adverbial** : *y, en.* **Pronom relatif** : *qui, que, quoi, dont, où, lequel, auquel, duquel (+ accord).* **Pronom interrogatif** : *qui, lequel (+ accord : laquelle, lesquels, lesquelles).* **Pronom indéfini** : *quelques-uns, certains, peu, aucun, nul.* **Pronom numéral** : *deux, les trois*, etc. **Pronom personnel** : il s'emploie comme sujet ou comme complément : *je, tu, me, lui, leur*, etc. Il peut être également sujet d'une phrase impersonnelle : *Il pleut.*

Sont rangés dans les classes **invariables** les mots qui **ne peuvent varier ni en genre** (masculin/féminin), ni en **nombre** (singulier/pluriel), ni en **personne** (1re, 2e, 3e).

Classe	Définition	Catégories et exemples
Préposition	Elle introduit **un mot ou un groupe** de mots. Elle forme un **groupe prépositionnel**. **On ne peut pas la supprimer.** **On ne peut pas l'employer seule.**	*À, dans, par, pour, en, vers, avec, de, sans, sous, sur, contre, grâce à, à cause de, malgré, etc.* ***Avant de** partir, vérifiez la qualité **de** l'air.*
Adverbe	L'adverbe peut : → généralement **être supprimé ou déplacé** ; → **modifier l'intensité d'un verbe** (négation, intensité faible, moyenne, forte), d'un adjectif ou d'un autre adverbe ; *Je suis **peu** satisfaite.* → **fonctionner comme complément circonstanciel** ; → **coordonner deux propositions** ; *Je suis souffrante, **cependant** je viendrai.* → **marquer l'interrogation ou l'exclamation.** *Je **ne** te crois **plus**. **Comme** tu as changé !*	**Adverbe de lieu** : *ici, là, loin, dessus.* **Adverbe de temps** : *hier, souvent, aujourd'hui, auparavant.* **Adverbe de manière** : *bien, furieusement.* **Adverbe d'intensité** : *peu, assez, très, si, tellement.* **Adverbe de modalisation** : *certes, assurément, peut-être.* **Adverbe de négation** : *ne... pas..., ne... plus..., ne... guère...* **Adverbe de liaison** : *en effet, aussi, alors, cependant, ensuite, puis.* **Adverbe interrogatif** : *où, quand, comment.* **Adverbe exclamatif** : *comme..., que... combien... !*
Conjonction de coordination	Elle relie **deux mots** , **deux groupes** de mots de même fonction.	*Mais, ou, et, or, ni, car.* *Je l'encourage à prendre confiance en lui **et** à travailler méthodiquement.*
ou de subordination	Elle relie **deux propositions par un lien de dépendance.**	***Que*** et les locutions avec *que* : *parce que, vu que, bien que, avant que...* ***Vu qu'**il ne sait pas, il se tait.* **Quand, comme, si** *Je ne sais pas **si** elle viendra.*
Interjection et onomatopée	La première **traduit une émotion** ou **établit un contact.** La seconde **imite un son.**	*Ah, eh, oh, zut.* *Chut, miaou, toc toc toc.*

S'exercer

Ex. 1 ★☆☆ **Repérez les phrases comprenant un groupe prépositionnel et relevez-le.**

1. Il vérifie la pression des pneus avant de partir. 2. Il appréciait sa compagnie, avant. 3. La vieille dame apprécie la compagnie des enfants. 4. L'employé exigeait des références plus sérieuses. 5. Nous nous rendîmes dehors constater les dégâts. 6. Au dehors du magasin, tout paraissait beaucoup moins lumineux.

Ex. 2 ★☆☆ **Relevez les adverbes présents dans les phrases ci-dessous.**

1. Nous nous rendons aujourd'hui au musée d'Orsay. 2. Mais nous sommes bien découragés en voyant le nombre de touristes devant les portes d'entrée. 3. Que de monde ! Nous ne pourrons jamais entrer ! 4. Cependant, ma mère interroge un gardien : « Est-ce là l'entrée principale ? » 5. « Ici, c'est la queue pour l'exposition sur Renoir. Si vous voulez voir les collections permanentes, dirigez-vous plus loin, sur votre droite. Vous entrerez plus facilement. »

Ex. 3 ★★☆ **Relevez les prépositions, adverbes et adjectifs qualificatifs dans les phrases ci-dessous.**

1. Quand l'accident eut lieu, le colonel Moutarde parlait paisiblement à Mademoiselle Rose dans la salle de billard. 2. Tous deux entendirent distinctement du bruit dans le couloir alors que les douze coups de minuit avaient retenti. 3. Le colonel n'hésita pas : il se dirigea aussitôt vers la bibliothèque. Horrifié, il découvrit le cadavre du professeur Violet au sol. 4. Mademoiselle Rose, très affectée, s'enfuit en hurlant tandis que le colonel, plus maître de ses émotions, appelait la police.

Ex. 4 ★★☆ **a) Relevez les conjonctions de coordination du texte ci-dessous. b) Remplacez chacune d'entre elle par un adverbe de liaison de sens équivalent présent dans la liste : *aussi, puis, c'est pourquoi, en effet, soit ... soit, pourtant, de plus.***

Paul s'est étonné de mon absence or je l'avais prévenu. J'étais prise par le dîner de fin d'année de mon club de gymnastique donc je ne pouvais assister à la pièce de théâtre où il tenait un second rôle. Il m'a reproché mon indifférence et il s'est mis vivement en colère. J'ai à mon tour réagi car ce n'était pas la première fois qu'il tournait autour de sa petite personne. Il s'excusait ou alors je le quittais !

Ex. 5 ★★☆ **Remplacez le groupe en gras par une proposition introduite par une conjonction de subordination.**

1. Il intensifia son allure **en entendant l'alarme du train annonçant le départ**. 2. **À cause de ton quart d'heure de retard**, je n'ai pu voir le début du film. 3. Nous sommes restées bonnes amies **malgré la distance qui nous éloigne**. 4. J'ai eu un problème de connexion, **c'est pourquoi je n'ai pu vous envoyer le fichier dans les délais impartis**. 5. **Au moment de partir**, je m'aperçus que je n'avais pas mon billet. 6. Il est temps de réduire nos déchets. **En effet, nous voulons préserver le cadre naturel**.

Ex. 6 ★★★ **Identifiez si le mot en gras est une conjonction de subordination ou non.**

1. Il n'a **qu**'à s'en prendre à lui. Je trouve **qu**'il l'a bien mérité. 2. **Comme** il s'avançait vers sa grand-tante, elle s'exclama en joignant les mains : « **Comme** tu as grandi ! » 3. L'enfant était **si** doué au violon. Il aurait rejoint le conservatoire de Paris **si** la guerre n'avait éclaté. 4. **Que** les choses soient claires, je ne veux plus **que** tu me parles sur ce ton.

Ex. 7 ★★★ **Identifiez les classes grammaticales des mots en gras.**

Des **milliers** de points lumineux brillaient au millieu des ténèbres. **C'**étaient **les** yeux de crustacés gigantesques, **tapis** dans **leur** tanière, des homards géants se redressant comme des hallebardiers et remuant leurs pattes **avec** un **cliquetis** de ferraille, des crabes titanesques, braqués comme des canons sur leurs affûts, et des poulpes effroyables **entrelaçant** leurs tentacules comme **une** broussaille vivante **de** serpents. **Quel** était ce monde exorbitant que je ne connaissais pas **encore** ? À quel ordre appartenaient ces articulés **auxquels** le roc formait comme une **seconde** carapace ? Où la nature avait-elle trouvé le secret de leur existence **végétative**, et depuis combien de siècles vivaient-**ils** dans les **dernières** couches de l'Océan ?
Mais je ne pouvais m'**arrêter**. Le capitaine **Nemo**, familiarisé avec ces terribles animaux, n'**y** prenait plus garde. Nous étions arrivés à un premier plateau, où d'autres surprises m'attendaient encore.

Jules Verne, *Vingt mille lieues sous les mers* (1869-1870).

Le verbe

Observer

Ex. 1 ★☆☆ **a) Distinguez les phrases verbales des phrases non verbales. b) Quel verbe est complété par un attribut ? un COD ? un COD et un COI ? c) Quels verbes sont employés sans complément d'objet ?**

> Je pars. Loin de vous. Il pleut. Le paysage semble plus morne encore. Je serais restée si vous aviez exprimé le moindre désir dans ce sens. Que dire de plus ? J'ai confié une lettre à la servante. Vous la trouverez en rentrant. Adieu. J'ai espéré, mais je me suis trompée.

Leçon

Voir p. 275 pour les fonctions dans le groupe verbal

Le verbe est un élément majeur dans la phrase. Il entraîne des compléments différents selon qu'il est un :

- **verbe attributif** (dont les verbes d'état : *être, paraître, sembler, devenir, demeurer, rester, avoir l'air, passer pour, se trouver*). • *Cette jeune fille **est** malheureuse ; elle **se trouve** abandonnée.*
- **verbe d'action.** Parmi les verbes d'action, sont distingués :
  - les verbes **intransitifs** qui se construisent sans complément d'objet • *Je **pars** (loin).*
  - les verbes **transitifs** qui se construisent avec un complément d'objet. Parmi les verbes transitifs, il faut distinguer ceux construits :

- avec un COD pour les verbes **transitifs directs** • *J'**ai envoyé** un message.* • *Je l'**ai envoyé**.*
- avec un COI pour les verbes **transitifs indirects** • *J'**ai parlé** à Joachim.* • *Je lui **ai parlé**.*
- avec un COD et un COI pour les verbes à **double transitivité** • *J'**ai dit** la vérité à Pablo.* • *Je lui **ai** tout **dit**.*

→ REMARQUE : certains verbes peuvent être transitifs ou intransitifs, suivant leur construction. Cela peut changer le sens du verbe.

• *Le boulanger **travaille**. ≠ Il **travaille** [sa pâte].*

Numérique

Testez vos connaissances avec un quiz sur **LLS.fr/FR3Quizgrammaire1**

S'exercer

Ex. 2 ★★☆ **Indiquez la construction du verbe : verbe attributif, verbe intransitif ou verbe transitif.**

1. Entouré de ses camarades, Michel évoque la situation. **2.** Ce résistant de la première heure confirme l'avancée des forces alliées ; il assure la victoire prochaine. **3.** Il s'adresse aux plus découragés ; il leur demande de na pas baisser les bras. **4.** Il parle avec émotion, son discours est persuasif. **5.** Bientôt ses camarades les plus énergiques s'exclament : on décide de nettoyer les armes. **6.** Louis est nommé chef de troupe, tandis que Michel part dans la nuit, vers d'autres lieux clandestins.

Ex. 3 ★★☆ **Identifiez les verbes conjugués dans ces phrases. Distinguez ceux qui sont transitifs directs et ceux qui sont transitifs indirects.**

1. Le lion se saisit de sa proie et l'emporta entre ses crocs.
2. Dans la plaine, les lionnes atttendaient son retour.
3. Elles lui faisaient confiance pour se montrer discret.
4. Dans le ciel, la nuit avalait les derniers rayons du soleil.

Écrire

Ex. 4 ★★★ **Racontez une anecdote au sujet d'une injustice dont vous avez été victime.**

Vous soulignerez les verbes attributifs en vert et les verbes d'action en rouge.

Le sujet du verbe

Observer

Ex. 1 ★☆☆ **Relevez le sujet de chacun des verbes en gras. Comment peut-on faire pour identifier le sujet ?**

Le théâtre me **plaît** et découvrir des pièces ne me **lasse** pas. « Tu **devrais** t'inscrire à l'atelier théâtre de ton collège », me **dit** souvent mon père. C'**est** sans doute une bonne idée.

Leçon

Voir p. 344 pour les accords avec le sujet

Qu'est-ce qu'un sujet ?

On peut identifier le sujet grâce à l'expression « c'est ... qui ... ».

- Le sujet indique qui **fait l'action** dans la phrase à la **voix active** et qui **subit l'action** à la **voix passive** ; il s'agit d'une fonction grammaticale.
  - ***Antigone*** *s'oppose à Créon.* [voix active]
  - ***Créon*** *est accablé de reproches par Antigone.* [voix passive]
- Avec les verbes impersonnels, le sujet *il* ne renvoie à rien de précis. • ***Il*** *pleut.*
- Un verbe à l'infinitif ou au participe peut aussi avoir un sujet propre.
  - *Antigone écoute* ***le vent*** *souffler.* → *C'est le vent qui souffle.*
  - ***Les gardes*** *partis, la jeune fille reprend des forces.* → *Ce sont les gardes qui sont partis.*

Les classes grammaticales du sujet

Le sujet peut être :

- un **nom**, un **groupe nominal** ou un **pronom** • ***Antigone*** *est rebelle.* • ***La jeune fille qui s'oppose à Créon*** *s'appelle Antigone.* • ***Elle*** *s'appelle Antigone.*
- un **verbe** (ou groupe verbal) **à l'infinitif** • ***Résister*** *n'est pas chose facile.*
- une **proposition subordonnée** • ***Qu'elle fasse cela*** *me paraît courageux.*

S'exercer

Ex. 2 ★☆☆ **Relevez les sujets des verbes en gras et précisez leur classe grammaticale.**

Partir en Espagne ? Ce n'**était** pas envisageable pour ma mère. Que l'on **suggère** cette destination lui **semblait** une aberration, tout simplement, elle qui ne **supportait** pas le soleil. Les projets que nous **avions échafaudés tombaient** à l'eau. La convaincre **relevait** de l'impossible, et quiconque **essayait échouait** invariablement. Une colère sourde nous **serra** la gorge tandis que **se profilaient** inexorablement les vacances d'été dans la demeure familiale de Bretagne !

Ex. 3 ★★☆ **Complétez les phrases par des sujets dont la classe vous est indiquée entre parenthèses.**

1. Je pensais que (*pronom indéfini*) ne m'entendrait rentrer dans la nuit. **2.** (*pronom indéfini*) a allumé puis éteint la lumière dans la maison. **3.** (*pronom personnel*) me suis faufilée sans bruit dans ma chambre. **4.** (*pronom interrogatif*) m'y attendait ? Ma mère ! **5.** (*proposition subordonnée*) est inacceptable. Tu es donc puni jusqu'à nouvel ordre pour ne pas m'avoir dit la vérité. **6.** Et dire que (*infinitif*) est mon grand plaisir...

Les fonctions dans le groupe verbal

Numérique

Retrouvez une carte mentale à compléter pour réviser votre leçon sur LLS.fr/FR3CompVerbe

Observer

Ex. 1 ★☆☆ **a) Relevez le mot complété par chacun des éléments en gras. b) Indiquez la classe grammaticale de chaque élément en gras. À quelle question les compléments soulignés répondent-ils ? c) Quelle est leur fonction ? Pourquoi ?**

> Marie **m'**appelle. Je **la** rejoins rapidement. Je la trouve **fatiguée**. Elle **me** raconte **son week-end**. C'était **génial**, mais la fête a duré **<u>toute la nuit</u>**. Aujourd'hui, elle n'ira pas **<u>à Paris</u>**. Elle préfère **se reposer**. En effet, cela paraît **plus raisonnable**.

Leçon

La fonction complément d'objet

Le COD

Voir p. 273 pour le verbe

Le **complément d'objet direct** est identifié en posant les questions « qui ? quoi ? » juste après le verbe complété. • *Le détective interroge (qui ?)* ***les divers suspects.***

Un COD peut être :

- un **nom** ou un **groupe nominal** (GN) • *Sherlock Holmes interroge* ***le témoin.***
- un **verbe** ou un **groupe verbal** à l'infinitif • *Il souhaite* ***résoudre cette enquête au plus vite.***
- une **proposition subordonnée** • *Il aimerait* ***que le coupable soit arrêté rapidement.***

Dans tous les cas, le COD peut être remplacé par un **pronom** : *le, la, les, en.* • *Holmes* ***l'****interroge.* • *Il souhaite* ***la*** *résoudre.* • *Il aimerait qu'il* ***le*** *soit.*

Le COI

Le **complément d'objet indirect** est identifié en posant la question « à qui ? à quoi ? de qui ? de quoi ? » juste après le verbe complété.
• *Le détective demande (à qui ?)* ***à tous les suspects*** *de le rejoindre dans le salon.*

Très souvent introduit par une préposition (*à* et *de*), le COI peut être :

- un **groupe prépositionnel** • *Holmes réfléchit* ***à la situation.***
- une **proposition subordonnée** (essentiellement sans préposition) • *Holmes doute* ***que le coupable soit cet homme.***

Le COI peut également être remplacé par un **pronom** : *lui, leur, y, en.*• *Holmes* ***y*** *réfléchit.* • *Holmes* ***en*** *doute.*

→ REMARQUE : Certains verbes renvoyant à une idée de lieu, de temps et de mesure se construisent avec un COD ou un COI. Autrefois appelés « compléments essentiels de lieu, de temps et de mesure », ils ne peuvent être ni déplacés ni supprimés : ils ne sont donc pas circonstanciels.

- *Je vais* ***à Paris*** *; le cinéma se trouve* ***au centre-ville.*** = COI
- *Le film dure* ***deux heures.*** = COD
- *La séance coûte* ***cinq euros.*** = COD

Leçon

La fonction attribut

L'attribut du sujet

Voir p. 273 pour les verbes attributifs

- L'attribut du sujet apporte une **précision sur le sujet** (avec lequel il s'accorde).
- Il est relié au sujet par un **verbe attributif**, que l'on peut presque toujours remplacer par le verbe *être*.
- Il peut être :
  - un **adjectif** ou un **groupe adjectival** • *Holmes paraît* ***capable de tout.***
  - un **nom**, un **groupe nominal** (GN) ou un **pronom** • *Il est un* ***célèbre détective.***
  - un **verbe** ou **groupe verbal** à l'infinitif (parfois précédé de l'indice *de*) • *Sa spécialité est* ***de résoudre les cas les plus difficiles.***
  - une **proposition subordonnée** • *Le mieux semble* ***que tu lises ses aventures.***

L'attribut du COD

- L'attribut du COD donne une **caractéristique du COD**.
  - *J'ai vu mes parents* ***heureux de ma réussite.*** → *mes parents* (COD) = *heureux de ma réussite.* (attribut du COD)
- Les attributs du COD sont introduits par des verbes spécifiques :

Verbes marquant l'idée de jugement	*Il la juge* ***compétente*** *et la considère* ***comme une personne intègre.***
Verbe marquant l'idée de transformation	*Cette décision rend la jeune fille* ***fière.***
Verbes marquant l'idée de choix ou de nomination	*Ils ont appelé leur fils* ***Théo.*** *Ils ont élu Éva* ***déléguée de classe.*** *Les joueurs l'ont nommée* ***capitaine de l'équipe.***

- L'attribut du COD est généralement **placé juste après le COD** lorsque celui-ci n'est pas un pronom. Il est parfois **introduit** par ***de, pour*** **ou** ***comme***.
  - *Elle considère Louis* ***comme son fils.***
- Lorsque le COD est un pronom personnel, il est séparé de son attribut par **le verbe**.
  - *Je les ai vus* ***heureux de ma réussite.***
- Quand il s'agit d'un adjectif, d'un nom commun ou d'un groupe nominal, il s'accorde en genre et en nombre avec le COD. • *Maëva trouve ces jeux* ***stupides.***

Numérique
Testez vos connaissances avec un quiz sur LLS.fr/FR3Quizgrammaire2

S'exercer

Ex. 2 ★☆☆ **Complétez les phrases suivantes avec des COD dont la classe grammaticale est indiquée entre parenthèses.**

1. Je voudrais (*infinitif*) plus souvent. **2.** J'aime particulièrement (*GN contenant des expansions du nom*). **3.** Je préfère (*proposition subordonnée*). **4.** Oui, je (*pronom personnel*) avoue.

Ex. 3 ★☆☆ **Les verbes de la liste changent de sens selon qu'ils sont complétés par un COD ou par un COI. Écrivez deux phrases avec chacun d'eux.**

1. Tenir. **2.** Commander. **3.** Servir. **4.** Assister. **5.** Prétendre.

Ex. 4 ★☆☆ **Relevez les compléments d'objet puis soulignez les COD en vert et les COI en rouge.**

1. On a annoncé la bonne nouvelle à Clara. **2.** Elle qui parlait toujours à ses amies du jour où elle gagnerait une compétition ! **3.** C'est même elle qui enseignerait la natation aux plus jeunes. **4.** Ses parents étaient si fiers qu'ils lui ont proposé de faire une fête. **5.** Elle leur a révélé qu'elle allait tous les jours à la piscine pour s'entraîner.

Ex. 5 ★☆☆ **Complétez les phrases suivantes avec un attribut du sujet dont la classe grammaticale est indiquée entre parenthèses.**

1. La musique que je préfère est… (*GN*). **2.** Les rythmes paraissent plus… (*adjectif qualificatif*). **3.** Écouter de la musique chaque jour, c'est… (*verbe ou groupe verbal à l'infinitif*) **4.** J'apprends à jouer, j'aimerais devenir… (*GN*). **5.** Bien sûr, c'est parfois… (*adjectif*). **6.** Je pense qu'ainsi je vivrais… (*adjectif*). **7.** Jouer chaque jour, c'est… (*infinitif*) mieux. **8.** … (*proposition subordonnée*) est mon souhait le plus cher.

Ex. 6 ★★☆ **Utilisez un verbe de la liste 1 et un ou deux mots de la liste 2 afin d'écrire cinq phrases comportant un attribut du COD.**

1. Trouver. Rendre. Traiter de. Estimer. Considérer comme.
2. Mon frère. Désagréable. Furieux. Incapable. Trop jeune. Décisions. Chef.

Ex. 7 ★★☆ **Dans le texte suivant, relevez les attributs, donnez leur classe grammaticale et précisez s'il s'agit d'attributs du sujet ou du COD.**

L'interrogatoire n'était pourtant pas le pire. Le pire c'était le retour à ce néant, juste après, dans cette même chambre, devant cette même table, ce même lit, cette même cuvette, ce même papier au mur. Car à peine étais-je seul avec mes pensées, que je me mettais à refaire l'interrogatoire […]. Dans ma chambre cette affreuse solitude rendait ma torture interminable.

Stefan Zweig, *Le Joueur d'échecs*, 1943.

Ex. 8 ★★☆ **Dans les phrases suivantes, relevez les attributs et classez-les selon qu'ils sont attributs du sujet ou du COD. Pour les attributs du COD, relevez également le COD.**

Ce garçon est considéré comme perturbateur. Toute la classe le trouve en effet odieux. Il est souvent en retard. Il devient vite insolent. Bref, il rend tous les professeurs nerveux !

Ex. 9 ★★☆ **a) Dans les phrases suivantes, indiquez si le mot en gras est un attribut du COD. b) Pour les attributs du COD identifiés, relevez le COD.**

1. Sarah est élue **déléguée**. **2.** Sarah est élue **à l'unanimité**. **3.** Il est tombé **amoureux**. **4.** Cette jeune fille l'a rendu **heureux**. **5.** J'ai croisé des personnes **accablées** à la sortie du stade. **6.** Je les ai trouvées **accablées** par le score de leur équipe.

Ex. 10 ★★☆ **Les compléments du verbe sont soulignés et les compléments imbriqués sont en gras. Identifiez leur fonction (COD, COI ou attribut du sujet) et le verbe qu'ils complètent.**

La nuit d'avant la vague, je me rappelle qu'Hélène et moi avons parlé **de nous séparer**. Ce n'était pas compliqué : nous n'habitions pas sous le même toit, n'avions pas d'enfant ensemble, nous pouvions même envisager **de rester amis** ; pourtant c'était triste. Nous gardions en mémoire une autre nuit, juste après notre rencontre, passée tout entière à nous répéter que nous **nous** étions trouvés, […] et même que nous aurions **une petite fille**.

Emmanuel Carrère, *D'autres vies que la mienne*, 2009 © P.O.L.

Ex. 11 ★★★ **Indiquez pour chaque groupe de mots en gras s'il s'agit d'un COD, d'un COI ou d'un attribut du sujet.**

1. Le pichet est **sur la table**. **2.** Le pichet est **vide**. **3.** Pierre me doit **dix euros**. **4.** L'entrée coûte **dix euros**. **5.** Ma mère est **à la cave**. **6.** Ma mère est **absente**. **7.** Loris se trouve **beau garçon**. **8.** Peter se trouve **à Toulouse**.

Écrire

Ex. 12 ★★★ **Présentez et commentez un film que vous avez vu récemment et que vous avez particulièrement apprécié, ou au contraire que vous jugez mauvais.**

a) Présentez le cadre de l'action (lieu, époque) et les principaux personnages à l'aide de compléments essentiels de lieu, de temps et d'attributs du sujet.
b) Résumez brièvement l'action à l'aide de verbes introduisant des compléments d'objet.
c) Donnez votre avis sur ce film en utilisant au moins trois attributs du COD.
d) Soulignez les différents compléments utilisés avec des couleurs différentes suivant leur fonction.

Les pronoms

Observer

Ex. 1 ★☆☆ **a) Parmi les pronoms en gras et soulignés, lesquels renvoient au locuteur ? lesquels à son destinataire ? b) À quelles catégories de pronoms les mots soulignés appartiennent-ils ? c) Est-il toujours possible de savoir précisément qui (ou ce qui) est désigné par les pronoms en gras ? Comment nomme-t-on ce type de pronoms ?**

Chère Samia,

Nous attendons ta venue avec impatience et j'ai **tout** préparé pour toi. Inutile d'apporter ta guitare, je te prêterai <u>la mienne</u>, <u>qui</u> est toute neuve. Ne t'inquiète pas, tu ne dérangeras **personne** ! **Certains** pensent que je suis amoureux de toi. <u>Qui</u> sait ?

À très bientôt, Valentin.

Leçon

Qu'est-ce qu'un pronom ?

Un pronom (en latin, *pro* = « à la place de » et *nomen* = nom) est un **mot variable** qui occupe **les mêmes fonctions qu'un nom**. Il peut **remplacer un mot**, un groupe de mots en évitant une répétition ou **désigner un référent vague**. • *Ce trajet, je **l'**effectuerai seule.* • ***Personne** ne m'accompagne.*

Les différentes catégories de pronoms

Voir p. 354 pour l'accord de tout et leur

Pronoms	Exemples
Personnels	***Elle** se prépare avant de **les** voir et de **leur** souhaiter la bienvenue.*
Démonstratifs	*Je vais prendre **celui-là**. **Ce** sera mieux.*
Possessifs	*Cette écharpe est-elle **la vôtre** ?*
Indéfinis	***Beaucoup** veulent partir. **Tous** ne seront pas satisfaits.*
Relatifs	*Parmi les gâteaux **que** je vois dans la vitrine, je choisis la tarte à la fraise pour **laquelle** j'ai une préférence.*
Interrogatifs	***Qui** part ? **Lesquels** parmi vous resteront ?*
Adverbiaux	*Cette médaille, il **en** est fier et il **y** est attaché.*
Numéraux	*Parmi ces films, **trois** m'ont plu.*

S'exercer

Ex. 2 ★☆☆ **Combinez les deux phrases en une seule. Vous supprimerez la répétition grâce à un pronom appartenant à la catégorie indiquée.**

1. Picasso est un peintre très célèbre. **Picasso** a vécu en France. (*pronom relatif*) **2.** Ses tableaux s'inscrivent dans le mouvement appelé cubisme. Il est l'un des fondateurs **du cubisme**. (*pronom relatif*) **3.** Il a quitté l'Espagne mais il est toujours resté attaché **à l'Espagne**. (*pronom adverbial*) **4.** J'ai étudié le tableau *Guernica* en histoire des arts. **Ce tableau** est exposé à Madrid. (*pronom démonstratif*)

Écrire

Ex. 3 ★★☆ **Racontez l'histoire d'un livre que vous avez aimé en utilisant le plus grand nombre possible de pronoms.**

L'adjectif et ses degrés

Observer

Ex. 1 ★☆☆ **a) Relevez les adjectifs. b) Avec quels mots s'accordent-ils ? c) À quel degré d'intensité l'adjectif est-il souligné ?**

> Oxiane avança pour mieux observer la tête de la créature. Les tempes et le pourtour des yeux étaient recouverts de poils bruns et rêches. Du crâne émergeaient de longs cheveux châtains apparemment soyeux. La partie inférieure était la plus difficile à décrire.
>
> Éric Simard, « Clarisse », *Les visages de l'humain*, 2001 © Mango Jeunesse.

Leçon

Qu'est-ce qu'un adjectif ?

Voir p. 342 pour les accords dans le groupe nominal

L'adjectif apporte une **précision** sur le nom ou le pronom auquel il se rapporte. Il s'accorde en **genre** et en **nombre** avec ce dernier. • *__Penchées__ sur leur ouvrage, les __jeunes__ ouvrières semblaient __impassibles__.*

Le groupe adjectival

L'adjectif peut avoir un complément qui précise son sens. L'ensemble **adjectif + complément de l'adjectif** forme un **groupe adjectival.** • *Je suis prêt **à partir**.*

Les degrés de l'adjectif

- L'adjectif peut varier en intensité grâce à des **adverbes** qui expriment une intensité faible, moyenne ou forte (superlatif absolu). • *C'est une rue (**faiblement, assez, très**) animée.*
- Il peut exprimer la comparaison :
  - avec le **comparatif de supériorité, d'égalité, d'infériorité** : ***plus, aussi, moins*** *[grand]* ***que*** ;
  - avec le **superlatif relatif de supériorité ou d'infériorité** : ***le plus*** *[grand],* ***le moins*** *[grand].*

S'exercer

Ex. 2 ★☆☆ **Indiquez si les mots en gras sont des adjectifs ou des adverbes.**

1. C'est **fort** probable. 2. C'est un **fort** tempérament. 3. Un résultat trop **juste** lui coûte la place. 4. Elle assure **juste** les qualifications.

Ex. 3 ★☆☆ **Relevez et classez les adverbes selon leur degré d'intensité (intensité faible, moyenne ou forte).**

1. Voilà, Madame, des paroles peu agréables que je voudrais vous épargner. (Stendhal) 2. Schmoûle est fin, très fin, trop fin même. (Erckmann-Chatrian) 3. L'aventure se complique d'une façon assez intéressante, se dit Henri. (Balzac)

Ex. 4 ★★☆ **a) Relevez les adjectifs. b) Montrez que le portrait de ce monstre repose sur des contrastes.**

> Sa peau jaune recouvrait à peine ses muscles et ses veines. Ses cheveux étaient pourtant abondants et d'un noir brillant. Ses dents étaient blanches comme des perles, mais ces splendeurs contrastaient d'une façon plus horrible encore avec ses yeux larmoyants et sans couleur, son visage ridé, le trait noir qui formait ses lèvres.
>
> Mary Shelley, *Frankenstein*, 1818.

Les déterminants

Observer

Ex. 1 ★☆☆ **a) Dans le groupe nominal en gras, relevez les trois déterminants. b) Le narrateur a-t-il déjà parlé de ce petit commis auparavant ? Comment le savez-vous ? c) « Elle n'avait pas de dot, pas d'espérances ». Réécrivez cette phrase à la forme affirmative. Que remarquez-vous ?**

> Elle n'avait pas de dot, pas d'espérances, aucun moyen d'être connue, comprise, aimée, épousée par un homme riche et distingué ; et elle se laissa marier avec **un petit commis du ministère de l'Instruction publique.**
>
> Guy de Maupassant, « La Parure », 1884.

Ex. 2 ★☆☆ **a) Relevez les divers déterminants en précisant leur classe grammaticale. b) Dans l'expression soulignée, « aux » est un article défini contracté. Expliquez pourquoi en vous aidant de la construction de la phrase. c) Comment savoir lequel des deux mots en gras est un article défini contracté ?**

> Les bijoux... Elle en avait un coffre plein... Elle mit son grand collier de perles à deux rangs, toutes ses bagues, à chaque bras **des** bracelets de diamants énormes qui les emprisonnaient **des** poignets jusqu'aux coudes.
>
> D'après Irène Némirovski, *Le Bal*, 1929.

Leçon

Qu'est-ce qu'un déterminant ?

Le déterminant se place **devant le nom**. Il s'accorde avec celui-ci en genre et en nombre. Il existe plusieurs catégories de déterminants :

Les articles

Les articles définis : *le, la, les* **Les articles définis contractés** : *au* (= à + le), *aux* (= à + les), *du* (= de + le), *des* (= de + les)	Ils désignent un élément connu, identifiable, ou une catégorie.	*J'ai lu **les** bandes dessinées dont tu m'avais parlé.* ***Le** chien est **l'**ami de **l'**homme.* *Il pense **aux** prochaines vacances.*
Les articles indéfinis : *un, une, des* (+ *de* à la forme négative)	Ils désignent un élément non précisé ou dont on n'a pas encore parlé.	***Un** homme s'avança.*
Les articles partitifs : *du, de la, de l'*	Ils désignent un élément que l'on ne peut pas compter.	*Il a montré **du** courage et **de** l'audace.*

→ REMARQUE : Les articles *de, du, des* entrent dans plusieurs catégories et peuvent être confondus (*de, du, des*) et/ou construits avec une préposition (*du, des*).

- ***Des** coups de tonnerre* (= article indéfini) *ont retenti tandis que je revenais **du** marché* (revenir « de le marché » = article défini contracté) *et rapportais **du** jus d'ananas* (article partitif) *aux enfants.*

Numérique
Testez vos connaissances avec un quiz sur LLS.fr/FR3Quizgrammaire3

Les déterminants

Les déterminants possessifs	Ils précisent à qui appartient ce qui est désigné par le nom.	***Leurs** enfants sont turbulents.*
Les déterminants démonstratifs	Ils désignent un élément que l'on peut montrer ou dont on a déjà parlé.	*J'adore **ce** pull !* *Un homme s'avança. **Cet** homme semblait épuisé.*
Les déterminants numéraux : *un, deux, dix, cent, etc.*	Ils indiquent une quantité.	*J'ai révisé pendant **quatre** heures.*
Les déterminants indéfinis : *aucun, chaque, certains, quelques, plusieurs, tous, etc.*	Ils expriment une quantité nulle ou imprécise. Ils peuvent s'ajouter à un autre déterminant.	*Je n'ai **aucun** souvenir.* ***Quelques** spectateurs sont partis.* ***Tous** mes amis sont venus.*
Les déterminants interrogatifs : *quel, quelle, quels, quelles*	Ils permettent de poser une question partielle.	***Quelle** solution préfères-tu ?*
Les déterminants exclamatifs : *quel, quelle, quels, quelles*	Ils permettent de marquer un sentiment.	***Quel** courage !*

→ REMARQUE : Le déterminant et le pronom peuvent parfois être confondus. *Le* est article défini et pronom personnel COD ; *ce* est déterminant et pronom démonstratifs, *aucun*, *certains*, *plusieurs* et *tous* sont déterminants et pronoms indéfinis. Pour les différencier, il suffit d'observer s'ils précèdent un nom (déterminant) ou s'ils le remplacent (pronom).

- ***Ce soir*** (déterminant + nom), *je prendrai le bus.* ***Ce sera*** (pronom + verbe) *plus rapide.*

S'exercer

Ex. 3 ★☆☆ **Relevez les déterminants et donnez leur catégorie grammaticale précise.**

1. Le matin, je mange toujours du pain. **2.** Trempé dans le café, ce pain se ramollit. **3.** Il faut vite arracher cette portion humide avec ses dents si on ne veut pas être éclaboussé. **4.** Je tache mes chemises, mais quel plaisir ! **5.** Solène court tous les matins. **6.** Certains jours, elle n'en a pas le courage. **7.** Mais elle finit toujours par ressentir un grand plaisir. **8.** Elle a couru deux marathons l'année dernière. **9.** Quel défi se lancera-t-elle l'année prochaine ?

Ex. 4 ★★☆ **Indiquez si les mots en gras sont des pronoms ou des déterminants.**

1. Allons **le** féliciter, car **le** spectacle était remarquable.
2. Leur courage est impressionnant, je tiens à le **leur** dire.
3. Les enfants ne sont pas rentrés : allons **les** chercher !
4. Certains élèves étaient inscrits, mais **aucun** n'est venu.
5. Plusieurs ont préféré rentrer chez eux, mais **tous** viendront la semaine prochaine.

Ex. 5 ★★☆ **Chaque phrase ne contient qu'un seul déterminant. Relevez-le et donnez sa classe grammaticale.**

1. Ces derniers jours, je les ai trouvés plutôt en forme. **2.** Je leur ai demandé d'acheter de la confiture. **3.** Heureuse du succès rencontré, Léa rayonne de joie. **4.** Certains sont venus avec leurs enfants. **5.** À chaque fois, je me demande lequel arrivera en premier. **6.** Deux ne viendront pas : prévoyez seulement trois couverts. **7.** Je n'ai pas de lunettes de plongée.

Ex. 6 ★★☆ **Justifiez l'emploi des déterminants en gras.**

> **La** magnificence et **la** galanterie n'ont jamais paru en France avec tant d'éclat que dans **les** dernières années **du** règne de Henri second. **Ce** prince était galant, bien fait et amoureux.
>
> Madame de La Fayette, *La Princesse de Clèves*, 1678.

Le complément d'agent

Observer

Ex. 1 ★☆☆ **a) Qui fait l'action dans les phrases suivantes ? b) Où se trouve le sujet dans la phrase 1 ? Où le même groupe nominal se trouve-t-il dans la phrase 2 et quel mot la précède ? c) Quelle transformation le verbe « jouer » a-t-il subit de la phrase 1 à la phrase 2 ?**

1. Ces acteurs jouent la même pièce depuis des semaines.
2. La même pièce est jouée depuis des semaines par ces acteurs.

Leçon

Qu'est-ce qu'un complément d'agent ?

Voir p. 324 pour la voix passive

› Le **sujet** d'un verbe à la **voix active** devient **complément d'agent** à la **voix passive**.

	Sujet de *encouragent*	Verbe au présent	COD de *encouragent*
Voix active	Les spectateurs	*encouragent*	les joueurs.
Voix passive	Les joueurs	*sont encouragés*	par les spectateurs.
	Sujet de *sont encouragés*	Auxiliaire *être* au présent + participe passé du verbe	Complément d'agent de *sont encouragés*

› « Agent » vient du verbe « agir ». **À la voix passive, c'est le complément d'agent qui fait l'action** exprimée par le verbe. **Le sujet subit l'action.**

› Le complément d'agent est souvent **introduit par la préposition *par***. Il peut être également introduit par la **préposition *de***. • *Cette équipe est appréciée **de tous**.*

Cas où le complément d'agent n'est pas exprimé

› Parfois, le complément d'agent n'est **pas exprimé** parce que **l'agent est inconnu, évident ou sans importance**, ou encore parce qu'il y a une intention de ne pas le révéler. • *Le jeune prodige est acclamé [par...].*

› Une phrase passive sans complément d'agent **peut être remplacée par une phrase active avec le pronom personnel sujet *on***. • ***On** acclame le jeune prodige.*

Numérique
Testez vos connaissances avec un qui
sur **LLS.fr/FR3Quizgrammaire4**

Ne pas confondre

Voir p. 284 pour les compléments circonstanciels

› **Complément d'agent ≠ complément circonstanciel**

- *Les joueurs sont entraînés **par le capitaine**.* → ***Le capitaine** entraîne les joueurs.* → Le complément d'agent devient sujet à la voix active.
- *Les joueurs s'entraînent **par tous les temps**.* → *Par tous les temps* est un complément circonstanciel.

Le complément circonstanciel ne peut pas devenir sujet. Il demeure complément circonstanciel à la voix active.

› **Voix passive ≠ verbe *être* suivi d'un attribut du sujet**

- *Les joueurs **sont fatigués**.* → L'attribut *fatigués* peut être remplacé par un autre adjectif attribut → *Les joueurs sont **heureux**.* Il ne s'agit donc pas d'une phrase à la voix passive

S'exercer

Ex. 2 ★☆☆ **a) Dans les phrases suivantes, relevez les compléments d'agent. Attention : certaines phrases n'en comportent pas ! b) Justifiez ensuite en montrant que le complément d'agent devient sujet à la voix active.**

1. L'organisation d'une fête de fin d'année au collège était espérée de tous. **2.** Cette fête ne pouvait pas être organisée par les élèves sans l'autorisation du principal. **3.** De telles fêtes étaient organisées dans d'autres établissements par ailleurs. **4.** Une lettre a été rédigée par les délégués de 3e. **5.** Cette lettre a convaincu, par sa courtoisie et par sa détermination. **6.** Certains parents furent choqués par cette décision. **7.** Ils ont été amenés à changer d'avis par la suite.

Ex. 3 ★★☆ **Indiquez si les phrases sont à la voix active ou passive. Justifiez vos réponses.**

1. Aurélia est fatiguée mais heureuse. **2.** Le navire a été englouti par les vagues. **3.** Les repas sont livrés en trente minutes. **4.** Les derniers invités sont partis. **5.** Les fleurs sont fanées. **6.** Les fleurs sont coupées au printemps. **7.** Les fleurs sont tombées.

Ex. 4 ★★☆ **Réécrivez les phrases suivantes en les transposant à la voix passive, tout en conservant les temps verbaux d'origine.**

1. Les déménagements successifs nous ont peu à peu éloignés de mes grands-parents. **2.** Par chance, mes grands-parents réunissent ma famille chaque année. **3.** Ma grand-mère nous attend toujours à l'aéroport. **4.** Des discussions vives suivent toujours nos retrouvailles. **5.** Mon grand-père guette notre arrivée. **6.** Pendant les repas, on surveille mon petit frère qui s'agite.

Ex. 5 ★★☆ **Réécrivez les phrases suivantes en les transposant à la voix active, tout en conservant les temps verbaux d'origine.**

1. La machine avait été mise au point par des étudiants. **2.** Léa fut prévenue par un voisin. **3.** Les alpinistes ont été surpris par une avalanche. **4.** La plaine était balayée par des vents violents. **5.** Cette maison sera restaurée sous peu. **6.** Je fus vivement saisie par le bras.

Ex. 6 ★★☆ **Transposez les phrases de la voix active à la voix passive, et vice versa. Conservez les temps verbaux d'origine.**

1. Olivier bat les cartes du jeu. **2.** La partie avait été entamée par Marcus. **3.** Marcus prit l'avantage sur Olivier. **4.** Olivier fut saisi par l'angoisse de perdre. **5.** La chance tournera et Olivier battra finalement Marcus.

Ex. 7 ★★☆ **Dans les phrases suivantes, inspirées du *Dernier Jour d'un condamné* de Victor Hugo, indiquez si le groupe de mots en gras est un complément d'agent ou un complément circonstanciel.**

1. Le prisonnier est conduit dans une cellule **par le geôlier**. **2.** Il aperçoit une cour carrée **par la fenêtre**. **3.** Il se réjouit **par avance** du spectacle qu'il va voir. **4.** Les forçats sont salués **par les autres prisonniers**. **5.** Ils sont appelés **par leur nom**. **6.** Leurs vêtements sont jetés **par terre**. **7.** Ils sont attachés **par deux**. **8.** Le condamné est bouleversé **par ce spectacle**. **9.** Il est saisi **par la peur**. **10.** Il tente de fuir **par la porte**, mais celle-ci a été verrouillée **par le geôlier**.

Ex. 8 ★★★ **a) Relevez les compléments d'agent exprimés et leur verbe à la voix passive. b) Relevez ensuite les propositions qui comprennent un complément d'agent non exprimé. c) Transformez ces propositions à la voix active.**

> À son arrivée, il fut acclamé par la foule. Grisé, il s'est avancé, a saisi le micro. À cet instant précis, il a été saisi d'une vague appréhension. Un léger vertige. Mais bien vite, il s'est ressaisi. Quelques notes ont résonné et le silence a été fait dans la salle. Le lendemain, les journaux étaient élogieux. Tout Paris bruissait de la rumeur : une star était née ! Depuis, bien des concerts ont été donnés, bien des disques ont été enregistrés, mais le succès ne s'est jamais démenti.

Écrire

Ex. 9 ★★★ **Rédigez, à la première personne du singulier, un texte d'une dizaine de lignes racontant une situation subie, dans laquelle le narrateur (la narratrice) n'est pas acteur (actrice).**

Il peut s'agir d'une situation heureuse (par exemple, on vous fait une surprise pour votre anniversaire) ou malheureuse.
Votre texte sera rédigé principalement à la voix passive (*j'ai été réveillé(e) par, j'ai été emmené(e) dans…*).

Les compléments circonstanciels

Numérique

Retrouvez une carte mentale à compléter pour réviser votre leçon sur LLS.fr/FR3Compcirconstanciels

Observer

Ex. 1 ★☆☆ **a) Réécrivez ce texte en enlevant les groupes de mots en gras. Sont-ils indispensables ? b) Déplacez ces groupes de mots au sein des phrases. c) En vous appuyant sur ces modifications, expliquez ce qu'est un complément circonstanciel.**

Après quelques pétarades du moteur, la voiture s'arrêta **sur le bord de la route**. Un homme en gris apparut. **Avec beaucoup de précautions**, il ouvrit le coffre. Il observa les alentours **pour s'assurer qu'il était seul** et sortit **lentement** un gros sac en toile de jute.

Leçon

Qu'est-ce qu'un complément circonstanciel ?

- Le complément circonstanciel **apporte des précisions sur les circonstances de l'action** exprimée par le verbe.
- Il ne fait donc pas partie du groupe verbal ; c'est un **complément de phrase** qui peut être déplacé ou le supprimé.
  - *Nous inviterons tes amis **puisque tu le souhaites**.* → ***Puisque tu le souhaites**, nous inviterons tes amis.* → *Nous inviterons tes amis.*

Les différents types de complément circonstanciel

Le complément circonstanciel de :	Questions posées	Exemples
Temps	*Quand ? Depuis quand ? Jusqu'à quand ? Combien de temps ?*	*Clara s'entraîne **chaque jour**. Elle pratique la boxe thaïlandaise **depuis son plus jeune âge**.*
Lieu	*Où ? Vers où ? Par où ? D'où ? Jusqu'où ?*	*Elle prend des cours **au gymnase du quartier**.*
Manière	*De quelle manière ?*	*Elle s'entraîne **avec persévérance**.*
Moyen	*À l'aide de quel outil ? Avec quel moyen de transport ?*	*Elle s'entraîne **avec un sac de frappe**.*
Cause	*Pour quelle raison ?*	*Elle pratique la boxe **parce qu'elle aime se dépenser**.*
Conséquence	*Avec quelle conséquence ?*	*Elle a encore grandi, **si bien qu'elle a dû changer de catégorie**.*
But	*Dans quel but ?*	*Elle s'entraîne **pour progresser**.*
Hypothèse ou condition	*À quelle condition ? Dans quelle hypothèse ?*	***Si tout se passe bien**, elle en fera son métier.*
Opposition ou concession	*Malgré quoi ? En dépit de quoi ?*	***Bien qu'elle soit parfois découragée**, elle ne souhaite pas arrêter.*
Accompagnement	*Avec qui ?*	*Elle est venue **avec Julie**.*

Les classes grammaticales des compléments circonstanciels

La fonction complément circonstanciel peut être assurée par :

› un **adverbe** • *L'enfant jouait **régulièrement** dans la cabane en bois.*

› un **groupe nominal** (GN) • ***Un beau jour**, il vit un rat à l'intérieur.*

› un **groupe prépositionnel** (introduit par une préposition) • ***Sous la pluie**, il appela son père.*

› un **verbe au gérondif** (préposition *en* + verbe en *-ant*) • *Il sortit **en hurlant**.*

› une **proposition subordonnée circonstancielle** • *Il se calma **lorsque son père arriva**.*

› une **proposition participiale** (avec un participe présent ou passé qui a son propre sujet) • ***L'automne approchant**, nous bâchons la piscine.*

Ne pas confondre

Voir p. 275 pour la fonction complément d'objet

Certains compléments exprimant le **lieu**, le **temps** ou la **mesure** sont essentiels pour la cohérence de la phrase et complètent le verbe : ils ne peuvent pas être supprimés. Ce ne sont donc pas des compléments circonstanciels mais des **COD** ou **COI**.

• *Je vais **à Chaumont** :* COI ≠ *Je déménage **à Chaumont** :* complément circonstanciel (de lieu).

Numérique

Testez vos connaissances avec un quiz sur LLS.fr/FR3Quizgrammaire5

S'exercer

Ex. 2 ★☆☆ **Réécrivez le texte suivant en supprimant tous les compléments circonstanciels.**

> Quand nous arrivons à l'hôpital, le lendemain matin, une infirmière nous dit sévèrement que le docteur Petoukhov veut nous voir. Il nous fait poireauter un long moment. Pour s'occuper, Jean-Marie fait quelques panoramiques entre la grisaille qu'encadrent les fenêtres et le lagon polynésien servant de fond d'écran à l'ordinateur.
>
> Emmanuel Carrère, *Un roman russe*, 2007 © P.O.L.

Ex. 3 ★☆☆ **a) Identifiez les compléments circonstanciels et précisez quelles sont les circonstances exprimées.**

1. Je suis assez étourdie de sorte que j'égare beaucoup d'affaires. **2.** Hier matin, au moment de partir, je ne retrouvais pas ma montre. **3.** J'ai perdu du temps à la chercher alors que j'étais pressée, si bien que je suis partie plus tard que d'habitude. **4.** Je me suis rendue au travail en bus, et j'ai fini le trajet en courant, pour ne pas arriver en retard. **5.** À mon retour, en dépit de l'heure tardive, j'ai repris mes recherches et j'ai fouillé partout, méthodiquement : en vain.

Ex. 4 ★★☆ **Identifiez la classe grammaticale des compléments circonstanciels en gras et précisez la circonstance qu'ils expriment.**

1. **L'été**, nous partons en Normandie. **2.** **Bien que la maison soit petite**, nous y passons du bon temps. **3.** **Depuis ma chambre**, je peux voir la mer. **4.** **Ces journées me faisant beaucoup de bien**, je suis rentré reposé. **5.** Nous empruntons **fréquemment** le sentier côtier. **6.** **Les enfants partis**, la mère en profita pour voir une de ses amies. **7.** Il met son réveil **afin de ne pas manquer son train**.

Ex. 5 ★★☆ **Indiquez pour chaque groupe de mots en gras s'il s'agit d'un complément circonstanciel ou d'un complément d'objet (COD ou COI).**

1. Je me repose **au bord de la mer**. **2.** Notre location se situe **au bord de la mer**. **3.** Les objets précieux se trouvent **dans la vitrine**. **4.** Lina se regarde **dans la vitrine**. **5.** Le spectacle dure **trois heures**. **6.** Les comédiens répètent leur pièce **trois heures par jour**. **7.** Manuel se rend **à Barcelone**. **8.** Il fait beau **à Barcelone**.

Écrire

Ex. 6 ★★★ **Les parents de votre meilleur(e) ami(e) proposent de vous emmener en vacances dans un endroit exceptionnel.**
Vous devez convaincre vos parents de vous laisser partir. Le petit texte que vous rédigerez devra comporter au moins un complément circonstanciel pour chaque circonstance (lieu, temps, manière, etc.).

Les expansions du nom et leurs fonctions

Numérique

Retrouvez une carte mentale à compléter pour réviser votre leçon sur LLS.fr/FR3Nom

Observer

Ex. 1 ★☆☆ **a) Relevez les mots ou groupes de mots qui complètent et précisent les noms en gras. b) Classez-les en quatre catégories : nom ou groupe nominal, groupe prépositionnel, adjectif, proposition subordonnée relative.**

Poète du XXe siècle, **Apollinaire** a écrit de nombreux **poèmes** d'amour. « **Le Pont Mirabeau** », l'un de ses **poèmes** les plus célèbres, rappelle sa relation avec **Marie Laurencin** qui était une femme peintre.

Leçon

Les expansions du nom

Voir p. 279 pour l'adjectif et ses degrés

› Un nom, dès lors qu'il est précédé d'un déterminant, devient un **groupe nominal**.

› Ce groupe nominal (GN) minimal peut être complété par des expansions de différentes classes grammaticales : **adjectif qualificatif**, **groupe prépositionnel** (GP), **proposition subordonnée** relative (PSR), voire un **autre nom ou GN**.

- *On m'a offert* ***un*** *beau* (adj.) ***sac*** *en cuir* (GP) *que j'avais repéré dans un magasin.* (PSR)

› Les expansions du nom peuvent être supprimées : elles sont **facultatives**.

- *On m'a offert* ***un sac****.*

Les fonctions des expansions du nom

› Les expansions peuvent occuper **trois fonctions grammaticales** :

Le complément du nom

Voir p. 284 pour les compléments circonstanciels

› Lorsque le nom/GN est suivi d'un **groupe prépositionnel** (introduit par une **préposition**), la fonction de ce dernier est **complément du nom**. • ***Une île*** *de rêve.* • ***Une île*** *à visiter.* • ***Une île*** *en miniature.*

→ REMARQUE : le complément du nom ne doit pas être confondu avec un complément cironstanciel qui, pour sa part, peut être déplacé.

- *Il dort sur une plage de l'île* (non déplaçable = complément du nom). • *Il y a une belle vue de là-haut* (déplaçable = complément cironstanciel).

L'épithète

› « Épithète » signifie étymologiquement « placée à côté ».

› Un **adjectif qualificatif** est une **épithète** lorsqu'il est :

› collé au nom • ***Une île*** *célèbre.*

› séparé de lui par un adverbe • ***Une île*** *très célèbre.*

› séparé de lui par un autre adjectif et une conjonction de coordination • ***Une île*** *célèbre et touristique.*

Voir p. 299 pour la proposition subordonnée relative

› La **proposition subordonnée relative** peut également être une épithète. Elle est introduite par un **pronom relatif** (*qui, que, dont, où, lequel*, etc.) et, le plus souvent, suit immédiatement, le nom ou le GN. • ***Une île*** *qui est célèbre.*

L'apposition

› Lorsque le nom/GN est séparé de son expansion par une **virgule**, cette expansion est en **apposition**. Il peut s'agir :

› d'un adjectif qualificatif (autrefois appelé « épithète détachée ») • ***Une île**, célèbre pour ses plages.*

› d'une proposition subordonnée relative • ***Cette île**, dont les plages sont célèbres, accueille des touristes.*

› d'un autre nom ou GN • ***Porquerolles**, cette île merveilleuse de la Méditerranée.* • ***Mon île** merveilleuse, joyau de la Méditerranée.*

S'exercer

Ex. 2 ★☆☆ **Lisez ces titres d'œuvres littéraires roman et relevez l'expansion.**

1. *La Gloire de mon père.* 2. *Le vieux qui lisait des romans d'amour.* 3. *Petit pays.* 4. *L'homme qui voulait être roi.*

Ex. 3 ★★☆ **Relevez les propositions subordonnées relatives. Indiquez de quel nom elles sont épithètes.**

1. J'attends que le médicament que j'ai pris agisse. 2. Je n'aime que les bonbons qui piquent la langue. 3. Que penses-tu du devoir que Karine a fait ? 4. Je pense que j'ai perdu le foulard auquel je tenais tant.

Ex. 4 ★★☆ **Relevez les expansions des noms en gras. Vous préciserez leur classe grammaticale puis leur fonction au sein du groupe nominal.**

1. Cette **journée** que nous avons passée ensemble est inoubliable. 2. Les **bruits** nocturnes augmentaient l'**angoisse** du promeneur égaré. 3. C'était le premier **lundi** de septembre. 4. Il venait d'acheter une **voiture** de couleur argentée, emblème de sa réussite sociale.

Ex. 5 ★★☆ **Améliorez ces phrases en intégrant un complément de nom ou une apposition.**

1. Un homme était accoudé au bar.
2. Il avait le regard pâle, il avait l'air fatigué.
3. Il avait des vêtements vieux et usagés.
4. Ses habits suaient la misère du travail dans les champs.

Ex. 6 ★★☆ **Formez une seule phrase à partir des trois phrases, en opérant des transformations (propositions subordonnées relatives, appositions).**

1. Einstein était un physicien de génie. Il a présenté la théorie de la relativité. Cette découverte est l'une des théories majeures de la physique.
2. Louis XIV était un roi ambitieux. Il a instauré la monarchie absolue. Cette monarchie est l'instrument d'une politique d'expansion.

Ex. 7 ★★☆ **Le texte suivant présente un personnage de roman. a) Améliorez ce portrait en usant d'expansions du nom dans chaque phrase. b) Légendez les modifications en précisant l'expansion que vous avez utilisée.**

Linda est une vieille femme. Elle a le visage complètement ridé ; elle est obèse. Autrefois, elle est tombée enceinte et elle a eu John. Elle a dû élever ce fils loin de la société. Ce fils a maintenant 20 ans.

Ex. 8 ★★★ **Lisez ce passage descriptif. a) Relevez les mots enrichis par une expansion. b) Répartissez les expansions en trois colonnes : les épithètes, les compléments de nom, les appositions.**

Pour la première fois depuis dix ans, Marie revient sur un lieu magique, le jardin de son enfance ! Elle essaie de ne pas effrayer les tourterelles qui roucoulent dans les sombres feuillages. Les pommiers en fleurs resplendissent au soleil en reflets orangés.

Écrire

Ex. 9 ★★☆ **L'écrivain Georges Perec a rassemblé de brefs souvenirs dans son livre *Je me souviens*. Sur le même modèle, proposez quatre souvenirs précis de votre enfance, en employant pour chaque souvenir des expansions du nom.**

Je me souviens de la surprise que j'ai éprouvée en apprenant que « cow-boy » voulait dire « garçon-vacher ».

Georges Perec, *Je me souviens*, 1978.

Ex. 10 ★★★ **Écrivez un texte de dix lignes en décrivant le hall d'un hôtel délabré. Usez d'expansions du nom.**

Vous pouvez commencer votre texte par : « En poussant la porte d'entrée, j'ai compris où je mettais les pieds... »

Les fonctions liées à l'adjectif

Observer

Ex. 1 ★☆☆ **a) Relevez tous les adjectifs. Quel nom/GN chaque adjectif complète-t-il ? b) Quels sont les mots qui complètent les mots en gras ?**

Cosette était une pauvre enfant qui n'avait que la peau sur les os. Rachitique, repliée sur elle, la fillette ne paraissait guère plus **âgée** que cinq ans. Elle en avait sept. Son avenir était **difficile** à envisager sous de bons auspices.

Leçon

Rappels

- L'adjectif a trois fonctions possibles :
  - il est **épithète** du nom ou du pronom dans le groupe nominal • *La mère tient la main du **jeune** enfant.*
  - il est **apposé** au nom ou groupe nominal • *L'enfant, suffisamment **grand**, peut prendre le bus.*
  - il est **attribut du sujet** ou du COD dans le groupe verbal • *Mes enfants ? Je les trouve **épanouis**.*

Le groupe adjectival

- L'adjectif peut être complété par trois compléments :
  - un **adverbe** d'intensité, ou introduisant le **comparatif** ou le **superlatif** • *Il est **particulièrement** heureux.* • *Il est **plus** heureux **que** toi.* • *C'est le **plus** heureux.*
  - un **groupe prépositionnel** • *Il est fier **de sa réussite**.*
  - une **proposition subordonnée complétive** • *Je suis heureux **que tu sois là**.*
- L'ensemble *adjectif + complément de l'adjectif* forme un **groupe adjectival** • *Il est **heureux d'être ici**.*

S'exercer

Ex. 2 ★☆☆ **Transformez les expressions en italique en adjectifs épithètes ou en groupes adjectivaux.**

1. Pendant les vacances, j'ai visité la maison *où est né Victor Hugo*. **2.** Cette catastrophe est un fait *dont tout le monde se souvient*. **3.** Sans un mot, je lui tendis une corbeille *en fleurs*. **4.** Le trajet *de nuit* fut éprouvant.

Ex. 3 ★★☆ **Relevez les adjectifs qualificatifs et précisez leur fonction.**

1. La lumière spectrale de la lune éclairait une vaste étendue de pelouse et de bosquets. **2.** Les ruines de l'ancienne abbaye, éparses, se découpaient en silhouettes tragiques. **3.** Le lieu paraissait atemporel. **4.** L'air demeurait tiède, malgré l'heure bien tardive. **5.** Le promeneur glissait à travers les rameaux nus, émaciés et immobiles des arbres.

Écrire

Ex. 4 ★★☆ **a) Complétez le texte par divers adjectifs péjoratifs. b) À partir de certains adjectifs, formez des groupes adjectivaux pour étoffer le texte.**

Sous une pluie..., j'emprunte la route peu... du littoral. Elle me mène à la maison dont la façade est... et la toiture.... Je pénètre dans la maison aux volets.... L'odeur, ..., les murs, ... et..., laissent deviner l'état d'abandon après une décennie d'absence.

Bilan sur les fonctions grammaticales

Leçon

Les fonctions liées au verbe

Sujet

- Verbe transitif + Verbe indiquant le lieu où l'on va, où l'on se trouve + *dater, durer, coûter, mesurer, peser*
  - Complément d'objet
    - COD
    - COI
- Verbe attributif
  - Attribut...
    - ... du sujet
    - ... du COD
- Verbe au passif
  - Complément d'agent

Les fonctions liées à la phrase

Compléments circonstanciels

- Complément circonstanciel de lieu
  - *Sur place, nous achèterons des pop-corns.*
- Complément circonstanciel de condition ou d'hypothèse
  - *Si tu viens, nous irons au cinéma.*
- Complément circonstanciel de cause
  - *Puisque tu le veux, nous irons au cinéma.*
- Complément circonstanciel de temps
  - *Avant le film, nous achèterons des pop-corns.*
- Complément circonstanciel de but
  - *Nous irons au cinéma pour nous détendre.*
- Complément circonstanciel d'accompagnement
  - *Nous irons au cinéma avec Paul et Julie.*
- Complément circonstanciel de conséquence
  - *Ma réunion a été annulée, de sorte que je peux t'accompagner.*
- Complément circonstanciel de moyen
  - *Nous voyagerons en bus.*
- Complément circonstanciel de concession ou d'opposition
  - *Bien que je sois fatigué, nous irons au cinéma.*
- Complément circonstanciel de manière
  - *Nous voyagerons en bavardant.*

Les fonctions liées au nom

Nom-noyau

- **Complément du nom :** groupe prépositionnel
  - *la maison de mon enfance*
- **Épithète :** adjectif ou proposition subordonnée relative
  - Avec un adjectif :
    - *la maison bleue*
  - Avec une proposition subordonnée relative :
    - *la maison où j'ai vécu*
- **Apposition :** adjectif ou proposition subordonnée relative ou autre nom/GN.
  - Avec un adjectif :
    - *la maison, immense*
  - Avec une proposition subordonnée relative :
    - *la maison, dont le toit était rouge*
  - Avec un autre nom/GN :
    - *ma maison, cette superbe bâtisse*

Les types et les formes de phrase

Numérique

Retrouvez une carte mentale à compléter pour réviser votre leçon sur LLS.fr/FR3Typesphrases

Observer

Ex. 1 ★☆☆ **a) Quel est le type de chacune de ces phrases ? Justifiez. b) Précisez le niveau de langue utilisé (familier, courant, soutenu) dans chacune des phrases interrogatives. c) Pour les phrases interrogatives, indiquez si l'interrogation est partielle ou totale. d) Quelle réponse est attendue à la phrase 7 ? Expliquez.**

1. Que fais-tu ? **2.** Je me demande où tu es. **3.** Viens donc avec nous. **4.** Est-ce que tu es prêt ? **5.** Qu'il est bête ! **6.** Qu'il vienne ici ! **7.** Tu peux te dépêcher un peu ? **8.** On ne court pas dans les couloirs !

Leçon

Les trois types de phrase

Il existe trois types de phrase correspondant à trois types d'acte.

La phrase déclarative

Elle présente **un constat**. La structure de la phrase est le plus souvent : sujet - verbe - complément. • *Les membres du club courent dix kilomètres dans les bois.*

La phrase interrogative

Voir p. 254 pour les niveaux de langue

› Elle demande **une information**. Elle est marquée par le **point d'interrogation**.

› Le sujet peut être inversé mais cela n'est pas systématique (cela dépend du niveau de langue).
- ***Pars-tu** courir ce matin ?* (soutenu)/***Tu pars** courir ce matin ?* (familier)

› L'interrogation est **totale** quand la réponse est « oui », « non » ou « si » ; elle est **partielle** quand la réponse est différente.

› L'interrogation est **directe** lorsqu'il y a un point d'interrogation ; elle est **indirecte** quand elle est contenue dans une phrase déclarative qui ne se termine pas par un point d'interrogation
- ***Part-il courir** ?* → *Je me demande **s'il part courir**.*

La phrase injonctive (ou impérative)

Voir p. 336 pour l'impératif et le subjonctif

› Elle exprime **une injonction** (= un ordre, une défense). Les modes majoritairement employés sont :
- › le mode **impératif** • ***Va** donc courir.*
- › le mode **subjonctif** • *Qu'il **aille** courir.*

› L'injonction peut également s'exprimer dans une phrase non verbale • *Dehors !*

→ REMARQUE : selon le contexte, les types de phrase ne correspondent pas toujours au type d'acte associé.
- *Pourriez-vous vous taire ?* est de type interrogatif mais exprime l'ordre de se taire.
- *Tu le fais exprès ?* est de type interrogatif mais n'attend pas de réponse. C'est une **question rhétorique ou oratoire**.

Les formes de phrase

Forme négative (≠ forme affirmative)

› La négation s'exprime avec deux marques : *ne... pas, ne point, ne... plus, ne... jamais, ne... guère* ; elles encadrent ou non le verbe • *Il **ne** sort **pas**. **Personne ne** sort ce soir.*

› **La négation exceptive (ou restrictive)** « **ne ... que** » est moins une négation qu'une exception
• *Il **n'aime que** les films d'action.* → *Il aime **seulement** les films d'action*

› Une phrase complexe n'est négative que si la négation porte sur le verbe de la principale.
• *Je ne pense pas qu'il viendra* (forme négative). *Je pense qu'il ne viendra pas* (forme affirmative).

→ REMARQUE : certaines expressions (*craindre que, avoir peur que, à moins que, etc.*) sont suivies d'un *ne* ou *n'* dit **explétif** mais la phrase n'est pas négative. • *Pars avant qu'il **ne** soit trop tard.*

Forme exclamative

› L'exclamation s'ajoute à l'un des trois types de phrases fondamentaux.

› Elle exprime une nuance subjective (émotion) et est marquée par un **point d'exclamation** qui se substitue au point lorsque l'exclamation porte sur une phrase de type déclaratif ou injonctif ou s'associe au point d'interrogation dans une phrase interrogative. • *Il a fini !* (déclaratif + exclamatif) • *Qu'il vienne !* (injonctif + exclamatif) • *Que m'apprends-tu ?!* (interrogatif + exclamatif)

› Au point d'exclamation, qui est le marqueur systématique, peut s'ajouter un mot en tête de phrase. • *Il est beau !* → ***Qu'il** est beau ! **Comme** il est beau ! **Quelle** beauté !*

Forme emphatique (≠ forme neutre)

La forme emphatique met en valeur un élément de la phrase. Pour cela, sont utilisés :

› les **présentatifs** *c'est... que, ce sont... qui, voilà... que, il y a... qui*, etc.
• ***C'est** toi **qui** commences !*
Le sujet est mis en valeur par rapport à la forme neutre. • *Tu commences.*

› le **détachement** d'un mot ou groupe de mots en début de phrase, repris dans la suite de la phrase par un pronom.
• ***Ces fleurs**, je **les** trouve magnifiques !* • ***Moi, je** reste.*

Forme impersonnelle (≠ forme personnelle)

› Une phrase impersonnelle a pour sujet un **pronom *il*** qui ne renvoie à rien et ne peut être remplacé. • ***Il** neige.*

Numérique
Testez vos connaissances avec un quiz sur LLS.fr/FR3Quizgrammaire6

S'exercer

Ex. 2 ★☆☆ **Quel type et quelle forme de phrase dominent dans cet extrait ? Justifiez votre réponse.**

« Embrasse-moi donc, ma bonne !
– Laisse-moi ! fit-elle, toute rouge de colère.
– Qu'as-tu ? qu'as-tu ? répétait-il stupéfait. Calme-toi ! Reprends-toi ! Tu sais bien que je t'aime… Viens !
– Assez ! » s'écria-t-elle d'un air terrible.

Gustave Flaubert, *Madame Bovary*, 1857.

Ex. 3 ★☆☆ **a) Complétez les phrases par *ne* ou *n'* lorsque cela est nécessaire. b) Entourez en rouge les *ne* qui marquent la négation. c) À quoi servent les autres ?**

1. On ... a oublié de le prévenir ! **2.** À présent, c'est trop tard : on ... a pas son numéro de portable, et je crains qu'on ... soit en retard au cinéma. **3.** On ... aura qu'à l'inviter la prochaine fois, à moins que tu ... préfères y aller sans lui, par peur qu'il ... soit désagréable.

Ex. 4 ★☆☆ **a) Relevez les phrases à la forme exclamative et identifiez le type de phrase. b) Pour chaque type de phrase mentionné dans la première question, relevez un autre exemple dans le texte si cela est possible.**

Un Malheureux appelait tous les jours
La mort à son secours.
« Ô Mort, lui disait-il, que tu me sembles belle !
Viens vite, viens finir ma fortune cruelle. »
La mort crut en venant, l'obliger en effet.
Elle frappe à sa porte, elle entre, elle se montre.
« Que vois-je ! cria-t-il. Ôtez-moi cet objet !
Qu'il est hideux ! Que sa rencontre
Me cause d'horreur et d'effroi !
N'approche pas, ô Mort ; ô Mort, retire-toi. »

D'après Jean de La Fontaine,
« La Mort et le Malheureux », *Fables*, 1668.

La phrase simple et la phrase complexe

Numérique

Retrouvez une carte mentale à compléter pour réviser votre leçon sur **LLS.fr/FR3Phrasesimplecomplexe**

Observer

Ex. 1 ★☆☆ **a) Repérez le nombre de verbes conjugués dans les quatre premières phrases : lesquelles sont des phrases simples, lesquelles sont des phrases complexes ? b) Dans la dernière phrase, délimitez les propositions et indiquez la classe grammaticale des mots qui permettent de les relier.**

Il tira d'abord doucement, puis durement sur le bras fragile. Elle leva la main, prête à le gifler, mais il paralysa cette autre main. Maintenant, il lui faisait mal. Il sentait qu'il lui faisait mal. Il pensait aux enfants qui se sont saisis d'un chat sauvage, et, pour l'apprivoiser de force, l'étranglent presque, pour le caresser de force.

Antoine de Saint-Exupéry, *Courrier sud*, 1929.

Leçon

Les différences entre la phrase et la proposition

› La phrase commence par une majuscule et finit par une ponctuation forte. Elle est **verbale**.
- *Soyez attentifs. Elle peut être* ***non verbale****, mais cela est plus rare* • *Enfin ! La victoire !*

› Une proposition est un **groupe de mots organisés autour d'un verbe conjugué**.

› Une phrase **simple** ne comporte qu'**un seul verbe conjugué**, donc **une seule proposition**.
- *Je vous* ***prie*** *de m'excuser.*

› Une phrase **complexe** comporte **plusieurs verbes conjugués**, donc **plusieurs propositions**.
- *[J'****ai raté*** *mon bus] ; [je vous* ***prie*** *de m'excuser.]*

Les liens entre les propositions

Les propositions sont reliées entre elles par trois types de liens.

› Un lien de **juxtaposition** se manifeste par un **signe de ponctuation** faible (virgule) ou moyenne (point-virgule, deux points) • *Roland lève son épée ; l'armée s'élance.*

› Un lien de **coordination** se manifeste par une **conjonction de coordination** (*mais, ou, et, or, ni, car*) ou un **adverbe de liaison** (*alors, donc, en effet, ainsi, puis, par conséquent, c'est pourquoi, cependant, pourtant*, etc).
- *Le noble chevalier éperonne son destrier* ***et*** *attaque ses adversaires.*

› Un lien de **subordination** se manifeste par un mot subordonnant :

Voir p. 294 pour les propositions subordonnées complétives

› une conjonction de subordination –*que* et ses composés (*pour que, avant que, puisque, dès lors que, si bien que*, etc.)
- *Il souhaite* ***que*** *ses camarades le suivent.*

Voir p. 299 pour les propositions subordonnées relatives

› un pronom relatif (*qui, que, dont, où, lequel*, etc.)
- *Il tient fermement Durandal* ***qui*** *est sa fameuse épée.*

› un mot interrogatif (*quand, combien, pourquoi*, etc.)
- *Il se demande* ***quand*** *la bataille prendra fin.*

Les différents types de propositions

- Une proposition est **indépendante, principale** ou **subordonnée.**
- Si une proposition est introduite par un **mot de subordination**, alors c'est une **proposition subordonnée** et elle dépend d'une **proposition principale.**
- Une proposition qui n'entretient pas de rapport de dépendance avec une autre est une proposition indépendante. Les propositions juxtaposées et coordonnées sont donc des indépendantes.

[*Roland élève son épée*] : [*une clameur retentit*] [*alors qu'il la brandit devant son armée.*]

proposition (juxtaposée) indépendante — proposition principale — proposition subordonnée

S'exercer

Ex. 2 ★☆☆ **Pour chaque phrase, relevez le ou les liens entre les propositions. Indiquez si c'est un lien de juxtaposition, de coordination ou de subordination.**

1. Le coureur s'accroupit, positionne ses mains sur le sol, relève la tête. **2.** Les équipes s'affrontent du regard et entrent sur le terrain car l'arbitre va siffler le coup d'envoi. **3.** La gymnaste, qui achève son saut périlleux, sourit aux spectateurs et au jury. **4.** La précision avec laquelle il manie son épée est remarquable. **5.** Il avait été acclamé lors de son entrée sur le court mais il jeta sa raquette à la fin d'un match qui l'avait humilié.

Ex. 3 ★★☆ **a) Relevez les verbes conjugués dans le texte. b) Précisez le nombre de phrases verbales et non verbales. c) Précisez le nombre de phrases complexes.**

> Saignant du nez, recouvert de terre, l'enfant alla retrouver sa mère dans l'allée. Mon Dieu ! Quel pauvre homme deviendrait ce malheureux bambin ? Pourquoi n'avait-elle pas mis au monde, elle aussi, un de ces garçons blonds et robustes qui couraient dans le jardin ? Elle essaya d'imaginer son fils dans quinze ans, vingt ans. Elle aurait aimé se le représenter en uniforme ou donnant le bras à une superbe jeune fille. Elle n'y arrivait pas. Un bureaucrate, un petit homme terne. Il serait toujours un pauvre diable, vaincu par la vie.
>
> Dino Buzzati, « Pauvre petit garçon ! », *Le K*, 1966.

Ex. 4 ★★☆ **Complétez chaque phrase par un lien de coordination qui respecte le sens de la phrase. Employez d'abord une conjonction de coordination puis un adverbe de liaison.**

1. Cette île est magnifique ... il n'y a pas d'eau pour survivre. **2.** Nous pouvons sortir de notre abri ... l'ouragan est passé. **3.** J'hésite : j'achète un roman ... j'achète une bande dessinée. **4.** Je t'avais averti ... tu as recommencé. Tu es exclu de la partie ! **5.** Je ne prépare pas mon cartable ce soir ... il n'y a pas cours demain. **6.** Quel programme ! Elle passe en famille la première quinzaine à la mer ... elle rejoint ses amis dans le Sud mi-août.

Ex. 5 ★★☆ **a) Lisez ce texte et réécrivez dans votre cahier les phrases complexes que vous avez trouvées. b) Soulignez les verbes conjugués et délimitez entre crochets les propositions. c) Entourez le mot qui assure le lien entre les propositions et nommez la nature du lien.**

> Pour la première fois, Dolfi se vit prendre au sérieux par les autres garçons. Walter lui confia une mission de grande responsabilité : il commanderait l'avant-garde. Ils lui donnèrent comme escorte deux bambins à l'air sournois armés de fronde et ils l'expédièrent en tête de l'armée, avec l'ordre de sonder le passage. Alors Dolfi se dirigea vers la petite allée qui descendait en pente raide. Des deux côtés les rives herbeuses avec leur buisson. Il était clair que les ennemis, commandés par Max, avaient dû tendre une embuscade en se cachant derrière les arbres. Mais on n'apercevait rien de suspect.
>
> Dino Buzzati, « Pauvre petit garçon ! », *Le K*, 1966.

Ex. 6 ★★★ **a) Remplacez les deux propositions indépendantes par une proposition principale et sa subordonnée, grâce à un mot subordonnant. b) Quelle circonstance la proposition subordonnée exprime-t-elle ? La cause, la conséquence, l'opposition ?**

1. Manuel tentait de consulter son téléphone caché dans sa trousse, il n'écoutait donc pas la leçon. **2.** Monsieur Martin s'approcha de Manuel car cela faisait plusieurs minutes que celui-ci fouillait dans sa trousse. **3.** Manuel se fit prendre la main dans la trousse ; pourtant, il avait essayé d'être discret. **4.** Mais Monsieur Martin était très observateur ; par conséquent, rien ne lui échappait.

Les propositions subordonnées complétives

Observer

Ex. 1 ★☆☆ **a) Relevez les COD des verbes en gras. b) Quelle est la classe grammaticale des mots subordonnants ? c) Transformez la deuxième phrase en intégrant des questions directes.**

Les parents d'Élisa **veulent** qu'elle **passe** son permis de conduire cette année. Ils lui **demandent** si elle aura le temps de se consacrer à cet examen, et quel forfait elle prend.

Leçon

La proposition subordonnée complétive

- Une proposition subordonnée **complétive** a généralement pour fonction d'être **COD** du verbe de la proposition principale.
- Elle fait donc partie du **groupe verbal** et ne peut **pas être supprimée**.
- Il existe **trois types de complétives** : la proposition subordonnée conjonctive en *que*, la proposition subordonnée interrogative indirecte et la proposition subordonnée infinitive.

Les trois complétives

La proposition subordonnée conjonctive en *que*

- Elle est introduite par la conjonction de subordination ***que***.
- Elle est généralement **COD** d'un verbe de **pensée** (*penser*), de **sentiment** (*aimer*), de **perception** (*voir*), de **parole** (*dire*) ou encore d'un **verbe impersonnel** (*il arrive...*).
- Plus rarement, elle peut aussi être :
  - **COI** • *Je doute **qu'il s'excuse.** → Je doute [de quoi ?] qu'il s'excuse.*
  - **sujet** • ***Qu'il soit désolé** ne change rien.*
  - **attribut du sujet** • *Mon souhait* est ***que tu viennes.***
- Le verbe de la subordonnée est souvent à **l'indicatif**. Cependant, **le mode subjonctif** est utilisé :
  - lorsque la principale exprime une **incertitude.** • *Je doute **qu'il vienne.***
  - lorsque la principale est à la forme **négative** ou qu'elle pose une **question.**
    • *Je ne crois pas **qu'il vienne.*** • *Crois-tu **qu'il vienne** ?*
  - lorsque la complétive est **sujet.** • ***Qu'il fasse froid** ne me dérange pas.*

Voir p. 290 pour la phrase interrogative

La proposition subordonnée interrogative indirecte

- Elle **complète un verbe** exprimant l'**interrogation** (*se demander*) ou l'**ignorance** (*ignorer, ne pas savoir*).

Voir p. 296 pour les mots de subordination

- L'interrogation **totale** (réponse : oui/non) est introduite par la conjonction de subordination *si*.
  • *Viendra-t-elle ? → Je me demande [**si elle viendra**].*
- L'interrogation **partielle** (réponse différente de oui/non) est introduite par un mot interrogatif comme ***où, quand, combien, comment, pourquoi*** (adverbes interrogatifs), ***qui, lequel*** (pronoms interrogatifs), ***quel*** (déterminant interrogatif).
  • *Qui sera là ? → Je me demande [**qui sera là**].* • *J'ignore [**combien nous serons**].*

→ REMARQUE : la phrase interrogative indirecte ne se termine pas par un point d'interrogation.

La proposition subordonnée infinitive

- Elle dépend d'une proposition principale. Elle est COD d'un verbe de perception (*entendre, voir*) ou d'un verbe comme *emmener, envoyer, conduire*. Toutefois elle n'est pas introduite par un mot subordonnant.
- Elle s'organise autour d'un **verbe à l'infinitif** qui a **son propre sujet** (différent = de celui de la principale).
  - *Il aime s'entraîner.* → Il s'agit d'une phrase simple, *s'entraîner* n'a pas son propre sujet.
  - *Il regarde [les joueurs **s'entraîner**].* → Le verbe infinitif a son propre sujet. Il s'agit d'une phrase complexe : proposition principale + proposition subordonnée infinitive.

Numérique

Testez vos connaissances avec un quiz sur LLS.fr/FR3Quizgrammaire7

S'exercer

Ex. 2 ★☆☆ **Indiquez la fonction grammaticale des propositions subordonnées complétives en gras.**

1. La vérité est **qu'il a menti sur son identité**. 2. Dans ce cas-là, **qu'il soit nommé invité d'honneur** pose problème. 3. Nous estimons **qu'il mérite tout de même une seconde chance**. 4. Chacun s'attendait **à ce que le patron reste campé sur ses positions**. 5. Et pourtant, ce dernier accepte **que l'usurpateur garde son titre pour la soirée**.

Ex. 3 ★☆☆ **Chaque phrase ci-dessous contient une proposition subordonnée complétive. Relevez-la et précisez s'il s'agit d'une conjonctive en *que*, d'une interrogative indirecte ou d'une infinitive.**

1. Je ne sais pas à quelle heure il sera là. 2. Je lui avais pourtant bien demandé s'il pouvait se libérer. 3. Je ne crois pas qu'il puisse avoir oublié notre rendez-vous. 4. Que sa présence soit obligatoire est évident ! 5. Tous les grands patrons s'attendent à ce qu'il vienne ce soir. 6. J'entends des pneus crisser : c'est sûrement lui.

Ex. 4 ★★☆☆ **Identifiez puis justifiez le mode des verbes employés dans les propositions en gras.**

1. Un journaliste indique **qu'il s'agit d'un canular** ; la célèbre chanteuse n'est pas morte. 2. Le public souhaite **qu'elle fasse une brève apparition dans les médias**. 3. Son agent regrette **que ces rumeurs aient été prises au sérieux** ! 4. Croyez-vous **qu'ils sachent d'où sont parties ces rumeurs** ? 5. Je ne pense pas **que la chanteuse vienne à Paris à la date prévue**.

Ex. 5 ★★☆ **Indiquez pour chaque phrase si les mots en gras constituent une proposition subordonnée relative ou une proposition subordonnée complétive. Justifiez vos réponses.**

1. Le peintre, **qui joue les équilibristes sur ses échafaudages**, remet à neuf la façade d'un vieil immeuble. 2. Il imagine **que les couleurs de l'arc-en-ciel égaieront les rues grises du quartier**. 3. Les habitants de l'immeuble, **que le peintre salue à travers les fenêtres**, sont contents de voir leur immeuble sous un nouveau jour. 4. Tous attendent avec impatience **que les travaux se terminent**. 5. Ils se demandent **où il a pu apprendre son métier**. 6. Ils trouvent **qu'il a du talent**. 7. Le peintre attend **que la nuit soit venue** pour descendre de l'échafaudage **que sa démarche pataude fait légèrement trembler**.

Ex. 6 ★★☆ **Indiquez pour chaque phrase si les mots en gras constituent une proposition subordonnée relative ou une proposition subordonnée interrogative indirecte. Justifiez vos réponses.**

1. Chacun voulait savoir **qui avait gagné le premier prix**. 2. Le gagnant, **qui arrivait du fond de la salle**, était pour le moment caché par la foule. 3. Tous ceux qui se demandaient **comment se nommait l'heureux gagnant** allaient enfin pouvoir satisfaire leur curiosité. 4. Tous ceux **qui se demandaient comment se nommait l'heureux gagnant** allaient enfin pouvoir satisfaire leur curiosité. 5. On finit par distinguer au loin un homme de taille moyenne, **qui portait un costume sombre**.

Écrire

Ex. 7 ★★★ **Choisissez l'un des thèmes suivants, puis écrivez un court texte argumentatif pour défendre votre point de vue. Utilisez des subordonnées complétives (au moins quatre conjonctives en *que* et deux interrogatives indirectes) pour donner votre opinion.**

1. Faut-il limiter l'usage du téléphone portable pour les enfants, comme le préconise l'Agence de sécurité sanitaire ?
2. Faut-il supprimer l'apprentissage de l'écriture manuscrite à l'école, au profit de l'écriture numérique ?
3. Faut-il obliger les jeunes à lire ?

Les propositions subordonnées circonstancielles

Observer

Ex. 1 ★☆☆ **a) Relevez les propositions subordonnées circonstancielles et précisez dans chaque cas la circonstance exprimée.**

1. Puisque tu as un peu de temps, aide-moi à faire le ménage. **2.** J'ai fait du tri pour qu'elle puisse s'installer. **3.** Si tu es intéressée par ces affaires, sers-toi. **4.** Nous aurons fini avant qu'elle ne soit de retour.

b) Quelle circonstance exprime « les enfants partis » dans la phrase suivante : « Les enfants partis, je peux enfin me reposer ». c) Reformulez la proposition avec une conjonction de subordination qui rendra la circonstance plus explicite.

Leçon

Voir p. 284 pour les compléments circonstanciels

› La proposition subordonnée circonstancielle est un **complément de phrase** : elle peut presque toujours être **déplacée** ou **supprimée**.

› Elle est le plus souvent **introduite par une conjonction de subordination**.

› Dans la subordonnée circonstancielle, le verbe peut être conjugué à l'**indicatif**, au **subjonctif**, voire au **conditionnel**.

› Sa fonction est **complément circonstanciel**. Elle peut exprimer plusieurs circonstances.

Circonstances	Conjonctions	Exemples
Temps	*Quand, lorsque, pendant que, tandis que, alors que, jusqu'à ce que (+ subj.), en attendant que (+ subj.), avant que (+ subj.), après que, dès que, comme*	*Viens **quand** tu peux.* *Pars **avant qu'**il n'arrive.* *Viens **après que** tu as terminé.*
Cause	*Comme, parce que, puisque, vu que, étant donné que*	***Comme** elle voulait te voir, elle est venue.*
Conséquence	*De sorte que, si bien que, au point que* *Tellement… que, tant… que, si… que* *Assez… pour que (+ subj.), trop… pour que (+ subj.)*	*Elle voulait te voir, **si bien qu'**elle est venue.* *Elle voulait **tant** te voir **qu'**elle est venue.* *Il est **trop** tard **pour que** je puisse venir.*
But	*Afin que (+ subj.), pour que (+ subj.)* *But négatif : de peur que (+ subj.), de crainte que (+ subj.)*	*Viens **pour qu'**elle puisse te voir.* *Pars, **de peur qu'**il ne nous surprenne.*
Opposition	*Alors que, tandis que*	*Il est raisonnable **alors que** son frère est têtu.*
Concession	*Même si, bien que (+ subj.), quand bien même (+cond.), quoi que (+ subj.)*	***Quand bien même** tu aurais raison, je ne t'écouterais pas.*
Hypothèse ou condition	*Si…* *À condition que (+ subj.), à moins que (+ subj.) …*	***Si** tu viens ce soir, tu la verras.*
Comparaison	*Comme, aussi… que*	*Il partit **comme** il était arrivé.* *Ta moto est **aussi** rapide **que** l'est une voiture de sport.*

→ REMARQUES

› La proposition subordonnée circonstancielle peut être introduite par un **adverbe d'intensité placé dans la proposition principale** (*si, tellement, tant, aussi*).

- *Il est **si** raisonnable **que** ses enfants l'ont surnommé « le sage »*

› L'**opposition** met en parallèle deux faits qui s'opposent.

- *Je suis grande **alors que** mes parents sont petits.*

Voir p. 298 pour L'opposition et la concession

› La **concession** marque **la contradiction entre ce qui aurait dû se produire** (ce que l'on attendait) **et ce qui se produit réellement.**

- ***Bien qu'****il pleuve, il est parti courir.*

Numérique

Testez vos connaissances avec un quiz sur LLS.fr/FR3Quizgrammaire8

La proposition subordonnée participiale

› La proposition subordonnée participiale exprime une **circonstance**. Sa fonction peut être complément circonstanciel de cause, de temps, de condition.

› Elle n'est pas introduite par un mot subordonnant ; elle **s'organise autour d'un participe** (présent ou passé) qui a **son propre sujet** (= différent de celui de la principale).

- ***Frédéric ayant mal à la tête,*** *je proposai de rester à la maison.*

S'exercer

Ex. 2 ★☆☆ **Complétez chaque phrase en imaginant une proposition subordonnée exprimant la circonstance indiquée entre parenthèses.**

1. Elle préfère voyager en train … . (*Cause*) **2.** Chaque matin elle se réveille très tard … . (*Conséquence*) **3.** Elle court vers son père … . (*Temps*) **4.** Sa sœur préfère voyager en avion … . (*Opposition*) **5.** Ma mère a donné vingt euros à mon frère … . (*But*)

Ex. 3 ★★☆ **a) Relevez les phrases qui comportent une proposition subordonnée circonstancielle et soulignez celle-ci. b) Précisez la circonstance exprimée.**

1. Il est si excessif dans ses jugements qu'on ne peut discuter avec lui. **2.** Il est brillant mais il reste simple avec les gens. **3.** Je ne le recevrai pas car il s'est montré odieux avec moi. **4.** Tu peux sortir à condition que tu rentres avant minuit. **5.** Bien qu'il ait progressé au troisième trimestre, il ne passera pas en seconde. **6.** Ton passage en 5e se fera sous réserve de meilleurs résultats. **7.** Au lieu de se mettre au travail, il s'amuse ! **8.** Comme j'ai eu mon bac, mes parents m'offrent un scooter. **9.** Je me bats pour que la vérité éclate. **10.** Au moment de partir, il se souvint qu'il n'avait pas sa carte d'identité. **11.** Le réchauffement climatique s'intensifie c'est pourquoi les catastrophes naturelles sont plus nombreuses.

Ex. 4 ★★☆ **a) Reprenez dans l'exercice 3 les phrases qui n'ont pas de proposition subordonnée circonstancielle. Vous transformerez la phrase afin d'en intégrer une. b) Vous préciserez la circonstance employée.**

Ex. 5 ★★☆ **Indiquez si ces phrases contiennent une hypothèse.**

1. Le professeur se demande si les élèves l'écoutent. **2.** Si les élèves l'écoutent, ils réussiront l'évaluation. **3.** Les professeurs sont si exigeants avec les élèves ! **4.** Ils ne savent pas si le professeur les interrogera. **5.** Si le professeur nous interroge ce matin, nous ferons tout pour réussir l'évaluation.

Ex. 6 ★★★ **a) Précisez les phrases qui comportent une proposition subordonnée participiale. b) Pour celles-ci, précisez la circonstance exprimée. c) Remplacez la participiale par une proposition subordonnée introduite avec une conjonction de subordination.**

1. Ils commencèrent deux heures plus tard, leur professeur étant absent. **2.** Déstabilisé par la question, le jeune politicien resta sans voix. **3.** Le coup de sifflet donné, les supporters envahirent aussitôt le terrain. **4.** Pierre arrivé plus tôt, nous aurions pu assister à la séance.

Écrire

Ex. 7 ★★☆ **Choisissez une journée qui a eu de l'importance pour vous et racontez-la en employant des propositions subordonnées circonstancielles variées (temps, cause, but, etc.).**

La cause et la conséquence ; l'opposition et la concession

Observer

Ex. 1 ★☆☆ **a) Dans chacune des phrases, quelle action exprime la cause ? quelle action exprime la conséquence ? b) Explicitez d'abord la cause en employant un terme qui l'introduit. c) Explicitez ensuite la conséquence en employant également un terme qui l'introduit.**

1. La porte était fermée : nous n'avons pu entrer !
2. Je vais me baigner : il fait beau.

Leçon

Voir p. 284 pour les compléments circonstanciels et p. 296 pour les propositions subordonnées circonstancielles

Cause et conséquence

› La cause et la conséquence sont deux relations logiques étroitement complémentaires. Dans une phrase, on peut choisir d'en souligner une plus que l'autre, en employant un connecteur logique.

- *Loïs ne sait pas conduire* (cause implicite), *il a pris un bus pour rejoindre Nantes* (conséquence).
- ***Comme** Loïs ne sait pas conduire* (cause explicitée), *il a pris un bus pour Nantes.*
- *Loïs ne sait pas conduire **si bien qu'**il a pris un bus pour Nantes* (conséquence explicitée).

→ REMARQUE : sur deux faits, la cause est toujours première sur l'axe chronologique, quel que soit l'ordre adopté dans une phrase.

Opposition et concession

› L'opposition montre le **contraste** entre deux faits. • *Jean est timide ; Éva est extravertie* → *Jean est timide **tandis qu'**Éva est extravertie.*

› La concession exprime un **paradoxe**, qui rompt la conséquence attendue. • *Il a raté son bus* (par conséquent il devrait être énervé), *il reste calme.* → ***Même s'**il a raté son bus, il reste calme.*

S'exercer

Ex. 2 ★★☆ **Pour chaque couple de phrases ci-dessous, distinguez quelle phrase correspond à la cause et quelle phrase correspond à la conséquence.**

1. Elle a attendu le retour de sa mère, assise sur les marches de l'entrée. Ses clefs avaient disparu de son sac ! **2.** Il a oublié de brancher son réveil. Il va rater le bus.
3. Au menu ce soir : thon à la tomate ! Le frigo est vide.
4. Mon frère est resté très longtemps sous la douche. Je risque de prendre une douche froide !

Ex. 3 ★★☆ **Transformez chaque couple de phrases de l'exercice précédent en une phrase complexe comprenant une proposition subordonnée circonstancielle a) en explicitant la cause ; b) en explicitant la conséquence. N'utilisez pas deux fois le même subordonnant.**

Ex. 4 ★★☆ **a) Précisez si la phrase contient une idée d'opposition ou une concession. b) Soudez ensuite les deux propositions en remplaçant le signe de ponctuation par une conjonction de subordination : *même si, alors que, tandis que, quoique, quand bien même.* L'ordre des propositions peut éventuellement être inversé.**

1. Léa réussit en mathématiques ; son frère est doué en français.
2. La météo annonce froid et brouillard ; les randonneurs sont partis.
3. On offrirait une fortune à mes parents pour leur maison, ils ne la vendraient pas.
4. Le chanteur pourrait se contenter d'un seul rappel ; il prolonge le concert d'une heure.

La proposition subordonnée relative

Numérique
Retrouvez une carte mentale à compléter pour réviser votre leçon sur LLS.fr/FR3Propsubordonnée

Observer

Ex. 1 ★☆☆ **a) Quels sont les groupes de mots qui complètent les noms ou pronoms en gras ? b) Par quels mots sont-ils introduits ? c) À quelle classe grammaticale appartiennent-ils ?**

1. L'**instrument** que j'aime le plus est la guitare. 2. Le **guitariste** dont j'aimerais m'inspirer est Jimi Hendrix. 3. **Celui** auquel je me suis adressé joue beaucoup de flamenco.

Voir p. 286 pour les expansions du nom et leurs fonctions

Définition

› Une proposition subordonnée relative est **introduite par un pronom relatif** *qui, que, quoi, dont, où* et les formes composées *lequel* (*laquelle, lesquels, lesquelles*), *auquel* (*à laquelle, auxquels, auxquelles*), *duquel* (*de laquelle, desquels, desquelles*).

› Le plus souvent, elle **complète un nom** ou **un pronom** (= son **antécédent**), sur lequel elle apporte des précisions. Au sein du GN, sa fonction est alors **épithète** lorsqu'elle est collée au nom et **apposition** lorsqu'elle est séparée par une virgule.

- *Les notes **qu'il a obtenues** sont méritées.*
- *Ses notes, **qui l'ont beaucoup surpris**, lui permettent de progresser.*

Voir p. 345 pour l'accord du participe passé avec un COD

Fonction du pronom relatif dans la proposition subordonnée relative

Le pronom relatif a aussi une **fonction grammaticale** au sein de la proposition subordonnée relative.

- *Je m'adresse aux élèves [qui **ont fini**].* → *qui* = sujet du verbe *finir*.
- *Les élèves [que **j'ai appelés**] peuvent venir.* → *que* = COD du verbe *appeler*.
- *J'apprécie l'écrivain Zola [dont **j'ai toutes les œuvres**].* → *dont* = complément du nom *œuvres*.

S'exercer

Ex. 2 ★☆☆ **Relevez les propositions subordonnées relatives qui complètent les antécédents en gras.**

La **gare**, devant laquelle le train ralentissait, semblait déserte. L'**homme** qui dormait à côté de moi ouvrit les yeux et regarda par la fenêtre. J'étais si heureuse d'arriver dans ce **village** dont on m'avait tant parlé et que j'étais pressée de parcourir ! Mais il fallait que je trouve un **hôtel** où je pourrais déposer mes valises.

Ex. 3 ★★☆ **Conjuguez le verbe au passé composé.**

1. Les navigateurs qui (*partir*) des Sables-d'Olonne effectuent le tour du monde. 2. La traversée que le navigateur (*mener*) en solitaire est éprouvante. 3. La course qui (*rassembler*) plus de treize nations est prestigieuse. 4. Le public a applaudi la championne, laquelle (*arriver*) en larmes.

Ex. 4 ★★★ **a) Réunissez les deux phrases en faisant de la seconde une proposition subordonnée relative. b) Précisez la fonction du pronom relatif employé.**

1. Cet été, un grand festival de musique est organisé par ma ville. Ma ville est connue pour son dynamisme culturel.
2. Ce festival réunira des styles de musique très variés. Malheureusement je ne pourrai pas participer à ce festival.
3. Tout autour de la ville se trouvent de vastes champs. Les scènes de concert seront installées dans ces champs.
4. Les artistes invités viendront des quatre coins du monde. Le public attend ces artistes avec impatience.
5. Ce festival de musique est l'un des plus célèbres en Europe. Tous les médias parlent déjà de ce festival de musique.

Les formes de discours

Observer

Ex. 1 ★☆☆ **a) Relevez une phrase de description. À quel temps le verbe y est-il conjugué ? b) Relevez un passage faisant avancer l'action. À quel temps les verbes sont-ils conjugués ? c) Quel passage apporte au lecteur des connaissances dans le domaine spécialisé des meubles anciens ? d) Que cherche à faire l'antiquaire dans le dernier paragraphe ?**

C'était une ravissante petite table en ivoire et corne bleue, finement travaillée, un meuble rarissime, unique. En se penchant pour examiner de plus près sa trouvaille, Monsieur Mions découvrit sur l'un des pieds délicatement ciselé l'inscription « BVRB ». Un instant, l'antiquaire eut un éblouissement. Ces initiales n'étaient autres que celles de Bernard Van Risen Burgh, le célèbre ébéniste de Louis XV, qui avait réalisé les plus beaux meubles du château de Versailles. L'antiquaire se ressaisit et tâcha de prendre un air indifférent. Il s'éclaircit la gorge et déclara : « Vous savez, ce n'est pas un meuble d'époque. Ce n'est qu'une reproduction. Les sculptures sont faites à la machine, cette table n'a aucune valeur.

Leçon

Quatre formes de discours

- La forme du discours (du texte) dépend de l'intention de l'auteur (autrice) : **raconter**, **décrire**, **informer**, **convaincre / persuader**.
- Les quatre formes de discours correspondent aux quatre intentions différentes : **narrative** (=raconter), **descriptive** (=décrire), **explicative** (=informer) et **argumentative** (=convaincre/persuader).
- Un texte **associe** souvent **plusieurs formes de discours**.

Le discours narratif

- Il **raconte des événements**, des actions.
- Il emploie des **indicateurs de temps** (*puis, soudain, le lendemain...*) pour **situer les actions les unes par rapport aux autres**.
- Il privilégie le **passé simple**, le **passé composé** ou le **présent de narration** qui permettent d'exprimer l'enchaînement des actions.

Voir p. 332 pour les valeurs du passé simple

Le discours descriptif

- Il **présente** un être (portrait physique ou moral), un objet, un lieu, etc.
- Il marque une pause dans l'action et permet de **mieux se représenter** ce qui est décrit.
- Il utilise des **expansions du nom** ainsi que des **indicateurs de lieu** (*plus loin, à gauche...*) pour **situer les éléments les uns par rapport aux autres dans l'espace**.
- Le temps employé est l'**imparfait** (ou le présent dans un récit au présent).

Voir p. 332 pour les valeurs de l'imparfait

Le discours explicatif

- Il **informe**, apporte **des connaissances** (encyclopédies, revues scientifiques, manuels, articles de presse, documentaires) et **des explications techniques** (modes d'emploi, recettes, règles de jeu).
- Il est présent dans les récits, par exemple dans les romans de **science-fiction**, pour expliquer le fonctionnement d'appareils inconnus du (de la) lecteur (lectrice).
- Il se caractérise par un **ton neutre** et l'emploi d'un **vocabulaire spécialisé**.

Voir p. 331 pour les valeurs du présent

› Il emploie le **présent de vérité générale** et **l'imparfait** (dans un récit au passé).

Le discours argumentatif

› Il a pour but de **convaincre**, de persuader, **d'influencer**.

› L'auteur (autrice) **défend** sa **thèse** à l'aide d'**arguments** illustrés par des **exemples**.

› Il est structuré par des **connecteurs logiques** qui mettent en évidence la **progression du raisonnement** (*premièrement, de plus, cependant, pour conclure, en effet, par conséquent, ainsi*, etc.).

› Les temps privilégiés sont le **présent** et le **passé composé**.

S'exercer

Ex. 2 ★☆☆ **Reliez chaque thèse à ses arguments.**

Thèses

1. Les jeux vidéo sont bénéfiques pour les jeunes. (...)
2. Les jeux vidéo peuvent être néfastes pour la santé. (...)

Arguments

a) Les jeux vidéo sont responsables de la cyberdépendance. **b)** Les jeux vidéo stimulent l'attention et la concentration. **c)** L'escalade et la banalisation de la violence dans les jeux vidéo sont préoccupantes. **d)** La plupart des jeux vidéo confrontent le joueur à des problèmes qu'il doit résoudre, développant ainsi son intelligence et sa capacité à prendre des décisions.

Ex. 3 ★☆☆ **Reliez chaque argument à son exemple.**

Arguments

1. On trouve sur Internet beaucoup de jeux d'une violence extrême. **2.** L'offre de jeux est de plus en plus importante et diversifiée, ce qui multiplie les tentations pour ceux qui ont du mal à décrocher. **3.** Les jeux vidéo peuvent favoriser la sociabilité. **4.** Les cyberdépendants se déconnectent de la réalité.

Exemples

a) Certains oublient de se nourrir ou décident de sécher l'école pour pouvoir finir une partie. **b)** Il y a de plus en plus de jeux développés pour *smartphones*. **c)** Le dernier en date : à bord d'un véhicule tout-terrain virtuel, le joueur doit écraser des piétons. S'il percute une femme enceinte, il double ses points ! **d)** Les jeux en réseau permettent de se retrouver entre ami(e)s même si l'on n'habite pas dans la même ville.

Ex. 4 ★★☆ **Lequel de ces deux extraits relève du discours explicatif ? Lequel relève du discours argumentatif ? Justifiez vos réponses.**

1. Puissante dramaturgie, portée par une mise en scène d'une précision incroyable : le film, tourné en un seul plan d'un bout à l'autre, fait sentir, au plus près, la peur des hommes, la terreur de l'enfer, la présence puissante de la mort. Avec le lyrisme de « Lawrence d'Arabie », la puissance des « Sentiers de la gloire », Sam Mendes vise l'émotion pure. (François Forestier, Le *Nouvel Obs*, janvier 2020).
2. Lors du tournage du film d'horreur *Shining*, le réalisateur Stanley Kubrick avait pris soin que Danny Lloyd, l'acteur jouant le rôle de l'enfant, ne sache pas qu'il tournait dans un film d'horreur. Celui-ci n'avait en effet que six ans lors du tournage, et il ne découvrira la véritable teneur du film que des années plus tard.

Ex. 5 ★★☆ **Complétez ce texte à l'aide des connecteurs logiques suivants pour mettre en évidence la progression du raisonnement : *ainsi, mais, ensuite, pourtant, enfin, en tout cas, au point que, alors, d'abord*.**

Le jeu vidéo a cinquante ans et est depuis longtemps un loisir de masse. ..., il suscite toujours la polémique. Les critiques tournent principalement autour de trois points. ..., il favoriserait l'isolement. ..., il exacerberait l'agressivité. ..., il serait addictif. ... tous ne sont pas de cet avis. Certains chercheurs ont ... pu mettre en évidence les aspects bénéfiques du jeu vidéo d'action qui augmenterait la rapidité de réaction, la capacité à prendre des décisions et la créativité des joueurs. ..., que faut-il en conclure ? Comme pour la télévision, cela dépend vraisemblablement du temps que l'on y consacre : tout est affaire de mesure. ... une chose est sûre : le débat est loin d'être clos !

Écrire

Ex. 6 ★★★ **Rédigez un paragraphe argumenté répondant à cette question : préférez-vous écrire au stylo ou avec un clavier ?**

a) Annoncez votre thèse, c'est-à-dire votre point de vue.
b) Trouvez deux arguments, qui justifient votre thèse ; trouvez un exemple pour chaque argument.
c) Utilisez des connecteurs pour souligner les étapes de votre argumentation.

La situation d'énonciation

Observer

Ex. 1 ★☆☆ **Quelles informations manque-t-il au lecteur pour comprendre cet énoncé ?**

Je viendrai te chercher ; je t'attendrai en bas de chez toi.

Ex. 2 ★☆☆ **a) Sommes-nous obligé(e)s de savoir qui parle pour comprendre l'énoncé suivant ? Expliquez. b) Essayez de définir à présent ce qu'est une situation d'énonciation.**

Jules entra dans la gare au moment où l'on annonçait l'arrivée du TGV en provenance de Lyon.

Leçon

Définition

La situation d'énonciation, c'est **la situation dans laquelle est produit un énoncé** (oral ou écrit) : **qui** s'adresse **à qui, où** et **quand** ?

L'énoncé ancré dans la situation d'énonciation

› **Certains énoncés font référence à la situation d'énonciation** (ou de communication) dans laquelle ils ont été produits.

› Il est est donc nécessaire de connaître cette situation pour comprendre l'énoncé.

- *Hier, je suis allé chez mes grands-parents, à 50 kilomètres d'ici.*

› Pour que cette phrase ait un sens, nous avons besoin de savoir quand, où et par qui elle a été prononcée ou écrite ; en effet, elle ne désigne pas les mêmes événements et les mêmes personnes selon l'identité du « je ».

› Ce type d'énoncé *ancré* se trouve en particulier **à l'oral, dans les lettres ou dans les dialogues au discours direct.**

→ Attention : il est possible aussi de trouver des marques de la 1re personne dans un récit coupé de la situation d'énonciation (lorsque ce récit est à la 1re personne).

L'énoncé coupé de la situation d'énonciation

› **Certains énoncés ne font pas référence à la situation d'énonciation** (ou de communication) dans laquelle ils ont été produits.

› Il est donc inutile de connaître cette situation pour comprendre l'énoncé.

- ***Ce jour-là**, Léo était allé chez ses grands-parents.*

› Ce type d'énoncé *coupé* se trouve notamment dans les **récits au passé.**

Les indices à chercher

Pour savoir quel est le type d'énoncé utilisé (*ancré dans* ou *coupé de* la situation d'énonciation), il faut observer les **indices de personne, de temps et de lieu** ainsi que le **temps des verbes.**

Numérique

Testez vos connaissances avec un quiz sur LLS.fr/FR3Quizgrammaire9

Types d'énoncé	Marques de personne	Indicateurs de temps	Indicateurs de lieu	Temps des verbes
Énoncé ancré dans la situation d'énonciation	*Je, nous, mon, le nôtre…* *Tu, vous, ta, vos, le tien, les vôtres…*	*Aujourd'hui, hier, tout à l'heure, dans deux jours, l'année dernière…*	*Ici, là, là-bas, derrière moi, à droite, en face…*	Présent Passé composé Imparfait Futur
Énoncé coupé de la situation d'énonciation	*Il, elle, ils, elles, lui, sa, son, ses, leur, le sien, les leurs…*	*Ce jour-là, la veille, le lendemain, deux jours plus tard, l'année précédente…*	*Chez Paul, sur la route, à Marseille, au 43 rue Gambetta…*	Passé simple Passé antérieur Plus-que-parfait Présent du Conditionnel (futur dans le passé)

S'exercer

Ex. 3 ★☆☆ **Imaginez dans quelle situation d'énonciation précise ces énoncés peuvent être entendus.**

1. Vous ferez cet exercice pour demain. **2.** Avez-vous choisi un dessert ? **3.** Nous n'avons plus la bonne pointure.

Ex. 4 ★☆☆ **Pour chaque phrase, indiquez si les indices de lieu et de temps en gras renvoient ou non à la situation d'énonciation.**

1. On a l'air de bien s'amuser **ici**. **2.** Vous prendrez **la prochaine rue à gauche**. **3. Des hauteurs d'Istanbul**, la vue sur l'entrée du Bosphore est splendide. **4.** Je n'en croyais pas mes yeux, un serpent faisait la sieste, **là, par terre, à mes pieds**. **5.** Regarde **là-bas**, n'est-ce pas ta sœur qui court ? **6.** L'homme se gara **rue Lepic**. **7. Il y a un mois**, la tempête a soufflé si fort qu'elle a endommagé tous les commerces et les habitations. **8.** Le jour où les magasins rouvraient leur porte, tous les habitants de la ville se précipitèrent pour se réapprovisionner. **Le lendemain**, la foule n'avait pas diminué. **9. Le 24 juillet 2011**, une tempête dévaste la petite ville de Bastinre. **10. Demain**, nous viendrons t'aider à poser de nouvelles fenêtres dans la cuisine. **11.** Ils arrivèrent **ce matin-là**, équipés de boîtes à outils.

Ex. 5 ★★☆ **Dans le texte suivant, repérez les indices qui permettent d'affirmer que l'énoncé est coupé de la situation d'énonciation. Inspirez-vous du tableau de la leçon.**

Il arriva la veille des fiançailles ; et, dès le même soir qu'il fut arrivé, il alla rendre compte au Roi de l'état de son dessein et recevoir ses ordres et ses conseils pour ce qu'il lui restait à faire. Il alla ensuite chez les reines.

Madame de La Fayette, *La Princesse de Clèves*, 1678.

Ex. 6 ★★★ **Dans le texte suivant, relevez, d'une part, les phrases qui correspondent au moment de l'écriture et qui s'inscrivent dans la situation d'énonciation, et, d'autre part, les phrases qui rapportent un moment passé sans s'inscrire dans la situation d'énonciation. Justifiez vos choix en indiquant ce qui vous a permis de répondre.**

Je n'ai pas de souvenirs d'enfance. Jusqu'à ma douzième année à peu près, mon histoire tient en quelques lignes : j'ai perdu mon père à quatre ans, ma mère à six ; j'ai passé la guerre dans diverses pensions de Villard-de-Lans[1]. En 1945, la sœur de mon père et son mari m'adoptèrent. […]

À treize ans, j'inventai, racontai et dessinai une histoire. Plus tard, je l'oubliai. Il y a sept ans, un soir, à Venise, je me souvins tout à coup que cette histoire s'appelait « W » et qu'elle était, d'une certaine façon, […], une histoire de mon enfance. […]

Aujourd'hui, quatre ans plus tard, j'entreprends de mettre un terme […] à ce lent déchiffrement.

Georges Perec, *W ou le souvenir d'enfance*, 1975.

1. Bourg situé dans le Vercors.

Écrire

Ex. 7 ★★★ **Réécrivez ce texte de manière à obtenir un énoncé ancré dans la situation d'énonciation.**

Elle rappela sa mère le lendemain. En décrochant le téléphone, elle fit une pause et repensa à la lettre qu'elle avait reçue chez elle, trois jours avant. Depuis ce jour-là, elle n'arrêtait pas de se demander comment elle annoncerait la nouvelle à sa mère. La veille encore elle y avait songé et en avait longuement discuté avec son mari.

La modalisation, l'explicite et l'implicite

Observer

Ex. 1 ★☆☆ **a) Dans quelle phrase le locuteur exprime-t-il un doute ? une certitude ? un jugement de valeur ? b) Quels indices vous ont permis de comprendre ces différentes attitudes du locuteur ?**

1. Je suis sûr que tu seras content d'être là. **2.** Leur chat aurait disparu mardi. Peut-être a-t-il été recueilli par un voisin ? **3.** Je n'ai jamais vu d'homme plus laid que lui : son teint est olivâtre, et ses dents ressemblent à des créneaux de forteresse.

Leçon

La modalisation

› Un énoncé peut être **objectif** (neutre) ou **subjectif** (traduisant un point de vue).
- *Cette robe est rouge* (constat objectif).
- *Cette robe est magnifique/horrible* (points de vue subjectifs).
- *Les otages ont été libérés* (c'est un fait).
- *Les otages auraient été libérés* (le locuteur montre qu'il n'en est pas certain).

› La modalisation est le fait d'**introduire de la subjectivité dans ce qui est dit** ou écrit, en faisant part d'un sentiment de doute ou de certitude, d'un jugement de valeur, etc. Pour cela, sont employés des **modalisateurs**.

Expression du doute ou de la certitude

› Les modalisateurs exprimant le **doute** peuvent être :
- › des **adverbes** comme *peut-être, sans doute*, etc
- › des **verbes** comme *sembler, paraître, avoir l'impression*, etc
- › des **expressions** comme *à mon avis, selon moi*, etc
- › l'emploi du **conditionnel** ou de **phrases interrogatives**.

› Les modalisateurs exprimant la **certitude** peuvent être :
- › des **adverbes** comme *certainement, sans aucun doute*, etc
- › des **verbes** comme *assurer, affirmer*, etc.

Jugement de valeur

Voir p. 279 pour l'adjectif et ses degrés

Voir p. 260 pour les figures de style

› Les modalisateurs exprimant un jugement **péjoratif** (négatif) peuvent être :
- › un **lexique péjoratif** (*laid, grossier, mauvais, hypocrite, hélas*, etc.) ;
- › des **suffixes péjoratifs** comme *-âtre* ou *-ard* (*verdâtre, criard*, etc.) ;
- › des figures de style comme la métaphore, la comparaison, l'hyperbole, etc.
  - *[Elle] a, par exemple, la barbe grise, un bouquet de poils ici, [...], et [...] des poireaux comme des groseilles qui ont l'air de bouillir sur sa figure.* (Jules Vallès, *L'Enfant*, 1878)

› Les modalisateurs exprimant un jugement **mélioratif** (positif) peuvent être :
- › un **lexique mélioratif** (*beau, brillant, par bonheur*, etc.) ;
- › des **adjectifs au superlatif** (*le meilleur, le plus drôle*, etc.) ;
- › des figures de style comme l'hyperbole ou la comparaison.
  - *Michel Strogoff était de haute taille, vigoureux, épaules larges, poitrine vaste.* (Jules Verne, *Michel Strogoff*, 1876)

Numérique
Testez vos connaissances avec un quiz sur LLS.fr/FR3Quizgrammaire10

L'explicite et l'implicite

Un discours est **explicite** quand le locuteur (la locutrice) **dit clairement** ce qu'il (elle) pense.

- *Il fait froid. Peut-on fermer la fenêtre ?*

Un discours est **implicite** quand le locuteur (la locutrice) **ne dit pas directement** ce qu'il (elle) pense.

- *Ne trouvez-vous pas qu'il fait froid dans cette pièce ?* → Le locuteur fait comprendre implicitement qu'il souhaite qu'on ferme la fenêtre.

→ REMARQUE : **l'ironie** joue sur l'implicite.

- *Quelle habileté !* (à quelqu'un qui vient de faire tomber quelque chose)

S'exercer

Ex. 2 ★☆☆ **Indiquez pour chaque phrase si l'énoncé est subjectif ou objectif. Justifiez votre réponse.**

1. Ce matin, le concert de Melody Gardot fait la une des journaux. 2. Quel concert grandiose ! Ce fut une soirée magique ! 3. Les spectateurs ont manifesté leur joie par trente minutes d'applaudissements et plusieurs rappels. 4. Le chef d'orchestre et les musiciens ont salué la salle à plusieurs reprises. 5. Les artistes sur scène semblaient très heureux.

Ex. 3 ★☆☆ **Classez les mots selon leur valeur : péjorative, neutre ou méliorative.**

1. Yeux. 2. Lourdaud. 3. Blanchâtre. 4. Blafard. 5. Jaune. 6. Chauffard. 7. Charmant. 8. Élégant. 9. Traînasser. 10. Ricaner. 11. Beau. 12. Pantouflard. 13. Pleurnicher. 14. Manger. 15. Médiocre. 16. Flemmard. 17. Jubilatoire. 18. Délectation. 19. Se goinfrer. 20. Gracieux.

Ex. 4 ★★☆ **Relevez les modalisateurs employés dans chaque phrase et dites s'ils expriment le doute ou la certitude.**

1. De toute évidence, elle n'arrivera jamais à l'heure à son rendez-vous ! 2. Il paraît que les embouteillages se sont formés très tôt, dans la matinée. 3. Plusieurs accidents de voiture ont peut-être bloqué la circulation. 4. À présent les journalistes en sont sûrs : il s'agit d'un très grave accident de poids lourd qui freine tout le trafic routier. 5. On dirait que les secours parviennent difficilement à se frayer un accès vers les accidentés. 6. Il est probable qu'elle reste coincée dans sa voiture une bonne partie de la journée.

Ex. 5 ★★☆ **Indiquez si les propos des phrases suivantes sont explicites ou implicites. Dans le cas de propos implicites, précisez ce qui semble être sous-entendu.**

Exemple : *Est-ce que tu as toujours ma raquette de tennis ?* Le propos sous-entendu peut être : *Est-ce que tu pourras penser à me la rendre ?*

1. Tu es encore plus belle avec cette chemise bleue ! 2. Paul choisit une chemise bleue, une cravate grise et un costume de même couleur. 3. Tu n'as pas d'autres chaussures que celles-ci ? 4. Nous n'avions donc pas rendez-vous ? 5. Elle s'appelle Anne Chenaux, elle a 26 ans.

Ex. 6 ★★☆ **Relevez tous les mots exprimant un jugement mélioratif dans cette critique de film puis précisez leur classe grammaticale.**

> Envoyez le générique. *Rogue Nation* vient de décoller en mettant d'emblée le curseur très, très haut. [...]
>
> En ouvrant très fort avec sa scène la plus attendue, [...] *Rogue Nation* économise en fait ses cartouches. Le film enquillera ensuite une série de morceaux de bravoure intelligemment placés, rythmés comme une respiration, mettant au tapis sans peine les derniers James Bond [...]. L'avion, une baston à coups de poings, un assassinat follement maîtrisé à l'opéra de Vienne au son de *Turandot* (la plus belle séquence ?), le casse aquatique, qui enchaîne avec une poursuite motorisée dingo. Lorsqu'elle s'achève, le spectateur est épuisé. Le film s'achève alors avec une scène de thriller sèche et tendue, qui ne joue pas le spectaculaire mais l'efficacité pure.
>
> Sylvestre Picard, *Première*, 2015.

Écrire

Ex. 7 ★★★ **Vous devez avouer à votre ami musicien que vous n'aimez pas sa dernière composition. Expliquez-lui votre position avec tact.**

Le texte peut prendre la forme d'un dialogue inséré dans un récit, ou d'une lettre envoyée à l'ami musicien.

Le statut du narrateur et les points de vue

Observer

Ex.1 ★☆☆ **a) Dans quel(s) extrait(s) le narrateur fait-il partie de l'histoire ? b) Dans quel extrait le narrateur connaît-il tout de l'histoire et de son personnage ? c) Dans quel extrait le narrateur se contente-t-il de raconter la scène de manière objective, comme s'il était un passant qui témoigne ?**

A. L'homme s'arrête si brusquement sur le trottoir que la femme qui le suit l'évite de peu. Il tient à la main un petit papier coloré qu'il ne quitte pas des yeux.
B. Ce matin-là, je venais d'acheter un ticket de jeu chez le buraliste, en bas de chez moi. J'ai gratté les cases rapidement, avant de jeter un coup d'œil dessus. Il m'a fallu un moment pour comprendre que j'avais gagné.
C. Ce matin-là, lorsqu'il entra dans le bureau de tabac situé au bas de son immeuble, Luc ignorait encore que sa vie allait basculer. Il acheta un ticket à gratter, en frotta la surface du bout de l'ongle et, tout en se dirigeant vers l'entrée de métro la plus proche, compara les dessins qui étaient apparus.

Leçon

Narrateur et points de vue narratifs

› Le narrateur peut être **un personnage** de l'histoire ou peut être **extérieur** à l'histoire.
› Quand il est extérieur à l'histoire, il choisit **un point de vue pour raconter une scène,** comme un réalisateur choisit un angle de vue en plaçant sa caméra ici ou là.
› **Identifier le point de vue narratif**, c'est répondre à la question : **« que sait le narrateur ? »**

Le point de vue externe

› La scène est décrite comme si elle était vue par **un simple témoin extérieur**.
› Le narrateur raconte de manière neutre. La scène semble se dérouler toute seule.
› Le lecteur entend **ce que les personnages disent**, il voit **ce qu'ils font**, mais il ne sait **rien de ce qu'ils pensent**.
- *Le premier homme s'arrêta net dans la clairière, et son compagnon manqua de lui tomber dessus. Il enleva son chapeau et en essuya le cuir avec l'index qu'il fit claquer pour en égoutter la sueur.* (John Steinbeck, *Des souris et des hommes*, 1937)

Le point de vue interne

› Le narrateur est **un personnage de l'histoire** ou bien **une personne qui adopte le point de vue d'un personnage** de l'histoire – comme quand, au cinéma, la caméra montre ce que voit un personnage.
› Le lecteur sait **ce que le personnage voit, entend et pense** mais il ne sait rien de plus sur lui.
- *Alors j'entendis distinctement les mêmes pas lourds, le même craquement de l'escalier que j'avais entendus avant de m'endormir. Cela me parut singulier.* (Prosper Mérimée, *La Vénus d'Ille*, 1837) → Ici, le narrateur est un personnage.
- *Alors il entendit distinctement les mêmes pas lourds, le même craquement de l'escalier qu'il avait entendus avant de s'endormir. Cela lui parut singulier.* → Ici, le narrateur adopte le point de vue d'un personnage.

Le point de vue omniscient

› Le narrateur est extérieur à l'histoire mais il **sait tout** (*omnis* = tout + *sciens* = sachant).

- *Pendant un instant – et ce fut la dernière fois – il fut un petit garçon doux, tendre et malheureux.* (Dino Buzzati, « Pauvre petit garçon ! », *Le K*, 1966)

Résumons :

› point de vue **externe** : le lecteur en sait **moins** que les personnages ;

› point de vue **interne** : le lecteur en sait **autant** qu'un personnage ;

› point de vue **omniscient** : le lecteur en sait **plus** que les personnages.

→ REMARQUE : il est rare qu'un récit soit entièrement rédigé selon le même point de vue. Celui-ci peut changer d'un paragraphe à l'autre, voire d'une phrase à l'autre.

S'exercer

Ex. 2 ★★☆ **Dites quel point de vue est adopté dans chaque texte. Justifiez vos réponses en vous appuyant sur des citations précises.**

Un curé traverse la route en portant une pendule. Un canon anglais passe au grand galop, les chevaux fouettés par les artilleurs français. Un colonel nu-tête fait ses grands pas dans l'herbe. De sa main gauche il tient une boîte de sardines ouverte. Il trempe le pain dans l'huile et il pompe à pleine bouche.

Jean Giono, *Le grand troupeau*, 1931.

À des kilomètres à la ronde, la plage était déserte. À l'exception, toutefois, de deux individus. L'un était Georges Smith, sa serviette de bain sur l'épaule, rendant au soleil une ultime dévotion. À l'autre extrémité de la plage un petit homme trapu marchait, solitaire, le long du rivage dans l'air apaisé du soir. [...] Nos deux promeneurs étaient à cent lieues de se douter de l'extraordinaire hasard qui allait les faire se rencontrer.

Ray Bradbury, « Par un beau jour d'été », *Un remède à la mélancolie*, 1959.

La douleur était telle qu'il ferma les yeux et s'y abandonna. Il était incapable de résister à ce flot qui le submergeait, à ce courant qui l'entraînait loin de ses rivages familiers. Il n'avait plus la force de bouger. C'était comme si un carcan l'emprisonnait de la tête aux pieds. Il se sentait attiré vers un inconnu qui l'effrayait déjà. Il lui sembla entendre une musique abyssale.

Claude Bourgeyx, *Les petits outrages*, 1984.

Ex. 3 ★★☆ **a) Quel point de vue est adopté dans le début de ce récit ? Justifiez votre réponse par des éléments précis. b) Il se produit ensuite un glissement vers un autre point de vue : lequel ? Justifiez votre réponse par des éléments précis.**

Jeudi 17 septembre. La place du centre-ville est déserte. L'horloge lumineuse du beffroi que l'on aperçoit par-dessus les toits, indique onze heures moins cinq. Le vent du Nord souffle et fait s'envoler feuilles mortes, sachets plastiques, journaux et autres détritus.
Quai du Wault, il n'y a pas de lumière. Les volets de chaque fenêtre sont baissés et tout le monde semble dormir. Et ces familles attardées au café-restaurant de la place, le vagabond les envie, blotti sous la devanture d'un grand magasin, à moins de cent mètres de ces silhouettes qu'il distingue à travers les vitres.

Écrire

Ex. 4 ★★★ **Lisez le fait divers ci-dessous puis, à votre tour, racontez la scène brièvement en adoptant trois points de vue différents. a) Celui du livreur de pizza qui raconte ce qu'il a vécu en utilisant la 1re personne. b) Celui du chauffeur de poids lourd qui raconte ce qu'il a vécu en utilisant la 1re personne. c) Celui d'un passant, témoin de la scène, qui raconte ce qu'il a vu en utilisant la 3e personne.**

La veille de Noël, un samedi soir, un chauffeur de poids lourd renverse un livreur de pizza à moto, devant un centre commercial envahi par la foule. Les secours, bloqués par les embouteillages, sont arrivés très tard sur le lieu de l'accident. La victime souffre de plusieurs blessures graves mais est saine et sauve.

Les paroles rapportées

Observer

Ex. 1 ★☆☆ **a) Repérez le verbe de parole dans la phrase ci-dessous. b) Réécrivez cette phrase en faisant apparaître les paroles du témoin telles qu'il les a prononcées. c) Réécrivez cette phrase en commençant par : « Le témoin affirma... » . Quel changement avez-vous dû faire ?**

Le témoin affirme qu'il a vu les cambrioleurs s'enfuir en courant la veille au soir.

Leçon

Les paroles rapportées directement : le discours direct

Voir p. 302 pour l'énoncé ancré dans la situation d'énonciation

Les paroles des personnages sont rapportées **telles qu'elles ont été prononcées**, ce qui donne l'impression **d'assister à la scène**, la rend plus **vivante**, plus **authentique**.

- *Jules dit : « J'ai envie d'aller au cinéma.*

– Oh ! Je viens avec toi ! », s'exclama Élodie.

› Des **guillemets** encadrent (en général) les paroles pour les **distinguer du récit**. Au sein d'un dialogue, chaque **changement de locuteur (locutrice)** est introduit par un **tiret. Le premier tiret ne se met qu'à la deuxième prise de parole.**

› Des **verbes de parole** (*dire, s'exclamer, rétorquer*, etc.) relient les paroles des personnages au récit. Ils peuvent être placés :

› **avant** les paroles : ils sont alors suivis de **deux points** (*Jules dit :*) ;

› au **milieu** (en incise) ou **à la suite** des paroles : le sujet est alors **inversé** et le verbe ne prend pas de majuscule. • *« Oh ! Je viens avec toi ! », s'exclama Élodie.*

Les paroles rapportées indirectement : le discours indirect

Voir p. 294 pour la proposition subordonnée complétive en *que*

Le narrateur **intègre les paroles** des personnages **au récit**, en les reformulant dans la **proposition subordonnée**.

› Cela permet de **ne pas interrompre le récit**, mais rend la scène moins vivante et moins authentique puisque le narrateur **reformule** les paroles.

- *Jules dit **qu'il avait envie d'aller au cinéma**. Élodie s'exclama **qu'elle venait avec lui**.*

Voir p. 302 pour l'énoncé coupé de la situation d'énonciation

› L'énoncé porte les marques d'un **énoncé coupé de la situation d'énonciation**.

Voir p. 316 pour la concordance des temps

› Des modifications sont nécessaires pour intégrer les paroles au récit :

› dans un récit au passé, les verbes suivent la règle de la concordance des temps ;

› les marques des 1re et 2e personnes deviennent des marques de **3e personne** ;

› les **indications de temps et de lieu** sont modifiées • *Demain → le lendemain* • *hier → la veille* • *près d'ici → près de l'endroit où ils se trouvaient.*

Voir p. 254 pour les niveaux de langue

› Les **marques du langage oral** (interrogations directes, exclamations, interjections, niveau de langage familier) **disparaissent**.

- *– Ouais, enfin tu sais pas encore quel film je veux voir...*
  *→ Jules rétorqua **qu'elle ne savait pas encore quel film il voulait voir**.*

Numérique
Testez vos connaissances avec un quiz sur LLS.fr/FR3Quizgrammaire11

Le discours indirect libre

Le discours indirect libre mêle des caractéristiques du discours direct et du discours indirect. Il donne l'impression d'accéder directement aux **pensées des personnages.**

- *Élodie était surprise.* ***Quoi ? Jules irait au cinéma sans elle ?***

› Il n'y a **pas de verbe introducteur ni de mot subordonnant**. Cependant, il n'y a pas **non plus de guillemets ni de tirets**.

› Le discours indirect libre conserve du discours direct les **marques d'oralité** (interrogations directes, exclamations, interjections, niveau de langage familier).

› Le discours indirect libre conserve du discours indirect la **concordance des temps**, les **indicateurs de temps et de lieu du récit** ainsi que la **3e personne**.

S'exercer

Ex. 2 ★☆☆ **Réécrivez le texte suivant en corrigeant la mise en page et les erreurs de ponctuation.**

Inquiet de ne pas l'entendre revenir il cria le nom de son fils Maurice !
Maurice tu es là ? fit à son tour sa femme.
Leur fils Maurice était parti depuis plus d'une heure chercher du bois dans la forêt, et la nuit s'était mise à tomber, les parents, inquiets, emmitouflés dans leur duvet, sous la tente, se demandaient,
Mais où est-il passé ?
« Peut-être a-t-il rencontré d'autres campeurs ? » : supposa le père.
Peut-être est-il tombé nez à nez avec un ours ! exagéra la mère, agacée par le fait que son mari ne parte pas à la recherche de leur fils.
– « Tu exagères toujours... et pourquoi pas Godzilla, tant qu'on y est !? » lui répondit son mari.

Ex. 3 ★☆☆ **Rétablissez la ponctuation du dialogue.**

Monsieur dit Athos en le lâchant vous n'êtes pas poli. On voit que vous venez de loin. D'Artagnan avait déjà enjambé trois ou quatre degrés, mais à la remarque d'Athos il s'arrêta court. Morbleu, monsieur ! dit-il de si loin que je vienne, ce n'est pas vous qui me donnerez une leçon de belles manières, je vous préviens. Peut-être dit Athos. Ah ! si je n'étais pas si pressé s'écria d'Artagnan et si je ne courais pas après quelqu'un... Monsieur l'homme pressé, vous me trouverez sans courir, moi, entendez-vous ? Et où cela, s'il vous plaît ? Près des Carmes-Deschaux. À quelle heure ? Vers midi. Vers midi, c'est bien, j'y serai. Tâchez de ne pas me faire attendre, car à midi un quart je vous préviens que c'est moi qui courrai après vous et vous couperai les oreilles à la course. Bon ! lui cria d'Artagnan ; on y sera à midi moins dix minutes. Et il se mit à courir comme si le diable l'emportait, espérant retrouver encore son inconnu, que son pas tranquille ne devait pas avoir conduit bien loin.

Alexandre Dumas, *Les Trois Mousquetaires*, 1844.

Ex. 4 ★☆☆ **Indiquez à quel sentiment renvoie chacune des listes de verbes de parole : peur, colère, mauvaise humeur, tristesse, joie, enthousiasme, étonnement, certitude, doute.**

1. Hésiter. Hasarder. Essayer.
2. S'agacer. Vitupérer. S'impatienter.
3. Hurler. Crier. Rugir. Tempêter.
4. Insister. Affirmer. Assurer. Souligner.
5. Marmonner. Grommeler. Ronchonner.
6. Exulter. S'esclaffer. Pouffer.
7. S'étonner Demander. S'enquérir. Interroger.

Ex. 5 ★★☆ **a) Choisissez un verbe de parole dans chacune des listes de l'exercice précédent et employez-le dans une phrase qui contient des paroles rapportées directement. b) Réécrivez ces phrases au discours indirect lorsque cela est possible.**

Ex. 6 ★★☆ **Dans les phrases suivantes, relevez les paroles rapportées et précisez si elles sont rapportées au discours direct, indirect ou indirect libre. Justifiez votre réponse.**

1. « Où pars-tu si vite ? » lui demanda sa mère.
2. Mince à la fin ! Pourquoi son fils ne lui répondait-il pas ? Elle ne savait plus comment s'y prendre avec lui.
3. Une fois dehors, Damien confia à Sonia qu'il ne supportait plus les interrogatoires de sa mère.
4. « C'est toujours les mêmes questions dès que je veux prendre l'air ! » se plaignit-il.
5. « Pareil chez moi ! » lui répondit Sonia.
6. Damien affirma que si cela continuait, il finirait par ne plus rentrer chez lui.
7. Sonia restait pensive. Et s'ils partaient tous les deux, juste tous les deux, pour de bon, pour toujours ? Et ils ne remettraient plus jamais les pieds dans cette banlieue pourrie.

Ex. 7 ★★☆ **Lisez ce texte et relevez toutes les paroles rapportées au discours indirect libre.**

Hors de lui, Claude traita Jory de crétin : est-ce qu'il ne valait pas mieux détruire cette œuvre que de la livrer médiocre ? Oui, c'était dégoûtant ce bas intérêt de commerce ! De leur côté, Sandoz et Mahoudeau parlaient à la fois, très fort. Des bourgeois, inquiets, tournaient la tête, finissaient par s'attrouper autour de ces jeunes gens furieux, qui semblaient vouloir se mordre. Puis, les passants s'en allèrent, vexés, croyant à une farce, lorsqu'ils les virent brusquement, très bons amis, s'émerveiller ensemble, au sujet d'une nourrice vêtue de clair, avec de longs rubans cerise. Ah ! sacré bon sort, quel ton ! c'est ça qui fichait une note ! Ravis, […], ils suivaient la nourrice […].

Émile Zola, *L'Œuvre*, 1886.

Ex. 8 ★★☆ **Réécrivez ce dialogue au discours indirect en précédant les paroles rapportées de verbes de parole et respectant la concordance des temps (voir p. 316)**

TIMAGÈNE. – Mais où irez-vous ?
MADAME SORBIN. – Toujours tout droit.
TIMAGÈNE. – De quoi vivrez-vous ?
MADAME SORBIN. – De fruits, d'herbes, de racines, de coquillages, de rien ; s'il le faut, nous pêcherons, nous chasserons, nous redeviendrons sauvages, et notre vie finira avec honneur et gloire, et non pas dans l'humilité ridicule où l'on veut tenir des personnes de notre excellence.
PERSINET. – Et qui font les sujets de mon admiration.

Marivaux, *La Colonie*, 1750.

Ex. 9 ★★☆ **Réécrivez ces phrases au discours indirect. N'hésitez pas à ajouter des verbes de parole. Aidez-vous du tableau de concordance des temps (voir p. 316).**

1. L'inconnu interpella la jeune femme : « On ne s'est pas déjà rencontrés ? » **2.** L'actrice, qui connaissait par cœur le texte du scénario, lui répliqua : « Il est inutile de vous fatiguer, je ne suis pas dupe ! » **3.** Mais l'homme poursuivit en affirmant, charmeur : « J'ai été ravi de vous revoir. » **4.** La jeune femme, intriguée malgré tout, revint sur ses pas et s'excusa : « Peut-être me suis-je trompée… » **5.** Puis elle lui demanda : « Comment vous appelez-vous ? »

Ex. 10 ★★☆ **Lisez le texte suivant. a) Qui prononce les paroles rapportées ? b) Relevez ces paroles rapportées et dites de quelle manière elles sont rapportées.**

L'action se déroule au Congo.

Je ne sais plus la suite.

Mais on a tant de fois commenté l'événement que je peux reconstituer la scène.

J'ai dû glisser, et toute la famille est accourue en même temps, répondant à mes cris. Olouomo fut la première à me porter secours. Ma mère m'a pris dans ses bras et a appelé à l'aide. On lui avait tué son fils. On le lui avait tué, hé ! On eût dit une chanson rituelle au rythme des sanglots. Le Commandant[1] est intervenu sans un mot : il m'a arraché des bras de ma mère et a élevé la voix. Ngalaha[2] a hurlé de plus belle. Gronder un enfant ! Gronder un enfant qui s'est fait mal !

Henri Lopes, *Le Chercheur d'Afriques*, 1990.

1. Le père du narrateur, médecin militaire français.
2. Ngalaha est le prénom de la mère du narrateur.

Ex. 11 ★★★ **Lisez le texte suivant. a) Relevez les paroles rapportées dans le premier paragraphe. Soulignez en vert celles au discours indirect et en rouge celles au discours indirect libre. b) Retranscrivez ces paroles au discours direct. c) Retranscrivez au discours indirect les paroles du dernier paragraphe, en introduisant chaque phrase par un verbe de parole différent.**

Il voulait embarquer sur la fusée à destination de Mars. Tôt le matin, il se rendit à la piste de lancement et, à travers le grillage, cria aux hommes en uniforme qu'il voulait partir pour Mars. Ayant fait valoir sa qualité de contribuable, il dit qu'il s'appelait Pritchard et qu'il avait le droit d'aller sur Mars. N'était-il pas né ici même, dans l'Ohio ? N'était-il pas un bon citoyen ? Alors pourquoi lui aussi ne pourrait-il pas aller sur Mars ? Il brandit les poings vers eux et leur dit qu'il voulait quitter la Terre. N'importe quelle personne sensée voulait quitter la Terre. Un vaste conflit nucléaire allait y éclater dans les deux ans, et il ne voulait pas être là quand la chose se produirait. […]

« Attendez-moi ! cria-t-il. Ne me laissez pas sur ce monde affreux, il faut que je m'en aille. Il va y avoir une guerre nucléaire ! Ne me laissez pas sur la Terre ! »

Ray Bradbury, *Chroniques martiennes*, 1950.

La cohérence du texte : thème et propos

Observer

Ex. 1 ★☆☆ **a) Pourquoi appelle-t-on *thème* les mots en gras ? b) Dans quel exemple le thème est-il le même d'une phrase à l'autre ? c) Dans quel exemple le thème est-il décomposé en plusieurs catégories ? d) Dans quel exemple les mots soulignés deviennent-ils le thème de la phrase suivante ?**

A. **Guenièvre** lève la tête. **Elle** regarde Lancelot. **Elle** le reconnait aussitôt.
B. **Guenièvre** est mariée à Arthur. **Ce roi** est entouré de chevaliers. **Ces derniers** sont courageux.
C. **Lancelot** a toutes les qualités. **Sa figure** est aimable. **Son esprit** est juste. **Son cœur** est noble.

Leçon

Le thème et le propos

- Quand le locuteur parle (ou quand le narrateur raconte), il doit faire **progresser son texte.** On nomme *thème* **ce dont on parle** (le sujet évoqué) et *propos* **ce que l'on dit à son sujet** (une information sur le thème).
  - *Mon grand-père* (thème) *aime raconter des histoires qui font peur* (propos).
- Le thème est souvent le **sujet grammatical de la phrase.**
- **Trois types de progression** sont possibles pour faire avancer un texte.

La progression à thème constant

- Le **même thème est repris d'une phrase à l'autre,** mais avec un **propos différent.**
  - *Mon grand-père* (thème) *aime raconter des histoires qui font peur* (propos).
  Il (thème) *semble se délecter de l'effroi qui se lit sur mon visage* (propos).

La progression à thème linéaire

- Le **propos** d'une phrase devient le **thème de la phrase suivante.**
  - *Mon grand-père aime raconter des histoires qui font peur* (propos).
  Ses histoires (thème) *traitent souvent de revenants et d'animaux fantastiques.*

La progression à thème éclaté

- Un **thème central** est choisi, et **les thèmes de chaque phrase** (ou proposition) **représentent un élément particulier de ce thème choisi.**
  - *Le visage de mon grand-père* (thème) *s'anime lorsqu'il parle.*
  Ses yeux (thème 1) *se plissent, son nez* (thème 2) *frémit et ses lèvres* (thème 3) *s'étirent.*

S'exercer

Ex. 2 ★☆☆ **Imaginez une suite pour chaque énoncé en ajoutant des phrases construites selon les indications.**

1. Un homme très grand nous accueillit. Son visage était sévère et carré (*thème éclaté*). **2.** En entrant dans la pièce nous vîmes un homme très grand. Il portait une large salopette bleue (*thème linéaire*). **3.** Un homme très grand nous accueillit. Il portait une large salopette bleue. (*thème constant*).

La cohérence du texte : reprises nominales et pronominales

Observer

Ex. 1 ★☆☆ **a) Pourquoi cet extrait est-il difficile à lire ? b) Proposez des modifications pour améliorer le texte en évitant les répétitions.**

La reine reconnut Zadig. La reine poussa un cri et tomba évanouie au sol. Lorsque la reine rouvrit les yeux et reprit ses esprits, Zadig se jeta à genoux devant la reine. La reine le releva et le fit asseoir. La reine entreprit alors de faire le récit de ses malheurs mais Zadig ne cessait d'interrompre la reine et de poser des questions à la reine.

D'après Voltaire, *Zadig ou la destinée*, 1747.

Leçon

La cohérence du texte

› Un texte n'est pas une simple succession de phrases.

› Pour assurer sa **cohérence**, il doit reprendre régulièrement des informations déjà données à l'aide de **reprises nominales ou pronominales**, et **apporter de nouvelles informations** pour permettre une **progression**.

Les reprises nominales et pronominales

› Un groupe nominal ou un pronom peut, dans un texte, reprendre un mot ou un groupe de mots déjà utilisé. Cela s'appelle les **reprises nominales** ou **pronominales**.

› Ces reprises permettent d'éviter les répétitions, mais aussi parfois d'apporter **une information supplémentaire**, d'enrichir ou d'affiner une description, ou encore d'apporter une **nuance méliorative** ou **péjorative**.

Voir p. 304 pour la modalisation

Voir p. 278 pour les pronoms

Les reprises pronominales

Des mots ou groupes de mots déjà cités dans le texte sont repris par :

› des **pronoms personnels de la 3e personne** • *Julien vit Manon, assise en face de **lui**.*

› des **pronoms démonstratifs** • *Jean et Claire se rendirent au centre culturel. **Celle-ci** s'inscrivit à l'atelier écriture et **celui-là** au cours de hip-hop.*

› des **pronoms possessifs** • *Manon portait un pull qui n'était pas **le sien**.*

› des **pronoms relatifs** • *Le pull **qu'**elle portait lui avait été prêté par Coline.*

› des **pronoms adverbiaux** • *Une place se libéra à côté de Lise, Julien s'**y** assit.*

› des **pronoms numéraux** • *Parmi les garçons de la bande, **deux** étaient amoureux de Charlotte.*

› des **pronoms indéfinis** • *Parmi les garçons de la bande, **certains** étaient amoureux de Charlotte.*

Les reprises nominales

Ce sont des noms ou des groupes nominaux qui reprennent des éléments qui ont déjà été évoqués. Il peut s'agir :

› du **même nom, précédé d'un déterminant plus précis** • *Sofia possédait une voiture. **Cette voiture** n'était plus toute jeune.*

Numérique

Testez vos connaissances avec un quiz sur LLS.fr/FR3Quizgrammaire12

› d'un **synonyme** • <u>voiture</u> → ***automobile***

› d'un **mot générique** (mot de sens plus large) • <u>voiture</u> → ***véhicule***

› d'une **périphrase**, c'est-à-dire d'un groupe nominal désignant de manière indirecte un être ou une chose en donnant ses caractéristiques • <u>ta voiture</u> → ***ton vieux tas de ferraille*** ou ***ton petit bolide***

→ REMARQUE : une reprise peut reprendre une proposition, une phrase ou même un paragraphe entier.

- *<u>Il pleut</u> mais **cela** ne les dérange pas.*
- *<u>Paul s'est étalé de tout son long et a atterri sur les genoux de Chloé</u>. Tous se souviendront de **cet épisode** hilarant !*

S'exercer

Ex. 2 ★☆☆ **a) Relevez toutes les reprises du prénom *Lana* employées dans le texte ci-dessous. b) Répartissez les reprises en deux colonnes : reprise nominale et reprise pronominale.**

Lana entre en classe. Cette élève timide tente habituellement de se faire la plus discrète possible. Elle arrive toujours en avance et s'assoit dans le fond de la salle. Aujourd'hui, cette élève modèle a un comportement surprenant ! L'adolescente a oublié ses devoirs. La voilà qui se permet d'interpeller brutalement le professeur. La jeune fille, si effacée les autres jours, se montre bien bavarde. Elle ne tient pas compte des remarques qui lui sont faites, et finit même par sortir de classe avant la fin du cours. Le professeur la rappelle aussitôt.

Ex. 3 ★☆☆ **Dans les phrases suivantes, les expressions en gras sont reprises par un pronom. Relevez celui-ci et précisez sa classe grammaticale.**

1. Ce n'est pas **mon manteau**. Le mien est vert. **2.** N'achète pas **de yaourts**. Il y en a encore dans le réfrigérateur. **3.** Tu as emprunté **le livre** de **ton voisin**. Tu n'oublieras pas de le lui rendre. **4.** Il a rencontré **ses frères** sur la route du retour. Il est rentré avec eux. **5.** **Loïc** a croisé **Paul** ce matin. Celui-ci lui a donné des nouvelles de son père. **6.** **Les passants** courent s'abriter à l'intérieur des boutiques. Certains poursuivent leur chemin tranquillement.

Ex. 4 ★☆☆ **Évitez la répétition des groupes de mots en gras, en utilisant un pronom qui appartient à la classe grammaticale indiquée entre parenthèses.**

1. Thomas, Samira et Youssef partent à l'aventure dans quelques semaines ; **Thomas, Samira** et **Youssef** (*pronom personnel*) quittent le nord de la France pour aller vivre sur une île de l'océan Indien.
2. Toute la famille participe au grand départ : Chantal et Pascal iront chercher leur petit-fils Youssef. **Youssef** (*pronom démonstratif*) dormira quelques nuits chez ses grands-parents, le temps du déménagement.
3. Heureusement que Robin n'habite pas loin ! La voiture de Thomas est minuscule tandis que **la voiture de Robin** (*pronom possessif*) est bien plus spacieuse.
4. Robin et Loïc, les frangins Tasgrin, ont pour mission de charger la camionnette avec les meubles à stocker chez les grands-parents. **Chez les grands-parents** (*pronom relatif*), il y a un grenier bien pratique pour ranger tout le bric-à-brac de la famille.
5. Delphine et Bérénice, les frangines Tasgrin, ont déjà commencé à remplir des cartons avec les livres de Samira. Toutefois **tous les livres de Samira** (*pronom indéfini*) ne pourront pas être emportés sur leur île.

Ex. 5 ★☆☆ **Éliminez les répétitions en utilisant dans chaque phrase deux reprises nominales : un nom synonyme et un nom générique.**

1. Ce matin, nous avons raté l'autobus qui nous emmène au collège. L'autobus est arrivé en avance sur l'horaire habituel. Des amis nous ont raconté qu'ils avaient réussi à rattraper l'autobus en courant derrière lui. **2.** La maison qui se trouve devant vous est très vieille. Cette belle maison appartient à une famille qui a marqué l'histoire de la ville. C'est une maison qui reflète l'architecture urbaine du XIXe siècle. **3.** Cette nuit, un voleur s'est introduit chez nous sans faire le moindre bruit. Cependant le voleur ne se doutait pas que Mastic guettait, derrière le canapé. Le voleur fut surpris par le chien qui bondit sur lui.

Écrire

Ex. 6 ★★☆ **Gaëlle et Julien viennent d'avoir une petite fille, Lya. Julien, très ému, écrit à sa grand-mère pour lui présenter son arrière-petite-fille. Rédigez cette lettre.**

a) Employez des reprises nominales et pronominales variées pour éviter les répétitions. **b)** Vous inventerez au moins trois périphrases mélioratives.

La chronologie et le rythme du récit

Observer

Ex.1 ★☆☆ **a) Quel est le temps principalement employé ? b) Relevez une phrase évoquant une action qui s'est déroulée avant l'action principale. À quel temps le verbe est-il conjugué ? c) Relevez une phrase évoquant une action à venir. À quel temps le verbe est-il conjugué ? d) Ce récit comporte une ellipse : ce que fait le personnage pendant ce temps est passé sous silence. Quel indicateur de temps est utilisé au moment où le récit reprend après cette ellipse ?**

Notre cambrioleur consacra près d'une heure à ouvrir la porte du palier. Il le fit avec tant d'adresse que pas un bruit ne se fit entendre.
Il avait passé sa soirée à étudier le plan de l'appartement. À présent, il connaissait l'emplacement de chaque objet.
Dans quelques heures, le diamant du Rajasthan serait à lui. Il tâtonna jusqu'au sofa et progressa silencieusement vers le fauteuil Louis XVI.
Un quart d'heure plus tard, il touchait au but.

Leçon

L'ordre du récit

› Lorsqu'un narrateur raconte des événements dans l'ordre où ils ont eu lieu, on dit que le récit est **chronologique**.

› Toutefois, le narrateur peut aussi faire une **analepse** (ou un retour en arrière) pour évoquer, par exemple, le passé d'un personnage.

› À l'inverse, le narrateur peut évoquer un **événement futur** : on parle alors de **prolepse** (ou d'anticipation). Dans un récit au passé, les anticipations sont évoquées au **conditionnel**.

- *Lucas songea que le soir même, il* ***devrait*** *avouer la vérité à ses parents.*

› Des **indicateurs de temps** (*la veille, le lendemain*, etc.) permettent généralement de repérer les retours en arrière et les anticipations.

Le rythme du récit

› Pour rendre son récit plus dynamique et donc plus intéressant, le narrateur **varie le rythme de sa narration** en passant plus ou moins de temps sur un épisode.

Dénominations	Caractéristiques	Exemples (Émile Zola, *Thérèse Raquin*)
La scène	Le rythme de la narration **correspond à peu près au rythme de l'histoire**. L'histoire semble se dérouler sous les yeux du lecteur.	*– Dis donc, Camille, ajouta Laurent, si nous allions faire une promenade sur l'eau avant de nous mettre à table ? [...]* *– Comme tu voudras, répondit nonchalamment Camille...*
Le sommaire	Le narrateur **résume** une partie de l'histoire (rythme accéléré).	*Laurent passa une journée atroce.*
L'ellipse	Le narrateur **passe sous silence** une partie de l'histoire pour créer du suspense ou alléger le récit.	*Laurent songea que c'était le poison qu'il lui fallait. Le lendemain, il réussit à s'échapper du bureau.*

La pause	Le narrateur **s'arrête pour décrire** un lieu ou un personnage, pour commenter l'action, pour introduire du suspense.	*Elle contemplait avec une sorte d'admiration son front bas, planté d'une rude chevelure noire, ses joues pleines, ses lèvres rouges, sa face régulière d'une beauté sanguine.*

Numérique

Testez vos connaissances avec un quiz sur LLS.fr/FR3Quizgrammaire13

S'exercer

Ex. 2 ★☆☆ **Parmi ces indicateurs de temps, quels sont ceux qui peuvent servir à exprimer une ellipse ?**

1. Pendant ce temps. 2. Quelques minutes plus tard. 3. Dix ans. 4. Durant son séjour. 5. Bien plus tard. 6. Le surlendemain. 7. La veille.

Ex. 3 ★★☆ **a) Dans les passages suivants, repérez si le récit est dans un ordre chronologique ou si l'ordre est bouleversé par un retour en arrière ou une anticipation. b) Expliquez le choix de l'auteur.**

C'était malgré elle qu'on l'envoyait au couvent, pour arrêter sans doute son penchant au plaisir qui s'était déjà déclaré et qui a causé, dans la suite, tous ses malheurs et les miens.

Abbé Prévost, *Manon Lescaut*, 1731.

Tel était l'état des choses dans cette petite république [...]. Mais pour rendre un compte exact des événements extérieurs comme des sentiments, il est nécessaire de remonter à quelques mois avant la scène par laquelle commence cette histoire. À la nuit tombante, un jeune homme passant devant l'obscure boutique du Chat-qui-pelote y était resté un moment en contemplation à l'aspect d'un tableau qui aurait arrêté tous les peintres du monde.

Honoré de Balzac, « La Maison du chat-qui-pelote »,1829.

Ex. 4 ★★☆ **Pour rendre cette histoire plus compréhensible, réécrivez le texte en y ajoutant des indicateurs de temps (adverbes, groupe nominaux, groupes prépositionnels et propositions subordonnées).**

Le colonel est sur le champ de bataille. Il est blessé. Il tombe évanoui. On le croit mort et on le laisse sous un tas de cadavres. Il parvient à sortir. Il vit en Allemagne. Il rentre à Paris. Sa femme en a épousé un autre.

D'après Honoré de Balzac, *Le Colonel Chabert*, 1832.

Ex. 5 ★★☆ **Dans le texte suivant, l'auteur a choisi des rythmes différents pour raconter la fin d'une longue histoire d'amour impossible. Nommez les différents rythmes utilisés (scène, sommaire, etc.) et justifiez vos réponses.**

Il voyagea. Il connut la mélancolie des paquebots, les froids réveils sous la tente, l'étourdissement des paysages et des ruines, l'amertume des sympathies interrompues. Il revint. Il fréquenta le monde, et il eut d'autres amours encore.
Des années passèrent ; et il supportait le désœuvrement de son intelligence et l'inertie de son cœur.
Vers la fin de mars 1867, à la nuit tombante, comme il était seul dans son cabinet, une femme entra.
« Madame Arnoux !
– Frédéric ! »
Elle le saisit par les mains, l'attira doucement vers la fenêtre, et elle le considérait tout en répétant :
« C'est lui ! C'est donc lui ! »

Gustave Flaubert, *L'Éducation sentimentale*, 1869.

Écrire

Ex. 6 ★★★ **Racontez une sortie entre ami(e)s un après-midi (cinéma, restaurant, boutique). Vous devrez employer au moins un retour en arrière et une anticipation, ainsi qu'au moins une scène, une ellipse, un sommaire et une pause.**

La concordance des temps

Numérique
Retrouvez une frise à compléter pour réviser votre leçon sur LLS.fr/FR3Concordancetemps

Observer

Ex. 1 ★☆☆ **a) Cet extrait est-il un récit au présent ou au passé ? b) À quel temps le verbe *avait repris* est-il conjugué ? À quel moment son action se situe-t-elle par rapport aux verbes soulignés ? c) Répondez aux mêmes questions pour le verbe *finirait*. d) Situez les actions sur un axe de temps.**

Tandis que sa voiture le **ramenait** chez lui, Dorian **se rendit compte** que le sentiment de terreur l'**avait repris**, et il se demanda comment tout cela **finirait**.

Leçon

La concordance des temps dans un texte

› Dans un texte, les faits sont rapportés selon un **système temporel au présent** ou un **système temporel au passé**.

› Respecter la concordance des temps, c'est enchaîner les bons temps les uns par rapport aux autres selon des critères d'**antériorité**, de **simultanéité**, et de **postériorité**.

Voir p. 330 pour les temps composés de l'indicatif

Système temporel au présent

- *Il **a** beaucoup **pensé** à elle ces derniers temps. Qu'il **est** heureux de la revoir ! Ils **iront** en centre-ville dès qu'elle **aura posé** ses valises.*

Voir p. 334 pour le conditionnel

Système temporel au passé

- *Il **avait** beaucoup pensé à elle ces derniers temps. Qu'il **était** heureux de la revoir ! Ils **iraient** en centre-ville dès qu'elle **aurait posé** sa valise.*

› Selon le système, le **passé composé** ou le **plus-que-parfait** marquent l'**antériorité**. Le **futur** ainsi que les **conditionnels présent** et **passé** marquent la **postériorité**.

La concordance des temps entre proposition principale et subordonnée

Verbe de la principale	Ordre des événements	Verbe de la subordonnée	Exemples
Présent	Antériorité	Passé composé Imparfait	*Je **sais** qu'il **est venu**.* *Je **sais** qu'il **venait** souvent.*
	Simultanéité	Présent	*Je **sais** qu'il **vient**.*
	Postériorité	Futur	*Je **sais** qu'il **viendra**.*
Passé (imparfait, passé simple, passé composé)	Antériorité	Plus-que-parfait	*Je **savais** qu'il **était venu**.* *Je **sus** qu'il **était venu**.* *J'**ai su** qu'il **était venu**.*
	Simultanéité	Imparfait	*Je **savais** qu'il **venait**.* *Je **sus** qu'il **venait**.* *J'**ai su** qu'il **venait**.*
	Postériorité	Présent du conditionnel	*Je **savais** qu'il **viendrait**.* *Je **sus** qu'il **viendrait**.* *J'**ai su** qu'il **viendrait**.*

Le cas de la subordonnée circonstancielle d'hypothèse

Voir p. 296 pour les propositions subordonnées circonstancielles

	Proposition subordonnée	Proposition principale
L'hypothèse porte sur l'avenir (l'action est encore réalisable)		
Éventuel	*Si tu t'entraînes...* (présent de l'indicatif)	*...tu réussiras.* (futur simple de l'indicatif)
Potentiel	*Si tu t'entraînais...* (imparfait de l'indicatif)	*...tu réussirais.* (présent du conditionnel)
L'hypothèse porte sur le présent (l'action n'est pas réalisable)		
Irréel du présent	*Si j'étais riche...* (imparfait de l'indicatif)	*...je ferais le tour du monde.* (présent du conditionnel)
L'hypothèse porte sur le passé (l'action n'est plus réalisable)		
Irréel du passé	*Si j'avais été riche...* (plus-que-parfait de l'indicatif)	*...j'aurais fait le tour du monde.* (passé du conditionnel)

Numérique

Testez vos connaissances avec un quiz sur LLS.fr/FR3Quizgrammaire14

S'exercer

Ex. 2 ★☆☆ **Lisez les phrases en italique et identifiez les formes correspondantes au passé.**

1. *Je sais qu'il l'a vendu.* **a)** J'ai su qu'il l'avait vendu. **b)** J'ai su qu'il le vendait. **c)** J'ai su qu'il le vendrait.
2. *Je sens qu'il m'en veut.* **a)** Je sentis qu'il m'en voudrait. **b)** Je sentis qu'il m'en avait voulu. **c)** Je sentis qu'il m'en voulait.
3. *Je te dis qu'il tombera.* **a)** Je t'ai dit qu'il était tombé. **b)** Je t'ai dit qu'il tombait. **c)** Je t'ai dit qu'il tomberait.
4. *Je crois qu'elle t'aime.* **a)** Je croyais qu'elle t'aimerait. **b)** Je croyais qu'elle t'aurait aimé. **c)** Je croyais qu'elle t'aimait

Ex. 3 ★☆☆ **a) Placez les différentes actions en gras sur un axe chronologique et indiquez le temps des verbes. b) Réécrivez le texte dans un système temporel au passé : « Le lendemain du déluge, je vis... »**

Le lendemain du déluge, je **vois** les toits de certaines maisons écroulés. Les habitants **ont-ils pu** quitter les lieux à temps ? Ces familles **seront**-elles **obligées** de se trouver un refuge ? De retour chez moi, je **revois** le spectacle de mon quartier dévasté et ne **cesse** de me poser des questions, de penser à l'avenir.

Ex. 4 ★★☆ **Vérifiez que le temps de la proposition principale est en accord avec le temps énoncé dans la proposition subordonnée circonstancielle d'hypothèse. Corrigez si besoin.**

1. S'il se montre aimable, elle le reçoit. **2.** S'il se montre aimable, elle le recevrait. **3.** S'il s'était montré aimable, elle le recevrait. **4.** S'il se montre aimable, elle le recevra.

Ex. 5 ★★☆ **Réécrivez l'extrait de *Gros-Câlin* en utilisant le système des temps du passé.**

Le narrateur évoque la mue du serpent qu'il a adopté.

Il a déjà changé deux fois de peau, dans ses efforts, depuis qu'il vit chez moi. Quand ça commence, il devient inerte, il a l'air complètement écœuré de tout, il n'y croit plus. Ses paupières deviennent blanches, laiteuses. Et puis sa vieille peau commence à craquer et à tomber. C'est un moment merveilleux, le renouveau, la confiance règne.

Romain Gary, *Gros-Câlin*, 1974.

Écrire

Ex. 6 ★★☆ **Racontez en quelques lignes votre meilleur souvenir de vos années au collège en utilisant le système des temps du passé.**

Vous pourrez mettre au choix les actions principales au passé composé ou au passé simple (le temps choisi devra être le même du début à la fin) mais il faudra dans tous les cas respecter la concordance des temps.

Testez-vous sur les classes grammaticales variables !

Ex. 1 Le verbe

1. Cochez les phrases contenant un verbe attributif.
❒ *La reine apparaît au balcon.*
❒ *Elle paraît épanouie.*
❒ *Ils vécurent heureux.*
❒ *Ils vivent dans un quartier calme.*

2. Cochez les phrases contenant un verbe intransitif.
❒ *Je n'ai pas assez dormi.*
❒ *Je sors les poubelles.*
❒ *Elle conduit la fenêtre ouverte.*

3. Les verbes en gras sont-ils transitifs directs, transitifs indirects ou intransitifs ?
a) *J'en **veux** !*
b) *J'en **doute**.*
c) *Il **a accepté** de venir.*
d) ***Arrête** de te plaindre.*
e) *J'**ai hurlé** de toutes mes forces !*

Ex. 2 Les déterminants

1. *Quel* peut être un déterminant interrogatif ou un déterminant exclamatif. ❒ Vrai. ❒ Faux.

2. Chaque phrase contient un déterminant, lequel ?
a) *Ce soir nous passerons la voir, ce ne sera pas long.*
b) *Plusieurs se sont retrouvés au Café de Flore.*
c) *Je leur ai demandé d'acheter de la crème de cassis.*
d) *Pour les remercier, j'ai donné dix euros à chacun.*

3. Dans quelle(s) phrase(s) le mot *certains* est-il un déterminant ?
❒ *Nous sommes certains de ne pas l'avoir vu.*
❒ *Certains jours, j'aimerais rester au lit.*
❒ *J'ai donné des consignes, mais certains n'ont pas compris.*

4. Transposez cette phrase à la forme négative : *Chaque élève sera récompensé.*

Ex. 3 L'adjectif

1. Un adjectif ne peut avoir que deux fonctions : épithète ou attribut. ❒ Vrai. ❒ Faux.

2. Un adjectif peut apporter une précision sur un verbe.
❒ Vrai. ❒ Faux.

3. Relevez les adjectifs et précisez le nom qu'ils complètent.
Elle avait de grands yeux d'un bleu éclatant qui semblaient toujours étonnés.

4. Dans quelle phrase l'adjectif *folle* possède-t-il un complément ?
❒ *J'avais une envie folle de chanter.*
❒ *J'étais folle de joie.*

5. Relevez les adverbes exprimant l'intensité et précisez le degré d'intensité. À quels adjectifs s'associent-ils ?
Pierre se sentait, dans la même minute, tout à fait lucide et complètement idiot.

Ex. 4 Les pronoms

1. *Un, deux, trois, quatre...* peuvent être des pronoms.
❒ Vrai. ❒ Faux.

2. Relevez les trois pronoms de ce texte.
Plusieurs élèves étaient inscrits en soutien et tous étaient volontaires, mais aucun n'est venu : chacun a trouvé une excuse différente !

3. Indiquez la classe grammaticale précise des pronoms en gras, et dites quel mot ou groupe de mots ils reprennent.
*Tim prétend qu'**il** sera à l'heure au collège, mais j'**en** doute.*

4. Complétez cette phrase par un pronom relatif :
Les histoires ... je croyais étant enfant étaient remplies de monstres et de fées.

5. Remplacez le groupe de mots en gras par un pronom adverbial.
*M. Durand a fondé cette entreprise en 2003. Il est toujours le patron **de cette entreprise**.*

Synthèse

Ex. 5 Donnez la classe grammaticale de chacun des mots de cette phrase.

Tous les soldats écoutaient l'histoire émouvante qu'Eugène leur racontait ; certains s'y reconnaissaient.

Première Guerre mondiale, soldats du 401e régiment d'infanterie.

Testez-vous sur les classes grammaticales invariables !

Ex. 1 Les prépositions

1. Les prépositions ❒ peuvent généralement être déplacées ou supprimées sans changer le sens de la phrase ; ❒ introduisent un mot ou un groupe de mots avec lequel elles forment un groupe prépositionnel.
2. Relevez toutes les prépositions de la phrase suivante. *Hier soir, je suis rentré chez moi en retard à cause d'un arbre tombé en travers de la route, qui a contraint le chauffeur à faire un détour de plusieurs kilomètres.*
3. Donnez la fonction des groupes prépositionnels en gras.
   a) *Il est arrivé **à l'heure**.*
   b) *Il a répondu **à ton message**.*
   c) *Il pratique la course **à pied**.*
4. Cochez les phrases contenant un groupe prépositionnel.
   ❒ *Sur le coup, j'ai été surpris.*
   ❒ *Il regarde en arrière.*
   ❒ *Le chien des voisins s'est enfui.*
   ❒ *Derrière, l'herbe a été tondue.*

Ex. 2 Les adverbes

1. Les adverbes peuvent généralement être supprimés. ❒ Vrai. ❒ Faux.
2. Un adverbe peut permettre de coordonner deux phrases entre elles. ❒ Vrai. ❒ Faux.
3. Chaque phrase contient un adverbe. Relevez-le.
   a) *Tout est calme, ici.*
   b) *Tu as eu raison d'insister, en effet.*
   c) *Il fait si beau qu'on se croirait en été !*
   d) *Personne ne viendra ce soir.*
   e) *Je suis agréablement surprise.*
4. Précisez si l'adverbe en gras apporte une précision sur un verbe, sur un adjectif, sur un autre adverbe ou sur la phrase entière.
   a) *Tu conduis **trop** vite !*
   b) *Ce train est **très** lent.*
   c) ***Vraisemblablement** nous serons en retard.*
   d) *Nous progressons plus **lentement** que prévu.*

Ex. 3 Les mots de coordination

1. Une conjonction de coordination peut permettre de coordonner ❒ deux mots de même classe grammaticale ; ❒ deux groupes de mots de même classe grammaticale ; ❒ deux propositions.
2. Cochez la conjonction de coordination qui pourrait être remplacée par un adverbe de liaison. ❒ *Je suis en retard, **car** j'ai raté mon bus.* ❒ *J'ai acheté de la farine **et** des œufs.*
3. Parmi les adverbes suivants, lesquels peuvent être des adverbes de liaison ? ❒ *Jamais.* ❒ *Néanmoins.* ❒ *Ainsi.* ❒ *Pourtant.* ❒ *Prudemment.* ❒ *Toutefois.* ❒ *Très.* ❒ *Vraisemblablement.* ❒ *Cependant.*
4. Remplacez la conjonction de coordination par un adverbe de liaison. *Paul s'est étonné de mon absence. Or je l'avais prévenu !*

Ex. 4 Les mots de subordination

1. Les mots de subordination peuvent être (plusieurs réponses possibles) :
   ❒ des conjonctions de subordination ;
   ❒ des pronoms relatifs ;
   ❒ des pronoms interrogatifs ;
   ❒ des adverbes interrogatifs ;
   ❒ des adverbes exclamatifs ;
   ❒ des déterminants interrogatifs ;
   ❒ des déterminants exclamatifs.
2. Cochez les phrases contenant un mot de subordination et précisez sa classe grammaticale.
   ❒ *Je m'interroge car je n'ai aucune nouvelle de lui.*
   ❒ *J'aimerais lui parler afin de pouvoir m'expliquer.*
   ❒ *Je me demande s'il est vexé.*
   ❒ *Il ne supporte pas qu'on lui fasse des remarques.*
3. Donnez la classe grammaticale précise de chacun des mots interrogatifs en gras.
   a) *J'ignore **si** tu viendras.*
   b) *Je me demande **quand** on va manger.*
   c) *Sais-tu **comment** tu vas t'habiller ?*
   d) *Dis-moi **qui** est invité.*
4. Remplacez la conjonction de coordination ou l'adverbe de liaison par une conjonction de subordination.
   a) *Paul a quitté la fête car il n'y connaissait personne.*
   b) *Paul n'y connaissait personne, alors il quitta la fête.*
   c) *Il y connaissait des gens, or Paul quitta la fête.*
5. Précisez si le mot *que* est une conjonction de subordination ou un pronom relatif.
   a) *Le château que nous visitons a été restauré.*
   b) *J'estime que ce n'est pas juste.*
   c) *Je vois que tu hésites.*
   d) *Le pull que tu portes te va bien.*

Synthèse

Ex. 5 Donnez la classe grammaticale de chacun des mots en gras.

***À** l'aube, Théo se réveilla **tout** engourdi, se demandant **pourquoi** il **n'**était **pas** **dans** son lit et **comment** il avait bien pu atterrir **là**, **alors qu'**il ne se souvenait **de** rien.*

Testez-vous sur les fonctions grammaticales !

Ex. 1 Le sujet du verbe

Dans chaque phrase, relevez le sujet du verbe en gras, puis indiquez sa classe grammaticale. 1. *Il me* ***sembla*** *entendre un bruit.* 2. *Les garçons que j'ai invités ne* ***sont*** *pas de notre classe.* 3. *Les reflets que* ***renvoyaient*** *les vitres nous éblouissaient.* 4. *Je crois que dormir te* ***ferait*** *du bien.*

Ex. 2 Le COD, le COI et l'attribut du sujet

1. Relevez les compléments des verbes en gras, en précisant pour chacun s'il s'agit d'un COD ou d'un COI.
   a) *Je* ***tiens*** *vraiment à le voir.*
   b) *Il nous* ***a assuré*** *qu'il était de bonne foi.*
   c) *Quel cadeau lui* ***as****-tu finalement* ***offert*** *?*
   d) ***J'apprécierais*** *de le* ***rencontrer****.*
2. Cochez les phrases dans lesquelles le verbe en gras introduit un attribut du sujet.
   a) *Ce problème* ***se révèle*** *difficile.*
   b) *Il nous* ***a révélé*** *la solution.*
   c) *Ce journal* ***paraît*** *intéressant.*
   d) *Ce journal* ***paraît*** *le lundi.*
3. Relevez les compléments de verbe et précisez leur fonction grammaticale.
   a) *Matéo a été élu délégué, ce qui ne nous a pas surpris.*
   b) *Quand penses-tu lui parler ?*
   c) *La maison que nous avons louée se trouve en pleine forêt.*

Ex. 3 L'attribut du COD

1. Cochez les phrases contenant un attribut du COD. ❒ *J'ai trouvé ce livre dans la cour.* ❒ *J'ai trouvé ce livre passionnant.* ❒ *Je le crois capable de réussir.* ❒ *Je crois qu'il est capable de réussir.*
2. Indiquez si le groupe de mots en gras est attribut du sujet ou attribut du COD.
   a) *Ils l'ont jugée* ***compétente****.*
   b) *Elle leur semblait* ***digne de confiance****.*

Ex. 4 Le complément d'agent

1. Cochez les phrases à la voix passive. ❒ *Ces fleurs sont fanées.* ❒ *Le moment est venu de les jeter.* ❒ *Elles m'ont été offertes par une amie.* ❒ *J'ai été bouleversée de la revoir.*
2. Parmi les groupes prépositionnels en gras, lesquels sont des compléments d'agent ?
   a) *Ces produits sont vendus* ***par deux****.*
   b) *Elle a été élue « femme de l'année »* ***par deux magazines****.*
   c) *Je suis étonné* ***de te voir ici****.*
   d) *La maison a été vidée* ***de ses meubles****.*

Ex. 5 Les compléments circonstanciels

Précisez la circonstance exprimée pour chacun des compléments circonstanciels en gras.

a) *Lisa avait marché* ***toute la journée, de sorte qu'elle était épuisée****.*
b) ***Comme la fatigue se faisait sentir****, elle décida de faire halte* ***sous un arbre****.*
c) *Elle dressa* ***rapidement*** *son camp et fit du feu* ***pour se réchauffer****.*
d) ***Bien qu'elle fût épuisée****, elle mit du temps à trouver le sommeil* ***en raison des bruits nocturnes qui la tenaient en éveil****.*

Ex. 6 L'épithète et le complément du nom

1. Cochez la phrase dans laquelle l'adjectif en gras est épithète. ❒ ***Seule*** *dans sa chambre, la fillette s'ennuyait.* ❒ *J'ai trouvé ce film assez* ***intéressant****.* ❒ *Nous devons lire un roman* ***policier*** *pour le mois prochain.*
2. Cochez les phrases dans lesquelles le groupe prépositionnel en gras est complément du nom. ❒ *Enlève tes affaires* ***de mon lit*** *!* ❒ *Le matelas* ***de mon lit*** *est trop dur.* ❒ *Je raccompagne mon frère* ***à la maison****.* ❒ *Cette maison* ***à vendre*** *est bien située.*
3. Relevez les expansions des noms *roman* et *saga*. *J'ai lu le premier tome du fameux roman suédois dont tout le monde parle. C'est une saga passionnante aux multiples rebondissements.*

Synthèse

Ex. 7 Les différentes fonctions

1. Indiquez la fonction de chacun des groupes de mots entre crochets. *[La salle] avait été décorée [la veille] [par les garçons] et [tout] était [prêt] [désormais] : [Nina] espérait [que la soirée se passerait bien].*
2. Même consigne, mais avec cette fois plusieurs niveaux d'analyse ! *[La [jeune] fille] avait rédigé [une invitation [personnalisée] [pour chacun]] et [y] avait ajouté [un plan [qu'[elle] avait réalisé [à l'ordinateur]]].*

Testez-vous sur la phrase !

Ex. 1 Phrase simple et phrase complexe

1. Combien le texte suivant contient-il de phrases simples ? Combien contient-il de phrases verbales ? *Voilà. Nous y sommes. Quelle vue imprenable ! Regardez, la baie vitrée du salon s'ouvre sur la lagune. Admirez le panorama, la vue sur la mer, les montagnes à l'horizon. Incroyable !*
2. Combien la phrase suivante contient-elle de propositions ? *Je fis un plongeon matinal dans l'eau bleue du lagon, d'une température exquise, et je nageais, insouciant, émerveillé, avec l'impression rare d'être seul au monde.*
3. Identifiez les propositions par des crochets, puis précisez si elles sont reliées par juxtaposition, coordination ou subordination.
   a) *Je sais, c'est difficile à comprendre.*
   b) *Préviens-moi quand tu seras prêt.*
   c) *Le film dont je t'ai parlé sortira en salle demain.*
   d) *J'inviterai ma sœur, ainsi tu feras sa connaissance.*
4. *Colin est riche, il n'est pas heureux.* Réécrivez cette phrase de manière à obtenir :
   a) deux propositions coordonnées ;
   b) une proposition principale et une proposition subordonnée.

Ex. 2 La proposition subordonnée relative

1. Cochez les phrases contenant une proposition subordonnée relative. ❐ *Je me demande lequel il choisira !* ❐ *Je souhaite que tu réussisses.* ❐ *Celui que je veux n'est plus en stock.* ❐ *Je porte souvent le pull que tu m'as offert.*
2. Relevez les propositions subordonnées relatives.
   a) *Je me demande ce que devient ce garçon que j'aimais tant et qui a partagé tous mes jeux d'enfant.*
   b) *Sais-tu où se trouve le lycée où j'irai l'an prochain ?*
   c) *Le garçon dont il est question est le héros.*
3. Complétez par le pronom relatif qui convient.
   a) *Les questions ... j'ai répondu sont assez faciles.*
   b) *Les bateaux à bord ... j'ai voyagé avaient tous des noms étonnants.*
   c) *Les maisons vers ... nous nous dirigeons à présent datent du début du Moyen Âge.*
4. Quelle est la fonction des pronoms relatifs en gras ?
   a) *La fille* ***que*** *tu vois sur le banc est ma sœur.*
   b) *J'ai retrouvé le titre de la chanson* ***dont*** *nous parlions.*
   c) *C'est la maison* ***où*** *j'ai passé toutes mes vacances.*

Ex. 3 Les propositions subordonnées complétives

1. Relevez les propositions subordonnées complétives et précisez pour chacune d'elles s'il s'agit d'une conjonctive en que, d'une interrogative indirecte ou d'une infinitive.
   a) *Je vois les enfants rire et je me demande quel jeu ils ont pu inventer !*
   b) *J'ignore qui a fait cela, mais je sais que le coupable est parmi nous.*
   c) *Explique-moi comment tu peux dire une chose pareille, toi qui prétends que tu ne te trompes jamais !*
2. Précisez la fonction des propositions complétives.
   a) *Je me demande* ***quand nous partirons.***
   b) *Je regarde* ***les autres courir.***
   c) *Je doute* ***que tu sois à l'heure.***
   d) *Je serais heureux* ***que tu viennes.***
3. Indiquez puis justifiez le mode des verbes des propositions en gras
   a) *Je souhaite* ***qu'il réussisse !***
   b) *Je ne crois pas* ***qu'il soit arrivé.***
   c) *Je pense* ***que tu as raison.***
   d) ***Que tu viennes*** *me ferait très plaisir.*

Ex. 4 Les propositions subordonnées circonstancielles

1. Cochez les phrases contenant une proposition subordonnée circonstancielle. ❐ *Nous arriverons avant le début du spectacle.* ❐ *Étant donné ton état, mieux vaut te reposer.* ❐ *Comme tu as fini, tu peux sortir.* ❐ *Je me demande si tu viendras.*
2. *Dès qu'il eut fini, tout le monde se leva.* Dans cette phrase, l'action de la proposition principale : ❐ a lieu avant l'action de la subordonnée ; ❐ a lieu en même temps que l'action de la subordonnée ; ❐ a lieu après l'action de la subordonnée.
3. Relevez les propositions subordonnées circonstancielles puis précisez pour chacune d'elles la circonstance exprimée.
   a) *Tant que tu n'auras pas compris cela, tu ne pourras pas progresser.*
   b) *Il m'a prêté un disque d'Abd Al Malik afin que je puisse découvrir ce chanteur.*
   c) *Comme tu as fini ton travail, tu vas pouvoir m'aider.*
   d) *Ta copie est bien présentée alors que la mienne est un torchon.*
   e) *J'ai perdu mon manuel de français, si bien que j'ai dû en racheter un.*
   f) *Si cela te convient, retrouvons-nous ce soir au parc.*

Testez-vous sur la grammaire de texte (1) !

Ex. 1 Les formes de discours

1. Cochez les phrases qui appartiennent au discours explicatif. ❒ *L'eau bout à cent degrés.* ❒ *J'ai conscience que je pourrais faire mieux.* ❒ *Je ne pense pas que les jeux vidéo puissent nuire aux résultats scolaires.* ❒ *Le gloubi-boulga est un gâteau très apprécié par la race des Casimirus mais immangeable pour les humains.* ❒ *Mélangez de la confiture de fraise, de la banane écrasée, de la moutarde très forte et de la saucisse de Toulouse.* ❒ *C'était infâme, et j'eus toutes les peines du monde à avaler la première bouchée.*
2. Associez les mots de la colonne de gauche à leur définition dans la colonne de droite.

1) Thèse	a) Élément de raisonnement permettant d'appuyer la thèse.
2) Argument	b) Mot ou groupe de mots permettant de mettre en évidence les étapes du raisonnement.
3) Exemple	c) Idée principale défendue par le locuteur.
4) Connecteur logique	d) Fait permettant d'illustrer un argument.

Ex. 2 La situation d'énonciation

1. Un énoncé coupé de la situation d'énonciation est un énoncé que l'on ne peut pas comprendre si l'on ne connaît pas la situation d'énonciation.
❒ Vrai. ❒ Faux.
2. Les dialogues au discours direct sont des énoncés ancrés dans la situation d'énonciation.
❒ Vrai. ❒ Faux.
3. Parmi les expressions suivantes, lesquelles sont les indices d'un énoncé ancré dans la situation d'énonciation ? ❒ *Hier,* ❒ *le tien,* ❒ *la veille,* ❒ *derrière moi,* ❒ *votre,* ❒ *ce jour-là.*
4. *À neuf heures, le commissaire Alambic se rendit sur le lieu du crime, rue des Martyrs.* Cet énoncé est ❒ ancré dans la situation d'énonciation ; ❒ coupé de la situation d'énonciation.

Ex. 3 La modalisation

1. La modalisation peut être l'expression ❒ d'une vérité scientifique ; ❒ d'une certitude ; ❒ d'un doute ; ❒ d'un jugement de valeur.
2. Parmi ces énoncés, lesquels sont subjectifs ? ❒ *Le prochain concert de Melody Gardot aura lieu à l'Olympia.* ❒ *Paul a réservé une place pour ce concert.* ❒ *Elle fait partie de mes chanteuses préférées.* ❒ *C'est une artiste prometteuse.* ❒ *Elle a réalisé cinq albums.*
3. Dans chacun de ces énoncés, relevez le mot qui traduit la subjectivité du locuteur. ❒ *L'assassin ferait partie de la famille.* ❒ *Marie portait une robe de couleur criarde.* ❒ *Je crois que les voisins sont rentrés de vacances.* ❒ *Malheureusement, nous n'avons plus votre pointure.* ❒ *Bill est un garçon brillant.*
4. Parmi les mots suivants, cochez ceux qui ont une nuance péjorative : ❒ *lourdaud* ❒ *émouvant* ❒ *arriver* ❒ *traînasser* ❒ *regarder* ❒ *jaunâtre.*

Ex. 4 L'implicite et l'explicite

1. Un discours est implicite lorsque le locuteur ne dit pas directement ce qu'il pense, mais le laisse deviner. ❒ Vrai. ❒ Faux.
2. L'antonyme de *implicite* est ❒ *duplice* ; ❒ *tacite* ; ❒ *explicite.*
3. Cochez les énoncés contenant de l'implicite. ❒ *Tu devrais aller te reposer.* ❒ *Notre magasin est fermé pour inventaire.* ❒ *Il ferait mieux de se regarder !* ❒ *Victor Hugo naquit le 26 février 1802.* ❒ *Tu n'as rien d'autre à te mettre ?* ❒ *Battre les œufs en neige.*
4. *Tu as un problème ?* Imaginez quel pourrait être le message implicite de cette phrase.

Ex. 5 Le statut du narrateur et les points de vue narratifs

1. Dans le point de vue omniscient, le narrateur ❒ en sait moins que les personnages ; ❒ en sait autant que l'un des personnages ; ❒ en sait plus que les personnages.
2. Lorsqu'une scène est décrite de manière neutre et objective, et que l'on voit agir les personnages sans savoir ce qu'ils pensent, le point de vue est ❒ externe ; ❒ interne ; ❒ omniscient.
3. Lorsque l'on voit la scène à travers les yeux d'un personnage dont on connaît les pensées, et que l'on en sait autant que lui, le point de vue est ❒ externe ; ❒ interne ; ❒ omniscient.
4. Quel est le point de vue adopté dans chacun des textes suivants ?
a) *Depuis quelques instants, Jim entendait un bruit qu'il ne parvenait pas à définir, comme une sorte de vrombissement. Était-ce une hallucination ?*
b) *Ce matin-là, Wendy opta pour une promenade matinale. Elle était loin de se douter que cette décision allait changer le cours de sa vie.*
c) *La porte s'ouvre et Paul apparaît. Il lève la tête, observe un moment le ciel, referme la porte derrière lui, puis s'éloigne à grands pas en direction du boulevard.*

Testez-vous sur la grammaire de texte (2) !

Ex. 1 Les paroles rapportées

1. Dans les phrases suivantes, précisez si les paroles sont rapportées au discours direct, indirect ou indirect libre.
   a) *« Mais écoute-moi, au moins ! » s'emporta Yanis.*
   b) *Franchement, c'était toujours pareil ! Pourquoi est-ce qu'elle ne voulait jamais l'écouter ?*
   c) *Yanis se dit qu'il avait hâte d'avoir son indépendance.*
2. Réécrivez les phrases suivantes en les mettant au discours indirect.
   a) *Loane annonça : « Tom arrivera demain, je l'ai appris ce matin. »*
   b) *Marco déclara : « Si tu le souhaites, nous irons le chercher à la gare. »*

Ex. 2 La concordance des temps

1. « Soudain, je réalise que l'année est presque finie. En septembre prochain, je serai au lycée. Ça me fait drôle. Finalement, ces années au collège ont passé bien vite ! » Réécrivez le texte en commençant par « Soudain, je réalisai... ».
2. Conjuguez les verbes du texte suivant de manière à respecter la concordance des temps dans un récit au passé.
   *Je **(savoir)** déjà que le collège me **(manquer)**, ces années d'insouciance, de franche camaraderie. **(Revoir)**-je les amis que j'**(côtoyer)** pendant ces quatre années ? Mais une nouvelle vie m'**(attendre)** et cela seul **(compter)** désormais.*

Ex. 3 La chronologie et le rythme du récit

1. Le texte suivant contient un retour en arrière et une anticipation. Repérez-les et identifiez le temps des verbes utilisés dans chaque cas.

> Le comte regarda, autour de lui, la robe jetée, la veille, sur un fauteuil, sur la cheminée les bijoux, le collier de perles, l'éventail à demi fermé, les lourds flacons de parfums qu'elle ne respirerait plus.
>
> D'après Villiers de l'Isle-Adam, « Véra », 1874.

2. Lorsque le narrateur accélère le rythme du récit pour résumer une action ou une série d'actions, cela s'appelle : ❐ une ellipse ; ❐ une scène ; ❐ un sommaire.
3. Lorsque le narrateur interrompt son récit pour faire une description ou un commentaire, cela s'appelle : ❐ une scène ; ❐ un sommaire ; ❐ une pause.
4. Pour chacun des extraits suivants, dites s'il contient un sommaire, une ellipse ou une pause.
   a) Je restai seul en face du cadavre avec les deux agents de police. Le lendemain, vers huit heures, tout Heidelberg apprit la grande nouvelle. (Erckmann-Chatrian, « La Montre du doyen », 1859.)
   b) Les jours, les nuits, les semaines s'envolèrent. (Villiers de L'Isle-Adam, « Véra », 1874.)
   c) Jusqu'à l'âge de trente-deux ans, je vécus tranquille, sans amour. La vie m'apparaissait très simple, très bonne et très facile. J'étais riche. (Guy de Maupassant, « La chevelure », 1884.)

Ex. 4 La cohérence du texte : les reprises

1. Un mot générique est un mot ❐ de même sens ; ❐ de sens contraire ; ❐ de sens plus large.
2. Retrouvez dans le texte ci-dessous les trois reprises qui désignent Mélissa et les cinq reprises qui désignent Julien.
   Julien s'approche de Mélissa, mais la jeune fille passe sans un regard pour lui. Il n'a d'yeux que pour elle, qui semble ne pas le voir. Pourtant, le garçon ne désespère pas d'attirer sur lui son attention.
3. Évitez la répétition des groupes de mots en gras, en utilisant une reprise qui appartient à la classe grammaticale indiquée entre parenthèses.
   a) *Loane a toujours des fleurs chez elle depuis que Louis offre **des fleurs** (pronom adverbial) **à Loane** (pronom personnel) chaque semaine.*
   b) *Un voleur s'est introduit dans la salle la nuit dernière. Toutefois en sortant de la **salle** (nom synonyme), le **voleur** (nom générique) s'est trouvé nez à nez avec le veilleur de nuit.*
   c) *Samir a voulu faire une farce à Leia. Il a avoué **à Leia** (pronom personnel) **qu'il avait voulu lui faire une farce** (pronom personnel).*

Ex. 5 La cohérence du texte : thème et propos

1. *Ton père vient d'arriver.* Le thème de cette phrase est ❐ ton père ; ❐ vient d'arriver.
2. *Je passe des heures sur internet. Le web me fascine !* La progression entre ces deux phrases est ❐ à thème constant ; ❐ à thème éclaté ; ❐ à thème linéaire.
3. *Mon frère veut toujours avoir raison. Il m'agace !* La progression entre ces deux phrases est ❐ à thème éclaté ; ❐ à thème linéaire ; ❐ à thème constant.

Les modes, les temps et les voix

Numérique

Retrouvez une fiche à compléter pour réviser votre leçon sur **LLS.fr/FR3ModesVerbe**

Observer

Ex. 1 ★☆☆ **a) Quels modes et quels temps sont employés dans la phrase 1 ? b) L'action exprimée dans la phrase 2 est-elle certaine ? Quel est le mode utilisé ? c) À quel mode sont les verbes en gras de la phrase 3 ? d) Quel est le type (déclaratif, interrogatif, injonctif) de la phrase 4 ? Quel mode est employé ?**

1. « Vous ne m'**aurez** jamais ! » **s'écria** le malfrat, **s'enfuyant** sur son fier cheval noir.
2. Le malfrat **se serait enfui** sur un fier cheval noir.
3. **Donner** un peu, c'est **recevoir** beaucoup.
4. **Entrez** et **soyez** les bienvenus.

Ex. 2 ★☆☆ **a) À quelle voix (active ou passive) est chacune des phrases ? b) Transposez chacune d'elles à la voix inverse, en faisant les modifications nécessaires.**

1. Le gendarme arrêta l'homme en cavale. 2. Un témoin fut appelé par le juge.

Leçon

Voir p. 273 pour le verbe

Le **verbe** est un mot **variable** dont la forme se modifie en fonction du **mode**, du **temps**, de la **voix** et de la **personne** auxquels il est conjugué.

- *Je* ***mange****.* • *Je* ***mangerais*** *bien quelque chose.* • ***J'ai été mangé****.*

Les modes

Les modes indiquent la façon dont on envisage l'action.

› Les modes **personnels** (le verbe varie en fonction de la personne et se conjugue).

Voir p. 334 pour le conditionnel

Voir p. 336 pour l'impératif et le subjonctif

Indicatif	Généralement : action certaine	*Elle* ***lit*** *beaucoup.*
Conditionnel	Action imaginaire ou incertaine	*Si elle avait le temps, elle* ***lirait****.*
Subjonctif	Souvent : action souhaitée ou incertaine (négation)	*J'aimerais qu'elle* ***lise****.* *Je ne crois pas qu'elle* ***lise*** *souvent.*
Impératif	Action ordonnée ou conseillée	***Lis*** *!*

› Les modes **non personnels** (le verbe ne varie pas en fonction de la personne) :

› **l'infinitif** • ***Lire*** *le texte.*

› le **participe présent** (et le gérondif) • ***Lisant*** *chaque jour, je peux dire que la littérature me passionne.*

Voir p. 345 pour les accords du participe passé

→ REMARQUE : le participe passé est considéré comme un mode non personnel bien qu'il puisse porter la marque du genre et du nombre (*-e*, *-s*, *-es*).

Les temps

Le temps permet de **situer l'action** dans le présent, le passé ou le futur et de **comprendre l'enchaînement des faits**.

- *On* ***ira*** *au cinéma demain.* ***Montre****-nous quels films tu* ***as repérés****.*
  Action 3 (futur) — Action 2 (présent) — Action 1 (passé)

Voir p. 333 pour les temps composés

On distingue les temps **simples** des temps **composés**. Un temps composé exprime notamment l'antériorité par rapport au temps simple correspondant.

Les voix

Voir p. 338 pour la voix active et la voix passive

Voir p. 347 pour les accords des participes passés des verbes pronominaux

On distingue quatre voix :

> La **voix active** est utilisée lorsque le sujet **fait l'action**.
- *Le médecin **soigne** l'enfant.*

> La **voix passive** est utilisée lorsque le sujet **subit l'action**.
- *Mon enfant **est soigné** par ce médecin.*

> La **voix pronominale** est utilisée lorsque le verbe est précédé d'un pronom personnel à la même personne que le sujet.
- *Ils **se sont plu**.*

> La **voix impersonnelle** est utilisée lorsque le sujet n'a pas de référent.
- *Il **faut** de la patience.*

Numérique

Testez vos connaissances avec un quiz sur LLS.fr/FR3Quizconjug1

S'exercer

Ex. 3 ★☆☆ **Pour chaque verbe en gras, précisez le mode utilisé.**

La lettre **arriva** un matin, portée par les mains blanches et sèches de sœur Anne.
– **Tenez**, dit-elle de sa voix ferme, c'est pour vous. Et elle ajouta, **coulant** sur la lettre un regard empli de curiosité : « C'est officiel, on **dirait**. »

Bénédicte des Mazery, *La vie tranchée*, 2008.

Ex. 4 ★☆☆ **Relevez l'intrus qui s'est glissé dans chacune des listes suivantes (il n'est pas au même mode que les autres) et justifiez.**

1. Mangerons – sache – fus découverte – aura pris.
2. Virent – avions fui – écrire – as obéi.
3. Viendrais – serai – liras – diront.
4. Riant – ri – ayant ri - rit.

Ex. 5 ★★☆ **Pour chacune des phrases suivantes, modifiez le mode du verbe pour qu'il exprime : a) un fait incertain ; b) un souhait ou une volonté ; c) Quel mode avez-vous utilisé ?**

Exemple : *Il vient à mon anniversaire.* **a)** *Il viendrait à mon anniversaire.* **b)** *Je veux qu'il vienne à mon anniversaire* (ou : *Viens à mon anniversaire !*).

1. Jonathan va à son entraînement de tennis mercredi.
2. Les invités porteront de beaux habits et danseront avec élégance.
3. Elle ira au cinéma ce week-end.
4. Ma sœur m'aide à choisir un livre dans la librairie.

Ex. 6 ★★☆ **a) Précisez le temps des verbes en gras. b) Placez ces verbes sur une frise chronologique selon qu'ils correspondent au moment de l'énonciation (le moment où l'on parle), au moment qui précède ou à celui qui suit l'énonciation.**

Très cher père,
Tu m'**as demandé** récemment pourquoi je **prétends** avoir peur de toi. Comme d'habitude, je n'**ai** [rien] **su** te répondre, en partie justement à cause de la peur que tu m'**inspires**, en partie parce que la motivation de cette peur **comporte** trop de détails pour pouvoir être exposée oralement avec une certaine cohérence. Et si j'**essaie** maintenant de te répondre par écrit, ce ne **sera** encore que de façon très incomplète.

Franz Kafka, *Lettre au père*, 1952.

Ex. 7 ★★☆ **a) Relevez les verbes à la voix passive. b) Transposez les phrases de la voix passive à la voix active.**

Destinée à un brillant avenir, la princesse mourut malheureusement dans un accident de carrosse en plein cœur de l'été. Elle fut longtemps pleurée par tout le royaume, et regrettée pour sa joie de vivre et sa patience envers le souverain. Ce dernier aurait été emporté par le souci et le chagrin s'il n'avait été soutenu dans l'épreuve par son fidèle ami, le chevalier Caradoc.

Écrire

Ex. 8 ★★☆ **Une rumeur se propage dans la cour de l'école : le brevet serait annulé.**

Relatez cette rumeur, son origine supposée, ses conséquences possibles, en prenant soin de montrer que ce que vous dites est très incertain. Pour cela, utilisez le conditionnel et le subjonctif ainsi que d'autres modalisateurs.

Le présent et le futur de l'indicatif : formation

Numérique
Retrouvez une fiche à compléter pour réviser votre leçon sur LLS.fr/FR3TpsSimples

Observer

Ex. 1 ★☆☆ **a) Préciser l'infinitif et le groupe de ces verbes. b) Que remarquez-vous concernant les terminaisons ?**

J'attends, je peins, je veux, je réponds, je joins, j'offre, je dissous, j'ouvre.

Ex. 2 ★☆☆ **Le radical du futur est souvent identique à la forme de l'infinitif. Que constatez-vous pour ces verbes du premier groupe ?**

1. Acheter : j'achète, j'achèterai. **2.** Geler : je gèle, je gèlerai. **3.** Jeter : je jette, je jetterai. **4.** Appuyer : j'appuie, j'appuierai

Leçon

Présent de l'indicatif

Numérique
Testez vos connaissances avec un quiz sur LLS.fr/FR3Quizconjug2

Pour vous aider à conjuguer au présent, vous pouvez utiliser l'expression « en ce moment même ».

Terminaisons

Personnes du singulier	1er groupe	2e et 3e groupe	Personnes du pluriel	Tous les groupes
je	*-e*	*-s*	nous	*-ons*
tu	*-es*	*-s*	vous	*-ez*
il, elle, on	*-e*	*-t*	ils, elles	*-ent*

› Se conjuguent en ***-ds***, ***-ds***, ***-d*** les verbes en ***-dre*** à l'exception des verbes en ***-indre*** et ***-soudre***
- *je prends, tu prends, il (elle) prend...*
- *je peins, tu peins, il (elle) peint...* • *je dissous, tu dissous, il (elle) dissout.*

› Se conjuguent en ***-x***, ***-x***, ***-t*** les verbes *pouvoir*, *vouloir* et *valoir* • *je veux, tu veux, il veut...*

› Se conjuguent comme du **1er groupe** les verbes *ouvrir*, *cueillir*, *souffrir...*

Radicaux

Les irrégularités concernent principalement les verbes du **1er goupe**.

› Faites attention à la 1re personne du pluriel des verbes en :

-cer • *je trace → nous traçons* (pour garder le son [s])
-ger • *je nage → nous nageons* (pour garder le son [j])

› D'autres verbes sont irréguliers.

Verbes en *-éder*, *-éter*, *-érer*, *-eter*, *-eler*, *-ener*, *-emer*	Le *-é* devient *-è*, sauf à *nous* et *vous* Le *-e* devient *-è*, sauf à *nous* et *vous*	*Je cède, nous cédons* *J'amène, nous amenons*
appeler, *jeter* (et *rejeter*, *rappeler*, *interpeler*, etc.)	La consonne est doublée, sauf à la 1re et à la 2e personne du pluriel	*Je jette, nous jetons, vous jetez* *J'appelle, nous appelons, vous appelez*

Voir p. 348 pour les homophonies verbales

Futur de l'indicatif

Pour vous aider à conjuguer au futur, vous pouvez utiliser l'adverbe de temps « demain ».

› Les **terminaisons** sont identiques pour tous les verbes : ***-ai, -as, -a, -ons, -ez, -ont***.

› Il y a toujours le son [r] dans le **radical**.

→ ATTENTION à ne pas confondre le futur et le conditionnel à la 1re personne du singulier (*j'écrirai/j'écrirais*).

1er groupe	Radical = **radical du présent (1re personne du singulier) + *-er-*** *amener = j'**amèn**-e (présent) → j'**amèn-er**-ai* → ATTENTION à ne pas oublier le *-e* aux verbes en *-éer*, *-ier* et *-uer*. • *créer → je **cré-er**-ai* • *oublier → j'**oubli-er**-ai* • *jouer → je **jou-er**-ai*
2e groupe	Le radical est **identique à la forme de l'infinitif**. *finir = je **finir**-ai*
3e groupe	Des verbes ont un **radical particulier**. • *aller → j'irai* • *faire → je ferai* • *savoir → je saurai* Cinq verbes ainsi que leurs dérivés prennent deux *-r-*. • *voir → je verrai* • *pouvoir → je pourrai* • *courir → je courrai* • *mourir → je mourrai* • *acquérir → j'acquerrai*

S'exercer

Ex. 3 ★☆☆ **Conjuguez le verbe entre parenthèses au présent de l'indicatif.**

1. Grâce à ses cours de dessin, il (*peindre*) de mieux en mieux. 2. Les bijoux de ma grand-mère (*valoir*) une fortune. 3. Je (*devoir*) absolument finir mon livre : il y a tellement de suspense ! 4. Nous avons tant aimé ce film que nous (*connaître*) les répliques par cœur. 5. Nous nous (*asseoir*) à la terrasse d'un café, nous (*boire*) du thé glacé et nous (*jouer*) aux cartes.

Ex. 4 ★☆☆ **Complétez par la bonne terminaison du présent.**

1. Le vendeur garanti... la qualité du jeu. 2. L'enfant cri... de joie en découvrant son cadeau. 3. Il reni... ses amis. 4. Il déploi... des efforts surhumains. 5. Il déçoi... ses supporters. 6. On renvoi... la rencontre à une date ultérieure.

Ex. 5 ★★☆ **Réécrivez le texte suivant au présent de l'indicatif.**

Il faisait nuit noire, on n'entendait pas un bruit. Le temps fraîchissait et je me mis à frissonner. Mais était-ce la fraîcheur ? L'inquiétude me gagna, la peur m'envahit. Je crus voir le canon d'un fusil luire dans la nuit. Je me jetai à plat ventre sur le sol et pris mon arme. Paul m'appela, me repéra dans l'ombre et vint à ma rencontre.

Ex. 6 ★★☆ **Réécrivez ces phrases au futur de l'indicatif.**

1. Monique veut te voir. 2. Il peint de mieux en mieux. 3. Jules crée des jouets en bois. 4. Nous t'appelons dès que nous sortons. 5. Mathilde court deux heures par jour. 6. Tu ne sais pas quoi lui dire. 7. Nous buvons du thé.

Ex. 7 ★★☆ **Réécrivez le texte suivant au futur de l'indicatif.**

On entendit les pas sur la neige. On vit l'éclair d'une lampe et ils apparurent derrière le pignon de la maison. D'abord le garçon, puis l'homme. Ils dépassèrent le pignon, et l'une après l'autre leurs silhouettes se détachèrent aussi distinctement que la maison sur le ciel étoilé.

Ils avançaient lentement et prudemment. Le garçon tenait une lampe électrique dans sa main. Il éclairait le chemin creusé dans la neige. Elle avait durci pendant la nuit et c'était pour eux comme de marcher sur de la glace.

– Éteins cette lampe, maintenant ! lui dit l'homme.

Hubert Mingarelli, *La Beauté des loutres*

Écrire

Ex. 8 ★★☆ **Passionné(e) de robotique, vous créez un robot révolutionnaire. Décrivez ce qu'il sera capable de faire. Vous n'utiliserez que le futur de l'indicatif.**

L'imparfait et le passé simple de l'indicatif : formation

Numérique

Retrouvez une fiche à compléter pour réviser votre leçon sur LLS.fr/FR3TpsSimples

Observer

Ex. 1 ★☆☆ **a) Conjuguez les verbes à l'imparfait. b) Réécrivez cette phrase en commençant par *Ce jour-là*. Quel temps employez-vous ?**

Chaque jour, il (*s'habiller*) à la hâte, (*saisir*) son pardessus et (*courir*) vers le bus sur le point de partir.

Leçon

Imparfait

Pour vous aider à conjuguer à l'imparfait, vous pouvez commencer la phrase par « Quand j'étais petit... ».

› Les **terminaisons** sont les mêmes pour tous les verbes : **-ais, -ais, -ait, -ions, -iez, -aient.**

› Le **radical** est le même que celui de **la 1re personne du pluriel au présent.**

Voir p. 326 pour la formation du présent

- *finir : nous finiss-ons* (présent) → *je finiss-ais* (imparfait)
- *prendre : nous pren-ons* (présent) → *je pren-ais* (imparfait)

› Une exception concerne le verbe ***être*** : *nous sommes* mais *j'étais.*

Passé simple

› Pour vous aider à conjuguer au passé simple, vous pouvez utiliser l'adverbe « tout à coup ».

› Les **terminaisons** varient selon les groupes des verbes.

› Les verbes peuvent se conjuguer en ***-a***, en ***-i***, en ***-u*** ou en ***-in***.

→ REMARQUE : l'accent circonflexe est toujours sur la terminaison de la 1re et de la 2e personnes du pluriel, quel que soit le groupe du verbe.

	1er groupe + *aller*	2e groupe	3e groupe		
			verbes en *-ir*, *voir*, souvent *-re*	verbes en *-oir(e)*, *-aître*, parfois *-re*	*tenir*, *venir* et leurs composés
	Parler	Finir	Prendre	Croire	Venir
je	parl-**ai**	fin-**is**	pr-**is**	cr-**us**	v-**ins**
tu	parl-**as**	fin-**is**	pr-**is**	cr-**us**	v-**ins**
il	parl-**a**	fin-**it**	pr-**it**	cr-**ut**	v-**int**
nous	parl-**âmes**	fin-**îmes**	pr-**îmes**	cr-**ûmes**	v-**înmes**
vous	parl-**âtes**	fin-**îtes**	pr-**îtes**	cr-**ûtes**	v-**întes**
elles	parl-**èrent**	fin-**irent**	pr-**irent**	cr-**urent**	v-**inrent**

› Le **radical** est souvent irrégulier pour les verbes du **3e groupe**.

- *écrire : j'écris* (présent) → *j'écrivis* (passé simple)
- *naître : je nais* (présent) → *je naquis* (passé simple)
- *craindre : je crains* (présent) → *je craignis* (passé simple)

Numérique

Testez vos connaissances avec un quiz sur LLS.fr/FR3Quizconjug3

→ ATTENTION, pour certains verbe du 1er groupe, la conjugaison doit être adaptée, tant à l'imparfait qu'au passé simple.

-cer	**À l'imparfait et au passé simple** pour garder le son [s], le *-c* prend une cédille	*Je traçais (imparfait), nous traçâmes (passé simple)*
-ger	**À l'imparfait et au passé simple** pour garder le son [j], le *-g* est suivi d'un *-e*	*Je nageais (imparfait), tu nageas (passé simple)*
-yer, -ier et *-gner*	**À l'imparfait** : ne pas oublier le *-i* de la terminaison à *nous* et *vous*	*J'appuyais, nous appuy-ions* *J'appréciais, nous appréci-ions*

S'exercer

Ex. 2 ★☆☆ **Les verbes en gras sont-ils conjugués à l'imparfait ou au passé simple de l'indicatif ?**

1. Tu **mangeais** ton goûter quand, tout à coup, elle **vint** te parler. **2.** C'**était** la première fois que j'**étais** amoureux : le monde me **sembla** plus beau tout à coup. **3.** Je **pensais** aux vacances et, prenant mon courage à deux mains, je **décidai** de réserver mon billet d'avion. **4.** J'**allais** me faire dévorer par un monstre... quand je me **réveillai** en sursaut. **5.** Ils **applaudissaient** à tout rompre ma prestation ; je **saluai** en rougissant. **6.** Nous **prenions** la décision la plus importante de notre vie mais nous **restâmes** très calmes : tout **allait** bien se passer.

Ex. 3 ★☆☆ **Conjuguez les verbes entre parenthèses à l'imparfait de l'indicatif.**

1. Au Moyen Âge, les hommes (*gagner*) le cœur des femmes par des épreuves d'amour. **2.** Alors que nous (*maudire*) nos parents, nous nous rendîmes compte qu'ils nous (*surveiller*). **3.** Il (*commencer*) à pleuvoir lorsque nous partîmes. **4.** Enfant, tu (*résoudre*) tous tes problèmes sans calculatrice. **5.** Le soir, maman (*éteindre*) toutes les lumières et nous (*craindre*) alors que des bêtes surgissent : nous (*rappuyer*) sur l'interrupteur dès son départ. **6.** Je (*manger*) avec beaucoup d'appétit, et (*remercier*) toujours mon père pour ce bon repas.

Ex. 4 ★☆☆ **Conjuguez les verbes entre parenthèses au passé simple de l'indicatif.**

1. On ne (*savoir*) jamais ce qu'il (*advenir*) du marin qui (*disparaître*) en mars 1654. **2.** Nous (*connaître*) beaucoup de joies dans notre vie, mais nous (*vivre*) un événement fabuleux ce jour-là. **3.** Ils (*rendre*) visite à leurs amis d'enfance et (*passer*) deux semaines inoubliables. **4.** Face à la directrice qui m'intimidait, je me (*taire*). **5.** Ce jour-là, je (*boire*) un café avec des amis, ici même : je ne (*savoir*) qu'après ce qui allait m'arriver. **6.** Les enfants (*tenir*) conseil le soir même et ils (*résoudre*) de ne faire qu'une bêtise par jour. **7.** Elle (*saisir*) la main de son enfant et (*atteindre*) la passerelle.

Ex. 5 ★★☆ **a) Dans les phrases suivantes tirées des *Mots* de Jean-Paul Sartre, transposez au passé simple les verbes à l'imparfait et inversement. b) Quel est l'effet produit par ce changement ?**

1. Je **faisais** pourtant de vraies lectures [...] ; de celles-là, je ne **parlais** à personne, personne, sauf ma mère, ne m'en **parlait**.
2. Anne-Marie **s'arrêta** comme par hasard devant le kiosque [...]. Je **vis** des images merveilleuses, leurs couleurs criardes me **fascinèrent**, je les **réclamai**, je les **obtins**.
3. Quand je les **ouvrais** j'**oubliais** tout. [...] de mon abolition **naissaient** aussitôt des indigènes munis de sagaies, la brousse, un explorateur casqué de blanc.
4. Le Nouveau Monde **semblait** d'abord plus inquiétant que l'Ancien : on y **pillait**, on y **tuait** ; le sang **coulait** à flots. Des Indiens, des Hindous, des Mohicans, des Hottentots **ravissaient** la jeune fille, **ligotaient** son vieux père et **se promettaient** de le faire périr dans les plus atroces supplices.

Ex. 6 ★★☆ **Dans les phrases suivantes, complétez si nécessaire les formes verbales. Elles sont conjuguées à l'imparfait ou au passé simple.**

1. Tu boug...ais beaucoup. **2.** Nous mang...ions en ville. **3.** Nous mang...âmes très tard. **4.** Nous balay...ions le sol. **5.** Tu ne nous dérang...ais pas. **6.** Le dérang...as-tu ? **7.** Vous cri...ez tout le temps ? **8.** Le chien grogn...ait. **9.** Nous gagn...ons à tous les coups. **10.** Vous tri...ez les documents. **11.** Tu plong...as dans la piscine. **12.** Nous voy...ons bien que quelque chose n'allait pas.

Écrire

Ex. 7 ★★☆ **Imaginez un bref texte centré sur une activité entre amis, ou en famille, composé de deux parties. La première commencera par *Tous les jours, je ...* et la seconde par *Un jour, je ...* .**

Les temps composés de l'indicatif : formation

Numérique
Retrouvez une carte mentale à compléter pour réviser votre leçon sur LLS.fr/FR3TpsComposés

Observer

Ex. 1 ★☆☆ **a) Grâce aux exemples suivants, rappelez comment se forme un temps composé. b) En observant l'auxiliaire, dites à quel temps simple correspond chacun des temps utilisés. c) Identifiez les temps composés.**

1. Il sera parti. 2. Nous avions beaucoup ri. 3. Quand il eut appris la nouvelle, il sortit.

Leçon

Voir p. 345 pour les accords du participe passé

- Un temps composé est formé de **deux parties** : un **auxiliaire** (*avoir* ou *être*) conjugué au temps simple correspondant et le **participe passé** du verbe à conjuguer. • *Courir : j'ai couru.*
- Le participe passé d'un verbe se termine :
  - par ***-é*** pour les verbes du 1er groupe.
  - par ***-i*** pour les verbes du 2e groupe.
  - par ***-i, -is, -t, -u*** et ***-us*** pour les verbes du 3e groupe.
- L'**auxiliaire** est la partie du verbe qui **se conjugue**. • *J'**ai** couru, tu **as** couru,* etc.
- **À chaque temps simple correspond un temps composé.**

Voir p. 326 pour le présent et le futur

Voir p. 328 pour l'imparfait et le passé simple

Temps simples		Temps composés	
Présent	*Je rêve / Je pars*	Passé composé	*J'ai rêvé / Je suis parti(e)*
Imparfait	*Je rêvais / Je partais*	Plus-que-parfait	*J'avais rêvé / J'étais parti(e)*
Passé simple	*Je rêvai / Je partis*	Passé antérieur	*J'eus rêvé / Je fus parti(e)*
Futur	*Je rêverai / Je partirai*	Futur antérieur	*J'aurai rêvé / Je serai parti(e)*

S'exercer

Ex. 2 ★★☆ **Conjuguez chacun des verbes suivants aux quatre temps composés en gardant la personne employée.**

1. Je me change. 2. Tu veux. 3. Elle naît. 4. Nous apprenons. 5. Vous allez. 6. Ils sont.

Ex. 3 ★★☆ **Dans ce texte, relevez les verbes conjugués à un temps composé et précisez ce temps.**

Les conditions n'allaient pas s'arranger, avait prévenu la présentatrice de la météo. Effectivement, tout semblait reposer sous une épaisse couche de glace quand je me réveillai le lendemain. Il aura neigé suffisamment pour prendre la luge, pensai-je intérieurement. « Tu as mis ton écharpe, tu as emporté tes gants ? » Ma mère semblait oublier que je n'avais plus cinq ans ! Dès qu'elle eut fermé la porte, je m'empressai de rejoindre mes amis en courant.

Écrire

Ex. 4 ★★☆ **Écrivez un court texte au plus-que-parfait qui raconte une de vos vies antérieures. Employez au moins dix verbes conjugués différents.**

J'avais une vie toute simple désormais mais dans une autre vie, j'avais été…

Numérique

Retrouvez une fiche à compléter pour réviser votre leçon sur LLS.fr/FR3ValeursTpsSimples

Le présent et le futur de l'indicatif : valeurs

Observer

Ex. 1 ★☆☆ **a) En vous appuyant sur ces phrases, rappelez les différents emplois du présent et du futur de l'indicatif. b) Connaissez-vous d'autres emplois que ceux exprimés dans ces phrases ?**

« Je me sens fiévreux : demain je vois un médecin. C'est toujours pareil : chaque Noël, je suis malade.
– Tu feras tout de même les courses ?
– Oui, mais tu me prépareras une liste. »

Leçon

Valeurs du présent

Valeur	Définition	Exemple
Énonciation ou actualité	Il exprime une action qui a lieu **au moment où elle est énoncée.**	*Nous **sommes** en Turquie.*
Habitude	Il exprime un fait qui **se répète.**	*Tous les étés, ils **vont** à Bodrum.*
Vérité générale	Il exprime un fait qui est **toujours vrai**, qui n'est pas lié à un moment précis.	*L'eau **bout** à 100 °C.*
Description	Il sert à **décrire.**	*Le soleil **miroite** sur la surface de l'eau.*
Narration	Il est utilisé dans un **récit au passé**, il sert à rendre une **scène plus vivante.**	*Christophe Colomb naviguait depuis deux mois. Soudain, il **aperçoit** un rivage !*
Passé proche et futur (proche et éloigné)	Il exprime une action qui **vient de se produire** ou qui **va se produire** bientôt ou plus tard.	*Je **rentre** juste de vacances.* *Je **pars** dans cinq minutes (futur proche).* *Cet été, je **pars** au Canada (futur éloigné).*

Valeurs du futur

Il permet de situer un fait dans **l'avenir.**	*Il prévient qu'il **rentrera** tard.*
Il peut exprimer un **ordre** ou un **conseil.**	*Tu **penseras** à faire les courses.*
Il permet de formuler une **promesse**, une **prédiction.**	*Je **prendrai** soin de toi.*

S'exercer

Ex. 2 ★☆☆ **Donnez la valeur du futur.**

1. Nous ferons en sorte que tout se passe bien. **2.** Je penserai à toi pendant ton match. **3.** Vous rangerez vos chambres avant ce soir. **4.** Demain, nous viendrons goûter avec les enfants. **5.** Vous n'oublierez pas de vous hydrater. **6.** Ils ne fêteront pas la nouvelle année avec nous. **7.** La reprise sera dure le lendemain. **8.** Tu viendras ?

Ex. 3 ★★☆ **Précisez la valeur de chaque présent.**

1. Un triangle isocèle a deux côtés égaux. **2.** Il est huit heures, je dois partir. **3.** Le 1er septembre 1939, l'Allemagne envahit la Pologne. **4.** Chaque nuit, dès que minuit sonne, je m'en vais. **5.** Les élèves quittent tout juste la cour de récréation : ils entrent en retard en classe. **6.** Je termine les cours demain.

L'imparfait et le passé simple de l'indicatif : valeurs

Numérique
Retrouvez une fiche à compléter pour réviser votre leçon sur LLS.fr/FR3ValeursTpsSimples

Observer

Ex. 1 ★☆☆ **a) En vous appuyant sur le texte, rappelez les différents emplois de l'imparfait et du passé simple de l'indicatif. b) Remplacez le passé simple par le passé composé. Quel temps vous paraît le plus adapté pour l'oral ? pour l'écrit ?**

Tous les dimanches, on rendait visite à ma grand-mère. Ce jour-là, l'atmosphère était légère car on fêtait mon anniversaire. En arrivant, je sautai de joie car ma grand-mère préparait mon gâteau préféré. Je courus l'embrasser, puis on mit la table.

Leçon

Voir p. 328 pour la formation de l'imparfait et du passé simple

Imparfait	Passé simple
Arrière-plan Actions secondaires qui ne font pas avancer l'histoire (ex : descriptions, portraits). *L'horizon **s'assombrissait** rapidement.*	**Premier plan** Actions principales qui font avancer l'histoire. *Soudain, une porte **claqua**. Une ombre **s'avança**.*
Actions inachevées *Elle **régnait** depuis vingt ans.*	**Actions achevées** *Elle **régna** pendant vingt ans.*
Actions répétées, habitudes dans le passé *Il **prenait** le bus de 7 h 32.*	**Actions uniques, ponctuelles** *Il **prit** le bus de 7 h 32.*
Actions simultanées *Elle **déjeunait** et **préparait** sa réunion.*	**Actions successives** *Elle **déjeuna** et **prépara** sa réunion.*

Voir p. 330 pour la formation du passé composé

→ REMARQUE : à l'oral, le passé simple est souvent remplacé par le passé composé.

S'exercer

Ex. 2 ★☆☆ **Pour chaque verbe en gras, précisez le temps et la valeur dans ce contexte.**

En écoutant son transistor [...] le vieux Joseph, qui venait d'atteindre ses quatre-vingts ans, **apprit**, en plein après-midi, qu'une voiture piégée venait d'exploser dans le quartier où **habitait** Annette. Il **chercha** à quitter la colline et à descendre au plus tôt vers la capitale. Haletant, bouleversé, il **frappa** aux portes des voisins possesseurs d'un véhicule. La plupart **étaient** absents, d'autres **hésitaient** devant cette plongée dans l'enfer.

Andrée Chedid, *L'Enfant multiple*, 1989.

Ex. 3 ★★☆ **a) Conjuguez à l'imparfait ou au passé simple les verbes entre parenthèses, en justifiant vos choix. b) Imaginez la suite de l'extrait.**

Par une sinistre nuit de novembre, je (*parvenir*) à mettre un terme à mes travaux. Avec une anxiété qui me (*rapprocher*) de l'agonie, je (*rassembler*) autour de moi les instruments qui (*devoir*) donner la vie [...]. Il (*être*) une heure du matin et la pluie (*frapper*) lugubrement contre les vitres. Ma bougie (*aller*) s'éteindre lorsque tout d'un coup [...] je (*voir*) s'ouvrir l'œil jaune stupide de la créature.

Mary Shelley, *Frankenstein*, 1818.

Numérique

Retrouvez une carte mentale à compléter pour réviser votre leçon sur LLS.fr/FR3TpsComposés

Les temps composés de l'indicatif : valeurs

Observer

Ex. 1 ★☆☆ **a) Repérez les verbes conjugués dans ces deux phrases : à quels temps sont-ils conjugués ? b) Quel rapport entretiennent la 1re et la 2e dans chaque phrase ?**

1. Leïla acheta enfin le vélo électrique dont elle avait rêvé pendant des mois. **2.** Ilan et Martin partiront faire un tour du monde quand ils auront fini leurs études.

Leçon

Voir p. 330 pour la formation des temps composés

Un temps composé permet d'exprimer :
- un **fait antérieur à un autre** exprimé au temps simple correspondant ;
- une action **achevée**, terminée.

Antériorité		
	Action 1	*Action 2*
*Je mange la pizza que **j'ai préparée**.*	ai préparée (passé composé)	*mange (présent)*
*Je portais le foulard que **j'avais acheté**.*	avais acheté (plus-que-parfait)	*portais (imparfait)*
*Lorsqu'elle **l'eut quitté**, elle s'effondra.*	eut quitté (passé antérieur)	*s'effondra (passé simple)*
*Il partira quand il **aura terminé**.*	aura terminé (futur antérieur)	*partira (futur)*
Action achevée		
*Il est 18h, **j'ai fait** mes devoirs.*	≠ Je fais mes devoirs (je suis en train de les faire).	
*Hier soir, **j'avais fait** mes devoirs.*	≠ Hier soir, je faisais mes devoirs.	

- Le **futur antérieur** exprime également :
  - une **supposition** • *J'ai oublié d'éteindre en partant... Sarah l'aura sans doute fait pour moi.*
  - un **ordre** • *Pour demain, vous aurez fait les exercices.*

S'exercer

Ex. 2 ★★☆ **Indiquez la valeur du futur antérieur dans chacune des phrases suivantes.**

1. Elle n'est pas venue hier : elle aura sans doute été malade. **2.** Vous aurez lu ce livre pour la rentrée. **3.** Dès que leurs parents seront partis, ils allumeront la télévision. **4.** Dans un mois, tu auras terminé tes examens et tu seras en vacances.

Ex. 3 ★★☆ **a) Réécrivez ce texte en l'introduisant ainsi : *Vous pourrez sortir quand...* b) Ajoutez trois obligations de votre imagination. Vous utiliserez au moins trois verbes différents.**

Vous ferez vos exercices, vous apprendrez vos leçons. Les lumières seront éteintes. Vous rangerez la maison. Nathan sortira la poubelle et Hakim s'habillera autrement.

Le conditionnel

Numérique

Retrouvez une carte mentale à compléter pour réviser votre leçon sur **LLS.fr/FR3ModesVerbe**

Observer

Ex. 1 ★☆☆ **a) Entre la phrase 1 et la phrase 2, laquelle donne le plus l'impression que Freida peut finir tard ? b) Dans la phrase 3, peut-on savoir si Freida a fini tard ou non ?**

1. Si Freida finit tard, nous irons la chercher
2. Si Freida finissait tard, nous irions la chercher
3. Si Freida avait fini tard, nous serions allés la chercher.

Leçon

Formation

Voir p. 326 pour la formation du futur

Voir p. 328 pour la formation de l'imparfait

Voir p. 345 pour les accords du participe passé

Le mode conditionnel possède **deux temps** : le **présent** et le **passé**
Pour vous aider à conjuguer au conditionnel, vous pouvez commencer la phrase par l'expression « S'il était riche ». Le verbe qui suit est nécessairement au conditionnel.

› **Présent** = radical du verbe au **futur** ⊕ terminaisons de l'**imparfait**

› **Passé** = **auxiliaire** au **présent du conditionnel** ⊕ **participe passé**

	Aimer	Finir	Être	Pouvoir
Futur de l'indicatif	j'aimer**ai**	tu finir**as**	il ser**a**	nous pourr**ons**
Présent du conditionnel	j'aimer**ais**	tu finir**ais**	il ser**ait**	nous pourr**ions**
Passé du conditionnel	j'aur**ais** aimé	tu aur**ais** fini	il aur**ait** été	nous aur**ions** pu

Valeurs

Présent du conditionnel

Fait incertain	*L'homme **serait** de retour chez lui* *En rentrant chez lui, il **aurait dit** à sa femme qu'il s'était perdu*
Fait imaginaire, rêvé	*On **habiterait** dans un palais, on **aurait** des tapis volants...* *J'**aurais voulu** être un artiste.*
Demande polie, souhait	*Je **voudrais** deux croissants, s'il vous plaît.* *J'**aurais voulu** vous parler.*

Valeur temporelle

Futur dans le passé	Il exprime une action à venir dans un contexte passé. *Je croyais qu'elle **viendrait**.* (contexte présent : *Je crois qu'elle viendra*)

Système hypothétique

Dans la proposition subordonnée introduite par *si*, le verbe n'est **jamais conjugué au conditionnel**, il est à l'indicatif. *On ne dit pas « Si j'aurais... » mais « Si j'avais ».*
L'hypothèse peut exprimer une action réalisable ou irréalisable, à l'aide de temps différents.

Voir p. 296 pour la proposition subordonnée circonstancielle d'hypothèse

› L'hypothèse porte sur **l'avenir** (l'action est **encore réalisable**).

	Proposition subordonnée	Proposition principale
Éventuel	*Si tu t'entraînes...* (présent de l'indicatif)	*... tu réussiras.* (futur de l'indicatif)
Potentiel	*Si tu t'entraînais...* (imparfait de l'indicatif)	*... tu **réussirais**.* (présent du conditionnel)

› L'hypothèse porte sur le **présent** (l'action n'est **pas réalisable**).

	Proposition subordonnée	Proposition principale
Irréel du présent	*Si j'étais riche...* (imparfait de l'indicatif)	*... je **ferais** le tour du monde.* (présent du conditionnel)

› L'hypothèse porte sur le **passé** (l'action n'est plus **réalisable**).

	Proposition subordonnée	Proposition principale
Irréel du passé	*Si j'avais été riche...* (plus-que-parfait de l'indicatif)	*... **j'aurais fait** le tour du monde.* (passé du conditionnel)

Numérique

Testez vos connaissances avec un quiz sur LLS.fr/FR3Quizconjug4

S'exercer

Ex. 2 ★☆☆ **Mettez les verbes suivants : a) à l'infinitif b) au conditionnel présent c) au conditionnel passé.**

1. J'offrirai. 2. Tu voyais. 3. Il sut. 4. Nous prenions. 5. Vous nous rejoignez. 6. Qu'ils attendent.

Ex. 3 ★☆☆ **Dans la liste suivante, quels sont les verbes conjugués au conditionnel ?**

1. Vous dévoreriez. 2. Nous préparions. 3. Tu irais. 4. Je prierai. 5. Ils prépareront. 6. Il écrirait. 7. Je préparerais. 8. Vous éclairiez.

Ex. 4 ★☆☆ **Précisez la valeur des conditionnels.**

1. Pourriez-vous me prêter votre portable ? 2. Déterminée, la mère déclara à son fils qu'il ne sortirait pas de table tant qu'il n'aurait pas fini son assiette. 3. Des incidents auraient eu lieu à la frontière syrienne. 4. Nous habiterions un palais sous la mer et tu serais le roi. 5. Si nous avions deux jours de plus, nous visiterions le *British Museum*. 6. Alice aimerait vivre en Bretagne.

Ex. 5 ★★☆ **a) Réécrivez ce texte en commençant par *Ce matin-là, je t'attendais...* et conjuguez les verbes aux temps nécessaires. b) Dans le texte transformé, quels temps identifiez-vous ? c) Quelle est la valeur du conditionnel dans ce texte ?**

Ce matin, je t'attends avec impatience : j'espère que tu me conduiras jusqu'à votre nouvelle maison et que vous me ferez visiter les lieux. Je pense que nous irons ensuite nous promener dans la forêt qui borde le jardin.

Ex. 6 ★★☆ **Réécrivez le texte suivant, en mettant le premier verbe au plus-que-parfait.**

> Si le train la conduisait à Chicago, elle irait jusqu'à Chicago et deviendrait scénariste, ou trouverait du travail comme starlette de cinéma – en mettant les choses au pire elle irait jusqu'à faire du théâtre.
>
> Carson McCullers, *Frankie Addams*, 1946.

Ex. 7 ★★☆ **Conjuguez chaque verbe au temps qui convient : futur, futur antérieur, conditionnel présent ou conditionnel passé.**

1. On prévoit que le feu d'artifice (*débuter*) à 23h. 2. Julien nous promettait qu'il nous (*accompagner*) dès qu'il (*achever*) son travail. 3. Le cratère du volcan fumait : on pensait qu'une éruption (*se produire*) prochainement. 4. Le professeur nous prévient : « vous (*rendre*) un résumé après que vous (*finir*) le roman. »

Écrire

Ex. 8 ★★★ **a) Vous aimeriez que votre ami(e) vous accompagne à un rendez-vous important. Essayez de le / la convaincre en commençant vos phrases par *Si* suivi d'un verbe à l'imparfait. b) Votre ami(e) n'est pas venu(e) et le rendez-vous s'est mal passé. Formulez des reproches ou des regrets en commençant vos phrases par *Si* suivi d'un verbe au plus-que-parfait.**

L'impératif et le subjonctif

Numérique

Retrouvez une carte mentale à compléter pour réviser votre leçon sur LLS.fr/FR3ModesVerbe

Observer

Ex. 1 ★☆☆ **Mettez cette phrase à la 3e personne du singulier. a) Quel mode avez-vous utilisé ? b) Pourquoi ?**

Dépêche-toi !

Ex. 2 ★☆☆ **Grâce aux exemples ci-dessous, rappelez dans quels cas le subjonctif est le plus souvent utilisé.**

1. J'aimerais qu'**il vienne**. **2.** Je fais tout pour qu'**il vienne**. **3.** Nous préparons la maison avant qu'**il ne vienne**.

Leçon

L'impératif

Formation

Voir p. 326 pour la formation du présent de l'indicatif

› Le radical de **l'impératif présent** est le **même que celui du présent de l'indicatif**.

› Il se conjugue sans **pronom** personnel sujet et uniquement à trois personnes : 2e personne de singulier, 2e et 3e personnes du pluriel.

› Les **terminaisons** sont :

› 1er groupe : *mang**e**, mange**ons**, mang**ez*** › 2e et 3e groupes : *sor**s**, sort**ons**, sort**ez***

→ REMARQUES :

- si le mot qui suit le verbe est un pronom, on met un tiret • *Regarde-le.*
- les verbes *avoir* et *être* sont irréguliers • *Aie, ayons, ayez* • *Sois, soyons, soyez.*
- il n'y a pas de -s à la 2e personne du singulier pour les verbes du 1er groupe • *Tu manges → Mange !*
- quand le verbe se termine par une voyelle, on ajoute néanmoins un -s, mais seulement devant « en » et « y » • *Donne → Don**nes**-en ! Va → Va**s**-y !*

Valeurs

Voir p. 290 pour les types de phrase

› L'impératif s'emploie dans des phrases de type injonctif et sert donc à exprimer un **ordre** (*Arrête !*), un **conseil** (*Repose-toi*), une **demande** (*Aide-moi*), une **interdiction** (*N'y touche pas !*).

› L'impératif **passé** permet de donner un **ordre** en envisageant le moment où l'action **devra être accomplie** (*Soyez rentrés à minuit* = à minuit vous serez déjà à la maison).

Le subjonctif

Formation

Pour vous aider à conjuguer au subjonctif, vous pouvez commencer par l'expression « Il faut que » ou « Pourvu que ».

Numérique

Testez vos connaissances avec un quiz sur LLS.fr/FR3Quizconjug5

Subjonctif présent

Les **terminaisons** sont les **mêmes** pour tous les verbes, sauf ***être*** et ***avoir*** qui sont irréguliers.

	Chanter	Finir	Voir	Être	Avoir
que je	chante	finisse	voie	sois	aie
que tu	chantes	finisses	voies	sois	aies
qu'il	chante	finisse	voie	soit	ait
que nous	chantions	finissions	voyions	soyons	ayons
que vous	chantiez	finissiez	voyiez	soyez	ayez
qu'elles	chantent	finissent	voient	soient	aient

Subjonctif passé

Le subjonctif passé est un temps composé. Il se compose donc de deux éléments : **auxiliaire** (*avoir* ou *être*) au **présent du subjonctif** + **participe passé** du verbe

- *Avant qu'elle **ait déménagé** et qu'elle **soit partie**, je lui rendrai visite.*

Valeurs

Subjonctif présent

- **Souhait, volonté, ordre** → *J'aimerais qu'il **vienne**. **Puisses**-tu être content ! Qu'il **sorte** !*
- **Action incertaine** → *Je ne pense pas qu'il **vienne**. Crois-tu qu'il **vienne** ?*
- **Action à venir** → *Avant que tu ne **sortes**...*

Voir p. 296 pour les propositions subordonnées circonstancielles

Le subjonctif présent est conjugué à la suite de nombreuses **conjonctions de subordination** : *avant que*, *jusqu'à ce que* (temps), *bien que*, *quoique* (opposition), *pour que*, *afin que* (but), etc. Attention, la locution *après que* n'est pas suivie du subjonctif.

Subjonctif passé

› Il ajoute à ces valeurs une notion **d'antériorité**. • *Je veux que tu **sois rentré** à midi.*

› Il peut donc exprimer un **regret** (un souhait passé). • *Je regrette qu'il ne **soit** pas **venu**.*

S'exercer

Ex. 3 ★☆☆ **Conjuguez à toutes les personnes de l'impératif présent et du subjonctif présent et passé les verbes suivants.**

1. Aller 2. Courir 3. Peindre 4. Connaître.

Ex. 4 ★★☆ **Réécrivez ces injonctions en employant l'impératif puis le subjonctif. Attention, certaines formes ne sont pas transposables à l'impératif.**

1. Tu dois faire ton lit. 2. Vous ne serez pas en retard. 3. Il nous faut partir. 4. Elles se coucheront de bonne heure. 5. Il doit finir ses devoirs. 6. Tu n'as pas à discuter cette décision. 7. Je dois avoir confiance en elle. 8. Silence ! 9. Ne pas fumer.

Ex. 5 ★★★ **a) Transposez les phrases en conjuguant les verbes au subjonctif. b) Expliquez pourquoi le mode a été changé.**

1. Je crois que le moment est venu de révéler la vérité./Je ne crois pas que le moment... 2. Lisa a oublié ses affaires./Pourvu que Lisa... 3. Il sait que nous travaillons régulièrement./Il veut que nous... 4. Tu me vois sans tes lunettes./Il se peut que tu... 5. Elle te verra avant ton départ pour la réunion./Elle te verra avant que tu... 6. Je l'apprécie malgré ses étourderies./Je l'apprécie bien qu'il...

Écrire

Ex. 6 ★★☆ **Un père de famille conseille son enfant qui prépare sa valise avant un départ en vacances. Vous donnerez des consignes à la 2e personne du présent de l'impératif et du subjonctif.**

Exemple : *Ne prends pas trop de pulls ; il faut que ta valise soit moins lourde.*

La voix active et la voix passive

Observer

Ex. 1 ★☆☆ **a) Quelle est la phrase à la voix passive ? b) Comment le savez-vous ?**

1. Éléonore **est assise** à ma droite **2.** Nour **est venue** chez moi. **3.** Yasmine **est conduite** chez moi.

Leçon

Construction

Voix passive = **auxiliaire *être*** conjugué **au temps voulu** ⊕ le **participe passé** du verbe

	Voix active	Voix passive
Présent	*Les critiques **blessent** la réalisatrice.*	*La réalisatrice **est blessée** par les critiques.*
Passé simple	*Les critiques **blessèrent** la réalisatrice.*	*La réalisatrice **fut blessée** par les critiques.*
Passé composé	*Les critiques **ont blessé** la réalisatrice.*	*La réalisatrice **a été blessée** par les critiques.*

→ REMARQUES

› N'oubliez pas d'accorder le participe passé !

› Le **COD** d'une phrase à la **voix active** devient le **sujet** d'une phrase à la **voix passive**.

- *La pluie a arrosé la pelouse.* → *La pelouse **a été arrosée** par la pluie.*

Le **sujet** d'une phrase à la **voix active** devient le **complément d'agent** d'une phrase à la **voix passive**.

- *Les spectateurs acclameront la chanteuse.* → *La chanteuse **sera acclamée** par les spectateurs.*

Voir p. 282 pour le complément d'agent

› Ne confondez pas **voix passive** et **temps composés de la voix active**.

- *Angela est venue.* → Elle fait l'action : voix active.
- *Angela est conseillée.* → Elle subit l'action : voix passive (On conseille Angela).

Voir p. 330 pour la formation des temps composés

› À la phrase *Elle se fait critiquer par ses amis*, préférez la voix passive *Elle est critiquée par ses amis.*

S'exercer

Ex. 2 ★☆☆ **Relevez les verbes conjugués à la voix passive.**

1. Il sera reconnu. **2.** Elle a été blessée. **3.** Ils avaient été emprisonnés. **4.** Nous aurions perdu. **5.** Elle est sortie. **6.** Ils furent acceptés. **7.** Il est usé. **8.** Il se sera manifesté.

Ex. 3 ★★☆ **a) Identifiez à quel temps sont conjugués les verbes à la voix passive. b) Transposez les phrases à la voix active.**

1. Nous avions été aidés par nos parents. **2.** J'ai été séduite par sa manière de parler. **3.** Vous serez inscrite dans cette équipe. **4.** Les documents auraient été rapidement retrouvés si on les avait mieux rangés.

Ex. 4 ★★☆ **Mettez à la voix passive les phrases pour lesquelles cela est possible.**

1. Cet artiste m'avait particulièrement marquée.
2. Je suis née un 29 février.
3. On a délimité une zone de sécurité.
4. Il pleut des cordes aujourd'hui.
5. Paul a réparé ton ordinateur.
6. Paul est très serviable.

Testez-vous sur les temps simples de l'indicatif !

Conjugaison

Ex. 1 Relevez les verbes conjugués et nommez le temps. Lequel n'est pas conjugué à un temps simple ?

Le lendemain, Mme Kampf ne parla pas à Antoinette de la scène de la veille ; mais tout le temps que dura le déjeuner, elle s'attacha à faire sentir à sa fille sa mauvaise humeur par une série de ces brèves réprimandes où elle excellait quand elle était en colère.

– À quoi rêves-tu avec cette lèvre qui pend ? Une fille toujours dans les nuages ... Tu dois apprendre à écouter les observations sans faire la tête ... Tu ne daignes pas répondre ? Tu as avalé ta langue ?

Irène Némirovsky, *Le Bal*, 1929.

Ex. 2 Parmi ces verbes conjugués au présent de l'indicatif, il y a trois erreurs, à vous de les trouver et de les corriger.

1. Tu vois. 2. Nous appellons. 3. Nous criions. 4. Vous croyez. 5. Elles appuient. 6. J'atteinds.

Ex. 3 Transposez les phrases suivantes, extraites des *Misérables* de Victor Hugo, au présent de l'indicatif.

1. Jean Valjean lui jeta un coup d'œil pénétrant, mais il ne l'interrogea pas.
2. Cosette appuyait sa tête sur l'épaule du bonhomme.
3. Il [...] ôta ses souliers et ses bas qu'il jeta par-dessus la muraille, monta sur le massif de maçonnerie, et commença à s'élever dans l'angle du mur.
4. Pendant que ces voix chantaient, Jean Valjean ne songeait plus à rien. Il s'élança éperdu hors de la ruine.

Ex. 4 Parmi ces verbes au passé simple, il y a cinq erreurs. À vous de les trouver et de les corriger.

1. Je fis mes valises. 2. Il attrapat la grippe. 3. Il vint au match. 4. Nous prîmes notre route. 5. Ils suivèrent leur chemin. 6. Je décida de l'attendre. 7. Il s'évanouissa en apprenant la nouvelle. 8. Mon camarade eût fort peur.

Valeurs

Ex. 5 Conjuguez au passé simple ou à l'imparfait, selon le contexte, les verbes suivants.

J'(*aller*) au marché, lorsqu'il (*commencer*) à pleuvoir. Je (*prendre*) mon parapluie et (*sortir*). La place du marché (*grouiller*) de monde, les commerçants (*crier*) pour vendre leurs produits et les légumes (*s'entasser*) sur les étals. Je (*remarquer*) un petit producteur qui (*avoir*) de drôles de légumes. Un légume, qui (*ressembler*) à un brocoli, (*attirer*) mon attention. Nous n'en (*voir*) jamais de semblable ici ! Je (*décider*) d'essayer et l'(*acheter*).

Ex. 6 Justifiez l'emploi de l'imparfait ou du passé simple pour chacun des verbes de l'extrait suivant.

Il me fallut lever le camp. À cinq heures de marche de là, je n'avais toujours pas trouvé d'eau et rien ne pouvait donner l'espoir d'en trouver. C'était partout la même sécheresse, les mêmes herbes ligneuses. Il me sembla apercevoir dans le lointain une petite silhouette noire, debout. Je la pris pour un tronc d'arbre solitaire. À tout hasard, je me dirigeai vers elle. C'était un berger. Une trentaine de moutons couchés sur la terre brûlante se reposaient près de lui.

Il me fit boire à sa gourde et, un peu plus tard, il me conduisit à sa bergerie.

Jean Giono, *L'homme qui plantait des arbres*, 1953.

Synthèse

Ex. 7 Dans le texte suivant, identifiez le temps et la valeur de chacune des formes verbales en gras.

Du rapport d'un troupeau, dont il **vivait** sans soins
Se contenta longtemps un voisin d'Amphitrite.
Si sa fortune **était** petite,
Elle était sûre tout au moins.
À la fin les trésors déchargés sur la plage,
Le **tentèrent** si bien qu'il **vendit** son troupeau,
Trafiqua de l'argent, le **mit** entier sur l'eau
Cet argent **périt** par naufrage.
[...]
Ceci n'est pas un conte à plaisir inventé.
Je me **sers** de la vérité
Pour montrer par expérience,
Qu'un sou quand il est assuré,
Vaut mieux que cinq en espérance :
[...]
La Mer **promet** monts et merveilles
Fiez-vous-y, les vents et les voleurs **viendront**.

Jean de La Fontaine, « Le Berger et la Mer », *Fables*, 1668.

Testez-vous sur les temps composés !

Ex. 1 Nommez le temps composé utilisé.

1. Il eut fini. 2. J'avais cru. 3. Nous avons dessiné. 4. Elles auront grandi. 5. Ils ont vu. 6. Tu étais parti.

Ex. 2 ★☆☆ Nommez le temps, puis conjuguez le verbe au temps composé correspondant.

Exemple : *nous partons* (présent) → *nous sommes partis* (passé composé)
1. Tu transmets. 2. Vous partiez. 3. Elle tremblera. 4. Il déclara. 5. Ils allèrent. 6. Ils se promèneront.

Ex. 3 ★☆☆ Conjuguez les verbes entre parenthèses au temps composé approprié, en vous aidant du contexte.

1. Reconnais que tu ... (*changer*) d'avis. 2. Ils s'arrêtèrent dès qu'ils ... (*terminer*) de monter. 3. Quand il ... (*retrouver*) ses clefs, il pourra rentrer chez lui. 4. Il ... toujours ... (*savoir*) la vérité mais il ne voulait pas y croire. 5. Tu te souviendras qu'il ... (*être*) ton ami.

Ex. 4 Analysez les formes verbales suivantes (infinitif du verbe conjugué, précisions sur le temps et la personne).

1. On sera venu. 2. Il s'est coupé. 3. Nous avions espéré. 4. J'ai vécu. 5. J'avais su. 6. Tu eus pu. 7. Elles étaient venues.

Ex. 5 Transposez ces phrases au futur.

1. Une fois que la pluie a cessé, ils ont décidé de sortir. 2. Je la revis alors qu'elle avait fini ses études. 3. Il pleura de joie quand il reçut son prix. 4. Une fois qu'il fut parti, elles se mirent à comploter. 5. Après qu'elle a pris sa douche, elle prépare son petit-déjeuner.

Ex. 6 Dans les phrases suivantes, indiquez si les formes verbales présentent l'action comme achevée ou non.

1. Depuis qu'elle l'avait rencontré, elle n'était plus la même. 2. Elle rayonnait. 3. Elle l'a aimé de longues années. 4. Elle avait cru en lui. 5. Elle se perd dans les rues de Paris. 6. Lorsqu'il lui eut annoncé son départ pour New York, elle eut un long moment de flottement, se sentit vide de toute émotion, de tout désir. Depuis quelques mois seulement, elle reprenait pied dans la réalité du monde.

Ex. 7 Réécrivez cet extrait en mettant le premier verbe au présent de l'indicatif et en faisant toutes les modifications nécessaires.

Je savais qu'elle était fille d'un horloger juif de la steppe russe [...] ; qu'elle avait été très belle, qu'elle avait quitté sa famille à l'âge de seize ans ; qu'elle avait été mariée, divorcée, remariée, divorcée encore. [...] Elle connaissait notre langue remarquablement [...], elle n'avait jamais voulu m'expliquer où, comment, de qui, à quel moment de sa vie elle l'avait apprise.

Romain Gary, *La Promesse de l'aube*, 1960.

Ex. 8 Complétez cet extrait en choisissant le temps composé qui convient, selon le contexte.

Un jour, bien plus tard, alors que tu étais prise de nostalgie, tu revivais les heures avides et enchantées que tu (*connaître*) là, tu osas t'avouer que tu (*finir*) par le considérer comme un père. Un père que tu (*aimer*) ainsi qu'on aime à cet âge d'un amour entier, violent, absolu. La veille des vacances, tu (*quitter*) l'école et tu pleurais. Tes camarades s'(*moquer*) de toi.

D'après Charles Juliet, *Lambeaux*, 1995.

Ex. 9 Mettez le premier verbe de chaque phrase au plus-que-parfait et faites les modifications nécessaires.

1. J'ai résisté à la tentation de me resservir de dessert, mais quand ma tante me propose un chocolat, je ne peux pas lui dire non.
2. Les voisins se plaignent du bruit parce que j'invite des amis : pourtant nous ne sommes pas nombreux.
3. Nous sommes partis visiter un petit village de Sicile, mais quand nous arrivons au milieu du village, nous nous apercevons que la ruelle est trop étroite pour la voiture.
4. Ce héros de la Résistance a traversé de nombreuses épreuves. Il se souvient parfois du temps de la guerre, surtout quand il retrouve les amis qui combattaient avec lui.

Testez-vous sur les modes et les voix !

Le conditionnel

Ex. 1 Conjuguez le verbe entre parenthèses au temps correct, en prenant garde au temps de la subordonnée en *si*.

1. Si tout le monde était gentil, cela se (*savoir*).
2. Si tu veux me faire plaisir, (*reprendre*) des chocolats.
3. Si Dark Vador était ton père, tu (*devenir*) un Jedi.
4. Si elle avait été riche, elle (*avoir*) plus d'enfants.

Ex. 2 Transposez ces phrases du potentiel à l'irréel du passé.

Exemple : *Si tu venais, je serais content.* → *Si tu étais venu, j'aurais été content.*

1. Si tu avais bon goût, tu assortirais tes habits. 2. Si elle travaillait pour toi, tu y gagnerais. 3. Si vous la laissiez tranquille, elle ferait des miracles. 4. S'il s'entraînait sérieusement, il monterait sur le podium. 5. Si elle avait son bac, elle ferait des études d'art.

Ex. 3 Dans cet extrait, relevez chaque verbe conjugué au conditionnel et donnez son infinitif, sa forme (présent ou passé) et sa valeur.

> Si elle était destinée à grandir jusqu'à dix-huit ans, cela durerait encore cinq ans et deux mois. Donc, d'après ses calculs mathématiques, si elle ne trouvait d'ici là aucun moyen de s'arrêter, elle finirait par mesurer deux mètres soixante-quatorze. Et qu'est-ce que c'était qu'une personne qui mesurait deux mètres soixante-quatorze ? C'était un phénomène de foire. […] Elle aurait voulu être un garçon et faire la guerre dans les Marines. […] Elle avait décidé de donner son sang pour la Croix-rouge. Elle se sentait capable d'en donner un litre par semaine, et son sang coulerait dans les veines des Australiens, des combattants de la France libre et des Chinois, coulerait partout dans le monde et ce serait comme si elle était de la même famille que tous ces gens-là.
>
> Carson McCullers, *Frankie Addams*, 1946.

L'impératif et le subjonctif

Ex. 4 Identifiez chaque forme verbale en gras.

1. Je voudrais qu'**il fasse** beau pour mon anniversaire.
   ❐ Subjonctif passé. ❐ Subjonctif présent.
2. **Agis** dès que tu peux.
   ❐ Impératif présent. ❐ Subjonctif présent.
3. **Soyez rentrés** à 21h.
   ❐ Impératif présent. ❐ Impératif passé.
4. Avant que **vous soyez rentrés**, je ferai des crêpes.
   ❐ Impératif passé. ❐ Subjonctif passé.

Ex. 5 Conjuguez le verbe entre parenthèses au présent du subjonctif.

1. Il veut que tu (*être*) sage. 2. Nous souhaitons que vous (*faire*) bon voyage. 3. Il faut qu'on (*parler*). 4. Il faut qu'on (*apprendre*) à se connaître. 5. J'ai peur que la tempête (*détruire*) la digue. 6. Qu'il (*aller*) chez le docteur !

Ex. 6 Choisissez la valeur du subjonctif qui correspond le mieux à l'emploi du verbe en gras : souhait, supposition, injonction ou regret ?

1. Que New York **laisse** affluer le sang noir dans son sang. (Léopold Sédar Senghor) 2. C'est mon frère – et le tien que tu le **veuilles** ou non. (Sophocle) 3. **Puissent** les dieux prendre soin de vos jours ! (Sophocle)

Ex. 7 Donnez des ordres en utilisant les verbes suivants, à l'impératif ou au subjonctif selon le cas. Respectez les personnes demandées.

1. Réussir (1re personne du singulier.). 2. Dormir (2e personne du singulier). 3. Descendre du vélo (3e personne du singulier). 4. Réclamer de meilleurs salaires (1re personne du pluriel). 5. Jouer dans la cour (2e personne du pluriel). 6. Tenir ses promesses (3e personne du pluriel).

Voix active et voix passive

Ex. 8 Sélectionnez la bonne transposition de l'actif au passif ou du passif à l'actif, et justifiez votre choix.

1. La mère lisait tous les soirs une histoire à sa fille.
   a) Tous les soirs, la mère avait lu à sa fille une histoire.
   b) Tous les soirs, une histoirea était lue par la mère à sa fille.
2. Les champions sont reçus par la ministre des sports.
   a) La ministre des Sports a reçu les champions.
   b) La ministre des Sports reçoit les champions.
3. L'artiste a salué la foule rassemblée devant l'hôtel.
   a) La foule rassemblée devant l'hôtel a été saluée par l'artiste.
   b) La foule rassemblée devant l'hôtel est saluée par l'artiste.

Les accords dans le groupe nominal

Observer

Ex. 1 ★☆☆ **Repérez le nom composé. À votre avis, pourquoi la première partie du mot ne s'accorde-t-elle pas ?**

Mon père est mécanicien sur des porte-avions. Je ne le vois pas beaucoup.

Ex. 2 ★☆☆ **a) Relevez le nom composé de ce texte. b) À quoi l'avez-vous reconnu ? c) Quelle est la classe grammaticale des mots qui le composent ? Comment écririez-vous ce mot au pluriel ? Expliquez votre choix.**

Elle prit tout à coup la main de Francine, et sa voix, comme celle du premier rouge-gorge qui chante après l'orage, laissa échapper lentement ces paroles.

Honoré de Balzac, *Les Chouans*, 1829.

Leçon

L'accord des déterminants

Voir p. 354 pour le mot *tout*

› Lorsqu'ils sont **déterminants,** *nul*, *quelque* et *tout*, s'accordent (comme tout déterminant) avec le nom qu'ils accompagnent. • *Nul argument, nulle idée* • *Tous les jours, toute personne.*

› Les déterminants *chaque*, *aucun* et *nul* ne peuvent introduire qu'un nom au singulier ; ils n'existent donc qu'au **singulier**. • *Chaque jour, aucune minute.*

L'accord des adjectifs

› L'adjectif qualificatif **s'accorde en genre et en nombre avec le nom** auquel il se rapporte.

• *Les imposantes fortifications* ***édifiées*** *sous Louis XI tiennent encore.*

› Il y a cependant quelques exceptions. Restent **invariables** :

› les adjectifs *mi-*, *demi-*, *semi-* et *nu-* lorsqu'ils **précèdent le nom** et sont adjoints à lui **avec un trait d'union** ;

Voir p. 354 pour le mot *demi*

• *Une* ***demi****-heure* (mais on écrira *« Une heure et demie »*) • *Il marche* ***nu****-pieds* (mais on écrira *« Il marche pieds nus »*).

› les adjectifs **de couleur provenant d'un nom** ;

• *Des chaussures* ***marron*** • *Des gants* ***orange*** • *Des cheveux* ***paille****.*

→ Il y a cependant quelques exceptions : *rose*, *mauve*, *pourpre* et *écarlate* s'accordent.

• *Les gants* ***roses****.*

› les adjectifs de **couleur composés** qui associent deux adjectifs (reliés par un trait d'union) ou un nom et un adjectif (sans trait d'union).

• *Des yeux* ***gris-bleu*** (deux adjectifs) • *Des* ***yeux bleu clair*** (nom + adjectif = d'un bleu clair).

Cas des adjectifs composés

› Les deux parties reliées par un trait d'union s'accordent si ce sont des adjectifs ; si l'une des partie est invariable, seul l'adjectif s'accorde.

• *Des sauces aigre****s****-douce****s*** • *Des enfants mal-aimé****s*** *(mal = adverbe).*

Numérique

Testez vos connaissances avec un quiz sur LLS.fr/FR3Quizortho1

Le pluriel des noms composés

Un nom composé est un nom formé de **deux mots** (ou plus).

> Parfois la suture est ancienne et **ne se voit plus.** • *Des portemanteaux.*

> Parfois le « point de suture » est encore visible avec le **trait d'union** et la greffe n'a pas encore totalement pris : les deux parties du mot gardent une **certaine indépendance**.

> Dans ce cas, si la première partie du mot était à l'origine un **nom** ou un **adjectif**, elle s'accorde.
• *Un coffre-fort, des coffre**s**-fort**s*** • *Un beau-frère, des beau**x**-frère**s**.*

Mais • *Un porte-avion, des porte-avion**s*** (*porte* = verbe) • *des avant-première**s*** (*avant* = préposition).

> Si la deuxième partie n'invite pas à l'accord au pluriel, elle demeure toujours au singulier.
• *Un appui-tête, des appuis-tête (= des appuis pour une tête)*

S'exercer

Ex. 3 ★☆☆ **Accordez les déterminants indéfinis.**

1. (*Tout*) les jours apportent leur lot de difficultés. 2. (*Aucun*) jour ne se passe sans que je sois ennuyé. 3. (*Chaque*) chose en son temps ! 4. Il ne lui reste plus que (*quelque*) exercices à faire. 5. L'enfant ne souhaite s'inscrire à (*nul*) autre activité. 6. Il doit rentrer à (*tel*) heure, (*tel*) jour, avec (*tel*) personne.

Ex. 4 ★☆☆ **Transposez les verbes au participe passé pour obtenir des adjectifs et accordez-les avec le nom qu'ils complètent.**

1. Les airs (*connaître*) du public sont repris en chœur. 2. La baisse s'explique à la suite des accords (*convenir*) entre les deux grandes puissances. 3. Les déménageurs ne pouvaient soulever les caisses (*surcharger*) de livres. 4. Les réprimandes (*entendre*) et les châtiments (*subir*) à longueur de journée ont traumatisé l'enfant.

Ex. 5 ★☆☆ **Accordez les adjectifs ou les participes passés en fonction des noms qu'ils complètent.**

On perçoit des figures (*rougeoyant*) ou (*livide*), avec des salissures qui les balafrent, (*trouer*) par des veilleuses d'yeux (*brouiller*) et (*coller*) au bord, (*embroussailler*) de barbes non (*tailler*) ou (*encrasser*) de poils non (*raser*).

D'après Henri Barbusse, *Le Feu*, 1916.

Ex. 6 ★★☆ **Accordez si nécessaire les adjectifs composés entre parenthèses.**

1. Une émotion (doux-amer). 2. L'(avant-dernier) version. 3. Des garçons (sourd-muet). 4. Une tante (bien-aimé). 5. Des chevaux (pur-sang). 6. Des régions (sous-développé). 7. Une couverture (jaune clair).

Ex. 7 ★★☆ **Accordez si nécessaire les noms composés.**

1. Nous avons installé de nouvelles (*porte-fenêtre*).
2. Les (*garde-champêtre*) de la forêt ont surpris des braconniers ce matin.
3. Les (*brise-glace*) avancent lentement sur la banquise.
4. Julie vend des lampes et des (*abat-jour*).
5. Les (*chasse-neige*) passent depuis ce matin.
6. Le marché de l'immobilier s'envole dans les (*centre-ville*).
7. Ne me dis pas que tu as fait tomber la boîte de (*cure-dent*) dans la salade de fruits...

Ex. 8 ★★☆ **Corrigez les dix fautes dans le groupe nominal.**

Les bijou... Elle en avait un coffre plein... Kampf disait que c'étaient les plus sûr placements... Elle mit son grand collier de perle à deux rang, toute ses bagues, à chaques bras des bracelets de diamant énorme qui les emprisonnaient des poignets jusqu'au coudes. Elle recula de quelque pas, se regarda avec un sourire joyeux... La vie commençait, enfin !

D'après Irène Némirovsky, *Le Bal*, 1929.

Écrire

Ex. 9 ★★★ **Au fond d'une petite ruelle, vous avez découvert une boutique qui vend absolument de tout. Décrivez-la.**

Vous devrez employer au moins :
- dix groupes nominaux au pluriel ;
- huit adjectifs de couleur (simples et composés) ;
- cinq noms composés.

Les accords avec le sujet

Observer

Ex. 1 ★☆☆ **Faites le bon accord et justifiez votre choix.**

1. Les guides de Chamonix *initie/initient* à l'escalade les jeunes qui *séjourne/séjournent* dans le centre.
2. Des montagnards, que l'annonce d'intempéries *inquiète/inquiètent*, *décale/décalent* leur expédition.
3. Une dizaine de randonneurs *part/partent* néanmoins.

Leçon

Voir p. 299 pour les subordonnées relatives

› Dans tous les cas, **le verbe s'accorde avec le sujet**.

› Dans une proposition subordonnée relative, il faut repérer **ce que reprend le pronom relatif** pour procéder à l'accord sujet-verbe. • *C'est toujours moi [qui **fais** les courses].*

› Attention aux pronoms COD placés avant le verbe, ils peuvent vous induire en erreur.
• *Je **les** trouve sympathiques.*

Accord du verbe avec un sujet indéfini

Beaucoup, combien, peu, la plupart	accord au pluriel	***Beaucoup** sont partis.* *Combien **sont restés** ?*
Moins de deux	accord au pluriel	*Moins de deux **sont arrivés**.*
Chacun, nul, aucun	*accord au singulier*	*Chacun **donnera** son avis.*
Plus d'un (deux, trois, etc.)	*accord au singulier*	*Plus d'un **partira**.*

Accord du verbe avec les noms collectifs

› Avec les **noms collectifs**, le verbe s'accorde généralement au **singulier**.
• *La majorité des Français **se réjouit** de la victoire.*

› Le verbe peut néanmoins être accordé au **pluriel** si le nom collectif est précédé d'un **article indéfini**.
• *Une majorité de Français **se réjouit**.* • *Une majorité de Français **se réjouissent**.*

› Enfin, le verbe est au **pluriel** quand le nom désigne un **nombre**.
• *Une douzaine d'élèves **sont venues**.*

S'exercer

Ex. 2 ★★☆ **Accordez les verbes comme il convient, au présent de l'indicatif.**

1. Toi qui (*aimer*) tant voyager, fais vite tes bagages ! **2.** Lequel d'entre vous (*commencer*) ? **3.** De la terre (*sortir*) des gerbes de feu. **4.** Aucun de vous ne (*dire*) ce qu'il pense réellement. **5.** Le bol de riz que les associations (*distribuer*) (*constituer*) pour certains l'unique repas de la journée. **6.** Je les (*emmener*) au cinéma ce soir. **7.** La rangée d'arbres (*border*) la route.

Ex. 3 ★★☆ **En vous reportant éventuellement au tableau sur les sujets indéfinis, accordez les verbes comme il convient, au présent de l'indicatif.**

1. Chaque élève (*apporter*) son livre. **2.** Plus d'un Français sur trois (*souhaiter*) cette réforme. **3.** Moins de deux Français sur trois (*approuver*) cette réforme. **4.** Nul ne (*songer*) à l'avenir. **5.** Peu d'hommes (*souhaiter*) être à sa place. **6.** Combien de personnes (*s'engouffrer*) dans le métro chaque matin ? **7.** Beaucoup (*s'absenter*).

Les accords du participe passé

Numérique
Retrouvez une carte mentale à compléter pour réviser votre leçon sur
LLS.fr/FR3Accordparticipe

Observer

Ex. 1 ★☆☆ **Relevez les participes passés et justifiez leur orthographe.**

Sarah a réussi ses examens. Elle les a même brillamment réussis ! Une soirée sera organisée pour fêter son succès avec ses proches.

Leçon

Numérique
Testez vos connaissances avec un quiz sur
LLS.fr/FR3Quizortho2

Voir p. 342 pour l'accord de l'adjectif

Le participe passé employé comme adjectif

› Sans auxiliaire, le participe passé s'accorde comme un adjectif avec le nom qu'il détaille.
- *Les randonneurs expérimentés s'engagent sur un chemin dangereux. Retenus par l'orage, ils n'iront pas plus loin.*

Voir p. 347 pour les accords des participes passés des verbes pronominaux

Le participe passé employé avec l'auxiliaire être

› **Avec l'auxiliaire être, le participe passé s'accorde toujours avec le sujet.**
- *Les garçons sont partis en camp au mois d'août.* • *Les filles sont allées à la plage.*

Le participe passé employé avec l'auxiliaire avoir

› **Avec l'auxiliaire avoir, le participe passé ne s'accorde jamais avec le sujet.**
- *Ils ont cueilli des mûres.*

› Cependant, **il s'accorde avec le COD s'il y en a un**, et s'il est placé **avant le verbe**. On distingue trois situations :

› un pronom personnel COD • *Je les ai cueillies.*

› le pronom relatif COD ***que/qu'*** • *Les mûres que j'ai cueillies sont amères.*

› un COD en tête de phrase interrogative ou exclamative.
- *Quelle quantité ai-je cueillie ?* • *Quelle quantité importante j'ai cueillie !*

Voir p. 312 pour les reprises pronominales

› Le participe passé **ne s'accorde pas** :

› si le COD est le **pronom neutre *en*** • *Des livres, j'en **ai lu** beaucoup.*

› s'il s'agit d'un verbe impersonnel (*pleuvoir*, *neiger*, *venter*, *falloir*, *s'agir*, parfois *suffir*).
- *Quelle patience il **a fallu** !*

Cas du participe suivi d'un infinitif

La structure est plus complexe mais elle ne pose pas de problème si l'on se pose la bonne question : à quel verbe le COD se rapporte-t-il ?

- *Les enfants que j'**ai entendus** chanter...* : le pronom relatif *que* reprend *Les enfants* ; il est le COD du verbe conjugué *ai entendus* et non du verbe à l'infinitif *chanter* → *j'ai entendu* (quoi ?) *les enfants chanter* → le participe passé s'accorde.
- *Les difficultés qu'elles **ont dû** rencontrer...* : le pronom relatif *qu'* reprend *Les difficultés* ; il est le COD du verbe à l'infinitif *rencontrer* et non du verbe conjugué *ont dû* → *elles ont dû rencontrer* (quoi ?) *les difficultés* → le participe passé ne s'accorde pas.

→ REMARQUE : les participes passés ***fait*** et ***laissé*** sont **invariables** quand ils sont **suivis d'un infinitif.** • *Je les **ai entendus** chanter.* • *Je les **ai laissé** chanter.*

S'exercer

Ex. 2 ★☆☆ **a) Quelle est la particularité de ces deux verbes ? Aidez-vous du sujet. b) Que remarquez-vous concernant l'accord du participe passé ?**

1. Waouh ! Combien de mètres il a neigé !
2. Quels efforts il a fallu !

Ex. 3 ★☆☆ **Transformez les infinitifs entre parenthèses en participes passés, et accordez-les si nécessaire.**

1. Ils ont (*voyager*) pendant de longs mois.
2. Nous étions (*partir*) les premiers, mais nous sommes finalement les derniers !
3. L'enfant nous regardait bizarrement de ses yeux (*brouiller*) et (*coller*) au bord.
4. Je crois que c'est par ce passage que les garçons sont (*entrer*).
5. Je crois que c'est la grotte qu'ils ont (*visiter*).
6. Nous avons été (*déconcerter*) par sa remarque.
7. (*Envelopper*) dans une couverture, les petits ne semblaient plus souffrir du froid.

Ex. 4 ★★☆ **Transformez les infinitifs entre parenthèses en participes passés. Demandez-vous si le pronom en gras est COD ou COI avant d'accorder ou non.**

1. Ahmed, très amoureux d'Anastasia, **lui** a (*déclamer*) un poème.
2. Intégrer cette école, je **l**'ai longtemps (*vouloir*).
3. Elle **les** a chaleureusement (*remercier*) de leur accueil.
4. Cette maison, nous **l**'avons (construire) nous-mêmes.
5. Le maire **nous** a (*présenter*) ses meilleurs vœux à l'occasion de la rentrée.
6. L'assurance **nous** a (*rassurer*) en précisant que les frais seraient remboursés.

Ex. 5 ★★☆ **Dans ces phrases comprenant une proposition subordonnée relative, accordez si nécessaire le participe passé.**

1. La blessure qui a (*éloigner*) la championne olympique du bassin est enfin guérie.
2. La jeune femme qui était (*écarter*) de la compétition peut défendre à présent toutes ses chances.
3. L'employé a retrouvé les dossiers que la directrice avait (*égarer*).
4. L'assiette qu'ils nous ont (*tendre*) était en porcelaine.
5. La bouteille d'eau que tu as (*acheter*), où l'as-tu (*déposer*) ?

Ex. 6 ★★☆ **Accordez les participes passés si nécessaire.**

1. Elle a téléphoné... à ses parents pour les informer qu'elle était rentré... à la maison.
2. La surprise que ses amis lui avaient préparé... ne lui a pas franchement plu.
3. La viande que Sylvie a mangé... hier lui a donné... mal au ventre.
4. Tu l'as déjà perdu..., l'adresse que je t'avais donné... !
5. La maison a été vendu..., je ne sais pas trop qui l'a acheté... .
6. Sa leçon ? Je ne sais pas trop ce qu'il en a retenu... .
7. Voici le village où nous avons grandi... .
8. Cette maison se trouve beaucoup plus loin que je ne l'avais imaginé... .
9. Quelles photographies as-tu montré... à tes parents ?
10. Quelle bonne idée ils ont eu... !

Ex. 7 ★★★ **Identifiez le COD, transformez-le en pronom, puis accordez le participe passé si nécessaire.**

1. Jonathan a apporté des fleurs à sa mère hier soir.
2. Nous avons vu les enfants jouer dehors pendant toute la journée.
3. Amélie a proposé sa crêpe à Inès pour le goûter !
4. J'ai laissé ma fille à l'aéroport.
5. J'ai laissé ma fille prendre l'avion toute seule.
6. Éléonore a rangé ses affaires tout l'après-midi.
7. J'ai fait réparer la machine à laver.
8. Nous avons vu la forêt brûler.
9. J'ai découvert beaucoup de secrets pendant mon enquête.

Ex. 8 ★★★ **Observez la fin des participes passés et dites si l'orthographe est juste ou fausse. Justifiez en expliquant la règle qui est appliquée. Pour les phrases fausses, corrigez l'erreur.**

1. L'écrivaine a appréciée les commentaires élogieux sur son dernier roman. 2. Quelles affaires a-t-elle emportée pour le voyage ? 3. Ta fille a-t-elle endommagé la voiture ? 4. La jeune conductrice a prétexté un mauvais état des freins. 5. Les parents ne l'ont pas laissée dire. 6. Le garagiste leur a communiqué le coût des réparations. 7. Une partie des frais sera remboursé par notre assurance. 8. Les parents ont pardonné à leur fille, rassuré.

Les accords des participes passés des verbes pronominaux

Numérique

Retrouvez une carte mentale à compléter pour réviser votre leçon sur **LLS.fr/FR3Accordparticipe**

Observer

Ex. 1 ★☆☆ **a) Qui Margaux a-t-elle lavé dans la phrase 1 ? b) Qu'a-t-elle lavé dans la phrase 2 ? c) Observez le participe passé. Quel point commun avec la règle d'accord du participe passé employé avec l'auxiliaire *avoir* observez-vous ?**

1. Margaux s'est lavée. 2. Margaux s'est lavé les mains.

Leçon

Le verbe pronominal se construit avec **un pronom de la même personne que le sujet**, appelé **pronom réfléchi**. • *Il se promène dans la forêt.*

Accord des participes passés des verbes de forme pronominale

› Le participe passé **s'accorde avec le sujet du verbe :**

› si c'est un verbe qui n'existe **qu'à la forme pronominale** ;

• *Charlotte s'est **évanouie*** (le verbe **évanouir* n'existe pas).

› si c'est un verbe pronominal de **sens passif**.

• *Les tableaux se sont bien **vendus*** (Ils ne se sont pas vendus eux-mêmes, quelqu'un les a vendus).

› Le participe passé **s'accorde avec le COD s'il est placé avant le verbe et/ou s'il est le pronom réfléchi.**

• *Les lettres qu'ils se sont **écrites** ont été conservées* (Ils ont écrit quoi ? : *les lettres*).

• *Elle s'est **lavée*** (elle a lavé qui ? : s' = *elle-même*).

› Le participe passé **ne s'accorde pas avec le pronom réfléchi s'il est COI** et/ou **si le COD est après le verbe.** • *Ils se sont **téléphoné*** (Ils ont téléphoné à qui ? : *se* = à eux → COI).

• *Elle s'est **lavé** les mains* (Elle a lavé les mains de qui ? : de s' = *elle-même* → COI).

S'exercer

Ex. 2 ★★☆ **Conjuguez les verbes pronominaux suivants au passé composé et accordez les participes passés si nécessaire.**

1. Rachel (*se donner*) les moyens de réussir. 2. Les jeunes gens (*se regarder*) dans le miroir. 3. Sa meilleure amie (*s'affoler*) pour un rien. 4. Les malfaiteurs (*se jurer*) de ne plus recommencer. 5. Imane (*se fabriquer*) une horloge mécanique. 6. Clara (*se ridiculiser*) toute seule. 7. La rumeur (*se répandre*) dans toute la ville.

Ex. 3 ★★★ **Conjuguez les verbes pronominaux suivants au passé composé et accordez les participes passés si nécessaire.**

1. Les photos qu'ils (*s'envoyer*) sont vraiment belles. 2. Cette toile (*se vendre*) au prix fort. 3. Ils (*s'expliquer*) à propos de cette rumeur. 4. La batterie (*se recharger*) en moins d'une heure. 5. Les voleurs (*s'enfuir*) par un passage souterrain. 6. Nous (*se laver*) les mains à la fontaine. 7. Ils (*se donner*) rendez-vous dans dix ans. 8. Elles (*se rencontrer*) un soir d'automne, (*se raconter*) leurs petits secrets entre elles.

Numérique

Retrouvez une carte mentale à compléter pour réviser votre leçon sur **LLS.fr/FR3Homophoniesverbales**

Les terminaisons verbales homophones en [e] ou [ɛ]

Observer

Ex. 1 ★☆☆ **a) Relevez les verbes qui se terminent par le son [e] et identifiez leur forme verbale. b) Faites le même exercice avec les verbes qui se terminent par le son [ɛ].**

> Quand elle avait achevé son travail, Lætitia aimait s'arrêter à une terrasse de café pour regarder la foule qui s'engouffrait dans la bouche de métro.

Ex. 2 ★☆☆ **a) Entre les deux terminaisons, comment choisissez-vous la bonne réponse ? b) Identifiez le temps et le mode que vous avez sélectionnés.**

1. Le voyant si heureux, je *décid**ai**/**ais*** de ne rien révéler.
2. Je pense que je *parti**rai**/**rais*** tôt ou tard.

Leçon

Son	Temps, modes	Exemples	Explication	
[ɛ]	**Imparfait (indicatif)**	*Je/tu parl**ais**, il/elle parl**ait**, ils/elles parl**aient**.*	**-ais** est la terminaison de la 1re et de la 2e personne du singulier à l'imparfait de l'indicatif et au présent du conditionnel. **-ait** est la terminaison de la 3e personne du singulier aux mêmes temps. **-aient** est la terminaison de la 3e personne du pluriel aux mêmes temps également.	Pour ne plus hésiter entre les terminaisons de l'imparfait et du passé simple à la 1re personne, remplacez « je » par « il/elle » : *Je rang**eais** ma chambre.* → *Il rangeait ma chambre.* (action dans la durée ou répétée) *Je rang**eai** ma chambre.* → *Il rangea ma chambre.* (action brève et/ou ponctuelle)
	Présent (conditionnel)	*Je/tu parler**ais**, il/elle parler**ait**, ils/elles parler**aient**.*		
	Passé simple (indicatif)	*Je parl**ai**.*	**-ai** est la terminaison de la 1re personne du singulier au passé simple (verbes du 1er groupe) et au futur de l'indicatif (tous les groupes).	Pour ne plus hésiter entre les terminaisons du présent du conditionnel et du futur de l'indicatif à la 1re personne, remplacez également « je » par « il/elle » : *Je ranger**ais** bien ma chambre.* → *Il rangerait bien ma chambre.* (action possible) *Je ranger**ai** ma chambre.* → *Il rangera ma chambre.* (action dans le futur)
	Futur (indicatif)	*Je parler**ai**.*		

[ɛ]	***Être* au présent (indicatif)**	*Tu* ***es****,* *il/elle* ***est****.*	Pour ne plus hésiter entre « es/est » et « ai » (présent de l'indicatif), conjuguez l'auxiliaire à l'imparfait : *Tu* ***es*** *d'accord.* → *Tu étais d'accord.* *J'****ai*** *raison.* → *J'avais raison.*	
	***Avoir* au présent (indicatif)**	*J'****ai****.*	Pour ne plus hésiter entre les terminaisons de l'auxiliaire « avoir » au présent de l'indicatif et du subjonctif à la 1re personne, remplacez « je » par « nous » : *Il faut absolument que j'****aie*** *ce livre.* → *Il faut absolument que nous ayons ce livre.*	
	***Avoir* au présent (subjonctif)**	*Que j'****aie****,* *que tu* ***aies****,* *qu'il/elle* ***ait****,* *qu'ils/elles* ***aient****.*		
[e]	**Présent (indicatif)** **Futur (indicatif)** **Présent (impératif)**	*Vous parl****ez****.* *Vous parler****ez****.* *Parl****ez*** *!*	**-ez** est la marque de la 2e personne du pluriel au présent et au futur de l'indicatif et au présent de l'impératif.	
	Infinitif	*Il va parl****er****.*	**-er** est la terminaison des verbes du 1er groupe (et du verbe *aller* au 3e groupe).	Pour ne plus hésiter entre **-er** et **-é**, remplacez le verbe du 1er groupe par un verbe du 3e groupe : *Nous avons parlé.* → *Nous avons réussi.* *Nous voulons parler.* → *Nous voulons réussir.*
	Participe passé	*J'ai parl****é****.*	**-é** est la terminaison des participes passés des verbes du 1er groupe.	

S'exercer

Ex. 3 ★☆☆ **Ajoutez la terminaison *-ai*, *-ais*, ou *-ait* aux verbes suivants.**

1. Souvent, je me lev... très tard, car, à vrai dire, je pass... toute la nuit à jouer sur mon ordinateur. **2.** Tous les samedis matin, je fais... mes devoirs de la semaine puis j'all... jouer avec mes amis. **3.** Il dev... passer à la maison me donner les cours de la journée. **4.** Ce jour-là, je la rencontr... par hasard, tandis que je march... tranquillement dans la rue. **5.** Dans un mois j'aur... les résultats du brevet. **6.** Tu ne ser... pas malade par hasard ? **7.** Si j'en av... les moyens, je t'enverr... un bouquet de fleurs par jour. **8.** Ce matin j'ir... courir un peu en bord de mer.

Ex. 4 ★★☆ **Complétez par la terminaison *-ais* ou *-ai*.**

1. D'ordinaire, je me lev... pleine d'entrain et me prépar... dans la bonne humeur. **2.** Hier, il en fut tout autrement : n'ayant pas entendu la sonnerie, je me réveill... bien tardivement, renvers... tout le contenu de mon bol et quitt... la maison en catastrophe ! **3.** Chaque matin, je me motiv... pour l'étape de la journée. **4.** Apercevant le maillot jaune tout en haut du col, j'accélér... la cadence.

Ex. 5 ★★☆ **Complétez par la terminaison *-rai* ou *-rais*.**

1. Expliquez-moi où je me dirige... quand j'arrive... à l'aéroport. **2.** Je voud... un peu de silence ! **3.** Si j'avais le choix, je préfère... un voyage en Australie plutôt qu'aux États-Unis. **4.** Je reparti... dès qu'on aura dégagé la chaussée. **5.** Ah si j'avais su, qui sait ce que j'au... entrepris !

Ex. 6 ★★☆ **Distinguez ces homophonies : *ai* - *aie* (*ait* - *aient*) - *es* (*est*). Précisez s'il s'agit de l'auxiliaire *être* ou *avoir* et s'il est conjugué à l'indicatif ou au subjonctif.**

1. Je crois qu'il ... bien trop tard pour sortir. **2.** Je ne doute pas qu'il ... du courage face à l'épreuve. **3.** Tu dis que tu ... sûre et certaine de son témoignage ? **4.** Qu'ils ... tort ou non, il nous faut les suivre. **5.** Le jury n'a pas suivi l'avocat bien qu'il ... avancé de nombreuses circonstances atténuantes. **6.** Il prétend que je l'... poussé. volontairement.

Ex. 7 ★★☆ **Complétez par la terminaison qui correspond au son [e] ou [ɛ].**

1. Aujourd'hui, je suis all... au marché : maman m'av... envoy... achet... des olives et des artichauts. **2.** J'ét... fatigu... : j'av... couru toute la journée pour prépar... le départ. **3.** Ma sœur m'a contact... pour me demand... si j'av... des nouvelles de mon oncle. **4.** Je te raconter... demain : là je dois y all... . **5.** Si je pouv... , je te raconter... tout maintenant. **6.** S'il s'ét... concentr..., il ne se ser... pas tromp... .

Les autres terminaisons verbales homophones

Numérique

Retrouvez une carte mentale à compléter pour réviser votre leçon sur **LLS.fr/FR3Homophoniesverbales**

Observer

Ex. 1 ★☆☆ **a) Relevez les verbes conjugués avec le son [i] et identifiez les temps. b) Comment expliquez-vous la différence d'orthographe entre « ai agi » et « a dit » alors que les deux verbes sont conjugués au même temps ?**

> L'enfant se justifie comme il peut auprès de son père. « C'est vrai, j'ai mal agi, mais c'est mon cousin qui m'a dit que je pouvais utiliser l'ordinateur… »

Ex. 2 ★☆☆ **a) Entre les deux terminaisons, comment choisissez-vous la bonne réponse ? b) À quel temps et à quel mode sont conjuguées les formes verbales que vous avez sélectionnées ?**

1. Je voudrais tant qu'il me *croit/croie*.
2. Je remarquai son désarroi bien qu'il *fit/fît* tout pour n'en rien laisser paraître.

Leçon

Première partie

Son	Temps, modes	Exemples	Explication	
[i]	**Présent (indicatif)**	*Je crie, Tu cries, Il/elle crie.*	Tous les verbes du 1er groupe en **-ier/-yer**	Pour ne plus hésiter entre **-ie/-ies/ie** et **-is /-it**, mettez le verbe à l'infinitif : *Il cri_. → Il souhaite crier. → Il crie.* *Il écri_. → il souhaite écrire. → Il écrit.*
		Je/tu finis, il/elle finit.	Tous les verbes du 2e groupe	
		Je/tu écris, il/elle écrit.	Certains verbes du 3e groupe	
	Passé simple (indicatif)	*Je/tu finis, il/elle finit.*	Tous les verbes du 2e groupe	Pour distinguer le passé simple (indicatif) de l'imparfait du subjonctif (et savoir si l'on doit mettre un accent circonflexe sur le **i**) lorsque l'on écrit un verbe du 2e ou du 3e groupe à la 3e personne du singulier, on passe du temps simple à un temps composé : *Il a changé de trottoir dès qu'il m'a vue (indicatif). → dès qu'il me vit* (indicatif). *Il a changé de trottoir bien qu'il m'ait vu* (subjonctif). → *bien qu'il me vît* (subjonctif).
		Je/tu vis, il/elle vit.	Certains verbes du 3e groupe	
	Imparfait (subjonctif)	*Qu'il/elle finît.*	Tous les verbes du 2e groupe	
		Qu'il/elle vît.	Certains verbes du 3e groupe	
	Participe passé	*Fini.*	Tous les verbes du 2e groupe	Pour bien écrire les participes passés en -i, il faut les transposer au féminin pour entendre la consonne finale (s'il y en a une) : *Nous avons mis la table. → La table est mise.* *Nous avons dit la vérité. → La vérité est dite.*
		Suivi. Mis. Dit.	Certains verbes du 3e groupe	

Voir p. 345 pour l'accord du participe passé

Deuxième partie

Son	Temps, modes	Exemples	Explication	
[u]	**Passé simple (indicatif)**	*Je/tu voul**us**, il/elle voul**ut**.*	Certains verbes du 3e groupe	
	Participe passé	*Voulu. Inclus.*	Certains verbes du 3e groupe	L'essentiel des participes passés en -u se termine par cette voyelle dans sa forme masculin/singulier. Seuls de rares verbes, dont « inclure », se terminent par -us. Peu de risques de se tromper, donc ! *Nous avons inclus une clause dans la contrat.* → *La clause est inclu**se**.*
[oi]	**Présent (indicatif)** **Présent (subjonctif)**	*Je/tu vo**is**, il/elle vo**it**.* *Que je vo**ie**, que tu vo**ies**, qu'il/elle vo**ie**.*	La plupart des verbes en **-oir**	Pour distinguer le présent de l'indicatif du présent du subjonctif, on remplace le verbe en -oir par un verbe avec une autre terminaison à l'infinitif : *Il dit qu'il vient* (indicatif) → *qu'il vo**it*** (indicatif). *Il faut qu'il vienne* (subjonctif) → *qu'il vo**ie*** (subjonctif).

S'exercer

Ex. 3 ★☆☆ **Précisez le groupe du verbe puis complétez la terminaison.**

1. Je réussi... **2.** J'étudi... **3.** Je croi... **4.** J'emploi... **5.** J'exclu... **6.** Je remu... **7.** Tu appréci... **8.** Tu te rétabli... **9.** Tu déçoi... **10.** Tu déploi... **11.** Tu attribu... **12.** Tu conclu... **13.** Il licenci... **14.** Il s'écri... **15.** Il reçoi...

Ex. 4 ★★☆ **Complétez par la terminaison verbale correcte en -i.**

1. Tu suiv... ton idée. Tu as suiv... son idée. Les conférences sur le climat sont suiv... par un large public. **2.** Il parti... à l'heure. Il est part... aussitôt. **3.** Il détru... sa construction. Il a détru... ses œuvres. **4.** Tu t'ass... sur ce banc. Tu t'es ass... à ta place habituelle. **5.** Il adm... son erreur. Il est adm... de justesse. **6.** Je vous red... mes consignes. Le professeur a red... ce qu'il attendait de nous. **7.** Il un... les hommes par son discours persuasif et déf... le pouvoir. **8.** Les manifestants ont réun... leurs revendications. Les forces un... nous rendront plus forts !

Ex. 5 ★★☆ **Complétez par la terminaison verbale correcte en -u.**

1. Il reç... un accueil chaleureux. **2.** Nous avions reç... le label « ville verte ». **3.** Cet enfant hyperactif rem... sans cesse. **4.** Ses parents ont voul... qu'il pratique la natation. **5.** Cela contrib... à son bien-être. **6.** Une amélioration sensible est perç... dans son comportement. **7.** Tu reviendras à l'heure prév... **8.** Ils ne seront pas cr... s'ils contin... à se comporter ainsi. **9.** Je cr... m'évanouir. **10.** Il n'e... guère de facilités. **11.** Je te montre les cadeaux que j'ai e... pour Noël.

Ex. 6 ★★★ **a) Faut-il choisir l'indicatif ou le subjonctif ? Sélectionnez la bonne terminaison. b) Justifiez votre choix.**

1. Elle lui transmet son adresse afin qu'il la *revoit/revoie*.
2. Je pense qu'il *se meurt/se meure*.
3. Je voudrais que le cheval sur lequel j'ai parié *court/coure* plus vite.
4. Il est probable que nous *rejoignons/rejoignions* le continent par bateau.
5. Je déclarai qu'il *chanta/chantât* ce soir-là avec une sensibilité inégalée.
6. Elle lui transmit son adresse afin qu'il *reprit/reprît* contact avec elle.

Écrire

Ex. 7 ★☆☆ **a) Inventez un petit texte comportant dix erreurs sur des terminaisons verbales homophones. b) Passez-le à votre camarade qui devra le corriger et justifier sa correction. Discutez à deux des formes qui posent problème. Y a-t-il bien une erreur : si oui, comment la corriger ? c) Soulignez les formes dont vous n'êtes pas certain(e) et demandez confirmation à un(e) autre camarade ou à votre enseignant(e).**

Les homophones usuels

Numérique

Retrouvez une carte mentale à compléter pour réviser votre leçon sur **LLS.fr/FR3Homophonesgrammaticaux**

Observer

Ex. 1 ★☆☆ **Les mots en gras sont des homophones. Que faire pour bien les orthographier ?**

1. **Quelle** histoire ! / **Qu'elle** est belle !
2. **Quoi que** tu dises, je te suivrai. / **Quoique** je ne sois pas toujours d'accord avec toi, je te suivrai.

Leçon

Voir p. 258 pour *quoique* dans l'argumentation

Voir p. 280 pour le déterminant interrogatif ou exclamatif *quel(s), quelle(s)*

Voir p. 342 pour l'accord de *quelque(s)*

Homophones	Classes grammaticales	Pour les distinguer	Exemples
Quoique / quoi que	***Quoique*** : conjonction de subordination.	Peut être remplacée par ***bien que***.	***Quoiqu'****elle soit jeune, elle est très raisonnable.* → ***Bien qu'****elle soit jeune, ...*
	Quoi que : pronom + que.	Peut être remplacé par ***quelle que soit la chose que***.	***Quoi que*** *je fasse, elle m'en veut.* → *Quelle que soit la chose que je fais, ...*
Quel(les) / qu'elle(s)	***Quel(s), quelle(s)*** : déterminant.	Si vous pouvez remplacer par ***qu'il***, écrivez ***qu'elle***.	***Quel*** *temps !*
	Qu'elle : que + elle.		*Écoute ce* ***qu'elle*** *dit.* → *Écoute ce qu'il dit.*
Quelque(s) / quelque / quel que	***Quelque(s)*** : déterminant (variable).	Peut être remplacé par **un**, ***un certain*** ou **plusieurs**.	*Cela a duré* ***quelques*** *mois* → *Cela a duré* ***plusieurs*** *mois.*
	Quelque : adverbe (invariable) + nombre.	Peut être remplacé par ***environ***.	*L'événement s'est produit il y a* ***quelque*** *cinq mois.* ***Quelque*** *déterminés qu'ils soient, ils ne marquent aucun point.*
	Quel que : ***quel*** est adjectif. Attention ! ***Quel*** s'accorde avec le sujet du verbe.	Peut être remplacé par « peu importe ». L'expression signifie la ***concession***.	***Quelles que*** *soient vos suggestions, je les suivrai.*

S'exercer

Ex. 2 ★☆☆ **Complétez les phrases avec *quoique* ou *quoi que*.**

1. Les filles jouent encore dehors ... le soleil soit à son zénith. 2. ... tu fasses pour lui, il trouve toujours quelque chose à redire. 3. ... tu lui demandes, ta famille sera toujours là pour toi. 4. ... nous soyons partis en retard, nous avons été bien placés. 5. ... son petit-fils lui parlât fort, le vieillard ne l'entendait pas. 6. Je ne puis accepter cette somme, ... j'en aie bien besoin.

Ex. 3 ★☆☆ **Choisissez la forme *quoiqu'* ou *quoi qu'* dans les phrases suivantes.**

1. ... il ne soit pas très bon à l'école, il est plein de bonne volonté. 2. Cette chaise, ... elle soit inconfortable, est vraiment belle. 3. ... elle mange, elle ne prend jamais un gramme. 4. Tout lui réussit, ... elle fasse. 5. ... il décide, nous lui passerons un coup de fil.

Ex. 4 ★☆☆ **Complétez ces phrases avec *quelle* ou *qu'elle*.**

1. ... chaussures emportes-tu en vacances ? **2.** Sur ... voie les enfants arrivent-ils ? **3.** Malheureusement, je sais déjà ... ne viendra pas. **4.** ... vienne à la maison, si elle passe dans la région ! **5.** ... sont les derniers films que tu as vus au cinéma ? **6.** ... chance ! **7.** Il faut ... arrête de raconter n'importe quoi ! **8.** Voyez avec ... grâce et ... talent danse cette petite fille ! **9.** Tu penses ... vont repasser à la maison, après les cours ? **10.** ... exercice te reste-t-il à faire ?

Ex. 5 ★☆☆ **Employez chaque groupe de mots dans une phrase de votre choix, sans modifier son orthographe.**

1. Quelque vérité. **2.** Quelque malheur. **3.** Quoique **4.** Quels que soient **5.** Quelques feuilles. **6.** Quoi qu'elle.

Ex. 6 ★☆☆ **Complétez par quel(les) ou qu'elle(s).**

> ANTIGONE. – ... sera-t-il, mon bonheur ? ... femme heureuse deviendra-t-elle, la petite Antigone ? ... pauvretés faudra-t-il ... fasse elle aussi, jour par jour, pour arracher avec ses dents son petit lambeau de bonheur ?
>
> D'après Jean Anouilh, *Antigone*, 1944.

Ex. 7 ★★☆ **Précisez la classe grammaticale des mots en gras.**

1. Quelles que soient tes intentions, moi je ne bougerai pas d'ici. **2.** Cette femme ? Je l'ai déjà rencontrée il y a **quelques** années. **3.** Marie a lu **quelque** cent pages en une heure ! **4. Quel que** soit le temps, les chalutiers prennent la mer. **5.** Il reste **quelques** morceaux de gâteau : servez-vous. **6.** Cet article est paru dans **quelque** magazine. **7.** Elle a eu quatorze ans il y a **quelque** sept mois. **8.** Elle a eu quatorze ans il y a **quelques** jours. **9.** Cette personne est âgée de **quelque** 80 ans. **10.** Après **quelque** hésitation, il ouvrit la porte.

Ex. 8 ★★☆ **Complétez par quelque(s), quelque ou quel que.**

1. Désirez-vous encore ... chose ? **2.** Nous viendrons vous chercher à la gare ... soit votre heure d'arrivée. **3.** Te reste-t-il encore ... souvenirs de cette époque ? **4.** Mes lunettes doivent bien se trouver ... part ! **5.** ... soit la cause de son retard, l'élève n'est pas accepté en classe. **6.** ... trois mille fans étaient venus accueillir la star à l'aéroport. **7.** ... soient les efforts que tu auras à fournir, il ne faut surtout pas te décourager. **8.** Tu n'aurais pas ... euros à me prêter ? **9.** ... convaincants que soient ses arguments, il a perdu le concours. **10.** ... trois mille voix lui ont manqué pour gagner l'élection.

Ex. 9 ★★☆ **Autres homophones : identifiez quinze erreurs portant sur les homophones et corrigez-les.**

« Concernant les championnats, c'est s'en *a priori* que je te dis sa : je pense que tu ne peut pas tous les gagner. Tu n'es pas tout à fait près, quoi que tu te sois bien entraîné !
– Quand ont veut la coupe, on peux l'avoir. Celui qu'il a gagnée précédemment était un sportif très jeune. L'âge, sa ne veut rien dire. Quand au moral, s'est ce qui fait tout : dès qu'on y croit, on peut gagner la lune. Mais si on ni croit pas ...
– Ton entraîneur ne c'est pas trompé, tu as la rage de vaincre ! Écoute, peu importe se que je te dis, donne-toi les moyens de réussir. Si prêt du but, c'est ce qu'il y a de mieux à faire. »

Ex. 10 ★★☆ **Autres homophones : complétez par les homophones *quand*, *quant*, *qu'en*.**

1. ... vous aurez fini, nous pourrons sortir ! **2.** ... dites-vous ? **3.** J'apprécie ... à moi le grand air. **4.** Je ne me sens bien ... pratiquant au moins une activité sportive par jour.

Ex. 11 ★★☆ **Autres homophones : complétez les phrases suivantes par l'homophone qui convient.**

Il y a beaucoup *davantage/d'avantage* à souscrire à cette assurance. Le *plutôt/plus tôt* sera le mieux. *Plutôt/Plus tôt* que de tergiverser, prenez rendez-vous avec votre banquier *près/prêt* de chez vous ! Il vous convaincra bien *davantage/d'avantages* que moi. Êtes-vous *près/prêt* à faire la démarche ?

Écrire

Ex. 12 ★★☆ **Imaginez une suite à la réplique d'Antigone de l'exercice 6.**

Créon suggère à Antigone d'avoir une vie rangée auprès de son fiancé. Dans un texte d'une dizaine de lignes, vous utiliserez au moins une fois les homophones suivants : *quelque, quel que, qu'elle, quelle, quel*.

Demi, même, leur, tout

Observer

Ex. 1 ★☆☆ **a) Identifiez la classe grammaticale des mots en gras. b) Quel est l'homophone de *tous* ? c) Par quoi pourriez-vous remplacer les mots en gras pour éviter la confusion avec d'autres homophones ?**

> Les Représentants du Peuple Français […] ont résolu d'exposer, dans une Déclaration solennelle, les droits naturels, inaliénables et sacrés de l'Homme, afin que cette Déclaration, constamment présente à **tous** les Membres du corps social, leur rappelle sans cesse **leurs** droits et **leurs** devoirs […]
>
> Préambule de la *Déclaration des droits de l'homme et du citoyen*, 1789.

Leçon

Demi

Demi est **invariable** (*Ils sont qualifiés en demi-finale*) **sauf dans deux cas :**

› il s'accorde au féminin singulier dans la locution ***et demi(e)* lorsqu'il se place après un nom féminin** ;

- *Une heure et **demie*** • *trois heures et **demie*** • *trois kilos et demi.*

› quand il est employé comme **nom commun**.

- *Sébastien est l'un des **demis** de mêlée dans son équipe de rugby.*

Même

› Employé comme **adverbe**, *même* est toujours **invariable**. • *Ils ont **même** accepté.* • ***Même** mes frères sont partis avec moi.* Pour le repérer, remplacez-le par *aussi* • *Ils ont aussi accepté.*

› Employé comme **adjectif ou pronom**, *même* **s'accorde en genre et en nombre**.

- *Elles-**mêmes** sont d'accord. Tu feras les **mêmes** exercices.*

Leur

› Employé comme **déterminant possessif**, *leur* **s'accorde en nombre**. • *Leur enfant, leur**s** enfants.* Pour le repérer, transposez au singulier • *Son enfant, ses enfants.*

› Employé comme **pronom possessif**, *le leur* **s'accorde en nombre** • *Les leur**s**.*

› Employé comme **pronom personnel**, *leur* **s'écrit sans -s-**. • *Je leur ai envoyé un mail.* C'est le pluriel de *lui*. • *Je lui ai envoyé un mail.*

Tout

› Employé comme **adverbe**, *tout* est **invariable**. • *Elle est tout émue.* Pour le repérer, remplacez par ***très*** (*elle est très émue*).

› Exception : devant un mot féminin commençant par *h* ou par une consonne, il s'accorde.
- *Elles sont **toutes** pâles.*

› Employé comme **déterminant ou pronom**, *tout* **s'accorde en genre et en nombre** :

› déterminant ; • *J'ai lu **toute** la nuit.* • *Je lis **tous** les soirs.*

› pronom. • ***Tous** l'ont vu.* • *Je les connais **toutes**.*

Numérique
Testez vos connaissances avec un quiz sur **LLS.fr/FR3Quizortho3**

S'exercer

Ex. 2 ★☆☆ **Complétez par *même* ou *mêmes* en justifiant votre choix.**

1. J'ai le ... bonnet que toi ! **2.** Ils ont ... construit une piscine ! **3.** Qu'elles sont belles tes boucles d'oreilles, je veux les ... ! **4.** Ils me l'ont annoncé eux-... **5.** Je commence demain à la ... heure que toi. **6.** ... si elles partent, je ne les oublierai pas. **7.** ... tes amies sont d'accord avec toi. **8.** Elle part avec les ... amies.

Ex. 3 ★☆☆ **Complétez par *leur* ou *leurs*.**

1. Ces hommes et femmes sont morts en défendant ... idées, honorons ... mémoire. **2.** ... idées sont l'expression de l'intérêt général et non de ... intérêt particulier. **3.** Je ... ai demandé d'apprendre par cœur la Déclaration des droits de l'homme et du citoyen pour qu'ils connaissent ... droits fondamentaux. **4.** ... propositions ont bouleversé la société de ... époque. **5.** Nous ... rendons hommage en rappelant ... actions.

Ex. 4 ★★☆ ***Demi* ou *demie* ? Choisissez la forme adéquate en justifiant à chaque fois votre choix.**

1. Vous aurez six jours et ... pour préparer votre exposé d'histoire, puis vous présenterez votre travail pendant une séance d'une heure et ... devant la classe ; enfin vous terminerez votre oral par un entretien d'une ...-heure avec vos camarades. **2.** Avec ma ...-sœur, nous comptons bien nous qualifier pour la ... finale. Nous n'avons manqué aucun entraînement pendant une année et ... .

Ex. 5 ★★☆ **Dans chaque groupe, quelle est la différence de sens entre les deux phrases ?**

1. a) Nous sommes tout heureux de notre journée.
b) Nous sommes tous heureux de notre journée.
2. a) Nous-mêmes sommes heureux de notre journée.
b) Nous sommes même heureux de notre journée.

Ex. 6 ★★☆ **Accordez *tout* si nécessaire.**

Comme j'aime cette mer ... bleue, avec ... ses poissons, ... petits , avec ... ses vagues qui s'échouent sur ... les rochers. Des maisons ... blanches surplombent la falaise. Peu importe que la mer soit aujourd'hui ... agitée ! Nous nageons, avec nos vêtements ... mouillés. Puis nous regagnons ... la plage, heureux !

Ex. 7 ★★☆ **Accordez *tout* si nécessaire.**

Si j'étais au bord de la mer, j'étais sûr que cette Méditerranée que je voyais se trouvait aussi dans ma tête, pas l'image de la Méditerranée, mais la Méditerranée elle-même, minuscule et salée, dans ma tête, en miniature, mais vraie et avec ... ses poissons, mais ... petits, avec ... ses vagues et un petit soleil brûlant, une vraie mer avec ... ses rochers et ... ses bateaux. J'étais sûr que dans ma tête, cirque du monde, il y avait la terre vraie avec ses forêts, ... les chevaux de la terre mais si petits, ... les rois en chair et en os, ... les morts, ... le ciel avec ses étoiles et même Dieu extrêmement mignon.

Albert Cohen, *Le Livre de ma mère*, 1954.

Écrire

Ex. 8 ★★☆ **Inventez votre propre *Déclaration des droits de l'homme et du citoyen*.**

Vous utiliserez au moins une fois les homophones suivants : *tout, tous les, leur, leurs, même* et *même(s)*. L'ensemble devra être constitué de sept à dix articles.

Jean-Jacques Le Barbier, *Déclaration des droits de l'homme et du citoyen*, 1789 (Musée Carnavalet, Paris).

Les formes en -ant

Observer

Ex. 1 ★☆☆ **a) Qu'est-ce qui permet de différencier la première forme en *-ant* de la deuxième ? Observez les mots qui les entourent. b) Qu'est-ce qui permet de différencier les deux premières formes de la troisième ? c) Quelle est la classe grammaticale de la troisième forme ?**

1. Le soir, les lapins, quittant les fourrés, viennent s'asseoir sur le sable.
2. Il marchait lourdement, en traînant un peu les pieds comme un ours traîne les pattes.
3. L'astronaute évoquait des sujets captivants devant un jeune auditoire.

Leçon

Il existe trois formes en *-ant* : le **participe présent**, le **gérondif** et l'**adjectif verbal**.

Les formes invariables

Le participe présent

› Le participe présent est formé du radical du verbe (forme de la 1re personne du pluriel du présent de l'indicatif) et de la terminaison *-ant*.

› Il présente l'action **en train de se faire**.

- *Il réussit le concours de cuisine, **devançant** ses concurrents.*

› Il est **invariable**.

- *Les apprentis chocolatiers, **confectionnant** les sucreries, sont concentrés.*

Le gérondif

› Le gérondif est **formé du participe présent** précédé de la **préposition *en***.

- *Elle l'a rencontrée **en sortant** du magasin.*

L'adjectif verbal variable

› C'est un adjectif **créé à partir d'un verbe au participe présent.** • *Il est souffrant.*

› À la différence du participe présent, il peut être remplacé par un **autre adjectif**.

- *Quel fruit **étonnant** ! → Quel fruit étrange !*
- **Comme l'adjectif qualificatif**, il s'accorde **en genre** et **en nombre** avec le mot auquel il se rapporte. • *Elles jouent des matchs **épatants** !*

→ Attention, il existe parfois des différences orthographiques entre l'adjectif verbal et le participe présent.

- *Fatiguer* → *fatiguant* (participe présent) → *fatigant* (adjectif verbal).
- *Convaincre* → *convainquant* (participe présent) → *convaincant* (adjectif verbal).

› Certains adjectifs verbaux ont une forme en ***-ent*** et non en *-ant* : *adhérent, différent, équivalent, excellent, influent, négligent, précédent, résident, violent...*

Numérique

Testez vos connaissances avec un quiz sur **LLS.fr/FR3Quizortho4**

S'exercer

Ex. 2 ★☆☆ **Donnez la classe grammaticale des mots en gras : participe présent, gérondif ou adjectif verbal ?**

1. Attention, le plat est **brûlant** ! 2. Il est arrivé le dernier au restaurant, **dépassant** légèrement l'heure du rendez-vous. 3. Ses théories sont **surprenantes** ! 4. En **fondant**, la glace a taché toute sa chemise. 5. Ce résultat est très **encourageant** pour la suite. 6. Le **narguant**, il sortit avec sa casquette toute neuve. 7. En se **balançant** sur sa chaise, il est tombé et s'est foulé le poignet. 8. Nous nous sommes promenées dans les forêts **environnantes**.

Ex. 3 ★☆☆ **Relevez tous les mots en *-ant*, et donnez leur classe grammaticale.**

Le tremblement de terre écrasant sous les maisons croulantes un peuple entier ; le fleuve débordé qui roule les paysans noyés avec les cadavres des bœufs et les poutres arrachées aux toits, ou l'armée glorieuse massacrant ceux qui se défendent, emmenant les autres prisonniers, pillant au nom du sabre et remerciant un dieu au son du canon, sont des fléaux effrayants qui déconcertent toute croyance à la justice éternelle, toute la confiance qu'on nous enseigne en la protection du ciel et en la raison de l'homme. En quittant la ville, la voiture manqua verser dans les profondes ornières du chemin ; se signant, les passagers prièrent pour que le trajet se passe sans encombres.

D'après Guy de Maupassant, *Boule de suif*, 1880.

Ex. 4 ★★☆ **Accordez si nécessaire les formes en *-ant* dans ces vers de Jean Racine.**

Figure-toi Pyrrhus, les yeux **étincelant**...,
Entrant... à la lueur de nos palais **brûlant**...,
Sur tous mes frères morts se **faisant**... un passage,
Et de sang tout couvert **échauffant**... le carnage.
Songe aux cris des vainqueurs, songe au cri des [**mourant**...,
Dans la flamme étouffés, sous le fer **expirant**...

Jean Racine, *Andromaque*, 1667.

Ex. 5 ★★☆ **Pour chaque verbe, donnez le participe présent puis l'adjectif verbal, et employez-les dans des phrases en les orthographiant correctement.**

1. Embarrasser. 2. Intriguer. 3. Négliger. 4. Différer.

Ex. 6 ★★☆ **Différenciez le participe présent et l'adjectif verbal pour sélectionner la bonne orthographe.**

1. Admirez ces drôles de singes (*grimpants/grimpant*) dans les arbres, qu'ils sont habiles ! 2. Les enfants, (*somnolant/somnolents*) après ce long repas, sont mis au lit. 3. Les élèves (*somnolents/somnolant*) ne peuvent pas suivre correctement. 4. Mon choix (*différent/différant*) du tien, il va falloir que tu le prennes en compte. 5. Nous avons des avis (*différents/différent*). 6. Il y a tant de monde dans ce tramway que l'atmosphère en devient (*suffocante/suffoquante*). 7. La secrétaire, (*vacant/vaquant*) à ses occupations journalières, ne nous vit pas arriver. 8. Elle a pu utiliser un bureau (*vacant/vaquant*).

Ex. 7 ★★☆ **Orthographiez correctement les participes présents, gérondifs ou adjectifs verbaux formés sur les verbes entre parenthèses. Justifiez votre choix.**

1. Les navires (*voguer*) sur les mers se dirigeaient vers le Nouveau Monde. 2. On entendait sa voix (*apaiser*) dans toute la maison. 3. Les soldats, (*partir*) à la guerre, sont malheureux. 4. De la ville se dégageaient des lumières (*éblouir*). 5. En (*boire*) et en (*manger*), les soucis s'envolent : Vincent était (*rayonner*). 6. En (*freiner*), Maria s'aperçut que sa voiture était abîmée. 7. (*Savoir*) que George Sand était une femme, expliquez la vie de cette femme (*passionner*). 8. Ils n'ont pas abordé de sujets trop (*embarrassant*) au repas.

Ex. 8 ★★★ **Complétez par un participe présent ou un adjectif verbal et justifiez votre choix.**

1. La cuisine est reliée au salon par une porte (*communiquer*). 2. Son opinion (*différer*) de la sienne, elle s'est brouillée avec lui. 3. La mère (*gronder*) son fils, la grand-mère en profita pour sortir de la pièce. 4. La présidente étant (*influencer*), elle réussit à les faire changer d'avis. 5. Les enfants (*résider*) dans l'internat, ils ont leur pyjama dans l'école. 6. Le journaliste (*communiquer*) les informations, l'invité du plateau ne peut pas intervenir. 7. L'entrée du port est interdite à la circulation, les bateaux (*naviguer*). 8. Le revenu d'une journée de jardinage (*équivaloir*) à un paquet de bonbons, je ne suis pas riche.

Écrire

Ex. 9 ★★☆ **Racontez un repas en famille ou entre amis qui vous a marqué(e).**

Vous utiliserez au moins deux participes présents, deux gérondifs et deux adjectifs verbaux. (10-15 lignes)

Mieux écrire grâce à l'étymologie

Observer

Ex. 1 ★☆☆ **a) Quelle transformation le préfixe subit-il lorsqu'il est adjoint au radical ? b) Pourquoi « immortel » s'écrit-il avec deux -m ?**

1. *in* + mortel → immortel 2. *ad* + courir → accourir

Leçon

Les préfixes d'origine latine **s'adaptent** aux mots avec lesquels ils fusionnent. Leur fusion explique l'orthographe de certains mots : au contact d'un radical commençant par une consonne, **la consonne finale du préfixe s'assimile à la consonne initiale du radical.**

Voir p. 263 pour l'étymologie dans l'histoire des mots

Préfixe	Sens	Exemple
ab-	Loin de	*Absent* (qui est loin).
ad-	Près de	*Adapter* (appliquer à une chose). *Accourir* (*ad-courir* : courir vers).
com-	Avec	*Combattre* (se battre avec). *Collègue* (*com-lègue* : avec qui on est réuni au travail).
dis- ou dé-	Séparation	*Désespoir* (plus d'espoir). *Diffuser* (*dis-fuser*).
en- ou in-	Dedans Négation	*Embarquer* (aller dans la barque). *Illuminé* (*in-luminé* : qui est dans la lumière). *Immobile* (*in-mobile* : qui ne bouge pas).
ex-	Hors de	*Expatrier* (renvoyer hors de sa patrie).

Numérique

Testez vos connaissances avec un quiz sur **LLS.fr/FR3Quizortho5**

S'exercer

Ex. 2 ★☆☆ **Formez le contraire de ces mots en ajoutant le préfixe négatif *in-*. N'oubliez pas de modifier l'orthographe quand c'est nécessaire.**

1. Responsable. 2. Lettré. 3. Prononçable. 4. Buvable. 5. Habituel. 6. Légitime. 7. Résolu. 8. Matériel.

Ex. 3 ★☆☆ **Choisissez l'orthographe correcte de ces mots et justifiez votre choix.**

1. *Innommable/inommable.* 2. *Innacepptable/inacceptable.* 3. *Innopérant/inopérant.* 4. *Innombrable/inombrable.* 5. *Enneigé/eneigé.* 6. *Ennivré/enivré.* 7. *S'enorgueillir/s'ennorgueillir.* 8. *Ennuagé/enuagé.*

Ex. 4 ★★☆ **Choisissez l'orthographe correcte et justifiez votre choix en fonction du sens du préfixe.**

1. *Emmigrer/émigrer.* 2. *Immigrer/imigrer.* 3. *Emmerger/émerger.* 4. *Immerger/imerger.*

Ex. 5 ★★☆ **Choisissez l'orthographe correcte de ces mots en fonction de la présence ou non d'un préfixe, et du sens de celui-ci.**

1. *Accalmie/acalmie.* 2. *Attirer/atirer.* 3. *Attomiser/atomiser.* 4. *Allarme/alarme.* 5. *Irrésistible/irésistible.* 6. *Irrisé/irisé.* 7. *Commédie/comédie.* 8. *Communiquer/comuniquer.* 9. *Apporter/aporter.* 10. *Appéritif/apéritif.*

Les principales erreurs à éviter

Observer

Ex. 1 ★☆☆ **a) Corrigez chaque erreur. b) Expliquez quelle règle n'est pas maîtrisée.**

Le théâtre, pour moi, **se** sont d'abord les premiers instants où la sonnette fin**i** de retentir. Puis les trois coups résonnent et la lumière va baiss**é** progressivement dans la salle. Le public, installé du parterre aux balcons, a les yeux riv**é** vers la scène illumin**ait**.

Leçon

Voir p. 344 pour les accords avec le sujet

Voir p. 342 pour les accords dans le groupe nominal

Voir p. 345 pour les accords du participe passé

Voir p. 348 pour les terminaisons en [e] ou [ɛ]

	Exemple
Accord sujet-verbe	**Repérez** le verbe conjugué et **associez**-le au sujet par la tournure « c'est/ce sont... qui ». • *Sur le lac évoluent de majestueux cygnes.*
Accord dans le groupe nominal	**Harmonisez** en genre et en nombre l'ensemble du groupe nominal : *déterminant + nom + adjectif* • *Ils dormaient dans [des lits superposés].*
Accord du participe passé	Selon l'auxiliaire, **recherchez** le sujet ou le COD. • *Les **athlètes** sont entrés dans le stade.* (être) • ***La foule** a ovationné les athlètes.* • *La foule **les** a ovationnés.* (avoir)
« é » ou « er » en fin de verbe (1ᵉʳ groupe)	**Remplacez** par un verbe du 3ᵉ groupe : • *Il a décid**é**.* = *Il a **vu**.* (*c'est le participe passé*) • *Il va décid**er**.* = *Il va **voir**.* (*c'est l'infinitif*)
Son [e] ou [ɛ] en fin de verbe (1ᵉʳ groupe)	**Aidez-vous de la prononciation :** J'entends [è] : *ais, ait,...* • *Ils voyag**eaient*** J'entends [é] : *ez, er, é* • *Vous voyag**ez*** • *ils ont voyag**é*** • *ils partent voyag**er***
Les homophonies	• *Ce matin* (ce + nom), *j'irai nager ou courir* (ou = ou bien).
Le lexique	**Utilisez la dérivation** • *tapis/tapisser* **Mettez au féminin** • *il a écrit/une chose écrite*

S'exercer

Ex. 2 ★☆☆ **a) Utilisez les codes du tableau de l'exercice 5 p. 363 pour signaler les erreurs du texte ci-dessous. b) Corrigez les erreurs.**

Chers bois ! Je les connais tous ; je les ai batt**u** si souvent. Il y a les bois-taillis qui vous agripp**e** mécha**m**ent la figure au passage, **cela** sont pleins de soleil, de fraises, de muguet, et aussi de serpents. J'y ai tressailli**t** de frayeurs suffocantes à voir glisser devant mes pieds ces atroces peti**t** corps lisses et froids ; vi**nt** fois je me suis **arrêter** haletante, en trouvant sous ma main, près de la « passe-rose », une couleuvre bien sage, roul**é** en colimaçon, régulièrement, sa tête en dessus, ses petis yeux dor**aient** me regardant ; **C**e n'était pas dangereux, mais quel terreur !

D'après Colette, *Claudine à l'école*, 1900.

Testez-vous sur vos connaissances lexicales !

Ex. 1 **Recopiez les phrases en rétablissant si nécessaire l'accentuation.**

1. Mon cher ami, ma chere amie.
2. J'ai parcouru l'avenue bordee de cypres du cimetiere abandonne.
3. Mon pere a ete severe : pas de jeux video ce samedi.
4. L'athlete ne cesse de progresser.
5. Au mois d'août, les Parisiens s'exilent et deviennent des estivants.
6. Il n'y a pas d'escalier exterieur : prends une echelle pour acceder au grenier.
7. Des qu'on fait le numero, on tombe sur sa messagerie personnelle.

Ex. 2 **Réécrivez les mots en ajoutant *-x-* ou *-xc-*.**

1. Un e...amen. **2.** L'e...itation. **3.** E...lure. **4.** E...ister. **5.** E...il. **6.** E...écrable. **7.** E...entrique. **8.** E...communier. **9.** E...ellent. **10.** Une e...use.

Ex. 3 **Recopiez les mots en ajoutant *-g-*, *-gu-* ou *-ge-*.**

1. Une ...irlande. **2.** Un ...ibbon. **3.** Le ...ingembre. **4.** Un ...idon. **5.** Un ...arnement. **6.** Une déman...aison. **7.** La ven...ance. **8.** Le lan...age. **9.** La rou...ole. **10.** Le pi...on. **11.** La gar...ouille. **12.** Le dé...oût. **13.** Désen...orger. **14.** Le wa...on. **15.** La man...oire. **16.** Des ...enilles. **17.** La lan...e. **18.** La ...éométrie. **19.** Des ver...etures.

Ex. 4 **Recopiez les mots en rétablissant si nécessaire la cédille.**

1. La facade. **2.** Le domicile. **3.** Des fiancailles. **4.** Un récipient. **5.** Le hamecon. **6.** Recevoir. **7.** Un recu. **8.** Une réception. **9.** Désarconner. **10.** Un commercant. **11.** S'endurcir. **12.** Imprononcable. **13.** Le soupcon.

Ex. 5 **Orthographiez les nombres en lettres.**

1. 77. **2.** 93. **3.** 300. **4.** 408. **5.** 3 600 000. **6.** 280 000.

Ex. 6 **Transformez les adjectifs en adverbes à l'aide du suffixe *-ment*. Veillez à écrire un ou deux *-m*.**

1. Prochain. **2.** Furieux. **3.** Bruyant. **4.** Net. **5.** Différent. **6.** Gai. **7.** Familier. **8.** Éperdu. **9.** Fou. **10.** Galant.

Ex. 7 **Rectifiez si besoin l'orthographe des adverbes en *-ment*. Justifiez votre correction.**

1. Brillament. **2.** Étourdiement. **3.** Méchamment. **4.** Prudamment. **5.** Patiemment. **6.** Consciencieuseument.

Ex. 8 **Les mots ci-dessous se terminent par une consonne muette. Proposez un mot dérivé de la même famille qui justifie la dernière lettre.**

Exemple : respect/respecter

1. Bandit. **2.** Fusil. **3.** Permis. **4.** Plomb. **5.** Port. **6.** Porc. **7.** Champ. **8.** Chant. **9.** Laid. **10.** Lait. **11.** Vingt. **12.** Vain.

Ex. 9 **Les mots suivants sont souvent source de confusion. Testez votre orthographe lexicale en sélectionnant la bonne réponse.**

1. *Parmi/parmis.*
2. *Quand même/comme même.*
3. *En faite/en fait.*
4. *Un champs/un champ.*
5. *Hasard/hazard.*
6. *Bizzarre/bizarre.*
7. *Professeur/proffesseur.*
8. *Intéresser/interresser.*
9. *Embarasser/embarrasser.*
10. *Caresse/carresse.*
11. *Attraper/attrapper.*
12. *Apercevoir/appercevoir.*
13. *Méditeranée/Méditerranée.*
14. *Parallèle/paralelle.*
15. *Péricultrice/puéricultrice.*
16. *Infermier/infirmier.*
17. *Faignant/fainéant.*
18. *Générosité/généreusité.*
19. *Discussion/discution.*

Ex. 10 **Doublez ou non la consonne en fonction de la prononciation.**

1. Il jet...e. **2.** En jet...ant. **3.** Vous jet...erez. **4.** Nous jet...ions. **5.** Ils appel...ent. **6.** Appel...ez. **7.** J'appel...ais. **8.** J'appel...erais. **9.** En pren...ant. **10.** Que tu pren...es.

Testez-vous sur les accords !

Les accords dans le groupe nominal

Ex. 1 **Cochez la réponse correcte.**

1. *Nul*, quand il est déterminant, est invariable. ❒ Vrai. ❒ Faux.
2. Le déterminant *tout* est toujours suivi d'un nom au pluriel. ❒ Vrai. ❒ Faux.
3. Le déterminant *chaque* n'existe qu'au singulier. ❒ Vrai. ❒ Faux.
4. L'adjectif *demi* est toujours invariable. ❒ Vrai. ❒ Faux.
5. Les adjectifs de couleur composés sont toujours invariables. ❒ Vrai. ❒ Faux.
6. Les adjectifs composés sont toujours invariables. ❒ Vrai. ❒ Faux.
7. Les adjectifs de couleur sont toujours invariables. ❒ Vrai. ❒ Faux.

Ex. 2 **Accordez si nécessaire.**

1. J'aime beaucoup ta veste (*marron clair*) et tes gants (*orange*). **2.** La comtesse lui a dit quelques mots (*aigre-doux*). **3.** À l'(*avant-dernier*) page du manuscrit, tout le texte est raturé. **4.** Les enfants jouaient (*nu-pied*) dans la boue. **5.** Il portait une cravate (*bleu-vert*) qui lui allait à merveille.

Les accords avec le sujet

Ex. 3 **Accordez les verbes entre parenthèses avec les pronoms indéfinis.**

1. Chacun de vous (*avoir*, futur) sa part du gâteau. **2.** Plus de cent personnes (*être*, futur) là ce soir. **3.** Moins de cinq pour cent des candidats (*intégrer*, présent) cette école. **4.** Beaucoup (*vouloir*, présent) rester dans l'entreprise. **5.** Peu de Français (*partir*, présent) à l'étranger en ce moment. **6.** Personne ne (*vouloir*, imparfait) sa place, mais tous (*espérer*, imparfait) qu'il parte. **7.** Le groupe d'étudiants (*se diriger*, présent) vers le café.

Ex. 4 **Accordez les verbes entre parenthèses.**

Le groupe des demoiselles (*entrer*, passé simple) dans la salle. Beaucoup (*être*, imparfait) déjà présents. Certains (*être*, imparfait) même en place pour la danse. À l'entrée des demoiselles, une foule de laquais (*s'empresser*, passé simple) de les débarrasser de leurs effets. Puis une dizaine de gentilshommes (*venir*, passé simple) à leur rencontre, quelques instants plus tard.

Les accords du participe passé

Ex. 5 **Cochez la ou les bonne(s) réponse(s).**

1. Le participe passé s'accorde soit avec le sujet, soit avec le COD, soit avec le nom auquel il se rapporte. ❒ Vrai. ❒ Faux.
2. Avec un verbe pronominal, le verbe s'accorde avec le sujet. ❒ Vrai. ❒ Faux.
3. Le participe passé *fait*, quand il est suivi d'un infinitif, ne s'accorde jamais. ❒ Vrai. ❒ Faux.
4. *Elle a été récompensée.* Le verbe est :
   ❒ à la forme passive ;
   ❒ conjugué avec l'auxiliaire avoir ;
   ❒ conjugué avec l'auxiliaire être ;
   ❒ conjugué à la fois avec l'auxiliaire être et avoir.

Ex. 6 **Accordez les participes passés.**

1. La jeune femme que tu as v... partir, c'était ma fille. **2.** Des fruits, j'en ai mang... des tonnes ! **3.** Cette capacité à surmonter les épreuves les plus difficiles, tu l'as montr... plus d'une fois au cours de cette année. **4.** Les filles que j'ai envoy... dans le bureau de la CPE ne sont toujours pas là. **5.** Les filles que j'ai envoy... chercher dans le bureau de la CPE ne sont toujours pas revenu...

Ex. 7 **Identifiez tous les participes passés et expliquez leur accord.**

Voilà un message de Madame d'Amboise, qui est amie de Madame de Thémines, et à qui elle s'est confiée de tous les sentiments qu'elle a eus pour moi. Par ce message, elle me redemande cette lettre de son amie, que j'ai perdue ; mon nom est sur le message ; et ce qui est dedans prouve sans aucun doute que la lettre que l'on me redemande est la même que l'on a trouvée.

D'après Madame de La Fayette, *La Princesse de Clèves*, 1678.

Testez-vous sur l'homophonie !

Ex. 1 Cochez la bonne réponse.

1. Les formes verbales homophones en [e] se trouvent à l'infinitif, au participe présent et au présent de l'indicatif et de l'impératif. ❒ Vrai. ❒ Faux.
2. La première personne du singulier prend un -s à l'imparfait. ❒ Vrai. ❒ Faux.
3. La première personne du singulier prend un -s au futur. ❒ Vrai. ❒ Faux.
4. Les adjectifs verbaux sont invariables. ❒ Vrai. ❒ Faux.
5. Les participes présents sont invariables. ❒ Vrai. ❒ Faux.

Ex. 2 Complétez les verbes avec la bonne terminaison en [e] ou [ɛ].

1. Av...-vous déjà rencontr... ma sœur ? Elle est très motiv... pour venir travaill... ici. 2. Il se f... tard, je vais rentr... chez moi. 3. Ma mère est all... au cinéma aujourd'hui : elle av... besoin de chang... d'air. 4. Ils ont apport... leur déjeuner ce midi : ils ne voul... pas mang... chez eux. 5. Si j'av... une grande maison, je pourr... avoir de nombreux animaux. 6. Plus tard, j'aur... une grande maison, et j'adopter... de nombreux animaux. 7. J'ai déjà assez travaill... : ma main est fatigu... de rédig... ces exercices !

Ex. 3 Complétez ces phrases par la forme adaptée : *quoique* ou *quoi que*, *quelle* ou *qu'elle*, *quelque* ou *quel que*. Accordez si nécessaire.

1. ... il ait bien mangé, il a encore faim. 2. ... vienne s'expliquer ! 3. ... je fasse, je pense à toi. 4. Une lettre est arrivée pour moi : ... joie ! 5. Il y a ... jours, j'ai rencontré un garçon. 6. Il est intelligent, ... il soit encore très jeune. 7. ... que soit ton opinion, je la suivrai. 8. ... belle robe tu as achetée : ... elle soit légère pour la saison, elle te va très bien. 9. ... soit l'heure à laquelle tu finis de travailler, je t'attendrai. 10. ... tu penses, qui que tu aimes, c'est toi que je choisis d'aimer. 11. ... est belle ! 12. ... belle jeune femme !

Ex. 4 a) Expliquez pourquoi les mots barrés sont erronés. b) Remplacez par le bon homophone.

1. Je regarde les ~~même~~ séries télévisées que toi. 2. On peut se voir dans une heure et ~~demi~~. 3. Tu ne ~~mais~~ pas assez de sucre dans la préparation. 4. Eux-~~même~~ ont été le voir ! 5. ~~Met~~ veux-tu bien m'aider ? 6. Il faut verser un ~~demie~~-verre d'eau puis laisser reposer trois heures et ~~demis~~.

Ex. 5 Précisez la classe grammaticale des mots en gras.

> Je la revois, charmée, émue, jeune fille, le **raccompagnant** à la porte et, **rougissante**, **quêtant** de lui la certitude que son petit garçon n'avait rien de sérieux.
>
> Albert Cohen, *Le Livre de ma mère*, 1954.

Ex. 6 Complétez ces phrases par le verbe au participe présent ou par l'adjectif verbal adapté. Faites attention aux changements d'orthographe.

1. Elle remporta l'élection car elle avait été (*convaincre*). 2. Les (*convaincre*) de s'en aller, il avait gagné. 3. En tant qu'(*adhérer*), il donne régulièrement de l'argent à cette association. 4. (*Adhérer*) au projet, elle s'y jeta corps et âme, (*travailler*) nuit et jour. 5. C'est un (*exceller*) projet ! Bravo ! 6. (*Exceller*) dans son domaine, elle était admirée de tous. 7. En (*sortir*) de la librairie, elle l'avait rencontré. 8. Elle avait perdu l'élection : elle était la présidente (*sortir*). 9. Il avait réussi à le faire changer d'avis : c'était un homme (*influencer*). 10. Il avait raconté des mensonges sur elle, (*influencer*) ainsi l'opinion publique à son égard.

Ex. 7 Accordez, si nécessaire, les mots en gras.

1. Sergy vient **tout** juste d'arriver. 2. Sébastien **leur** a dédié sa victoire. 3. Elle est des **leur**. 4. Ces fleurs sont **tout** étincelantes. 5. **Tout** le monde est prêt ? 6. **Leur** maison et **leur** meubles sont magnifiques.

Ex. 8 Associez les préfixes aux radicaux pour former des mots : attention au redoublement des consonnes !

1. *Ad* + corder. 2. *In* + possible. 3. *In* + logique. 4. *Ad* + porter. 5. *Ad* + courir. 6. *Com* + pain. 7. *Dis* + paraître. 8. *In* + limité. 9. *In* + pitoyable. 10. *Ad* + servir. 11. *In* + mangeable. 12. *Dis* + espérer. 13. *In* + possible. 14. *In* + légitime.

Exercices de remédiation

Ex. 1 ★☆☆ **a) Lisez ce texte une fois. b) Copiez-le sous la dictée de votre enseignant(e). c) Soulignez en noir ou en bleu chaque groupe nominal et vérifiez pour chacun que vous avez bien respecté la chaîne d'accord. d) Soulignez en rouge les endroits où vous pensez avoir fait une erreur.**

« Maman de mon enfance, auprès de qui je me sentais au chaud, ses tisanes, jamais plus. Jamais plus, son odorante armoire aux piles de linge à la verveine et aux familiales dentelles rassurantes, sa belle armoire de cerisier que j'ouvrais les jeudis et qui était mon royaume enfantin, une vallée de calme merveille, sombre et fruitée de confitures, aussi réconfortante que l'ombre de la table du salon sous laquelle je me croyais un chef arabe. Jamais plus son trousseau de clefs qui sonnaillaient au cordon du tablier qui étaient sa décoration, son Ordre du mérite domestique. Jamais plus son coffre plein d'anciennes bricoles d'argent avec lesquelles je jouais quand j'étais convalescent. Maman, qui fus vivante et qui m'encourageas, donneuse de force, qui sus m'encourager aveuglément, avec d'absurdes raisons qui me rassuraient, Maman, de là-haut, vois-tu ton petit garçon obéissant de dix ans ? »

Albert Cohen, *Le Livre de ma mère*, 1954.

Ex. 2 ★☆☆ **a) Soulignez tous les mots qui se terminent par le son -an. b) En groupe, expliquez l'orthographe de chacun.**

« Chers bois ! Je les connais tous ; je les ai battus si souvent. Il y a les bois-taillis qui vous agrippent méchamment la figure au passage, ceux-là sont pleins de soleil, de fraises, de muguet, et aussi de serpents. J'y ai tressailli de frayeurs suffocantes à voir glisser devant mes pieds ces atroces petits corps lisses et froids ; vingt fois je me suis arrêtée, haletante, en trouvant sous ma main, près de la « passe-rose », une couleuvre bien sage, roulée en colimaçon régulièrement, sa tête en dessus, ses petits yeux dorés me regardant ; ce n'était pas dangereux, mais quelle terreur ! »

Colette, *Claudine à l'école*, 1900.

Ex. 3 ★★☆ **a) Par groupe de quatre, inventez huit phrases à la voix active. b) À tour de rôle, chaque groupe interroge le groupe voisin en lui demandant de transposer une de ses phrases à la voix passive. c) Chaque groupe a trente secondes pour dire si la phrase peut être transposée à la voix passive, le cas échéant, pour faire cette transposition. S'il ne trouve pas la réponse, il est éliminé. d) L'exercice s'arrête quand toutes les phrases ont été proposées ou quand il n'y a plus qu'un groupe en jeu.**

Ex. 4 ★★☆ **Par groupe de deux, trouvez le plus rapidement possible le subjonctif présent à la 1re personne du singulier et du pluriel des verbes suivants. Le premier groupe qui finit a gagné.**

1. Grandir. **2.** Apprendre. **3.** Grignoter. **4.** Appeler. **5.** Rire. **6.** Vouloir. **7.** Craindre. **8.** Cueillir. **9.** Aller. **10.** Être. **11.** Chercher. **12.** Partir. **13.** Ne pas faiblir. **14.** Ne pas mordre. **15.** Se détendre. **16.** Se reposer.

Ex. 5 ★★★ **a) Inventez par groupe de quatre un texte contenant dix erreurs portant sur les leçons vues en cours. b) Projetez le texte ou recopiez-le au tableau. c) Le premier groupe qui pense avoir trouvé les dix erreurs lève la main et propose sa correction. Dès qu'il se trompe, il passe son tour.**

Code	Type d'erreur	Précisions
M	Majuscule	M1 = Majuscule oubliée. M2 = Majuscule ajoutée.
P	Ponctuation	P1 = Ponctuation oubliée. P2 = Mauvaise ponctuation.
H	Homophone	H1 = Confusion entre deux homophones.
A	Accord	A1 = Accord dans le groupe nominal. A2 = Accord sujet-verbe. A3 = Accord du participe passé.
E	Sons [e] ou [ɛ]	E1 = Verbes du 1er groupe en -é ou -er. E2 = Confusion des sons [e] ou [ɛ].
I	Invention	I1 = Mot qui n'existe pas écrit ainsi.

Exercices de réécriture

Ex. 1 ★☆☆ **Réécrivez le texte en changeant la situation de communication : c'est un père qui écrit à ses fils.**

> Ma très grande et très chère fille, tu m'as fait plaisir en m'écrivant et en te souciant de ma santé. J'ai eu l'ennui de savoir que tu es venue pendant que j'étais absente pour deux ou trois heures. J'étais allée voir quelque chose qui t'aurait bien amusée et intéressée.
>
> Colette, *Lettres à sa fille*, 1916-1953.

Ex. 2 ★☆☆ **Réécrivez ce passage en remplaçant le premier mot *Elle* par *Les grands-parents*. Faites les modifications qui s'imposent.**

> Elle ne comprenait pas d'ailleurs qu'une période de l'année fût plus spécialement désignée pour n'y rien faire. « Je n'ai jamais eu de vacances, moi », disait-elle, et c'était vrai, elle n'avait connu ni l'école ni le loisir, elle avait travaillé enfant et travaillé sans relâche.
>
> Albert Camus, *Le premier homme*, 1994.

Ex. 3 ★☆☆ **Réécrivez le texte en mettant *meurtrier* au pluriel.**

> Si le meurtrier se dénonce lui-même, il ne lui sera fait aucun mal, et il ne sera condamné qu'à quitter le pays. Si l'un de ses complices le dénonce, il gagnera l'impunité.
>
> Sophocle, *Œdipe roi*, Ve siècle av. J.-C.

Ex. 4 ★☆☆ **Réécrivez ces vers au passé composé.**

> Ici, sous de grands toits où scintille le verre,
> La vapeur se condense en force prisonnière :
> Des mâchoires d'acier mordent et fument ;
> De grands marteaux monumentaux
> Broient des blocs d'or sur des enclumes,
> Et, dans un coin, s'illuminent les fontes
> En brasiers tors et effrénés qu'on dompte.
>
> Émile Verhaeren, *Les villes tentaculaires*, 1895.

Ex. 5 ★☆☆ **Réécrivez ce texte au futur. Vous remplacerez les temps simples par le futur et les temps composés par le futur antérieur.**

> Chaque année, à la fête de la Saint-Pierre, s'ouvre « la foire aux fiancés ». Ce jour-là, il y a réunion de toutes les filles du comitat. Elles sont venues avec leurs plus belles carrioles attelées de leurs meilleurs chevaux ; elles ont apporté leur dot, c'est-à-dire des vêtements filés, cousus, brodés de leurs mains, enfermés dans des coffres aux brillantes couleurs ; familles, amies, voisines, les ont accompagnées. Et alors arrivent les jeunes gens, parés de superbes habits, ceints d'écharpes de soie. Ils courent la foire en se pavanant ; ils choisissent la fille qui leur plaît ; ils lui remettent un anneau et un mouchoir en signe de fiançailles, et les mariages se font au retour de la fête.
>
> Jules Verne, *Le Château des Carpathes*, 1892.

Ex. 6 ★☆☆ **Réécrivez le passage suivant en mettant les verbes au passé composé (remarque : le narrateur est un homme).**

> Ce soir-là, en sortant du travail, je cours me réfugier dans le premier bar, en face de la gare. Je m'assois devant le baby-foot et je commande un whisky pour fêter mes trente-trois ans. Je tente de joindre Ana sur son portable, elle ne répond pas. Je m'acharne. Compose son numéro à plusieurs reprises.
>
> Gaël Faye, *Petit pays*, 2016.

Ex. 7 ★☆☆ **Transposez les vers suivants du discours direct au discours indirect. Vous commencerez par « La forêt se plaignit ... » et conserverez la disposition en vers.**

> La forêt dit : « C'est toujours moi la sacrifiée,
> On me harcèle, on me traverse, on me brise à coups de hache,
> On me cherche noise, on me tourmente sans raison,
> On me lance des oiseaux à la tête ou des fourmis
> dans les jambes,
> Et l'on me grave des noms auxquels je ne puis
> m'attacher. »
>
> Jules Supervielle, *La Fable du monde*, 1938.

Ex. 8 ★☆☆ **Transposez le texte dans un récit au passé.**

Un cri déchire la nuit. Loïc, qui dort à poings fermés, se lève aussitôt, prêt à porter secours. Vêtu d'une simple veste, il prend une lampe torche et sort. Le brouillard qui a peu à peu recouvert la vallée ne le met pas dans les meilleures conditions pour les recherches, aussi se dirige-t-il vers la nationale. Si un accident s'est produit, ce ne peut être que là !

Ex. 9 ★★☆ **Transposez le texte aux temps du passé qui conviennent, et remplacez la 1re personne du pluriel par la 1re personne du singulier.**

Nous commençons notre première journée de travail dans ce restaurant, quand nous remarquons des taches suspectes sur le sol que nous nettoyons. Anna, notre collègue, croit identifier que c'est du sang et préfère appeler le propriétaire. Nous lui faisons l'observation qu'elle a bien trop d'imagination.

Ex. 10 ★★☆ **Remplacez *L'enfant* par *Je*, et transposez du présent aux temps du récit (imparfait et passé simple).**

L'enfant entend que c'est la langue de l'ennemi. Il est dans les bras de l'ennemi, il rit avec lui. Une peur terrible le saisit, il pleure, il se met à hurler.

Henry Bauchau, *L'Enfant rieur*, 2011.

Ex. 11 ★★☆ **Réécrivez le texte en conjuguant les verbes aux temps du passé et en remplaçant *Le père* par *Les parents*.**

Le père est décidé à inscrire Jean au collège Montaigne. Un matin, il l'emmène chez le principal pour vanter ses nombreux mérites. Selon lui, son enfant, très avancé pour son âge, peut entrer directement en cinquième ! Mais après la première dictée, l'administration appelle le père et lui présente une copie soulignée à l'encre rouge.

Ex. 12 ★★☆ **Réécrivez ce texte à la première personne du singulier, en transposant au passé composé les verbes qui sont au passé simple.**

Un jour, en entrant dans ce village où son cœur était resté, elle aperçut une femme, qui sortait de la boutique Choquet au bras de son bien-aimé. C'était sa femme. Il était marié. Le soir même, elle se jeta dans la mare qui est sur la place de la Mairie. Un ivrogne attardé la repêcha et la porta à la pharmacie.

Guy de Maupassant, « La Rempailleuse », 1882.

Ex. 13 ★★☆ **Transposez le discours indirect en discours direct. Vous commencerez le texte par « Il déclara aux policiers : ... ».**

Une fois dans sa vie, Akaki Akakiévitch fit preuve de fermeté ; il déclara aux policiers qu'ils n'avaient pas le droit de l'empêcher d'entrer, car il venait du ministère pour une affaire importante et que s'il portait plainte, ils verraient ce que ça leur coûterait.

Nicolas Gogol, « Le Manteau », 1843.

Ex. 14 ★★☆ **Réécrivez ce passage en remplaçant elle par elles.**

Elle souffrait sans cesse, se sentant née pour toutes les délicatesses et tous les luxes. Elle souffrait de la pauvreté de son logement, de la misère des murs, de l'usure des sièges, de la laideur des étoffes. Toutes ces choses, dont une autre femme de sa caste ne se serait pas aperçue, la torturaient et l'indignaient. La vue de la petite Bretonne qui faisait son humble ménage éveillait en elle des regrets désolés et des rêves éperdus [...] Elle avait une amie riche, une camarade de couvent qu'elle ne voulait plus aller voir, tant elle souffrait en revenant. Et elle pleurait pendant des jours entiers, de chagrin, de regret, de désespoir et de détresse.

Guy de Maupassant, « La Parure », 1884.

Textes à corriger

Chacun des textes contient dix erreurs. À vous de les corriger !
Chaque erreur corrigée vous rapporte un point, mais chaque erreur ajoutée vous enlève un point. Il faut donc faire très attention. Bonne chance !

Ex. 1 ★☆☆ **Les erreurs portent sur les homophones.**

Nous sommes à Paris depuis un moi, et nous avons toujours été dans un mouvement continuel. Il faut bien des affaires avant qu'on soit logé, qu'on est trouvé les gens a qui on est adressé, et qu'on ce soit pourvut des choses nécessaires, qui manquent toutes à la fois.
Paris est aussi grand qu'Ispahan : les maisons y sont si hautes, qu'on jugerait qu'elles ne sont habitées que par des astrologues. Tu juges bien qu'une ville bâtie en l'aire, qui a six ou sept maisons les unes sur les autres, et extrêmement peuplé ; et que, quant tout le monde est descendu dans la rue, il si fait un bel embarras. [...] Je n'ai pas fait sans pas, que je suis plus brisé que si j'avais fait dix lieux.

D'après Montesquieu, *Lettres persanes*, 1721.

Ex. 2 ★☆☆ **Les erreurs portent sur l'accord des adjectifs.**

Quoique habiller d'un complet de soixante francs, il gardait une certaine élégance tapageuse, un peu commune, réel cependant. Grand, bien fais, blond, d'un blond châtain vaguement roussie, avec une moustache retroussé, qui semblait mousser sur sa lèvre, des yeux bleu, clairs, troué d'une pupille toute petite, des cheveux frisé naturellement, séparé par une raie au milieu du crâne, il ressemblait bien au mauvais sujet des romans populaire.

D'après Guy de Maupassant, *Bel-ami*, 1885.

Ex. 3 ★★☆ **Les erreurs portent sur les terminaisons des groupes verbaux.**

Mademoiselle Pontal perdi un petit ruban couleur de rose et argent, déjà vieux. Beaucoup d'autres meilleures choses était à ma portée ; ce ruban seul me tentat, je le volais, et comme je le ne cachait pas, on me le trouva bientôt. On voulus savoir où je l'avais prit. Je me trouble, je balbutit, et enfin je dis, en rougissant, que c'est Marion qui me l'a donner. Marion était une jeune Mauriennoise dont Mme de Vercellis avait fait sa cuisinière, quand, cessant de donner à manger, elle avait renvoyer la sienne, ayant plus besoin de bons bouillons que de ragoûts fins.

D'après Jean-Jacques. Rousseau, *Les Confessions*, 1782.

Ex. 4 ★★☆ **Les erreurs portent sur les formes verbales.**

Elle avais prit ce pli dans son âge enfantin
De venir dans ma chambre un peu chaque matin ;
Je l'attendait ainsi qu'un rayon qu'on espèrent ;
Elle entrait, et disait : Bonjour, mon petit père ;
Prenaient ma plume, ouvrait mes livres, s'asseyais
Sur mon lit, dérangait mes papiers, et riait,
Puis soudain s'en allait comme un oiseau qui passe.
Alors, je reprenai, la tête un peu moins lasse,
Mon œuvre interrompue, et, tout en écrivant,
Parmi mes manuscrits je rencontrai souvent
Quelque arabesque folle et qu'elle avait tracer,
Et mainte page blanche entre ses mains froissée
Où, je ne sais comment, venait mes plus doux vers.

D'après Victor Hugo, *Les Contemplations*, 1856.

Ex. 5 ★★☆ **Les erreurs portent sur les terminaisons des verbes.**

Claire, je ne veux pas vous trompé, si dans vos projets sur moi vous faite entrer l'espoir de me guérir un jour, vous nourrisser une erreur ; je ne puis ni ne veux cessé de vous aimer ; non, je ne le veux point, il n'est aucune portion de moi-même qui combatte l'adoration que je te portes. Je veux t'aimer, parce que tu est ce qu'il y a de meilleur au monde, et que ma passion ne nuis à personne ; je veux t'aimer enfin, parce que tu me l'ordonne : ne m'a-tu pas dis de vivre ?

D'après Madame Cottin, *Claire d'Albe*, 1799.

Ex. 6 ★★☆ **Les erreurs portent sur les terminaisons des verbes.**

Que ceux qui allume des cierges en plein midi pour te célébrer supportent ceux qui se contente de la lumière de ton soleil ; que ceux qui couvrent leur robe d'une toile blanche pour dire qu'il faut t'aimé ne détestent pas ceux qui dise la même chose sous un manteau de laine noire ; qu'il soit égal de t'adoré dans un jargon formé d'une ancienne langue, ou dans un jargon plus nouveau ; que ceux dont l'habit ait teint en rouge ou en violet, qui dominent sur une petite parcelle d'un petit tas de la boue de ce monde, et qui possède quelques fragments arrondis d'un certain métal, jouissent sans orgueil de ce qu'ils appellent grandeur et richesse, et que les autres les vois sans envie : car tu sait qu'il n'y a dans ces vanités ni de quoi envié, ni de quoi s'enorgueillir.

D'après Voltaire, « Prière à Dieu »,
Traité sur la tolérance, 1763.

Ex. 7 ★★☆ **Les erreurs portent sur les terminaisons des groupes verbaux.**

La reine m'a toujours crus son ennemi, Sire, quoique Votre Majesté puisse attesté que j'ai toujours prit chaudement son parti, même contre vous. Oh, si elle trahissais Votre Majesté, ce seraient autre chose, et je serait le premier à dire : « pas de grâce, Sire, pas de grâce pour la coupable » ! Heureusement il n'en ait rien, la reine est épouse, dévouée et irréprochable ; vous avait eu le premier tort puisque c'est vous qui avaient soupçonné la reine. Il faut que vous fassier une chose que vous sauriez lui être agréable.

D'après Alexandre Dumas, *Les trois Mousquetaires*, 1844.

Ex. 8 ★★★ **Les erreurs portent sur les accords des groupes verbaux et des groupes nominaux.**

Ô femmes, femmes de quelque espèce, de quelque états, de quelque rang que vous soyer, devenez plus simple, plus modestes et plus généreuses les une envers les autre. Il me semble déjà vous voir toutes réunie autour de moi, comme autant de furies poursuivant ma malheureuse existence et me faire payé bien cher l'audace de vous donné des avis. Je n'ai point de vices à caché, je n'ai que des défaut à montrer.

D'après Olympe de Gouges, *Mémoire de Madame de Valmont*, 1788.

Ex. 9 ★★★ **Les erreurs portent sur les accords des groupes verbaux et des groupes nominaux.**

Dans la deuxième gravure, le canot es en train d'accoster le flanc d'une grande Vraie-Baleine en mouvement et qui roule sa masse noir pleine de mauvaise herbes marine, comme quelque éboulement de rocher couvert de mousse des falaises patagonienne. Ses jets sont droit, pleins et noir comme de la suie ; de sorte qu'à voir une tel fumée dans la cheminée, vous vous demander quel brave souper est en train de cuire en bas, dans les grandes entraille.

D'après Herman Melville, *Moby Dick*, 1851.

Ex. 10 ★★★ **Les erreurs portent sur les accords des groupes verbaux et des groupes nominaux.**

L'eau du Nil, terne, et mate, semblait s'endormir dans son cours et s'étaler en nappes d'étain fondu. Nul haleine ne ridait sa surface et n'inclinait sur leur tiges les calices de lotus, aussi roides que s'ils avait été sculptées. Les rives étaient déserte ; une tristesse immense et solennel pesait sur cette terre, qui ne fut jamais qu'un grand tombeau, et dont les vivants semblent ne pas avoir eu d'autre occupation que d'embaumer les morts. Tristesse aride, sèche comme la pierre ponce, sans mélancolies, sans rêverie, n'ayant point de nuage gris de perle à suivre à l'horizon, pas de source secrète où baignait ses pieds poudreux ; tristesse de sphinx ennuyer de regarder perpétuellement le désert, et qui ne peut se détacher du socle de granit où il aiguise ses griffes depuis vingt siècles.

D'après Théophile Gautier,
« Une nuit de Cléopâtre », 1838.

Ex. 11 ★★★ **Les erreurs portent sur les terminaisons des groupes verbaux et des adjectifs.**

L'homme était partit de Marchiennes vers deux heures. Il marchait d'un pas allonger, grelottant sous le coton amincie de sa veste et de son pantalon de velours. Un petit paquet, nouer dans un mouchoir à carreaux, le gênait beaucoup ; et il le serré contre ses flancs, tantôt d'un coude, tantôt de l'autre, pour glissé au fond de ses poches les deux mains à la fois, des mains gourde que les lanières du vent d'est faisait saigné. Une seule idée occupais sa tête vide d'ouvrier sans travail et sans gite, l'espoir que le froid serait moins vif après le lever du jour.

D'après Émile Zola, *Germinal*, 1885.

Dictées

Sujet brevet 1 (p. 48)

Écrire : *quatuor*, *François Ier*, *Charles Quint*.

Longtemps, je me suis couché de bonne heure. Parfois, à peine ma bougie éteinte, mes yeux se fermaient si vite que je n'avais pas le temps de me dire : « Je m'endors. » Et, une demi-heure après, la pensée qu'il était temps de chercher le sommeil m'éveillait ; je voulais poser le volume que je croyais avoir encore dans les mains et souffler ma lumière ; je n'avais pas cessé en dormant de faire des réflexions sur ce que je venais de lire, mais ces réflexions avaient pris un tour un peu particulier ; il me semblait que j'étais moi-même ce dont parlait l'ouvrage : une église, un quatuor, la rivalité de François Ier et de Charles Quint.

Marcel Proust, *Du côté de chez Swann*, 1913.

Sujet guidé 1 (p. 50)

Si je suis destiné à vivre, je représenterai dans ma personne, représentée dans mes Mémoires, les principes, les idées, les événements, les catastrophes, l'épopée de mon temps, d'autant plus que j'ai vu finir et commencer un monde, et que les caractères opposés de cette fin et de ce commencement se trouvent mêlés dans mes opinions. Je me suis rencontré entre les deux siècles, comme au confluent de deux fleuves ; j'ai plongé dans leurs eaux troublées, m'éloignant à regret du vieux rivage où j'étais né, et nageant avec espérance vers la rive inconnue où vont aborder les générations nouvelles.

François-René de Chateaubriand, Préface testamentaire, *Mémoires d'outre-tombe*, 1832.

Sujet brevet 2 (p. 76)

Combien de temps faudrait-il qu'il dure leur délire, pour qu'ils s'arrêtent épuisés, enfin, ces monstres ? Combien de temps un accès comme celui-ci peut-il bien durer ? Des mois ? Des années ? Combien ? Peut-être jusqu'à la mort de tout le monde, de tous les fous ? Jusqu'au dernier ? Et puisque les événements prenaient ce tour désespéré je me décidais à risquer le tout pour le tout, à tenter la dernière démarche, la suprême, essayer, moi, tout seul, d'arrêter la guerre ! Au moins dans ce coin-là où j'étais.
Le colonel déambulait à deux pas. J'allais lui parler. Jamais je ne l'avais fait. C'était le moment d'oser. Là où nous en étions il n'y avait presque plus rien à perdre.

Louis-Ferdinand Céline, *Voyage au bout de la nuit*, 1932.

Sujet guidé 2 (p. 78)

Ce sont de petits carrés de papier, misérables. Des feuilles mal venues, imprimées ou tapées à la diable. [...] On fabrique comme on peut. [...] Mais le journal paraît. Les articles suivent des routes souterraines. Quelqu'un les rassemble, quelqu'un les agence en secret. Des équipes furtives mettent en page. Les policiers, les mouchards, les espions, les dénonciateurs s'agitent, cherchent, fouinent, flairent. Le journal part sur les chemins de France. Il n'est pas grand, il n'a pas bel aspect. Il gonfle des valises usées, craquantes, disjointes. Mais chacune de ses lignes est comme rayon d'or. Un rayon de la pensée libre.

Joseph Kessel, *L'Armée des ombres*, 1943.

Sujet brevet 3 (p. 102) Écrire : *geôle*.

Un immense travail s'accomplit dans les profondeurs d'un peuple submergé de douleurs et de dégoûts et qui se tourne vers les sources pures de l'âme et de l'esprit, comme le prisonnier dans sa geôle vers la lumière de la lucarne. Nous savons que la poésie, les sciences et les arts ont, à l'heure présente, notamment parmi la jeunesse, plus d'amants fervents que jamais. Comment n'être pas saisi par la valeur passionnée des revues clandestines ? [...] Comment ne pas sentir la déchirante qualité de ces poèmes qu'aujourd'hui toute la France récite en secret ?

Charles de Gaulle, Discours à l'occasion du 60e anniversaire de l'Alliance française, 30 octobre 1943.

Sujet guidé 3 (p. 104)

Antigone est au fond de la tombe pendue aux fils de sa ceinture, des fils bleus, des fils verts, des fils rouges qui lui font comme un collier d'enfant, et Hémon, à genoux qui la tient dans ses bras et gémit, le visage enfoui dans sa robe. On bouge un bloc encore et Créon peut enfin descendre. On voit ses cheveux blancs dans l'ombre, au fond du trou. Il essaie de relever Hémon, il le supplie. Hémon ne l'entend pas, puis soudain [...] il lui crache au visage, et tire son épée. Créon a bondi hors de sa portée. [...] Hémon regarde ce vieil homme tremblant à l'autre bout de la caverne et, sans rien, dire, il se plonge l'épée dans le ventre et il s'étend contre Antigone, l'embrassant dans une immense flaque rouge.

Jean Anouilh, *Antigone*, 1944.

Sujet brevet 4 (p. 132)

Lorsque la mer était haute et qu'il y avait tempête, la vague, fouettée au pied du château, au pied de la grande grève, jaillissait jusqu'aux grandes tours. A vingt pieds d'élévation au-dessous de la base d'une de ces tours régnait un parapet en granit, étroit, glissant, incliné, par lequel on communiquait au ravelin, qui défendait le fossé : il s'agissait de saisir l'instant entre deux vagues, de franchir l'endroit périlleux avant que le flot se brisât et couvrît la tour. Voici venir une montagne d'eau qui s'avançait en mugissant et qui, si vous tardiez d'une minute, pouvait, ou vous entraîner, ou vous écraser contre le mur. Pas un de nous ne se refusait à l'aventure, mais j'ai vu des enfants pâlir avant de la tenter...

François-René de Chateaubriand,
Mémoires d'outre-tombe, 1849.

Sujet guidé 4 (p. 134)

Celui qui regarde du dehors à travers une fenêtre ouverte, ne voit jamais autant de choses que celui qui regarde une fenêtre fermée. Il n'est pas d'objet plus profond, plus mystérieux, plus fécond, plus ténébreux, plus éblouissant qu'une fenêtre éclairée d'une chandelle. [...]
Par delà des vagues de toits, j'aperçois une femme mûre, ridée déjà, pauvre, toujours penchée sur quelque chose, et qui ne sort jamais. Avec son visage, avec son vêtement, avec son geste, avec presque rien, j'ai refait l'histoire de cette femme, ou plutôt sa légende, et quelquefois je me la raconte à moi-même en pleurant.

Charles Baudelaire, « Les Fenêtres »,
Petits Poèmes en prose, 1869.

Sujet brevet 5 (p. 158)
Écrire : *tracts* et *arc-bouté*.

Je suis parti avec les tracts.
Je les ai enterrés dans la rivière.
J'ai tracé sur le sable un plan...
Un plan de manifestation future.
Qu'on me donne cette rivière, et je me battrai.
Je me battrai avec du sable et de l'eau.
De l'eau fraîche, du sable chaud. Je me battrai.
J'étais décidé. Je voyais donc loin. Très loin.
Je voyais un paysan arc-bouté comme une catapulte.
Je l'appelai, mais il ne vint pas. Il me fit signe. [...]
Moi j'étais en guerre. Je divertissais le paysan.
Je voulais qu'il oublie sa faim. Je faisais le fou. Je faisais [le fou devant
mon père le paysan. Je bombardais la lune dans la rivière.

Kateb Yacine, *Nedjma*, 1956.

Sujet guidé 5 (p. 160)
Écrire : *airain*.

Où vont tous ces enfants dont pas un seul ne rit ?
Ces doux êtres pensifs que la fièvre maigrit ?
Ces filles de huit ans qu'on voit cheminer seules ?
Ils s'en vont travailler quinze heures sous des meules ;
Ils vont, de l'aube au soir, faire éternellement
Dans la même prison le même mouvement.
Accroupis sous les dents d'une machine sombre,
Monstre hideux qui mâche on ne sait quoi dans l'ombre,
Innocents dans un bagne, anges dans un enfer,
Ils travaillent. Tout est d'airain, tout est de fer.
Jamais on ne s'arrête et jamais on ne joue.
Aussi quelle pâleur ! la cendre est sur leur joue.

Victor Hugo, « Melancholia », *Les Contemplations*, 1856.

Sujet brevet 6 (p. 186)
Écrire : *Richard-Lenoir*.

Je ne vais plus à la gare, je traîne un peu sur le boulevard Richard-Lenoir, c'est un endroit où il y a beaucoup de sans-abri, sur le terre-plein central, autour des jardins et dans les squares, ils sont en groupe, chargés de sacs, de chiens, de duvets, ils se réunissent autour des bancs, ils discutent, boivent des canettes, parfois ils rigolent, ils sont gais, parfois ils se disputent. Souvent il y a des filles avec eux, jeunes, elles ont des cheveux sales, des vieilles chaussures et tout. Je les observe de loin, leurs visages abîmés, leurs mains écorchées, leurs vêtements noirs de crasse, leurs rires édentés. Je les regarde avec cette honte sur moi, poisseuse, cette honte d'être du bon côté.

Delphine de Vigan, *No et moi*, 2007.

Sujet guidé 6 (p. 188)

Les hommes sont bien malheureux ! Ils flottent sans cesse entre de fausses espérances et des craintes ridicules : et, au lieu de s'appuyer sur la raison, ils se font des monstres qui les intimident, ou des fantômes qui les séduisent. [...] Ce qu'il y a d'extraordinaire, c'est que ceux qui fatiguent leur raison pour lui faire rapporter de certains événements à des vertus occultes, n'ont pas un moindre effort à faire pour s'empêcher d'en voir la véritable cause.
Tu me diras que de certains prestiges ont fait gagner une bataille ; et moi, je te dirai qu'il faut que tu t'aveugles, pour ne pas trouver, dans la situation du terrain, dans le nombre ou dans le courage des soldats, dans l'expérience des capitaines, des causes suffisantes pour produire cet effet dont tu veux ignorer la cause.

Montesquieu, *Lettres persanes*, 1721.

Sujet brevet 7 (p. 214)

[...] Agencé de façon qu'au terme de son usage il puisse être brisé sans effort, il ne sert pas deux fois. Ainsi dure-t-il moins encore que les denrées fondantes ou nuageuses qu'il enferme.
À tous les coins de rue qui aboutissent aux halles, il luit alors de l'éclat sans vanité du bois blanc. Tout neuf encore, et légèrement ahuri d'être dans une pose maladroite à la voirie jeté sans retour, cet objet est en somme des plus sympathiques, — sur le sort duquel il convient toutefois de ne s'appesantir longuement.

Francis Ponge, « Le Cageot »,
Le Parti pris des choses, 1942.

Sujet guidé 7 (p. 216)

L'économique parfois les dévorait tout entiers. Ils ne cessaient pas d'y penser. Leur vie affective même, dans une large mesure, en dépendait étroitement. Tout donnait à penser que, quand ils étaient un peu riches, quand ils avaient un peu d'avance, leur bonheur commun était indestructible ; nulle contrainte ne semblait limiter leur amour. Leurs goûts, leur fantaisie, leur invention, leurs appétits se confondaient dans une liberté identique. Mais ces moments étaient privilégiés : il leur fallait plus souvent lutter ; aux premiers signes de déficit, il n'était pas rare qu'ils se dressent l'un contre l'autre. Ils s'affrontaient pour un rien, pour cent francs gaspillés, pour une paire de bas, pour une vaisselle pas faite.

Georges Perec, *Les Choses*, 1965.

Sujet brevet 8 (p. 242)

Le maître avait une voix persuasive. Tous les matins, il présentait les cours du jour avant de lancer le programme. La puce supplémentaire insérée dans leurs cerveaux [...] plaçait les élèves dans un état de réceptivité absolue [...]. Le flot d'informations [...] déferlait pendant une vingtaine de minutes, puis maître Moda donnait des exercices qui, tout en validant les connaissances, sollicitaient la mémoire, la logique, l'esprit d'analyse et de synthèse. C'était à cette occasion que se gagnaient ou se perdaient les places à l'évaluation [...]. Si elle n'était pas la meilleure dans la résolution des problèmes mathématiques [...], Emna montrait une efficacité inégalable en histoire et en sciences physiques.

Pierre Bordage, « La Classe de Maître Moda »,
Nouvelle vie™ et autres récits, 2004.

Sujet guidé 8 (p. 244)

Préciser la majuscule sur le mot : « Alliés ».
Écrire : *Royal Air Force*.

Tandis que les Alliés, craignant que vous ne les devanciez dans la course à la bombe qu'ils croient mener contre vous, échafaudent des plans pour vous enlever ou vous tuer, vous poursuivez vos tentatives de mise au point d'un réacteur et vous obtenez que de jeunes scientifiques soient libérés de leur fonction militaire pour vous rejoindre dans l'abri relatif de vos « îlots de stabilité » sur lesquels la Royal Air Force ne cesse de déverser une pluie de bombes. Vous vous obstinez à vivre, à faire des enfants qui naissent dans un monde en flammes, un monde si laid que personne ne peut le regarder en face.

Jérôme Ferrari, *Le Principe*, 2015.

Dictées supplémentaires

Dictée supplémentaire 1

Un peu engoncée dans mon épais tablier noir à longues manches fermé dans le dos, pas commode à boutonner, je me penche sur mon pupitre avec toutes les autres filles de ma classe, à peu près de la même taille et du même âge que moi… Nous écrivons sur une copie où chacune a d'abord inscrit en haut et à gauche son prénom et son nom, en haut et à droite la date, et au milieu le mot « Dictée » qu'il a fallu, comme le nom et la date, souligner en faisant habilement glisser sa plume le long d'une règle sans qu'il y ait de bavures. Le trait doit être parfaitement droit et net.

Nathalie Sarraute, *Enfance*, 1983.

Dictée supplémentaire 2

Quand cette lettre te parviendra, je serai mort fusillé. […] J'ai profité d'un moment de bousculade pour m'échapper des mains des Allemands. J'ai suivi mes camarades, et ensuite, j'ai été accusé d'abandon de poste en présence de l'ennemi. Nous sommes passés vingt-quatre hier soir au Conseil de Guerre. Six ont été condamnés à mort dont moi. Je ne suis pas plus coupable que les autres, mais il faut un exemple. […] Je meurs innocent du crime d'abandon de poste qui m'est reproché. Si au lieu de m'échapper des Allemands, j'étais resté prisonnier, j'aurais encore la vie sauve. C'est la fatalité.

Extrait d'une lettre d'Henry Floch du 30 mai 1917, recueillie par Jean-Pierre Guéno dans *Paroles de Poilus, lettres et carnets du Front (1914-1918)*, 1998.

Dictée supplémentaire 3

Dès qu'on fut arrivé au Domaine, commença derrière la ferme, dans une grande prairie en pente, la course des poneys. C'était la dernière partie de la fête. […]
Les garçons en costumes de jockeys, les fillettes en écuyères, amenaient les uns de fringants poneys enrubannés, les autres, de très vieux chevaux dociles, au milieu des cris, des rires enfantins, des paris, des longs coups de cloche. On se fût cru transporté sur la pelouse verte et taillée de quelque champ de courses en miniature. Meaulnes reconnut Daniel et les petites filles aux chapeaux de plumes qu'il avait entendus la veille dans l'allée du bois… Le reste du spectacle lui échappa, tant il était anxieux de retrouver le gracieux chapeau de roses et le grand manteau marron…

Alain-Fournier, *Le Grand Meaulnes*, 1913.

Dictée supplémentaire 4

J'étais si las de cette longue traversée, que j'aurais bien voulu débarquer à Sfax, et me rendre de là à Tunis par terre ; mais le capitaine n'osa chercher le port de Sfax, dont l'entrée est en effet dangereuse. Nous restâmes huit jours à l'ancre dans la petite Syrte, où je vis commencer l'année 1807. Sous combien d'astres, et dans combien de fortunes diverses, j'avais déjà vu se renouveler pour moi les années qui passent si vite ou qui sont si longues ! Qu'ils étaient loin de moi ces temps de mon enfance où je recevais, avec un cœur palpitant de joie, la bénédiction et les présents paternels ! […] Ce jour, né du sein des tempêtes, ne laissait tomber sur mon front que des soucis, des regrets et des cheveux blancs.

François-René de Chateaubriand,
Itinéraire de Paris à Jérusalem, 1811.

Mes fiches méthode

Analyse de texte ou d'image

Expression écrite

Lecture et expression orale

1 Comment distinguer les tonalités littéraires ?

Les tonalités (ou registres) littéraires correspondent aux intentions associées à un texte : elles visent à faire éprouver des sentiments variés aux lectrices et lecteurs. Les principales tonalités sont le comique, le tragique, le lyrique, le satirique, l'épique, le fantastique. Une même œuvre peut avoir des passages de différentes tonalités.

A La tonalité comique

- Elle suscite le **rire ou le sourire**. Il faut distinguer le **comique de gestes, de caractère, de situation, de répétition** et **de mots.**
- Les principaux procédés comiques sont :
  - **les effets de rupture**, de décalage, de **surprise** ou **d'exagération** ;
  - la **répétition de mots**, de phrases, de situations ;
  - les **quiproquos** et jeux de mots.
- Il existe de nombreuses nuances de la tonalité comique : **l'ironie**, **l'humour**, la **parodie**, etc.

TOINETTE. – Quand un maître ne songe pas à ce qu'il fait, une servante bien sensée est en droit de le redresser.
ARGAN *court après Toinette.* – Ah ! insolente, il faut que je t'assomme.
TOINETTE *se sauve de lui.* – Il est de mon devoir de m'opposer aux choses qui vous peuvent déshonorer.
ARGAN, *en colère, court après elle autour de sa chaise, son bâton à la main.* – Viens, viens, que je t'apprenne à parler.
TOINETTE, *courant, et se sauvant du côté de la chaise où n'est pas Argan.* – Je m'intéresse, comme je dois, à ne vous point laisser faire de folie.

Molière, *Le Malade imaginaire*, 1673.

B La tonalité satirique

- Elle **se moque** pour **faire réfléchir**.
- Elle s'attaque à quelqu'un ou quelque chose, le critique en n'hésitant pas à le ridiculiser pour faire réagir, amuser, voire faire rire.

Stanislas se regardait continuellement avec une sorte de satisfaction de haut en bas, en vérifiant le nombre des boutons de son gilet, en suivant les lignes onduleuses que dessinait son pantalon collant, en caressant ses jambes par un regard qui s'arrêtait amoureusement sur les pointes de ses bottes. Quand il cessait de se contempler ainsi, ses yeux cherchaient une glace, il examinait si ses cheveux tenaient la frisure ; il interrogeait les femmes d'un œil heureux en mettant un de ses doigts dans la poche de son gilet, se penchant en arrière et se posant de trois-quarts, agaceries de coq qui lui réussissaient dans la société aristocratique de laquelle il était le beau.

Honoré de Balzac, *Illusions perdues*, 1837-1843.

C La tonalité tragique

- Elle met en scène des **situations désespérées** où un personnage, **victime de la fatalité**, est **voué à la mort**. Des forces pèsent sur lui et le dominent, ce qui suscite la compassion du lecteur.
- Les principaux procédés tragiques sont :
  - l'utilisation du **lexique** de **la fatalité**, du **désespoir**, du **malheur** et de **la mort** ;
  - une **ponctuation expressive** (points d'interrogation et d'exclamation) ;
  - des **figures de style d'opposition** pour souligner les dilemmes ou l'impuissance (antithèse, oxymore, chiasme, etc.)

ROMÉO – Ah ! chère Juliette, pourquoi es-tu si belle encore ? Dois-je croire que le spectre de la Mort est amoureux et que l'affreux monstre décharné te garde ici dans les ténèbres pour te posséder ?… Horreur ! Je veux rester près de toi, et ne plus sortir de ce sinistre palais de la nuit ; ici, ici, je veux rester avec ta chambrière, la vermine ! Oh ! c'est ici que je veux fixer mon éternelle demeure et soustraire au joug des étoiles ennemies cette chair lasse du monde…

William Shakespeare, *Roméo et Juliette*, traduit de l'anglais par F. -V. Hugo, 1597.

D La tonalité lyrique

- Elle exalte des **sentiments** (joie, tristesse, espoir, amour, etc.), souvent exprimés à la 1re personne du singulier.
- Les principaux procédés lyriques sont :
  - le **lexique des sentiments** et **des émotions** ;
  - la **ponctuation expressive**, les **interjections** (*Hélas !*) et les **apostrophes** (*Ô nuit...*) ;
  - des **figures de style** comme l'anaphore, l'hyperbole ou la métaphore, etc.

Un éclair... puis la nuit ! – Fugitive beauté
Dont le regard m'a fait soudainement renaître,
Ne te verrai-je plus que dans l'éternité ?

Ailleurs, bien loin d'ici ! trop tard ! jamais peut-être !
Car j'ignore où tu fuis, tu ne sais où je vais,
Ô toi que j'eusse aimée, ô toi qui le savais !

Charles Baudelaire, « À une passante », *Les Fleurs du mal*, 1857.

E La tonalité épique

- Elle suscite l'**admiration devant les exploits du héros et l'enthousiasme** devant des actions collectives.
- Les principaux procédés épiques sont :
  - l'utilisation du **lexique du combat**, de **l'héroïsme**, de **l'exploit** et du **merveilleux** ;
  - les **figures de style de l'amplification** (hyperbole, accumulation...) ;
  - l'utilisation de **singuliers collectifs** (le peuple, la foule) ;
  - les images valorisantes et les **superlatifs** ;
  - **l'accumulation de verbes d'action** ;
  - la **personnification**.

DON RODRIGUE. –
Sous moi donc cette troupe s'avance,
Et porte sur le front une mâle assurance.
Nous partîmes cinq cents ; mais par un prompt [renfort
Nous nous vîmes trois mille en arrivant au port,
Tant, à nous voir marcher avec un tel visage,
Les plus épouvantés reprenaient de courage !

Pierre Corneille, *Le Cid*, 1637.

F La tonalité fantastique

- Elle correspond à l'**irruption** d'éléments surnaturels, de **phénomènes inexpliqués et inquiétants** dans un univers quotidien et banal.
- Le lecteur **doute** avec le personnage principal et la fin du texte ne permet pas de trancher **entre une explication rationnelle ou surnaturelle**.
- Les principaux procédés du fantastique sont :
  - le choix d'un **point de vue narratif** généralement **interne** afin que l'on ait accès aux perceptions et hésitations du narrateur (narratrice) ;
  - le lexique de la **peur** ;
  - une **ponctuation expressive** (de nombreux points interrogation et d'exclamation) ;
  - l'emploi de **modalisateurs** et d'**images visuelles ou sonores** (comparaisons, métaphores) créant le doute et la peur.

Comme je m'arrêtais à regarder un Géant des batailles, qui portait trois fleurs magnifiques, je vis, je vis distinctement, tout près de moi, la tige d'une de ces roses se plier, comme si une main invisible l'eût tordue, puis se casser, comme si cette main l'eût cueillie ! Puis la fleur s'éleva, suivant une courbe qu'aurait décrite un bras en la portant vers une bouche, et elle resta suspendue dans l'air transparent, toute seule, immobile, effrayante tache rouge à trois pas de mes yeux.

Éperdu, je me jetai sur elle pour la saisir ! Je ne trouvai rien ; elle avait disparu.

Guy de Maupassant, « Le Horla », 1887.

⚠ Le merveilleux constitue aussi une tonalité. Elle se caractérise par la présence d'éléments irréels (la magie, les revenants, les dieux, etc.) mais ces derniers ne surprennent pas les lectrices et lecteurs.

2 Comment analyser une image fixe ?

Pour commenter une image, il faut être capable de décrire ce que l'on voit d'une manière ordonnée et précise tout en réfléchissant aux choix de l'artiste.

A J'identifie l'œuvre

Il s'agit de repérer les informations données dans **la légende** :

- le **nom** de l'artiste, le **titre** de l'œuvre et sa **date** de création ;
- la **nature** de l'œuvre (peinture, sculpture, photographie, etc.) ;
- ses **dimensions** ;
- la **technique** (aquarelle, crayon...) et le **support** (bois, céramique...) ou le **matériau** (acier, marbre..) utilisé ;
- son **lieu de conservation** (musée, château, collection privée, etc.).

B Je décris l'œuvre

› **Que représente l'œuvre ?** Un paysage ? Un personnage ? Un événement ? Il est possible de faire des recherches à partir de la légende.

› **Comment la décrire ?** Commencez par des observations générales avant de donner plus de détails. Votre description est organisée en fonction de la construction de l'image.

› Après l'analyse, **il s'agit de proposer une interprétation.** Quelle impression se dégage de l'image ? Quelles émotions l'artiste cherche-t-il à susciter ? De quelles manières ?

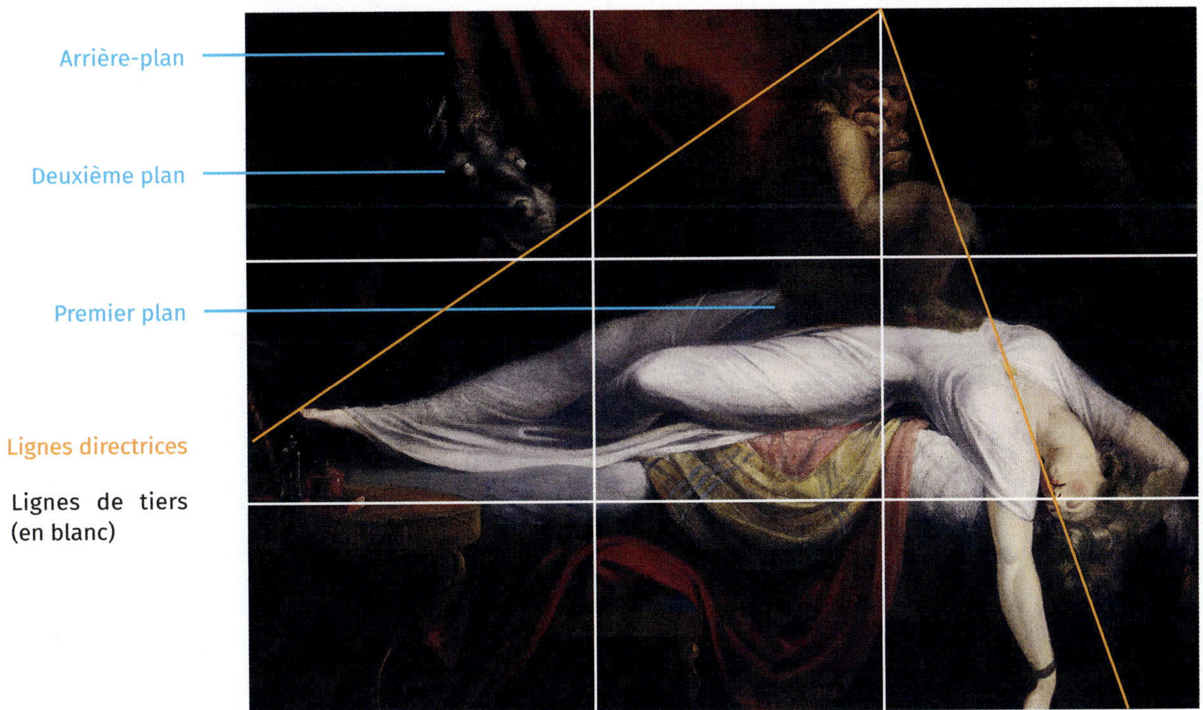

Johann Heinrich Füssli, *Le Cauchemar*, 1781, huile sur toile, 102 × 127 cm (Institute of Arts, Detroit, États-Unis).

Rendez-vous à la page suivante pour connaître les définitions des lignes et plans.

C J'observe la construction de l'image

› **Repérez le cadrage choisi**, c'est-à-dire le plus ou moins grand *zoom* proposé :
- le **plan d'ensemble** = plan large, qui permet de montrer le décor d'une action ;
- le **plan moyen** = plan qui montre un personnage de la tête aux pieds ;
- le **plan américain** = cadre le personnage de la tête au milieu des cuisses ;
- le **gros plan** = *zoom* sur un détail (souvent du visage).

› Observez **les différents plans de l'image** :
- le **premier plan** = ce qui semble le plus proche quand on regarde l'image ;
- le **deuxième plan** = ce qui est situé entre le premier plan et l'arrière-plan ;
- l'**arrière-plan** = ce qui semble le plus éloigné.

› Repérez les **lignes directrices de l'image**, qui la structurent en passant par les éléments importants. Vous pouvez les tracer pour savoir comment l'œuvre est structurée.

› Repérez les éléments placés sur **les lignes de tiers**. Lorsque nous regardons une image, notre œil est naturellement attiré par ce qui est situé aux tiers (gauche, droite, haut et bas) de l'image, et plus précisément aux points d'intersection entre les lignes situées aux tiers de l'image. Les artistes y placent donc ce qu'ils veulent mettre en valeur.

› Observez les **couleurs et la lumière** :
- en distinguant les couleurs chaudes (rouge, ocre, jaune...) des couleurs **froides** (bleu, vert...) ;
- en remarquant des **effets de contraste**, ou au contraire d'**harmonie** entre les couleurs ;
- en soulignant les effets d'**ombre** et de **lumière** importants : ils mettent en valeur un élément de l'image.

Numérique

Retrouvez la méthode pour analyser une image mobile (cinéma) sur LLS.fr/FR3ImageFixe

Inspirez-vous de l'exemple ci-dessous pour rédiger le commentaire d'une œuvre.

Claude Monet, *Impression, soleil levant*, 1872, huile sur toile, 48 × 63 cm (Musée Marmottan, Paris).

Exemple

Le tableau de Monet, *Impression, soleil levant*, représente un paysage maritime (le port du Havre) au petit matin.

Au premier plan, quelques barques de pêcheurs flottent sur l'eau trouble. Au deuxième plan, se dessinent des silhouettes de bateaux plus imposants et des grues de chantier maritime. À l'arrière-plan, au centre, le soleil est en train de se lever, dans un ciel brumeux. Il se reflète sur l'eau au centre du tableau.

Un sentiment d'apaisement se dégage de ce tableau, tout en touches de couleurs. On ressent presque le calme du matin, quand l'activité humaine est encore indistincte et que le sommeil quitte lentement les pêcheurs et les marins.

3 Comment travailler au brouillon ?

Lorsque vous effectuez un travail d'expression écrite, il ne faut pas se précipiter en rédigeant immédiatement son texte : travaillez d'abord au brouillon pour trier, organiser et améliorer l'expression de vos idées.

A J'analyse le sujet

Un sujet d'écriture comporte des consignes précises qu'il faut respecter. Il est donc important de lire d'abord attentivement le sujet et y repérer les éléments importants à souligner ou encadrer :

- la **nature du texte** (un poème lyrique, un article de journal, une scène de tragédie...) ;
- le **sujet** de mon texte (une scène de rencontre amoureuse, la suite d'un récit...) ;
- l'**époque** et le **lieu** où se déroule l'histoire ;
- les **personnages** ;
- les **étapes** à suivre ;
- les **éléments imposés** : un dialogue, du vocabulaire précis... ; mais aussi le choix d'un **narrateur-personnage** (à la 1re personne) ou d'un **narrateur extérieur** à l'histoire (3e personne) pour un récit.

B Je cherche mes idées au brouillon

› Une fois que vous avez bien compris les consignes du sujet, **notez toutes les idées qui vous viennent à l'esprit.**

› Au moment d'exprimer vos idées par écrit, vous **pouvez essayer de les organiser** :

- **Notez** vos idées les unes en dessous des autres en utilisant des **tirets** et laissez de la place si de nouvelles idées vous viennent à l'esprit.
- Vous pouvez **regrouper** celles qui se rapportent à un lieu ou à un personnage, celles qui concernent une action, etc.
- Si vous avez noté vos idées sans les organiser, vous pouvez ensuite les relire et les **surligner de différentes couleurs** pour repérer les regroupements ou les numéroter. *Par exemple pour le portrait d'un personnage, vous pouvez décrire son apparence générale puis vous concentrer sur ses vêtements, son visage et son comportement sans oublier de mettre en scène son apparition.*
- N'hésitez pas à **barrer les idées** qui vous semblent finalement moins intéressantes à exploiter.

C J'organise mes idées

› **Décidez des étapes de votre texte**, souvent guidées par le sujet donné.

- Écrivez-les sous la forme d'un **plan détaillé** où figurent les **titres** donnés aux étapes.

› Pour chaque étape, notez un **mot de liaison** pour structurer votre rédaction.

- Rédigez au brouillon au moins **le début et la fin** de votre texte pour savoir où vous allez.

› Si vous avez le temps, rédigez entièrement votre texte au brouillon.

- Écrivez une ligne sur deux et laissez une grande marge pour avoir la place de **corriger et d'enrichir**.
- Reprenez ensuite votre texte en tentant de l'améliorer sur le fond (vos idées) et sur la forme (voir Fiche méthode p. 378 et 379).

4 Comment organiser mon texte ?

Lorsque vous vous exprimez, vous pouvez utiliser des connecteurs pour mettre en évidence le lien qui existe entre vos idées. Ces mots sont des outils qui relient entre eux des termes, des propositions, des phrases, des paragraphes, etc.

Vincent Van Gogh, *Nuit étoilée sur le Rhône*, 1888, huile sur toile, 72,5 × 92 cm (Musée d'Orsay, Paris).

A Les connecteurs spatiaux

Ils sont employés pour **organiser une description**. Ils situent les éléments les uns par rapport aux autres : ici, là, au-dessous, en bas, à côté de, à droite de, au fond de...

Ce tableau de Vincent Van Gogh est intitulé *Nuit étoilée sur le Rhône*. Il représente le fleuve sous la lumière des étoiles. **Au premier plan**, nous apercevons la rive, **sur** laquelle se promène un couple. **Derrière** eux sont amarrés deux bateaux. **Au centre** du tableau, le Rhône s'étale sur la moitié de la toile, **de gauche à droite. Au fond**, nous distinguons la rive opposée et des habitations. **Le haut** du tableau est consacré au ciel nocturne, parsemé **çà et là** d'étoiles brillantes.

B Les connecteurs temporels

Ils servent à **organiser un récit** : ils situent les actions dans le temps ou les unes par rapport aux autres.

- **Simultanéité** : aujourd'hui, au même moment, cependant, tout à coup...
- **Antériorité** : d'abord, hier, auparavant, la veille, autrefois...
- **Postériorité** : ensuite, finalement, le jour suivant, demain...

Prenez garde à bien distinguer les énoncés ancrés dans la situation d'énonciation (aujourd'hui, hier) de ceux coupés de la situation d'énonciation (ce jour-là, la veille).
(voir Fiche grammaire p. 302).

C Les connecteurs logiques

Ils sont utilisés pour montrer **la logique de votre raisonnement** : vos idées se suivent-elles ? s'opposent-elles ?

- Une **suite** d'idées : de plus, par ailleurs, et, enfin...
- La **cause** : en effet, ainsi, car, en raison de, grâce à, à cause de, parce que, puisque, sous prétexte que...
- La **conséquence** : alors, ainsi, c'est pourquoi, si bien que, de sorte que...
- L'**opposition** : cependant, toutefois, pourtant, mais, or, malgré, en dépit de, alors que, tandis que, bien que...

Pour vous aider, vous pouvez insérer sur votre brouillon des connecteurs logiques à chaque titre et sous-titre de partie. Ainsi, vous ne les oublierez pas au moment de rédiger.

5 Comment bâtir une argumentation efficace ?

Pour défendre une idée, il convient de trouver des arguments et de savoir les présenter clairement de manière à convaincre. Voici la méthode à suivre pour y parvenir.

A Je distingue la thèse, les arguments et les exemples

Pour bâtir une argumentation efficace, il faut savoir exprimer trois éléments :

- **La thèse** : c'est **l'idée défendue**, la réponse à la question posée.

Exemple : *la liberté d'expression est un droit fondamental.*

- **Les arguments** : ce sont **les raisons** qui viennent soutenir la thèse, **les preuves** avancées.

Exemples : *1. La liberté d'expression date de 1789 (elle est définie dans la* Déclaration des Droits de l'homme et du citoyen*). 2. Elle permet à une démocratie d'exister.*

- **Les exemples** : ce sont **les illustrations** précises qui viennent donner du poids aux arguments.

Exemple : *en France, je peux exprimer mon désaccord en votant mais aussi en publiant un article critique ou un dessin satirique. J'exprime ainsi mon opinion librement, tant qu'elle n'offense pas les autres.*

B La recherche et le tri des idées au brouillon

› **Énoncez clairement la thèse à défendre** et n'hésitez pas à la reformuler de plusieurs manières. Posez-vous des questions pour repérer ses limites.

› **Cherchez des arguments convaincants**. Exprimez-les par écrit et n'hésitez pas à barrer les plus faibles ou ceux que vous ne réussissez pas à illustrer d'exemples.

› **Cherchez des exemples** pour illustrer chaque argument. Ils doivent être précis (cadre spatio-temporel, portraits de personnages, citations d'un texte, références prises dans le monde réel, etc.).

C La structure

› Commencez par une courte **introduction** (contenant un rappel de la situation, un rappel du sujet, la thèse et l'annonce du plan).

› Achevez par une phrase de **conclusion** (qui reprend brièvement l'argumentation).

› À chaque argument doit correspondre **un nouveau paragraphe**.

› **Chaque argument doit être accompagné d'un exemple précis.**

D Les mots qui permettent d'articuler l'argumentation

Pour articuler correctement une argumentation, il faut utiliser des **connecteurs logiques. Chaque paragraphe commence par un connecteur**. Il faut les choisir judicieusement, en fonction du rôle qu'ils jouent dans le texte. Voici quelques mots qui pourront vous aider :

- pour **introduire le premier argument** : tout d'abord, en premier lieu, pour commencer...
- pour **ajouter un argument** : ensuite, puis, de plus, en outre, dans un deuxième temps...
- pour **ajouter un argument contraire au précédent** : cependant, néanmoins, pourtant, en revanche...
- pour **introduire un exemple** : ainsi, en effet, par exemple...
- pour **conclure le texte** : pour conclure, en somme, finalement...

6 Comment me relire ?

Lorsque vous avez terminé de rédiger un texte, vous êtes souvent fatigué(e) par le travail accompli et tenté(e) de rendre votre copie sans vous relire. Avant tout, faites une petite pause pour regarder votre texte avec un regard neuf. Prévoyez ensuite plusieurs relectures.

A Première relecture : le contenu

Posez-vous des questions sur ce que vous avez écrit :

- **Avez-vous bien respecté le sujet** et toutes les **consignes** ?
- **Tout est-il clair** pour quelqu'un qui lit ce texte pour la première fois ?
- Certains passages ne sont-ils pas **inutiles** ? Ne faudrait-il pas **ajouter quelques détails** ?

Barrez ce qui vous plaît moins dans votre brouillon, résumez certains passages et ajoutez dans la marge ce qui manque.

⚠ Ne vous croyez pas sorti(e) d'affaire sans effort si votre texte doit être rendu sous traitement de texte. En effet, le **correcteur orthographique** peut vous signaler certaines erreurs, mais il ne repère pas tout et **se trompe parfois** (par exemple quand le sujet est éloigné du verbe ou quand un adjectif se rapporte à plusieurs noms). Rien ne remplace une relecture attentive de votre part.

B Deuxième relecture : le sens

› Avez-vous correctement choisi les temps des verbes ? Il ne faut pas mélanger, par exemple, passé simple et imparfait (voir Fiche grammaire p. 332).

› Avez-vous **correctement ponctué votre texte** (notamment dans les dialogues) et respecté les **majuscules** ?

- *Si vous avez ouvert une parenthèse ou des guillemets, vérifiez qu'ils soient bien fermés.*
- *Coupez les phrases trop longues en deux.*

› Vérifiez **la richesse de votre langage** :

- Avez-vous utilisé du langage familier (ça, on...) ? (Voir Fiche lexique p. 254)
- Votre vocabulaire est-il suffisamment recherché ? *Évitez les répétitions, remplacez par des synonymes ou des pronoms, évitez les verbes vagues (avoir, être, faire, mettre, il y a...).*

C Troisième relecture : l'orthographe

› Vérifiez d'abord les **chaînes d'accord** :

- Accordez correctement les **verbes** avec leur(s) sujet(s) (voir Fiche orthographe p. 344).
- Vérifiez les accords dans les **groupes nominaux** (déterminant, nom commun, adjectif) (voir Fiche orthographe p. 342).
- Appliquez les **règles d'accord du participe passé** (voir Fiche orthographe p. 345).

› Utilisez les astuces connues pour distinguer les **homophones** : *a et à, son et sont...* (voir Fiche orthographe p. 352).

› Interrogez-vous sur les **terminaisons** en [é] : *-er, -é-e-s, -ez ...* (voir Fiche orthographe p. 348).

› Vérifiez **l'orthographe des mots** dont vous n'êtes pas certain(e) en cherchant des mots de la même famille ou en utilisant un dictionnaire.

7 Comment résumer un livre ?

Voici quelques conseils pour construire efficacement un résumé personnel d'un livre.

A Je lis le livre à résumer

› Repérez rapidement les informations suivantes :
- **qui raconte l'histoire** (narrateur extérieur ou narrateur-personnage) **?**
- **où se déroule l'histoire ?**
- **à quelle époque a-t-elle lieu ?**
- **qui est le personnage principal ? Y en a-t-il plusieurs ?**

› Prenez des notes de lecture au fur et à mesure :
- le **nom des personnages rencontrés** et leur rôle dans l'histoire (amis/ennemis) ;
- les **événements importants de l'histoire** (les changements de lieu peuvent vous aider),
- les **détails marquants** (portrait d'un personnage, pouvoirs magiques, etc.),
- les **thèmes abordés** (histoire, amour, etc.).

C Je finalise mon résumé

› Relisez votre résumé et vérifiez que :
- **le contenu est bien conforme au livre lu ;**
- **l'enchaînement des étapes du résumé est clair ;**
- **vos formulations ne sont pas trop longues.**

› Relisez une dernière fois pour vérifier **l'orthographe** de votre texte en appliquant les règles de la relecture (voir Fiche méthode p. 380).

B Je prépare mon résumé

› **Relisez vos notes** et écrivez le **plan du livre** au brouillon en donnant à chaque partie (pas plus de cinq) un titre ou une idée générale.

› **Rédigez votre résumé partie par partie** en les reliant par des mots de liaison ou de transition (voir Fiche méthode p. 378).

› Vous ne devez ni déformer la pensée de l'auteur ou de l'autrice ni reprendre ses termes (pas de citations) : mais **reformuler** ce qui est dit dans le livre.

› **Ne retranscrivez pas les dialogues ou les descriptions**, mais limitez-vous aux étapes importantes.

Comment résumer un texte ?

› D'abord, découvrez le texte.
- Lisez le texte une première fois pour en **dégager l'idée principale** en une phrase.
- Relisez le texte et cherche tous les termes de vocabulaire que vous ne connaissez pas.
- Soulignez les **termes et expressions essentiels.**
- **Entourez les mots-outils** qui marquent la progression du raisonnement.

› Faites **le plan du texte**, puis **rédigez partie par partie** son résumé en suivant bien **l'ordre du texte.**

› Relisez le résumé :
- Comparez-le au texte initial pour vérifier que le contenu est bien respecté, qu'aucun aspect n'a été oublié.
- Vérifiez l'**orthographe** de votre texte en appliquant les règles de la relecture.

8 Comment présenter un exposé captivant ?

Que ce soit pour une recherche à mener sur un auteur ou une autrice, une œuvre d'art, un livre, ou un thème, l'objectif est de partager avec vos camarades les connaissances accumulées. Vous devez donc les avoir assimilées pour pouvoir les énoncer clairement et choisir une présentation efficace.

A Je prépare mon exposé

- **Menez des recherches sérieuses** sur le sujet que vous devez présenter : sur Internet, au CDI, à la bibliothèque municipale, etc.
- **Confrontez plusieurs sources** pour **vérifier** les informations trouvées et les **compléter**.
- **Triez** ces informations et organisez-les selon un **plan logique** que votre enseignant(e) vous aidera à construire.
- **Cherchez des images pour illustrer** vos propos. Elles doivent toujours être accompagnées d'une **légende** (voir Fiche méthode p. 375).
- Vous pouvez aussi utiliser des documents sonores (chansons, opéra, etc.), des extraits de films, des clips...

B Je m'exprime clairement

- **Entrainez-vous à la maison** en vous chronométrant, ou en vous enregistrant (sur une application de dictaphone ou sur le graticiel Audacity par exemple).
- **Ne lisez** pas devant la classe **ce que vous avez préparé**. Ne répétez pas non plus des phrases recopiées et que vous ne comprenez pas : **reformulez en vous aidant des fiches** où vous avez noté les informations à transmettre.
- **Structurez** clairement votre exposé pour que votre public vous suive. Vous pouvez **noter ou projeter au tableau** les titres du plan et les mots compliqués.
- Exprimez-vous d'une **voix forte** et en **articulant clairement**. **Mettez en valeur** ce qui est important à retenir.

C Je choisis une présentation dynamique

- **Pensez à une présentation orale originale.**
  - Pour une biographie, **mettez-vous dans la peau de la personne**. Exprimez-vous alors à la 1re personne et racontez votre vie.
  - Si vous présentez l'exposé avec un (ou des) camarade(s), vous pouvez le mettre en scène sous la forme d'une **interview journalistique**.
- Projetez un **diaporama numérique**.
  - Utilisez un logiciel de type PowerPoint pour présenter le **plan de l'exposé**, puis le **titre des parties**, une sélection d'**images**, puis les **sources** utilisées. N'écrivez pas tout votre exposé sur les diapositives.
  - Préparez **une fiche** à part sur ce que vous voulez dire (les informations que vous voulez transmettre, organisées selon le plan de l'exposé, les images que vous allez commenter).
- Proposez un **quiz final**. Les élèves doivent répondre à vos questions.

⚠ Si l'exposé est à présenter à plusieurs :
- **partagez** le travail de recherches ;
- **collaborez** pour organiser votre exposé ;
- **répartissez** la prise de parole pour dynamiser votre présentation.

Numérique
Retrouvez des exemples de compte rendu de lecture sur **LLS.fr/FR3SyntheseLecture**

9 Comment dire un texte de façon expressive ?

Voici quelques conseils pour apprends à lire expressivement un texte, à le réciter efficacement, voire à le mettre en scène.

A Règles générales d'une prise de parole

› Faites attention à votre **posture**.
- Assis(e), il faut vous tenir droit(e) pour que votre voix porte loin.
- Debout, plantez vos deux pieds dans le sol, et ne gesticulez pas inutilement.

› Faites attention à votre **diction** (= façon de parler) :
- Respectez les **liaisons** entre les mots.
- **Articulez** correctement.
- Concentrez-vous sur la **force** et la **clarté** de votre voix.

C Je récite un texte

› **Apprenez votre texte par cœur.**
- Procédez par étapes en espaçant les répétitions sur plusieurs jours.
- Pensez à ne pas toujours réciter en commençant au début, sinon la fin du texte sera moins bien maîtrisée.

Astuce : n'hésitez pas à réciter le texte par écrit.

› **Entraînez-vous à dire le texte** de manière à faire ressortir les **échos sonores**, les **jeux de rythmes**, les **émotions exprimées**.

› N'oubliez pas de prévoir des **pauses respiratoires.**

Astuce : n'hésitez pas à vous enregistrer en train de dire le texte ou à réciter devant un miroir pour vous autoévaluer.

B Je lis expressivement un texte

› **Lisez** d'abord **le texte plusieurs fois** (à l'aide d'un crayon à papier) pour **comprendre** le sens de toutes les phrases.

› Lisez **en articulant** chaque syllabe et entraînez-vous à lire à voix basse tout en étant audible de loin.

› **Repérez la ponctuation.**
- Marquez d'un trait les **pauses** plus ou moins longues.
- Variez les mes intonations selon les types de phrase (pour une exclamation ou une question par exemple).

› Préparez une **interprétation** du texte : en **variant le ton** (*tristesse, gaieté, colère*), **le volume** (*du chuchotement au cri*) et **la vitesse** de votre lecture.

› Repèrez les mots ou phrases à **mettre en valeur** en les soulignant.

D Je mets en scène un texte

› À la maison :
- **Imaginez la mise en scène** globale du texte grâce aux didascalies pour un texte théâtral ou grâce aux indices du texte poétique ;
- **Entraînez-vous** pour rendre la représentation **fluide**.

› Le jour de la représentation, portez une attention particulière :
- aux **mimiques de votre visage** ;
- aux **gestes** que vous allez faire ;
- aux **accessoires** et **costumes** ;
- aux **déplacements** à effectuer.

⚠

› **Si vous manquez d'assurance,** fixez quelqu'un qui vous inspire confiance ou posez votre regard légèrement au-dessus des élèves. Respirez profondément et détendez vos épaules.

› **Restez concentré(e) jusqu'au bout.** L'émotion peut vite vous gagner pour cet exercice (du rire aux larmes).

10 Préparer le brevet (1re partie)

La 1re partie de l'épreuve (1h10, 50 points) se caractérise par un questionnaire : d'une part, des questions de compréhension et d'analyse d'un texte et d'une image (32 points) ; d'autre part, des questions de langue et un travail de réécriture (18 points).

A Je lis le texte et le paratexte

› Regardez le paratexte.

- **Le titre de l'œuvre** : donne-t-il une indication sur le contenu ou le thème ?
- **Le nom de l'auteur** : son nom vous dit-il quelque chose ? Pouvez-vous le rattacher à un mouvement littéraire ?
- **La date de publication** : elle peut vous éviter des anachronismes.
- **L'introduction à l'extrait** (s'il y en a une) :

› elle donne des informations importantes sur le contexte ;

› elle précise parfois la nature du texte (« *Dans cette pièce/ce poème en prose/ ce récit autobiographique, etc.* ») ;

› attention, cette introduction, en italique, a été écrite par la personne qui a composé le sujet, pas par l'auteur ou l'autrice de l'extrait littéraire.

- **Le titre de l'extrait** : il vous donne aussi des indications, sur le thème par exemple.

› Lisez ensuite le texte, pour en comprendre le sens général. À la fin, vous devez pouvoir dire :

- **où** et **quand** se passent les événements ;
- qui sont les **personnages** et quels sont leurs rapports ;
- **ce qui leur arrive** ;
- s'il y a un **narrateur (une narratrice)** et, si oui, à quelle personne est faite la narration ;
- s'il s'agit d'un **poème**, d'une scène de **théâtre**, d'un **article** de journal, etc. (genre du texte) ;
- si le texte est une **description**, un **récit**, un texte **argumentatif**, etc. (nature du texte).

B Je lis le questionnaire en entier

› Ainsi, vous évitez de comprendre une question de travers ou de vous rendre compte (trop tard) que vous avez répondu à une question posée plus loin.

› Relisez une fois le texte en entier : les questions ont pu vous aider à mieux le comprendre.

C Je réponds aux questions

› **Rédigez entièrement vos réponses**. Répondez par une phrase complète (sujet, verbe, compléments) et reprenez les termes de la question.

Prenez garde aux consignes doubles : n'oubliez pas un élément de réponse.

› Pour les questions de compréhension, **justifiez toujours en citant le texte**, même quand ce n'est pas explicitement demandé.

Les citations doivent être écrites entre guillemets, suivies du numéro de ligne entre parenthèses.

› Structure de la réponse : **1. Reprise des termes de la question. 2. Réponse en elle-même. 3. Justification par une citation.**

Si vous ne comprenez pas une question, sautez quelques lignes et revenez-y plus tard. Proposez toujours une réponse.

D La réécriture

Cet exercice est le dernier du questionnaire. Il nécessite une lecture attentive de la consigne. Avec de la concentration, il peut vous rapporter facilement des points. Attention, si vous faites des fautes de copie sur les mots non concernés par les modifications, vous perdrez des points.

→ Pour une méthode plus guidée, voir le sujet de brevet guidé p. 50.

11 Préparer le brevet (2e et 3e parties)

La 2e partie de l'épreuve correspond à l'exercice de la dictée (20 minutes, 10 points). La 3e partie est consacrée à la rédaction (1h30, 40 points) avec, au choix, un sujet de réflexion ou un sujet d'imagination.

A La dictée

- Écoutez bien la première lecture pour comprendre le sens.
- Faites attention aux liaisons pour connaître les lettres muettes et certains accords.
- Utilisez tous les « trucs » qu'on vous a appris pour distinguer les homophones.
- Prenez le temps de faire plusieurs relectures ciblées.

→ Pour une méthode plus guidée, voir le sujet de brevet guidé p. 244.

B Le sujet de réflexion

- Vous savez ce qu'on attend de vous.

Dans ce type de sujet, il faut donner votre avis. Vous devez essayer de le **défendre** et de **convaincre** votre lecteur que votre opinion est intéressante et juste. Vous devez donc vous appuyer sur des **arguments** (des **preuves**). Chaque argument doit être illustré par un ou des **exemple(s)** précis (expérience personnelle, histoire, littérature, arts...). Voir Fiche méthode p. 379.

Exemple :

Thèse. Le cinéma ne fait pas concurrence au théâtre.

Argument. Au théâtre, chaque spectacle est une expérience unique, contrairement au cinéma.

Exemple : *Je suis allé voir deux fois* Roméo et Juliette *dans la mise en scène d'Olivier Py. La deuxième fois, je n'ai pas du tout perçu la pièce de la même manière : c'était la dernière représentation, les comédiens ont donné leur maximum, et les émotions étaient beaucoup plus fortes.*

- Structurez votre texte.
  - La **thèse** est l'idée principale, votre point de vue.
  - L'**introduction** présente votre **opinion**, et la replace dans son **contexte** (en rappelant le sujet).
  - Le **développement** est composé de **plusieurs paragraphes** (un par argument, liés par des connecteurs logiques).
  - La **conclusion** rappelle votre opinion.
- Nuancez ce que vous dites : envisagez d'autres points de vue.

→ Pour une méthode plus guidée, voir le sujet de brevet guidé p. 216.

C Le sujet d'imagination

Voici quelques sujets fréquents et des conseils pour les traiter.

Écrire un récit

- Identifiez le **narrateur (la narratrice)** demandé(e), et donc la personne (1re ou 3e personne).
- Le destinataire du récit est-il connu ? Si oui, il faudra adapter la manière de raconter.
- **Le système des temps** (présent ou passé) est-il imposé ? Notez-le pour ne pas l'oublier.
- Faut-il créer des **personnages** ? Notez au brouillon leurs caractéristiques principales (attention : parfois le sujet donne certaines indications sur les personnages).
- **Pour commencer le récit**, deux possibilités :
  - un paragraphe d'introduction (cadre spatio temporel, les personnages, la situation, etc.) ;
  - *in medias res* (« au milieu de l'action ») pour plonger directement le lecteur dans l'action.
- Décidez de la fin de votre récit avant de rédiger le récit lui-même.
- Inventez les **différentes étapes** (dans l'**ordre chronologique**, avec des **retours en arrière** et/ou des **anticipations** ?). N'oubliez pas les connecteurs.
- Vous pouvez penser à des **passages descriptifs** (décor, portraits) et des **dialogues**. Cela est parfois explicitement demandé par le sujet.

Écrire un article de journal

- Demandez-vous :
  - **à qui** ce journal s'adresse-t-il ? Le ton, le niveau de langue, la manière de présenter les faits ne seront pas les mêmes suivant le destinataire ;
  - quel est le **contenu** de l'article ?
  - quel est le **but** de l'article ? S'agit-il d'informer, d'expliquer ou de convaincre ? Selon les cas, l'article devra être **neutre ou subjectif**.
- Donnez un titre (court, qui donne envie de lire, sous forme nominale ou interrogative).
- Construisez des **phrases courtes**, des **paragraphes courts et clairs**, et utilisez des connecteurs logiques.

Écrire une lettre

- Demandez-vous **quelle est la situation d'énonciation à respecter**.
  - Qui est l'**émetteur** (la personne qui écrit la lettre) ?
  - Qui est le **destinataire** (la personne à qui la lettre est destinée) ?
  - L'émetteur et le destinataire se connaissent-ils ? Quel est le rapport entre eux ? Est-ce un ami, un parent, un supérieur hiérarchique ?
  - **Où**, **quand** et **dans quelles circonstances** cette lettre est-elle écrite ?
  - Quel est le **but** de cette lettre ? Décrire ? Raconter ? Argumenter ? Expliquer ? Exprimer des sentiments ? Demander quelque chose ?
- Le sujet donne-t-il une précision sur le **contenu**, sur la **tonalité** ?

Cela modifiera le niveau de langue à employer (et notamment sur la formule de politesse finale), mais aussi la présentation de la lettre (une lettre officielle comporte plus de rubriques comme les coordonnées de l'expéditeur, du destinataire, l'objet, etc.).

Écrire un dialogue

→ ATTENTION : la présentation n'est pas la même dans un **dialogue théâtral** ou un **dialogue inséré dans un récit**.

› Notez :

- **où**, **quand**, **pourquoi** et **dans quelles circonstances** le dialogue a lieu ;
- son **thème** ;
- son **but** (opposer deux points de vue, débattre, expliquer, raconter) ;
- le caractère des **personnages** (si l'un domine, il parlera plus).

› Variez les verbes introducteurs de parole (sauf dans une scène de théâtre) pour éviter la répétition de dire et préciser la fonction de la réplique (demander, répondre, rétorquer...), le ton sur lequel elle est prononcée (protester, supplier, bougonner, gémir...), le volume de la voix (hurler, chuchoter, s'égosiller, murmurer...), etc.

› Dans un dialogue théâtral, n'oubliez pas les **didascalies**.

Écrire une description ou un portrait

› **Identifiez le narrateur** : la description devra être **neutre** (objective) ou **subjective** (marquée par les émotions ou les sentiments de celui qui décrit).

› Si vous avez le choix, préférez une description **subjective**. Utilisez un vocabulaire **mélioratif** ou **péjoratif**.

› **Organisez votre description** : du général au particulier, d'un détail à une description d'ensemble, de gauche à droite, de bas en haut, du premier plan vers l'arrière-plan.

› Utilisez des **connecteurs** spatiaux (*à gauche, plus loin,* etc.). Voir Fiche méthode p. 378.

› Les temps utilisés pour la description sont l'**imparfait** pour un texte au passé et le **présent** pour un texte au présent.

› **Soignez votre style d'écriture** : **comparaisons**, **adjectifs**, compléments du nom, **verbes de perception** (*observer, apercevoir, distinguer, entendre, percevoir...*). Évitez le verbe *être* et la formulation *il y a*.

→ Pour une méthode plus guidée, voir le sujet de brevet guidé p. 160.

Écrire une suite de texte

› Résumez dans votre tête ce qui s'est passé dans le texte de départ, et ce qu'il serait donc logique d'attendre. **Quelles sont les solutions possibles pour faire évoluer l'action ?**

› Veillez à bien respecter **les éléments du texte de départ** :

- le cadre spatio temporel (lieu, époque, saison, moment de la journée, etc.) ;
- la cohérence des personnages (caractère, manière de parler, de se comporter, etc.) ;
- le rapport entre les personnages (dominant/dominé, complicité, haine, etc.) ;
- le type de texte ;
- le choix du narrateur ;
- le système de temps (présent ou passé) ;
- le style d'écriture ;
- la ou les tonalité(s) employée(s) (comique, pathétique, etc.).

→ ATTENTION **aux anachronismes** : si l'histoire se passe au XIXe siècle, un personnage ne peut pas en appeler un autre sur son téléphone portable.

	Avoir (auxiliaire)		Être (auxiliaire)		Chanter (1er groupe)	
INDICATIF	**Présent**	**Passé composé**	**Présent**	**Passé composé**	**Présent**	**Passé composé**
	j'ai	j'ai eu	je suis	j'ai été	je chante	j'ai chanté
	tu as	tu as eu	tu es	tu as été	tu chantes	tu as chanté
	elle a	elle a eu	elle est	elle a été	elle chante	elle a chanté
	nous avons	nous avons eu	nous sommes	nous avons été	nous chantons	nous avons chanté
	vous avez	vous avez eu	vous êtes	vous avez été	vous chantez	vous avez chanté
	ils ont	ils ont eu	ils sont	ils ont été	ils chantent	ils ont chanté
	Imparfait	**Plus-que-parfait**	**Imparfait**	**Plus-que-parfait**	**Imparfait**	**Plus-que-parfait**
	j'avais	j'avais eu	j'étais	j'avais été	je chantais	j'avais chanté
	tu avais	tu avais eu	tu étais	tu avais été	tu chantais	tu avais chanté
	elle avait	elle avait eu	elle était	elle avait été	elle chantait	elle avait chanté
	nous avions	nous avions eu	nous étions	nous avions été	nous chantions	nous avions chanté
	vous aviez	vous aviez eu	vous étiez	vous aviez été	vous chantiez	vous aviez chanté
	ils avaient	ils avaient eu	ils étaient	ils avaient été	ils chantaient	ils avaient chanté
	Passé simple	**Passé antérieur**	**Passé simple**	**Passé antérieur**	**Passé simple**	**Passé antérieur**
	j'eus	j'eus eu	je fus	j'eus été	je chantai	j'eus chanté
	tu eus	tu eus eu	tu fus	tu eus été	tu chantas	tu eus chanté
	elle eut	elle eut eu	elle fut	elle eut été	elle chanta	elle eut chanté
	nous eûmes	nous eûmes eu	nous fûmes	nous eûmes été	nous chantâmes	nous eûmes chanté
	vous eûtes	vous eûtes eu	vous fûtes	vous eûtes été	vous chantâtes	vous eûtes chanté
	ils eurent	ils eurent eu	ils furent	ils eurent été	ils chantèrent	ils eurent chanté
	Futur simple	**Futur antérieur**	**Futur simple**	**Futur antérieur**	**Futur simple**	**Futur antérieur**
	j'aurai	j'aurai eu	je serai	j'aurai été	je chanterai	j'aurai chanté
	tu auras	tu auras eu	tu seras	tu auras été	tu chanteras	tu auras chanté
	elle aura	elle aura eu	elle sera	elle aura été	elle chantera	elle aura chanté
	nous aurons	nous aurons eu	nous serons	nous aurons été	nous chanterons	nous aurons chanté
	vous aurez	vous aurez eu	vous serez	vous aurez été	vous chanterez	vous aurez chanté
	ils auront	ils auront eu	ils seront	ils auront été	ils chanteront	ils auront chanté
CONDITIONNEL	**Présent**	**Passé**	**Présent**	**Passé**	**Présent**	**Passé**
	j'aurais	j'aurais eu	je serais	j'aurais été	je chanterais	j'aurais chanté
	tu aurais	tu aurais eu	tu serais	tu aurais été	tu chanterais	tu aurais chanté
	elle aurait	elle aurait eu	elle serait	elle aurait été	elle chanterait	elle aurait chanté
	nous aurions	nous aurions eu	nous serions	nous aurions été	nous chanterions	nous aurions chanté
	vous auriez	vous auriez eu	vous seriez	vous auriez été	vous chanteriez	vous auriez chanté
	ils auraient	ils auraient eu	ils seraient	ils auraient été	ils chanteraient	ils auraient chanté
SUBJONCTIF	*que/qu' ...*		*que/qu' ...*		*que/qu' ...*	
	Présent	**Passé**	**Présent**	**Passé**	**Présent**	**Passé**
	j'aie	j'aie eu	je sois	j'aie été	je chante	j'aie chanté
	tu aies	tu aies eu	tu sois	tu aies été	tu chantes	tu aies chanté
	elle ait	elle ait eu	elle soit	elle ait été	elle chante	elle ait chanté
	nous ayons	nous ayons eu	nous soyons	nous ayons été	nous chantions	nous ayons chanté
	vous ayez	vous ayez eu	vous soyez	vous ayez été	vous chantiez	vous ayez chanté
	ils aient	ils aient eu	ils soient	ils aient été	ils chantent	ils aient chanté
IMPÉRATIF	**Présent**	**Passé**	**Présent**	**Passé**	**Présent**	**Passé**
	aie	aie eu	sois	aie été	chante	aie chanté
	ayons	ayons eu	soyons	ayons été	chantons	ayons chanté
	ayez	ayez eu	soyez	ayez été	chantez	ayez chanté
PARTICIPE	**Présent**	**Passé**	**Présent**	**Passé**	**Présent**	**Passé**
	ayant	eu, ayant eu	étant	été, ayant été	chantant	chanté, ayant chanté
INFINITIF	**Présent**	**Passé**	**Présent**	**Passé**	**Présent**	**Passé**
	avoir	avoir eu	être	avoir été	chanter	avoir chanté

Finir (2e groupe)

INDICATIF

Présent	Passé composé
je finis	j’ai fini
tu finis	tu as fini
elle finit	elle a fini
nous finissons	nous avons fini
vous finissez	vous avez fini
ils finissent	ils ont fini
Imparfait	**Plus-que-parfait**
je finissais	j’avais fini
tu finissais	tu avais fini
elle finissait	elle avait fini
nous finissions	nous avions fini
vous finissiez	vous aviez fini
ils finissaient	ils avaient fini
Passé simple	**Passé antérieur**
je finis	j’eus fini
tu finis	tu eus fini
elle finit	elle eut fini
nous finîmes	nous eûmes fini
vous finîtes	vous eûtes fini
ils finirent	ils eurent fini
Futur simple	**Futur antérieur**
je finirai	j’aurai fini
tu finiras	tu auras fini
elle finira	elle aura fini
nous finirons	nous aurons fini
vous finirez	vous aurez fini
ils finiront	ils auront fini

CONDITIONNEL

Présent	Passé
je finirais	j’aurais fini
tu finirais	tu aurais fini
elle finirait	elle aurait fini
nous finirions	nous aurions fini
vous finiriez	vous auriez fini
ils finiraient	ils auraient fini

SUBJONCTIF

que/qu’ …

Présent	Passé
je finisse	j’aie fini
tu finisses	tu aies fini
elle finisse	elle ait fini
nous finissions	nous ayons fini
vous finissiez	vous ayez fini
ils finissent	ils aient fini

IMPÉRATIF

Présent	Passé
finis	aie fini
finissons	ayons fini
finissez	ayez fini

PARTICIPE

Présent	Passé
finissant	fini, ayant fini

INFINITIF

Présent	Passé
finir	avoir fini

Aller (3e groupe)

INDICATIF

Présent	Passé composé
je vais	je suis allé(e)
tu vas	tu es allé(e)
elle va	elle est allée
nous allons	nous sommes allé(e)s
vous allez	vous êtes allé(e)s
ils vont	ils sont allés
Imparfait	**Plus-que-parfait**
j’allais	j’étais allé(e)
tu allais	tu étais allé(e)
elle allait	elle était allée
nous allions	nous étions allé(e)s
vous alliez	vous étiez allé(e)s
ils allaient	ils étaient allés
Passé simple	**Passé antérieur**
j’allai	je fus allé(e)
tu allas	tu fus allé(e)
elle alla	elle fut allée
nous allâmes	nous fûmes allé(e)s
vous allâtes	vous fûtes allé(e)s
ils allèrent	ils furent allés
Futur simple	**Futur antérieur**
j’irai	je serai allé(e)
tu iras	tu seras allé(e)
elle ira	elle sera allée
nous irons	nous serons allé(e)s
vous irez	vous serez allé(e)s
ils iront	ils seront allés

CONDITIONNEL

Présent	Passé
j’irais	je serais allé(e)
tu irais	tu serais allé(e)
elle irait	elle serait allée
nous irions	nous serions allé(e)s
vous iriez	vous seriez allé(e)s
ils iraient	ils seraient allés

SUBJONCTIF

que/qu’ …

Présent	Passé
j’aille	je sois allé(e)
tu ailles	tu sois allé(e)
elle aille	elle soit allée
nous allions	nous soyons allé(e)s
vous alliez	vous soyez allé(e)s
ils aillent	ils soient allés

IMPÉRATIF

Présent	Passé
va	sois allé
allons	soyons allés
allez	soyez allés

PARTICIPE

Présent	Passé
allant	allé, étant allé

INFINITIF

Présent	Passé
aller	être allé

Venir (3e groupe)

INDICATIF

Présent	Passé composé
je viens	je suis venu(e)
tu viens	tu es venu(e)
elle vient	elle est venue
nous venons	nous sommes venu(e)s
vous venez	vous êtes venu(e)s
ils viennent	ils sont venus
Imparfait	**Plus-que-parfait**
je venais	j’étais venu(e)
tu venais	tu étais venu(e)
elle venait	elle était venue
nous venions	nous étions venu(e)s
vous veniez	vous étiez venu(e)s
ils venaient	ils étaient venus
Passé simple	**Passé antérieur**
je vins	je fus venu(e)
tu vins	tu fus venu(e)
elle vint	elle fut venue
nous vînmes	nous fûmes venu(e)s
vous vîntes	vous fûtes venu(e)s
ils vinrent	ils furent venus
Futur simple	**Futur antérieur**
je viendrai	je serai venu(e)
tu viendras	tu seras venu(e)
elle viendra	elle sera venue
nous viendrons	nous serons venu(e)s
vous viendrez	vous serez venu(e)s
ils viendront	ils seront venus

CONDITIONNEL

Présent	Passé
je viendrais	je serais venu(e)
tu viendrais	tu serais venu(e)
elle viendrait	elle serait venue
nous viendrions	nous serions venu(e)s
vous viendriez	vous seriez venu(e)s
ils viendraient	ils seraient venus

SUBJONCTIF

que/qu’ …

Présent	Passé
je vienne	je sois venu(e)
tu viennes	tu sois venu(e)
elle vienne	elle soit venue
nous venions	nous soyons venu(e)s
vous veniez	vous soyez venu(e)s
ils viennent	ils soient venus

IMPÉRATIF

Présent	Passé
viens	sois venu
venons	soyons venus
venez	soyez venus

PARTICIPE

Présent	Passé
venant	venu, étant venu

INFINITIF

Présent	Passé
venir	être venu

	Faire (3e groupe)		Voir (3e groupe)		Devoir (3e groupe)	
INDICATIF	**Présent**	**Passé composé**	**Présent**	**Passé composé**	**Présent**	**Passé composé**
	je fais	j'ai fait	je vois	j'ai vu	je dois	j'ai dû
	tu fais	tu as fait	tu vois	tu as vu	tu dois	tu as dû
	elle fait	elle a fait	elle voit	elle a vu	elle doit	elle a dû
	nous faisons	nous avons fait	nous voyons	nous avons vu	nous devons	nous avons dû
	vous faites	vous avez fait	vous voyez	vous avez vu	vous devez	vous avez dû
	ils font	ils ont fait	ils voient	ils ont vu	ils doivent	ils ont dû
	Imparfait	**Plus-que-parfait**	**Imparfait**	**Plus-que-parfait**	**Imparfait**	**Plus-que-parfait**
	je faisais	j'avais fait	je voyais	j'avais vu	je devais	j'avais dû
	tu faisais	tu avais fait	tu voyais	tu avais vu	tu devais	tu avais dû
	elle faisait	elle avait fait	elle voyait	elle avait vu	elle devait	elle avait dû
	nous faisions	nous avions fait	nous voyions	nous avions vu	nous devions	nous avions dû
	vous faisiez	vous aviez fait	vous voyiez	vous aviez vu	vous deviez	vous aviez dû
	ils faisaient	ils avaient fait	ils voyaient	ils avaient vu	ils devaient	ils avaient dû
	Passé simple	**Passé antérieur**	**Passé simple**	**Passé antérieur**	**Passé simple**	**Passé antérieur**
	je fis	j'eus fait	je vis	j'eus vu	je dus	j'eus dû
	tu fis	tu eus fait	tu vis	tu eus vu	tu dus	tu eus dû
	elle fit	elle eut fait	elle vit	elle eut vu	elle dut	elle eut dû
	nous fîmes	nous eûmes fait	nous vîmes	nous eûmes vu	nous dûmes	nous eûmes dû
	vous fîtes	vous eûtes fait	vous vîtes	vous eûtes vu	vous dûtes	vous eûtes dû
	ils firent	ils eurent fait	ils virent	ils eurent vu	ils durent	ils eurent dû
	Futur simple	**Futur antérieur**	**Futur simple**	**Futur antérieur**	**Futur simple**	**Futur antérieur**
	je ferai	j'aurai fait	je verrai	j'aurai vu	je devrai	j'aurai dû
	tu feras	tu auras fait	tu verras	tu auras vu	tu devras	tu auras dû
	elle fera	elle aura fait	elle verra	elle aura vu	elle devra	elle aura dû
	nous ferons	nous aurons fait	nous verrons	nous aurons vu	nous devrons	nous aurons dû
	vous ferez	vous aurez fait	vous verrez	vous aurez vu	vous devrez	vous aurez dû
	ils feront	ils auront fait	ils verront	ils auront vu	ils devront	ils auront dû
CONDITIONNEL	**Présent**	**Passé**	**Présent**	**Passé**	**Présent**	**Passé**
	je ferais	j'aurais fait	je verrais	j'aurais vu	je devrais	j'aurais dû
	tu ferais	tu aurais fait	tu verrais	tu aurais vu	tu devrais	tu aurais dû
	elle ferait	elle aurait fait	elle verrait	elle aurait vu	elle devrait	elle aurait dû
	nous ferions	nous aurions fait	nous verrions	nous aurions vu	nous devrions	nous aurions dû
	vous feriez	vous auriez fait	vous verriez	vous auriez vu	vous devriez	vous auriez dû
	ils feraient	ils auraient fait	ils verraient	ils auraient vu	ils devraient	ils auraient dû
SUBJONCTIF	*que/qu' ...*		*que/qu' ...*		*que/qu' ...*	
	Présent	**Passé**	**Présent**	**Passé**	**Présent**	**Passé**
	je fasse	j'aie fait	je voie	j'aie vu	je doive	j'aie dû
	tu fasses	tu aies fait	tu voies	tu aies vu	tu doives	tu aies dû
	elle fasse	elle ait fait	elle voie	elle ait vu	elle doive	elle ait dû
	nous fassions	nous ayons fait	nous voyions	nous ayons vu	nous devions	nous ayons dû
	vous fassiez	vous ayez fait	vous voyiez	vous ayez vu	vous deviez	vous ayez dû
	ils fassent	ils aient fait	ils voient	ils aient vu	ils doivent	ils aient dû
IMPÉRATIF	**Présent**	**Passé**	**Présent**	**Passé**	**Présent**	**Passé**
	fais	aie fait	vois	aie vu	dois	aie dû
	faisons	ayons fait	voyons	ayons vu	devons	ayons dû
	faites	ayez fait	voyez	ayez vu	devez	ayez dû
PARTICIPE	**Présent**	**Passé**	**Présent**	**Passé**	**Présent**	**Passé**
	faisant	fait, ayant fait	voyant	vu, ayant vu	devant	dû, ayant dû
INFINITIF	**Présent**	**Passé**	**Présent**	**Passé**	**Présent**	**Passé**
	faire	avoir fait	voir	avoir vu	devoir	avoir dû

Vouloir (3e groupe)

INDICATIF

Présent	Passé composé
je veux	j'ai voulu
tu veux	tu as voulu
elle veut	elle a voulu
nous voulons	nous avons voulu
vous voulez	vous avez voulu
ils veulent	ils ont voulu
Imparfait	**Plus-que-parfait**
je voulais	j'avais voulu
tu voulais	tu avais voulu
elle voulait	elle avait voulu
nous voulions	nous avions voulu
vous vouliez	vous aviez voulu
ils voulaient	ils avaient voulu
Passé simple	**Passé antérieur**
je voulus	j'eus voulu
tu voulus	tu eus voulu
elle voulut	elle eut voulu
nous voulûmes	nous eûmes voulu
vous voulûtes	vous eûtes voulu
ils voulurent	ils eurent voulu
Futur simple	**Futur antérieur**
je voudrai	j'aurai voulu
tu voudras	tu auras voulu
elle voudra	elle aura voulu
nous voudrons	nous aurons voulu
vous voudrez	vous aurez voulu
ils voudront	ils auront voulu

CONDITIONNEL

Présent	Passé
je voudrais	j'aurais voulu
tu voudrais	tu aurais voulu
elle voudrait	elle aurait voulu
nous voudrions	nous aurions voulu
vous voudriez	vous auriez voulu
ils voudraient	ils auraient voulu

SUBJONCTIF — *que/qu'...*

Présent	Passé
je veuille	j'aie voulu
tu veuilles	tu aies voulu
elle veuille	elle ait voulu
nous voulions	nous ayons voulu
vous vouliez	vous ayez voulu
ils veuillent	ils aient voulu

IMPÉRATIF

Présent	Passé
veuille	aie voulu
voulons	ayons voulu
veuillez	ayez voulu

PARTICIPE

Présent	Passé
voulant	voulu, ayant voulu

INFINITIF

Présent	Passé
vouloir	avoir voulu

Dire (3e groupe)

INDICATIF

Présent	Passé composé
je dis	j'ai dit
tu dis	tu as dit
elle dit	elle a dit
nous disons	nous avons dit
vous dites	vous avez dit
ils disent	ils ont dit
Imparfait	**Plus-que-parfait**
je disais	j'avais dit
tu disais	tu avais dit
elle disait	elle avait dit
nous disions	nous avions dit
vous disiez	vous aviez dit
ils disaient	ils avaient dit
Passé simple	**Passé antérieur**
je dis	j'eus dit
tu dis	tu eus dit
elle dit	elle eut dit
nous dîmes	nous eûmes dit
vous dîtes	vous eûtes dit
ils dirent	ils eurent dit
Futur simple	**Futur antérieur**
je dirai	j'aurai dit
tu diras	tu auras dit
elle dira	elle aura dit
nous dirons	nous aurons dit
vous direz	vous aurez dit
ils diront	ils auront dit

CONDITIONNEL

Présent	Passé
je dirais	j'aurais dit
tu dirais	tu aurais dit
elle dirait	elle aurait dit
nous dirions	nous aurions dit
vous diriez	vous auriez dit
ils diraient	ils auraient dit

SUBJONCTIF — *que/qu'...*

Présent	Passé
je dise	j'aie dit
tu dises	tu aies dit
elle dise	elle ait dit
nous disions	nous ayons dit
vous disiez	vous ayez dit
ils disent	ils aient dit

IMPÉRATIF

Présent	Passé
dis	aie dit
disons	ayons dit
dites	ayez dit

PARTICIPE

Présent	Passé
disant	dit, ayant dit

INFINITIF

Présent	Passé
dire	avoir dit

Prendre (3e groupe)

INDICATIF

Présent	Passé composé
je prends	j'ai pris
tu prends	tu as pris
elle prend	elle a pris
nous prenons	nous avons pris
vous prenez	vous avez pris
ils prennent	ils ont pris
Imparfait	**Plus-que-parfait**
je prenais	j'avais pris
tu prenais	tu avais pris
elle prenait	elle avait pris
nous prenions	nous avions pris
vous preniez	vous aviez pris
ils prenaient	ils avaient pris
Passé simple	**Passé antérieur**
je pris	j'eus pris
tu pris	tu eus pris
elle prit	elle eut pris
nous prîmes	nous eûmes pris
vous prîtes	vous eûtes pris
ils prirent	ils eurent pris
Futur simple	**Futur antérieur**
je prendrai	j'aurai pris
tu prendras	tu auras pris
elle prendra	elle aura pris
nous prendrons	nous aurons pris
vous prendrez	vous aurez pris
ils prendront	ils auront pris

CONDITIONNEL

Présent	Passé
je prendrais	j'aurais pris
tu prendrais	tu aurais pris
elle prendrait	elle aurait pris
nous prendrions	nous aurions pris
vous prendriez	vous auriez pris
ils prendraient	ils auraient pris

SUBJONCTIF — *que/qu'...*

Présent	Passé
je prenne	j'aie pris
tu prennes	tu aies pris
elle prenne	elle ait pris
nous prenions	nous ayons pris
vous preniez	vous ayez pris
ils prennent	ils aient pris

IMPÉRATIF

Présent	Passé
prends	aie pris
prenons	ayons pris
prenez	ayez pris

PARTICIPE

Présent	Passé
prenant	pris, ayant pris

INFINITIF

Présent	Passé
prendre	avoir pris

Mettre (3e groupe)

Mode	Temps simple	Temps composé
INDICATIF	**Présent** je mets tu mets elle met nous mettons vous mettez ils mettent	**Passé composé** j'ai mis tu as mis elle a mis nous avons mis vous avez mis ils ont mis
	Imparfait je mettais tu mettais elle mettait nous mettions vous mettiez ils mettaient	**Plus-que-parfait** j'avais mis tu avais mis elle avait mis nous avions mis vous aviez mis ils avaient mis
	Passé simple je mis tu mis elle mit nous mîmes vous mîtes ils mirent	**Passé antérieur** j'eus mis tu eus mis elle eut mis nous eûmes mis vous eûtes mis ils eurent mis
	Futur simple je mettrai tu mettras elle mettra nous mettrons vous mettrez ils mettront	**Futur antérieur** j'aurai mis tu auras mis elle aura mis nous aurons mis vous aurez mis ils auront mis
CONDITIONNEL	**Présent** je mettrais tu mettrais elle mettrait nous mettrions vous mettriez ils mettraient	**Passé** j'aurais mis tu aurais mis elle aurait mis nous aurions mis vous auriez mis ils auraient mis
SUBJONCTIF (*que/qu'...*)	**Présent** je mette tu mettes elle mette nous mettions vous mettiez ils mettent	**Passé** j'aie mis tu aies mis elle ait mis nous ayons mis vous ayez mis ils aient mis
IMPÉRATIF	**Présent** mets mettons mettez	**Passé** aie mis ayons mis ayez mis
PARTICIPE	**Présent** mettant	**Passé** mis, ayant mis
INFINITIF	**Présent** mettre	**Passé** avoir mis

Pouvoir (3e groupe)

Mode	Temps simple	Temps composé
INDICATIF	**Présent** je peux/je puis tu peux elle peut nous pouvons vous pouvez ils peuvent	**Passé composé** j'ai pu tu as pu elle a pu nous avons pu vous avez pu ils ont pu
	Imparfait je pouvais tu pouvais elle pouvait nous pouvions vous pouviez ils pouvaient	**Plus-que-parfait** j'avais pu tu avais pu elle avait pu nous avions pu vous aviez pu ils avaient pu
	Passé simple je pus tu pus elle put nous pûmes vous pûtes ils purent	**Passé antérieur** j'eus pu tu eus pu elle eut pu nous eûmes pu vous eûtes pu ils eurent pu
	Futur simple je pourrai tu pourras elle pourra nous pourrons vous pourrez ils pourront	**Futur antérieur** j'aurai pu tu auras pu elle aura pu nous aurons pu vous aurez pu ils auront pu
CONDITIONNEL	**Présent** je pourrais tu pourrais elle pourrait nous pourrions vous pourriez ils pourraient	**Passé** j'aurais pu tu aurais pu elle aurait pu nous aurions pu vous auriez pu ils auraient pu
SUBJONCTIF (*que/qu'...*)	**Présent** je puisse tu puisses elle puisse nous puissions vous puissiez ils puissent	**Passé** j'aie pu tu aies pu elle ait pu nous ayons pu vous ayez pu ils aient pu
IMPÉRATIF	- - - -	- - - -
PARTICIPE	**Présent** pouvant	**Passé** pu, ayant pu
INFINITIF	**Présent** pouvoir	**Passé** avoir pu

Ouvrir (3e groupe)

Mode	Temps simple	Temps composé
INDICATIF	**Présent** j'ouvre tu ouvres elle ouvre nous ouvrons vous ouvrez ils ouvrent	**Passé composé** j'ai ouvert tu as ouvert elle a ouvert nous avons ouvert vous avez ouvert ils ont ouvert
	Imparfait j'ouvrais tu ouvrais elle ouvrait nous ouvrions vous ouvriez ils ouvraient	**Plus-que-parfait** j'avais ouvert tu avais ouvert elle avait ouvert nous avions ouvert vous aviez ouvert ils avaient ouvert
	Passé simple j'ouvris tu ouvris elle ouvrit nous ouvrîmes vous ouvrîtes ils ouvrirent	**Passé antérieur** j'eus ouvert tu eus ouvert elle eut ouvert nous eûmes ouvert vous eûtes ouvert ils eurent ouvert
	Futur simple j'ouvrirai tu ouvriras elle ouvrira nous ouvrirons vous ouvrirez ils ouvriront	**Futur antérieur** j'aurai ouvert tu auras ouvert elle aura ouvert nous aurons ouvert vous aurez ouvert ils auront ouvert
CONDITIONNEL	**Présent** j'ouvrirais tu ouvrirais elle ouvrirait nous ouvririons vous ouvririez ils ouvriraient	**Passé** j'aurais ouvert tu aurais ouvert elle aurait ouvert nous aurions ouvert vous auriez ouvert ils auraient ouvert
SUBJONCTIF (*que/qu'...*)	**Présent** j'ouvre tu ouvres elle ouvre nous ouvrions vous ouvriez ils ouvrent	**Passé** j'aie ouvert tu aies ouvert elle ait ouvert nous ayons ouvert vous ayez ouvert ils aient ouvert
IMPÉRATIF	**Présent** ouvre ouvrons ouvrez	**Passé** aie ouvert ayons ouvert ayez ouvert
PARTICIPE	**Présent** ouvrant	**Passé** ouvert, ayant ouvert
INFINITIF	**Présent** ouvrir	**Passé** avoir ouvert

Atteindre (3e groupe)

INDICATIF	
Présent j'atteins tu atteins elle atteint nous atteignons vous atteignez ils atteignent	**Passé composé** j'ai atteint tu as atteint elle a atteint nous avons atteint vous avez atteint ils ont atteint
Imparfait j'atteignais tu atteignais elle atteignait nous atteignions vous atteigniez ils atteignaient	**Plus-que-parfait** j'avais atteint tu avais atteint elle avait atteint nous avions atteint vous aviez atteint ils avaient atteint
Passé simple j'atteignis tu atteignis elle atteignit nous atteignîmes vous atteignîtes ils atteignirent	**Passé antérieur** j'eus atteint tu eus atteint elle eut atteint nous eûmes atteint vous eûtes atteint ils eurent atteint
Futur simple j'atteindrai tu atteindras elle atteindra nous atteindrons vous atteindrez ils atteindront	**Futur antérieur** j'aurai atteint tu auras atteint elle aura atteint nous aurons atteint vous aurez atteint ils auront atteint
CONDITIONNEL	
Présent j'atteindrais tu atteindrais elle atteindrait nous atteindrions vous atteindriez ils atteindraient	**Passé** j'aurais atteint tu aurais atteint elle aurait atteint nous aurions atteint vous auriez atteint ils auraient atteint
SUBJONCTIF — *que/qu' ...*	
Présent j'atteigne tu atteignes elle atteigne nous atteignions vous atteigniez ils atteignent	**Passé** j'aie atteint tu aies atteint elle ait atteint nous ayons atteint vous ayez atteint ils aient atteint
IMPÉRATIF	
Présent atteins atteignons atteignez	**Passé** aie atteint ayons atteint ayez atteint
PARTICIPE	
Présent atteignant	**Passé** atteint, ayant atteint
INFINITIF	
Présent atteindre	**Passé** avoir atteint

Se souvenir (3e groupe)

INDICATIF	
Présent je me souviens tu te souviens elle se souvient nous nous souvenons vous vous souvenez ils se souviennent	**Passé composé** je me suis souvenu(e) tu t'es souvenu(e) elle s'est souvenue nous nous sommes souvenu(e)s vous vous êtes souvenu(e)s ils se sont souvenus
Imparfait je me souvenais tu te souvenais elle se souvenait nous nous souvenions vous vous souveniez ils se souvenaient	**Plus-que-parfait** je m'étais souvenu(e) tu t'étais souvenu(e) elle s'était souvenue nous nous étions souvenu(e)s vous vous étiez souvenu(e)s ils s'étaient souvenus
Passé simple je me souvins tu te souvins elle se souvint nous nous souvînmes vous vous souvîntes ils se souvinrent	**Passé antérieur** je me fus souvenu(e) tu te fus souvenu(e) elle se fut souvenue nous nous fûmes souvenu(e)s vous vous fûtes souvenu(e)s ils se furent souvenus
Futur simple je me souviendrai tu te souviendras elle se souviendra nous nous souviendrons vous vous souviendrez ils se souviendront	**Futur antérieur** je me serai souvenu(e) tu te seras souvenu(e) elle se sera souvenue nous nous serons souvenu(e)s vous vous serez souvenu(e)s ils se seront souvenus
CONDITIONNEL	
Présent je me souviendrais tu te souviendrais elle se souviendrait nous nous souviendrions vous vous souviendriez ils se souviendraient	**Passé** je me serais souvenu(e) tu te serais souvenu(e) elle se serait souvenue nous nous serions souvenu(e)s vous vous seriez souvenu(e)s ils se seraient souvenus
SUBJONCTIF — *que/qu' ...*	
Présent je me souvienne tu te souviennes elle se souvienne nous nous souvenions vous vous souveniez ils se souviennent	**Passé** je me sois souvenu(e) tu te sois souvenu(e) elle se soit souvenue nous nous soyons souvenu(e)s vous vous soyez souvenu(e)s ils se soient souvenus
IMPÉRATIF	
Présent souviens-toi souvenons-nous souvenez-vous	- - - -
PARTICIPE	
Présent se souvenant	**Passé** souvenu, s'étant souvenu
INFINITIF	
Présent se souvenir	**Passé** s'être souvenu

A

Acte : partie d'une pièce de théâtre. Un acte comporte des scènes.
Alexandrin : vers de douze syllabes.
Allégorie *(figure de style)* **:** consiste à donner un visage ou un aspect concret à une réalité abstraite.

- Marianne est l'allégorie de la République française.

Allitération *(figure de style)* **:** répétition d'un son consonne.

- « Lai**ss**e-la **s**'élargir, **c**ette **s**ainte ble**ss**ure. » (Musset, *La Nuit de mai*)

Anachronisme : présence d'un élément qui ne correspond pas à l'époque de l'histoire.

- Un téléphone dans un récit médiéval.

Anaphore *(figure de style)* **:** répétition d'un mot ou d'une expression en début de vers, de groupe de mots, de proposition ou de phrase.

- « Je veux, sans que la mort ose me secourir, / **Toujours** aimer, **toujours** souffrir, **toujours** mourir. » (Corneille, *Suréna*)

Anticipation : consiste à bouleverser la chronologie d'un récit, pour raconter par avance des événements qui se passeront plus tard (prophétie…). Contraire : le retour en arrière.
Antithèse *(figure de style)* **:** rapprochement de deux éléments opposés.
Antonyme : contraire.

- Facile et difficile.

Aparté : (nom masculin) au théâtre, réplique prononcée à part, comme si le personnage s'adressait à lui-même, et que seul le public est censé entendre.
Argument : raison que l'on donne pour défendre une idée.
Assonance *(figure de style)* **:** répétition d'un son voyelle.

- « Je fais souv**ent** ce rêve étr**an**ge et pénétr**ant** ». (Verlaine, « Mon rêve familier », *Poèmes saturniens*)

Auteur/Autrice : personne réelle qui a écrit un livre (à ne pas confondre avec le narrateur/la narratrice).

- Virgile est l'auteur de l'*Énéide*.

Autobiographie : (du grec *auto* = « soi », *bio* = « vie », *graphie* = « écriture ») récit qu'une personne fait de sa propre vie.

B

Biographie : récit de la vie d'une personne par une autre personne.

C

Cadre spatiotemporel : lieu et époque où se situe l'action.
Calligramme : poème écrit de manière à ce que le texte forme un dessin.
Champ lexical : ensemble de mots qui, dans un texte, se rapportent à un même thème.

- « Joie », « s'émerveiller », « heureux », « éclata de rire », « yeux pétillants » appartiennent au champ lexical de la joie.

Champ sémantique : ensemble des sens d'un mot.

- Le mot « scène » a deux sens différents.

Chronologie : ordre dans lequel se déroulent les événements. Attention, un récit peut suivre l'ordre chronologique, mais le bouleverser à certains moments (voir Retour en arrière et Anticipation).
Chute : fin inattendue dans un poème ou dans une nouvelle.
Classe grammaticale : nature d'un mot, catégorie à laquelle il appartient (nom, adjectif, pronom, etc.).
Comédie : pièce de théâtre qui a pour but de faire rire.
Comique : qui fait rire. Au théâtre, différents moyens sont employés pour faire naître le rire.
Comparaison *(figure de style)* **:** procédé qui consiste à rapprocher deux éléments à l'aide d'un outil de comparaison (comme, tel que, ressembler à, etc.).

- Il est doux comme un agneau.

Connecteur : mot qui relie deux groupes de mots, phrases, ou paragraphes et qui permet d'organiser un texte.
Connotation : sens qui vient s'ajouter au sens premier d'un mot (voir Dénotation).

- « Clebs » et « toutou » désignent tous deux le même animal, mais les deux mots ont des connotations différentes (péjorative pour le premier, affective pour le second).

Conte : court récit imaginaire qui comporte souvent des éléments merveilleux.

D

Décasyllabe : vers de dix syllabes.
Dénotation : sens premier d'un mot, tel qu'il apparaît dans le dictionnaire (voir Connotation).
Dénouement : fin d'une pièce de théâtre.
Dérivation : procédé de formation des mots par ajout de préfixe(s) et/ou de suffixe(s).
Destinataire : personne à laquelle on s'adresse.
Didascalie : dans un texte de théâtre, indication portant sur le jeu des acteurs (gestes, déplacements, attitudes, intonations), le décor. Les didascalies sont destinées au metteur en scène (à la metteuse en scène), aux comédien(ne)s ou aux lecteurs (lectrices) ; elles sont écrites en italique.
Double énonciation : au théâtre, toute réplique est prononcée par un personnage qui s'adresse à un autre, mais aussi par un(e) comédien(ne) qui s'adresse au public.

E

Élégie : tonalité lyrique dédiée à l'expression de la douleur de la perte ou de l'absence de l'être aimé. **Voir p. 112**.

Ellipse : dans un récit, elle consiste à passer sous silence certains événements, ce qui a pour conséquence d'accélérer le rythme du récit.

- *Trois jours plus tard...* (les événements qui se sont déroulés pendant ces trois jours ne sont pas racontés).

Énonciateur (Énonciatrice) : celui (celle) qui s'exprime (à l'oral ou à l'écrit). Ce terme est surtout utilisé pour désigner l'auteur ou l'autrice d'une lettre. À l'oral, *énonciateur* (*énonciatrice*) a pour synonyme *locuteur* (*locutrice*).

Épopée : long poème qui raconte les exploits de héros légendaires.

Étymologie : étude de l'origine des mots.

Euphémisme *(figure de style)* **:** consiste à atténuer un événement, un sentiment, généralement dans le but de ne pas choquer.

- *Il nous a quittés* (au lieu de dire : *Il est mort*).

Explicite : ce qui est exprimé clairement. Contraire : Implicite.

Exposition : début d'une pièce de théâtre.

Externe *(point de vue* ou *narrateur)* **:** lorsque la scène est regardée de l'extérieur, comme un spectateur, de manière neutre.

F

Fable : court récit, souvent en vers, qui illustre une morale (exprimée ou non).

Fabuliste : auteur de fables.

Famille de mots : ensemble des mots formés à partir d'un même radical.

- Lait, laiterie, laitage, laiteux, allaiter, etc.

Fiction : récit imaginaire (adjectif : fictif).

Figure de style : procédé qui consiste à dire les choses autrement, de manière plus expressive.

Fonction grammaticale : rôle que joue un mot ou un groupe de mots dans une phrase (sujet, COD, COI, etc.).

Forme de phrase : phrase affirmative ou négative.

H

Haïku : poème de trois vers, d'origine japonaise.

Héros (héroïne) : 1. personnage exceptionnel. 2. Personnage principal d'une histoire.

Homonymes : mots qui se prononcent et/ou s'écrivent de la même façon. On distingue :

> les homographes : mots qui s'écrivent de la même manière mais ne se prononcent pas forcément de la même façon.

- Nous **portions** des **portions** de nourriture.

> les homophones : mots qui se prononcent de la même façon, mais ne s'écrivent pas de la même manière.

- à/a ; ou/où.

Hyperbole *(figure de style)* **:** exagération, amplification de la réalité, dans le but de frapper l'imagination.

- Verser des torrents de larmes.

Hypothèse de lecture : idée que le lecteur/lectrice se fait de la suite de l'histoire, à partir des éléments qu'il connaît.

I

Implicite : qui n'est pas exprimé clairement, qui est sous-entendu. Contraire : Explicite.

Incipit : mot latin qui désigne le début d'un récit.

Interjection : mot qui exprime un sentiment, une émotion, un ordre, généralement suivi du point d'exclamation (ou d'interrogation).

- Ah ! Aïe ! Ô ! Attention ! Diable ! Mon Dieu ! Par exemple ! Bon ! Mince ! Tout beau ! Bien ! Comment ! Gare !

Interne *(point de vue ou narrateur)* **:** quand une scène est vue à travers les yeux d'un personnage.

Intrigue : enchaînement des événements dans une fiction ou une pièce de théâtre.

Introspection : littéralement, « regarder à l'intérieur ». Il s'agit donc de l'activité psychologique consistant à observer et analyser ses émotions et perceptions, avec honnêteté. **Voir p. 36**.

Ironie : consiste à dire le contraire de ce que l'on pense, dans le but de se moquer. L'ironie ne fonctionne que si le (la) destinataire comprend qu'il ne faut pas prendre ce qui est dit au premier degré.

Ironie dramatique : quand certains personnages ignorent une information importante que le public ou le lecteur (la lectrice) possède.

L

Lyrisme : expression des sentiments personnels. **Voir p. 112**.

M

Mélioratif : terme valorisant, qui exprime un jugement positif. Contraire : Péjoratif.

- Beau, bon, habile, merveilleux, superbe, etc.

Merveilleux : en littérature, le merveilleux désigne ce qui n'existe pas dans la réalité. Dans un monde merveilleux, la magie, le surnaturel ne sont pas étonnants.

Métaphore *(figure de style)* **:** rapprochement de deux éléments pour créer une image nouvelle. Contrairement à la comparaison, la métaphore n'utilise pas de mot de comparaison.

- Le train **serpente** entre les montagnes (métaphore).
- Le train **avance comme un serpent** entre les montagnes (comparaison).

Quand la métaphore se développe sur plusieurs lignes ou vers, elle est filée.

Modalisation : ensemble de procédés qui marquent un degré de certitude ou un jugement de l'énonciateur (l'énonciatrice) sur ce qu'il (elle) dit (sans doute, peut-être, certainement, admirable, déplorable, je ne suis pas certain que..., j'admire..., etc.).

Morale (ou moralité) : leçon, enseignement que l'on peut tirer d'un conte ou d'une fable. La morale peut être exprimée ou non.

Mot composé : mot complexe formé de plusieurs radicaux.

Mot dérivé : mot complexe formé par ajout de préfixe(s) et/ou suffixe(s) à un radical.

Mythe : récit légendaire ayant une signification symbolique qui met en scène des héros et des dieux.

Mythologie : ensemble des mythes d'une civilisation.

N

Narrateur (narratrice) : dans un récit, celui (celle) qui raconte l'histoire (à ne pas confondre avec l'auteur ou l'autrice).

Niveaux de langue : manières de s'exprimer différentes, selon la situation de communication et la personnalité de celui (celle) qui s'exprime. Trois niveaux : familier, courant et soutenu.

Nœud : dans une pièce de théâtre, moment de l'intrigue où la tension est à son comble (avant le dénouement).

O

Octosyllabe : vers de huit syllabes.

Omniscient *(point de vue ou narrateur)* **:** quand on connaît tout d'une scène et qu'on en sait même plus que les personnages.

Onomatopée : interjection particulière, qui imite un bruit. Certaines onomatopées sont inventées par celui (celle) qui les utilise et d'autres sont connues de tous.

- Atchoum ! Coin coin ! Dring ! Miam-miam ! Plouf ! Tic-tac ! Vlan ! Zzz...

P

Pacte autobiographique : pacte que l'autobiographe noue, explicitement ou implicitement, avec ses lecteurs dès lors qu'il s'adonne à l'écriture de soi ; son devoir est de rejeter le mensonge et l'enjolivement de la réalité. **Voir p. 28.**

Pamphlet : texte dont l'ambition est de contester l'autorité d'un pouvoir ou d'une personne de pouvoir. La dénonciation s'y mêle souvent d'humour et de satire. **Voir p. 198.**

Paradoxe : du grec *paradoxos*, (« contraire à l'opinion commune »), un paradoxe est une idée étonnante, qui va à l'encontre de ce que les gens pensent habituellement. **Voir p. 227.**

Paratexte : correspond à tout ce qui est autour du texte (titre, légende, chapeau d'introduction, notes, etc.).

Parodie : consiste à reprendre de manière comique une œuvre très connue en la déformant pour s'en moquer.

Paronymes : mots qui ont des sonorités proches, mais des sens totalement différents.

- *attention et intention.*

Pastiche : exercice littéraire d'imitation d'un auteur (d'une autrice) ou d'un genre, dont on reprend les tournures stylistiques. **Voir p. 194.**

Pathétique : qui suscite la pitié du lecteur (de la lectrice) ou du spectateur (de la spectatrice). **Voir p. 373.**

Péjoratif : terme dévalorisant, qui exprime un jugement négatif. Contraire : Mélioratif.

- Stupide, faible, crasseux, maladroit, etc.

Péripétie : événement qui fait avancer l'action d'un récit ou d'une pièce de théâtre.

Périphrase *(figure de style)* **:** remplacement d'un mot par une expression de même sens.

- *Le roi des animaux* pour désigner le lion.

Personnification *(figure de style)* **:** procédé qui consiste à donner des caractéristiques humaines (par exemple la parole) à un objet, un animal ou un lieu.

Point de vue : 1. Un récit peut être raconté en point de vue interne, externe ou omniscient. 2. En argumentation, désigne un avis, une opinion.

Prosopopée : figure de style qui consiste à faire parler un animal, un élément de la nature, un être mort, une chose. **Voir p. 114.**

Préfixe : élément placé avant un radical pour former un mot dérivé. Contraire : Suffixe.

- **Dé**monter, **re**monter.

Prétérition : consiste à parler de quelque chose après avoir annoncé que l'on n'allait pas en parler.

- Je ne parlerai pas de M. ..., cet homme ignoble qui a ...

Prose : un texte en prose est un texte qui ne rime pas. Contraire : Vers.

Q

Quatrain : strophe de quatre vers.
Question rhétorique *(figure de style)* **:** fausse question, qui n'attend pas de réponse.

- Tu peux te taire ?

R

Radical : noyau d'un mot, auquel peuvent éventuellement s'ajouter des préfixe(s) et/ou des suffixe(s). Le radical d'un mot contient son sens principal.

- Dé**pli**er, s'ac**climat**er.

Réplique : intervention d'un personnage au théâtre.
Retour en arrière : le retour en arrière consiste à bouleverser la chronologie d'un récit, pour raconter des événements qui se sont passés plus tôt dans l'histoire. Au cinéma, on parle plus souvent de *flashback*. Contraire : Anticipation.
Rime : son répété à la fin de deux ou plusieurs vers. Les rimes peuvent être suivies, croisées ou embrassées.

S

Scène : 1. Dans une pièce de théâtre, partie du texte délimitée par l'entrée ou la sortie de personnages. 2. Dans une salle de théâtre, espace où a lieu la représentation.
Schéma narratif : structure en cinq étapes que l'on retrouve souvent dans les récits (situation initiale, élément déclencheur/perturbateur, péripéties, élément de résolution et situation finale).
Sens propre, sens figuré : le sens propre d'un mot est son sens premier ; le sens figuré est un sens imagé créé à partir du sens propre.
Situation d'énonciation : identifier la situation d'énonciation, c'est répondre aux questions suivantes : qui parle ? à qui ? où ? quand ? pourquoi ?
Sommaire : beaucoup d'événements sont résumés en peu de mots, ce qui a pour effet d'accélérer le rythme de récit, la chronologie.

- *Il passa les trois années suivantes à étudier sans relâche.*

Stichomythie : au théâtre, enchaînement de répliques courtes.
Strophe : groupement de vers, en poésie.
Suffixe : élément placé après le radical pour former un mot dérivé. Contraire : Préfixe.

- *Jou**er**, jou**eur**.*

Surnaturel : qui ne correspond pas au monde réel.
Symbole : représentation imagée d'une idée, d'une notion, d'une valeur.

- La colombe est le symbole de la paix.

Synonyme : mot de sens identique ou très proche. Contraire : Antonyme.

- Parler, discuter, bavarder, etc.

T

Tercet : strophe de trois vers.
Thèse : en argumentation, désigne l'idée défendue (voir Argument).
Tirade : au théâtre, très longue réplique. La tirade permet de mettre en valeur un personnage, en lui donnant longtemps la parole.
Tonalité (ou registre) : intention d'un texte (comique, pathétique, satirique, etc.). **Voir p. 373**.
Tragique : qualifie un texte dans lequel les personnages luttent contre un destin cruel et implacable.
Type de phrase : indique si la phrase est déclarative, interrogative, injonctive ou exclamative.

V

Vers : désigne une ligne dans un poème. Contraire : Prose.
Visée : la visée d'un texte (ou d'un discours) est son but, l'intention qu'a eue l'auteur en le composant (provoquer, interroger, faire rire, etc.).

Retrouvez le lexique du théâtre et de la poésie p. 255-257, le lexique de l'argumentation p. 258 et les figures de style p. 260-262.

Auteurs

Artistes

Couverture : Jo Di Bona, Ceija Stojka/ADAGP, Bridgeman, Alamy/Successió Miró/ADAGP, Carlton Murrell/Bridgeman, Peter Graham/Bridgeman, Bridgeman

Sommaire : 11 Bridgit Folman Film Gang/Les Films d'Ici/Razor Films/DR, Jo Di Bona, Rlbberlin/Wikimedia, Bridgeman, Archives Alinari/RMN/Fratelli Alinari, Charlotte Johnson Wahl/Bridgeman, Bridgeman/ADAGP, By Dav

Ouverture de thème 1 : 22 Bridgeman/Banco de México Diego Rivera Frida Kahlo Museums Trust, Mexico, D.F./ADAGP, 23 Hohum/Wikimedia, Sdegroisse/Wikimedia, Bridgeman/ADAGP, Bridgeman/The estate of Jean-Michel Basquiat/ADAGP, Estate of Eileen Agar/Bridgeman, Mondadori Portfolio/Walter Mori/Bridgeman/ADAGP, Christie's Images/Bridgeman/ADAGP, Albert and Peggy de Salle Charitable Trust and the/DeRoy Photographic Acquisition Endowment Fund/Bridgeman, AKG/Erich Lessing

Chapitre 1 : 25 Centre Pompidou/MNAM-CCI/RMN/Jean-Claude Planchet/ADAGP, 26 AzaToth/Wikimedia, MLWatts/Wikimedia, Pictorial Press Ltd/Alamy, INTERFOTO/Alamy, 27 AA Film Archive/Alamy, 28 AzaToth/Wikimedia, 2021 The Andy Warhol Foundation for the Visual Arts, Inc./Licensed by DACS, London/Photo © Christie's Images/Bridgeman/ADAGP, 29 MLWatts/Wikimedia, 30 Paris 16/Wikimedia, Kirtap/Wikimedia, 32 Pictorial Press Ltd/Alamy, James Cochran (Jimmy. C) 34 JustSomePics/Wikimedia, Carlton Murrell/Bridgeman, 36 INTERFOTO/Alamy, Christie's Images/Bridgeman, 37 Christie's Images/Bridgeman, 38 Platiau/AFP, Bridgeman/ADAGP/Photothèque R. Magritte/BI, ADAGP, 40 Mattes/Wikimedia, DcoetzeeBot/Wikimedia, Trzęsacz/Wikimedia, 41 Pictorial Press Ltd/Alamy, Succession Picasso 2021, 42 RMN/Banco de México Diego Rivera Frida Kahlo Museums Trust, Mexico, D.F./ADAGP, 44 Ctac/Wikimedia, 48 DcoetzeeBot/Wikimedia, 50 nagualdesign/Wikimedia

Ouverture de thème 2 : 52 Collectif Merci Simone/mercisimone.eu, 53 Christie's Images/Bridgeman, Stefano Bianchetti/Bridgeman, Serge Mouraret/Alamy, Gary Waters/Ikon Images/AKG, Association Bath'Art/DR

Chapitre 2 : 55 Ceija Stojka/Collection Antoine de Galbert/ADAGP, 56 Philippe Ledru/AKG, 57 Mihai Barbat/Alamy, 58 Denis Prezat/C215/ADAGP, 59 Artothek/Bridgeman, 60 Ceija Stojka/ADAGP, 61 Alessandro Lonati/Bridgeman, 62 Ceija Stojka/ADAGP, 63 Coat of Many Colours/Wikimedia, 64 Denis Prezat/C215/ADAGP, 65 ARS Images, NY, 2021/Adagp Images, 66 Louis Monier/Getty, dario photography/Alamy, 67 Movieevery/Wikimedia, Alastair Carew-Cox/Bridgeman, 68 Bridgit Folman Film Gang - Les Films d'Ici - Razor Films/DR, 69 Bridgit Folman Film Gang - Les Films d'Ici - Razor Films/DR, Durova/Wikimedia, 70 Jcornelius/Wikimedia, 72 Denis Prezat/C215/ADAGP, Jo Di Bona, 76 Musée de l'Armée/RMN, 78 Archives Charmet/Bridgeman/ADAGP

Chapitre 3 : 81 Pascal Victor/ArtComPress/Leemage, 82 Rotatebot/Wikimedia, Opencooper/Wikimedia, KaterBegemot/Wikimedia, AKG/Album/Documenta, Turb/Wikimedia, Lesjumauxsiamois/Wikimedia, 83 Panagiotis Karapanagiotis/Alamy, 84 Rotatebot/Wikimedia, Pascal Victor/ArtComPress/Bridgeman, 85 AKG/Album/Documenta, 86 Pascal Victor/ArtComPress/Leemage, 88 Victor Tonelli, 89 Pascal Victor/ArtComPress/Bridgeman, 90 Robbie Jack/DR, 92 Robbie Jack/Getty, 94 Peter Newark Pictures/Bridgeman, AKG/Album/United Artists, Universal History Archive/Getty, 95 Tony Evans/Timelapse Library Ltd./Getty, Associated Press, Magali Bragard - EuropaCorp - Left Bank Pictures - France 2 Cinéma/DR, 96 Kvardek du/Wikimedia, 98 Abujoy/Wikimedia, Fine Art/Getty, 99 Aavindraa/Wikimedia, 102 Enzo^/Wikimedia, 104 Ville de Grenoble/Musée de Grenoble-J.L. Lacroix

Ouverture de thème 3 : 106 Bridgeman, 107 Bridgeman, Bridgeman, FineArt/Alamy, Rlbberlin/Wikimedia

Chapitre 4 : 109 Christie's Images/Bridgeman, 110 Guise/Wikimedia, Notwist/Wikimedia, M0tty/Wikimedia, Wikimedia, 111 Cybershot800i/Wikimedia, 112 Wikimedia, Christie's Images/Bridgeman, 113 Thomas Gun/Wikimedia, Bridgeman, 114 Guise/Wikimedia, DcoetzeeBot/Wikimedia, 115 Racconish/Wikimedia, Bridgeman, 116 Notwist/Wikimedia, Centre Pompidou/MNAM-CCI/RMN/ADAGP, 117 Archives de la Collection de l'Art Brut, Dundee Art Galleries and Museums/Bridgeman, 118 M0tty/Wikimedia, Bridgeman, 119 Rosie Emerson/Bridgeman, 120 Louis Monier/Bridgeman, Bridgeman, 121 Wikimedia, Peter Graham/Bridgeman, 122 Joel Saget/AFP, Reimar/Shutterstock, 123 John Lund/Getty, Global Warming Images/Alamy, 124 Netherzone/Wikimedia, Jben - Artiste Beach Art/jbenart.com, 125 Succession de Walter De Maria/John Cliett/Dia Art Foundation, South West Images Scotland/Alamy, 126 Austin Novy/Chop Em Down, 128 Murmure/DR, Tant Mieux Prod/DR, 129 Bordalo II, 132 Boo-Boo Baroo/Wikimedia, 134 Bargain~commonswiki/Wikimedia

Chapitre 5 : 137 Chris Hellier/Alamy, 138 Collection Dupondt/AKG, Roger Viollet, Hiddenhauser/Wikimedia, Felix Man/Getty, Anouche Productions/DR, 139 Javier Riera/javierriera.com, 140 Roger Viollet, 141 Christie's Images/Bridgeman, 142 Collection Dupondt/AKG, 143 BPK/RMN/Knud Petersen/ADAGP, 144 Hiddenhauser/Wikimedia, 145 Musée de l'Armée/RMN/Pascal Segrette, 146 Felix Man/Getty, 147 Bridgeman, 148 Anouche Productions/DR, 149 Charlotte Johnson Wahl/Bridgeman, 150 JR, Pierre Gentier Angeli/DR, Oscity/Shutterstock, 151 Heikki Leis, Paul Curtis (Moose)/Bride of Frankenstein/DR, 152 Adam Eastland Art + Architecture/Alamy, 154 dpa picture alliance/Alamy, 155 PjrXX/Alamy, 158 Centre Pompidou/MNAM-CCI/RMN/Georges Meguerditchian, 160 Friends Fund and funds given by Mrs. Mark C. Steinberg by exchange/Bridgeman

Ouverture de thème 4 : 162 Archives Alinari/RMN/Fratelli Alinari, Darío Castillejos/DR, Bridgeman, ezkstreetart

Chapitre 6 : 165 Barbara Hoogeweegen/Bridgeman, 166 Mathiasrex/Wikimedia, Alonso de Mendoza/Wikimedia, Bridgeman, Franck Crusiaux/Getty, 167 Chimulus Chimulus/DR, 168 Chico/Wikimedia, Imagine/DR, 170 Mathiasrex/Wikimedia, Lee/leemage, 171 Thomas Gun/Wikimedia, 172 Alonso de Mendoza/Wikimedia, Look and Learn/Bridgeman, 173 Phrood~commonswiki/Wikimedia, 174 Bridgeman, 175 Ender, 176 Franck Crusiaux/Getty, 177 Emmanuel Amponsah/Bridgeman, SACR Canada/DR, 178 BNF, Artokoloro/Alamy, The Picture Art Collection/Alamy, 179 RMN/Gérard Blot, Beaux-Arts de Paris/RMN, 180 agrume (Alban Rotival), 182 MediaNews Group/The Mercury News/Getty, 183 Vespasian/Alamy, 186 Association Aurore/DR, 188 Wikiart

Chapitre 7 : 191 QuentinUK/Wikimedia, 192 Scewing/Wikimedia, Ulf Andersen/Aurimages/AFP, JJ Georges/Wikimedia, 193 Bernard Pras/ADAGP, 194 Racconish/Wikimedia, Archives Charmet/Bridgeman, 196 Scewing/Wikimedia, 197 Mimmo Rotella/La Galleria Nazionale/ADAGP/DR, 198 Ulf Andersen/Aurimages/AFP, rerostudio, 200 Ulf Andersen/Aurimages/AFP, AKG/Interfoto/Sammlung Rauch/ADAGP, 202 JJ Georges/Wikimedia, BNF/Gallica, 203 Scewing/Wikimedia, 204 Okki/Wikimedia, Bailey-Cooper Photography/Alamy, 205 Constant Forme-Becherat/Hans Lucas/AFP, Shannon Fagan/Getty, 206 Martin Shields/Alamy/ADAGP, 2021 The Andy Warhol Foundation for the Visual Arts, Inc./Licensed by DACS, London/Visual Arts Library, London, UK/Bridgeman/ADAGP, 207 2021 The Andy Warhol Foundation for the Visual Arts, Inc./Licensed by DACS, London/Photo © Christie's Images/Bridgeman/ADAGP, 208 Serge Mouraret/Alamy, 210 Serge Mouraret/Alamy, 214 Bridgeman, 216 AKG/ADAGP

Ouverture de thème 5 : 218 Bridgeman, 219 Bridgeman/ADAGP, Granger/Bridgeman, Bridgeman, Hohum/Wikimedia

Chapitre 8 : 221 Frederick Wood Art/Alamy, 222 Yann/Wikimedia, Wikimedia, Ron Galella, Ltd./Getty, Miriam Berkley, Lee/leemage, 223 By Dav, 224 Yann/Wikimedia, 225 AKG, 226 Wikimedia, Alamy/Successió Miró/ADAGP, 228 Ron Galella, Ltd./Getty, 229 Ardif, 230 Lee/leemage, Columbia/DR, 232 Miriam Berkley, AKG/Album, 233 ABC - Selmur/DR, Don Mason/Getty, 234 Universal/DR, Jose Haro - El Deseo S.A./DR, APC - UC/DR, 235 Collection Christophel, 236 Racconish/Wikimedia, 238 Hurca/Shutterstock, 242 Laurence Folie/Leemage, 244 Tamas Galambos/Bridgeman

Langue : 318 Selvejp/Wikimedia, 355 Bridgeman

Méthode : 375 Hohum/Wikimedia, 376 Paris 16/Wikimedia, 378 CFCF/Wikimedia

Direction éditoriale : Manon Deveaux.

Assistance éditoriale : Alix Rondeau Duque, Marthe Statius, Agnès Thibault, Annwenn Jégou.

Maquette : Alejandra Adeikalam, Joëlle Dutreilly, Julie Meister, Raphaël Garcia.

Mise en page : Raphaël Garcia.

Iconographie : Pierre-Michel Sailhan, Alix Rondeau Duque.

Couverture : Alejandra Adeikalam, Joëlle Dutreilly.

Retouches photo : Anaëlle Dos Santos.

Relecture : Silvère Long, Joachim Estevez.

Avec la participation de : Clément Teyssier, Mellie Chapatte, Joachim Sailhan.

Remerciements : Émilie Blanchard, Anne Weiss, Mélina Boyer.

Dépôt légal : mai 2021.

ISBN : 978-2-37760-917-8

Imprimé en France par BLG.

Impression : mai 2023.

Lelivrescolaire.fr Éditions

14 rue Rhin et Danube

69009 Lyon

contact@lelivrescolaire.fr